FORSCHUNGEN
ZUR KIRCHEN- UND GEISTESGESCHICHTE
HERAUSGEGEBEN VON ERICH SEEBERG
ERICH CASPAR, WILHELM WEBER

ERSTER BAND

ERNST BENZ

MARIUS VICTORINUS

UND DIE ENTWICKLUNG DER ABENDLÄNDISCHEN WILLENSMETAPHYSIK

VERLAG W. KOHLHAMMER STUTTGART

ERNST BENZ

Das Todesproblem in der stoischen Philosophie

(Tübinger Beiträge zur Altertumswissenschaft Heft 7)

1929. XI und 130 Seiten. Broschiert RM. 8.10

Der Stand der wissenschaftlichen Bearbeitung und Durchdringung der verschiedenen Phasen der Geschichte der stoischen Philosophie ist zurzeit ein außerordentlich ungleichmäßiger . . . Dieser höchst ungleichmäßige Stand der Forschung bildet naturgemäß eine sehr ungünstige Voraussetzung für die Verfolgung eines bestimmten Problems durch die gesamte Geschichte der stoischen Philosophie hindurch, wie sie das vorliegende Buch vornehmen will. Um dem Buch gerecht zu werden, war es daher notwendig, dies kurz darzulegen; und ich möchte gleich hier zu Anfang aussprechen, daß der Verfasser alles, was unter den gegebenen Voraussetzungen zu erreichen war, wenn die Begrenzung des Themas beibehalten werden und sich das Buch nicht zu einer Neubearbeitung der Geschichte der stoischen Philosophie überhaupt auswachsen sollte, auch erreicht hat. Ja seine außerordentliche Fähigkeit, das Menschlich-Lebendige einer ethischen Haltung zu erfassen und anschaulich zu machen, läßt den Verfasser oft die Ungunst der Voraussetzungen überwinden und auch, wo eine neue Durcharbeitung der gesamten Zusammenhänge fehlt, intuitiv das Richtige treffen.   K. v. Fritz-München in Gnomon 1930 Heft 9.

Schriften von Wilhelm Weber

Josephus und Vespasian. Untersuchungen zu dem jüdischen Krieg des Flavius Josephus. 1921. 287 Seiten. Broschiert RM. 3.—

Die Staatenwelt des Mittelmeers in der Frühzeit des Griechentums. 1925. 52 Seiten. Broschiert RM. 1.60

Römische Kaisergeschichte und Kirchengeschichte. 1928. 68 Seiten. Broschiert RM. 2.70

Theodor Mommsen. Zum Gedächtnis seines 25. Todestags. 1929. 27 Seiten und 1 Titelbild. Broschiert RM. —.90

Princeps. Studien zur Geschichte des Augustus. In Vorbereitung.

Reinhold Seeberg

Augustinus, Gedächtnisrede, gehalten am 23. Juli 1930 in der Aula der Universität Berlin. 40 Seiten. Broschiert RM. —.90

VERLAG VON W. KOHLHAMMER IN STUTTGART

FORSCHUNGEN ZUR KIRCHEN- UND GEISTESGESCHICHTE

HERAUSGEGEBEN VON ERICH SEEBERG,

ERICH CASPAR, WILHELM WEBER

ERSTER BAND

VERLAG VON W. KOHLHAMMER

STUTTGART 1932

C.

MARIUS VICTORINUS
UND DIE ENTWICKLUNG DER ABENDLÄNDISCHEN
WILLENSMETAPHYSIK

VON

Lic. Dr. ERNST BENZ
Privat-Dozent der Kirchengeschichte
an der Universität Halle

VERLAG VON W. KOHLHAMMER
STUTTGART 1932

Druck von W. Kohlhammer in Stuttgart / Printed in Germany

Ernesto Buonaiuti

Werner Jaeger / Erich Seeberg

meinen Lehrern

Gott will nicht engherzige Gemüter und leere
Köpfe zu seinen Kindern, sondern solche, deren
Geist von sich selbst arm, aber reich an Er-
kenntnis seiner ist und die in diese Erkenntnis
Gottes allein allen Wert setzen.

H e g e l,
Einleitung zur Philosophie der Geschichte.

Vorwort.

Die vorliegende Untersuchung geht auf eine Interpretation der Schrift Augustins über die Dreieinigkeit zurück. Dort sind als spekulative Begründung der christlichen Trinitätslehre Prinzipien einer Willensmetaphysik entwickelt, die für die Entwicklung der abendländischen Dogmatik und Metaphysik formgebend geworden sind. Die Grundlagen dieser Willensmetaphysik, die bei Augustin in sich fertig und geschlossen am Anfang der Geistesgeschichte der Scholastik steht, sind weder von katholischen noch von protestantischen Theologen erforscht worden, dort auf Grund dogmatischer Hemmungen, Augustin in eine allzunahe Berührung mit der nicht-christlichen Metaphysik zu bringen, hier auf Grund einer allgemeinen und erst allmählich weichenden Uninteressiertheit an einer metaphysischen Behandlung theologischer Probleme.

Die wenigen Angaben Augustins über die Quellen seiner Willensmetaphysik genügen aber, um die Grundlagen dieser genialen Spekulationen aufzudecken, die zum erstenmal einen metaphysisch begründeten Personbegriff bringen: Plotin und sein wenig bekannter Übersetzer Viktorin, dessen lateinische Plotinübersetzungen Augustin vorlagen.

Da man mit Analogien alles beweisen kann, zog ich es vor, die die Willensmetaphysik betreffenden Problemkreise der drei genannten ‚Theologen‘ in einer geschlossenen Darstellung perspektivisch nebeneinanderzusetzen. Die bisherige fragmentarische Bearbeitung Viktorins ließ es ratsam erscheinen, eine Monographie Viktorins an den Anfang zu stellen, die sich auf ein Studium der ältesten Drucke und Editionen seiner Schriften stützt.

Um bei dem — trotz der neueren Plotinforschung — schwierigsten Teil, der die Ansätze des viktorinischen Denkens in der plotinischen Metaphysik behandelt, dem Leser die Möglichkeit einer eigenen Kontrolle weitgehend an die Hand zu geben, habe ich der deutschen Übersetzung der Plotinzitate, in die ich dankbar einzelne

Wendungen der vorliegenden Übersetzungen von H. F. Müller (M)
und R. Harder (H) aufgenommen habe, öfter und ausführlicher als
üblich den griechischen Text nach der Ausgabe von H. F. Müller
beigegeben.

Für freundliche Unterstützung bei der Korrektur danke ich aufs
herzlichste den Herren Professoren Erich Seeberg-Berlin, Wilhelm
Weber-Berlin und Ernst Kohlmeyer-Halle, sowie Herrn Dr. Walter
Mönch, Assistent am romanischen Seminar der Universität Berlin.

Halle (Saale), den 22. Juni 1932. **Ernst Benz.**

Inhaltsübersicht.

Erster Teil.

Marius Victorinus.

Zweiter Teil.

Die Ansätze der Metaphysik Viktorins im plotinischen Denken.

Inhaltsübersicht. XI

Anhang.

I. Teil:

Marius Victorinus.

A. Viktorins Leben und literarische Werke.

„Auf in die Kirche! Ich will Christ werden!" Dieses Wort, das eines der beiden einzigen gesprochenen Worte ist, die uns die Geschichte von Viktorin neben seinen Schriften aufbewahrt hat, ist nicht der erlösende und entspannende Ausruf eines zermarterten Gewissens, sondern das Wort eines Philosophen, über den die christliche Religion nicht gekommen war in Angst und Verzweiflung, sondern der sich in einem Akt der intellektualen Anschauung in die christliche Offenbarung von seiner Philosophie aus hineingelebt hatte und der in dem genannten Wort den Entschluß anzeigt, seine Erkenntnis der absoluten Wahrheit der christlichen Offenbarung, auf welche ihn seine metaphysische Deutung der heiligen Schrift geführt hatte, durch den Anschluß an die christliche Gemeinde formal und öffentlich mit allem Nachdruck zu bestätigen.

Der Mann, um den es sich hier handelt, war unter Konstantius um 353 der Modeprofessor für Rhetorik und Philosophie in Rom; die bedeutendsten römischen Senatoren unter Konstantin und seinen Söhnen verdankten seiner glänzenden Ausbildung ihre Karriere; er hatte ein Standbild auf dem Forum Romanum. So bedeutete sein Übertritt in die christliche Gemeinde einen offenen Skandal: einer der hervorragendsten Vertreter der höchsten römischen Gesellschaft hatte die Reserve der exklusiven gebildeten heidnischen Gesellschaft gegenüber der ominösen Religion durchbrochen. Der Mann, der gewohnt war, vor Vielen zu reden und vor Vielen sich zu bewegen, hat diesen Skandal offen provoziert, indem er den Vorschlag der Priester, die Taufe im Geheimen vorzunehmen, ablehnte und aus seiner Taufe bzw. dem öffentlichen Glaubensbekenntnis ein großes „Ereignis" machte, das eine Massenbegeisterung bei der vollzählig erschienenen Christengemeinde, einen Sturm der Entrüstung bei der Gesellschaft hervorrief, die er preisgab.

Wenn Viktorin seinen Anschluß an die Kirche zu einem öffentlichen Ereignis machte, so heißt das nicht nur, daß er sich bewußt war, daß der Anschluß an die christliche Gemeinde durch die immanente Logik des christlichen Glaubens gefordert war,

sondern auch, daß er sich bewußt war, mit seinem Eintritt in die
christliche Gemeinde einen symptomatischen Schritt zu unter-
nehmen und auf eine gewisse Weise Geistesgeschichte zu „machen",
indem er seine Gesellschaft, die letzte sich gegen das Christentum absperrende Schicht, preisgab, d. h., daß er im Innersten
wußte, daß der Geist, dem die Zukunft gehörte, bei der neuen
Religion war.

Dieses Moment führt nun tiefer. Viktorin war Philosoph und
hat diesen Schritt vollzogen nicht aus politischen Gründen, nicht
weil ihm ein Zeichen am Himmel erschienen war, nicht weil
ihm ein Priester die Hölle heiß gemacht hatte, nicht weil ihm
eine kirchliche Stellung winkte, sondern bewußt als Philosoph.

Was uns aber daran besonders interessiert, ist, daß er neuplatonischer Philosoph war und daß er Christ wurde, indem er
in der Bibel, die ihm ein Freund zu lesen gab, die Erfüllung
und Vollendung seiner Transzendentalmetaphysik fand, d. h. indem er in der Offenbarung die Urphilosophie erblickte.

Nicht daß er die transzendente Größe seiner Philosophie gegen
den christlichen Gottesgedanken ausgewechselt hätte; es handelt
sich vielmehr um ein restloses Hineinformen seiner Philosophie
in die Ideen der Offenbarung, in einer Intensität, daß bei der
prinzipiellen Richtungnahme seiner Philosophie auf die religiösen
Gedanken des Christentums der „heidnische" Rest mehr und
mehr abstirbt.

Unser Interesse an Viktorin ist also ein doppeltes:

Einmal ist er ein wichtiger Exponent seiner Zeit. Es ist bedeutungsvoll, wenn ein Vertreter der höchsten „heidnischen"
Bildung und Kultur erklärt, die geistige Erfüllung dieser Kultur
liege im Christentum, und den Übertritt zur Kirche vollzieht.

Es ist aber weiter wichtig, wenn ein Vertreter einer idealistischen Transzendentalmetaphysik erklärt, die Vollendung seiner
Philosophie liege in der Offenbarung. Im ersten Fall ist das
historische, im zweiten das „absolute" Problem gestellt: Christentum und Idealismus.

Wer ist nun Viktorin und was wissen wir von ihm?

Augustin ist es zu verdanken, daß wir von seiner Person eine
lebendige Anschauung haben; daß wir Viktorin als Menschen
noch einigermaßen greifen können, ist deswegen wichtig, weil

mit ihm eine ganze Gesellschafts- und Kulturschicht mit einem bestimmten Stil des Lebens und Denkens verbunden ist. Greifen wir Augustin nicht vor[1]):

„Ich suchte Simplician auf, der für den Bischof Ambrosius damals ein Vater in der Gnade war und den er in Wahrheit wie seinen Vater liebte. Dem erzählte ich die Irrfahrten meines Unverstandes. Als ich aber erwähnte, ich hätte einige Bücher der (Neu)platoniker gelesen, die Victorinus, ehemals Rhetor der Stadt Rom, der, wie ich gehört hatte, als Christ verschieden war, in die lateinische Sprache übersetzt hatte, gratulierte er mir, daß ich nicht auf die Schriften anderer Philosophen hereingefallen sei, die voll von Tücken und Fehlern „nach den Elementen dieser Welt" seien, während dagegen jener in seinen Schriften auf jegliche Weise Gott und sein Wort zu erforschen suche. Dann kam er, um mich zu der Niedrigkeit Christi, welche den Weisen verborgen und den Geringen enthüllt ist, zu ermahnen, auf Viktorin selbst zu sprechen, mit dem er während seiner Anwesenheit in Rom eng befreundet war und von dem er mir erzählte, was ich nicht verschweigen will. Denn großes Lob Deiner Gnade hat er Dir zu verkünden.

Jener Mann — er war äußerst gelehrt und in allen freien Künsten wohl erfahren und hatte eine Menge von Philosophen gelesen und kritisiert, der Lehrer vieler vornehmer Senatoren, hatte zur Auszeichnung der vorzüglichen Leitung seines Lehramtes ein Standbild auf dem Forum Romanum sich verdient und es auch bekommen, war aber bis zu jener Zeit ein Götzenverehrer und Mitglied gottloser Kulte, welche damals die ganze römische Nobilität affiziert hatten, die (ihrerseits) wieder das Volk ansteckte mit ihrem Osiris und „allen Arten von göttlichen Ungeheuern und dem bellenden Anubis", lauter Göttern, die einst „gegen Neptun und Venus und gegen Minerva" ihre Waffen erhoben und vor denen Rom nach seinem Sieg sich beugte, und hatte sie viele Jahre lang „mit schrecklich tönendem Munde" eifrigst verteidigt — dieser Viktorin schämte sich nicht in seinem hohen Alter Sohn Deines Christus zu werden und Kind Deines Gnadenquells, beugte seinen Nacken unter das Joch der Demut und neigte seine Stirn vor der Schmach des Kreuzes.

---

[1]) Augustin conf. lib. VIII. c. 3, 4, 5 (CSL Bd. 33 ed. Knöll, S. 171, 6 ff.)

O Herr, Herr, der Du die Himmel herniederbeugtest und herabgestiegen bist, „die Berge berührtest und sie rauchten", mit
welchem Mittel hast Du Dich in ein Herz wie seines einge-
schlichen?

Viktorin las, wie Simplician erzählt, die heilige Schrift und
studierte alle christlichen Schriften aufs eifrigste und erforschte
sie und sagte zu Simplician nicht laut, sondern insgeheim und
im Vertrauen: „Weißt du auch, daß ich schon Christ bin?" Jener
antwortete: „Ich glaube es nicht, und werde dich nicht unter
die Christen rechnen, wenn ich dich nicht in der Kirche Christi
sehe." Der aber sagte lachend: „Also machen die Wände den
Christen?" und so sagte er oft, er sei bereits Christ, und jedesmal gab ihm Simplician diese Antwort und jedesmal gab er ihm
auch den Witz von den Wänden zurück. Er fürchtete nämlich
seine Freunde zu beleidigen, hochmütige Götzendiener, und glaubte,
aus dem Gipfel ihrer babylonischen Würde werde wie aus den
Zedern des Libanon, die der Herr noch nicht zermalmt hat, ihre
Feindschaft auf ihn niederstürzen.

Aber als er las und immer gieriger las, da schöpfte er Festigkeit und fürchtete von Christus verleugnet zu werden vor den
heiligen Engeln, wenn er sich scheute, ihn vor den Menschen
zu bekennen, er fühlte, daß er sich selbst eines großen Verbrechens
schuldig mache, indem er vor den Sakramenten der Niedrigkeit
dieses Wortes sich schämte, nicht vor den ruchlosen Kulten hoffärtiger Dämonen, deren hoffärtiger Nachahmer er war. Da ver-
abscheute er tief seine Eitelkeit und schämte sich vor der Wahrheit und sagte plötzlich und unerwartet zu Simplician, wie der
selbst erzählte: „Auf in die Kirche; ich will Christ werden!"
Der konnte sich vor Freude kaum fassen und ging eilends mit
ihm weg. Als er aber in die Lehre von den Hauptsakramenten
eingeweiht war, trug er nicht lange nachher seinen Namen
ein, um durch die Taufe wiedergeboren zu werden. Rom
staunte, es jauchzte die Kirche. Die Hoffärtigen sahen es und
wurden zornig, sie „bleckten mit den Zähnen und schäumten".
Deinem Knecht aber war der Herr Gott „seine Hoffnung und
er wandte sich nicht zu den Hoffärtigen und zu denen die mit
Lügen umgehen".

Als schließlich die Stunde kam, da er den Glauben bekannte —
dies pflegt so zu geschehen, daß die, welche sich bereiten, zu
Deiner Gnade heranzutreten, die bestimmten Worte, die sie empfangen haben und auswendig wissen, von einem erhöhten Ort
herab vor dem gläubigen Volk von Rom laut hersagen — boten,
wie er sagt, die Priester Viktorin an, er könne die Bekennt-
nisformel geheimer hersagen, wie man solchen, die vor Ehrfurcht
und Scheu sichtlich zitterten, anzubieten pflegte; er aber wollte
lieber sein Heil angesichts der heiligen Menge verkünden. Denn
es war kein Heil, das er in seiner Vorlesung über Rhetorik verkündet hatte, und doch hatte er öffentlich darüber gelesen. Wie
viel weniger mußte er sich da vor Deiner zahmen Herde scheuen
bei der Verkündigung Deines Worts, der bei der Verkündigung
seiner eigenen Worte den Schwarm der Unseligen nicht ge-
scheut hatte.

Als er daher hinaufstieg, um das Glaubensbekenntnis herzu-
sagen, da riefen sich alle, wer immer ihn kannte, untereinander
seinen Namen zu in einem Lärm von Glückwünschen. Wer aber
hätte ihn nicht gekannt! Und es tönte in einem gedämpften
Schrei durch die freudig erregte Versammlung: Victorinus!
Victorinus! Ebenso rasch riefen sie laut vor Begeisterung, weil
sie ihn sahen, ebenso rasch verstummten sie, um ihn zu hören.
Er verkündete den wahren Glauben mit wahrem und festem Vertrauen, und alle wollten ihn in ihr Herz raffen. Und sie rafften
ihn in sich in Liebe und Freude: mit diesen beiden Händen,
rafften sie ihn in sich.

Als mir das Dein Mann Simplician über Viktorin erzählte, da
entbrannte ich, ihm gleich zu tun. Denn dazu hatte er es mir
erzählt. Nachher fügte er noch hinzu, daß zur Zeit des Kaisers
Iulian es den Christen gesetzlich verboten wurde, Literatur und
Rhetorik zu dozieren. Viktorin fügte sich diesem Gesetz und
zog es vor, das geschwätzige Kolleg aufzugeben an Stelle Deines
Wortes, durch das Du die Zungen der Kinder beredt machst.
Seine Festigkeit erschien mir nicht höher als sein Glück, denn
so hatte er Gelegenheit, Dir seine ganze Zeit zu widmen."

Diese Geschichte, die in einer überraschenden geschichtlichen
Parallelität die Bekehrungsgeschichte Augustins antizipiert und
exemplarisch bestimmt — Augustin und Viktorin waren beide

Afrikaner, beide waren nach Rom gekommen, um dort als Rhetoren
ihr Glück zu machen, der berühmte Rhetor Viktorin war also
in einem gewissen Sinn das „heidnische" Wunschbild des jungen
Augustin, der sich in Rom nicht hatte durchsetzen können, beide
kamen durch den Neuplatonismus dem Christentum innerlich
näher, und zwar der zweite durch die Bücher des ersten und der
eine nach dem Vorbild des andern zur Kirche —, ist die Haupt-
quelle, die die wesentlichsten Daten in einer anschaulichen Weise
zum Ausdruck bringt.

Die Geschichtlichkeit dieser Erzählung, so sehr auch die Analogie
der persönlichen geistigen Entwicklung es Augustin nahegelegt
haben mag, die Parallelität zu seiner eigenen Wandlung durch
Korrektur einiger Züge literarisch effektvoll zu verstärken, wird
durch die weiteren Zeugnisse, die wir über Viktorin haben, bestätigt.

Viktorin hieß mit seinem vollen Namen C. Marius Victorinus [1]).
Über seine Herkunft wissen wir nur, nach Hieronymus, daß er
Afrikaner war [2]). Die afrikanischen Inschriften bezeugen, daß dieser
Name in Nordafrika häufig vorkam [3]). Gar nichts ist von seinem
Geburtsort, seiner Jugend, seiner Erziehung bekannt; auch die Zeit
seiner Übersiedlung nach Rom liegt völlig im Dunkeln. Er erscheint
für uns auf der Spitze seines Ruhmes, als ein Meister der Philosophie, der Rhetorik, der Grammatik, als ein berühmter Lehrer
der Rhetorik in Rom [4]), der allgemein anerkannt war [5]). Die ἀκμή
seines Ruhmes fällt nach Hieronymus [6]) ins Jahr 353 [7]). Augustin,

---

1) So bei Hieronymus in der praefatio des Kommentars zum Galaterbrief (PL 26, 308 A), so auch nach Keil gramm. lat. VI S. VII und IX in
den Handschriften der viktorinischen ars grammatica.

2) Hieronymus de vir. illustr. 101 (ed. Bernoulli S. 49, 20 ff., PL 37, 701 A).

3) Siehe Monceaux, Histoire littéraire de l'Afrique chrétienne Paris 1905
Bd. III S. 374. Monceaux gibt im dritten Band des zit. Werkes eine aus-
gezeichnete Darstellung der literargeschichtlichen Fragen, auf die hier, soweit sie eine Nachprüfung bestätigt hat, zurückgegriffen ist. Eine wichtige
Änderung ist allerdings in der Origenesfrage vorzunehmen (S. 22 ff.).

4) Augustin conf. lib. VIII. c. 3 (CSL Bd. 33 S. 171, 6 f.) und das Anm. 1
zit. Hieronymus-Zeugnis.

5) Hieronymus de vir. ill. 101 (ed. Bernoulli S. 49, 20).

6) Hieronymus chron. ad ann. 2370 (PL 27, 688 Griech. christl. Schriftsteller, Eusebius Bd. VII, 1 S. 239, 12—14 ed. Helm).

7) Hieron. Chron. ad ann. 2360 (PL 27, 286). Das Zeugnis, das nichts
Wesentliches bringt, ist nicht so sicher bezeugt, als es nach Monceaux

Hieronymus und Boethius berichten gleichermaßen von seiner außerordentlichen Bedeutung und seiner hervorragenden Stellung in der römischen Gesellschaft [1]). Diese Stellung wird illustriert durch die Ehrung, die man ihm erwies: man errichtete ihm ein Standbild, und zwar nach Augustin auf dem Forum Romanum [2]), nach Hieronymus auf dem Forum Traianum [3]).

Seine Bekehrung läßt sich zeitlich fixieren durch vier Daten:

1. Augustin und Hieronymus berichten gleichmäßig, daß er schon ein s e n e x war, als er sich taufen ließ [4]).

2. Man wird wohl als sicher annehmen müssen, daß er 353, als er auf der Höhe seines Ruhmes stand und man ihm ein Standbild auf dem Forum errichtete, noch nicht Christ war.

3. Andererseits fand ihn das Philosophenedikt Iulians i. J. 362 bereits als Christ.

4. Die Bekehrung kann nicht unmittelbar vor dem Philosophenedikt liegen, denn Viktorin hatte bereits eine Reihe von dogmatischen Schriften veröffentlicht. So fällt auch die erhaltene Hauptschrift, die vier Bücher gegen die Arianer, vor 362 und läßt sich auf 359 datieren. Vor dieser Schrift liegt aber bereits das andere Werk *de generatione divini Verbi*, in der wieder frühere — verlorene — Schriften über die Trinität, das Verbum und den Heiligen Geist erwähnt werden.

Man wird also seine Bekehrung einige Jahre vor 359 ansetzen müssen; der Vorschlag Monceaux's [5]), der die Bekehrung auf 355 festsetzen will, enthält nichts Bedenkliches.

Über den Tod Viktorins wissen wir so wenig wie über seine Jugend: das letzte, was wir hören, ist die Niederlegung seiner Professur unter Iulian, worauf er sich ausschließlich den christ-

---

aussieht, scheint vielmehr ein späterer Nachtrag. Scaliger hat es in seine Ausgabe nicht aufgenommen, in dem cod. Parmensis steht es nicht, Helm geht auf die Variante gar nicht ein.

1) Augustin und Hieron. an den genannten Stellen. Boethius in Porph. a Victorino transl. dial. I, 1 (CSL Bd. 48 ed. Brandt S. 4, 12) Victorinus, orator sui temporis ferme doctissimus.

2) Augustin conf. lib VIII. c. 3 (CSL Bd. 33 S. 171).

3) Hieron. chron. ad ann. 2370 (PL 27, 688, ed. Helm S. 239, 12—14).

4) Hieron. de vir. ill. 101 (PL 37, 701 A; ed. Bernoulli S. 49, 20 ff.), Augustin conf. VIII, 3 (CSL Bd. 33 S. 171).

5) Monceaux Bd. III S. 379.

lichen Studien widmete. Daß er ein kirchliches Amt angenommen
hat, ist ganz unwahrscheinlich. Viktorin hielt sich mit seiner
Theologie ganz außerhalb der offiziellen Lehre und weicht
in verschiedenen Punkten direkt von der kirchlichen Tradition
ab. Die einzige Stelle bei Kassiodor, die einen Bischof Viktorin
nennt[1]), geht, wie die folgenden Untersuchungen zeigen, auf
Viktorin von Pettau, der ebenfalls Rhetor gewesen war,
Augustin und Hieronymus, die nächsten Zeugen, wissen nichts
von einem kirchlichen Amt, Hieronymus spricht ihm sogar seine
Qualität als Theologe überhaupt ab und nennt ihn — das gräß-
lichste Schimpfwort des Kirchentheologen — einen Philosophen[2]).

Zur Zeit, als Augustin mit Simplician über Viktorin sprach,
d. h. im Jahr 386, war Viktorin bereits seit längerer Zeit tot[3]).

Die Geschichte seiner Bekehrung, welche das Hauptzeugnis
bleibt, zeigt nun über das Memoirenhafte hinaus die wesentlichsten Züge seiner geistigen Haltung:

1. Die Wendung Viktorins, die sich in seiner Bekehrung vollzieht, ist einlinig und führt von der allmählichen intellektualen
Aneignung der Offenbarung durch die neuplatonische Religionsphilosophie zum Eintritt in die christliche Gemeinde.

---

1) Cassiodor de inst. divin. litt. 5 und 7: Victorinus ex oratore episcopus
(PL 70, 1117).

2) Hieron. de vir. ill. 101 (ed. Bernoulli S. 49, 20) . . . adversus Arium:
libros more dialectico valde obscuros (sc. scripsit) qui nisi ab eruditis non
intelliguntur et commentarios in Apostolum; über seinen Pauluskommentar.
Praef. des Komm. in ep. ad Gal. (PL 26, 308 A) . . . quod occupatus ille
eruditione saecularium litterarum omnino sanctas ignoraverit. Hieron. fährt
dann weiter fort: . . . et nemo possit quamvis eloquens de eo bene disputare
quod nesciat. quid igitur ego stultus aut temerarius, qui id polliceat quod
ille non potuit? minime. quin potius in eo, ut mihi videor, cautior atque timi-
dior quod imbecillitatem virium mearum sentiens Origenis commentarios
sum secutus. Da die Kommentare des Viktorin einerseits die wörtliche
Exegese more dialectico anwandten, andererseits philosophisch-spekulativ
gehalten waren und auf verschiedene der zeitgenössischen Theologie
peinliche Entdeckungen stießen, so verzichtet Hieronymus auf diese Methode
der „weltlichen Wissenschaften" und hält sich an Origenes und seine allegorische Exegese. Umgekehrt sieht man daraus, was für unser späteres
Problem wichtig ist, das Viktorin für Hieronymus kein Origenist ist.

3) Augustin conf. lib. VIII c. 3 (CSL Bd. 33, S. 171, 6) Vict. quondam
rhetor urbis Romae quem Christianum defunctum esse audieram . . . V
ipsum recordatus est . . .

2. Diese Religionsphilosophie hat aber zwei Wurzeln: eine religiöse, nämlich die Religion der orientalischen Mysterien, und eine philosophische, die Spekulation Plotins.

Marius Victorinus war, wie der zitierte biographische Bericht Augustins zeigt (s. S. 3), Mitglied der Mysterienkulte. Für eine Betrachtung seiner theologischen Spekulation ist das wesentlich: denn einmal ist diese Zugehörigkeit zu den zeitgenössischen orientalischen Mysterienkulten kein zufälliges Akzidens, sondern ist zu seiner Religionsphilosophie komplementär, insofern in der Metaphysik des späten Neuplatonismus Mythos und Spekulation unmittelbar und wesenhaft aufeinander bezogen sind und die Ideen, die die religiöse Beziehung zwischen Gott und Mensch deuten, in der Mysterienreligion ihre Erfahrungsgrundlage haben. Weiter aber hat die. Grundhaltung seiner religiösen Anschauungen, wie sie durch die Mysterienfrömmigkeit bestimmt ist, auf die Apperzeption der christlichen Ideen als entscheidendes Auswahlprinzip eingewirkt, indem gerade die Momente, die das Christentum mit der Frömmigkeit der nichtchristlichen Mysterienreligionen verbindet, als Ansatzpunkt der radikalen *conversio* dienten.

3. Augustin hat die Bekehrung Viktorins von seiner Gnadenlehre aus als die Verwandlung eines Saulus in einen Paulus dargestellt. Diese Deutung ist bewußte Anwendung eines theologischen Prinzips auf den ursprünglichen Vorgang. Die Erzählung der Bekehrung selbst zeigt einen anderen historischen Verlauf, nämlich einen langsamen Prozeß einer intellektualen Aneignung der christlichen Ideen bis zu ihrer letzten praktischen Konsequenz, dem Anschluß an die Gemeinde. Viktorin war durchaus kein Saulus; er erscheint vielmehr als ein intimer Freund des Christen Simplician, mit dem er sich über die christliche Religion unterhält. Viktorin ist anfänglich allgemein religionsphilosophisch interessiert, geht auf die Ideen seines Freundes ein, läßt sich von ihm die christlichen Bücher geben und studiert sie. Daß er die Mysterienkulte verteidigte, beweist nicht, daß er Christenverfolgungen inszenierte, sondern bestätigt nur das allgemeine kulturgeschichtliche Faktum, daß die gebildeten Kreise Roms auch noch in der nachkonstantinischen Zeit den alten Mysterienkulten anhingen — man spürt hier noch die sanfte

und diplomatische Religionspolitik Konstantins, der die „Heiden"
nie hat ganz fallen lassen —, vor allem da ja der Neuplatonismus die Erkenntnistheorie gab, den objektiven metaphysischen
und ethischen Sinn der Mythen und Kulte zu deuten.

Den Anfang der Bekehrung bildet also eine Identifizierung
einzelner christlicher Ideen mit den Ideen seiner Metaphysik:
der Prozeß der Deutung vollzog sich dabei über die gleiche
Erkenntnistheorie, über die sich überhaupt in der neuplatonischen
Spekulation die „Mythen"-Deutung vollzog. Als Ansatzpunkt der
Deutung nennt Augustin selbst den Gottesgedanken und die
Logos-Spekulation, die beiden Hauptprobleme der plotinischen
Metaphysik.

In dieser philosophischen Aneignung der metaphysischen
Ideen des Christentums lag noch keine Nötigung, sich der neuen
Lehre ganz und gar zu verschreiben, zumal bei Viktorin gesell-
schaftliche Ressentiments den Anschluß an die Kirche ver-
wehrten.

Zwischen dem leicht ironischen und resignierten Verzicht auf
einen vollständigen Anschluß an die Kirche und dem Entschluß,
der Kirche beizutreten, muß eine entscheidende Wendung liegen.
Wir wagen nicht, diese Wendung als Erlebnis zu bezeichnen,
denn das Wort trifft nicht recht die geistige Sphäre, in der
sich diese Wendung abspielte; es ist vielmehr die Erkenntnis,
daß bei den Christen die Wahrheit ganz ist und daß bei ihnen
der Geist ist, der das Gesicht der Zukunft bestimmt. Solange er
die Offenbarung noch von seiner idealistischen Metaphysik
aus meistern zu können glaubt, wird nie ein Philosoph sich vor
dem Kreuz beugen: es muß die Erfahrung dazutreten — und
sie ist nicht weniger religiös, wenn sie eine intellektuale ist —,
daß dort mehr ist und alles ist. Daß in Viktorin in der Tat vor
seinem öffentlichen Anschluß an die christliche Kirche eine solche
Wendung von der religionsphilosophischen Interessiertheit zu
der intellektualen Anschauung von der Universalität des Christentums sich vollzogen haben muß, ist kein Roman, sondern ein
Faktum, das in seinen christlichen Schriften deutlich zum Ausdruck kommt. Als äußere Momente, die für das Vorhandensein
einer letzten Bindung an die christliche Lehre sprechen, wären
drei zu nennen:

Das Bewußtsein der geistigen und religiösen Zugehörigkeit zu der neuen Religion war stärker als die Rücksicht auf die Gesellschaft, der er angehörte; stärker als die schlummernde Abneigung gegen die Kirche, deren sicher gewordene Mitglieder unter den christlichen Kaisern sich oft genug als randalierende Kulturfeinde gebärdeten. Ohne eine innere Notwendigkeit hätte er einen so entscheidenden Schritt wie seine öffentliche Bekehrung nie unternommen. Auch weist die Plötzlichkeit seines Entschlusses, der selbst Simplician unerwartet kam, auf eine entscheidende innere Wendung. Weiter: die strenge Logik seiner Metaphysik, mit der er die christlichen Ideen durchdachte, erlaubte es ihm nicht, die Idee der Kirche zu umgehen. Schließlich hätte er unter Iulian Gelegenheit genug gehabt, die Bindung an die christliche Kirche, wenn sie nicht von innerer Notwendigkeit für ihn war, wieder aufzulösen: er wäre nicht der einzige gewesen; man weiß z. B. von dem Rhetor Hekebolius, der, von Haus aus kein Christ, seine Position in Konstantinopel als Rhetor und Philosoph unter Konstantius durch lebhaftes Eintreten für das Christentum gehalten hatte, unter Iulian aber plötzlich seine unchristliche Natur entdeckte und wieder für die alten Götter focht. Als er nach Iulians Tod sah, daß er zum zweitenmal falsch spekuliert hatte, versuchte er sich zum drittenmal auf eine wirksame Art zu rehabilitieren: er warf sich vor einer Kirche auf den Boden und schrie: Zertretet mich wie dumm gewordenes Salz!, ein geschickt angebrachtes Zitat, das für seine Qualität als Rhetor spricht [1]).

Bevor wir aber auf die Theologie Viktorins selbst eingehen, ist noch das erhaltene Schriftwerk Viktorins zu besprechen und der Umfang der verlorenen Schriften näher zu bestimmen.

Der Hauptteil des Schrifttums von Viktorin fällt, was bei seiner späten Bekehrung selbstverständlich ist, in die Zeit seiner Lehrtätigkeit als Rhetor und umfaßt die traditionellen Disziplinen der Grammatik, Rhetorik und Logik. Daneben sind noch eine Reihe von philosophischen Schriften zu nennen. Seine Arbeit als Philosoph ist aber von seiner Schultätigkeit als Grammatiker und Rhetor nicht loszutrennen, vielmehr bestimmt seine Philo-

---

1) Socrates lib. III. 1, 10. 11 und Libanius or. 18, 14, weiter Socrates lib. III. 13, 5. 6.

sophie — als Logik und Dialektik — die Grundhaltung seiner
rhetorischen und grammatischen Schriften, d. h. die Philosophie erscheint vorwiegend in einer praktischen Bezogenheit
auf die Auslegung der klassischen rhetorischen Schriften Ciceros.

An Viktorin zeigt sich nun, daß die Berührung mit den christlichen Ideen die schulmäßig erstarrte Philosophie wieder flüssig
gemacht hat, indem die sublimen Probleme der Offenbarung,
d. h. der neue theologische Gegenwurf, die metaphysische Spekulation aufs neue erregten.

Betrachtet man die Philosophie jener Zeit, so kann man wohl
behaupten, daß sich der akademische Schulbetrieb in den einzelnen
Disziplinen in einem Formalismus festgefahren hatte, der den
Leistungen der Zeit den Charakter der Mittelmäßigkeit gibt.
Man muß dabei hinzunehmen, daß die Philosophen an dem Objekt der Schulinterpretation, an Cicero, nicht viel Anlaß zu tiefsinnigen Spekulationen fanden (s. S. 14). Insofern hatte die Kunst
zu denken, die in einer formalen Hochkultur vorhanden und
als differenzierte Logik ein allgemeiner Besitz der Gebildeten
war, letzten Endes keinen adäquaten philosophischen Gegenwurf,
an dem sie sich frei entfalten konnte, indem ihre Bezogenheit
auf eine iuristische oder rhetorische Kasuistik, d. h. die zweck-
hafte Abrichtung, die bereits im Lehrstoff geboten war, die
spekulativen Ansätze sofort in eine common-sense-Philosophie
zurückbog. Einen spekulativen Kopf, wenn er einmal die gesell-
schaftliche Abneigung gegen die christliche Religion überwunden
hatte, mußte bereits die Bekanntschaft mit der unverarbeiteten
Problemfülle der Offenbarung nach ihrer religionsphilosophischen
Seite aufs höchste interessieren. Man wird so den Reiz des
neuen spekulativen Objekts, der die Spekulation anregte, zum
mindesten bei der Bekehrung der Vertreter der hellenistischen
Philosophie, als ein wichtiges Moment nicht unterschätzen
dürfen.

Was nun von Viktorin an vorchristlichen Schriften erhalten
ist, ist folgendes [1]):

---

1) Viktorin hat einen Gesinnungsgenossen in Prohairesios, dem berühmten
Rhetor von Athen, der als „König der Beredsamkeit" gleich Viktorin ein
Denkmal erhalten hatte und nach der Proklamation des julianischen Ediktes
auf seine Professur verzichtete, auch nachdem Iulian seinetwegen eine

I. Der *liber de definitionibus* (kritische Ausgabe von Stangl in *Tulliana et Mario-Victoriniana*, Progr. München 1888), eine Schrift, die früher fälschlich dem Boethius zugeschrieben wurde, für die aber durch Usener[1]) die Verfasserschaft des Victorinus eindeutig nachgewiesen wurde. Daß die Handschrift, in der der *liber de definitionibus* überliefert ist — eine Handschrift des XI. Jahrh. mit dem Titel *liber definitionum Victorini* —, den Verfasser richtig nennt, geht daraus hervor, daß der Verfasser S. 25, 13 (Stangl) auf die Bearbeitung der εἰσαγωγή des Porphyrius, wie sie für Victorin gesichert ist, als seine eigene Schrift hinweist[2]). Der Umstand, daß der Professor seine Leser einfach auf seine bereits erschienene Einführung in die Logik verweisen kann, setzt voraus, daß das Buch wenigstens in Fach- und Schulkreisen bekannt war. Das wird durch die Tatsache bestätigt, daß bis zu Isidor von Sevilla alle Verfasser von Schriften *de definitionibus* fleißig aus ihm abgeschrieben haben. So finden sich Hinweise auf Viktorins *de definitionibus* bei Boethius[3]), bei Kassiodor in dem Kapitel *de definitionibus* seiner Schrift „*institutiones divinarum litterarum*"[4]). Isidor von Sevilla gibt einen Auszug aus Viktorins *de definitionibus* in seiner Schrift *origines*[5]).

Die Autorschaft Viktorins ist weiter gesichert durch die enge Beziehung von *de definitionibus* zu der weiteren erhaltenen Schrift, den *explanationes*, eine Beziehung, die Monceaux festgestellt hat.

Sonderverfügung erlassen wollte. Vgl. Eusebius I, ed. Helm Bd. VII, 1, S. 242, 24: Prohaeresius sofista Atheniensis lege data ne Christiani liberalium artium doctores essent cum sibi specialiter Iulianus concederet ut Christianus doceret, scholam sponte deseruit, vgl. auch die vita Prohaeresii des Eunapius, ed. Wyttenbach.

1) Vgl. zum folgenden Monceaux S. 381 ff., Bardenhewer Bd. III S. 460 bis 468, Schanz, lat. Lit.-Gesch. Bd. IV, 1 S. 149—161 Kroll-Skutsch, Gesch. d. röm. Lit. Bd. III S. 232 ff.

2) Usener in seinem anecdoton Holderi Bonn 1877. Genauere Zitate in den ff. Anm.

3) Boethius comm. ad Ciceronis topica ed. Orelli S. 324—327.

4) Cassiodor instit. divin. litt. II (PL 70, 1173—1175); dort finden sich auch Hinweise auf weitere Schriften des Viktorin, die noch zu besprechen sind (s. Usener a. O. S. 66).

5) Isidor orig. lib. II c. 29 (de divisione definitionum ex Marii Victorini libro abbreviata).

II. Die zweite erhaltene Schrift ist ein Kommentar zu Ciceros *de inventione* in zwei Büchern, die *explanationes in Ciceronis Rhetoricam*. Die Autorschaft Viktorins ist bestätigt durch Kassiodor, der in seiner Rhetorik bemerkt, daß er ein Exemplar der viktorinischen *explanationes* in seiner Bibliothek besaß [1]). Ein weiterer Hinweis bei Isidor von Sevilla [2]) bestätigt dies und zeigt zugleich, daß auch dieses Werk zu den Schulbüchern der Rhetorik gehörte, die sich in das Mittelalter gerettet haben. Die Verbindung mit den übrigen Schriften ist durch das Werk selbst — das in Orelli's Cicero-Ausgabe im 1. Teil des 5. Bandes S. 2—174 abgedruckt ist und das Halm in den *rhetores latini minores* Leipzig 1863 S. 155—304 ediert hat, wozu Stangl in *Mario-Victoriniana* S. 49—60 einige Nachträge und Konjekturen liefert — hergestellt; so findet sich S. 170 und 239 (Halm) der Hinweis auf die *ars grammatica* Viktorins, S. 186 ff., 243 ff. der Hinweis auf die weitere viktorinische Schrift *de syllogismis* und S. 275 auf *de definitionibus*. Auch sachliche Analogien mit den erhaltenen Schriften lassen sich nachweisen [3]). Die Schrift ist mit philosophischen Problemen durchsetzt, die sich über das Niveau der interpretierten ciceronianischen Philosophie beträchtlich erheben (s. Viktorins Cicero-Interpretation in Teil III).

III. Das dritte erhaltene Werk ist die *ars grammatica*, die im cod. Palat. (Laurissensis) 1753 s. IX und Paresin. 7539 s. IX erhalten ist, zu ihrem größten Teil aus dem Werk des Aphthonius *de metris* besteht, deren Anfang aber von Viktorin stammt. Ediert ist die *ars grammatica*, die *de arte, de voce, de litteris, de syllabis* handelt, bei Keil, *grammatici latini*, Leipzig 1874 im 6. Band S. 4, 6—31, 16. Die Autorschaft Viktorins ist bestätigt durch den Titel der Handschriften [4]); auch findet sich die Schrift unter seinem Namen bei Rufin und anderen Grammatikern zitiert [5]);

---

1) Cassiodor de rhet. 10 (rhet. lat. min. ed. Halm S. 489): haec licet Cicero in arte rhetorica duobus libris videatur amplexus quorum commenta a Mario Victorino composita in bibliotheca mea vobis reliquisse cognoscar. ib. 14: praeterea secundum Victorinum enthymematis est altera definitio (Halm S. 509).

2) Isidor de rhet. 9, 14 (Halm S. 517).

3) S. Monceaux Bd. III S. 386.

4) Siehe Keil gramm. lat. VI, S. VII—IX (Usener a. O.).

5) Siehe Keil gramm. lat. VI, S. 556—557; 565; 573; 632; 639.

außerdem bestehen sachliche Beziehungen zu den *explanationes* [1]).

Diese Werke sind nur der unbedeutende Rest eines großen Schrifttums, das sich seinem Umfang nach noch einigermaßen übersehen läßt. An verlorenen Schriften kommen in Betracht:

I. Eine Schrift über die hypothetischen Schlüsse *de syllogismis hypotheticis*. Sie wird genannt bei Kassiodor [2]). Isidor von Sevilla bestätigt diese Angabe durch die Bemerkung [3]) *„modos syllogismorum hypotheticorum si quis plenius nosse desiderat, librum legat Marii Victorini qui inscribitur de syllogismis hypotheticis“*; man sieht daraus, daß Viktorin auch auf dem Gebiet der Logik eine Schulautorität war, auf die man einfach hinweisen konnte. Über seine Lehre vom Schluß, wie sie in dieser Schrift entwickelt wurde, lassen sich noch einige Gedanken aus den *explanationes* rekonstruieren [4]).

II. Ganz verloren sind seine Kommentare zu Ciceros philosophischen Schriften, von deren Existenz wir durch Hieronymus wissen, der *contra Rufin.* I. 16 *„Victorini (commentarios) in dialogos“* Ciceros, d. h. zu seinen philosophischen Schriften erwähnt.

III. Von dem Kommentar Viktorins zu Ciceros *topica* wissen wir wieder durch Kassiodor, daß er vier Bücher umfaßte [5]). Eine Bestätigung dieser Nachricht findet sich bei Boethius, der in seiner Schrift *„topica Ciceronis“* auf das Werk seines Vorgängers Bezug nimmt [6]). Weitere Stellen aus Boethius zeigen [7]), daß der viktorinische Kommentar nur die ersten Kapitel der ciceronischen Topica behandelte.

---

1) Monceaux Bd. III S. 388 Anm. 3.

2) Institut. divin. litt. II (Zuschrift des cod. Bamberg, wie Usener a. O. S. 66 berichtet) Victorinus de syllogismis hypotheticis dixit . . . dazu Cassiodor expos. in Psalm. VII. 5.

3) Isidor orig. II 28. 25.

4) So S. 184—189; 243—245 der explanationes (ed. Halm).

5) Cassiodor Inst. divin. litt. II (Zus. des cod. Bamberg. s. Usener a. O. S. 66) topica Aristotelis Cicero transtulit in latinum, cuius commenta prospector atque amator latinorum Victorinus quattuor libris exposuit.

6) Boethius in top. Cic. (ed. Orelli S. 290) cum in M. Tulli topica Marius Victorinus rhetor plurimae in disserendi arte notitiae commenta conscripserit . . . quattuor enim voluminibus Victorinus in topica conscripsit . . .

7) Boethius in top. Cic. (ed. Orelli S. 290 ff.).

IV. Daß der *„prospector atque amator latinorum"* in engster
Fühlung mit den griechischen Urschriften stand, zeigt die Tatsache, daß er die Schrift ἑρμηνεία des Aristoteles ins Lateinische
übersetzt hat.

Diese Übersetzung ist deshalb bedeutsam, weil sie Boethius als
Grundlage für seine Bearbeitung und Kommentierung der κατηγορίαι genommen hat. Das geht aus einer Bemerkung des Cassiodor eindeutig hervor [1]). Dieses Schicksal Viktorins, durch die
Bearbeitung von einem Späteren verdrängt zu werden, wiederholt sich bei seiner Übersetzung der aristotelischen ἑρμηνεία und
der εἰσαγωγή des Porphyrius. Bei dem entscheidenden Einfluß
des Boethius nicht nur auf das philosophische Denken, sondern
vor allem auf die philosophische Sprache — als Schulautor —
der mittelalterlichen Wissenschaft ist zu bedenken, daß Viktorin
es war, der in seinen Übersetzungen der wichtigsten logischen
Schriften der griechischen Philosophie die Grundlage der wissenschaftlichen Sprache der Logik und Dialektik des Mittelalters
geschaffen hat.

V. Als weitere Übersetzung wäre also zu nennen die Über-
setzung der aristotelischen κατηγορίαι. Die Bedeutung und
Wirkung dieser Übersetzung, die durch Boethius sich bis in das
15. Jahrhundert erstreckte, war um so stärker, als sie mit der
Übersetzung einen Kommentar von acht Büchern verband, wie
Kassiodor berichtet [2]).

VI. Dazu kommt als weitere für die Geschichte des abendländischen Denkens entscheidende wissenschaftliche Tat die Übersetzung der εἰσαγωγὴ τῶν πέντε φωνῶν des Porphyrius, der Einführung zu den κατηγορίαι. Viktorin selbst beruft sich in seinem
liber de definitionibus einfach auf dieses Buch, das er beim Leser
als das Elementarbuch der Logik voraussetzt [3]). Dieses Buch ist
ebenfalls in der Bearbeitung des Boethius Schulbuch des Mittelalters geworden.

---

1) Cassiodor instit. div. litt. II (s. Usener a. O. S. 66) peri hermeneias
supra memoratus Victorinus transtulit in latinum, cuius commentum sex
libris patricius Boethius minutissima disputatione tractavit.

2) Cassiodor inst. div. litt. II (s. Usener a. O.) categorias transtulit Victorinus, cuius commentum octo libris ipse quoque formavit vgl. expos. in
Psalm II. S. 28.

3) S. S. 13 u. 15.

Die Übersetzung ist dadurch noch für uns faßbar, daß sie Boethius als Text für seinen ersten Kommentar zu den *quinque voces* des Porphyrius benutzt hat[1]). Das sagt er selbst und bestätigt auch Kassiodor[2]). Die Aussage des Kassiodor, Boethius habe das *commentum* des Victorinus zu den *quinque voces* des Porphyrius herausgegeben, ist insofern irrig, als es sich bei Boethius nicht um den K o m m e n t a r des Viktorin, sondern um die Ü b e r s e t z u n g Viktorins handelt, die er seinem eigenen Kommentar als Text zugrunde legte. Die Bezeichnung *commentum* enthält aber insofern eine richtige Bemerkung, als es sich bei der Übersetzung des Viktorin nicht durchweg um eine exakte wörtliche Übersetzung des Porphyrius handelt, sondern um eine interpretierende Übersetzung, in die auch kommentarhafte und kritische Bemerkungen eingeflochten waren. Das läßt sich aus Boethius noch deutlich feststellen. Boethius hat nämlich gemerkt, daß er in Viktorin nicht den reinen Porphyrius vor sich hatte. So hat er schon in seinem ersten Kommentar neben die viktorinische Übersetzung den griechischen Urtext gelegt. Das zeigt sich an verschiedenen Stellen[3]), aus denen man sehen kann, daß Boethius bereits im ersten Kommentar vom Urtext aus die Abweichungen in der Übersetzung Viktorins notierte und kritisch Stellung zu ihnen nahm. Die nähere Beschäftigung mit diesen Dingen hat es ihm dann nahegelegt, in einem neuen zweiten

1) Boethius in Porphyrium a Victorino *translatum* dialogi II Migne PL 64, 9—70, (CSL Bd. 48 ed. Brandt 1906).

2) Boethius in isagog. I. 1 (CSL Bd. 48, 9. 4, 8) Cassiodor inst. div. litt. II (Usener a. O.): isagogen (des Porphyrius) transtulit Victorinus orator, commentum eius quinque libris vir magnificus Boethius edidit. Dazu Isid. orig. II. 25, 1. 9.

3) Porphyrius a Victor. transl. I, 12 (CSL Bd. 48 S. 35, 5 ed. Brandt): Victorini culpam, vel, si ita contingit, emendationem aequi bonique faciamus... ib. I, 21 (S. 64, 8 ed. Brandt): hic tamen a Victorino videtur erratum. ib. II, 6 (S. 94, 11 ff. ed. Brandt): sequitur locus perdifficilis, sed transferentis obscuritate Victorini magis quam Porphyrii proponentis. ib. II, 7 (S. 97, 2 ed. Brandt): generis enim hic nomine pro animalis abusus est (sc. Victorinus). ib. I, 12 (S. 33, 2 ff.; 34, 3 ff.): sed Porphyrius nomen generis hoc modo in tres dividit partes ... Victorinus vero duo superiora genera in unum redegit. nam et multitudinis congruentiam inter se per eandem generis nuncupationem et quorumcumque a genere lineam et locum in quo quis natus est, uno generis vocabulo et designatione esse declarat ... vgl. auch ib. I, 10 (S. 23, 17 ff. ed. Brandt), I, 13 (35, 13 ed. Brandt).

Kommentar eine eigene Übersetzung zugrunde zu legen, die
sich enger an den Urtext des Porphyrius anschloß, aber sprach-
lich durchweg unter dem Einfluß der viktorinischen Übersetzung
steht, was man im einzelnen nachweisen kann und nachgewiesen
hat[1]), was aber schon aus der allgemeinen Tatsache hervorgeht, daß
er in seinem ersten Kommentar in der Erklärung durch den
Wortlaut der viktorinischen Übersetzung gebunden war, d. h. sich
der ihm vorliegenden Begriffe und Formeln bedienen mußte, und
so sein Denken von vornherein an der viktorinischen Diktion
orientiert war.

VIII. Über seine bedeutsamsten Übersetzungen, die Übersetzung der Werke Plotins, wissen wir nichts Genaues mehr,
wir haben nur das Zeugnis des gewaltigen Eindrucks, den diese
Schriften auf Augustin gemacht haben und den Augustin im
siebten Buch seiner Konfessionen beschreibt (c. 13—27), in der philosophischen Sprache Augustins, soweit sie die metaphysischen
Probleme des Neuplatonismus behandelt und von hier aus auch
die Terminologie seiner Dogmatik bestimmt. Wir haben weiter
den Nachklang in den christlichen Werken Viktorins, in denen
das plotinische System in einer noch klar zu umreißenden Transparenz vorhanden ist.

Man kann als Historiker den Verlust dieser Werke beklagen:
blickt man aber auf die innere Geschichte, die bestimmt ist durch
die Liebe und den Haß großer geistiger Mächte und Gestalten,
so muß man sagen, daß diese Werke, die die Ideen der griechischen Metaphysik in lateinischer Sprache formen lehrten und
zwar in Übersetzungen und Kommentaren, d. h. Begriff für Begriff, Definition für Definition, und die damit zugleich eine neue
philosophische Sprache und ein neues Denken schufen, in ihrer
Gestaltung der augustinischen Theologie, d. h. in der Gestaltung
des abendländischen Geistes ihren Sinn erfüllten und ihre Vollendung erfuhren.

---

1) Boethius in Porph. a se transl. lib. V 24 (ed. Brandt S. 347, 25) (PL
64, 158): Huius libri seriem primo quidem a rhetore Victorino, post vero a
nobis latina oratione conversam gemina expositione patefecimus. ib. (S. 135, 5
ed. Brandt PL 64, 171): Secundum hic acceptae expositionis labor nostrae
seriem translationis expediet. Über die Abhängigkeit des Boethius von
Viktorin s. Monceaux S. 393.

Man darf also die Bedeutung dieses Mannes, dem die Römer ein Standbild setzten, nicht unterschätzen:

Einmal war er ein hervorragender Vertreter der Bildung seiner Zeit in Grammatik und Rhetorik, dessen Lehrtätigkeit ihm einen großen Einfluß auf das öffentliche Leben verschaffte. Durch seine grammatischen und rhetorischen Schriften und Kommentare hat er auch einen unmittelbaren und mittelbaren Einfluß auf die mittelalterliche Schulbildung ausgeübt, indem seine Schriften Schulbücher wurden und auch die Verfasser von Schulbüchern sich an seine Schriften hielten.

Zweitens hat er durch sein Zurückgreifen auf die philosophischen Grundprinzipien der Logik, Dialektik, Grammatik und Hermeneutik diesen praktischen Fächern eine neue philosophische Wendung gegeben. Sein philosophisches Interesse zeigt sich am nachdrücklichsten in seinem Zurückgehen auf die Quellen, Aristoteles, Plotin, Porphyrios.

Drittens hat er in der Neuübersetzung des Aristoteles und der Behandlung seiner Schriften in ausführlichen Kommentaren eine exakte philosophische Sprache geschaffen, die durch Boethius hindurch die Sprache der mittelalterlichen Wissenschaft geworden ist.

Viertens hat er durch die Übersetzung der Neuplatoniker, vor allem Plotins, die lateinische Sprache flüssig gemacht für die Probleme einer Transzendentalphilosophie und ihr dadurch eine Region erschlossen, die ihr fremd geblieben war.

Fünftens hat er in diesem Flüssigmachen des lateinischen Denkens für die Formeln der plotinischen Metaphysik zugleich die Grundlagen der Terminologie der lateinischen Dogmatik geschaffen, indem er selbst noch an eine Darstellung der Ideen der christlichen Religion in der Sprache seiner Transzendentalmetaphysik sich heranmachte und eine dogmatische Begriffswelt schuf, hinter deren Reichtum und Vielgestaltigkeit Augustin in seinen rein metaphysischen Schriften, aber auch in de trinitate zurückbleibt. Selbst wenn man die Dogmatik Viktorins als ein mißglücktes Experiment bezeichnen würde, liegt in diesem formalen Moment, in dem Neuschaffen einer dogmatischen Begriffswelt (über deren Aussehen die Tabelle am Schluß orientiert), eine bleibende Leistung, denn jetzt konnten sich die Theologen wissen-

schaftlich verständigen und auseinandersetzen. Die geistige Haltung der augustinischen Jugendschriften, in denen all diese
wißbegierigen jungen Leute auftreten, die mit den Begriffen
der neuen Philosophie über das Christentum und das Problem
der Religion, der Erkenntnistheorie, der Ethik disputieren —
wobei die gute Absicht, sich in einer exakten wissenschaftlichen
Form und philosophischen Terminologie zu unterhalten, durch
das Unvermögen, diese Philosophie zu meistern, trefflich illustriert
wird —, ist für diese Wendung, die ganz im Zeichen des lateinischen Neuplatonismus steht, höchst bezeichnend. Was bedeutet es allein, die komplizierte griechische Ontologie in eine
exakte lateinische Begriffswelt einzufangen; so hat Viktorin bereits den Begriff des *ens* geschaffen; dazu tritt eine Fülle von
neuen Abstracta auf -*entia,* -*atus,* -*titas,* -*mentum,* neuen Adjektiven auf -*alis,* -*osus,* -*um* [1]). Formeln wie *subintelligentia, insubstantiatus, existentialitas, intelligentitas, alteritas, unalitas, filietas, limitamentum, praeprincipium, omnivivens, insubstantialis, imaginalis,
inactuosus, circumterminatio, intellectuare, conrationaliter, potentialiter, impassionabiliter, inexistentialiter, figurationes intelligentiarum*
usw. zeigen, daß man Viktorin als den ersten scholastischen Theologen ansprechen kann, worauf auch seine geistige Haltung, diese
eigenartige Mischung von aristotelischer Logik und Dialektik, plotinischer Metaphysik und ciceronischer Rhetorik als Grundlage
einer Deutung des christlichen Dogmas weist.

Über die zeitliche Reihenfolge seiner vorchristlichen Schriften
läßt sich soviel sagen:

1. Sämtliche bisher genannten Werke liegen vor seiner Bekehrung, d. h. vor 355.

2. Die erhaltenen Werke selbst geben einige Hinweise auf
ihre Reihenfolge [2]), nämlich

---

1) S. Monceaux S. 417. Souter hat in seiner Untersuchung: The earliest
latin commentaries on the epistles of St. Paul, Oxford, Clarendon Press,
1927, S. 30—38 eine lexikalische Zusammenstellung der auffälligen und
originellen Wortbildungen und Begriffe Viktorins gegeben, von welchen
wir folgende nachtragen: christianismus, christianitas, cognoscentia,
copulatio, deitas, gentilitas, germanitas, imaginarius, interpretator, materialis, paganismus, procreatio, recreatio, sensualis significantia, unanimitas,
unitio.

2) Monceaux ib. S. 387.

1. der *liber de definitionibus* zitiert die *quinque voces* [1]),
2. die *explanationes* greifen zurück auf Theorien, wie sie in *de definitionibus* entwickelt sind.
3. Die Abhandlung über den Syllogismus in *de definitionibus* legt es nahe, daß das Werk *de syllogismis hypotheticis* schon fertig war.
4. Die Definition der *ars grammatica* in *de definitionibus* berührt sich mit dem Inhalt der erhaltenen *ars grammatica*.

Sicher liegen also die *isagoge* zu den *quinque voces*, wahrscheinlich *de definitionibus*, *de syllogismis hypotheticis* und die *ars grammatica* vor den *explanationes*.

An christlichen Schriften, deren Theologie der zentrale Gegenstand unserer Untersuchung ist, hat uns die Überlieferung fünf bewahrt:

1. den *liber de generatione divini Verbi*,
2. die vier Bücher gegen die Arianer,
3. die kleine Schrift *de ὁμοουσίῳ recipiendo*,
4. die drei Hymnen über die Trinität,
5. die drei Kommentare zu dem Galater- (zwei Bücher), Epheser- (zwei Bücher) und Philipperbrief (ein Buch) [2]).

Dazu kommen einige verlorne Schriften:

6. Bereits in *de generatione divini Verbi*, also der ältesten erhaltenen Schrift (s. S. 32), schreibt Viktorin im Zusammenhang mit dem Problem der Trinität, des Verbum und des Heiligen

---

1) de definition. S. 25, 13 ed. Stangl.

2) An Handschriften nennt Koffmane de Mario Victorino S. 9—10 einen cod. Vaticanus Ottob. (Nr. 3288, S. XIV), cod. Hervallensis, cod. Tornacensis (S. XII), zwei codd. Middlehillenses (S. XII und S. XIII), cod. Sangallensis (Nr. 831 S. XI), cod. Bernensis (S. IX—X), zwei codd. Casinenses (Nr. 29 und 30). Alte Ausgaben (s. Monceaux S. 1396) der antiarianischen Schriften von Ziegler (Basel 1548), von Herold (Basel 1556), von Mabillon (analecta Bd. IV S. 155 ff.), von Sirmond (Paris 1630), und zwar nur die unechten Schriften ad Iustin. Manichaeum und de verbis Scripturae usw. Die Pauluskommentare und der unechte liber de physicis wurden ediert von Kardinal Angelus Mai (nova collectio scriptorum veterum Bd. III, 2, 1 ff.). Die Ausgabe bei Migne PL 8, S. 999—1310 ist ein Nachdruck der Mai'schen Ausgabe. Da nur bei Migne alle Schriften zusammengedruckt sind, wird nach Migne zitiert, die Paulusstellen sind bei Mai nachgeprüft. Die Angabe der Kapitel- und Verszahlen ermöglicht das Nachschlagen in der Ausgabe der Pauluskommentare bei Mai.

Geistes: *„dictum est a nobis sufficienter, ut credo, in aliis libris, a quo sit progressio et descensio; regressioque promissi sancti Spiritus declarata est . . . de iis tribus alia nobis oratio*[1]*)."*

Voraus liegen also Bücher über die Trinität, das Wort (den Logos) und den Heiligen Geist.

Auch in seiner Schrift gegen die Arianer greift er auf frühere Schriften — vermutlich auf dieselben — zurück[2]).

So muß also bereits eine umfangreiche — *multi libri!* — dogmatische Literatur vor den uns erhaltenen Schriften liegen.

Auch aus dem Zeitraum der uns erhaltenen Schriften ist einiges verloren. So weist

7. der Kommentar zum Epheserbrief auf eine christologische Spezialuntersuchung hin[3]): *„ergo passio illa Christi et resurrectio et ascensio perfectio est omnium tam in mundo quae salvari possent quam in aeternis et super omnes caelos. quod mysterium plenissimum unius libri explicatione tractavimus."*

8. Auch eine Sonderschrift über den Heiligen Geist ist bezeugt[4]) im Epheserkommentar: *„de qua re est liber certus hoc exponens quid spiritus sit et quam intelligentiam habeat, ut substantia eius possit intellegi."* Die Möglichkeit bleibt natürlich offen, daß es sich bei 6. 7. 8. um Teilbücher eines größeren Gesamtwerkes von unbekanntem Umfang und unbekannter Anordnung handelt.

9. Eine Notiz des Viktorin weist darauf, daß er noch weitere Kommentare, vermutlich zu dem 2. Korintherbrief, geschrieben hat. Alle diese Kommentare sind ganz verloren. Man wird also bei seinem Pauluskommentar an eine Kommentierung des ganzen Paulus in der Reihenfolge der kanonischen Ordnung der Bücher denken müssen[5]).

---

1) Victorin. de gen. verb. div. 31 (PL 8, 1036 A).
2) Vict. adv. Ar. lib. IV. 18 (1116 D) haec et alia in multis tractata libris a me ὁμοούσιον probant non solum Deum et Christum, sed etiam Spiritum Sanctum. ib. IV. 19 (1127 A) haec quidem nos in aliis libris exsequenter pleneque tradidimus. ib. IV. 31 (1136 A) quamquam et in primo existentiae suae actu, sicuti in multis libris docuimus, passio exstiterit recessionis a Patre . . . sed haec plenius alibi. 3) Comm. ad Ephes. 4, 10 lib. II (1274 B).
4) Comm. ad Ephes. 5, 2 (1283 C). 5) Comm. ad Eph. 1, 4 (1238 C) . . . de quo et in aliis epistulis tractavimus. ibid. ad Eph. 4, 10 (1274 B) . . . de quo tractatu iam multa diximus in praeterito. Es müßte sich, da sich diese Stelle auf II. Kor. 12, 2 bezieht, um einen Kommentar zu II. Kor. handeln.

10. Schließlich ist noch auf eine These einzugehen, die Monceaux aufgestellt und die das Verhältnis des Victorinus zu Origenes berührt.

Monceaux schreibt nämlich (Bd. III S. 379): *„notons enfin que Victorin est cité parmi les traducteurs d'Origène"* und beruft sich dabei auf zwei Stellen des Hieronymus, ep. 84, 7 und *contra Ruf.* III, 1.

Diese Behauptung hat bisher keine Beachtung gefunden, obwohl die Tatsache, die sich daraus ergeben würde, nämlich daß wir in Viktorins Theologie einen Platonismus origenistischen Gepräges vor uns hätten, nicht nur eine starke Akzentverschiebung in der Darstellung nnd Deutung der viktorinischen Metaphysik und Theologie mit sich brächte, sondern auch die Entwicklung der voraugustinischen Theologie und des jungen Augustin eine neue wichtige Perspektive bekäme, insofern die Berührung von neuplatonischer Metaphysik und lateinischer Dogmatik nicht unmittelbar eingetreten wäre, sondern sich der Übergang durch das Medium der bereits auf die christlichen religiösen Ideen bezogenen Religionsphilosophie des Origenes vollzogen hätte. *Hieron. ep.* 84, 7 (ed. Hilberg I. 2. S. 130): *„centum et quinquaginta prope anni sunt ex quo Origenes dormivit Tyri. quis Latinorum ausus est unquam transferre libros eius de resurrectione, peri archon, stromateas? quis per infame opus se ipsum voluit infamari? nec disertiores sumus Hilario nec fideliores Victorino, qui eius tractatus non ut interpretes, sed ut auctores proprii operis transtulerunt. nuper Ambrosius sic Hexameron illius compilavit, ut magis Hippolyti sententias Basiliique sequeretur. ego ipse, cuius aemulatores esse eos dicitis, et ad ceteros talpae caprearum in me oculos possidetis, si malo animo fuissem erga Origenem, interpretatus essem hos ipsos quos supra dixi libros, ut mala eius etiam Latinis nota facerem, sed numquam feci et multis rogantibus adquiescere nolui."*

Hieron. adv. libros Rufini III. 14 (PL 23, 467 C): *„ego non accusavi quare Origenem pro voluntate transtuleris: hoc enim et ipse feci et ante me Victorinus, Hilarius, Ambrosiusque fecerunt, sed quare translationem haereticam Praefationis tuae testimonio roborasti? ib. 468 B: quod et Hilarius in transferendis eius Homiliis fecit ut et bona et mala non interpreti, sed suo imputarentur auctori."*

In der Tat erscheint hier ein Victorinus im Zusammenhang mit der Aneignung der origenistischen Theologie durch das Abendland. Wir setzen absichtlich den indifferenten Ausdruck: Aneignung, denn vor der Lösung der Frage, wer nun eigentlich dieser Viktorin ist, ist zu konstatieren, daß auch die Behauptung, es handle sich um Übersetzungen, nicht zutrifft.

Hieronymus sagt von Hilarius und Viktorin, sie hätten Traktate des Origenes *„non ut interpretes, sed ut auctores proprii operis"* übertragen. Sie gaben also die Traktate nicht als Übersetzungen des Origenes, sondern unter eigenem Namen heraus. Es handelt sich also um Bearbeitungen des Origenes, der nicht in seiner ursprünglichen Gestalt seinen lateinischen Lesern vorgelegt wurde, sondern bereits durch das Filter der abendländischen Theologie hindurchgegangen war. Bestätigt wird die Tatsache, daß es sich nicht um Übersetzungen, sondern um Bearbeitungen handelt, durch den Hinweis auf das Hexameron des Ambrosius, für das die Bemerkung, der Verfasser habe die Übertragung *„non ut interpres, sed ut auctor proprii operis"* vorgenommen, insofern noch mehr zutrifft, als es sich hierbei um eine Kompilation mit weiteren griechischen Autoren, Hippolyt und Basilius, handelt.

Origenes kam also nicht rein ins Abendland, sondern in einer sorgfältigen Bearbeitung. Diese vollzog sich auf doppelte Weise: man schrieb die für das abendländische Dogma annehmbaren Gedanken ab und gab sie als eigene Ideen aus, überging dagegen die suspekten Ideen stillschweigend. So hat es Hieronymus selbst gehalten, und diese Methode rühmt er auch an seinen Vorgängern. Man hat ihm daraus unberechtigte Vorwürfe gemacht; ein Urheberrecht gab es damals noch nicht, und die Methode des *„Origenem sequi"*, wie Hieronymus sich ausdrückt, war an sich nicht verdächtigt (ep. 61,2 ed. Hilg. Bd. I, 1 S. 577). Was man darunter verstand, zeigt deutlich die Bemerkung des Hieronymus im selben Brief, wo er von Euseb von Vercellae schreibt, *„qui omnium psalmorum commentarios haeretici hominis vertit in nostrum eloquium, licet haeretica praetermittens optima quaeque transtulerit"*, und die Bemerkung im 112. Brief (ep. 112, 20 ed. Hilbg. Bd. I, 2 S. 390), wo es von Ambrosius heißt: *„Origenem ... in quibusdam secutus est."* Im 61. Brief (c. 2) beschreibt Hieronymus diese

Methode als seine eigene: *„quae bona sunt transtuli, et mala vel amputavi vel correxi vel tacui."*

Die zweite Methode war die ehrlichere, aber seltener angewandte, nämlich, in der Bearbeitung selbst sowohl das *bonum* als auch das *malum* der Urschrift kritisch herauszuarbeiten, also nicht einfach die plausiblen Ideen als eigene Inspirationen auszugeben, sondern der bearbeiteten Quelle selbst eine Kritik *in bonam et malam partem* unter deutlicher Angabe der Urheberschaft der einzelnen Ideen angedeihen zu lassen. Diese Form der Origeneskritik übte z. B. Hilarius, von dem Hieronymus sagt, er habe derart übertragen, *„ut et bona et mala non interpreti, sed suo imputarentur auctori"*.

Von hier aus ist der Streit mit Rufin verständlich: es geht um die Inkonsequenz in der Origenesbearbeitung, um eine Vermengung der beiden Methoden bei Rufin. Rufin gibt eine Übersetzung von περὶ ἀρχῶν unter dem Namen des Origenes heraus. Dies wäre an und für sich möglich bei Zugabe einer kritischen Wertung vom Standpunkt der römischen Lehre aus. Die Inkonsequenz besteht nun darin, daß er einerseits keine g e n a u e Übersetzung gibt, sondern nur die auffallendsten Widersprüche gegen die römische Lehre abschwächt, weniger auffallende stehen läßt, andererseits aber in seiner Vorrede behauptet, er gebe eine nach der römischen Lehre zurechtgemachte Übersetzung, so daß für den Leser einerseits die stehen gebliebenen Ketzereien als Lehrmeinungen der Kirche erscheinen müssen, andererseits eine exakte kritische Würdigung bei der Willkür der Bearbeitung nicht mehr möglich ist.

Zu der Gruppe der lateinischen Bearbeiter des Origenes gehört also auch ein Viktorin. Wenn Monceaux in diesem den Marius Victorinus sieht, so soll hier bewiesen werden, daß es sich um Viktorin von Pettau handelt. Daß die Behauptung Monceaux's nicht eindeutig ist, zeigt schon der Umstand, daß in der Darstellung der altchristlichen Literaturgeschichte bei Harnack und Bardenhewer die Zuweisung an Viktorin von Pettau auf Grund derselben Argumente geschieht, die Monceaux auf Victorinus Afer bezieht [1]).

Von den beiden genannten Stellen aus ist es nämlich unmöglich, den genannten Viktorin auf einen von den beiden genannten

---

1) Bardenh. II² S. 658—59; Harnack I. 732.

Viktorinen eindeutig zu beziehen. Andere Schriftsteller der Zeit geben aber keine entscheidende Nachricht, die eine klare Zuweisung ermöglichen würde.

Es fragt sich also, ob sich bei Hieronymus selbst noch weitere Stellen finden, die eine Bestimmung dieses Victorinus möglich machen.

Nun lassen sich noch zwei Stellen beibringen, die in diesen Zusammenhang gehören und so lauten:

1. *Hieron. ep. 61, 2 ad Vigilantium* (ed. Hilberg Bd. I, 1 S. 575): *„at idem et scripturas in multis bene interpretatus est et prophetarum obscura disseruit (sc. Origenes) et tam novi quam veteris testamenti revelavit maxima sacramenta. si igitur quae bona sunt, transtuli et mala vel amputavi vel correxi vel tacui, arguendus sum, cum per me Latini bona eius habeant, ignorent mala? si hoc crimen est, arguatur confessor Hilarius, qui psalmorum interpretationes et homilias in Job ex libris eius, id est ex Graeco, in Latinum transtulit, sit in culpa eiusdem confessionis Vercellensis Eusebius, qui omnium psalmorum commentarios haeretici hominis vertit in nostrum eloquium, licet haeretica praetermittens optima quaeque transtulerit. taceo de Victorino Petabionensi et ceteris qui Origenem in explanatione dumtaxat scripturarum secuti sunt et expresserunt."*

2. *Hieron. adv. libros Rufini* I. 2 (PL 23, 399 B) *„si Rufinus auctoritatem suo operi praestruebat, volens quos sequeretur ostendere, habuit in promptu Hilarium confessorem, qui quadraginta ferme milia versuum Origenis in Job et Psalmos transtulit. habuit Ambrosium, cuius plene omnes libri huius sermonibus pleni sunt, et Martyrem Victorinum, qui simplicitatem suam in eo probat, dum nulli molitur insidias. de his omnibus tacet et quasi columnis ecclesiae praetermissis me solum pulicem et nihil hominem per angulos consectatur".*

Die eben zitierten Stellen haben mit den beiden erst genannten gemeinsam, daß sich in allen Hieronymus auf seine Vorgänger in der lateinischen Übertragung des Origenes beruft. Es sind dies nach den verschiedenen Stellen:

1. Hilarius, Victorinus, Sanctus Ambrosius,
2. Victorinus, Hilarius, Ambrosius,
3. Hilarius confessor, Vercellensis Eusebius, Victorinus Petabionensis,

4. Hilarius confessor, Martyr Victorinus, Ambrosius.

Die beiden letztgenannten Zitate, die die Namen mit bezeichnenden Titeln geben, bestimmen also die beiden erstgenannten, die die Namen attributlos geben. Daß der Ambrosius der Sanctus Ambrosius, Bischof von Mailand ist, ist selbstverständlich. Der Hilarius ist der confessor Hilarius von Poitiers (*Pictaviensis*), dessen Verbindung mit Euseb von Vercellae im 112. Brief an Augustin (ep. 112, 20 ed. Hilb. Bd. I, 2. S. 390) genauer ausgeführt ist, wo Hieronymus in einer brillierenden Aufzählung von Psalmenkommentaren, durch die er Augustin zu imponieren hoffte, schließt: „ . . . *apud Latinos autem Hilarius Pictaviensis et Eusebius Vercellensis episcopus Origenem et Eusebium transtulerunt, quorum priorem et noster Ambrosius in quibusdam secutus est*", eine Stelle, in der also eine entsprechende Triade von *Hilarius Pictaviensis, Eusebius Vercellensis, Ambrosius* auftaucht.

Was nun Viktorin betrifft, so ist zunächst zu konstatieren, daß der Victorinus Petabionensis und der Victorinus Martyr identisch sind und den einen Viktorin von Pettau meinen. Das geht eindeutig aus der kurzen Darstellung seines Lebens und seiner Werke in den „viri illustres" des Hieronymus hervor (Bernoulli S. 41 und 42, de vir. ill. 74; PL 23, 683): „*Victorinus Pitabionensis episcopus non aeque Latine ut Graece noverat, unde opera eius grandia sensibus viliora videntur compositione verborum. Sunt autem haec: commentarii in Genesim, in Exodum, in Leviticum, in Isaiam, in Ezechiel, in Abacuc, in Ecclesiasten, in Cantica Canticorum, in Apocalypsim Iohannis adversum omnes haereses et multa alia. Ad extremum martyrio coronatus est.*"

Der Märtyrer Viktorin ist also der Viktorin aus Pettau, der sonst bei Hieronymus regelmäßig durch das Attribut *Pitabionensis* bezeichnet ist. So neben den beiden S. 21 genannten Stellen auch ep. 61 (*Petabionensis*) und de vir. ill. 74 (*Petavionensis*), in cap. Ezech. XXXVI (PL 25, 339 B) im Zusammenhang mit Laktanz und Tertullian als *Victorinus Pitabionensis episcopus* und weiter im Zusammenhang mit der Frage nach dem Verfasser des vierten Evangeliums und der Papiastradition de vir. ill. 18 (PL 23, 637 B, ed. Bernoulli 19, 20) als *Victorinus Pitabionensis*.

Daß nun dieser Märtyrerbischof Viktorin von Pettau seinerseits mit dem attributlos in den erstgenannten Stellen Viktorin von

Monceaux zitierten Viktorin identisch ist, ist aus drei Gründen
sicher:

Das eine ist die Bezogenheit auf die Origenesübertragung und
im Zusammenhang damit die formelhaft wiederkehrende Zusammenstellung mit den Origenes-Bearbeitern Hilarius, Ambrosius, Eusebius von Vercellae. Diese vier Männer werden viermal von Hieronymus im selben Zusammenhang zu demselben Zweck vorge-
schoben: seine eigene Methode der Bearbeitung und Ausplünderung
des Origenes zu legitimieren. In zwei von den vier Fällen erscheint der Name Viktorin attributslos, in zwei Fällen mit
Attributen, die eine eindeutige historische Zuweisung an den
Pettauer Märtyrerbischof ergeben: daraus ist mit Sicherheit zu
schließen, daß in allen vier Fällen derselbe Viktorin von Pettau
gemeint ist.

Erhärtet wird diese Zuweisung durch den Umstand, daß die
von Monceaux zitierte Stelle aus adv. Rufinum, in der Viktorin
neben Hilarius und Ambrosius attributlos erscheint, nicht die
erste Nennung des Viktorin in jenem Buche ist; vielmehr erfolgt
der Hinweis auf die drei Origenesbearbeiter bereits im ersten
Buch derselben Schrift, adv. libros Rufini 1,2 (PL 23, 399 BC).
Dort wird aber gerade dieser Victorinus durch das Attribut
martyr eindeutig historisch bestimmt. Der Leser mußte also
wissen, wenn er an die Wiederholung der Trias der Origenesbearbeiter kam, daß es sich um den Pettauer Märtyrerbischof
handelte.

Ein dritter Grund: Bei der ersten Nennung von Ambrosius
und Victorinus Martyr in der Schrift adv. libros Rufini 1, 2
(PL 23, 399 BC) wirft Hieronymus dem Rufin vor, er habe bei
seiner Bearbeitung und der Kritik seiner eigenen (des Hieronymus) diese Männer umgangen. Er spricht dort von ihnen als von
praetermissis columnis ecclesiae. Dieses Attribut paßt nun zwar
auf den vielgepriesenen und hochberühmten Pettauer Märtyrerbischof sowie auf den Mailänder Bischof Ambrosius, aber ganz
und gar nicht auf den M. Victorinus Afer, dessen Autorität als
Theologe Hieronymus negiert.

Das Gegenbild: So oft Hieronymus von Marius Victorinus Afer
spricht, bezeichnet er ihn durch ein bestimmtes Attribut. Die
Stellen sind:

1. chron. ad ann. 2370 (358 n. Chr.) (PL 27, 688, S. 239, 12—14 ed. Helm.): *Victorinus rhetor*.

2. chron. ad ann. 2360 (353 n. Chr.) (PL 27, 686): *Victorinus natione Afer Romae rhetoricam docet* (vgl. Anm. 8).

3. prol. in comm. ad Gal. (PL 26, 308 A) C. *Marius Victorinus, qui Romae ... rhetoricam docuit*.

4. de vir. ill. 101 (PL 23, 701 A, ed. Bernoulli S. 49, 20 ff.) *Victorinus natione Afer sub Constantio principe rhetoricam docuit*.

Daß *Victorinus Rhetor* der Name war, unter dem man ihn in Rom kannte, geht auch aus Augustin hervor, der ihn in der Bekehrungsgeschichte einführt als *Victorinus quondam rhetor urbis Romae* (conf. VIII. 2, 3, s. S. 4). Unter diesem Titel hatte er in Rom Karriere gemacht, und es ist nicht unmöglich, daß dieser Titel in der Inschrift des Standbilds stand, das ihm auf dem Forum errichtet wurde.

Der Sprachgebrauch bei Hieronymus ist also der: Der Rhetor Victorinus, der von Hieronymus sehr nebensächlich und abfällig beurteilt wird, ist stets durch ein Attribut, das seinen Beruf oder seine Nationalität ersehen läßt, gekennzeichnet.

Der Märtyrerbischof Viktorin von Pettau, der eine große Rolle bei Hieronymus spielt und an dem er als einem Vorgänger der Origenes-Übertragung und -Bearbeitung persönlich interessiert ist, erscheint teils mit den Attributen *Petavionensis* (und den sprachlichen Varianten) oder *martyr*, teils ohne Attribut, weil er in der theologischen und klerikalen Welt, in der sich die Origenes-Diskussion bewegt, eine bekannte Figur ist, und weil Hieronymus selbst das charakterisierende Attribut bei einer wiederholten Nennung des Namens innerhalb derselben Schrift und demselben Zusammenhang wegläßt.

Daß sich der Rhetor Marius Victorinus mit Origenes beschäftigt hat, sei es als Übersetzer, sei es als Bearbeiter, ist historisch schlechthin nicht nachzuweisen, und die Behauptung ist wohl nicht zu gewagt, daß Hieronymus, nachdem einmal die Gestalt des Origenes heraufbeschworen war und er für seine eigene Methode der Ausbeutung des Alexandriners Rückendeckung suchen mußte, sicher den Rhetor Viktorin mit genannt hätte, wenn er ihn als Origenisten gekannt hätte; er nennt aber nur die vier, Hilarius, Viktorin von Pettau, Ambrosius und Euseb

von Vercellae, und aus der Regelmäßigkeit, mit der diese vier
Männer in seiner Polemik wiederkehren, spürt man die ängstliche
Sorgfalt, mit der er die Mitschuld an der Latinisierung des
Origenes zu verteilen sucht. Von M. Victorinus Rhetor kennt er
zwar die Hauptwerke, contra Arianos und die Pauluskommentare,
aber sein Urteil lautet: er ist ein abstruser und wirrer Philosoph
und kein Theologe.

Die augustinischen Aussagen mäßigen diese Kritik an Viktorin,
indem sie nachdrücklich auf seine Beschäftigung mit der Heiligen
Schrift hinweisen (conf. VIII. 2, 4, CSL 23, S. 172, 13: *legebat
sanctam scripturam omnesque christianas litteras investigabat studiosis-
sime et perscrutabatur*), führt aber über das eine Factum nicht
hinaus: seine Wendung ist ein Weg von der neuplatonischen
Philosophie zur metaphysischen Durchdringung der Heiligen
Schrift, in der er die Vollendung seiner Philosophie fand, und
von hier zur Kirche.

Eine Bestätigung dieser Wendung, die wir als eine einlinige
bezeichneten, sind nicht nur die genannten Aussagen Augustins,
sondern vor allem auch die Tatsache, daß er die Bekehrungsgeschichte unmittelbar auf die berühmte Darstellung der einzelnen
Ideen folgen läßt, in denen er in der plotinischen Metaphysik
die christliche Lehre vorgebildet gefunden hatte, und zwar eben
auf Grund der viktorinischen Übersetzungen [1]). So fungiert im Anschluß an die Abgrenzung der „christlichen" Lehren des Plotin
die Darstellung der viktorinischen Bekehrung als eine Art von
exemplum, an dem diese Wendung vom Neuplatonismus zum
Christentum an einem historischen Fall vorgeführt wird, ein Fall,
von dem Augustin selbst sagt, daß er ihm als *exemplum* gedient
habe und daß ihm Simplician eben zu diesem Zweck die Geschichte erzählt habe. Viktorins *conversio* ist also Prototyp der
Bekehrung des Neuplatonikers zum Christentum.

Nicht nur die Überlieferung über seine philosophischen Ar-
beiten, die uns verloren sind, nicht nur die Kritik des Hieronymus, der ihn nicht verstand, nicht nur die verständigeren Bemerkungen Augustins, sondern eben diese theologische Deutung
des Neuplatonismus, an die Augustin die Bekehrungsgeschichte
anschließt, bestätigen die Einlinigkeit dieser Wendung Viktorins

---

1) Augustin conf. VII. 9 ff.

vom Neuplatonismus zum Christentum, die auf der Entdeckung beruhte, daß das Christentum die Urphilosophie als Offenbarung hat.

Trotzdem darf das Problem Origenes auf Grund dieser formalen, literarkritischen Lösung nicht von vorneherein auf die Seite geschoben werden. Da es sich bei dieser metaphysischen Aneignung der Offenbarung, welche ihrerseits wieder eine Auflockerung der hergetragenen Metaphysik bewirkt, geistesgeschichtlich gesehen, um ein Phänomen handelt, das zu der Gestaltung der Offenbarung durch Einbeziehung metaphysischer Ideen bei Origenes in enger Beziehung steht — Origenes ist ja durch den gleichen Lehrer der Philosophie, Ammonios Sakkas, mit Plotin, d. h. auch mit seiner Metaphysik wesenhaft verbunden — so soll im Anschluß an die Darstellung der Zusammenhänge Viktorins mit der plotinischen Metaphysik eine Abgrenzung der viktorinischen Theologie gegen die metaphysische Durchdringung der Offenbarung bei Origenes folgen, die für eine noch ausstehende ideengeschichtliche Darstellung der origenistischen Theologie vielleicht nützlich sein kann.

Über die Chronologie der christlichen Schriften läßt sich soviel sagen, daß keine vor 355, dem Bekehrungsjahr Viktorins liegt. Eine nähere Bestimmung erlaubt nun aber die Hauptschrift gegen die Arianer durch folgende Momente:

1. Viktorin datiert diese Schrift durch die Bemerkung, es seien 40 Jahre her seit dem Konzil von Nicaea[1]). Demnach fiele die Abfassung von adv. Arianos in das Jahr 365.

2. bemerkt der Verfasser, seine Schrift sei unter Konstantius geschrieben[2]). Demnach fiele das Werk in die Regierungszeit des Konstantius und müßte vor 361, dem Todesjahr des Konstantius, vollendet sein. Daß die beiden Zahlen nicht genau passen, rührt wohl daher, daß einerseits das Regierungsjahr nicht genau bestimmt ist, andererseits Viktorin mit den 40 Jahren wohl eine runde Zahl genannt hat.

---

1) Adv. Ar. L. I 28 (1061 B) Nunc inventum hoc dogma? ... ubi latuit? ubi dormivit? ante XL annos? cum in Nicaea civitate fide confirmata per CCC plures episcopos Arianitas excludentes in qua synodo istorum virorum ecclesiae totius orbis lumina fuerunt? (die Mss. haben ante XL annos, die Schreibung ante XI ist später hereingekommen).

2) Adv. Ar. L. II 9 (1095 D) multi orbis episcopi trecenti quindecim in civitate Nicaea ... probatum autem ab imperatore imperatoris nostri patre.

3. Viktorin erwähnt den Zusammenschluß der Homoiousianer als ein Ereignis der jüngsten Gegenwart[1]). Damit ist zusammenzunehmen die Erwähnung des Basilius, u. zwar an verschiedenen Stellen im Zusammenhang mit den Arianern und den Homoiousianern[2]). Diese Angaben weisen auf die Synode von Ankyra, deren Vorsitz Basilius von Ankyra führte und auf der sich die Homoiousianer konstituierten, d. h. auf das Jahr 358.

4. Viktorin erwähnt als ein aktuelles Ereignis die Verurteilung der Bischöfe Valens und Ursacius[3]). Diese Verurteilung fand statt auf der Synode von Rimini am 21. Juli 359. Man könnte daran denken, daß sich diese Bemerkung auf die erste Verurteilung des Valens und Ursacius auf dem Konzil von Sardica 343 bezieht, aber damals war Viktorin noch nicht Christ, die beiden Bischöfe wurden inzwischen wieder aufgenommen und zur Zeit, als sich Viktorin mit der Niederschrift von adv. Arianos befaßte, zum zweitenmal in Rimini verurteilt. Es handelt sich also bei dem „nunc" um die zweite Verurteilung 359.

Die Schrift gegen die Arianer wird also wohl Ende 359 (nach Monceaux) und nicht 357 (nach Schmid, der den Hinweis auf Valens und Ursacius nicht in Erwägung zog) geschrieben sein.

Um diese erhaltene Hauptschrift gruppieren sich nun die übrigen Schriften folgendermaßen:

1. *de generatione divini Verbi* liegt kurz vor adv. Arianos[4]).

2. In *de gen. div. Verbi* sind aber bereits weitere christliche Schriften über die Trinität, das Wort, den Heiligen Geist erwähnt[5]), die voraus liegen müssen.

---

1) Adv. Ar. L. I, 45 (1075 C) discedant et Basilii ὁμοιούσιοι ... ista dicentes occulti Ariani sunt. ib. II, 9 (1095 A) si autem et Basilius ὁμοιούσιον dicit, et hoc quoque nomen adversum vobis est ... et ipse B. intelligit quid ὁμοιούσιον dici vult, de quo post loquemur ... et Basilius quia intelligit .. mutat. ib. II, 10 (1096 A) vos qui substantiam negatis in Deo quamque a Basilio vincamini et tu, Basilii qui substantiam confiteris ... argumentum timoris Basilii tollitis ... vos autem certe Basilio credite.

2) ib.

3) Adv. Ar. I, 28 (1061 C) et nunc Valens et Ursacius et alii istius modi in haeresi religiosi inventi destructi sunt ... et nunc Valens et Ursacius reliquiae Arii.

4) Siehe adv. Ar. L. I, 1 (1039 C ff.).

5) De gen. 31 (1036 A).

3. *De* ὁμοουσίῳ *recipiendo* ist eine Art Anhang zu der Haupt-schrift gegen die Arianer und darf wohl bald darauf, etwa 360 angesetzt werden [1]).

4. In die Zeit der antiarianischen Schrift fallen auch die drei Hymnen über die Trinität.

5. Nach der antiarianischen Schrift liegen die Pauluskommen-tare, die auf diese Schrift zurückgreifen [2]).

6. Der Kommentar zum Philipperbrief ist geschrieben nach dem Kommentar zum Epheserbrief [3]). Die Reihenfolge der Kom-mentare hielt sich vermutlich an die Reihenfolge der Paulus-briefe. Verloren sind der Kommentar zum Römerbrief und zu den Korintherbriefen, während sich die übrigen in der kanoni-schen Reihenfolge: Galater, Epheser, Philipper folgen.

Zu den einzelnen erhaltenen Schriften ist an formalen Eigen-tümlichkeiten vorweg zu bemerken:

1. Der liber de generatione setzt ein mit einem Brief des Arianers Candidus, einer streng philosophisch gehaltenen Schrift, die von vornherein der Frage nach dem ὁμοούσιος eine fast aka-demische Note gibt.

Viktorin greift diesen Ton in einer generösen Weise auf. So steht man vor dem eigenartigen Phaenomen, daß inmitten des allgemeinen Getümmels Arianer und Antiarianer auf eine formal vollendete Weise sich über ihre Prinzipien unterhalten und dabei wirklich auf die wesentlichen metaphysischen Ideen zu sprechen kommen. Man darf nur hören, wie die Herrrn sich anreden; Candidus an Victorin: *o mi dulcis senectus Victorine* [4]), *mi dulcis Victorine* [5]), *o amice Victorine* [6]), Victorin an Candidus: *o generose Candide* [7]), *o mi dulcissime Candide* [8]), *o amice Can-dide* [9]). Wo haben sich inmitten der Fülle von Grobheiten und

---

1) Siehe etwa de homous. rec. 4 (1140 C).

2) ad Gal. 1, 1 lib. I (1148 A) ad Gal. 4, 19 lib. II (1184 C) ad Eph. 1, 4 lib. I (1242 B; 1250) ad Phil. 2, 6 (1207 BC).

3) ad Phil. 2, 6 (1207).

4) de gen. verb. div. 1 (1019 C).

5) de gen. verb. div. 3 (1021 D).

6) de gen. verb. div. 10 (1018 C).

7) ep. ad Mar. Vict. rhet. 1 (1113 C).

8) de gen. verb. div. 1 (1119 C).

9) Adv. Ar. lib. I. 1 (1035 D).

Verleumdungen im vierten Jahrhundert Ketzer und Katholik stilvoller unterhalten?

Die Schrift de generatione ist eine nicht weniger philosophisch gehaltene Antwort auf diesen Brief des Candidus, deren Stil die Darstellung der Ontologie illustrieren mag, die wir an den Anfang der Untersuchung stellen.

2. Candidus hat den Ball wieder zurückgeworfen — es war in der Tat ein Ball und kein Knüppel —, indem er in einem zweiten Brief nach einer kurzen Einleitung einen Brief des Arius an Eusebius von Nikomedien und an Paulin von Tyrus in lateinischer Übersetzung folgen läßt und so unmittelbar die *verba magistri* reden läßt[1]).

Auf diesen zweiten Anstoß hin hat dann Viktorin seine große Schrift gegen die Arianer in vier Büchern entworfen, die wir ungefähr auf das Ende des Jahres 359 festlegen konnten. Das Werk fällt also in die Zeit des Konzils von Rimini, in dem die Politik des Kaisers Konstantius der abendländischen Kirche eine schwere Demütigung auferlegte und die römische Kurie in einen schlimmen Zustand politischer Demoralisierung versetzte, d. h. in eine Zeit, wo es immerhin ein Wagnis war, der offiziellen Tagespolitik entgegen von einer Transzendentalmetaphysik aus das abendländische Dogma zu stützen. Man kann so sagen, daß die Geburt der spekulativen abendländischen Trinitätslehre in eine Zeit fällt, in der die offizielle Leitung der Kirchenpolitik unter dem Druck der Reichspolitik das abendländische Dogma durch Brief und Siegel verraten hat.

3. Die Pauluskommentare, über deren theologische Bedeutung in der Darstellung der Glaubenslehre zu sprechen sein wird, unterscheiden sich von den zeitgenössischen und z. T. auch den späteren Kommentaren — Ambrosiaster, Hieronymus, Augustin, Pelagius — durch das Fehlen der allegorischen Exegese und durch die streng wörtliche Interpretationsmethode. Hier spürt man den Übersetzer der aristotelischen ἑρμηνεία und den logischen Methodiker, der sich auf dieselbe Weise an Paulus heranmacht, wie er es von seinen Cicero- und Aristoteleskommentaren her gewohnt war.

Der benutzte Text des Neuen Testamentes, insbesondere der Paulusbriefe (vgl. die ausführliche Anmerkung) ist ein textus

---

1) PL 8, 1035 ff.: Cand. epist. ad Marium Victorinum rhetorem.

mixtus, der sich an die Italici anschließt, aber auch afrikanische Lesarten enthält, wie man sie z. B. bei Cyprian trifft, und nimmt eine Zwischenstellung zwischen dem afrikanischen Text und der Vulgata ein[1]).

1) Siehe hierüber Genaueres in der Untersuchung von Souter (zit. Anm. 20). Souter hat in der genannten Arbeit ausführlich den Paulustext des Viktorin untersucht. Die Handschriften sind nach Souter S. 9 ein Ottobon. 3288 A, s. XIV, ein Ottobon. 3288 B, s. XVI, eine Kopie des erstgenannten, ein vat. 3546, s. XVI, eine Abschrift eines der beiden erstgenannten Mscr; infolgedessen stimmen alle in den Lücken und Korruptelen überein. Souter weist auf die Möglichkeit hin, daß der ältere Ottob. 3288 auf den cod. Hervallensis zurückgeht, den Jaques Sirmond S. J. in seinen opera varia tom. I (Venezia 1728) S. 200 nennt, und daß diese einzige Traditionslinie auf einen Kodex zurückführt, den die irische Kirche des 5. Jahrhunderts erwarb. Die Lücken reichen von Gal. 3, 10 b - 19, von Gal. 5, 17 b - 6, 1 a, von Phil. 1, 1 - 14 und Eph. 6, 1 - 12. Der Bibeltext zeigt Spuren einer Kontamination mit dem Vulgatatext, die Souter a. O. 11 zusammenstellt. Dort sind auch die Stellen genannt, in denen der Kommentar einen anderen Text aufweist als die Lemmata. Über die Textform im besonderen vgl. Monceaux a. O. Bd. I, S. 132—134, auch „Old Latin Biblical Texts", vol. II, Oxford 1886, S. LXXXV f. Die ausführlichste Untersuchung, auf die wir zurückgreifen, steht bei Souter a. O. S. 14—20, der auch die Arbeit von Zimmer: Der Galaterbrief im altlateinischen Text, Königsberg 1887 heranzieht, und sich im allgemeinen an die vier von Zimmer aufgestellten Texttypen: 1. Tertullian und Cyprian, 2. Viktorin und Ambrosius (= der von Hieronymus so genannten vulgata), 3. Augustin, 4. Vulgata hält. Souter, der mit Recht darauf hinweist, daß man bei dem römischen Rhetor keinen afrikanischen Text zu erwarten braucht, bringt in ausführlichen Belegen die Bestätigung, daß ihm ein europäischer Text vorwiegend italischen Gepräges vorlag, der aber in seinen Abweichungen von der Vulgata z. T. sich dem afrikanischen Text Cyprians nähert. Ausschlaggebend sind vor allem die weitgehenden Übereinstimmungen mit dem Ambrosiastertext, worauf schon Zimmer aufmerksam gemacht hatte. Souter weist auch über die Freisingischen Fragmente (ed. von Donatien de Bruyne, vol. Bibl. Lat. t. V, Rom 1921) den augustinischen Text in die Nähe des viktorinischen Textes. Da der apostolus meist in einem Band beisammen war, wird man generell annehmen dürfen, daß Viktorin den zeitgenössischen Text, d. h. die der Vulgata vorausliegende europäische (italische) Form benutzte. Die charakteristischen Merkmale sind bei Souter S. 16 notiert. Die Stellen die für unsere Untersuchung von Bedeutung sind, sind an ihrem Ort berücksichtigt, so vor allem der auffällige Ersatz des Begriffs sacramentum durch den Begriff mysterium. Dieses Wort mysterium ist nicht nur bedeutsam für die vikt. Theologie, sondern weist auch den Text bestimmt der europäischen Textgruppe zu, während die Afrikaner, z. B. Cyprian, stets sacramentum haben. Indessen nähert sich Viktorins Text in den Ab-

Für die Interpretationsweise Viktorins ist bezeichnend, daß er
verschiedene Handschriften vergleicht, auf die einzelnen Lesarten
eingeht [1]), auch griechische Texte mit heranzieht [2]). Einmal benutzt er zu der Erklärung eines Septuagintazitates die Übersetzung des Aquila [3]). All das weist auf eine wissenschaftliche
Form zu interpretieren, die den exakten Grammatiker und Kommen-
tator des Aristoteles zeigt. Wie diese neue Form der Interpretation in der Auslegung des paulinisches Textes selbst auf Entdeckungen führt, die der kirchlichen Tradition ganz und gar
zuwiderlaufen, wird in der Darstellung seiner theologischen
Ideen im einzelnen darzustellen sein.

4. Wenn bereits darauf hingewiesen wurde, daß die Beschäftigung mit den neuen Problemen, die das Dogma dem spekulativen Denken stellte, das philosophische Denken auf eine uner-

---

weichungen von der Vulgata dem cyprianischen Text. Doch findet sich bei
Vikt. nicht nur eine bewußte Textkritik, sondern auch eine Kontrolle des
lat. Textes am griech. Original. Weiter muß man an einigen Stellen, in
denen er allein gegen die europ. und afrikanische Tradition steht, eine
freie Übertragung aus dem griech. Text annehmen (vgl. Souter S. 1). So
hat z. B. Phil. 3, 1 der text. lat. „manifestum", Viktorin entscheidet sich
aber für den griechischen Text „firmum et tutum" (= ἀσφαλές). Phil. 3, 2
hat der text. lat. eminentiam, wozu er notiert, daß nach dem text. graec.
noch cognitionis folgt. Phil. 4, 12—13 findet sich eine ungewöhnliche Inter-
punktion, ebenso Eph. 3, 2—3 und Eph. 5, 19—20. Die Einteilung des
Epheserbriefes in 2 Bücher stimmt nicht mit der Kapiteleinteilung der Vulgata überein.

1) ad Gal. 2, 4 und 2, 5 lib. I (1159 A) ad Phil. 2, 6 und 3, 8; 3, 9 (1208 C
und 1219).

2) ad Gal. 7, 4; 7, 5 lib. I (1159) in plurimis codicibus et latinis et graecis
ista sententia est . . . ad Phil. 2, 6 (1208 A): Graecus quidem σχῆμα dicit,
latinus habitum nominavit. ad Phil. 3, 8; 3, 9 (1219 B) melius enim sic legi-
mus quam existimor, nam et graecus ita posuit ἡγοῦμαι. Adv. Ar. l. II, 8
(1094 C) graecum igitur evangelium habet ἐπιούσιον . . . hoc latini vel non
intelligentes vel non valentes exprimere non potuerunt dicere, et tantummodo quotidianum posuerunt, non ἐπιούσιον . . . hinc sanctus Apostolus ad
Titum epistula sic dixit graece . .

3) de gen. verb. div. 27 (1033 B) Moses sic dicit . . . secundum Aquilam
hoc idem sic . . . Bei Viktorin braucht man nicht notwendig wegen dieser
einen Stelle die Vorlage der ganzen Hexapla anzunehmen, zumal es sich bei
ihm um eine bekannte Aquila-Variante handelt. Es gab Handschriften und
Kommentare, in denen wichtige Lesarten des Aquila und des Symmachus
vermerkt waren.

wartete Weise flüssig machte, so ist die Geistigkeit, wie sie in den Hymnen [1]) Viktorins sich geformt findet, das unmittelbare Anschauungsbeispiel dafür. Wir haben in ihnen ein Beispiel, wie das Philosophieren in die Kunstform freier Rhythmen hineingleitet, wobei sich gewissermaßen der spekulativ erregte Logos in diesen freien Versen eine neue Ausdrucksform schafft, die man nicht unter den Begriff Poesie im Sinne der klassischen Poesie fassen kann, weil die Sprache der Gedanken, die hier ineinandergleiten, die komplizierte Begriffssprache der Philosophie und der Dogmatik ist, die dazu noch mit griechischen Termini durchsetzt ist. Die freien Rhythmen, die nur durch den Refrain eines Anrufs an die Trinität oder durch ein *Miserere* gegliedert sind, sind der unmittelbare Niederschlag einer intellektualen Anschauung der Trinität, in der die Bewegung und Erschütterung über die Abgründigkeit und die Tiefe des religiösen Problems und die Kunst einer begrifflichen Deutung der geschauten metaphysischen Bewegungen sich zu einer eigenartigen Kunstform verdichten, die ganz außerhalb der klassischen Bindung der Poesie steht und die man am ehesten mit den gnostischen Hymnen vergleichen kann, die ebenfalls zurückweisen auf die unscheidbare Vermischung von religiöser und intellektualer Anschauung, in der der Begriff zur mythischen Figur wird und Religion und Metaphysik sich verschmelzen [2]).

---

1) Die drei Hymnen über die Trinität stehen Migne PL 8 (1139—1146).

2) Im Gefolge der genannten Schriften finden sich noch einige unechte Schriften, die sich schon durch die Form und den Stil des Denkens und durch die philosophische Sprache von Viktorins eindeutigem philosophischen Denkstil unterscheiden.

Es handelt sich

a) um einige ihm fälschlich zugeschriebene Gedichte,

b) um den liber de physicis,

c) um die Schrift de verbis scripturae Gen. 1, 5,

d) um den liber ad Iustinum Manichaeum.

1. Die Gedichte, deren Autorschaft Viktorin dem horror vacui verschiedener Bearbeiter der anonymen Literatur des 4. Jahrhunderts verdankt, sind

a) de fratribus septem Maccabaeis (ed. Peiper CSEL XXIII 1891 S. 255 ib. S. 240),

b) de cruce, das auch den Titel de Pascha und de ligno vitae führt (ed. in der Cyprianausgabe von Hartel Bd. III S. 305),

c) de Jesu Christo Deo et homine (ed. Fabricius poet. vet. op. christ. S. 761),

d) fünf Bücher adversus Marcionem in der Tertullian-Ausgabe von Öhler Bd. II S. 781—798 (die übrige Literatur siehe bei Monceaux S. 398 Anm. 4),

e) Carmen de nativitate passione et resurrectione Domini (ed. A. Mai class. auct. Bd. V. S. 382),

f) versus de lege Domini s. Oxé: Victorini versus de lege Domini, ein unedierter Cento aus dem Carmen adversus Marcionitas, Crefeld 1894, dazu Brandes Wien. Stud. XII. 1890 S. 310.

2. der liber de Physicis erscheint in mehreren Handschriften nach den Pauluskommentaren, ohne Namen. Seine Probleme fallen nicht in den Kreis der viktorinischen Probleme, auch ist der Stil stark verschieden.

3. der liber ad Iustinum Manichaeum ist ebenfalls namenlos überliefert; außerdem gibt weder Viktorins literarisches Werk noch die Tradition über ihn den geringsten Anlaß zur Annahme einer Auseinandersetzung mit dem Manichaeismus; auch hier liegen starke stilistische und ideenmäßige Verschiedenheiten vor (Monceaux S. 399).

4. Der Traktat de verbis scripturae beschäftigt sich mit der Interpretation von Gen. 1,5, d. h. mit dem tiefsinnigen Problem, ob die Welt an einem Morgen oder an einem Abend begonnen habe: der Verfasser ist kein Philosoph, erklärt vielmehr nachdrücklich, nichts mit Philosophen zu tun haben zu wollen (de verb. script. 2: ut philosophi dicunt . . . sed absit a nobis cum illis aliquid sentire). Genauere Kriterien der Ausscheidung dieser Schriften wird die Untersuchung der Theologie bringen.

B. Viktorins Theologie.

1. Die Ontologie.

Die viktorinische Theologie baut sich auf einer konsequent durchgeführten Ontologie auf. Daß die Lehre vom Sein und den Seinsformen tatsächlich der Grund ist, auf dem die Ideen und Spekulationen seiner Dogmatik entworfen sind, ist durch eine genaue ideengeschichtliche Untersuchung erst zu begründen; es mag vorerst der formale Hinweis genügen, daß gleich die erste erhaltene Schrift Viktorins, *de generatione verbi divini*, mit rein ontologischen Spekulationen einsetzt und aus einer Seinslehre eine neue Deutung der Zeugung des Logos und der Trinität entwickelt.

Betrachtet man die viktorinische Ontologie in ihren großen Zügen, so stößt man auf einen eigenartigen Aufbau: die ganze Seinssphäre ist hineingetaucht in ein doppeltes Nichtsein: das transzendentale Nichtsein Gottes und das reine Nichts, und ist so, zwischen zwei Abgründen schwebend, durch eine Abgrenzung nach beiden Seiten bestimmt.

Das interessante Moment an diesem Aufriß ist dabei, daß das Problem des Seins nicht einfach von einer idealistischen Setzung aus gelöst wird, sondern daß das Sein — und hierin liegt die Modernität der ontologischen Spekulation, die über die Scholastik zur Heideggerschen Metaphysik führt — bestimmt ist vom Nichtsein aus.

Man kann es wohl für ein Zeichen tieferen ontologischen Verstehens halten, wenn Viktorin zunächst in einer kühnen Antizipation der ontologischen Teilprobleme Gott und die Materie unter den einen Begriff des *id quod non est* zusammenrafft, und darf in diesem Zug eine souveräne Autonomie des philosophischen Denkens gegenüber der traditionellen platonischen Anschauung, die noch weithin mythisch gebunden ist, erblicken.

Am Anfang der ontologischen Untersuchung steht also nicht die traditionelle Frage nach dem Sein, auf die dann die ebenso traditionelle Beantwortung durch die Logoslehre folgen müßte, sondern die Frage nach dem Nichtsein. Formen des Nichtsein werden nun vier unterschieden [1]):

1. iuxta negationem omnino omnimodis ut privatio sit existentiae: das schlechthinnige Nichtsein, die totale Verneinung der Existenz.

2. iuxta alterius naturam ad alterius naturam, ut hoc non est illud: das relative Nichtsein in der Bezogenheit zweier verschiedener Seiender; das negative Seinsmoment der Individuation.

3. iuxta nondum esse, quod futurum est et potest esse: das kontingente und eventuale Nichtsein.

4. iuxta id quod super omnia quae sunt habet *est*, ut quia non est aliquid istorum nec convenit cum aliquo eorum: das transzendentale Nichtsein, der transzendente Ursprung alles Seins.

In diesen dunklen Grund des Nichtseins wird nun erst das Sein selbst hineingezeichnet, so daß sich folgender Aufriß ergibt, den wir wieder mit einem Schema Viktorins wiedergeben [2]):

I. primo Deus et super quae sunt est et super quae non sunt: quippe generator ipsorum et pater iuxta quod causa est.

II. Deinde secundum generationem a Deo aut secundum effectionem quae sunt apparuerunt . . .

1. alia sunt vere quae sunt,
2. alia quae sunt,
3. alia quae non vere non sunt,
4. alia quae non sunt.

III. At illa quae vere non sunt, non recipit in esse plenitudo Dei.

Man kann also in einem rohen Überblick sagen, daß sich in den einzelnen Reihen das dialektische Verhältnis von Sein und

---

1) De gen. verb. div. IV (1021 C); eine nähere Ausführung gibt de gen. V (1022 B) et non aestimes quae non sunt quasi per privationem eorum quae sunt. nihil enim istorum neque existit neque intelligitur. Si enim mundus et omnia superna subsistunt, omnia et sunt. nullum enim μὴ ὄν iuxta privationem: sed subintelligentia quaedam est, ab iis quae sunt, privationem eorum subintelligere, non subsistentis, ne ipsius quidem subintelligentiae nec sic existentis ut eorum quae sunt. quaedam vero quae non sunt quodammodo sunt ut ipsa quae nunc quidem sunt. quae post generationem et sunt et dicuntur et ante generationem aut in potentia sunt aut in idea fuerunt. sed unde vel ex qua generata sunt? secundum illos modos scilicet, iuxta alterius naturam et iuxta id quod nondum est, quod futurum est et potest esse.

2) de gen. VI (1023 A).

Nichtsein immer mehr entspannt und in die absolute Transzendenz des Seins hineingleitet, und umgekehrt, daß das in einer transzendenten Sphäre angesetzte Sein sich immer mehr seiner Transzendenz entäußert, so daß sich in dem ontologischen Aufriß ein dialektischer Prozeß von processus und regressus, descensio und ascensio darstellt, der für die Denkform Viktorins bezeichnend ist. Die Bestimmung des Seins kann nun dem Aufriß nach gleichmäßig vom transzendentalen Nichtsein oder vom reinen Nichtsein (dem Nichts) aus unternommen werden, je nachdem man von dem Satz: „das transzendentale Nichtsein ist vor dem *ens*", oder von dem Satz: „das Nichts ist vor dem Nichtsein" in die Seinsfrage vorstößt. Die Ontologie hat gewissermaßen eine Teleologie auch von unten her, und es ist für die exakte ontologische Fragestellung bedeutsam, daß die *alia quae non sunt* mit unter die *existentia* gerechnet werden, weil ihnen vor dem reinen Nichts durch die Negation ihres Seinscharakters, d. h. durch ihre negative Relation zum Sein, noch ein existentielles *prae* vor dem reinen Nichts zukommt.

Die metaphysische Frage nach dem Sein ist, wie der Aufriß zeigt, bis auf die spekulativen dogmatischen Abhandlungen der thomistischen Schule selten mehr so scharf und von der inneren Notwendigkeit einer ontologischen Frage aus gestellt worden wie bei Viktorin.

Wenden wir uns nun der Einzelbesprechung zu, so ist zu I folgendes zu bemerken:

Die Deutung des transzendentalen Nichtseins hat sich in dem zitierten viktorinischen Schema bereits gefestigt und greift auf die traditionellen Argumente der neuplatonischen Gottesanschauung zurück.

Das transzendentale Nichtsein ist bestimmt als das *supra id quod est;* die logische Supralation ist definiert durch die Aussage, daß das transzendente Nichtsein die *potentia ipsius* τοῦ ὄντος und infolgedessen der *vere ὤν* [1]) ist. Der Begriff der potentia ist in der Darstellung des Gottesgedankens genauer behandelt. Vorerst nur soviel: das transzendentale, überwesentliche Sein

---

1) de gen. II (1021 A) si igitur Deus non est quod non est, est autem supra id quod est, vere ὤν, potentia ipsius τοῦ ὄντος, quae operati ne in generationem excitata ineloquibili motu genuit τὸ ὄν omnibus modis perfectum, a toto potentiae totum.

(Nichtsein) steht jenseits aller Existenz, liegt also gewissermaßen außerhalb der Grenzen einer Ontologie; was ihm eignet, ist nicht das Sein, sondern die absolute Freiheit und Macht, das Sein (und zwar primär sein eigenes Sein) frei zu setzen und in einem selbstgewollten Akt sich als ein Seiendes zu hypostasieren, wobei es der absolut freie Wille des Seins, der ein Wille zu sich selbst ist, diesen Akt bestimmt und die Potenz zur generatio des Seins anreizt.

Das transzendente Nichtsein wird weiter bestimmt durch die Idee der Kausalität[1]). Wenn diese transzendente Realität als ein Nichtseiendes erscheint — und hier spielt bereits die Erkenntnistheorie herein — so weist doch bereits die Tatsache, daß es so etwas wie ein Seiendes gibt, auf die causa dieses Seins: es läßt sich also von der Existenz des Seienden aus sagen, daß es sich bei dem transzendenten Nichtsein nicht um eine *privatio existentiae* handeln kann. Denn: *causa non est id quod non est. causa enim ut* ὄν *est*[1]). *hoc non licet dicere, hoc nefas est intelligere eorum quae sunt* μὴ ὄν *causam appellare. causa enim prior est ab iis quorum causa est.*

Von der gleichen Idee der Kausalität aus wird das μὴ ὄν als πρόον näher bestimmt. Die Idee der *prima causa*, ontologisch gefaßt, heißt nämlich: das transzendentale Nichtsein ist Ursache seines eigenen Seins: als Ursache kommt ihm aber bereits ein Seinscharakter zu, noch bevor es ein Seiendes ist. Dieses vorexistentielle Sein wird durch den Begriff πρόον ausgedrückt, der also nicht ein mythologischer Begriff ist, sondern hier kausal bestimmt ist. „*causa enim ut* ὄν *est. quippe unde et a qua sit id cui futurum est* ὄν *et hoc ipso causa vero super* ὄν. *quod igitur nondum* ὄν, *id est quod non est; ad hoc* ὄν *causa est. ideo* πρόον *dicitur*[1]).“

---

1) De gen. III (1021 B C) si deus omnium causa est et eius cui est esse et eius cui non est esse, causa est deus. sed si causa, non est id quod non est. causa enim ut ὄν est. quippe unde et a qua sit id, cui futurum est ὄν. et hoc ipso causa vere super τὸ ὄν. quod igitur nondum ὄν, id est quod non est; ad hoc ὄν causa est. ideo πρόον dicitur. et iuxta istam rationem causa est Deus et eorum quae sunt et eorum quae non sunt. Vgl. weiter de gen. IV (1022 A) quid igitur dicimus Deum? τὸ ὄν ἢ τὸ μὴ ὄν? sed utique ipsum appellamus ὄν, quoniam eorum quae sunt pater est. Sed pater eorum quae sunt, non est τὸ ὄν, si nondum sunt ea quorum pater est. Hoc non licet dicere, hoc nefas est intelligere eorum quae sunt μὴ ὄν causam appellare.

Es läßt sich also sagen: Gott ist ein Nichtseiendes von dem kontingenten Nichtsein des aus ihm hervorgehenden Seins aus gesehen.

Gott ist ein Seiendes als prima causa des Seins. *„iuxta ea quae futura sunt*, τὸ μὴ ὄν. *iuxta quod causa est ad generationem eorum quae sunt*, τὸ ὄν[1]).“

Versuchen wir nun die einzelnen Formen des Seienden aus dieser Einbettung in das Nichtsein herauszuheben, so zeigt sich eine durchgreifende innere Verknüpfung und teleologische Bezogenheit.

I. sunt quae vere sunt. Was darunter zu verstehen ist, hat Viktorin wieder in einem Stufenschema aufgeführt:

1. omnia supercoelestia: ut τὸ πνεῦμα καὶ ὁ νοῦς, ἡ ψυχή, τὸ νόημα, ἡ παιδεία, ἡ ἀρετή, ὁ λόγος, opinio, perfectio, sententia, vita, intelligentia.

2. adhuc superius: existentialitas, vitalitas, intelligentitas.

3. et adhuc super omnia ista ὄν μόνον, et istud ὅ ἐστι ἒν μόνον ὄν[2]).

Die letzte und höchste Stufe der quae vere sunt ist das Sein als ein reines Seiendes. Über die Abgrenzung des Seins vom Seienden ist in der Darstellung der forma-Spekulation zu handeln; dieses Problem gehört hinein in den Problemkreis der Entstehung des Seins aus dem transzendentalen Nichtsein überhaupt, eine Frage, welche die Gestaltung der viktorinischen Christologie bestimmt und an ihrer Stelle zusammenhängend zu besprechen ist. Das reine Seiende stellt sich nun trinitarisch dar als das Prinzip der Existenz, des Lebens und der Intelligenz. Diese drei Grundprinzipien sind die drei Urideen, die den Seinscharakter des intelligiblen Seins bestimmen. Unter das eine Seiende ordnen sich also die beiden Stufen der drei Urideen und der übrigen intelligiblen Formen und Ideen.

II. quae tantum sunt.

---

causa enim prior est ab iis quorum causa est. supremum ὄν igitur deus est et iuxta quod supremum est μὴ ὄν deus dicitur. non per privationem universi eius quod sit, sed ut aliud ὄν ipsum, quod est μὴ ὄν. iuxta ea quae futura sunt, τὸ μὴ ὄν. iuxta quod causa est ad generationem eorum quae sunt, τὸ ὄν.

1) de gen. VII (1022 A).
2) de gen. VII (1023 AB).

1. Das Sein der ὄντα quae tantum sunt wird bestimmt durch seine Relation zum reinen Seienden. Das Vorhandensein einer (ontologisch gefaßten) Relation weist darauf hin, daß dieses Sein außerhalb der Identität des reinen Seins liegt als ein „Anderes", d. h. der Abstand vom reinen Seienden (die Entfremdung) wird bestimmt durch das relative Nichtsein zwischen der Identität und dem Anderen. Das Prinzip der Individuation setzt bereits bei den Urideen ein und bestimmt deren Sein. *„in eo, quod quidquid tale est, alterius est et aliud* [1]*)."*

2. Die Relation wird nun so bestimmt: das Andere verhält sich zur Identität wie das *intellectuale* zum *intellectibile* und steht so im Verhältnis von *formatum* zum *formans*. Das *intellectibile* hat die Intelligenz und ist Intelligenz, das *intellectuale* ist nur die Möglichkeit, das *intellectibile* in sich aufzunehmen, die *accomodatio ad intelligentiam.*

3. Dieses Sein ist nun — das ist ganz plotinisch gedacht — das Sein der Seele, und zwar der reinen Seele vor ihrer Inkorporation. Die Seele, außerhalb des reinen Intellekts, als das „Andere", hat den reinen Intellekt nicht ihrem Wesen nach, sondern sie ist *accomodata ad intelligentiam.* Der Intellekt regt in ihr die intellektuale Potenz an und formt und beeindruckt die Seele, so daß ihr die intelligentia vom reinen intelligiblen Sein her eingeboren wird. Man kann hier vorweg bemerken, daß in der Formel: „ὁ νοῦς *intellectualem potentiam animae illustrat et illuminat et intellectuat et figurat et innascitur animae intelligentia atque perfectio"* (1023 B) die ontologische Deutung der mystischen Geburt des Logos-Christus in der Seele bis auf Ekkehard in einer grundlegenden Weise von der neuplatonischen Seinslehre aus antizipiert und festgelegt ist.

Die Seele gehört also zu den Seienden, *quae tantum sunt,* d. h. sie gehört zum wahren Sein, aber nicht existentiell zur Identität des reinen Seins, sondern relativ, d. h. weil sie (als Hypostase) durch eine intellektuale Anschauung als ein Anderes und gewissermaßen trotz ihres Andersseins an ihm teilhat. Sie ist aber nicht *quae vere sunt,* sondern sie s c h a u t, *quae vere sunt,* und sie hat das Sein, soweit sie es in der intellektualen Anschauung hat. *„anima comprehendit quae vere sunt; quoniam si in-*

---

1) de gen. VIII (1023 C).

greditur νοῦς *in animam intellectualem, comprehendit item et* ὄντα
ἀληθῶς: *intelligit enim anima quoniam anima est; et sic ab iis à*
ἀληθῶς ὄντα εἰσί *intelligentia efficitur eorum quae sunt* 1)."

III. und IV. *quae non vere non sunt* und *quae non sunt*.

Die Möglichkeit, die Seinsform *eorum quae non vere non sunt*
und *eorum quae non sunt* überhaupt zu denken und ontologisch zu
bestimmen, geht nicht von ihrem Nichtsein, sondern vom Sein,
d. h. von ihrem relativen Anteil am Sein aus, oder, wie Viktorin
mit einem echt plotinischen Ausdruck sagt: von ihrer „Zuwendung" zum Sein aus: ihr Anteil am Sein ist bestimmt durch
die *conversio* (= ἐπιστροφή) *intelligentiae* τοῦ ὄντος. Sie sind also
als Nichtseiende bestimmbar in dem Maß ihrer Teilhaftigkeit am
Sein. So gilt der Satz: *„non intelligitur* τὸ μὴ ὄν *secundum quod
non ens, sed iuxta* τὸ ὄν *intelligitur* τὸ μὴ ὄν".* In einer folge-
richtigen Weiterentwicklung der Ontologie aus ihrem Ansatzpunkt im transzendenten Nichts ist also das μὴ ὄν nicht existent
von sich aus — denn es ist ja an sich die radikale *privatio existentiae* —, sondern als Grenze des Seins, in seiner negativen Bezogenheit auf das Seiende. Das μὴ ὄν grenzt das ὄν ab, daher
kommt ihm ein komplementärer relativer Existenzcharakter zu
als ein *infiguratum quoddam. „accipitur* τὸ μὴ ὄν *quasi quaedam
exterminatio* τοῦ ὄντος. *exterminatio autem infiguratum quoddam
est et non est ut* ὄν" (1024 A).

Die Relation hat sich also um eine Stufe weiter verschoben:
es handelt sich nicht mehr um die Beziehung des Andern oder
eines Andern zur Identität, sondern um die Beziehung des geformten Seienden und des ungeformten *quodammodo aliquid.* Hier
taucht der interessante Formbegriff auf, der später noch ausführlicher heranzuziehen ist: alles intelligible Sein ist ein geformtes Seiendes: die Form ist entweder gegeben durch die
circumscriptio des reinen Seins in seiner Identität oder die Formierung der *quae tantum sunt* in der intellektualen Anschauung.
Das Nichtsein begrenzt dieses Sein nach außen als ein ungeformtes *quodammodo aliquid,* als das Chaos, der Abgrund. „τὸ
μὴ ὄν *aliquid quodammodo est"* 2). Während also der Formcharakter
des Seins bestimmt wird durch die Existenz und die Qualität,

---

1) de gen. VIII (1024 A).
2) de gen. VIII (1024 A).

ist das Nichtsein an sich ohne Existenz und Qualität, behält aber als Grenzbegriff noch einen Schatten von beidem. So gibt sich in den unteren Seinszonen noch eine Abstufung. *„potiora sunt ad id quod est esse ea quae non vere non sunt quam quae* μὴ ὄντα *sunt* 1)."

Was ist nun konkret mit diesen *„quae non vere non sunt"* gemeint? Unter diesen Seinsbegriff fällt das ganze bestehende Universum, soweit es Mischung von materiellem und intelligiblem Sein, d. h. eine Vereinigung von Form und Materie ist. So ist also diese Formel zugleich ein Versuch, das gemischte Sein des Universums irgendwie einheitlich zu verstehen, zugleich aber dient sie dazu, den metaphysischen Riß, der durch das ganze Universum und durch den Menschen geht, aufs schärfste zu betonen.

Das *„quae non vere non sunt"* bezeichnet also ein gemischtes Sein, d. h. ein geformtes materielles Sein, insofern in dem darin enthaltenen intelligiblen Sein als dem Formprinzip das Nichtsein als Materie immer schon mitgesetzt ist, weil es die an sich nichtexistente Materie ist, in der sich das intelligible Sein darstellt und entfaltet.

Die gemischten Naturen aber — und das sind *„huius mundi participantes animae intellectualis potentiae et naturae"* — haben keine reine intellektuale Anschauung mehr. *„utuntur intelligentia, sed iuxta sensum intelligentia, et sunt iuxta sensum versibilia et mutabilia, iuxta vero intelligentiam inversibilia et immutabilia* 2)."

Die Unmöglichkeit vom *sensus* aus das reine intelligible Sein zu ergreifen, wird damit begründet, daß sich der *sensus* als solcher nur auf die *qualitates* richten kann. Die Sinne dringen nicht zum Sein, sondern nur zu den Qualitäten der Substanzen vor. Der vorliegende Substanzbegriff setzt also eine Unterschei-

---

1) de gen. VIII (1024 A).
2) de gen. IX (1025 A) coelum etenim et omnia in eo ut universus mundus ex ὕλη consistens et specie in commixtione est. ergo non est simpliciter. huius ergo mundi quae partes sunt, participantes animae intellectualis potentiae et naturae sunt in natura eorum quae non vere non sunt. utuntur enim intelligentia, sed iuxta sensum intelligentia et sunt iuxta sensum versibilia et mutabilia, iuxta vero intelligentiam inversibilia et immutabilia. quomodo autem sensus istud apprehendit? sed non apprehendit nisi qualitates; substantiam autem, id est subiectum, non percipit nec apprehendit: versibiles enim sunt qualitates: substantia vero inversibilis.

dung von *subiectum* und *qualitas* voraus, und diese Scheidung
wiederum eine Differenzierung eines existentiellen und eines
akzidentiellen Momentes im Substanzbegriff; darauf wird später
noch zu achten sein.

Mit dieser Bestimmung des reinen Seins als eines intelligiblen
Seins und mit der gegebenen Abstufung der Seinsformen innerhalb
der Sphäre der „*quae sunt*" ist auch eine erkenntnistheoretische
Abstufung impliziert, da infolge der Bestimmung des Seins als
eines intelligiblen Seins mit den verschiedenen Seinsstufen korrespondierende Erkenntnisstufen notwendig mitgesetzt sind. Wie
dem Sein in der Identität die reine Selbsterkenntnis, so kommt
dem „Andern" die intellektuale Anschauung, dem „*esse in com-*
mixtione" die „*intelligentia iuxta sensum*" zu, und nicht nur
kommt es ihnen zu, sondern mit der Art des Seins ist die Art
der Erkenntnis gesetzt, und der Grad der Entfremdung vom
Sein ist auch der Grad der Trübung seiner Erkenntnis. Das wird
besonders deutlich durch den Begriff der *conversio*, der anzeigt,
daß die jeweils niedere Hypostase ihr Sein hat durch die Hinwendung zur jeweils höheren.

Auffallend ist nun, wie Viktorin von seiner Ableitung der
Existentialität der μὴ ὄντα aus ihrer determinierenden und nega-
tiven Bezogenheit auf die ὄντα zu einer Seinsbestimmung der
Materie kommt [1]).

---

1) de gen. X (1025 B) quodam enim modo μὴ ὄντα iuxta quod animam
habent, quodam modo μὴ ὄντα iuxta id quod conversibilem ὕλην habent et
qualitates versibiles: et sunt haec quae diximus μὴ ὄντως μὴ ὄντα. cum
autem intelligimus sub anima ὕλην (in anima dico ὕλην quidquid sine in-
tellectuali anima est, circumlato sensu) ipsa comprehendit circa qualitates
quasi μὴ ὄντα quae sunt. sunt enim versibiles qualitates et iuxta hoc μὴ
ὄντα. etenim ipsum subiectum quae ὕλη dicitur indeterminatum est et ideo
sine qualitate dicitur. si autem determinatur, qualitas dicitur et non qualis
ὕλη sed sunt primae qualitates in corporibus primis, igne, aere, aqua, terra.
quae sunt, sed per se sine commixtione vel alicuius unione. si enim ista
qualitates et ista ὕλη, qualitates igitur ὕλη. non enim ut accidens accidit
τῇ ὕλῃ, sed ipsa est qualitas. non potest enim esse qualitas ipsa per semet,
sed eo quod est. hoc ipso ὕλη est. et semper quidem ὑλική cum sit, nihil
aliud quam ὕλη est. sicut et anima iuxta quod intellectualis est, anima est,
et iuxta quod semper movetur, et a se movetur, non secundum duplicationem
neque secundum accidens, ita anima est, sed quod istae qualitates, substantia est anima.

An und für sich — auch hierin folgt er Plotin — ist die ὕλη
das reine existenz- und qualitätslose Nichtsein. Zwischen den
transzendenten Urgrund des Seins und das reine Nichtsein
ist das Sein in seinen verschiedenen Formen und Abschattungen
hineingebettet. Konsequenterweise hat also Viktorin die plotinische Anschauung von der Ewigkeit der Materie — dem negativen ontologischen Komplement des ewigen transzendenten Nichtseins — aufrechterhalten. „ἡ ὕλη *in aeternum manet* [1])."

Die Materie ist aber nicht das reine Nichtsein in seiner radikalen Privation jeglicher Existenz, sondern eine Form von Nichtsein, die so etwas wie Existenz erhält durch ihre Relation zum
Sein, d. h. als Grenzbegriff.

Diese durch die Relation zum Sein gegebene Verschiebung des
Seinscharakters führt nun zu einer Unterscheidung von zwei
Momenten in der ontologischen Bestimmung der Materie:

1. das *subiectum indeterminatum*
2. das *subiectum determinatum*.

Das *subiectum indeterminatum* ist dasjenige Nichtsein, das das
Sein begrenzt und dessen Seinsform durch das *quodammodo aliquid* bezeichnet wurde. Dieses *quodammodo aliquid* ist in seiner
Urform qualitätslos; das qualitätslose undeterminierte *„quodammodo
aliquid"* ist so das erste Sein, die Urform der Materie. *„etenim
ipsum subiectum quae* ὕλη *dicitur, indeterminatum est et ideo sine
qualitate dicitur"* (1025 B).

Der existentielle Charakter der Materie wird nun gebildet
durch eine *determinatio*, wodurch sie eine Qualität empfängt.
„si autem determinatur, qualitas dicitur" (ib.).

Die Qualität kommt ihr also nicht als Materie zu, sondern
als einem *„subiectum determinatum"*. Diese *determinatio* kann
nicht von der Materie selbst ausgehen, sondern vom Seienden,
denn alles Formen ist ein intelligibler Akt und daher etwas
Seiendes.

So treten in die chaotische Materie Urqualitäten heran, nämlich die Qualitäten der vier Elemente, Feuer, Luft, Wasser, Erde.
Diese vier Qualitäten sind an und für sich seiende — *quae sunt,
per se, sine commixtione vel alicuius unione* —, d. h. die Materie
als *quodammodo aliquid* ist das Nichtsein, die Materie als Stoff

---

1) de gen. X (1026 A).

dagegen ist schon existent, weil das *quodammodo aliquid* durch die *determinatio* eine Qualität bekommen hat. Die Materie hat so durch die Qualität teil am Seienden; sie besteht also immer zusammen mit den Qualitäten, denn sie ist ja ein Nichtseiendes ohne sie. Dort aber, wo sie ist, ist sie ontologisch mit den Qualitäten verknüpft, nicht akzidentiell, denn die ὕλη hat ihre Materialität eben in den Qualitäten. *„non enim ut accidens accidit* ὕλη, *sed ipsa est qualitas; non potest enim esse qualitas ipsa per semet, sed eo quod est, hoc ipso* ὕλη *est“* (1025 C).

Damit ist der Konflikt zwischen dem ontologischen Ansatzpunkt der Materie als eines Nichtseienden und ihrer empirischen Existenz überbrückt: Materie ist so gewissermaßen auf eine doppelte Weise: als Nichtseiendes und unbegrenzte Grenze des Seins und als *determinatum*, d. h. als Qualität, wobei das Seinsmoment eben in dem Qualitätsein und nicht in dem Materiesein liegt.

Diese Erwägungen werden erhellt durch die Analogie zum seelischen Sein, wobei wir auf die gleichen Gedanken stoßen, die bereits bei der Abgrenzung der Seinsform der *„quae tantum sunt“* eine Rolle spielten (1025 C D):

1. *„anima iuxta quod intellectualis est anima est“*. d. h, die Seele hat ihr Sein in Relation zum Intellekt. Genau so erhält die Materie ihr existentielles Moment durch die Relation zum Sein.

2. *„iuxta quod semper movetur et a se movetur (sc. anima) non secundum inplicationem neque secundum accidens, ita anima est, sed quod istae qualitates, substantia est“*. Das Sein — und zwar das Sein als Substanz, d. h. als subiectum — kommt ihr zu durch die intelligiblen Qualitäten des *semper moveri* und *a se moveri*. Gleichermaßen hat die Materie ihr Sein — als *subiectum determinatum* — durch die Qualitäten. Bei den Qualitäten handelt es sich also um ein intelligibles Seiendes. Kurz gesagt: die Materie empfängt ihr Sein von der Seele her. *„. . . anima ea est quae sunt. cum ipsa sola et pura est, ex iis est quae sunt. mixta vero* τῇ ὕλη *ex iis est quae non vere non sunt. sola autem* ἡ ὕλη *omnium quae non sunt nutrix est . . . anima vero et* ἡ ὕλη *omnium nutrix est; sed anima propria virtute omnium nutrix est et vitae generatrix.* ἡ ὕλη *sine anima effeta et densa facta in*

*aeternum manet, animationem ab anima habens. sunt igitur et
dicuntur* μὴ ὄντα[1].“

3. Das reine absolute Nichtsein schließlich hat zum Sein keine
Beziehung mehr, nicht einmal die Möglichkeit einer Relation,
und es ist unmöglich, es irgendwie existent zu denken. Man
kann das Nichts nicht denken, ohne zugleich den Hauptgedanken der Ontologie zu eliminieren, daß Gott alles in allem
ist und der Seiende ist. *„Deo enim plenis omnibus nefas est impossibile quae vere non sunt dici et esse*[2]*).“*

Versucht man nun den Unterschied der Seinsformen untereinander zu verstehen und fragt man nach dem Moment, das die
Verschiedenheit des Seins bewirkt, so ist man auf Folgendes
gewiesen: die Verschiedenheit stammt aus der relativen Durchdringung des Seins und des Nichtseins. Diesen Satz kann man
nicht einfach dahin deuten, daß man sagt, die Materie sei das
Individuationsprinzip; vielmehr ist die Materie selbst nur eine
Form des Nichtseins; man muß vielmehr auf die Unterscheidung
der vier Formen des Nichtseienden zurückgreifen, in die das
Sein hineingesenkt ist. Dann ergibt sich folgendes Bild:

Das transzendente Nichtseiende ist der Ursprung des Seienden.
Der Prozeß der Setzung des Seienden aus dem μὴ ὄν ist das
ontologische Hauptproblem, welches die Grundlage der Christologie bildet. Geleitet ist dieser Prozeß durch die Idee der Kausalität und durch die forma-Spekulation.

Das Seiende selbst steht nun unter einer doppelten Einwirkung
des Nichtseienden:

1. Das relative Nichtsein. Die Idee der graduellen Deteriorisierung der Hypostasen findet hier ihre Begründung. Aus der
Tatsache, daß das Nichtsein der Relation ontologisch gefaßt
ist bzw. die Relation unter das ontologische Zeichen des
Nichtseins tritt, erklärt sich die eigentümliche Idee der Abstufung der Hypostasen innerhalb des Seins. Durch die onto-

---

1) de gen. XI (1026 B) de gen. XIV (1027 C) si enim τὸ ὄν produxit,
verum est dicere quoniam a semetipso qui super τὸ ὄν est, generavit potius
quam de nihilo. quod enim super τὸ ὄν primo est, absconditum ὄν est.
absconditi vero manifestatio generatio est . . . quippe cum super τὸ ὄν
sit, vicinus cum sit τῷ ὄντι et ut pater eius et genitor. Es folgt die Stelle:
etenim gravida . . . s. S. 54.

2) de gen. XVI (1026 B).

logische Konzeption der Relation als eines μὴ ὄν rückt das „Andere" im Verhältnis zur „Identität" und allgemein das Hypostasierte im Verhältnis zum Hypostasierenden auf eine jeweils niederere Seinsstufe. So ergibt sich im Seienden eine fortschreitende Approximation an das Nichtseiende. Denn alle Seinsformen das Seins sind durch ihre Relation mit Ausnahme des primum ὄν, das durch sich selbst ist. So ist das Sein der Seele das Sein des intellectuale in seiner Relation zum intellectibile. Es ist also gesetzt durch den Intellekt, aber als ein Anderes und erhält so seine ontologische Form durch das relative Nichtsein als Anderes in Beziehung zum Intellekt. Weiter ist das Sein der *quae non vere non sunt*, (d. h. der inkorporierten Seele bzw. des Seins der Welt überhaupt als einer commixtio von Fleisch und Geist) ein Seiendes, seine spezielle Seinsform aber ist bestimmt durch seine neue Entfremdung, d. h. durch des relative Nichtsein als Anderes (als In- der- Materie-Sein, d. i. Im-Nichtseienden-Sein).

Dieser Prozeß reicht noch weiter: die Materie ist das reine Nichtseiende, hat aber irgendwie Existentialität durch die Relation zum Sein, d. i. als Qualität. Also nicht die Materie ist das Prinzip der Individuation der Formen des Seins, sondern das Nichtseiende bzw. speziell die ontologische Deutung der Relation. Man kann also sagen: das Nichts zehrt an dem Seienden und will es auffressen, und was als letzte Spur des Seienden im Nichtseienden bleibt, ist die Relation des Nichtseienden zum Seienden, in der der existentielle Charakter der Materie als quodammodo aliquid ansetzt, und in der sie ihre Qualität als Materie empfängt.

2. Die zweite Perspektive ergibt sich aus der Durchdringung des Seins durch das kontingente Nichtsein, das *non esse secundum quod esse potest et secundum quod futurum est*. Kontingent ist schon das erste Seiende in seinem hypothetischen Fürsichsein, insofern es aus dem transzendenten Nichtseienden, das die *potentia essendi* hat, als Hypothese gesetzt ist, d. h. kontingent ist es als ein durch einen freien Akt der Selbsthypostasierung gesetztes Seiendes. Hier liegt einmal die Idee von der absoluten Freiheit des transzendenten göttlichen Seins vor (d. h. der Hinweis auf den metaphysischen Willensbegriff), weiter aber die Möglichkeit

einer Identifizierung der Setzung des reinen Seienden mit der
Setzung der Welt in ihrer intelligiblen Universalität, weshalb
der Logos-Christus in der Spekulation Viktorins auch die Funktion der Weltseele einnehmen kann.

Weiter wirkt dieses kontingente Nichtsein die Differenzierung
der beiden Aeone. Hier spielt der viktorinische Zeitbegriff herein.
Im oberen Aeon sind alle intelligiblen Wesen und Formen in einer
vorzeitigen Allgegenwart und Universalität vereinigt, während
sie sich im unteren Aeon in einem zeitlichen Nacheinander
projizieren, so daß das Leben des unteren Aeon als eine sukzessive Entfaltung des in einem metaphysischen Sein zeitlos inein-
anderliegenden „Geschehens" sich vollzieht. Hier setzen auch
die Ideen der Präexistenz der Seelen, die Anschauung von der
Individuation der intelligiblen Wesen und Formen im Intellekt an.

Man versteht so auch, warum die Materie als Nichtsein von
diesem kontingenten Nichtsein nicht angetastet wird, sondern
sie als ein *subiectum indefinitum* e w i g gedacht werden muß.

So kann man sagen, daß aus dieser Durchdringung von Sein
und Nichtsein nicht nur eine ontologische Ableitung der einzelnen
Seinsformen möglich ist, sondern daß in den verschiedenen Schnitt-
punkten dieser Bewegung von oben nach unten und unten nach
oben die Hauptprobleme der viktorinischen Metaphysik gegeben
sind: der transzendentalistische Ansatz des Gottesgedankens,
der ontologische Ansatz der Christologie, die Deutung der Zeugung
des Logos vor der Idee der Selbsthypostasierung des transzendenten
Gottes aus, die Begründung dieses Aktes in seiner absoluten
Freiheit (Willensproblem), die Anschauung von den beiden Aeonen,
die Idee der Präexistenz, die Zeitspekulation. Mit der Durchdringung von Sein und Nichtsein ist aber auch das Ziel der
„Erlösung" bestimmt als ein Vertreiben des Nichtseins, das sich
in die Sphäre des Seins hineingefressen hat, mit dem Ziel der
Identität des absoluten Seins, in der es kein „Anderes" und keine
Entfremdung mehr gibt, und Gott alles in allem ist — ontologisch,
nicht geschichtsteleologisch (wie in der origenistischen Rekapitulation!). So bedeutet etwa die Erlösung des Fleisches durch den
Logos die *assumptio* des Logos des Fleisches, indem das Nicht-
seiende hinausgeworfen wird, das Seiende als Qualität, Leben,
Vitalität bleibt und zum reinen Sein zurückkehrt; so ist die

Erlösung der Seele das Hinauswerfen des Nichtseienden und die Rückbildung in das reine intelligible Sein: ihr Sinn ist also kurz die Sublimierung der unteren Seinsformen in die reine Identität des reinen Seienden durch die Vertreibung des Nichtseienden.

Nachdem wir versucht haben, die einzelnen Relationen der Seinsformen innerhalb des Seienden von den verschiedenen Formen des Nichtseins aus abzugrenzen, stellt sich als letztes und größtes Problem die Setzung des Seienden aus dem transzendentalen Nichtsein. Dieses Problem ist für Viktorin die Grundfrage der Christologie: die *generatio* des Logos ist die *generatio filii*. Wir müssen freilich mit der Darstellung der ontologischen Wendung der christologischen Frage der Gesamtdarstellung der Christologie vorgreifen, finden aber in dieser ontologischen Behandlung des Problems den Schlüssel für die perspektivische Ordnung der einzelnen christologischen Begriffe und Ideen.

Die Setzung des Seienden aus dem transzendenten Nichtsein ist ein komplizierter metaphysischer Prozeß, der sich in zwei Stufen vollzieht:

1. die Zeugung des Seienden im transzendenten Nichtsein als ein verborgenes Seiendes, als ὄν *absconditum*.

2. Die Setzung des Seins (des verborgenen Seienden) als das Seiende, d. i. als reale metaphysische Hypostase außen, als ὄν *formatum*.

Dabei sind folgende Ideen entscheidend: das transzendente Nichtseiende ist reine Potenz und primär Potenz zum Sein und eine auf die eigene Identität gerichtete Potenz. Das Seiende ist also in dem transzendenten Nichtsein als Potenz verborgen, ein ὄν *absconditum*, und man kann sagen, daß dieses ὄν *absconditum* „vor" dem *primum* ὄν ist, wobei das „vor" eben das logische *prae* der Potenz vor dem Akt bezeichnet. Diese Seinsweise des transzendenten Nichtseins, das das Seiende in sich trägt und in seinem schöpferischen Nichtsein verbirgt, wird erläutert durch ein Bild[1]): das Nichtsein geht gewissermaßen „schwanger" an dem Seienden; in diesem Zustand ist der *foetus*, d. i. das Seiende, in ihm verborgen; die Tatsache der Geburt und der realen Existenz des *foetus* weist auf seine Präexistenz *in occulto* (1028 A).

---

1) de gen. XVI (1028 AC).

„Etenim gravida occultum habet quod paritura est. non enim foetus non est ante partum, sed in occulto est." Die reale metaphysische Existenz des Seienden weist zurück auf seine verborgene Präexistenz in dem transzendenten Nichtsein, in dem es als ein ὄν potentiell verborgen war. Die Setzung des Seienden als einer metaphysischen Hypostase außerhalb des Nichtseins heißt so mythologisch die „Zeugung" des Seienden, denn das Sein wird nicht geschaffen, sondern als Hypostase herausgesetzt aus seiner transzendentalen Verhüllung, d. h. es tritt nach außen als etwas, das schon war. In dieser *generatio* hat der Vater den Sohn „herausgeführt", den er aus sich selbst — als der auf die eigene Identität gerichtete Wille — gezeugt hat.

Die Hypostasierung des Sohnes nach außen ist so die *manifestatio absconditi*, d. h. die Selbsthypostasierung des transzendenten Seins im Seienden als einer Hypostase. *„si enim (pater)* τὸ ὄν *produxit, verum est dicere quoniam a semetipso qui super* τὸ ὄν *est,* τὸ ὄν *generavit potius quam de nihilo. quod enim super* τὸ ὄν *primo est, absconditum* ὄν *est; absconditi vero manifestatio generatio est . . . et generatione pervenit in manifestationem* ὄν *operatione quod fuit* ὄν *potentia"* (1027 C.).

Diese Gedanken, deren Herkunft aus Plotin sich eindeutig bestimmen läßt — was wir im zweiten Teil, der hauptsächlich von Plotin handelt, nachzuweisen versuchen —, werden nun bezogen auf das biblische *„esse in gremio patris"* des Sohnes, d. h. auf Christus. Der Sohn im Schoße des Vaters ist das ὄν *absconditum, quod a sua potentia in suo patre exilivit.* Dieses verborgene Seiende hat in der *divina et ineffabilis generatio* seine metaphysische hypostatische Realität empfangen: *„ipsum* τὸ ὄν *manifestationem accipiens quod fuisset occultum"* (1029 B).

Man unterscheidet also zwei Seinsweisen des Sohnes: die eine die verborgene Präexistenz des Seienden (des Logos) im transzendenten Nichtsein, die andere das hypostatische Fürsichsein als Logos. Diese beiden Seinsweisen finden sich auch kurz als das „Drinnensein" und das „Draußensein" des Sohnes bezeichnet. Der drinnen im Schoße des Vaters und der draußen als das Seiende ist aber ein und derselbe Sohn. *„dicimus Iesum* τὸ ὄν *primum ante omnia* ὄν *per quem omnia quae sunt"* [1]. Der Sohn ist

---

1) de gen. XIV (1028 A).

das absolute reine intelligible Seiende und als solches der Grund
alles Sein und aller Seinsformen. Deswegen ist gerade das ontologische Prädikat τὸ ὄν das *„nomen super omne nomen: principium enim nominum et principium substantiarum“*. *„Iesus Christus
ὄν est“*[1]. Man sieht hieraus zugleich die ganze Art der Schrift-
deutung Viktorins, die sich im wesentlichen als eine Sublimierung des Bildhaften in transzendentale Vorgänge definieren läßt
und sich stark an die mythischen Begriffe der Schrift hält bzw.
die geschichtlichen Momente logisiert.

Es ergeben sich also folgende Gedanken: im transzendenten
Nichtsein ist das Seiende drinnen als ein verborgenes Seiendes,
d. h. potentiell, und es ist drinnen, weil das transzendente Nichtsein als die reine Potenz zum Selbstsein sich in sich in diesem
Seienden selbst begrenzt und formt. Das verborgene Seiende
tritt nun nach außen im Akt der generatio als eine reale Hypostase, als das reine absolute intelligible Sein, als τὸ ὄν. Zusammenfassen läßt sich der Prozeß in folgenden Worten Viktorins[2]:
*„quid autem generat? quod fuit intus. sed quid fuit intus in Deo?
nihil aliud quam* ὄν. *verum quippe* τὸ ὄν. *magis autem* προόν,
quod est ὑπεράνω τοῦ παντὸς ὄντος; *genus quod est ens super
entis entia,* ὄν *iam operante potentia: hic est Iesus Christus.* (XV)
ille προών *nihil aliud genuit quam* ὄν *ante omnia et omnimodis perfectum* ὄν . . . *universale enim* ὄν *et solum* ὄν *et unum et super
genus generale* ὄν, *unum est et solum* ὄν. *quoniam vero istud* ὄν *non
illud* ὄν *est, quod perfectam potentiam habet, potentia natum est illud*
ὄν *ante omnia quae vere sunt et quae sunt* ἀρχαῖα ὄντα, ἀφ’ ὧν
πάντα εἰσί. *ipse est a quo sunt omnia quae sunt et per quem et
in quo. huius gratia* ὄν *quod operatione est, imago est illius* τοῦ
ὄντος *quod potentia est, secundum nullum progressum semper in
semetipso manens.“*

Zu dieser Bestimmung des Heraustretens des Seienden aus
dem Nichtsein tritt aber noch eine tiefer dringende begriffliche Darstellung dieses ontologischen Prozesses in der forma-Spekulation.

Was damit gemeint ist, geht wohl am deutlichsten aus folgender
Stelle hervor:[3] *„quod autem est esse, non continuo* καὶ ὕπαρξις

---

1) de gen. XVI (1028 C — 1029 B).
2) de gen. XIV (1028 A).
3) adv. Ar. l. II c. 4 (1091 D ff.).

est neque ὄν *nisi potentialiter, non in manifesto ut* ὄν *dicatur. est enim* ὄν *figura quadam formatum illud quod est esse. quod tamen purum tunc purum intelligitur cum intelligitur iam formatum; forma enim intellectum ingenerat, manifeste pronuntiat aliud esse formam, aliud quod formatum est; quod autem formatum est, hoc est esse. forma vero est quae intellegi facit illud quod est esse.*"

Es wird also unterschieden zwischen einem transzendenten und einem hypostatischen geformten Sein. Diese Differenzierung läuft hinaus auf eine Unterscheidung von Sein und Seiendem, „esse" und „ὄν". Das Sein ist unbegreiflich, unbestimmbar, formlos und existiert in einer transzendentalen Verborgenheit. Anschaulich wird es erst als Seiendes – ὄν –, d. h. als geformtes Sein, als Substanz. Von hier aus wird nachher noch die Differenzierung der Begriffe Existenz und Substanz bei Viktorin zu entwickeln sein. Substanz bezeichnet also nur das geformte intelligible Seiende, während das transzendentale Sein unbestimmbar ist. Was als erste Substanz erkennbar ist, ist bereits Seiendes, d. h. geformtes Sein — *formatum esse* —, und was wir das Seiende nennen, ist die formale Begrenzung des unfaßlichen Seins. „ὄν *figura quadam formatum illud quod est esse".* Wir haben das Sein nur als das Seiende, während das Sein als ungeformtes überförmiges Sein in der Verborgenheit der göttlichen Transzendenz existiert.

Es liegt hier also folgende Anschauung vor: Gott ist das überförmige Ursein — *primum esse fons et origo* τῶν ὄντων πάντων [1]), oder, wie es Viktorin auch formuliert, er ist das selbst, was das Sein ist — *ipsum quod est esse, hoc est* —, die transzendente Identität. Erläutert wird dies durch die Idee, daß Gott reine Potenz ist, die das Sein als seine eigene Sein potentiell in sich enthält, und daß diese Potenz auf die Selbsthypostasierung gerichtet ist. Daher ist sein Sein als Seiendes in ihm verborgen als ein *motus interior et in se conversus* [2]). In einer präzisen ontologi-

---

1) l. II c. 4 (1091 D).
2) l. III c. 2 (1099 C) vgl. weiter l. II c. 4 (1092 D) ergo ὑπόστασις iure Deo datur iure λόγῳ, id est patri et filio. id autem Latini substantiam dicunt quia diximus et substantiam dici posse, scilicet id quod esse est, magis formatum esse. Vgl. auch l. I c. 22 (1056 B) secundum igitur quod forma a substantia, substantia est forma quae sit substantiae, istud Dei filius est. quod forma substantia, quod autem semper substantia cum

schen Formulierung heißt das: das transzendente Sein als die reine Potenz hat die vis existentiae vel substantiae[1]), d. h. die Potenz zum Sein und zum Seiendsein (Sohnsein, als Hypostase), und die natura existentiae vel substantiae.

Das Substanzwerden des übersubstantiellen göttlichen Seins im Seienden geschieht nun in dem Akt der Selbsthypostasierung, dem Akt, der dogmatisch als *filiatio* und *generatio* bezeichnet und durch die Begriffe *manifestatio, processio foris, declaratio, circumscriptio* näher beschrieben wird[2]), deren Sinn ist, daß das transzendente Sein in sich selbst das Seiende formiert und als esse formatum, d. h. als ὄν, außen als selbständige Hypostase gesetzt hat. Das „esse" ist so das verborgene Sein Gottes bzw. das verborgene Seiende, in dem Gott sich selbst in sich formiert, das ὄν die reale metaphysische Hypostase des Sohnes, das *esse figura quadam formatum* des Logos in seinem Fürsichsein. Dieses geformte intelligible Sein ist für den Intellekt die erste anschauliche Selbstexplikation des potentiellen göttlichen Urseins, deren Realität — und hier setzt ein neues Motiv ein — bestimmt ist durch den Bildcharakter dieses hypostasierenden Seienden im Verhältnis zum Sein. Die Zurückführung des Seienden auf die letzte transzendentale Einheit erlaubt so über die Idee der Selbsthypostasierung eine ontologische Deutung der Homoousie von Vater und Sohn. Der Sohn ist das Seiende, und als solches die *manifestatio Dei* als *forma Dei*; d. h. das transzendente Nichtsein hat sich selbst im Sohn zum Sein verholfen, indem es sich als ein Seiendes außerhalb seiner transzendentalen Identität formiert.

Von hier aus ist eine nähere Bestimmung der einzelnen ontologischen Begriffe möglich.

---

forma, semper pater, semper filius ad patrem, hoc est λόγος ad Deum, hoc autem semper. sed quoniam ista forma substantia est, quae imago est, et λόγος est quem filium Dei esse dicimus, secundum quod λόγος est omnium quae sunt, λόγος est. Universalis enim λόγος filius Dei est, cuius potentia proveniunt es praecedunt in generationem omnia et consistunt. Weiter l. II c. 4 (1092 C) . . . iam enim formatum esse substantia est, formatum autem esse est Deus, quod Deus est .

1) l. IV c. 8 (1118 D) L. III c. 2 (1099 B) potentia Deus est, id est quod primum existentiae universale est esse.

2) S. S. 58 und S. 75. 1099 C D: effulgentia, spectans foras, partus.

In dem Begriff der substantia ist der Formcharakter bereits
gesetzt. Wir haben alles Sein nur als geformtes Sein, d. h. als
Substanz, während das Sein in seiner reinen Existentialität transzendent und verborgen ist.

In dem Substanzbegriff laufen also die beiden Gedanken zusammen, die das ganze System tragen: der Ansatz des göttlichen
Seins als einer transzendenten Potenz und die Idee der Selbsthypostasierung als der ersten Aktivierung dieser Potenz, die
zugleich ihre erste Veranschaulichung und Sichtbarwerdung für
den Intellekt bedeutet.

So gilt 1. Gott ist die *potentia eius quod est esse*[1]). „*est enim
esse in patre, quod est potentia, quod prius est ab eo quod est
forma*"[2]), d. h. er hat die reine Existentialität. Das Substanzsein
ist in Gott verborgen. Die Hypostasierung als ein Seiendes ist
die Selbstbegrenzung als Form außen. In diesem ersten Akt
hat sich das transzendente Sein umgrenzt — *ipse se ipsum circum-
terminavit*[3]). So ist das Sein ein Seiendes geworden. Den Substanzbegriff kann man also nur in einem speziellen Sinn auf
Gott anwenden, nämlich auf sein formiertes Sein, als Geistsein
und Lichtsein. „*substantiam esse Deum, sed vides ipsum Deum
iuxta illud esse quod dicimus aut lumen aut spiritum aut ipsum
esse aut potentiam eius quod est esse aut intelligentiam universalem
aut potentiam universalis intelligentiae aut universalis vitae aut
aliorum istiusmodi in quo sit, fontem esse omnium eorum quae
vere sunt aut quae sunt . . . ergo substantia iuxta quod est esse,
lumen et spiritus, quod est simplex et incompositum . . .*[4])" Der Substanzbegriff kann also erst rückläufig von der Hypostase und
der vollzogenen Hypostasierung aus auf Gott angewandt werden,
weil erst diese manifestatio auf die verborgenen Vorgänge und

---

1) l. III c. 7 (1103 C) omnibus his (V. nennt: existentiam, substantiam,
existentialitatem, substantialitatem) esse quod dico manens in se, suo a se
motu vivificans potentia, qua cuncta vivificantur, plena, absoluta, super omnes
perfectiones omnimodis est divina perfectio. hic est Deus supra νοῦν, supra
veritatem, omnipotens potentia, et idcirco non forma, νοῦς autem et veritas
forma, sed non inhaerens alteri inseparabilis forma, sed ut inseparabiliter
annexa ad declarationem potentiae Dei Patris eadem substantia vel imago
vel forma, dazu (1063 D).

2) l. IV c. 8 (1118 D) ib. (1123 B).

3) l. I c. 30 (1064 A).

4) ib. (1063 D).

Realitäten in dem transzendenten göttlichen Sein zurückweist. Die Offenbarung ist also die anschauliche Explikation eines verborgenen metaphysischen Lebens.

Von Bedeutung ist dabei, daß sich die Formierung des verborgenen Seins — *esse* — als Seiendes — *esse formatum* — nicht *a necessitate naturae*, sondern *voluntate magnitudinis patris* vollzieht. Die Selbsthypostasierung ist als erster Akt der transzendenten Potenz ein Akt des freien Willens [1]).

2. In diese Gedanken greift der species-Begriff ein. Das transzendente Sein erhält seine Form durch eine *inseparabilis species*. Bezieht sich der Fortschritt von *esse* zum ὄν auf die Formierung, so bezieht sich der weitere Schritt vom ὄν zum *aliquid* ὄν *esse* in der Spezialisierung. Die Substanz als Seiendes — *esse formatum* — stellt sich in verschiedenen *species* dar, zu ihrem Seinscharakter gehört über das *esse formatum* hinaus das *aliquid* ὄν *esse*. Wie von der Form gesagt werden kann, sie sei die Substanz, so sagt Viktorin auch von der species: „*omne enim esse quod inseparabilem speciem habet, magis autem ipsa species ipsa substantia est* [2]).“

Wenn also die aristotelische Definition des Substanzbegriffes [3]) hier in Anwendung kommt — Viktorin selbst ist sich bewußt, hier traditionelle Bahnen zu gehen, indem er auf die sapientes und antiqui anspielt [4]) —, so ist hier insofern eine Deutung des Substanzbegriffes von seiner Beziehung auf die erste Substanz aus zu konstatieren, als die Substanz nicht *subiectum* ist als Träger von verschiedenen Qualitäten, sondern von verschiedenen species, und zwar so, daß sie jede species ganz ist. Es handelt sich hier weder um Qualitäten noch um Akzidentien, sondern um Seinsformen, d. i. Substanzen. So bekommt die Definition: „*substantia est quod subiectum, quod est aliquid, quod est in alio non esse*“ [5]) einen neuen metaphysischen Sinn. Durch die

---

1) Ausführlicher über den Willensbegriff s. S.   und über die Willenslehre Viktorins in seinen vorchristlichen Schriften und die Zusammenhänge mit dem Neuplatonismus Teil III; siehe auch (1031 B) exsilivit Dei voluntate actio; ipsa autem actio Dei voluntas fuit.   2) l. I c. 19 (1052 D).

3) Vgl. Aristot. metaph. Z 2. 1029 a 1 f.; Z 12. 1038 b 1 ff. (Θ 7. 1049 a 28 f.); H 4. 1044 b 9. phys. A 7. 190 b 1 ff.; B 1. 193 a 28 ff.

4) l. I. c. 30 (1062 D) . . . sicuti sapientes et antiqui definierunt . . .

5) ib. (1062 D).

Beziehung auf das Seiende und durch die Zuteilung eines *significatum proprium*, nämlich des „*aliquid* ὄν *esse*" [1]), weist der Substanzbegriff in die Richtung des augustinischen Personbegriffes, insofern eben die Informationen Gottes reale metaphysische Größen von einer besonderen Seinsform sind und als solche das transzendente göttliche Sein primär aktivieren und zum selbständigen und individuellen Ausdruck bringen.

Dieser Substanzbegriff ist aber selber zweideutig, und zwar insofern, als er sowohl das *formatum esse* als das *aliquid* ὄν *esse* bezeichnet. Dies wird bestätigt durch den Versuch Viktorins, diese beiden Momente begrifflich zu differenzieren. Er geht dabei aus von der Bemerkung [2]), daß die griechische Terminologie zwei Begriffe kennt, die diesen ontologischen Gegensatz wiedergeben, nämlich οὐσία und ὕπαρξις, während die lateinische Sprache nur den einen Begriff *substantia* zu ihrer Verfügung hat, mit dem sie beide ontologischen Momente wiedergeben muß. So hält es Viktorin für nötig, an einigen Stellen zur Bezeichnung des *formatum esse* den Begriff der ὕπαρξις bzw. ὑπόστασις einzuführen. Das zeigt nicht nur die Stelle, die wir bereits in der Darstellung der forma-Spekulation besprochen haben, sondern geht auch aus zwei Versuchen hervor, die Homoousie von diesen Begriffen aus zu deuten.

1. „*quoniam quod est illud esse purum est, hoc magis substantia est. quoniam autem rursus et forma est esse, et ipsa substantia est; sed hoc* ὑπόστασις *dicitur. iam enim formatum esse substantia est, formatum autem esse est Deus, quod Deus est, et Pater, sic et Filius, quod* λόγος *et Filius* [3])."

2. „*est ergo et Deus* ὕπαρξις *et Christus* ὕπαρξις, ὕπαρξις *enim cum forma quod est esse. et quia semper simul sunt et forma esse est et ipsum esse forma unde pater in filio et filius in patre. est enim esse in patre, quod est potentia, quod prius est ab eo quod est forma. est item rursus et in filio esse: sed istud quod est esse proprium a patre habet, ut sit illi formam esse; alter ergo in altero*

---

1) l. I. c. 30 (1063 A).   2) de hom. rec. I (1137 D ff.).
3) l. II c. 4 (1092 C) Voraus geht folgende Stelle: si ergo de Deo dicitur subsistentia, magis de Deo dicitur substantia et magis ita quoniam subiectum significat et principale quod convenit. non sit autem subiectum sicut in mundo substantia, sed quod honoratius et antiquius et secundum fontem universitatis.

et ambo unum. ergo ὄν *Deus,* ὄν *Filius*; *id est enim* τὸ ὄν, *esse cum forma. omne enim quod est* ὄν *esse, est cum forma* [1])." In beiden bezeichnet also ὕπαρξις das esse cum forma, die erste Hypostase in ihrem Fürsichsein als Seiendes.

Der Begriff der Existenz — denn das ist ὕπαρξις — liegt also im Substanzbegriff, und zwar als Oberbegriff, der das Sein des ὄν d. i. das *esse formatum* bezeichnet, während *substantia* im engeren Sinn das *aliquid* ὄν *esse*, d. h. die spezialisierte Existenz bezeichnet. Der weitere Substanzbegriff umfaßt also mit den Begriff der Existenz auch das *esse cum forma, formatum esse*, der engere Substanzbegriff ist gegen ihn abgegrenzt als das *aliquid* ὄν *esse*, d. h. das *subiectum*. Viktorin selbst hat den Gegensatz der beiden Momente aus einer Deutung des aristotelischen Substanzbegriffes folgendermaßen abgeleitet [2]): „*existentiam quidem et existentialitatem praeexistentem subsistentiam sine accidentibus, puris et solis ipsis quae sunt in eo quod est solam esse quod subsistat.*

substantiam autem subiectum cum iis omnibus quae sunt accidentia, in ipsa separabiliter existentia, in usu autem accipientia et existentiam et substantiam."

existentia bezeichnet also das ursprünglichste, reinste Seinsmoment der Substanz, während *substantia* selbst das *subiectum*, d. h. *aliquid* ὄν *esse*, ein hypostatisches formales spezialisiertes So-Sein bezeichnet.

II. Der Gottesgedanke.

Schon der ontologische Aufriß zeigt die Konzentration des viktorinischen Systems auf den Gottesgedanken. Der Gottesgedanke ist aber nicht, wie man nach der ideengeschichtlichen

---

1) adv. Ar. l. II 4 (1092 B).

2) adv. Ar. l. I 30 (1062 D). Den Versuch, von hier aus zu einer ontologischen Lösung der Homoousie vorzudringen, zeigt adv. Ar. l. I 32 (1056 B) est igitur forma substantia, cum substantia, in qua est forma; ὁμοούσιος igitur formae substantiae principali et potentialiter priori, quod ista praestat formae esse et in substantiam esse et semper simul esse ... secundum igitur quod forma a substantia, substantia est forma quae sit substantiae, istud Dei filius est. quod forma substantia, quod autem semper substantia cum forma, semper pater, semper filius ad patrem, hoc est λόγος ad Deum, hoc autem semper ... sed quoniam ista forma substantia est, quae imago est et λόγος est, quem filium Dei esse dicimus, secundum quod λόγος est omnium quae sunt λόγος est.

Herkunft seiner Metaphysik aus dem aristotelisch beeinflußten Neuplatonismus vermuten möchte, intellektualistisch, sondern transzendentalistisch und umschließt bereits in seinem philosophischen Ansatz ein religiöses Moment.

Wir denken dabei nicht an die biblizistische Umgrenzung seiner Spekulation. Vielmehr ist diese in einer Weise der biblizistischen Gebundenheit entschränkt — und hierin liegt ein Hauptunterschied von dem spekulativen System des Origenes —, daß es besser ist, bei Viktorin von einer Religionsphilosophie als von einer Dogmatik zu sprechen. Sein Verhältnis zur Schrift läßt sich etwa dahin bestimmen: er tastet sie nach Ideen ab, an die er seine Metaphysik anpassen kann, sieht nach Begriffen, an die er seine Deutung ansetzen kann. Dabei verfährt er im Grunde eklektisch, d. h. er versucht nicht, die g a n z e Offenbarung zu verstehen und möglichst a l l e Anschauungen und Gedanken zu vereinigen, wie es Origenes wenigstens in der Absicht vorschwebte. Als weiteres wichtiges Moment kommt hierbei in Betracht, daß er seine Spekulation nicht an die regula veritatis bindet, was seine Art der metaphysischen Deutung ebenfalls von Origenes scheidet, indem damit der Zwang fällt, alle religiösen Ideen der Glaubenslehre dem metaphysischen System einzureihen (was bei Origenes zu vielen logischen Schwierigkeiten und exegetischen Kunststücken führt), und in seine theologische Spekulation eine gewisse Großzügigkeit des metaphysischen Denkens eintritt. Das Verstehen der Heiligen Schrift vollzieht sich über eine deutende Apperzeption von einer Metaphysik und Ontologie aus, die in ihren Hauptzügen vor seiner Bekehrung fertig war, d. h. eben von seiner neuplatonischen Philosophie aus.

Trotz dieses mangelhaften Biblizismus und des Verzichtes auf eine Begrenzung seiner Spekulation durch die regula veritatis, der ihm von seiten des Hieronymus den Vorwurf eingetragen hat, er sei kein Theologe, enthält die philosophische Bestimmung seiner transzendentalen Gottesanschauung ein religiöses Moment bestimmter Art. Es ist der Versuch einer begrifflichen Deutung einer religiös empfundenen transzendenten Macht, die er in seinen Spekulationen über den unbekannten verborgenen Gott zum Aus-

druck bringt [1]). „Deus in occulto, secreta et in occulto substantia:
omnia ἄγνωστα, ἀδιάκριτα, incognita et indiscreta sunt: ita et
Deus, quod est esse, id est vivere, incognitus et indiscretus est
et eius forma, id est vitae intelligentia, incognita et indiscreta
est."

Diese Idee vom unbekannten Gott und seiner transzendentalen
Verborgenheit steht im Zusammenhang mit der theologia negativa Plotins. Trotz der Versuche, Plotins Metaphysik als ein
rein intellektualistisches Schema darzustellen, sei hier betont,
daß der Ansatzpunkt seiner intellektualistischen Spekulation
ebenfalls ein religiöser ist, was sich bereits in dem Verzicht auf
eine positive intelligible Bestimmung des Gottesbegriffs äußert,
und daß gerade diese religiöse Bestimmtheit seines Systems
und — wie noch auszuführen ist — das Eindringen orientalischer
Anschauungen in seinen Gottesgedanken die Verbindung mit
dem christlichen Gottesgedanken ermöglichte und nahelegte.

Die theologia negativa ist nicht einfach ein rationalistischer
Ausweg in der Bestimmung des Irrationalen, sondern auch innerhalb der plotinischen Metaphysik ein Versuch der intellektualen
Anschauung eines religiös empfundenen θεῖον. Ebenso steht es
bei Viktorin [2]). „Nichtseiend nennen einige Gott, nicht weil er
ohne Substanz ist, denn er ist ja. Anbeten also wollen wir Gott
und sagen er sei, (ihn nennen:) der im Sein ist, der alles
geschaffen hat, Himmel und Erde, die Welt, die Geister, Engel,
Seelen, Tiere und Menschen." Diese Ausführung, deren ontologischen Hintergrund wir bereits skizziert haben, zeigt unmittelbar die religiöse Reaktion — „anbeten wollen wir Gott" — auf
die in die Negation eingehüllte verborgene göttliche Transzendenz.

Der Ansatzpunkt der Theologie Viktorins ist also der orientalische [3]) Gedanke vom unbekannten Gott, vom Gott in der
Verborgenheit, der als der absolut Überweltliche, Transzendente
und daher schlechthin Unerfaßliche empfunden und dessen reli-

---

1) Viktorin contra Arian. l. I c. 19 (1052 D) dazu l. I c. 33 (1066 B C);
l. I c. 39 (1070 B): Deus . . . praepotens et praeprincipium potentiae.

2) l. II c. 1 (1089 B).

3) Siehe zum Problem der ägyptischen Herkunft des Agnostos Theos
Sethe, Abh. d. Berl. Akad. Jahrg. 1929 S. 178 ff.

giöse Erfahrung metaphysisch gedeutet wird[1]). *„Sed cum in uno omnia vel unum omnia aut cum unum omnia vel nec unum nec omnia, fit infinitum, fit incognitum, indiscernibile, incognoscibile, et quod vere dicitur* ἀοριστία, *id est infinitas et indeterminatio*[2])*."* *„cogimur iam necessario et illa de Deo dicere, ut eius incomprehensibile sit et esse et vivere et intelligere, nec solum ut incomprehensibile eius esse vivere et intelligere; ut nec esse quidem ista videantur quod ille supra omnia sit; quare et* ἀνύπαρκτος *et* ἀνούσιος *et* ἄνους *et* ἄζων, *sine existentia, sine substantia, sine intelligentia, sine vita dicatur."*

Viktorin grenzt dabei genau den Sinn dieser negativen Bestimmung ab: sie gilt nicht *per privationem,* sondern *per supralationem.* Die Negation soll nur aussagen, daß Gott all das, was wir von ihm aussagen können, er habe es nicht und sei es nicht, in einer schlechthin unübertrefflichen und unvorstellbaren Vollkommenheit besitzt und ist. Daß der Ansatzpunkt der rein philosophischen Behandlung dieses Gottesgedankens der Gedanke der Kausalität ist, wurde bereits in der Darstellung der Ontologie bemerkt.

Die via negationis ist also der Weg einer ontischen Bestimmung des religiös empfundenen göttlichen Wesens als des verborgenen dynamischen Ursprungs alles Seins, der jenseits unseres noetischen Denkraums liegt, dessen Kraft und Wille aber dauernd in das Universum hineinwirkt und es nach jeder Richtung bestimmt.

Zu bemerken ist dabei, daß die „Verborgenheit" nicht — wie etwa bei Luther[3]) — eine Verborgenheit in den konkreten Dingen selbst bedeutet, sondern eine transzendentale Verborgenheit außerhalb und oberhalb der Sphäre des intelligiblen Seins und der konkreten Welt.

---

1) l. IV c. 23 (1129 C).

2) ib. (1129 D) Das Zitat lautet weiter: non quidem per στέρησιν, id est non per privationem, sed per supralationem. omnia enim quae voces nominant, post ipsum sunt. unde nec ὄν, sed magis προόν. eodem modo praeexistentia, praevidentia, praecognoscentia horum quae conficiuntur. ipse autem praeexistens, praevidens, praecognoscens. sed haec omnia apparentibus secundis et intellecta sunt et nominata.

3) Zu der Idee der Verborgenheit bei Luther s. Erich Seeberg, Luther Bd. I.: Der Gottesgedanke S. 112 ff.

Dementsprechend ist die Verborgenheit doppelt bestimmbar: ontologisch und erkenntnistheoretisch, und zwar so, daß sich die beiden Momente gegenseitig begrenzen: da alles Sein nur als Seiendes, d. h. als intelligibles Sein existiert, und in der Erkenntnislehre als Grundgesetz gilt, daß nur Intelligibles das Intelligible erkennt, so ist klar, daß mit der ontologischen Bestimmung des Göttlichen als eines transzendentalen Nichtseins seine Verborgenheit für die intelligible Erkenntnis mitgesetzt ist, weshalb auch in den beiden zitierten Stellen die ontologische und die erkenntnistheoretische Abgrenzung unmittelbar nebeneinander stehen. Perspektivisch ist natürlich die Erkenntnistheorie durch den transzendentalistischen Ansatzpunkt der Ontologie bestimmt.

Dieses Wissen um das Verborgene, den Überschwang, das „Unförmige" in Gottes Wesen wird nun pariert durch ein rationales mathematisches Prinzip, das die innere Gegenbewegung des griechischen Denkens zu der orientalischen Anschauung des Religiösen darstellt, einen Trieb des Intellekts, den göttlichen Überschwang in ein rundes System einzufangen und damit zu begrenzen. Die Erwähnung dieses Momentes ist um so wichtiger, als sich in ihm die Umschreibung des metaphysischen Denkraums darstellt, in dem sich die Spekulation Viktorins bewegt.

Es handelt sich um die Idee, sich Gott *per similitudinem sphaericam* zu vergegenwärtigen. Das Sein Gottes, das alles Sein umfaßt, wird geschaut als eine universelle Sphäre, die ganz von göttlichem Leben erfüllt ist, das vom Zentrum ausstrahlt[1]. *„magis autem simul existentia sine aliquo intervallo sphaera est et prima et perfecta et ipsa sola sphaera . . . ex ista ratione necessario et* σημεῖον *potentia est et* γραμμή *et* γραμμὴν *operans* σημεῖον *est et a semetipso exiens et exiens non semper, in mansione et in motu simul, semper simul,* κύκλῳ *semet circulans undique sphaeram esse Deo ubique existente*[2]*."*

Die Sphäre des Seins bezeichnet ontologisch das esse formatum, d. h. die Seinssphäre, in der sich das transzendente Sein selbst umgrenzt hat, wobei die *circumterminatio* mathematisch gedeutet wird. Diese Anschauung wird folgerichtig zur Idee der Ubiqui-

---

1) Über die σφαῖρα bei Plotin vgl. Teil II.
2) l. I c. 62 (1086 A).

tät Gottes im geistigen Universum weitergebildet. Das wird in
der Logoslehre weiter zu beachten sein, auf die auch die zweite
Stelle weist[1]: *„summus* νοῦς *et sapientia perfecta, hoc est* λόγος
*universalis, idem ipsum enim in aeterno motu circularis motus erat
a* σημείῳ *primo et in summo vertice circularis existens iuxta ipsum*
σημεῖον *cyclica causa inseparabiliter conversa ut a patre et in
patrem, cum patre existens, incedens, simul existens, et in patre
erat filius et in filio pater.“*

Das Schema der Kugel, die sich um ihr Zentrum dreht und
deren Bewegung ihre innersten Teile wie ihre äußersten umfaßt,
ist das Raumbild der plotinischen Metaphysik und Religionsphilosophie. Es ermöglicht eine theologische Deutung jeder einzelnen mathematischen Größe. (Man trifft hier unmittelbar auf
die theologisch-mathematischen Ideen des Neupythagoreismus.)
Hier liegen nicht nur die Anschauungen von Gott als dem
dynamischen Quellpunkt und Zentrum des Universums — ὄν
primum —, sondern auch von der forma-Spekulation, der Lehre
von der innergöttlichen Bewegung, der connexio der einzelnen
Teile mit dem Zentrum, der Spekulation über „Innen" und
„Außen", vom innergöttlichen Leben und der Emanation der
intelligiblen Vielheit aus dem Ureinen. Schon hier klingt die
Erkenntnis an, daß hinter allem Leben der Welt das wahre
Leben sich als eine Reihe von intelligiblen Bewegungen in einem
metaphysischen Allwesen abspielt. Die letztgenannte Stelle zeigt
das interessante Phänomen, daß Viktorin, ohne die Terminologie
der Mathematik im geringsten zu ändern, den christlichen Gottesgedanken in diesen mathematisch-metaphysischen Raum hineinzieht.

Damit sind die beiden Spannungsmomente der viktorinischen
Gottesanschauung vorläufig bestimmt als das Wissen um den

---

[1] l I c. 60 (1085 D). Die Stelle lautet weiter: prima substantia et in
substantia iam substantia, spiritualis substantia, secundum νοῦν, generatrix et effectrix substantia, praeprincipium universae intelligibilis et intellectualis et animae et hylicae universae substantiae in hyle vgl. dazu l. I c. 25
(1059 A). Quod Iesus, hoc est λόγος, et semen est et velut elementum omnium quae sunt, maxime autem iam ἐνεργείᾳ et manifestantione eorum
quae sunt, . . hoc est in operatione substantialiter. In patre enim potentialiter omnia inhabitant. et idcirco Iesus λόγος imago est patris Dei, hoc
ipsum quod est, potentia est iam hoc quod est actionem esse. omne enim
quod in actionem exit, et imago est eius quod est potentialiter, et eius
quod est potentialiter filius est quod in actione est.

unbekannten Gott und seine Transzendenz, und der Versuch des ordnenden Intellekts, das Unbegreifliche zu begreifen und das religiöse Erlebnis dieser bestimmten Art begrifflich zu formen; es sind im Grunde der orientalische und der griechische Gottesgedanken, die hier in eine innere Spannung zueinander treten.

Zur Ergänzung unserer ontologischen Ausführungen über das transzendente Nichtsein genügt es nun nicht die einzelnen negativen Urteile Viktorins über das göttliche Sein zusammenzutragen. Die Negation selbst findet ihre metaphysische Begründung und Aufhebung in der Setzung Gottes als der absoluten Potenz, der *potentia prima* [1]). *„primum est potentia et constitutiva potentia."*

Damit erfährt der aristotelische Begriff des *actus purus* eine wesentliche Umformung, und zwar durch den Satz, auf den wir bereits in der Ontologie gestoßen sind: *Die Potenz ist vor dem Akt.* Der *actus purus* ist nicht das *primum principium*, sondern bereits die Darstellung und erste Formierung einer transzendenten Potenz, die ontologisch nicht mehr zu fassen ist, von deren Wirklichkeit aber gerade ihre formierte Betätigung im actus purus zeugt. Der aristotelische Gottesgedanke ist hier einerseits durchbrochen, indem für Viktorin hinter der intelligiblen Sphäre eine neue unerforschliche transzendentale Sphäre Gottes anbricht, der reine Potenz ist, andererseits gibt aber gerade dieses Potenzsein die metaphysische Begründung für die reine Aktivität des primum ὄν.

Man verkennt aber die metaphysische Konzeption des viktorinischen Gottesgedankens, wenn man unter *potentia* hier lediglich die Möglichkeit (Potentialität) versteht. Gott ist nicht bloß ein metaphysisches Gespenst, das der philosophierenden Phantasie jenseits der Grenzen des Logos erscheint, vielmehr sind in dem Begriff der potentia in der vorliegenden theologischen Abstimmung sowohl der Begriff der Potenz (δύναμις, Kraft) als der Begriff der Möglichkeit (Potentialität) in folgender Abstufung enthalten:

1. Die positive Bestimmung der *potentia* als Potenz ergibt sich aus ihrer Bezogenheit auf den Begriff des *actus*. Die potentia ist die jenseits des reinen intelligiblen Aktes in sich selbst

---

1) de gen. verb. div. c. XIX (1030 B): necessario igitur ipsum esse praecedit.

ruhende absolute Kraft, die sich noch nicht im Akt entladen
und verwirklicht hat, das verborgene voluntative Sein, das sich
im Akt als offenbare energetische Bewegung darstellen wird.
potentia bedeutet also die „Negation" des *actus* im gleichen Sinn
wie das μὴ ὄν die „Negation" des göttlichen Seins: nicht als
privatio existentiae, sondern als Bezeichnung der unfaßlichen, verborgenen Realität. Der *actus purus* weist als Veranschaulichung
und Gestaltung der vor ihm liegenden verborgenen Urpotenz
auf die transzendente Realität dieser *potentia prima*. Diese
transzendente Potenz bestimmt die Grundbedeutung des Logos:
der Logos ist die Aktivierung und Darstellung dieser Potenz,
die sich in ihm ihrer Verborgenheit und der vollendeten Ruhe
in sich selbst entäußert und zum Wirken übergeht. Gott und
der Logos, der Vater und der Sohn stehen also zueinander im
Verhältnis von Potenz und Akt [1]). *„Deus enim potentia est et* λόγος
actio [2]) . . *quod vero de potentia actio, ideo de patre filius."*

Gerade die Beziehung auf die *actio* zeigt also, daß in dem Begriff der potentia als der ontologischen Bestimmung des göttlichen Andersseins das dynamische Element das bestimmende ist.
Gott ist die reine absolut freie Potenz, *potentia qua cuncta vivificantur et potentificantur* [2]), *potentia universorum et omnium* [4]),
omnipotens potentia [3]).

2. Das Moment der **Potentialität** läßt sich durch zwei
Gedanken bestimmen:

1. Gott ist absolut frei. Damit ist aber gesetzt, daß wohl die
Potenz auf die Selbstverwirklichung im Akt gerichtet ist, daß
aber die Verwirklichung nicht notwendig ist. Gott selbst ist in
dem Zustand seines reinen Fürsichseins vor seiner Selbsthypostasierung reine Potentialität.

2. Gott ist reine Potenz, bevor er Substanz ist, d. h. auch Potenz
der Substanz; er enthält in sich die Möglichkeit, ein Seiender

---

1) l. II c. 3 (1091 B) . . . nam et potentia quod potest esse est et
quod est potest esse. ipsa igitur potentia actio est et ipsa actio potentia . . . ideo pater, quia potentia gignit actionem: et ideo filius actio,
quia actio ex potentia. ergo et pater in filio et filius in patre, sed utrumque in singulis, et idcirco unum. duo autem, quia quo magis est, id alterum
apparet. magis autem pater potentia et actio filius.

2) l. III c. 11 (1107 B).   3) l. III c. 7 (1103 C).

4) l. I c. 64 (1088 B).

zu sein, ist aber erst Substanz und ein Seiender, wenn er sich selbst hypostasiert, aus seiner Verborgenheit heraustritt, den Sohn zeugt [1]). „*sola sua potentia* τὸ ὄν *in manifestationem abduxit et genuit.*"

Also nur von dem späteren hypostasierten Sein aus, das seine Wirklichkeit für die einzige hält, kann das Sein Gottes als reine Potentialität verstanden werden. Dieser Anspruch des hypostasierten Seins, die letzte Wirklichkeit zu sein, wird aber durch die Ontologie widerlegt. Die Auflösung Gottes in ein metaphysisches Schattenwesen wird so durch die Ontologie verhindert. Gott ist „Möglichkeit zum Sein" nur für den Menschen, der nur eine beschränkte Anschauung vom Sein hat, über die hinaus für ihn nur ein undefiniertes μὴ ὄν faßbar wird, während dort die Wurzel alles Seins liegt, auf die das Sein alles Seienden zurückweist. „*haec enim est ibi substantia, esse supra substantiam. Deum esse omnes fatentur, cum sit potentia substantiae et ideo supra substantiam atque ex hoc substantia. etenim potentiae inest esse* [2]).*"* Die Negation verhüllt also eine transzendentale Realität, das Nichtsein verbirgt eine erhabene dynamische Wirklichkeit. Absolut ist Potenz, was von dem kontingenten Sein aus als Potentialität erscheint. Die Gott eigene Seinsform, das μὴ ὄν bzw. das ὑπὲρ τοῦ ὄντος und die *potentia* gehören also ontologisch auf dieselbe Weise zusammen und bedingen auf dieselbe Weise ihre gegenseitige Realität wie im Logos *substantia* und *actus.* Man kann die Ambivalenz des potentia-Begriffs infolgedessen auch dahin formulieren: ontologisch gesehen ist das transzendente Sein Gottes Potenz, die Potenz der Potenzen, die sich bei ihrer Substanzierung als *actus purus* aktiviert. Erkenntnistheoretisch, d. h. von der kontingenten menschlichen Anschauung vom Sein aus ist *potentia* die Möglichkeit zum Sein.

Der Gedanke: Gott ist die Urpotenz alles Seins noch jenseits des Seins und jenseits der Aktivierung dieser Potenz im Sein verbindet in bezeichnender Weise die aufgezeigte Antinomie vom Wissen um die Verborgenheit Gottes und der Begehrlichkeit des Intellekts, das Undenkbare zu denken. Einerseits gibt der

---

1) de gen. verb. div. XIV (1027 C).

2) l. II c. 3 (1090 D) vgl. (1091 B): Deus enim potentia et λόγος actio, in utroque utrumque; nam et potentia quod potest esse est, et quod est, potest esse.

Begriff *potentia* eine passende Deutung des Numinosen, andererseits hat der Begriff der δύναμις seit der dynamistischen Wendung der neuplatonischen Philosophie, die sich mit Poseidonios vorbereitete [1]), eine formale Abgrenzung erfahren und steht als eine feste Kategorie innerhalb der zeitgenössischen Philosophie und Theologie. Der metaphysische δύναμις-Begriff ermöglicht so einerseits das Festhalten einer religiösen Bestimmung des transzendenten Gottes, andererseits den Anschluß eines intellektualistischen Systems, wie wir das in der Ontologie bereits ausgeführt fanden.

Die Deutung der *potentia* als einer realen Potenz wird betont durch die Bezeichnung Gottes als des „primus pater". „(Christus) selbst ist Vater, er selbst der Ur-Vater, und von ihm heißt jeder *Vater*, der Vater ist. Und doch strömte dieses Wort oder diese Kraft vom ersten Gottvater aus wie von einer Quelle. Denn auch Christus ist der Vater aller Kreaturen: durch Christus ist nämlich alles geschaffen. Dasselbe gilt vom Vater in den Mysterien" [2]). Der Begriff „Vater" führt auf die dynamistische Grundkonzeption des viktorinischen Gottesgedankens. „Vater" ist der mythische Parallelbegriff von „potentia". Dem potentiellen Charakter des Urwesens entsprechend gibt es eine Stufe von Vaterschaften durch das ganze Universum hindurch: Gott ist der Urvater — *primus pater* — als die universelle *potentia paternitatis*. Christus ist der Vater aller Dinge als die Akt gewordene *potentia paternitatis*: er ist also im eigentlichen Sinn Schöpfer. Unter

1) Der Dynamismus fällt zunächst auf in der Umformung der Psychologie, dem Ersatz der aristotelischen Lehre von den Seelenteilen durch die Anschauung von den Seelenkräften, d. h. die dynamistische Konzeption des Geistigen überhaupt. Damit geht Hand in Hand die Anschauung von der lebendigen Durchdringung von Stofflichem und Geistigem zu einer Einheit, dem lebendigen geistleiblichen Universum, dem Makrokosmos, dessen Abbild (als Mikrokosmos) der Mensch ist. Über Poseidonios siehe Reinhardt, Poseidonios, München 1925 und von demselben Verfasser: Kosmos und Sympathie, München 1926.

2) ad Eph. l. I 3, 15 (1268 B) ipse enim pater, ipse primus pater, et ab ipso quicumque pater est, pater nominatur. et tamen hoc vocabulum vel potestas a primo Deo patre velut a fonte defluxit. nam et Christus pater omnium quae creata sunt. per Christum enim creata sunt omnia. Item in mysteriis pater. . . . paternitas igitur omnis a Deo patre proficiscitur; vgl. ad Gal. 4, 19 lib. II (1184 B). Zu dem in mysteriis pater vgl. Dieterich, Mithras-Liturgie S. 52 f., 146 ff.; Reitzenstein, hellen. Mysterienreligion S. 40 f.

ihn reiht sich die Skala der unteren Vaterschaften, das zeugende Prinzip in seiner mannigfachen individuierten Darstellung in der Schöpfung.

Hinter diesem Schema steht das gleiche Prinzip, das wir bereits in der Ontologie dargestellt haben: Der Sohn ist die erste Aktivierung des väterlichen Seins als *actus purus* und so im eigentlichen Sinne Schöpfer als Ursprung der Substanzen, Formen, Wesen und Ideen.

Sind nun mit dem Ansatz des göttlichen Seins als der *potentia prima* zwei wesentliche Momente festgehalten, nämlich die absolute Überweltlichkeit, Unergründlichkeit, Verborgenheit und weiter die schaffende Wirksamkeit Gottes aus seiner eigenen Unerschöpflichkeit heraus, so ist in jedem dieser beiden Momente ein Prinzip gesetzt, das fortan das mittelalterliche Denken beherrschte;

1. das Prinzip der *analogia entis* [1]),
2. das Prinzip der Emanation.

1. Die Anerkennung der absoluten Transzendenz Gottes [2]) ist zugleich die Anerkennung des unüberbrückbaren Abstandes zwischen Gott und Kreatur. Die begriffliche Schematisierung des Göttlichen reicht also nur bis an seine Peripherie. Die Metaphysik gibt

---

1) Zur analogia entis als dem Grundprinzip katholischer Religionsphilosophie vgl. E. Przywara S. J., Rel.-Phil. katholischer Theologie, 1927, S. 22 ff.

2) l. I c. 3 (1041 D) supra enim beatitudinem est pater et idcirco ipsum requiescere. l. III c. 7 (1103 CD) hic est Deus supra νοῦν, supra veritatem, omnipotens potentia et idcirco non forma etc. de gen. verb. div. XIV (1027 B) necessario enim Deum per praelationem et eminentiam τῶν ὄντων dicimus, supra omnem existentiam, supra omnem vitam, supra omnem cognoscentiam, super omne ὄν et πάντων ὄντων ὄντα, quippe inintelligibile, infinitum, invisibile, sine intellectu, insubstantiale, incognoscibile et quod cum super omnia, nihil tamen de iis quae sunt. et quoniam supra quae sunt, nihil de his quae sunt; μὴ ὄν ergo Deus est. l. I c. 3 (1041 D) prae causa autem pater. l. III c. 1 (1098 D) ante numerum unum deus. l. IV c. 19 (1127 B) ante ὄν et ante λόγον vis et potentia existendi illa est quae significatur hoc verbo quod est esse, graece quod est τὸ εἶναι . . . verum esse primum ita imparticipatum est, ut nec unum dici possit nec solum, sed per praelationem ante unum, et ante solum, ultra simplicitatem, praeexistentiam potius quam existentiam, universalium omnium universale, infinitum, interminatum, sed aliis omnibus non sibi. et idcirco sine forma intellectu quodam auditur et praeintelligentia potius quam intelligentia accipitur.

dadurch zu, daß sie im Grunde nicht mehr tun kann, als die
Vorhöfe des Tempels zu erforschen, dessen Allerheiligstes ihr
verschlossen bleibt [1]). Die Spekulation findet ihre letzte Erhebung
in dem Verzicht auf das Wissenwollen, in der schweigenden
Verehrung der göttlichen Majestät. „Alles, was Mensch heißt,
beugt das Knie und betet, und nicht nur der Mensch allein,
sondern alles im Himmel und alles auf Erden und alles unter der
Erde" [2]). Auch bei Plotin, dem Ägypter, war die Hellenisierung
nicht „akut" genug, um seine Anschauung des Göttlichen ganz
zu schematisieren. So findet sich hinter dieser Metaphysik religiöse
Gleichgestimmtheit in der Anschauung des Göttlichen bei den neuplatonischen und den christlichen Theologen, die, wollte sie sich
begrifflich formen, es erlaubte, auch die metaphysischen Ideen
und Begriffe auszutauschen, soweit es die immanente Logik der
übrigen religiösen Ideen zuließ.

Umgekehrt führt die Erkenntnis der Unfaßbarkeit des göttlichen Seins für die menschliche Erkenntnis zu einer Art Grenz-
bestimmung des Logos, indem durch die Einsicht, daß hinter der
Sphäre des Logos eine unerforschliche göttliche Welt anbricht,
eine Abgrenzung der intelligiblen Sphäre nach oben, „zum Vater
hin", geschaffen wird. Der historische Niederschlag dieser Los-
lösung des Religiösen aus dem Geltungsbereich der Kategorien
ist die Kritik Plotins an Aristoteles und die Abwehr der Anwendung der logischen Kategorien auf Gott. Hierin ist das
griechische Denken, das sich immer sträubte, über den Logos
hinauszudenken — was nur mythisch möglich war —, an einer
entscheidenden Stelle durchbrochen [3]).

---

1) Auf dieses Bild führt Plotin, der Enn. VI 9, 10—11 zur Beschreibung
des transzendenten verborgenen Gottes die Anschauungen und Begriffe
des Mysterienkultes verwendet (s. Teil II) und von dem Gott spricht, der
im Heiligtum verborgen ist, den der von außen Kommende nicht schaut,
sondern nur die weiter nach außen stehenden Götterbilder sieht. M. Cochez
stellt in einem Artikel, auf den auch Bréhier, Plotin S 31 (Boivin, Paris
1929) hinweist, in der Revue néoscolastique 1911 S. 329 die These auf, es
handle sich bei dieser Plotinstelle um eine direkte Anspielung auf das Isisheilig-
tum auf dem Marsfeld, bei dem eine Allee von Göttern — die weiter
außen stehenden Götter — bis zum eigentlichen Heiligtum führte, in
dem die Gottheit „drinnen" war.   2) ad Phil. 2, 10 (1211 A).

3) Vgl. zu diesem Durchbruch zur Transzendenz W. Weber: Die Vereinheitlichung der religiösen Welt in „Probleme der Spätantike" 1930 S. 86 f.

2. Das Zweite ist die Rückverlegung des Schöpferischen, des zeugenden Prinzips, in das göttliche Sein selbst. Gott ist Potenz. Das bedeutet aber: das creare, das immer über sich selbst hinaus Sich-Verwirklichen, liegt in der göttlichen Natur selbst. Das Hinausschießen über die eigene Identität, das Überfluten der eigenen Grenzen — das sich logisch als ein Hinausschießen der Ursache über ihre Wirkung, formal als ein Hinaustreten der Form über ihre eigene Begrenzung zu neuer Formierung dar-stellt — ist unmittelbar in dem Potenzsein Gottes begründet. Alles, was ist, ist von Gott her in einem stetigen Sich-Überstürzen von Ursache und Wirkung, *formans* und *forma* [1]). *„necessarium est ut a Deo principio omnium potentiarum universaliter universalium fons et origo nascatur.“* Gott ist so der letzte Urgrund aller Ur-sachen und aller Wirkungen, alles Lebens und aller Bewegung, wie er letzter Urgrund des Seins ist. Er ist *„vis vel potentia qua cuncta vivefiant et quasi vivendi fonte in vitales spiritus eri-gantur“* [2]). *„prima causa omnium principiorum omnium intelligen-tiarum* [3])*.“* Vgl. Anm. 4 und 5.

[1]) l. IV c. 22 (1129 B) iste namque rerum progressus est, ut, cum om-nia a Deo, potentiae et actus a Deo, qui supra potentias et actus accipitur, orta haec esse credantur.

[2]) l. IV c. 16 (1121 CD) ergo [cum] haec omnia enumerata vivant et nihil sit vel in aeternis vel in mundanis aut hylicis, quod non pro natura sua vivat, utique confitendum est esse vim quandam vel potentiam, qua cuncta vive-fiant et quasi vivendi fonte in vitales spiritus erigantur, ut ex hoc et vivant et, quia vivunt, esse sortita sint.

[3]) l. I c. 49 (1078 C) ib ... praeintelligentia omnium potentiarum, omnium potentissimus, potentia potentiarum, omni potentia ... maius.

[4]) l. IV c. 12 (1121 D) hunc vel potentiam vitae, ut in aliis diximus, vel vitam summam principemque et generaliter generalem atque omnium viventium originem, causam, caput fontemque dicemus. principium exi-stentium substantiarum patrem, qui ab eo quod ipse est, esse caeteris praestat, secundum vim ac naturam percipientium vivendi potentiam substantiamque moderatus. l. IV c. 5 (1116 AB) zusammenfassend: ac de Deo probatum puto et spiritum esse; spiritum autem et vivere et vivere facere et vitam esse substantialiter ut ista intellecta sint et simplex et una substantia ut hoc sit spiritum esse quod vivere et vitam esse. sed non istud quod nostrum est vivere, quod animalium, quod elementorum, quod creatorum ex ele-mentis, quod mundi, quod omnium in mundo ... non inquam illud vivere in Deo est. hoc Deus est quod est vivere animae aut uniuscuiusque aut illius universalis et fontanae ... illud vivere, unde haec pro suo existendi genere vitam recipiunt et vivunt, illo quodammodo progrediente et ista

Dadurch kommt in die ganze Anschauung vom Universum ein theopantistischer Zug, auf den wir bereits bei der σφαῖρα-Spekulation hingewiesen hàben. Durch die Rückverlegung des jeweiligen Überschießens der ursächlichen Kraft über ihre Wirkung hinaus in die göttliche Natur selbst wird eine Beziehung vom untersten und letzten Sein, der geringsten Zeugung und kleinsten Bewegung zum ursprünglichen göttlichen Sein, Zeugen und Bewegen gegeben. Dadurch findet das gesamte Universum eine Zusammenfassung und eine innere Konzentration im göttlichen Sein. *„Deus pater est. ab ipso enim veluti fonte orta sunt omnia . . . porro autem omnia . . . et ea quae non aeterna et caetera huiusmodi. cum enim omnia dico, intelligenda et diversa et contraria vel repugnantia et omnia denique utique sunt quae vel quomodo vel qualiacumque sunt. quae cum ista sunt, manent tamen et in suo modo et in substantia et in sua re et sua qualitate. igitur et cum angeli et daemones et materia et elementa et animae ceteraque huiusmodi omnia quaeque sunt habeant naturam suam, communem procreationis habent vim virtutemque et conditione sua manentia* [1]*).“*

In der Teleologie, die diese Einheit alles Seins formt, liegt nicht nur die Idee von der Einbeziehung alles innerweltlichen

---

prout capere possunt potentiam viventis vigoris afflante a se sibi, per se, in se solo simplex, purum sine existendi principio a quo fusum magis vel progressum vel natum principium est, per quod creatur vivere caeterorum. etenim vivere vitam parit. nam vi naturali prior actor quem actio; agens enim actionem genuit.

5) l. IV c. 24 (1130 C D) hoc igitur si fas est dicere... modo illud primum, unum illud solum, illud Deus vel spiritus vel spirans vel lumen vel luminans vel existens vel omniexistens vel existentia vel omniexistentia vel vivens vel omnivivens vel vita vel viventia vel omniviventia vel intelligens atque cognoscens vel omniintelligens omnicognoscens vel omniintelligentia omnicognoscentia omnipotens omnimodis perfectus interminatus immensus, sed caeteris, sibi terminatus et mensus, super omnia et idcirco nullum de omnibus ac magis ex quo omnia; ergo unum et solum unicum. principium enim omnium. unde non unum omnia manens in se neque in se, ne duo, auditor, accipias, sed ipsum manens vel mansio, quies quietus, quiescens magis, quia a quiescente quies, ut supra docuimus. unde dictus est et sedere quasi in centro τῶν πάντων ὄντων, id est omnium quaesunt, unde universali oculo, id est lumine substantiae suae, qua vel esse est vel vivere vel intelligere in eas τῶν ὄντων non versabili aspectu videt, quia et quies est, a centro simul in omnia unus est visus.

1) comm. ad Eph. 1, 8 (1244 A) lib. I.

Lebens in das göttliche Leben, nicht nur die Individuation des Logos, sondern auch die korrespondierende rückläufige Bewegung, die Reintegration des emanierten entfremdeten Geistes in die absolute Einheit im Geist.

Die Bezeichnung dieses Vorgangs der Formierung und Hypostasierung als einer *generatio* ist aber nicht verständlich, wenn man nicht hinzunimmt, daß dieser Begriff vor seiner Beziehung auf den metaphysischen Vorgang seines kreatürlichen Sinnes entkleidet wird. Der Begriff generatio hat also eine verschiedene Bedeutung, je nach der er die natürliche oder die geistige Zeugung bedeutet.

1. Die natürliche Zeugung. „*ubi enim est natura, ibi generatio. generatio autem est, cum ab eo quod non fuit aliquid esse incipit aut ab eo quod aliter fuit, aliud esse incipit, aut ab eo quod aliter fuit, aliud esse incipit, sicut de semine homo vel virgulta alia de semine ceteraque alia animalia* [1])."

2. Die geistige Zeugung. Hierbei handelt es sich weder um eine Zeugung aus dem Nichtsein, noch um eine solche aus dem Anderssein, sondern um ein unmittelbares wesenhaftes Sich-weiterzeugen (als ein selbständiges Seiendes) über das eigene Sein hinaus. *generatio* in diesem Sinne meint also den Prozeß der Hypostasierung, d. h. primär die Zeugung des Logos. Dieser Vorgang wird beschrieben als eine *discretio*, als *apparentia*, als *separatio* und *constitutio* [2]). Nirgendwo in diesem Prozeß reißt also der direkte Seinszusammenhang zwischen „Vater" und „Sohn" ab.

Bei der Zeugung des Logos handelt es sich also nicht um eine *creatio ex nihilo* oder eine *creatio ex altercatione*, sondern um die Formwerdung und Manifestation einer göttlichen *abundantia*.

Allerdings kann Viktorin in diesem Zusammenhang sagen: der *foetus* ist nicht vor der Geburt, sondern er ist im Verborgenen. „*generatione pervenit* ὄν *in manifestationem operatione, quod fuit* ὄν *potentia* [3])." Hier ist die *generatio spiritualis* durch ein Bild der *generatio naturalis* erläutert, aber in einer Weise, daß die Inkongruenz — nämlich das Moment der *altercatio* — durch die Be-

---

1) comm. ad Eph. 2, 3 lib. I (1254 C).
2) ib. 1254 C.
3) de gen. verb. div. XIV (1028 A).

stimmung des ontologischen Verhältnisses als einer Darstellung desselben Seins in Potenz und Akt sofort beseitigt wird. Der Zusammenhang mit der *forma*-Spekulation wird dann durch eine weitere Deutung dieses Prozesses der *generatio* als einer *declaratio* wieder hergestellt.

Durch die ontologische Abgrenzung des Begriffs der *declaratio* ist das Dilemma der origenistischen Logoslehre – das Fehlen einer strengen metaphysischen Differenzierung der Zeugung des Sohnes und der Zeugung der intelligiblen Wesen — gelöst, indem der kreatürlichen Zeugung *ex altercatione* die metaphysische *declaratio* entgegentritt, die „Vater" und „Sohn" auf derselben existentiellen Ebene vereinigt.

III.

Die Christologie.

Wenn die folgenden Untersuchungen nicht unter dem Begriff der Logoslehre, sondern unter dem Begriff der Christologie zusammengefaßt werden, so hat dies seinen Grund darin, daß bei Viktorin in die Logosspekulation wesentliche neue Momente eingedrungen sind, die die geläufige intellektualistische Begrenzung des Logosbegriffes sprengen, und die Logosspekulation durchweg auf die dogmatische Deutung des Sohnes und seine Zeugung aus dem Vater bezogen ist.

Die exakte philosophische Problemstellung der christologischen Frage gibt in ihrer Mannigfaltigkeit einen starken Eindruck von der geistigen Freiheit, mit der ein philosophisch geschulter Denker, der aus seiner philosophischen Problematik heraus auf die Offenbarung gestoßen war, die verborgene Weisheit der Schrift von einem spekulativen System aus zu deuten versuchte.

Die Mannigfaltigkeit der christologischen Begriffe, mit denen er arbeitet, schafft keine geringe Komplikation des Verständnisses seiner theologischen Ideen. Der Grund hiefür ist, daß sich Viktorin in seinen Spekulationen nicht an die in der Schrift und der regula veritatis gegebenen Vorstellungen und Begriffe hält, sondern die ganze neuplatonische Logoslehre nach ihrem formalen und ontologischen Sein aufbietet, um die dogmatischen Fragen metaphysisch zu erhellen (s. S. 62).

In der Darstellung der Ontologie, dem Kernstück seiner Philosophie, liegt nun bereits ein Kriterium für die perspektivische Anordnung und Gliederung der christologischen Ideen vor. Hier sind folgende Momente von Bedeutung:

1. Der Logos ist die Formierung des reinen transzendentalen Seins als Seiendes (ὄν).

2. Die Existenzform dieses Seins ist bestimmt durch die drei Urideen (*existentialitas, vitalitas, intelligentitas* s. S. 43) als *esse, vivere, intelligere.*

3. Der Logos ist die Aktivierung der göttlichen Potenz und wirkt so im Seienden als *existentia, vita, intelligentia.*

Es ergibt sich also als natürliches Prinzip der Gliederung:

1. Der Logos als Prinzip der Existenz.

2. Der Logos als Prinzip des Lebens.

3. Der Logos als Prinzip der Intelligenz.

Es kommt aber ein weiteres Moment hinzu: Der Logos verdankt seine Existenz als *forma Dei,* d. h. als ὄν, einem freien Willensakt Gottes, eben jenem Akt der Selbsthypostasierung, durch den das ὄν und die drei Urideen als die drei Spezies der Ursubstanz Realität bekamen. Es gilt also zuerst diesen Willen metaphysisch zu bestimmen, durch den die Hypostasierung erfolgte. Von dort aus gibt die Trias der drei ersten Seinsformen die weitere Ordnung.

1. Zu dem Problem des Logos als Prinzip der Existenz ist zu bemerken, daß der wesentlichste Teil dieser Frage bereits in der Untersuchung über die Ontologie Viktorins (s. S. 53 ff.) dargestellt ist. Zu dem Existenzproblem gehören aber noch eine Reihe von neuen Begriffen, wie z. B. der Bildbegriff, die noch besonders zu behandeln sind.

2. Dem Problem der Darstellung des Logos in den drei Urideen ist das Problem der Aktivierung des göttlichen Seins durch den Logos überhaupt vorgeordnet.

3. Mit dem Problem des Logos als des Prinzips des Lebens gehört die Spekulation über die göttlichen Bewegungen, die *motus*-Lehre zusammen.

4. Das Problem des Logos als des Prinzips der Intelligenz kann hier zurücktreten, weil dadurch eine Antizipation der Darstellung der neuplatonischen Logos-Lehre notwendig würde, die an ihrem Ort im zweiten Teil zu behandeln ist.

a) Der Willensbegriff.

Über die problemgeschichtliche Herkunft des abendländischen Voluntarismus, über die Zusammenhänge mit dem neuplatonischen Willensbegriff, über die voluntaristische Wendung des abendländischen Neuplatonismus und die Weiterbildung und Abrundung der Willensspekulation bei Augustin ist in der ausführlichen problemgeschichtlichen Untersuchung des dritten Teiles zu reden.

Die Problemlage innerhalb der viktorinischen Theologie ist in der Ontologie durch den Gedanken vorgezeichnet, daß die *circumterminatio* des transzendenten Seins als ein Seiendes, d. h. die Selbsthypostasierung, nicht erfolgt *a necessitate naturae*, sondern *a voluntate divinae maiestatis*.

Einen Aufschluß über den hier vorliegenden metaphysischen Willensbegriff erhalten wir am besten durch folgende Stelle, die fast alle konstituierenden Elemente des viktorinischen Willensbegriffs in sich trägt [1]).

„simul et hoc attentius videndum quomodo filius sit et quomodo pater. non enim generatione mota, sed — si similitudo capienda est — quasi quodam partu mentis cogitatione prorumpit velle conceptum et effunditur. etenim cogitationes animae quasi filii sunt animae. porro cum Deus universali cogitatione unam voluntatem habeat, idcirco filius est unicus . . . haec semper voluntas a Deo et in Deo est potentia et ipsa Dei et patris virtute plena et ipsa existens et ipsa quae huc venerit in mundum saepe alio atque alio modo, et nunc in carne quam sibi potentia sua formavit, et mysterium propter mundum et animas, quae in mundo trahebantur, implevit."

Folgende Momente lassen sich herausheben:

1. Der unmittelbare Zusammenhang des Willensbegriffs mit der δύναμις-Lehre. Die göttliche Potenz ist Wille und der Wille ist getragen von der Kraft des Vaters.

2. Der Wille ist ontologisch bestimmt als die Substanz Gottes. Das Sein Gottes ist Wille; d. h. Wille ist bei Gott nicht Funktion oder Ausstrahlung seines intelligiblen Seins, sondern ist sein Sein selbst.

---

1) comm. ad Eph. 1, 1 (1236 C) ib. 1, 4: porro cum Deus universali cogitatione unam voluntatem habeat, idcirco unus est filius et unicus (1118 C) unus motus, una voluntas.

3. Die dogmatische Deutung der Willensspekulation geschieht durch die Beziehung auf den Sohn, welcher die Form und Hypostase der Potenz des transzendenten Gottes ist. Der absolute Wille i s t Christus, der Sohn, der das Sein des Vaters in seiner Determinierung ist.

4. Für die Trinitätslehre und die Christologie ist damit der wichtige Gedanke gewonnen: der Sohn Gottes ist nicht Geschöpf, sondern ist seiner Substanz nach die Selbstverwirklichung des transzendenten, verborgenen Gottes, ist selbst Gott. Christus ist der geformte Wille des Vaters, ist also wesenhaft von ihm nicht zu trennen, sondern stellt selbst sein eigentlichstes Wesen dar. Der Sohn gehört also ontologisch zum Vater als die Substanziierung und Determinierung des väterlichen Seins, das sich im Sohn als Willen demonstriert. Damit ist wieder eine eindeutige Lösung des Dilemmas der origenistischen Christologie gegeben.

5. Die konsubstantielle Sohnschaft wird erläutert an einem analogen geistigen Vorgang in der menschlichen Person: *cogitationes animae filii animae.* Der Prozeß der innerseelischen Zeugung, der *partus mentis*, die Darstellung der Person in einem Willensakt, dient als Analogie für die innergöttliche Zeugung des Sohnes. Hier spielt also bereits das Prinzip der analogia entis herein, welches von dem Personbegriff der Anthropologie aus eine metaphysische Bestimmung des göttlichen Personseins einleitet.

In all diesen Momenten haben wir die Vorwegnahme eines Prinzips der abendländischen Theologie, das sich erst bei Augustin ganz realisierte: der metaphysischen Bestimmung des Personbegriffs und der dadurch eingeleiteten Verschiebung der religiösen Probleme. Die Ansätze der augustinischen Anschauungen von der wesenhaften Einheit der Person, ihre bildhafte Beziehung auf das göttliche Personsein, die Herbeiziehung des Willensbegriffs zur Bestimmung der Homoousie, der Hinweis auf die Trinität im Menschen, die analogia entis sind hier bereits vorgebildet.

Das göttliche Sein ist ein Wille zu sich selbst, und dieser Wille ist in Gott existent als innergöttliche Hypostase, als filius in gremio Patris. Der Sohn i s t also der Wille des Vaters. Die Abgrenzung gegenüber dem Vater ist, daß die Hypostase des

Willens eine Begrenzung und Formgebung des „unförmigen"
Gottes darstellt, in der sich Gott selbst determiniert. Erst dadurch, daß er Gestalt gewinnt, wird er als geistiges Wesen
offenbar. Die erste Offenbarung Gottes ist also nicht die Inkarnation, sondern die Geistwerdung und Darstellung als Seiender,
in der er sich als Wille offenbart.

Dieser Wille ist aber primär nicht als ein Wirkenwollen nach
außen gedacht, sondern ist ein im Akt der Selbstbegrenzung
sich betätigender Wille zur Identität [1]). *„Spiritu moto a semetipso
hoc est vitae perfectae in motione existentis, volentis videre semetipsam, hoc est potentiam suam, patrem scilicet, facta est ipsa manifestatio sui, quae generatio est et dicitur* [2])." Das ist also der Sinn
des einmaligen Herausspringens aus der Verborgenheit: Gott
will sich selbst und indem er sich selbst will, begrenzt er sich.
Seine Form ist eine selbstgesetzte. *„ipse se ipsum circumtermi-
navit"* (ib.). Man sieht hier, wie die dynamistische Wesensbestimmung und das intellektualistische Formprinzip unmittelbar zusammenwirken: man kann beide logisch trennen, aber nicht ontologisch,
da mit der Idee der Hypostasierung, die durch einen *impetus*
des göttlichen Willens zu sich selber gewirkt ist, sofort die formale Determiniertheit der Logosidee zu wirken beginnt und
sich die überförmige Potenz sofort formal kristallisiert.

Die Bewegung zu sich selbst vollzieht sich in dem einmaligen
Akt der *filiatio* [3]), welche der Akt der göttlichen Selbsthypostasierung ist. Grob formuliert heißt das: Gott kann nicht nach
außen wirken, ehe er Substanz und Person geworden ist, ehe
er sich im Sohn selbst formiert und in ihm seine maßlose und
formlose Unendlichkeit als Wille und Geist definiert findet [4]).

Damit ist ein singulärer Versuch einer Differenzierung von
Vater und Sohn angebahnt, der an Tiefe den christologischen

---

1) l. I c. 57 (1083 D).
2) Vgl. l. I c. 31 (1064 A).
3) l. I c. 31 (1064 A B).
4) l. I c. 32 (1064 C) a se movens pater, a se generans filius, sed potentia
patris sese generans filius, voluntas enim filius . . . quoniam Dei est voluntas, equidem ipsa quae sit generans, generatur in Deo et ideo Deus pater,
voluntas filius. . . . progressa quidem voluntate in potentiam actuosam,
non abscedente tamen a substantia propria et eadem motione: substantia
pater, iuxta id ipsum motio et voluntas.

Versuchen der ersten nicänischen Zeit um so weniger nachsteht, als bei ihm keine Nötigung zu kirchenpolitischen Kompromissen den metaphysischen Ideen die Spitze abgebrochen hat.

Die christologische Formel für den Willensbegriff lautet bei Viktorin so[1]): *filius ... voluntas patris iuxta quod voluntas patris, alteri iuxta quod voluntas patris filius ... sic igitur voluntate patris voluntas apparuit ipse* λόγος *filius; est igitur Dei voluntas* λόγος *cum ipso qui semper est, et ad ipsum ipsa voluntas filiatio est: pater ergo cuius est voluntas, filius autem voluntas est ...*

Die Beantwortung der Frage nach dem Sondersein des Sohnes kann also nur beantwortet werden durch den Hinweis, daß der Wille hier nicht mehr psychologisch oder funktionell, sondern als metaphysische Hypostase, als ein Seiendes gefaßt ist.

Ein anderes Problem ist, wie weit hinter diesem metaphysischen Willens begriff eine mythische Person steht. Die Problemgeschichte des Willensbegriffs wird zu zeigen haben, daß in der Spekulation der ägyptischen Religionsphilosophie und der Gnosis, aus denen dieser metaphysische Willensbegriff in den Neuplatonismus eindrang, der Wille noch als eine personhaft empfundene Hypostase fungiert, die bezeichnenderweise als Sohn des Urvaters bestimmt ist (s. Teil III).

Bei Viktorin ist die Beziehung von voluntas und potentia ausdrücklich gewahrt. *„omnis potentia naturalis est voluntas*[2]).*"* Damit ist eine essentielle Bezogenheit von Kraft und Wille hergestellt. Die Potenz Gottes ist ein natürlicher Wille. Dieser Wille ist Wille zu sich selbst, d. h. zur Selbsthypostasierung. Da aber in der Selbsthypostasierung alle intelligiblen Seins-Formen, Ideen und Wesen mitgesetzt werden, so liegt auch die Schöpfung notwendig im Wirkungskreis dieser selbstgewollten Hypostasierung. Im Willen selbst wirkt also ein prorumpere,

---

1) l. I c. 31 (1064 A) vgl. comm. ad Eph. 1, 12 lib. I (1246 AB) Deus operatur secundum consilium voluntatis suae; etenim Christus voluntas Dei est. aliis libris quid sit voluntas Dei et quid Deus sit, idem ne an aliud sit unum an et aliud et cetera huiusmodi et explicasse nos puto et satisfecisse. hic enim contenti esse simplici expositione debemus, metu hoc et religione retinentes, quod Dei voluntas est Christus, quod Dei voluntas est motus, quod Deus omnia operatur, quia Deus motus et Dei voluntas est motus et Deus [est].

2) l. I c. 52 (1080 D).

ein prosilire zum schöpferischen Tun [1]). *„omnis enim voluntas progenies est, iuxta quod universalis voluntas unigenitus; semel enim totius plenitudinis* λόγος *prosiliit e potentia Dei; ista potentia* λόγος *existens genuit* λόγον, *hoc est in manifestationem et generationem adduxit. sic igitur voluntate patris voluntas apparuit ipse* λόγος *filius. est igitur Dei voluntas* λόγος *cum ipso qui semper est et ad ipsum ipsa voluntas filiatio est; pater ergo, cuius est voluntas, filius autem voluntas est.„*

Der Logos-Begriff ist also um einen voluntaristischen Zug bereichert und erhält dadurch ein neues Gepräge. Das ist vor allem für die Anschauung von der Funktion des Logos bei der Schöpfung und bei der Erlösung von Wichtigkeit. Erst von der Selbstdarstellung der transzendenten Potenz im Sohn aus vollzieht sich das Wirken nach außen [2]). Christus ist der Wille Gottes oder die Kraft, zu tun, was Gott will: *„intelligamus igitur ... Deum esse ipsam potentiam ... Christum vero Dei voluntatem. et hoc si penitus aliqui ac diligenter attendat, inveniet inseparabilia esse Deum et eius voluntatem et tamen quasi separabilia. aliud enim Deus, aliud voluntas, iuncta tamen et cohaerentia et numquam discreta inter se sunt et Deus et Dei voluntas. sic fit ut sola voluntas sciat quid Deus velit et cogitet.„*

So führt der Wille Gottes in seiner Richtung nach innen zur Konstitution der eigenen Person und Formierung des eigenen Wesens, nach außen zur Schöpfung und Erlösung. Der Wille nach außen ist also die auf *operatio* gerichtete göttliche Potenz. Der metaphysische Prozeß ist aber ein und derselbe, insofern die Selbstverwirklichung notwendig über die Schöpfung führt, d. h. die Schöpfung gehört hinein in den Prozeß der göttlichen Selbstdarstellung, die die Identität zum Ziele hat.

Die Bestimmung der Tätigkeit des Sohnes greift zurück auf die Ideen vom Sohn als dem Vater der Schöpfung und dem *actus purus*. Beides hat eine voluntaristische Note. „Das heißt Wille, alles lebendig machen [3]).„ „Heraus sprang aus dem göttlichen Willen die *actio*. Die *actio* selbst ist aber der Wille Gottes ... Der Logos ist es, der in Gott ist, selbst Gott, selbst Wille,

---

[1]) l. I c. 31 (1064 A).
[2]) ad Eph. 1, 1 lib. I (1236 B).
[3]) l. I c. 52 (1080 D).

selbst Vernunft, selbst Leben, selbst actio[1]." Der transzendente Gott
verläßt also im Sohn seine Unermeßlichkeit und Unförmigkeit und
wird faßbar in letzten Begriffen: Wille, Leben, Logos, Intelligenz,
Akt. Für die spätere Ableitung des Personbegriffs ist es dabei
wichtig, daß all diese Begriffe, wie Wille, Intellekt und Leben,
in dem einen Wesen des Geistes zusammenliegend gedacht sind.

b) Der Begriff der „forma".

Bereits die Ontologie hat uns auf die forma-Spekulation geführt. Die christologische Wendung des ontologischen[2] Form-
Gedankens heißt: *Christus forma Dei.* Voraussetzung für das Verständnis dieses Satzes ist das Schema, das durch den transzendentalistischen Ansatz des Gottesgedankens gegeben ist: das
Unendliche, Unermeßliche, Verborgene, absolut Jenseitige wird
erst begreiflich und offenbar, wenn es sich in einem selbstgewollten Akt seiner Transzendenz entäußert und sich formiert.

Dieser Gedanke lautet in seiner erkenntnistheoretischen Wendung so: Nur das ist für den Intellekt faßbar, was eine Form
hat. Der Formcharakter alles irgendwie Seienden ist die metaphysische Voraussetzung alles Begreifens und Begriffenwerdens.
Auf Gott angewandt heißt das: Das Sein des *deus ignotus* ist
für den Intellekt an und für sich nicht begreiflich, da der metaphysische Ort dieses Seins jenseits der vom Intellekt durch-
streiften Seinszone liegt, so daß wir von ihm nur die negative
Aussage machen können, daß das zu ermittelnde Sein jenseits
und über dem intelligiblen Sein liegt. Gott selbst aber hat seine
Verborgenheit verlassen und hat sich in den unserem Intellekt
zugänglichen intelligiblen Denkraum hinein manifestiert, in dem
er, der Unendliche, im Sohne Form annahm. *„necessario per formam intelligitur Deus, nam ipsum nemo vidit umquam"* (Joh. 1, 18).

Maßgebend für die Formspekulation ist neben der bereits zitierten Stelle folgende Ausführung Viktorins[3]: *„Verum quia*

---

1) de gen. verb. div. XXII (1031 B).

2) Es handelt sich also nicht um die Frage der Menschwerdung des
Logos, sondern der Selbstbegrenzung Gottes in dem Geistwesen Logos;
die Spekulation über forma Dei — forma servi spielt erst eine Rolle bei
der Inkarnation.

3) l. IV c. 28 (1092 A), vgl. 1081 C, 1132 D und 1119 A.

potest accipi esse non aperte quid sit illud esse, si iam comprehensibile erit, ὄν *dicitur, id est forma quaedam in notitiam veniens quod tale esse iam* ὄν *et* ὕπαρξις *dicitur . . . quod autem est esse, non continuo* καὶ ὕπαρξις *est neque* ὄν *nisi potentialiter, non in manifesto ut* ὄν *dicatur. est enim* ὄν *figura quadam formatum illud quod est esse, quod tamen purum tunc purum intelligitur cum intelligitur iam formatum. forma enim intellectum ingenerat, manifeste pronuntiat aliud esse formam aliud quod formatum est.“* Die wichtigsten Momente sind dabei:

1. Vom göttlichen Sein können an und für sich nur negative Aussagen gemacht werden. Wenn trotzdem die Bezeichnung „Seiendes“ auf Gott angewandt wird, so geschieht dies von der Hypostase aus und trifft nicht das Sein des verborgenen Gottes, sondern das Sein, in dem er sich im Sohn formal determiniert hat.

2. Gott ist nur nach außen ein Seiendes, *in manifesto.* Das verborgene innere Sein wird nur erkannt, soweit es unserer Intelligenz durch seine Formierung anschaulich geworden ist[1]). *„cum nos circa prima vel summa proprie verba deficiunt, non congrue demum apud nos quod convenire possit intelligentiae aptamus, ut heic quod est Deo esse, substantiam iure dicamus.“*

3. Ontologie ist nur für Gott möglich, denn nur er, der das Sein hat, weiß, was es ist. Der Mensch ist als kontingentes Seiendes vom Verstehen des reinen Seins getrennt.

Fragt man nun, worin die Form eigentlich besteht, so ist man wieder auf jene dreifache Seinsform gewiesen, wie sie durch die drei Urideen *existentialitas, vitalitas, intelligentitas* als das Sein des Seienden bestimmt ist.

Viktorin greift hier wieder auf seinen Gottesgedanken zurück: Gott ist der τριδύναμος *dominus*[2]), denn er hat das *esse, vivere, intelligere* als drei Seinspotenzen. Das wird nach dem ontologischen Schema weiterentwickelt: „Esse, vivere, intelligere in

---

1) l. II c. 3 (1091 A) non dubitandum ergo dicere substantiam Dei: quia cum nos circa prima vel summa proprie verba deficiunt, non congrue demum apud nos quod convenire possit intelligentiae aptamus, ut heic quod est Deo esse, substantiam iure dicamus,

2) l. IV c. 21 (1128 D) τριδύναμος est Dominus, id est, tres potentias habens, esse, vivere, intelligere . . . triplex igitur in singulis singularitas et unalitas in trinitate.

Deo e s s e sunt: existentia autem, vita, intelligentia f o r m a sunt, a c t u enim i n t e r i o r e e t o c c u l t o eius quod est esse vivere intelligere — i n t u s enim ita sunt e t o c c u l t a —, magisque supra esse et supra vivere et supra intelligere Deus est . . . et magis per f o r m a m suam cognitus, sed inhaerentem et consubstantialem sibi [1].'' Vater und Sohn verhalten sich also ontologisch wie Sein und Seiendes, Leben und Lebendes, wie das absolute Leben zum geformten Leben, das Ansichsein zum Sosein. Der forma-Begriff bezieht sich dabei nicht allgemein auf das Sein des Sohnes als *forma patris*, sondern speziell auf die einzelnen Seinsformen, und zwar so, daß die *existentia* Form eines transzendenten „verborgenen" *esse*, das Leben Formierung eines transzendenten, verborgenen *vivere* und die *intelligentia* Formierung eines transzendenten *intelligere* ist.

Diese innere Bezogenheit wird nun benutzt, um die Wesenseinheit von Vater und Sohn abzuleiten [2]. „Etwas anderes ist die Form, etwas anderes Gott. Und zwar hat Gott eine Form, aber der Sohn Gottes ist Form im Offenbaren — *forma in manifesto* —, (die Form) Gottes aber (ist) im Verborgenen. So ist alles, Sein, Leben, Erkenntnis Gottes drinnen im Verborgenen, für den Sohn im Offenbaren." So wird einerseits zwischen Gott und Form geschieden, andererseits eine Wesensbeziehung hergestellt durch die Zurückführung der Form außen auf eine verborgene Form in Gott; hier wirkt bereits der Bildbegriff herein. Da es Gott selbst ist, der als *deus in occulto* die Form in sich trägt, die er nachher aus sich heraussetzt, um sich in ihr zu manifestieren, und da es der ganze e i n e Gott ist, der in diesem Akt der Selbstformierung sein Wesen umschreibt, so ist eine ontologische

---

1) l. IV c. 26 (1132 A); ib. (1132 D) verum quoniam imaginem Dei filium dicimus Dei, — genita est enim forma, ut ab eo quod est esse, vivere, intelligere gigneretur existentia, vita, intelligentia; quaedam enim in his forma est, per quam ut per imaginem intelligitur, quid sit esse, vivere et intelligere — necessario per formam intelligitur Deus, nam ipsum ‚nemo vidit umquam' (Joh. 1, 18).

2) l. IV c. 30 (1134 C) filius Dei forma in manifesto, Dei vero in occulto. sic enim omnia et existentia et vita et cognoscentia Dei intus in occulto, filio in manifesto. sic cetera . . . lumen verum, veritas, spiritus, motus, actio . . . sed haec veluti foras et in manifesto, illa in se atque circa existentiam vel ipsa potius quod est existentia; haec autem in actu agente quod est in manifesto.

Scheidung nicht möglich und trotz der Verschiedenheit die Wesensgleichheit gewahrt.

c) Der Bildbegriff.

Die christologische Frage führte bisher immer wieder auf die
Unterscheidung eines ὄν absconditum und ὄν apertum, einer
forma interior und *forma in manifesto,* auf ein Innen und Außen.

Die *imago*-Spekulation ist nun der Versuch einer formalen Bestimmung dieser Relation.

„Es wurde behauptet, die Form Gottes sei Christus. Was aber
ist die Form Gottes? Nicht Darstellung seiner Gestalt — *figura* —
nicht seines Aussehens — *vultus* —, sondern Bild und Kraft[1]."
Die Hypostase steht also zu dem transzendenten Sein, aus dem
sie hypostasiert ist, im Verhältnis von Abbild und Bild. Gott
trägt wohl sein Bild bereits in seiner Verborgenheit in sich, aber
begreiflich und anschaulich wird es erst, wenn er es als ein
reales metaphysisches Abbild aus sich heraussetzt und offenbart.
Dieses Setzen seines eigenen Bildes geschieht in der Zeugung
des Sohnes. Vater und Sohn stehen also in einem realen metaphysischen Bildverhältnis zueinander. Daher ist die Zeugung des
Logos, des Vaters und Schöpfers der Welt, in diesem Akt der
manifestatio die erste Offenbarung. Die Sohnwerdung ist der
erste Akt der Darstellung nach unten, der auf die Menschwerdung
als die zweite Offenbarung hinweist, in der das Göttliche noch
eine Stufe tiefer erscheint, um das entfremdete und getrübte
Sein in die reine Identität des göttlichen Seins zurückzuformen.

Für die Erfassung dieses Gedankens ist folgende Ausführung
bezeichnend[2]: „Gott ist im Verborgenen, d. h. in der Potenz.
Der Logos aber ist im Offenbaren, d. h. (als) *actio.* Diese *actio* hat
alles, was in der Potenz ist, als Leben und Erkenntnis und
führt es der Bewegung gemäß hervor und offenbart alles. Daher
ist die *actio* alles, was in der Potenz ist, als Abbild, indem sie
die *species* jedes einzelnen, das in der Potenz ist, zur Vollendung

---

1) comm. ad Phil. 2, 7 (1207 B).

2) l. I c. 19 (1052 D) ib. (1052 C) alio igitur modo dicimus Christum imaginem
Dei esse, primum esse et per semet esse et quae sit intelligens esse. et
viventem dicimus imaginem et vivefacientem et semen omnium quae sunt;
λόγος enim per quem omnia et sine isto nihil (Joh. 1, 3).

bringt." Die *actio* (d. i. der Logos) ist also die bildhafte Verwirklichung der göttlichen Potenz in ihren einzelnen *species*.

Zwei Momente werden hier deutlich: einmal die Beziehung von Bild und Kraft. Es handelt sich bei dem Sein der *species* nicht um ein statisches, zuständliches Sein, sondern um eine dynamische Efflueszenz. Da das Bild Abbild des Gottes ist, der reine Potenz ist, so ist auch der Seinscharakter der einzelnen *species* als *imago* nicht zuständlich, sondern dynamisch. Weiter aber wird auch die Ablehnung der Bezeichnung der *forma* als einer figürlichen Umschreibung des göttlichen Seins deutlich. Der dynamische Charakter des verborgenen Urbildes stellt sich nicht in einer *figura* dar, d. h. die Hypostasierung ist kein Kristallisationsprozeß, sondern der kontinuierliche Akt einer ewigen Zeugung. Die Anwendung der Idee der ewigen Zeugung auf das Vater-Sohn-Verhältnis ist also keine bloße Fabel, sondern liegt in der immanenten Logik des Systems und ist mit der Deutung des Christus als des Logos im Sinn der neuplatonischen Metaphysik notwendig mitgesetzt. Auch die *imago* ist also ein dynamisches, schöpferisches Prinzip, das das Sein des Logos als Akt enthüllt und die Potenz des verborgenen Seins manifestiert. Potenz und Akt stehen in einem realen Bildverhältnis.

Die Hervorhebung dieses vitalen dynamistischen Elementes im Bildbegriff geschieht durch eine genaue Differenzierung des metaphysischen und des physikalischen Bildbegriffes[1]. Das kreatürliche Bild — *imago in sensibilibus* — ist nie substantiell und lebendig, sondern stets eine reflektierte Figur, der ein selbständiges Leben, eine selbständige Bewegung, eine eigene Existenz nicht zukommt, die sich auch nicht selbständig aus sich heraus weiter entfalten kann. *„hic enim nec substantiam intelligimus imaginem. umbra enim quaedam est in aere aut in aqua per quoddam corporale lumen corporalis effluentiae per reflexionem figura, ipsa per semet nihil, nec proprii motus, imaginalis solum substantia, neque corpus neque sensum neque intelligentiam habens, et ablato aut turbato in quo figuratum est omnino nihil et nusquam est."*

Demgegenüber wird der metaphysische Bildbegriff ontologisch bestimmt; als Bild des transzendenten Seins kommt ihm eine Seinsqualität zu, und zwar das reine Sein und das Fürsichsein,

_____
1) l. I c. 19 (1052 C).

weiterhin das Leben und über das Eigenleben hinaus die schöpferische Kraft der Zeugung.

Da dem Sohn als Bild Gottes alle letzten Potenzen innewohnen, findet von hier aus das Sein des Sohnes eine weitere Definition: *semen omnium quae sunt.* Der *deus in occulto* aktiviert sich als λόγος seminalis, der hier natürlich primär metaphysisch-spiritualistisch, nicht naturalistisch-immanentistisch gefaßt ist (s. S. 89f.).

Hinzuweisen ist hier noch auf den Begriff der species, der, wie wir sahen, über die aristotelische Bestimmung der Substanz durch den εἶδος-Begriff in die Ontologie hereingekommen ist. Das göttliche Sein stellt sich dar in verschiedenen primären Seins-Arten und ist erst in dieser Spezialisierung faßbar. Die Darstellung in den *species* vollzieht sich notwendigerweise über die *generatio* des Sohnes. Der Sohn enthält *per semet ipsum,* d. h. als *subiectum,* alle *species* und erscheint je nachdem als determiniertes *aliquid* ὄν, d. h. als Wille, Logos, Leben, Bewegung. „Der Vater und der Sohn sind ein Bild. Ist das Bild des Vaters der Sohn und das (Ur-)Bild selbst der Vater, dann sind sie im Bild konsubstantiell. Denn das Bild selbst ist die Substanz. Eins ist dort und einfach das Sein und das Wirken. Daher ist es sowohl Substanz wie *species*[1].“ Die *species* ist also die jeweilige bestimmte Aktivierung der Substanz in der *operatio* als *aliquid* ὄν.

Auch hier geht die Spekulation weiter, als ein strenger Biblizismus es gestattet: Viktorin überträgt auch diese Idee von seiner dynamistischen Ontologie auf die Dogmatik und wagt den Satz „Christus ist die *species* Gottes“[2]. Damit ist die Christologie aufs neue eingefügt in die Ontologie: das transzendente Sein erhält seine definitio durch die *species* und wird so *aliquid* ὄν, während das transzendente Sein selbst vor der *species* liegt;

---

1) l. I. c. 20 (1054 A B) (1053 C) . . . ergo et pater et filius imago una. si imago patris filius est et ipsa imago pater, imagine ergo ὁμοούσιοι. Ipsa enim imago substantia est; unum enim est et simplex et ibi esse et operari; ita autem sunt et substantia et species.

2) l. I. c. 19 (1052 D) (1053 A) . . . ipsa species ipsa substantia est, non quod prius sit ab eo quod est esse species, sed quod definitum facit species illud quod est esse species. etenim quod est esse, causa est speciei esse in eo quod esse est. et ideo quod est esse, pater est, quod species, filius. rursus quod ipsum quod est esse, praestat speciei ipsum quod est esse; esse autem speciei imago est eius quod est esse.

„praestat speciei ipsum quod est esse". (Die *species* ist das Bild des *primum esse* und ermöglicht als Bild einen formalen Rückschluß auf das verborgene Urbild. Hier weist die *species* auf die imago-Lehre zurück.)

Den Sinn der Bildspekulation kann man dahin zusammenfassen: der Sohn ist das Bild des v e r b o r g e n e n Gottes. Die V e r - b o r g e n h e i t Gottes ist es, die seine Darstellung im Bild erfordert. Ambrosius gibt einen ähnlichen Gedanken wieder, wenn er sagt: *„imago est enim invisibilis Dei filius* [1])."

Der ontologische Bildbegriff kehrt innerhalb der Christologie häufiger wieder, als dies hier dargestellt wurde, ohne aber eine neue Deutung zu erfahren. Hinzuweisen ist nur noch darauf, daß auch diese eigenartige Vorstellung von dem metaphysischen Bild, das selber lebt und zeugt und schafft, bei Viktorin selbst noch seine Verwandtschaft mit dem dynamistischen Bildbegriff zeigt, wie ihn die neuplatonische L i c h t m e t a p h y s i k ausgebildet hatte.

Die Ausstrahlung des Lichts ist dort nicht das Licht selbst, sondern das Bild des verborgenen Urlichts, das in diesem Bild erst als Licht sich zugleich substantiiert, formt und offenbart. *„ita enim rerum progressio est, ut effulgentia luminis imago sit luminis* [2])."

d) Der Logos als Akt.

Auf eine doppelte Weise ist also der Logosgedanke bestimmt:

1. in Beziehung zu Gott: der Logos ist die Aktivierung der göttlichen Potenz,

2. in Beziehung zur Welt: der Logos ist *semen omnium*, λόγος *seminalis*.

Das erste bedeutet, daß sich der Logos primär in den drei Urideen aktiviert. Das zweite bedeutet, daß der Drang zur Individuation zu seinem innersten Wesen gehört. Die Individuation des Logos geschieht also nicht erst infolge einer sukzessiven Brechung in der Materie, sondern ist ein naturhaftes Prinzip des Logos, ein wesenhafter *impetus*. Mit dem Drang über sich hinaus eignet ihm auch der Drang zur Vielheit.

---

1) Ambros. hexam. II 5. 19 (CSL. 32, S. 57, 22 ed. Schenkl).
2) l. III c. I (1098 C).

Von beiden Seiten her ist der Logos nun christologisch bestimmt:

Der Logos ist der Sohn und der Sohn „Christus Jesus [1]), das ist der Logos, ist auch der Samen und gewissermaßen das Element von allem, was ist" [2]).

Der Logos ist also nicht logisches Zentrum oder Formprinzip eines starren Systems, sondern dynamischer Ausgangspunkt aller Wirklichkeit überhaupt, *locus naturae*, und zwar so, daß er nicht nur als Schöpfer der Dinge und außer den Dingen, sondern in den Dingen ist, und ihr Sein, soweit sie als *commixta* am Sein teilhaben, sein Sein ist, zugleich immanent und transzendent, der quellhafte Ursprung von allem *„quae sunt quaeque esse possunt quaeve esse potuerunt, veluti semen ac potentia existendi"* [3]), die *„vera virtus seminis"* [4]) [5]).

Auch hier zeigt sich wieder als Hebel der Deutung die Ontologie, die von einem als Potenz gefaßten transzendenten Sein ausgeht, für die das Sein die geistige Realität des zu seiner eigenen Identität eilenden Geistes ist und von der aus allein dieses Ineinander von Transzendentalismus und Immanentismus möglich ist. Transzendent ist der Geist in seiner Identität, immanent überall dort, wo das Sein mit dem Nichtsein zu einer niederern Wirklichkeit zusammengeschmolzen ist.

Das Gewirktsein und Wirken des Logos läßt sich nun noch genauer bestimmen:

Sein Sein ist konstituiert durch den Akt der göttlichen Selbstbegrenzung, d. h. der Logos ist zunächst eine Hypostase, eine Formierung des Überförmigen. Auf diesen allgemeinen Gedanken weisen Aussagen wie: der Logos Gottes ist die Form Gottes [6]), das Bild Gottes [7]), die Substanz Gottes [8]).

---

1) l. I c. 6 (1043 B).

2) l. I c. 25 (1059 A).

3) l. III c. 4 (1101 B).

4) Hymn. I (1141 A).

5) de gen. verb. div. XXV (1032 C) fuerunt enim omnia in Deo; eorum enim omnium quae sunt λόγος semen est.

6) comm. ad Phil. 2,9 (1209 D) λόγος inquam iste in eo quod λόγος est, forma Dei est, vere iungitur, copulatur, unumque est. et idcirco et λόγος Deus est per quem creata sunt omnia usw.

7) S. S. 86 ff.   8) S. S. 92 ff.

Die besondere Funktion des Logos liegt aber darin, daß er die Aktualität des göttlichen Seins bezeichnet. Der Logos ist die *declaratio patris effectus secundum quod est operari* [1]). Darin sind die beiden Momente gegeben: in dem Begriff der *declaratio* ist sein hypostatischer Charakter bezeichnet als Manifestation des ὄν absconditum, in dem Begriff des operari die aktivistische Abzweckung, die schöpferische Aktivierung der göttlichen Potenz.

Für diese Funktion der reinen Aktualität hat Viktorin einige bezeichnende Formeln geprägt, die den Ort der Logoslehre innerhalb des Aufbaus seiner Metaphysik klar kennzeichnen: *filius* λόγος *in actionem festinans substantia* [2]). *„filius, hoc est* λόγος, *activa potentia est et quae faciat et quae vivificet"* [3]). *„Iesus* λόγος . . . *omnium et intellectuum et universaliter omnium quae sunt"* (ib.). „λόγος . . . *in actionem effulgentia et refulgentia"* [4]). „λόγος . . . *non locutio quaedam, sed potentia ad creandum aliquid"* [5]) [6]).

Die Art der schöpferischen Tätigkeit ist noch genauer zu bestimmen. Der Logos ist *actio*, insofern er allen Seinsarten des göttlichen Seins, die in der Verborgenheit des göttlichen Seins gesetzt sind, zur Erscheinung und Aktivierung bringt und ihren speziellen Seinscharakter verwirklicht. „λόγος . . . *actio unicuique eorum quae in potentia sunt, speciem perficiens* [7]).“ Dabei ist vor allem an die Urideen gedacht.

Weiter geschieht diese *actio* in der Individuation, d. h. in der Zeugung der Logoi, der intelligiblen Formen, Wesen und Ideen. Hier liegt die letzte Begründung der Realität der Ideenwelt, d. h. die theologische Begründung des Idealismus. Der Logos ist zugleich die Substanz Gottes und die Ursubstanz der Ideen, die auf ihn als ihre schöpferische Einheit zurückgehen. Darum

1) l. I c. 4 (1042 C).
2) l. I c. 24 (1057 D).
3) l. I c. 39 (1070 C).
4) l. I c. 27 (1060 C).
5) l. I c. 31 (1064 B).
6) de gen. verb. div. XVII (1029 C) est ergo activa potentia immota et quae semper operetur et quae constituat ut sit actione quod fuit potentia. Die Idee, daß der Logos das formgewordene Sein und die erste Aktivierung der potentia Dei ist, hat ihren eigenartigen dogmatischen Ausdruck gefunden in der Bezeichnung der Logos als des universellen Urchristus — Christus primus universalis (comm. ad Eph. 1, 23 [1252 A]).
7) l. I c. 19 (1052 B).

sind die Ideen keine φαντάσματα, sondern Substanzen. „λόγοι *enim existentium iuxta potentiam substantiae sunt ipsorum* [1])."

e) Die vita-Spekulation.

(Der Logos als Aktivierung der transzendenten *vitalitas*.)

Den Ort der *vita*-Spekulation im System Viktorins wurde bereits bestimmt: die *vitalitas* ist eine der drei Urideen, und *vita* ist ihre Aktivierung durch den Logos im Sein als ein Seiendsein. Das Leben als *substantia* weist also auf eine verborgene transzendente Realität in Gott zurück.

Bei der Darstellung dieser metaphysischen Beziehung ist die terminologische Verwandtschaft der *vita*-Lehre mit der Substanz-Lehre auffällig.

Stellt sich die ontologische Beziehung von transzendentalem Sein und Substanz dar als ein Abstieg vom *esse* zum ὄν, so wird hier das gleiche Verhältnis ausgedrückt durch die Differenzierung von *vivere* und *vita*. Es wird also geschieden zwischen dem reinen transzendenten Sein und dem geformten Zustand des göttlichen Lebens[2]): „*prius est . . . vivere quam vita.*" *vivere* ist die potentielle überströmende Urform von Leben, „*vita*" seine geformte Hypostasierung. Die theologische Deutung sieht im *vivere* den Vater, in der *vita* seine Darstellung im Sohn. Man bemerkt auch hier wieder die zentrale Bedeutung der Idee der Selbsthypostasierung bzw. der *forma*-Spekulation, von der aus es Viktorin erst möglich wurde, eine begrifflich klare Theologie zu entwickeln.

Die Abgrenzung des Lebens des Vaters und des Sohnes geschieht in Kategorien, auf die bereits früher hingewiesen wurde. Gottes Leben ist das Urleben — *primum illud et universaliter universale vivere*[3]), das *in principali naturalique primae divinitatis exordio* seinen Ursprung hat[4]). Er ist „das erste und ursprüng-

---

1) l. I c. 22 (1056 C).

2) l. IV c. 6 (1117 A).

3) l. IV c. 10 (1127 D), vgl. (1117 A) illud primum vivere a semetipso, vivere ante omnium vivere et ante ipsius vitae vivere.

4) l. IV c. 3 (1115 A B) sed ut mihi intelligentia est ac probata sententia, cum in principali naturalique primae divinitatis exordio primum sit quod est v i v e r e, secundum vero quod v i t a, (ita enim ratio docebit et ipsa veritas approbabit), fit ut vivere causa sit, effectusque vivendi vita

liche Leben, das zugleich als Leben, Ursache des Lebens und Quelle und Ursprung des Lebendigen ist" [1]), die vitale Urpotenz, das geheimnisvolle innere Leben, das in Gott verborgen ist. Daß Gott überhaupt Leben ist, ist erst dadurch erkennbar, daß sich das verborgene Leben formal eingeschränkt und sich im Bild intelligibel dargestellt hat. Der Gott, der in das Sein eintauchte, d. i. der Sohn, ist das Leben und manifestiert durch sein Leben-Sein die verborgene Lebendigkeit Gottes [2]). „Christus ist das Leben des Vaters": in diesem Satz liegt die christologische Wendung dieser Idee von der Aktivierung der verborgenen göttlichen Vitalität durch den Logos.

Mit der Darstellung des primum esse im Sohn ist zugleich auch sein Wirken nach außen bestimmt. Der Sohn ist Zentrum und Substanz alles Lebens. Von ihm aus durchdringt die *potentia vitalis* die ganze Schöpfung, „wegströmend von dem Logos, der das Leben ist, den wir als Sohn bezeichnen, durch die Erzengel, die Engel, die Throne, die Glorien und alle anderen überweltlichen Geschöpfe, indem es zuerst das Unkörperliche und Stoffliche durchrinnt ... bald aber stufenweise in die Seele und den Seelenquell — fontem animae — eindringt ... es lebt also alles, das Irdische, das Feuchte, das Luftartige, das Feurige, das Aetherische, das Himmlische, nicht durch jenen Logos noch durch das ungetrübte Licht des Lebens, sondern durch ein vitales Licht, das durch die Verknüpfung mit der Materie getrübt ist. Es leben die Überhimmlischen, und mehr leben die, die von der Materie und körperlichen Bindungen befreit sind, wie die reineren Seelen und die Throne und die Glorien, ebenso die Engel und die Geister selbst, d. h. indem sie in ihrer Substanz Leben haben; die anderen aber sind das Leben selbst: Jesus Christus nämlich und der Heilige Geist" [3]).

---

sit ... illud primum ac principale vivere simul et vita causa est vitae et fons et origo viventium. Vgl. (1124 B) cum igitur vivat Deus, sit vita Christus, quia vita oritur existens ab eo quod et vivit, necessario vivit pater, est vita filius.

1) ib. (1115 B).

2) l. IV c. 6 (1117 D) ... verumtamen ex illo primo quod est principaliter vivere, quod est pater, ubi et unde existit vita, cui inest et vivere et ex se vivere, quod esse filium Iesum Christum probamus, intelligimus et fatemur.

3) l. IV c. 11 (1121 A B).

In diesem Aufriß des Universums haben wir genau die mythologische Parallele zu der Skala der verschiedenen Seinsformen,
deren Differenzierung sich ergibt aus der relativen Durchdringung
des Seins von dem Nichtsein; die Stelle selbst enthält genügend
ontologische Hinweise, die die Parallele verdeutlichen, ohne daß
wir sie im einzelnen auszuführen brauchen.

Auf eine zweite, ähnliche Darstellung ist noch hinzuweisen [1]:

„(Gott ist Leben), aber nicht jenes (Leben), das unser Leben ist,
nicht das (Leben) der Tiere, der Elemente, der aus den Elementen geformten Geschöpfe, der Dämonen und der Wesen, die
man in der Welt von der Welt aus Götter nennt. Das ist, sagte
ich, nicht Leben in Gott. Das Leben ist Gott, das das Leben
der Seele ist, ob nun einer beliebigen Seele oder jener universellen und quellhaften — *anima universalis et fontanea* —;
nicht wie das Leben der Engel dort, nicht wie das Leben der
Throne und Glorien oder der übrigen Wesen dort, die in der
Ewigkeit existieren . . ., sondern jenes Leben, von dem diese
Wesen je nach ihrer Seinsart — *genus existendi* — ihr Leben
empfangen und leben."

Diese Stelle ist aus einem doppelten Grunde wichtig:

1. Der Logos hat hier ganz die Funktion der dritten plotinischen Hypostase, der universellen Seele inne. Die Formel, daß
das Leben Gottes das Leben ist, das das Leben der Seele ist,
ist in dieser Form nur verständlich von der Ontologie aus. In
der Darstellung der Ontologie sahen wir, daß das Leben der
Seele unter die „quae tantummodo sunt" fällt; die Seele ist als
Hypostase ein *intellectuale*, empfängt aber das intelligible Sein
in der Zuwendung zum *esse primum*; in dieser Zuwendung vollzieht sich die Geburt des Intellekts in der Seele. Der gleiche
Prozeß ist an unserer Stelle vitalistisch-dynamistisch gedeutet,
bzw. ist dieser ontologische Prozeß hier in seiner Spezialisierung,
d. h. als Aktivierung des transzendenten Seins in seiner Form
als Vitalität gesehen. Der Satz: „das Leben Gottes ist das Leben
der Seele" würde den ganzen Transzendentalismus in einen
stoischen Naturalismus und Panpsychismus zurückbiegen; es
heißt aber: das Leben ist Gott, das das Leben der Seele ist,
d. h. das Leben, das sich als Leben der Seele formiert hat und

---

1) l. IV c. 5 (1116 B).

das zurückweist auf das transzendente verborgene Leben in Gott. Nicht das Leben der Seele ist das höchste, sondern das Leben, das das Leben der Seele ist, nämlich das transzendente göttliche Leben, das sich in diesem Leben formiert. Von diesem Leben haben auch die anderen Geistwesen ihr Leben, und zwar, wiederum ontologisch gedacht, je nach ihrem *genus existendi*.

2. Die Skala der irdischen und geistigen Wesen ist im Vergleich zu der oben genannten deshalb auffallend, weil sie in der Nennung der Götter und Dämonen noch deutlich die Züge ihrer Ableitung aus der neuplatonischen Spekulation trägt. Man kann sagen: die Christianisierung der Hierarchie der Geistwesen ist hier steckengeblieben in der alten Mythologie. Viktorin hat die Spekulation ihres ursprünglichen polytheistischen Charakters nur halb entkleidet. So blickt die neuplatonische Konzeption nicht nur in der Übertragung der Funktion der universellen Seele auf Christus, sondern auch in der Nennung der Götter und Dämonen — Viktorin drückt sich vorsichtig aus: *ii quos in mundo de mundo deos nominant* — noch überall durch. Dieses Phänomen ist bedeutsam für die Art der allmählichen stufenweise fortschreitenden Apperzeption der neuplatonischen Religionsphilosophie durch die christliche Dogmatik: gerade die Transparenz der hellenistischen Metaphysik ist ja auch das große Problem beim jungen Augustin.

In der *vita*-Spekulation ist also das geistige Leben, auch das Leben der Welt und seine Diffusion bis hinein in das Leben der Elemente in einer *naturalis complexio* zusammengefaßt; in der Verlängerung des Transzendentalismus liegt also ein naturalistischer Vitalismus. Bezogen sind das transzendente Leben und die *potentia vitalis* in ihrer Diffusion durch das Universum durch die Idee der Selbsthypostasierung Gottes und seiner Aktivierung im Logos. Innerhalb des geistigen Lebens gibt es also keinen absoluten Gegensatz und der Gegensatz von Natur und Geist ist ausgedrückt durch eine ontologische Relation: der Geist ist das reine Sein als Seiendes, Natur ist als lebendige Durchdringung von Geist und Stoff eine *commixtio* von Seiendem und Nichtsein. Die Natur ist also eine Darstellungsform des Geistes auf einer niedereren Seinsebene, aber ein metaphysischer Dualismus besteht

nicht. Die *complexio naturalis* [1]) umschließt auch das in die Materie
verstreute Leben, aber die schöpferische Selbstdarstellung des
vitalen Geistes in der Materie erfolgt nie so, daß eine Wesens-
änderung eintritt; auch auf der untersten Seinsstufe ist es so,
daß das geistige Prinzip das formende Prinzip ist. Geist bleibt
Geist, und die ontologische Differenzierung zwischen Sein und
Nichtsein geht durch die ganze Natur hindurch. Man kann auch
sagen: Geist wird nie Fleisch, sondern es ist ein Logos, der
auch dem Fleisch Form, Leben und Bewegung gibt. Alles Leben,
auch das geringste, ist Geist und hat seinen Ursprung im Geist
und ist Seiendes und stellt sich dar, indem es das Nichtseiende
formt [2]). „Das Leben aber hat keinen Anfang, denn es ist immer
aus sich selbst für sich, deshalb hört es nimmer auf und ist immer
unbegrenzt und ist durch alles und in allem von den göttlichen und überhimmlischen Wesen bis zu den himmlischen, und
bis in alle Himmel, den Aether, die Luft, das Feuchte und Irdische
hinein und bis zu allem, was aus der Erde entsteht und allem
übrigen. Daher hat auch unser Körper und Leib ein vitales
(Prinzip) und alle Materie ist beseelt, damit die Welt sei, aus der
auf Gottes Befehl die Geschöpfe hervorbrachen. Im Fleisch ist
also Leben drin, d. h. Logos, im Leben aber ist Christus drin.
Daher ist der Logos Fleisch geworden.“

Hiemit ist bereits eine wichtige Idee für die Menschwerdung
des Logos antizipiert: der Logos ist nicht Fleisch geworden, um
sich im Fleisch zu konkretisieren, sondern umgekehrt: weil alles
Leben Leben des Logos ist, ist auch das Lebensprinzip des
Fleisches ein Logos: deshalb konnte der universelle Logos auf
seiner Niederfahrt durch das Universum bis ins Fleisch herniedersteigen, weil auch im Fleisch noch ein Logos ist.

Das Eindringen des intelligiblen Lebens in die Materie, d. h.
des Seienden in das Nichtsein führt nun zu zwei Relationen:

1. Der Geist als formales und vitales Prinzip formt und belebt
die Materie, die *effeta et densa facta* auf eine Beseelung wartet [3]).
Hier setzt das Todesproblem ein. Dem Prozeß der Gestaltung
und Formgebung entspricht ein natürlicher Prozeß der Auflösung

---

1) l. IV c. 3 (1114 D); dort spricht Viktorin auch von der copula.
2) l. III c. 3 (1100 C).
3) de gen. verb. div. XI (1026 B).

und Zersetzung der Form. Der Tod bezeichnet den erreichten Moment der Auflösung, das Zurückfallen der Materie in ihr starres Warten und Bereitliegen bis zum nächsten Akt der Neugestaltung durch den Geist.

Bei diesem Prozeß der Auflösung handelt es sich also nicht um eine Vernichtung des schöpferischen Formprinzips oder des stofflichen Substrates, sondern lediglich um eine Wandlung oder Auswechselung einer bestimmten Komposition, Formierung und Gruppierung der einzelnen Elemente. Geburt und Tod sind so Anfangs- und Endpunkt einer vom Geist ausgehenden Zusammenraffung und gesetzmäßigen Gestaltung und Belebung verschiedener Elemente zur Formierung eines Instrumentes seiner Entfaltung. Die Geburt schafft die intelligible Ordnung eines hylischen Chaos, der Tod die Auflösung der intelligiblen Ordnung durch den Rückzug des ordnenden Prinzips, infolgedessen die Materie wieder in ihr chaotisches Nichtsein zurückfällt [1]), oder, um in der Terminologie Viktorins zu sprechen: Tod ist lediglich Auflösung — *dissolutio* — einer *species*, die sich in diesem Zerfall wieder in ihre einzelnen Elemente zersprengt — *in elementa dispergitur* —, welche auf eine neue Bildung durch den Geist zu einem lebenden Organismus warten — *unde victura reparantur* [2]) —. Dieser Prozeß vollzieht sich in allen Lebensstufen, wo immer die Materie Substrat der Verwirklichung des Geistes bildet; der Tod des Menschen rückt unter das gleiche Gesetz mit dem Tod der Tiere, Pflanzen und den geologischen und kosmischen Wandlungen.

Die zweite Relation besteht darin, daß die zum Leben gebrachte Materie sich selbst gegen den Geist erhebt, der ihr Leben gab. Zwar stammt auch das Leben des Fleisches von jenem reinen intelligiblen Leben, aber das zum Leben gebrachte Fleisch empört sich wider den Geist. Der Logos wird verwirrt durch die erwachte Begierde des Fleisches, verliert seine intelligible Reinheit und „tut die Begierden des Fleisches" „*desideria carnis agit atque in peccatis vivit*" [3]).

---

1) l. IV c. 25 (1131 C) corporum mors est . . . materia elementis certis semper existit . . . at in divinis, quia nulla sunt corpora, mors nulla. (Auch das Todesproblem ontologisch gefaßt!)

2) l. IV c. 25 (1131 C).

3) comm. ad Ephes. 2, 1 lib. I (1253 A) ostendit quae sunt peccata, scilicet desideria in mundo, de mundo, divitiarum vel voluntatis vel scientiae mun-

Erst durch diese Umbiegung der vita-Lehre, in die, wie noch
auszuführen ist, auch mythische Elemente hineinspielen, ist es
möglich eine blasse Anschauung von der Sünde festzuhalten in
einem System, das im Grunde nur Abschattungen des intelligiblen
Seins kennt. Man kann sagen, daß die ontologischen Beziehungen
von Sein und Nichtsein erst eine künstliche moralische Deutung
erfahren müssen, um den Sündenbegriff zu legitimieren, und daß
im Grunde Viktorin eine Anschauung von der Sünde nie gehabt
hat. Durch seine einzige milde Definition der Sünde, in der er
ausführt, nicht jedes Sündigen sei an sich schon Sünde, sondern
nur das Beharren in der Sünde [1]), hat er sich bei seinem Heraus-
geber, dem Kardinal Mai, eine sehr schlechte Zensur geholt.

f) Die Lehre von den göttlichen Bewegungen.

Die metaphysische Grundlage der Logoschristologie ist bei
Viktorin eine außerordentlich breite. Der Grund hiefür liegt
— und darin ist er Kind seiner Zeit — in der Konzentration
der theologischen Frage auf die Trinität, während die christologischen Probleme zunächst eine geringere Beachtung erfahren.
Der Grund hiefür liegt weiter in dem geschichtslosen Ansatzpunkt der Metaphysik, d. h. in dem Umstand, daß diese Metaphysik von ihrem abstrakten Ansatzpunkt aus nirgends auf das
Problem der Geschichte und der geschichtlichen Konkretisierung
des Unendlichen führt; man kann wohl sagen, daß für die
metaphysische Phantasie dieser Denker der Logos etwas Gegen-
ständlicheres und Anschaulicheres war als für unsere historische
Phantasie die geschichtliche Figur Jesu.

Die bisher behandelten christologischen Begriffe sind abgeleitet
aus dem Prozeß der Selbsthypostasierung, dessen ontologische
und formale Darstellung wir verfolgten und dabei die metaphysische Bezogenheit der verschiedenen Seinsformen unter Anwendung des durch den Prozeß selbst gegebenen Ordnungsprinzips
darstellten.

Nun unterliegt aber die Bewegung, nach welcher sich dieser
Prozeß vollzieht, selbst wieder einer speziellen Untersuchung

danae vel religionis de mundo et caetera huius mundi, quae animam per-
dunt errantem a scientia veritatis.

1) l. II ad Eph. 4, 28 (1281 B) vgl. (1253 A).

ihrer einzelnen Momente und Formen. So steht auch die Bewegungslehre im engsten Zusammenhang mit der zentralen ontologischen Frage.

Die ontologische Bezogenheit der motus-Lehre wird klar an der Deutung eines Bildes, das bereits Origenes zur Deutung der Relation zwischen Vater und Sohn benutzt hat, das aber bei Plotin speziell seine ontologische Deutung und seine Beziehung auf die κίνησις-Lehre erfahren hat[1]), das Gleichnis von Quelle und Fluß[2]). „Der Vater ist die Quelle des Sohnes, der Sohn ist wie der Fluß, der aus der Quelle hervorströmt. In der Quelle aber ist das Wasser gewissermaßen bleibend und ruhig und rein und unbefleckt ... in einer Bewegung, die ihm selbst verborgen ist, aber offenbarer wird, wenn das Wasser indem es Verschiedenes durchrinnt, es mit den Qualitäten des Bodens, den es durchrieselt, behaftet wird und auf eine gewisse Art leidet. So ist auch der Sohn in seinem Wasser und seiner Substanz, die die Substanz des Vaters ist, immer rein, unbefleckt, ohne Leiden, schäumt aber jetzt auf an den Gefilden, die er durchläuft, den überhimmlischen oder himmlischen oder unterhimmlischen Orten, wie an Felsen, die sich in den Weg stellen . . .“ (ib.): *„recipit igitur passiones non in eo quod substantia est, sed in actu atque operatione.“*

Dieses Gleichnis zeigt die Unterschiede der innergöttlichen verborgenen Bewegung — *motus occultus* — und der offenbaren Bewegung — *motus apertus.* Schon hier sehen wir, wie das ganze Bild hineingetaucht ist in die viktorinische Ontologie: wir haben es hier mit lauter Begriffen zu tun, die bereits in der Ontologie abgeleitet wurden.

1. Die göttliche Bewegung ist zunächst bestimmt als eine verborgene, d. h. eine transzendente. Das geht deutlich hervor aus der Beziehung der *motio patria, quae in occulto est*[3]) auf die *potentia fontana et universalis.* Die Potenz trägt als solche die

---

1) z. B. Plotin Enn. VI, IX, 5 (II, 515, 6 ff.).

2) l. IV c. 31 (1135 D).

3) l. I c. 52 (1081 A) sed quoniam motio, iuxta quod motio est, nullam elationem habens ab eo quod est intus progressa foras est, sicut sensus ab eo qui νοῦς est, potentiam fontanam et universalem accipiens iuxta motionem et intus et foris est (motio enim νοῦς est), sic et vita iuxta quod motio est filius est factus manifesta motio a motione patria, quae in occulto est, quae secundum primam potentiam existentia est.

Bewegung bereits in sich, die Bewegung kommt aber in Schuß
erst in der Aktivierung dieser Potenz.

2. Das Sein in seiner ersten Form ist also reine Bewegung,
wie es *actus purus* ist. „Jene Bewegung ruht nirgends, indem
sie einerseits aus sich selbst herausbricht, andererseits auf jede
Art der Bewegung hindrängt[1]." Die universelle Bewegung individuiert sich in vielen Bewegungen, und alles, was sich bewegt, geht auf sie zurück.

3. Der Versuch, die verborgene Bewegung des transzendenten
Seins näher zu bestimmen, führt auf zwei Formulierungen:

a) Der Vater ist *motus quiescens*[2]). Diese ruhende Bewegung
ist die transzendente Bewegung, die nichts anderes ist als reines
Bewegen, nicht bewegte Bewegung, *motus, non motione motus*,
d. h. potentielle Bewegung, nicht aktivierte Bewegung. Die
Differenzierung von motus und motio ist also parallel zu der
Differenzierung von esse und ὄν, von *vivere* und *vita*, und *motus*
bezeichnet entsprechend dem Aufriß der Ontologie den transzendenten Urzustand eines potentiellen „Nur-Bewegung-Seins",
während *motio* die Darstellung des *motus occultus*, die aktivierte
Zurichtung der reinen Bewegung, d. h. die im Bewegen sich
verwirklichende Selbstdarstellung des Bewegungseins bezeichnet,
oder anders formuliert, der *motus* ist die *forma interior* der *motio*.

b) Die göttliche Bewegung ist weiter bestimmt als ein *motus
cessans*[3]) und zwar hier direkt auf das Sein bezogen. „Das Sein
(esse) ist die Urbewegung — *primus motus* — die auch *motus
cessans* heißt." Die *cessatio* ist das „Rasten", d. h. die innere Aufhebung der bewegten Bewegung. Im *motus occultus* wirkt dem
Drang einer Selbstmanifestation außen — als einem Sichbewegen
— die *cessatio* entgegen, die diese Bewegung auf die eigene
Identität zurücklenkt und in ihren eigenen Grenzen hält. *motus
cessans* ist also eine in sich selbst geschlossene, in der eigenen
Identität sich vollziehende Bewegung, die als Ruhe erscheint.
Es ist die innere Ruhe des verborgenen Gottes, die ihr eigenes
Wesen, die Bewegung, in sich selber trägt als Potenz, die noch
nicht zum Akt fortgeschritten ist.

---

1) l. I c. 51 (1079 C D).
2) l. IV c. 29 (1133 D).
3) l. IV c. 8 (1119 A).

Deshalb sagt Viktorin, die wirkliche Bewegung, die bereits nach außen aktiv ist und Bewegung schafft — *foris spectat* —, könnte eher den Namen Bewegung beanspruchen als diese innergöttliche Bewegung, die nur negativ als Nicht-Bewegung, d. h. als cessatio bestimmt werden kann. *„nam intus motus cessatio est vel mota cessatio cessansque motus* [1]*).“* Die negative Aussage der *cessatio* steht also in der gleichen Reihe mit den übrigen Aussagen über das göttliche Sein, deren Sinn generell der Versuch einer ontischen Bestimmung des transzendenten Gottes durch sein Einfangen zwischen ein metaphysisches „Noch nicht“ und „Nicht mehr“ ist.

c) Bemerkenswert ist ein Gedanke, der zur Betrachtung der zweiten Form der Bewegung überleitet: In der Entfaltung der innergöttlichen Bewegung vollzieht sich die göttliche Selbstbewußtwerdung und intelligible Formierung. Gott erkennt sich *intelligendo se motu suo* [2]). In dieser vor- und rückläufigen Bewegung tastet gleichsam Gott seine eigene Unendlichkeit ab und erkennt sich in diesem Akt der Selbstbegrenzung als ein seiendes, lebendiges, intelligibles Sein. Hier sind wir wieder auf die Urideen gewiesen, die das Personsein Gottes konstituieren. Der motus als Seiendes entfaltet sich daher doppelt [3]): *„ idem motus duo officia complens, vitam et cognoscentiam“*, als Leben und als Erkenntnis und offenbart so das intelligible und das vitale Sein Gottes ihm selbst zuerst und dann den andern [4]).

---

1) l. III. c. 2 (1099 D).

2) l. III c. 2 (1100 A) qui cum in cessante motu accipitur atque intelligitur, hoc est Deus, atque ipse pater est, semper atque ex aeterno pater; quia semper motus ex substantia et in substantia vel potius ipsa substantia, qui cum foras spectat, hoc est autem foras spectare motum vel motionem esse; quod ipsum hoc illud est se videre, se intelligere ac nosse velle . . . ergo si foris est et si genitus, filius, et si filius, unigenitus, quia solus, qui est omnis actus atque omnis et universalis et unus est motus, idem autem motusque substantia — ergo et pater et filius una eademque substantia.

3) l. III c. 8 (1104 D) zu Joh 17, 3; l. III c. 2 (1099 D) nam intus motus cessatio est vel mota cessatio, cessansque motus. debet enim Deus utriusque cessationis dico et motus et parens esse et ipsa substantia quod societate et quadam forma ad utrumque fons est, et simplex ipse et unus semperque unus ac solus, et ut supra diximus, totus.

4) l. VI c. 29 (1133 A) cum autem ipsa intelligentia intelligit quod sit intelligentia . . . veluti existens a semetipsa se intellexit fecitque se extra, quod foris est, intelligendo se, id est motu suo, unde et haec foris intel-

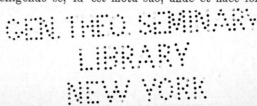

Die christologische Wendung der motus-Lehre lautet dementsprechend: der *motus* ist der Sohn. „Der Logos ist die Bewegung und der Logos ist der Sohn."

Der Sohn ist also die Bewegung, in der der transzendente Gott sich selbst erkennt, formiert und aktiviert und sein Sein als ein Seiendes, Lebendes, Intelligibles offenbart.

Es entsprechen sich also der Sohn als die Selbstoffenbarung des verborgenen Vaters, der *motus foris* als die Selbstoffenbarung des *motus occultus*, die *vita exterior* als die Selbstoffenbarung der *vita occulta*. Auch hier schließen sich bei Viktorin wieder die verschiedenen Beziehungen zwischen *motus-vita, motus-Logos*[1]), *motio* und *actio*[2]) an, die wir im einzelnen nicht mehr zu untersuchen brauchen.

Von der motus-Lehre aus versucht dann Viktorin das Verhältnis von Vater und Sohn durch verschiedene Formeln zu bestimmen, von denen hier folgende erwähnt sein sollen: *quies — motio*[3]), *mansio — progressio*[4]), *status — progressus, conversio in se — (conversio ad extra) foris spectare*[5]).

All diese Formeln spiegeln nur das eine Grundprinzip wieder: der *deus ignotus* wird erst begreifbar, wenn er sich seiner

---

ligentia et hic est filius, hic est λόγος. duae igitur intelligentiae, una intus existens, quod est illi esse; alia existens, quod est illi intelligendo esse. haec foris, haec filius. — l. III c. 2 (1099 C) . . . motu interiore et in se converso.

1) l. III c. 3 (1100 B) ipsa est enim vita quae sibi et aliis est vis vivendi, non aliunde vita. igitur motus et principalis motus et unus motus et a se motus et uni genitus motus. hic est λόγος, etenim vita est, per quem vivunt omnia etc.

2) l. IV c. 17 (1125 A); auch (1250 D).

3) l. IV c. 17 (1125 AB) vgl. (1122 CD) quies enim nihil gignit; motus vero et agendi o p e r a t i o format sibi ex. se quod sit vel potius quodammodo sit. namque esse vivere est: vitam autem esse motus quidam est, id est f o r m a viventis, confecta ipso illa cui forma est.

4) (1125 A) quanquam dicatur quies, movetur autem motu unde vivit sibi et intelligit semetipsum. ergo a motu interno extra et quod est foris natus est motus ab eo quod est intus esse et ab eo quod est intus vivere foris vivere etc (1122 D) namque esse vivere est; vitam autem esse motus quidam est, id est f o r m a viventis, dazu auch comm. ad Eph. 1, 23 lib. I. (1252 A ff.) p r o g r e s s i o a Deo Christus et per cuncta progressio Christus est et omnia quae provenerunt et quae redeunt in Deum ipsius potentia redeunt.

5) l. III. c. 2 (1099 C).

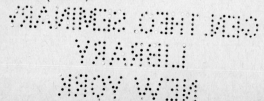

Verborgenheit entäußert und im Sohn sein Wesen offenbart; das transzendente Sein wird erst faßbar, wenn es durch seine noetische Selbstdarstellung eine metaphysische Bestimmung seines Seins-charakters ermöglicht. Die motio-Spekulation ist der Versuch einer näheren Bestimmung dieses Seinscharakters von seiner dynamistischen Grundkonzeption aus.

g) Die Zeitspekulation.

Die dargestellten Ideen über den Logos und seine Bewegung werden ergänzt durch die viktorinische Spekulation über die Zeit.

Die Anschauung Viktorins läßt sich am besten durch Inter-pretation einer Stelle des dritten Buches gegen die Arianer be-stimmen [1]:

1. „Wie nämlich der Aeon im immer gegenwärtigen Akt aller Dinge sich vollendet, so vollendet sich das Leben durch das Leben — vita . . . vivendo — und das immer gegenwärtige Werk des Lebens." Es gibt also nur *den* Aeon, d. h. αἰών ist nicht = Weltzeit, sondern = Ewigkeit und ist Seinsbestimmung des Logos.

Der Logos ist die in der operatio sich manifestierende Potenz, die in der Zeit als in der jeweiligen Gegenwart sich entfaltende Aktivierung der göttlichen Potenz. Die Selbstexplikation des

---

1) l. III. c. 15 (1124 A) ut enim αἰών conficitur p r a e s e n t i semper rerum omnium actu, ita v i v e n d o et ipso vivendi semper p r a e s e n t i o p e r e v i t a c o n f i c i t u r. Et ut ita fingamus: vitalitas hoc est, ut vitae forma ad potentiam suam substantiamque generatur . . . c o n f i c i t u r ergo vivendo vita ac simul existendo f o r m a t u r. ac f o r m a t i o a p p a-r e n t i a est. a p p a r e n t i a vero a b o c c u l t i s ortus est, et ab occultis ortus et natalis est, et eius natalis qui et antequam sic oriretur, exstiterit. hinc et in vivendo vita antequam vita. et posterior tamen vita, quia vivendo vita, et semper atque ex aeterno vita, quia in eo quod est, vivit et ex aeterno vivit, est vita. Der Zwischensatz lautet: sed et nostrum vivere constat ex p r a e s e n t i semper tempore. non enim vivimus praeteritum, aut vivimus futurum, sed semper praesenti utimur. hoc enim solum tempus est quod ipsum solum, quia solum tempus est, imago esse dicitur τοῦ αἰῶνος, id est aeternitatis. — Im Zusammenhang mit der Aeon-Spekulation ist auch ein Fragment des Valentin überliefert l. I. c. 16 (1050 A). quid igitur et tu Valentine dicis? processit primus αἰών et volens videre patrem non potuit. Vgl. die Heranziehung gnostischer Lehren in der Willensspekulation Teil III.

transzendenten göttlichen Lebens vollzieht sich in seiner ununterbrochenen Darstellung in der Gegenwart. Die Zeitform des in
der Selbstentfaltung begriffenen Logos ist die Gegenwart. Das
Wesen des Geistes ist so ein ewiges „Ich bin". Gegenwart ist
also immer da, wo das göttliche Leben sich als Leben aktiviert
und Leben schafft. Die Zeit selbst ist ein Modus der Entfaltung
des göttlichen Seins in einer kontinuierlichen Kette von Gegenwarten. All diese Ideen weisen auf die plotinische Zeitspekulation
zurück. Wie das Leben im aktuellsten Sinn der jeweils momentane
gegenwärtige Punkt der Entfaltung der unendlichen göttlichen
Lebenspotenz ist, so bezeichnet Gegenwart den vordersten Punkt
der Bewegung, in der sich der Aeon in einer unendlichen Kette
von Gegenwarten entfaltet, während „Zeit" diese Bewegung in
ihrer Extension bezeichnet.

Die Zeit ist also eine Projektion und Selbstdarstellung des
Aeon und umgekehrt: die Selbstexplikation des Aeon führt über
ihre fortschreitende Selbstverwirklichung in der Zeit, wie die
Selbstexplikation des Geistes zu seiner fortschreitenden Entfaltung in der Individuation, die Selbstdarstellung des absoluten
Lebens zu einer ununterbrochenen Kette von lebenschaffenden
Akten führt. Alle drei Bewegungen sind aber wesentlich verkettet,
indem die Individuation sich innerhalb der zeitlichen Ausdehnung
des Aeon vollzieht und sich die einzelnen Akte sukzessiv projizieren.

Der „Aeon" ist also selbst als die vorzeitige Gegenwart des
transzendenten Seins potentiell gefaßt und wird durch sein zum
Akt drängendes Wesen zur Selbstexplikation in der Zeit ge-
trieben. Daß der Geist sich in der Vielheit darstellt, daß Ewigkeit Zeit wird, ist mit der ontologischen Bestimmung des transzendenten Seins als einer Potenz notwendig gesetzt.

2. (ib.) „Vollendet wird also das Leben durch das Leben und
wird zugleich dadurch, daß es existiert, geformt, und das Geformt-
werden ist das „In-Erscheinung-treten", das „In-Erscheinung-
treten" aber hat seinen Ursprung aus dem Verborgenen, und sein
Ursprung aus dem Verborgenen ist auch seine Geburt und zwar
die Geburt dessen, der existierte, auch bevor er so geboren wurde."

Damit kehren die gleichen Begriffe, die zur Bestimmung der
generatio des Logos aus dem verborgenen transzendenten Vater
angewandt wurde, in der Bestimmung der Zeit wieder. Die

Aeon-Spekulation tritt in eine unmittelbare Beziehung zur ontologischen Fassung der Logoslehre. Die Selbstdarstellung der Lebenspotenz als Leben im Leben ist zugleich ihre Vollendung, zugleich ihre Formgebung. Im Akt vollendet sich das potentielle Sein des Logos und gelangt darin zur Form. Dadurch aber, daß er sich aktiviert bzw. die verborgene Potenz des Vaters aktiviert, tritt der Logos zugleich in Erscheinung. Seine Darstellung ist so seine Offenbarung und die Offenbarung dessen, dessen Kraft sich in ihm verwirklicht. Denn sein In-Erscheinung-treten in der operatio weist zurück auf seine transzendente Praeexistenz, auf seinen Ursprung aus dem Verborgenen.

Die Zeit ist also die sukzessive Vergegenwärtigung des Geistes, in der sich die Selbstdarstellung des Logos im Akt und in der Individuation entfaltet. So ist die Zeitspekulation aufs engste in die ontologische Spekulation miteinbezogen und durch die Idee der Selbsthypostasierung des transzendenten Seins mit der Logoslehre verkoppelt. Der Begriff der Geschichte ist also durch eine logisch-ontologische Zeitspekulation ersetzt.

3. „Denn auch unser Leben besteht aus der immer gegenwärtigen Zeit: denn wir leben nicht eine vergangene, oder eine zukünftige Zeit."

Die ganze Spekulation findet ihre exakte Formulierung im Bildbegriff: (ib.) „*hoc enim solum tempus est quod ipsum solum, quia solum tempus, est, imago esse dicitur* τοῦ αἰῶνος, *id est, aeternitatis.*" Die Zeit ist das Bild der Ewigkeit. Durch diesen plotinischen Satz ist auch der Zeitbegriff in die große metaphysische Vision des Universums eingereiht.

Bezeichnenderweise führt auch das Zeitproblem nicht auf das Problem der Geschichte, vielmehr erscheint Zeit selbst als eine Art von metaphysischer Gestalt und wird immer nur unter dem Gesichtspunkt der Gegenwart, dem jeweils gegenwärtigen Moment der Selbstverwirklichung des Aeon und des Lebens gesehen und teleologisch bestimmt durch die Idee der plenitudo, die vollendete Selbstverwirklichung des Geistes in der reinen Identität.

Die Spekulation läßt sich also in folgende parallele Ideen gruppieren: Die Zeit ist die jeweils gegenwärtige Selbstentfaltung der Ewigkeit. Das Leben ist die jeweils gegenwärtige Selbstentfaltung des Lebens (vita, Logos). Das transzendente Sein muß sich als Logos formieren, um in einer radikalen Selbstentfaltung zur Identität zu gelangen. Die Ewigkeit ist Zeit geworden, um sich als Ewigkeit zu vollenden. Gott hat seinen Sohn gezeugt, um sich als Gott zu vollenden. Die Zeit ist das Bild der Ewigkeit. Der Sohn ist das Bild des Vaters.

Das Problem der Geschichte führt also auf eine Anschauung von einem vorzeitigen Geschehen, in dem alle zeitlichen Bewegungen und Individuationen in einer transzendentalen Einheit und Gegenwart ineinanderliegen, d. h. führt zurück auf den transzendenten Willensakt, in dem sich der Vater im Sohn selbst hypostasierte und formierte und damit den Anstoß und die Bestimmung der universellen Bewegung gab, die über die Schöpfung und Individuation und Reintegration wieder in die Identität zurückführt. „Wenn Christus alles, was in der Ewigkeit und in der Welt ist, selber durch den Willen Gottes gemacht hat und alles in ihm war und alles auch substantiell war, d. h. nicht mehr (nur) der Potenz nach und der Möglichkeit nach, durch die ihr Sein ein zukünftiges Sein war, sondern in dem, das sie bereits waren, dann war alles in Christus.“

h) Die Inkarnation.

Die Logoslehre und ihr Ansatz in einem transzendentalistischen Gottesgedanken zeigt, daß der metaphysische Ort des theologischen Hauptproblems nicht dort ist, wo die beiden Reiche der irdischen und transzendenten Welt zusammenstoßen und der Geist Geschichte wird, sondern dort, wo an der Grenze der intelligiblen Welt die Welt eines überwesentlichen Seins anbricht. Nicht das Konkretwerden des Geistes in der Geschichte, sondern das Substanzwerden des transzendenten Gottes als Logos ist das eigentliche Geheimnis, das die metaphysische und dogmatische Spekulation deuten will.

Damit ist unter Beibehaltung der griechischen Logosidee eine Durchbrechung des griechischen Denkens gegeben.

Der Gedanke, daß hinter dem intelligiblen Reich des Logos das eigentliche geheimnisvolle Reich des letzten Urseins, der letzten Einheit, der letzten Potenz sich auftut, dieser Gedanke, der eine neue tiefe Einsicht in das übervernünftige Wesen der Religion bringt, bedeutet einen Verzicht des griechischen Intel-

lektualismus auf eine letzte rationale Lösung, bzw. einen Durchbruch zum Transzendentalismus.

Das Formprinzip des griechischen Geistgedankens kommt aber
darin zum Ausdruck, daß auch das Problem der Entfaltung
dieses transzendenten Seins metaphysisch-abstrakt gefaßt ist und
das Problem der Geschichte von hier aus im eigentlichen Sinn
nicht gestellt werden kann.

So wird das Hauptproblem der christlichen Religion, die Idee
der Inkarnation, der Menschwerdung Gottes, von dem abstrakten
Geistgedanken aus letzthin nicht erfaßt, oder — wie etwa bei Origenes — nur auf dem Umweg über eine komplizierte Psychologie. Das groß angelegte System mündet dort, wo sich die
Frage nach der geschichtlichen Wirklichkeit Gottes erhebt, in
ein zögerndes Als-Ob.

Bezeichnend dafür ist, daß die Frage nach der Inkarnation
nicht von einer Deutung des geschichtlichen Jesus aus
sich entfaltet. Geht das trinitarische Hauptproblem von der Frage
aus: Wie wird Gott Geist? — welches die dogmatische Einkleidung der Frage nach der Selbsthypostasierung des transzendenten Seins als Seiendes ist — so lautet die christologische
Frage nicht: Wie ist der Mensch Jesus Gottes Sohn? sondern:
Wie kann der Logos Mensch werden? oder: Kann der Logos
überhaupt Mensch werden? und — in einer konsequenten Durchführung der rein metaphysischen Konzeption des Logos —: Ist
der Logos überhaupt je Mensch gewesen?

Auf zwei Gedanken wurde nun bereits hingewiesen: die Menschwerdung ist nicht die schlechthin einzigartige Offenbarung des
Menschen vom Himmel, sondern nur eine Form der unendlich
vielfältigen Darstellung des Sohnes auf seinem Abstieg vom Vater
durch das Universum und seine verschiedenen Reiche.

Die Menschwerdung ist die Form der Selbstdarstellung des
Sohnes, die er dort annimmt, wo er auf seinem Weg durch das
Universum auf die Menschennatur stößt. So ist Christus nicht
Mensch, sondern bis zum Menschen. „Der in die Himmel auf-
fährt, ist Christus, der von den Himmeln niedersteigt, ist Christus.
Nicht vom Menschen ist er, sondern bis zum Menschen. O heilige
Dreieinigkeit[1]."

---

1) Hymn. III (1146 C).

Auch die Christologie ist nicht von der Geschichte und von
Jesus aus, sondern von dem transzendentalistischen Gottesgedanken und der Logosidee aus entwickelt.

Weil also alle Kreaturen und alle Prinzipien und Substanzen,
selbst der Logos des Fleisches und der Materie auf ihn zurückgehen und ein intelligibles Bild des Logos in sich tragen, so
ist es möglich, daß der Logos selbst gewissermaßen auf seinen
eigenen Spuren seinen Weg durch die ganze Schöpfung antritt.
Er ist nur dort, wo schon Geist — d. i. Seiendes — ist. Diese
Bewegung ist also ganz aus der Ontologie herausgedacht. Hätte
das Fleisch keinen Logos, so könnte er nicht herab ins Fleisch
steigen; da aber der Logos überall verstreut ist, und in allen
Formen da ist, so kann er auch alles, auch den Logos des
Fleisches wieder annehmen und dadurch die Einheit und Identität des entfremdeten Seins restituieren.

Wie geschichtslos dieser Prozeß im Grunde gedacht ist, geht
wohl am deutlichsten daraus hervor, daß der Prozeß der
exinanitio, die Niederfahrt des Logos zum Menschen bis in
die Einzelbegriffe hinein abgeleitet wird an einem rein mythischen
Exempel[1]. „Wie wenn bei den Dichtern der Vater den Merkur
absendet, ihn durch sein Machtwort — *imperium* — entsendet,
der Merkur aber dem Machtwort des Vaters gehorcht, sich fertig
macht — *se composuit* — und sich erniedrigt — *se exinanivit* —, zu
fliegen und den Weg zu vollenden — wenn es erlaubt ist, göttlichen Dingen solches zu vergleichen — so muß man auch die
Sendung des Sohnes durch den Machtspruch des allmächtigen
Gottes verstehen, und Christus, der Sohn, erniedrigte sich eben
dadurch, daß er dem Machtspruch sich fügte, um menschliche
Form anzunehmen und im Fleisch zu kommen und das Knechts-
bild zu tragen, indem er sich demütigte, und gehorsam wurde,
gehorsam aber bis zum Tode.“

Das mythische Exempel enthält Zug für Zug die Hauptbegriffe
der Menschwerdung — die Begründung der *descensio* im göttlichen Willen — *imperium* —, die *missio*, die *oboedientia*, die *com-
positio*, die *exinanitio*, das *iter tendere*, die *assumptio formae hu-
manae*, die *humiliatio* und *passio*. In dem Rückgreifen auf das
mythische Exempel enthüllt sich eine Denkform, wie sie durch

---

1) comm. ad Phil. 2, 7 (1209 A).

die Erkenntnistheorie der neuplatonischen Philosophie und ihrer
Deutung des Mythos legitimiert wird. Nur ist hier die Verwendung des Mythos insofern über ihr ursprüngliches Wesen hinaus-
geführt, als hier der Mythos die bildhafte Objektivierung des
absoluten Sinngehaltes nicht mehr eines Logos, sondern eines
Dogmas expliziert, eine Tatsache, die zeigt, daß für Viktorin
wie für alle Platoniker die „Religion“ nicht auf das Wort bzw.
die regula veritatis beschränkt ist, sondern ein geistiges Phaenomen ist, dessen Wurzel hinter Wort und Mythos liegt; d. h.
der Mythus gehört noch mit zur Religion und das Wort ist
Religion, soweit es den Mythus vom Logos verkündet, der das
ganze kosmische Drama umfaßt.

Andererseits ist gerade in diesem Zusammenhang die Abschwächung des mythischen Exempels bezeichnend. Das *si fas
est divinis talia comparare*“ klingt fast wie die Entschuldigung des
Religionsphilosophen, der sich auf den altgewohnten Bahnen
seiner „heidnischen“ Erkenntnistheorie entdeckt.

Für die Vernachlässigung des geschichtlichen Problems der
Inkarnation ist bezeichnend, daß mit der *„exinanitio“* nicht primär
die Menschwerdung das Sichtbarwerden des Logos im Fleische
gemeint ist, sondern die metaphysische Entfremdung von Gott
auf dem Weg der Reise durch die oberen Reiche bis zum
Menschen. Auch hier ist der Ausgangspunkt wieder der Gottesgedanke.

In der Menschwerdung findet also die universelle Durchdringung
des Alls durch den Logos ihren Abschluß, indem jetzt auch der
Logos des Fleisches vom universellen Logos angenommen wird
und so alles geistige Sein wieder in die Einheit des Seienden
zurückgenommen wird.

„Das bedeutet: ‚der Logos ist Fleisch geworden‘: in unend-
licher Bewegung stieg das Leben zu den Unteren hernieder und
belebte die Verderbnis; deshalb ist der universelle Logos und
die Lebenspotenz Fleisch geworden ... Daher ist Jesus Christus
geboren nach dem Fleisch von der Maria und aus dem heiligen
Geist durch die Kraft des Höchsten. Alles ist also Christus
unser Herr, Fleisch, Heiliger Geist, Kraft des Höchsten, Logos.
Er selbst vollendete das Mysterium, damit alles Leben mitsamt
dem Fleische in die von ewigem Licht erfüllten Gefilde zurück-

eile von aller Verderbnis hinweg in die Himmel. Denn nicht allein
Fleisch, nicht allein Heiliger Geist noch allein Geist noch Logos
allein, sondern alles auf einmal ist unser Herr Jesus Christus[1].“

Der *descensus* wird hier unmittelbar eingereiht in die universelle
Durchdringung des Universums durch den Geist überhaupt, wie
sie in der Individuation und Diffusion der *potentia vitalis* bei
der Schöpfung geschah; wieder fallen hier die Funktionen der
neuplatonischen „Weltseele“ und des „Logos“ in dem einen
Wirken des Sohnes zusammen. Der *descensus* selbst ist in seinem
Endpunkt Anfangspunkt des universellen *recursus*; der Logos,
der jetzt das ganze Sein durchlaufen hat, hat jetzt gewissermaßen
alles Nichtsein verdrängt und alles Leben zurückgeführt „in die
von ewigem Licht erfüllten Gefilde“, in die Identität des reinen
Seins.

Maßgebend ist dabei der Gedanke der *assumptio carnis*. Auch
das unterste Sein, das Fleisch ist vergeistigt worden, indem der
universelle Logos den Logos des Fleisches angenommen hat[2].
„Indem er das Fleisch annahm, hat der Logos den universellen
Logos des Fleisches angenommen: deswegen triumphierte die
Kraft alles Fleisches im Fleische und deswegen kam er allem
Fleisch zu Hilfe.“ Zum Verständnis ist hier auf bereits Genanntes
zurückzugreifen: das Sein als die *potentia vitalis* ist auf dem
Weg der Individuation und Emanation wohl in die Materie eingedrungen; das Fleisch hat also sein Sein und Leben vom intelligiblen Sein und Leben; die Belebung hat aber das Fleisch
zu seiner eigentlichen Natur erweckt, d. h. zum Leben wider
den Geist. Nun hat der Logos den Logos des Fleisches aufge-
zogen und in sein geistiges Sein zurückgeholt, damit dem Fleisch
den Auftrieb seiner widergöttlichen Bewegung genommen und
die Materie in ihr reines Nichtsein aufgelöst. Der Logos erscheint
hier also als die universelle metaphysische Gestalt, die in sich
den universellen Geist, die universelle Seele und den universellen
Logos des Fleisches vereint. Die Belebung der Materie zum
widergöttlichen Empörung ist also ein bestimmendes Element in
dieser Deutung der *descensio*. Das kommt in folgender Stelle klar
zum Ausdruck:

---

1) l. I c. 56 (1083 C).
2) l. III c. 3 (1100 D).

„Das ist die Niederfahrt des Logos — *descensio* —: da er vom
Vater ausging, gab er denen, die im Himmel sind, den Engeln
oder Thronen oder Glorien und allen derartigen Wesen sein
eigenes Leben durch die väterliche Potenz... Und wiederum, weil
es kein Lebendigmachen gäbe, wenn nicht eine Materie dabei
wäre, an der sich die lebensschaffende Potenz entfalten könnte,
wurde der tote Stoff der Natur geschaffen, der belebt durch die
göttliche Erweckung zum Leben seine Heerscharen aussandte
und den Menschen verdarb. Aber der Logos, das vollendete
Leben, erfüllte das Mysterium und erschien in der Materie,
d. h. im Fleisch und der Finsternis . . . alles ist also Logos
geworden, und in allem und alles hat er erzeugt, erlöst, und
herrscht als ewiges Leben, seiend im Geist[1]).“ Durch die Idee
von der assumptio des universellen Logos des Fleisches ist das
Problem wohl metaphysisch-ontologisch beantwortet, aber eine
Lösung des geschichtlichen und anthropologischen Problems
nicht gegeben; von dem rein metaphysischen Ansatzpunkt aus
mündet die Christologie in einem „Als-Ob[2])“. *„Vere homo non fuit,
sed Deus, et carne et figura accepta quasi homo“* (1208 D).

Die Eigenart dieser Christologie findet nun eine bezeichnende
Ausprägung in der Auffassung vom Leiden Christi.

Es handelt sich dabei um eine vollständige Sublimierung und
Mythisierung des Begriffs der p a s s i o, wie sie mit der allgemeinen Tendenz der Mythisierung der menschlichen und geschichtlichen Züge des Christusbildes zusammenhängt.

Der Ansatzpunkt der Deutung der Leiden Christi ist nicht
die Leidens-„Geschichte“, nicht das Kreuz, sondern der metaphysische Akt des Heraustretens des Logos aus seiner Verbor-

---

1) l. I c. 26 (1060 A). comm. ad Phil. 5, 7 (1208 B C): die Menschwerdung
als descendere ad postrema officia. Beachte den Begriff der similitudo:
λόγον ipsum formatum per carnis assumptionem in similitudine hominum.
etenim cum caro in terris diversas formas habeat, accepisse autem carnem
Christum manifestum sit, sed in qua similitudine? dictum in similitudine
hominum.

2) l. I c. 14 (1044 D) quod non homo Joan. 9, 5: cum sum in mundo,
lumen sum mundi. quis autem dedit caeco visum? homo? impossibile.
Vgl. l. I c. 7 (1043 D) Christus . . . non peccator neque homo. Christus . . .
Deus non ab alia substantia. Vgl. weiter (1053 B) neque qui hominem
dicunt Christum, . . . locum habent.

genheit in der väterlichen *potentia* und seine Zurichtung zur *actio*. Der Begriff der *passio* wird also seines kreatürlichen Sinnes entschränkt und zum metaphysischen Begriff erhoben, d. h. er ist durch die *motus*-Lehre, also im Grunde durch die Ontologie bestimmt.

Passio ist nicht das Leiden des Menschen Jesus, sondern das Heraustreten des Logos aus der in sich geschlossenen unbewegten Bewegung zur heilsmäßigen Aktivierung, d. h. das metaphysische Leiden des Logos in der *descensio*. Das ist der Sinn von Formeln wie „*in progressu passio*" [1]), der Gleichsetzung von „*foris esse*" und „*in passiones incidere*" [2]), von „*pati*" und „*moveri*" [3]).

Damit ist eine genaue Begrenzung der metaphysischen Leidenszone gegeben: die Zeugung aus dem Vater, das „Bewegersein", das „Schöpfer-Sein" ist noch keine *passio*, wohl aber die Selbstentfaltung in diesen *species*, das Zeugen, das Bewegen, das Schöpfen und das Erlösen. So wird letzthin schon der Prozeß der Individuation als eine *passio* empfunden.

Je nach seinem Offenbarer-Sein oder seinem aktiven Offenbaren, dem Bewegersein oder Bewegen ist also der Logos als *impassibilis* oder *passibilis* bestimmt [4]). „*motio enim passio et motione passio. in motione enim motio et status; statum autem esse in motione passio est et in motione esse a statu passio est, ergo et motio. motione igitur omnis passio*" [5]).

Der Sinn dieser Differenzierung der *passio* wird also durch die *motio*-Spekulation bestimmt, wie sie bereits dargestellt wurde. In der dort (S. 99) genannten Stelle heißt es, der Logos schäume bei seinem Durchlaufen des Stufenreichs der überhimmlischen und himmlischen Wesen auf wie an Felsen, die ihm entgegenstehen. Der *status in motione* weist also auf ein Abbremsen, ein Stören der reinen ungehemmten intelligiblen Bewegung des Logos bei

---

1) l. I c. 22 (1056 C) in progressu passio, maxime autem in extremo progressionis, hoc est cum fuit in carne.

2) l. III c. 17 (1113 A) . . . sed qui foris est, in passiones incidente, alio autem inferiore semper manente atque aeterno, quippe originali et substantiali, et idcirco semper patre, qua ratiocinatione et semper filio.

3) l. I c. 28 (1061 A) p a s s u s secundum m o t i o n e m.

4) l. I c. 13 (1047 D).

5) l. I c. 32 (1065 C) pater unigeniti filii, motione in duplicem potentiam procedente, quae sola patitur; motio enim passio et motione passio . . .

seinem Durchfluten des Universums; dieses Aufhalten wird als *passio* des Logos bezeichnet.

In der Erklärung dieses Bildes heißt es daher bei Viktorin: (S. 99) *„recipit igitur passiones non in eo quod substantia est, sed in actu et operatione.“* Das Leiden des Logos betrifft also nicht sein Sein als Seiender, als Subjekt der Urqualitäten, sondern seine Aktivierung im Durchdringen des Universums zum Zweck seiner Vergeistigung, d. h. in seiner *recessio a patre*, seiner Entfremdung [1]). Diese metaphysische *passio* ist also keine Beschädigung der Substanz des Logos, sondern ein *affectus*, der durch den Widerstand der Materie geschaffen wird, die er durchdringt und durch die er sich gewissermaßen hindurchzwängen muß. So heißt es an der gleichen Stelle, das Wasser werde durch die Qualität der Erde, die es beim Durchströmen aufrührt, affiziert *„et quodammodo patitur“*. Das Leiden im kreatürlichen Sinn ist also auf seiten des vom Logos durchströmten und aufgewühlten Universums [2]). Es ist, bildlich gesprochen, das „Leiden“ des vom Blitz getroffenen Baumes, das aus dem „Leiden“ des in seiner Bewegung gehemmten Strahls entsteht. *„si quid patitur, iuxta materias et substantias [3])."* Leiden ist also da, wo der Geist wirkt, es ist aber nicht der Geist, der leidet, sondern der vom Geist Betroffene.

---

1) l. IV c. 31 (1135 D) recipit igitur passiones non in eo quod substantia est, sed in actu et operatione. nam cum mysterium adventus sui compleret, tum iam passionem sustinuit, ut se exinaniret, ut personam servi acciperet. sic et reliqua in quibus omnibus actus est et operatio, quamquam et in primo existentiae suae actu ... passio exstiterit recessionis a patre, unde tenebrae, id est hyle consecuta est, non creata.

2) l. I c. 44 (1074 D) passio igitur in istis et iuxta haec non τοῦ λόγου, hoc est filii ... non enim filium esse passio est ... divina enim potentia sine passione fiunt omnia ...; nos ... impassibilem et filium dicimus, iuxta autem quod λόγος caro factus est, passibilem. at vero miseratio, et ira et gaudium et tristitia et alia huiusmodi ibi non sunt passiones, sed natura et substantia ... impassibilis enim divina natura est. ib. (1075 B) filium ipsum solum passibilem iuxta motum in hyle.

3) l. I c. 22 (1056 C) et idcirco de filio dicitur quod est impassibilis et passibilis, sed in progressu passio, maxime autem in extremo progressionis, hoc est cum fuit in carne. illae enim passiones non dicuntur generatio a patre, motus primus et creatorem esse omnium. ista enim substantialia cum sint, magis autem substantiae. λόγοι enim existentium iuxta potentiam substantiae sunt ipsorum, non igitur passiones.

Innerhalb dieses metaphysischen Leidens, das sich auf den ganzen *descensus* des Logos ausdehnt, ist das Leiden des Menschen Jesus nur ein Punkt und zwar der Endpunkt auf dem unendlichen Weg des Leidens, der vom ersten Schritt der Entfernung vom Urprinzip bis zum Eintauchen ins Fleisch führt. Die *passio* des menschgewordenen Logos ist zugleich der Abschluß und der Höhepunkt des Leidensweges des Logos, ist der Ort, an dem die göttliche Bewegung durch die ὕλη am meisten aufgehalten wird, der Ort, an dem der *motus divinus* in die Materie einschlägt. „*in progressu passio, maxime autem in extremo progressionis, hoc est, cum fuit in carne* [1]).“

Diese Anschauung von der Inkarnation modifiziert auch die viktorinische Idee von der Erlösung.

Der Vorstellung, daß die Menschwerdung nur der Abschluß der universellen Niederfahrt des Logos ist, entspricht der Gedanke, daß die Erlösung des Menschen ebenfalls nur der abschließende Akt der universellen Erlösung, d. h. der Rückführung des entfremdeten Seins in die Einheit des geistigen Seins im Seienden ist.

Der Sinn dieses Durchlaufens des Universums ist also die Reintegration alles Seins und damit des ganzen Menschen und aller Menschen, eine Idee, die den Gedanken der Prädestination letzthin eliminiert.

„Sein Abstieg und sein Aufstieg erleuchtete das All, mehr aber erleuchtete er es, als er aufstieg, vervollkommnet und geheiligt vom Vater; alles macht er heilig durch seine Rückkehr, sowohl den Ausgangsort wie das Ziel seiner Rückkehr [2]).“

Durch die Rückkehr des Logos zu Gott gerät das ganze geschaffene All mit hinein in die zum Einen zurückströmende Bewegung, in die *festinatio ad patrem*, die drängende Hast zum Vater [3]). Der Urlogos, welcher der „λόγος *omnium et universaliter universalium et generum et specialium et partialium . . . et omnium et incorporalium ergo et corporalium*“ ist, schlingt in diesem

---

1) l. I c. 22 (1056 C).
2) comm. ad Eph. 4, 10 lib. II (1274 D).
3) comm. ad Gal. 4, 6 lib. II (1178 C).

rückläufigen Prozeß wieder alle Dinge in sich zurück „*ut sint*
λόγος"[1]).

Diese Bewegung vollzieht sich also in der metaphysischen Gestalt des Logos, der die ganze Menschheit erlöst, indem er den
Logos des Geistes, der Seele, des Fleisches annimmt, so daß
sich in ihm und mit ihm die ganze Menschheit vom Nichtsein
losreißt und an seinem reinen Geistsein teilhat[2]). Erlösung,
Wiedergeburt und Vergeistigung rücken so in einen direkten
metaphysischen Zusammenhang. „Wer ist der Menschensohn?
Geist, Seele, Fleisch. Denn das hatte er, als er herabstieg, und
damit stieg er hinauf[3])." Der gleiche Gedanke spricht sich auch
in der tiefsinnigen Strophe seines zweiten Hymnus an die Dreieinigkeit aus: „Erbarme dich Herr, erbarme dich, Christus. Du
bist meines Geistes Logos, du bist meiner Seele Logos, du bist
meines Fleisches Logos[4])."

Damit ist die metaphysische Begründung der Erlösung des
totus homo gegeben, wobei aber zu bedenken ist, daß der Begriff „Mensch" nicht konkret-geschichtlich, sondern metaphysisch
als die Geistnatur des Menschen in ihrer dreifachen Projektion
als Logos des Fleisches, als Logos der Seele und als reiner Intellekt gesehen ist, dem plotinischen Schema entsprechend.

Das wird an mehreren Stellen deutlich ausgesprochen: „Im
Mysterium hat er das Fleisch angenommen, um sowohl dem
Fleisch als dem Menschen zu Hilfe zu kommen; indem er aber
das Fleisch annahm, nahm er den universellen Logos des Fleisches
an . . . gleichermaßen auch den universellen Logos der Seele.
Denn ganz offensichtlich hatte er auch eine Seele . . . Angenommen wurde also der ganze Mensch — *assumptus ergo totus
homo* —, sowohl aufgenommen als auch befreit. Denn in ihm

---

1) l. IV c. 32 (1136 B) et quia omnium et incorporalium, ergo et corporalium pro sua vi ad id quod esse possunt, ut sint λόγος.

2) Siehe auch Geiger S. 105: „Der Logos ist nichts anderes als der Uni-
versalmensch, in welchem der Universallogos mit der Universalseele und
dem Universalkörper sich vereinigt." Statt „Mensch" sollte man besser
„Gestalt" sagen, denn es handelt sich nicht mehr um einen Leib, sondern
um den Logos des Fleisches, d. h. um Geist, vgl. auch adv. Ar. l. III c. 3
(1100 C — 1101 A).

3) l. IV c. 7 (1118 B).

4) Hymn. II (1142 C).

waren alle Universalien, das universelle Fleisch, die universelle Seele und wurden ans Kreuz erhoben und gereinigt[1]." Indem also der Logos alle den Menschen konstituierenden Logoi aufgenommen hat, hat er den ganzen Menschen erlöst und vergeistigt, d. h. alle Menschen sind in den universellen Logos hineingeschlungen, in ihm erlöst, befreit und vergeistigt und erlangen in ihm die ursprüngliche Integrität. Diese Idee stellt sich bei Viktorin in immer neuen Formulierungen dar; zu nennen ist noch eine auffallende Stelle, in der die ontologische Beziehung der viktorinischen Erlösungslehre deutlich ist[2]):

„necesse fuit liberationis gratia omne divinum, hoc est seminarium spirituum omnium universaliter existentium, et id quod est esse primum, hoc est universalem λόγον, ab inferiore ὕλη et corruptione omni incarnari in mortificationem omnis corruptionis et peccati. tenebrae enim et ignoratio animae direptae ab hylicis potentiis eguerunt lumine aeterno in auxilium, ut λόγος animae et λόγος carnis mysterio mortis detrusa corruptione in reviviscentiam et animas et carnes per sanctum spiritum administratorem ad divinas et vivefacientes intelligentias erigerent cognoscentia fide amore."

Die Befreiung der Seelen von der Materie, d. i. dem Nichtsein ist so das eigentliche Ziel der Bewegung des Logos. Das macht sich in zwei Gedanken geltend:

1. In der Auffassung der Materie als einer Wand zwischen den Seelen und dem reinen Geist[3]). Die Hyle hat das göttliche Reich gespalten, indem sie die Seelen, die aus dem göttlichen Sein stammen, in sich einschloß. So steht sie als eine trennende Mittelwand — *medius paries quasi saeps ac materia* — zwischen dem göttlichen Reich und den abgespaltenen Seelen. Die Wand der Materie, die die Seelen von ihrer göttlichen Heimat trennt, ist die unreine Begierde des Fleisches und die Weltlust — *inlecebrae carnis et mundanae cupiditates*. Christus aber, der Mensch vom Himmel, reißt die trennende Mittelwand nieder und führt die gefangenen Seelen wieder ihrer Heimat zu.

---

1) l. III c. 3 (1101 A) weiter comm. ad Eph. 1, 4 lib I (1238 C); über die Erlösung der Seelen siehe weiter comm. ad Eph. 2, 21 lib. I (1261 D) und S. 120 Anm. 1.
2) l. I c. 58 (1084 C D).
3) comm. ad Eph. 2, 15 lib. I (1258 B C).

2. In der Deutung der Höllenfahrt Christi. Die *passio crucis*
wird nämlich als die Höllenfahrt gedeutet, auf der Christus auch
die in der untersten Tiefe der Hyle versprengten Glieder zurückholt in das reine Sein. Der Kreuzestod ist hier lediglich gesehen
als Voraussetzung und Vorbereitung des Eintritts in die Hölle,
der Abschluß des Weges durch die Menschennatur, der nun in
tiefere Reiche hineinführt. „Man liest, der Erlöser sei in die
Hölle hinabgestiegen durch jenes Leiden am Kreuz, um jede
Seele zu befreien und aus allen Orten seine Glieder zurückzuholen [1]."

Diese Höllenfahrt findet auch in dem dritten Buch gegen die
Arianer eine singuläre Deutung [1]). Nachdem nämlich der Logos
auf seiner Bewegung durch das Universum die Welt erreicht
hat und „gewissermaßen" als Mensch geboren wird — *mundo
veluti nascitur* (1108 B) —, legt er im Tode am Kreuz seine
Menschennatur wieder ab und fährt zur Hölle nieder, um auch
die in der Hölle versprengten Seelen zurückzuholen. Die Höllenfahrt, die er als Logos antritt, setzt also eine neue Entäußerung
der angenommenen Menschennatur voraus. Jetzt hat der Geist
das ganze Universum bis zu seiner tiefsten Tiefe durchdrungen
und alles geistige Sein in seine Einheit zurückgeholt.

Die dritte Stufe dieses metaphysischen Prozesses ist nun, daß
er, aus der Hölle zurückgekehrt, wieder Mensch wird — *mundum
iterum accipit* — die *sanctificatio* erfährt, durch die jetzt, da er
den Logos des gesamten Universums zurückgeholt hat, alles,
Geist, Seele, Fleisch, geheiligt wird, und so zum Vater zurückkehrt (ib.).

Diese Anschauung, die eine selbständige Umformung der *regula
fidei* darstellt — in einer konsequenten Durchführung der Metaphysik —, führt also zu der Idee der doppelten *assumptio*. Christus,
der Logos, muß gewissermaßen die Zone des Menschseins zwei-
mal passieren, weil nicht das Menschsein, sondern die Hölle die
unterste Station des Leidensweges ist. Die Metaphysik Viktorins,
die davon ausgeht, daß der Logos alles Sein, auch das in der
Materie versprengte zurückholt, führt hier zu einer neuen Mythologie: Christus legt im Tod die Menschheit ab, steigt noch in
eine tiefere sarkische Sphäre hinab, um auch aus dieser den

---

1) comm. ad Eph. 4, 9 lib. II (1274 A).

Geist zurückzuholen, nimmt dann im Besitz des zurückgeholten geistigen Seins wieder Fleisch und Seele an und bringt dann alles, den Logos des Fleisches, der Seele und des Geistes in die göttliche Glorie zurück.

Der doketische Charakter der Christologie wird hier in auffälliger Weise deutlich. Zwischen dem Menschen Jesus und dem auferstandenen Christus, wie er den Jüngern erscheint, wird nicht unterschieden. Die jungfräuliche Geburt leitet die *assumptio carnis* von Gott her, die Auferstehung die *assumptio carnis* von der Hölle her ein. Beidemal vollzieht sich die Inkarnation als eine Quasi-Menschwerdung.

i) Die Teleologie.

Die Erlösungslehre weist hin auf die Teleologie des Systems, die bereits in der Darstellung der Ontologie und der Anschauung Viktorins von der Zeit skizziert wurde. Diese Zielstrebigkeit der Bewegung des Geistes ist um so mehr zu beachten, als sich die Frage erhebt, ob hier nicht direkte Einflüsse der origenistischen Rekapitulationsidee vorliegen (s. zu dieser Frage das Kapitel über Origenes und Viktorin Teil II).

Die universelle Bewegung des Geistes, die vom transzendenten Sein ausgeht und in der sich die Potenz des transzendenten Gottes aktiviert, hat als Ziel die Identität des absoluten Geistes in seinem reinen Sein.

Die Funktion der Rückführung des entfremdeten Geistes in das reine Sein wurde nun bei Viktorin übertragen auf die trinitarische Person des hl. Geistes, der die Potenz des τριδύναμος θεός nach der Seite der universellen *reformatio, recreatio (regressus)* aktiviert (s. die Darstellung der Trinitätslehre S. 128 ff.).

Die beiden Momente nun, in denen sich diese Vergeistigung im Menschen vollzieht, sind die Wiedergeburt und die Auferstehung, die ihrer metaphysischen Bestimmung nach ganz nah zusammenrücken.

Die Wiedergeburt bedeutet das Hineinziehen der seelischen Substanz in die Geistnatur, die Rückformung der *imago Dei* in die *similitudo Dei*. „Die Seelen aber ... verharren nicht dabei, daß sie (bloß) existierten und eine Substanz erhielten, sondern streben nach Gottes Kraft auf eine bessere Substanz zu, und werden

aus Seelen Geist (1244 B)." Es handelt sich bei dieser Wiedergeburt
nicht um den radikalen Tod des alten Adam, sondern um eine
Rückbildung des Geistprinzips im Menschen in seine Integrität —
eine wesentliche Umdeutung des paulinischen Gedankens [1]). Die
metaphysische Voraussetzung dieser Anschauung ist die Idee,
daß die Seele an und für sich nur *intellectualis* ist, daß sie aber
durch die *conversio* in sich die reine intelligible Natur des Logos
in sich aufnimmt und durch die Geburt des Logos in der Seele
selbst intelligibel wird und damit in eine höhere Seinsform ein-
rückt, eine Idee mit plotinischen Grundlagen (s. darüber ausführlich Teil III) der viktorinischen Anthropologie zusammenhängt.

Unter Wiedergeburt versteht also Viktorin den intelligiblen
Prozeß, wie er sich in der ἐπιστροφή Plotins als Schau darstellt,
in welcher der Mensch am intelligiblen Sein partizipiert und τὸ
ἀρχαῖον τῆς ψυχῆς rettet. Darauf weisen auch die Formeln Viktorins, in denen neben der *recreatio* und *resuscitatio animae*
dieser Prozeß auch als ein *reverti in suam originem* bezeichnet
wird [2]).

---

1) l. III c. 12 (1108A) anima vero ὁμοούσιος, haec cum assumitur a divinis,
id est a λόγῳ, neque enim a Deo; λόγος enim motus est et motus anima
et motus a semetipso motus, unde imago et similitudo anima τοῦ λόγου
est. ergo cum assumitur, nihil adiicitur vitae, quippe cum ex vita, id est
ex vivendi potentia animae vita sit. animam igitur cum assumit Spiritus veluti ad inferiora traiicit potentiam atque actiones, cum mundum et
mundana complet. ergo spiritu[s] et maxime λόγος spiritus, qui vita est in
potestate habet et sumere animam et ponere; cum autem sumit, mundo veluti
nascitur et potentia eius cum mundo colloquitur. cum vero ponit, a mundo
recedit et non operatur in mundo carnaliter neque tamen spiritaliter. hoc
nos mortem eius nominamus et tunc esse dicitur in inferno, non utique
sine anima. hinc petit (Ps. 15, 10) ne „Deus animam suam relinquat in inferno".
ergo eam quia rediturus ad mundum est et ad eius actum secum ab inferis
ducit, quasi resumit ergo animam, id est, actus, mundum iterum accipit et
quia actus in mundo plenos ac totos λόγος agit et qui spiritus est et animam et corpus. rursus ergo sanctificandum fuit quia rursus ista susceperat.
ivit igitur ad spiritum et sanctificatus redit, cum apostolis egit, post sanctum spiritum [dedit].

2) comm. ad Eph. 1, 23 (1250 C). per Christum, id est per spiritum recreatas
animas et liberatas esse, ut in suam originem reverterentur et peccata
tollerentur, in quae lapsae animae fuerant. quoniam autem homines vivere
non poterant per carnis imbecillitatem, missus est Christus, id est spiritus
et intelligentia, ut et revelationem omnium divinorum rerum et vitae

Der Akt der Vergeistigung als einer *renovatio spiritus mentis* — die Wiedergeburt setzt wie bei der plotinischen ἐπιστροφή im Intellekt ein — ist nun die Erschaffung des *homo novus*[1]). *„ergo quoniam spiritus sanctificat, spiritus vivificat et iustificat, spiritus qui vere est et semper est et magis solus est, ipse est veritas. haec igitur omnia sic intelligentes novum hominem induunt, renovati in spiritu mentis suae*[2])." *„novus autem qui est homo? spiritalis; vetus enim animalis est et exinde carnalis*[3])." Dadurch bekommt die ganze Idee der Wiedergeburt eine intellektualistische Wendung. Der Geist ist der Logos, und wessen Seele den Geist empfängt, der schaut die Wahrheit und hat schon teil am intelligiblen Sein. Die Wiedergeburt bedeutet also den Durchbruch zu einem universellen absoluten Wissen, welches durch ein Teilhaben an dem reinen intelligiblen Sein des Logos gewirkt ist.

Die vollständige Vergeistigung erfolgt dann in der Auferstehung, die hier natürlich nicht dinglich-konkret, sondern spiritualistisch gefaßt ist als eine *immutatio* und *transfiguratio in*

---

aeternae spiritus, ut per eius mysterium et per corporalem mortem resuscitatae animae ad virtutem caelestem redirent, simulque passus mortem crucis Christus et resuscitationem a patre suscipiens imaginem per mysterium praeberet animis omnibus ad resuscitationem.

1) Vgl. comm. ad Eph. 3, 17 lib. I (1268 D) in interiore inquit homine habitare Christum. Christus enim in homine interiore, id est in anima, cum habitare coeperit, fortes virtute per spiritum redduntur homines, expelluntur enim omnia quae adversa sunt. comm. ad Eph. 1, 8 lib. I (1244 B) animae . . . Dei potentia in meliorem substantiam provehuntur et ex animis cum animae sint s p i r i t u s [fiunt]. comm. ad Eph. 1, 23 lib. I (1252 A B) Christus, qui spiritus est per quem animae Deum cognoscunt et s p i r i t a l e s efficiuntur et l i b e r a n t u r a q u a l i t a t e a n i m a e, ut iam non tententur neque ut labantur, quippe s p i r i t a l e s f a c t a e per spiritum Christum, in quem credentes spiritaliter sentiunt.

2) comm. ad Eph. 1, 3 lib. I (1237 D), ib. ad 1, 4 (1242 A) ut per Christum, id est per spiritum (animae) s p i r i t a l e s fierent. comm. ad Eph. 5, 31 lib. II (1289 A) ista (anima, mens, spiritus) virtute Dei in superioribus spiritus sunt.

3) comm. ad Eph. 4, 24 lib. II (1279 C) n o v u m h o m i n e m induunt, renovati in spiritu mentis suae. comm. ad Eph. 2, 15 lib. I (1258 D) cum ipse salvator qui spiritus est et sanctus spiritus, in animas descendit, iunxit duo superiora spiritalia et animas spiritales esse fecit et condidit in semetipso in uno inquit n o v o h o m i n e. n o v u s a u t e m q u i e s t h o m o? spiritalis. vetus enim animalis est, et exinde carnalis. l. III c. 15 (1110 D) unde nos s p i r i t a l e s efficimur accepto spiritu a Christo et hinc aeterna vita. spiritus ergo appellata est ista trinitas.

melius, als die Vergeistigung des Leibes — d. i. des Logos des Fleisches — durch die die metaphysische Gleichförmigkeit mit dem *corpus gloriae* des Logos, der Geist ist, geschaffen wird. Unser Leib wird „*aequiforme cum corpore gloriae ipsius*", wir sind dann „*spiritales effecti... ut et nos spiritus simus ut et ipse spiritus est* 1)."

Das Geistsein ist so das universelle Ziel, die *plenitudo.* „Gott in alles hinein und durch alles hindurch: das ist die Vollendung 2)." So origenistisch das klingt — zur Abgrenzung der origenistischen Rekapitulationsidee von der viktorinischen Idee des regressus s. Teil II —, so steht hier hinter dem christlichen Schema nicht die geschichtsteleologische Idee der ἀνακεφαλαίωσις, sondern einmal die viktorinische Ontologie und ihre teleologische Bestimmtheit durch die Idee der Reintegration des entfremdeten Seins, weiter aber — und hier ist die Transparenz des platonischen Intellektualismus noch stärker — die idealistische Bestimmung jeder intelligiblen Bewegung durch ihr Telos 3). „Es gibt eine Vollendung in den Dingen, es gibt eine Vollendung in den Zeiten. Jedes einzelne Ding hat nämlich seine Vollendung; die über alle sich ergießende Vollendung und Fülle ist Christus." Der Logos ist also nicht nur das Prinzip jeder intelligiblen Bewegung — als Darstellung der individuierten Form in ihrer Vollendung —, sondern auch das universelle Ziel und selbst als die Gestalt, die alle intelligiblen Formen und Bewegungen umfaßt und auf die alle gerichtet sind, die universelle Vollendung.

k) Die beiden Aeone.

In einem kurzen Querschnitt ist noch die Beziehung der beiden Aeone darzustellen, und die Spannung zwischen Welt und Über-

---

1) comm. ad Phil. 3, 21 (1226 B) cum autem nos... spiritales effecti fuerimus et anima et corpore et spiritu, ita enim in unum virum concurrunt atque unus spiritus erunt... fiet autem hoc secundum operationem potentiae eius. Zum „vir" siehe (1076 D) und ad Eph. 4, 13 (1276 A): concurramus in virum perfectum: perfecta enim anima per fidem et per Christum cognitum vir perfectus effici[a]tur... et beatum et virum nominavit, et haec est mensura aetatis et plenitudinis Christi; collectis enim membris et viro pleno reddito in singulis omnis plenitudo redditur Christi. (Über den vir Christus s. Teil III.)

2) comm. ad Eph. 3, 19 lib. I (1270 C) und comm. ad Eph. 1, 4 lib. I (1238 C).

3) comm. ad Gal. 4, 4 lib. II (1176 A) omnibus abundan[s] et plena et copiosa perfectio rerum plenitudoque Christus est und (1238 D).

welt näher zu bestimmen, deren religiöse Deutung die Anschauung Viktorins vom Glauben bestimmt.

Der Gegensatz, der sich in der Spannung der beiden Aeone
auswirkt, ist nicht der ontologische Gegensatz von Sein und
Nichtsein, sondern der Gegensatz vom reinen intelligiblen Sein
des Geistes und der „Welt" als einer lebendigen und aktiven
Größe niedrigerer, weil gemischter Seinsform. Nicht die Materie
als das tote finstere Chaos, sondern die Welt als ein eigener
lebendiger Machtfaktor tritt dem Geist entgegen.

Viktorin scheint nun von diesem Gegensatz aus einen scharfen
Dualismus zu entwickeln. Eine der wesentlichsten Stellen, die
unser Problem behandeln, zeigt etwa folgende Kontrastierung[1]):

saeculum mundi	*saeculum superius*
regio mundana	*regio caelestis*
motus rerum — tempus	*motus rerum — aeternitas*
tenebrae	*lux*
falsitas	*veritas*
malitia	*bonum*
princeps potestatis aeris	*Deus*
spiritus diffidentiae	*spiritus fidei*
voluntas carnis	*voluntas Dei*
natura mundana	*natura divina*
saeculum praesens	*saeculum futurum*

„*mundus*" ist also Welt überhaupt, *omnis mundus*, das Reich des
Fleisches und der fleischlichen Begierden, in dem eine *generatio
prava et perversa* wohnt[2]). Der Begriff „Welt" ist dabei univer-
salistisch gefaßt und nicht allein auf die Erde, sondern auf das
Universum überhaupt, soweit es durch stoffliche Elemente konstituiert ist, bezogen[3]). „*Omne enim quicquid mundanum est, licet
caeleste sit etiam vel aetherium vel quodlibet aliud divinum nominatur, secundum mundum tamen neque divinum neque aeternum,
etenim materiale, et quidquid materiale est, et temporale est et cadu-
cum et corruptibile.*"

---

1) comm. ad Eph. 1, 1—2, lib. I (1253—54).
2) comm. ad Phil. 2, 15 (1212 D) fugientes . . . pravitatem generationis
istius, idest creaturae, in qua sumus, immaculati sine vituperatione sinceri
Dei filii vivamus s. auch S.
3) comm. ad Eph. 1, 4 lib. I (1241 A).

Dieser scheinbare Dualismus ist aber umgebrochen durch die Idee, daß es nur e in geistiges Prinzip und nur e in Sein gibt, daß die Welt, soweit sie belebt und vom Geist durchwirkt ist, das Abbild einer intelligiblen Welt ist und daß es die Abschattung eines intelligiblen Seins und eines intelligiblen Lebens ist, welches der Materie den Schein einer Existenz gibt. Das Sein der „Welt" steht also nicht in einem absoluten Gegensatz zum intelligiblen Sein, sondern ist sein Schatten und formal durch es bestimmt.

Die erste Berührung zwischen dem reinen geistigen Sein und der Welt fand nun statt, als die im ewigen Sein des Logos präexistenten Seelen sich in die Welt begaben.

Die zweite Berührung erfolgt bei der Niederfahrt des Logos, in der den verfinsterten Seelen das Licht in der Nacht erschien und ihre intelligible Integrität im reinen Geist wiederherstellte.

Dazwischen liegt also die Verfinsterung, Trübung, Einkerkerung der Seelen durch die Welt und ihre Mächte.

Diese drei Momente: Präexistenz — Niederfahrt der Seelen in die Welt, Trübung ihres intelligiblen Seins — Restitution des intelligiblen Seins durch den Logos — d. h. die drei Hauptmomente der plotinischen Anthropologie, bestimmen die ganze Ansicht von der Beziehung von Gott und Welt. (Über den eventuellen Zusammenhang mit der origenistischen Präexistenzidee s. Teil II.)

Die Anthropologie rückt also in ihrem metaphysischen Ansatzpunkt unter die Idee der Präexistenz der Seelen in Gott. „Frei waren wir, vor der Welt nämlich; aber die Welt hat uns zu Gefangenen gemacht, denn wir waren von solcher Natur, daß wir fielen und eingefangen werden konnten[1]." Die Seelen sind also „*ex superiore mundo*"[2]. „Gott hat die Seelen vor der Gründung der Welt vorherbestimmt und auserwählt, damit sie heilig würden

---

1) comm. ad Eph. 1, 7 lib. I (1243 C).

2) comm. ad Eph. 2, 4 lib. I (1255 A). comm. ad Eph. 4, 18 lib. II (1278 A) namque si mundus tenebrae sunt, et de mundo quidquid intelligitur ... et subiungit propter intelligentiam. hinc enim alieni a vita Dei sumus, cum Deum ignoramus. cum autem cognoscimus, vitam Dei agimus et vitam a Deo meremur illam quae vere Deo vita est quam nobis Christus pollicitus est. haec autem inquit in ipsis per caecitatem cordis eorum, cum eorum cor caecatum est tenebris, cogitat et versatur in tenebris et istam mundanam sapientiam, quae tenebrarum sapientia est, aestimat esse sapientiam.

und geheiligt würden und die Welt wurde ihretwegen geschaffen, damit sie die wahre Erkenntnis empfingen in allen weltlichen Dingen durch das sinnliche Erkennen, das ein Trugbild der wahren Erkenntnis, Vollkommenheit und Wahrheit ist[1])." Der Versuch, die Idee der Prädestination durch die Präexistenz zu erklären, führt also zu einer vollkommenen Auflösung der Prädestination, wie ja schon in der Erlösungslehre darauf hingewiesen wurde, daß es sich auf Grund des ontologisch-metaphysischen Ansatzpunktes der Lehre um die Erlösung aller handelt, wozu die Idee der Präexistenz aller Seelen im göttlichen Sein komplementär ist.

Von der Erkenntnistheorie des Neuplatonismus aus stellt sich nun die Bewegung der Seelen in die Welt hinein folgendermaßen dar[2]): Die Seelen gehörten ursprünglich ihrer Natur nach zu Gott — „ipsius erant" — d. h. waren ursprünglich in ihm und mit ihm präexistent und wurden Einzelseelen erst im Prozeß der Individuation des transzendenten Seins. Sie standen also als Seelen nicht mehr in einem unmittelbaren Identitätsverhältnis zu Gott, vielmehr war durch ihr Hervorgehen bei ihrer Individuation — gradu progressionis ex ipso — eine gewisse Entfernung — longinquitas quaedam — eingetreten. Als Seelen — die, ontologisch gesprochen, als Einzelwesen von der reinen Identität des Seins durch ein relatives Nichtsein getrennt waren — „leuchteten sie in einem geringeren Lichte". Dieses Geringersein besteht in der Möglichkeit eines Abfalls vom Intelligiblen zum Wahrscheinlichen, vom Wahrscheinlichen zum Falschen, d. h. der Möglichkeit einer Verstrickung in die Sinnenwelt.

Hat die Seele die Möglichkeit einer Abirrung in die Welt — als Möglichkeit —, so muß sie auch diese Möglichkeit restlos

---

1) comm. ad Eph. 1, 4 (1242 A) l. I c. 58 (1084 D) necesse fuit liberationis gratia omne divinum, hoc est seminarium spirituum omnium universaliter existentium et id quod est esse primum, hoc est universalem λόγον, ab inferiore ὕλη et corruptione omni incarnari in mortificationem omnis corruptionis et peccati, tenebrae enim et ignoratio animae direptae ab hylicis potentiis eguerunt lumine aeterno in auxilium ut λόγος animae et λόγος carnis mysterio mortis detrusa corruptione in reviviscentiam et animas et carnes per sanctum spiritum administratorem ad divinas et vivefacientes intelligentias erigerent cognoscentia, fide, amore.

2) Vgl. comm. ad Eph. 1, 3 lib. I (1238 C ff.) (1241 A B).

verwirklichen, denn ihr Sein wäre nicht vollkommen, wenn nicht auch dieses Moment ihres Wesens aktiviert würde. Denn so lange hat sie ihre höchste Vollkommenheit nicht wiedererreicht, als sie noch die Möglichkeit eines Falls in sich trägt. Hat sie aber die Welt kennen gelernt und in dem *verisimile*, d. i. dem sinnlichen Sein ein Abbild des reinen intelligiblen Seins entdeckt, dann lernt sie, sich dem reinen geistigen Sein zuzuwenden, die Welt zu verachten und hat so die Möglichkeit ihres Falls überwunden.

Die Erschaffung der Welt ist bestimmt durch den Willen Gottes, der der Möglichkeit der Seelen, sich vom Geist weg zu entfalten, einen Spielraum schuf durch die Erschaffung der Welt, in der die Seelen ihre Neigung ausleben und überwinden sollten[1]).

„*cum animae gradu progressionis ex ipso cum ipsius essent, tamen quia quadam longinquitate ab ipso minore luce fulgebant et minore lumine non ita perfectae fuerant, id est quia labi ab intelligentia veri poterant in ea quae verisimilia erant et a verisimilibus in falsa, id est in ea quae sensus sunt, — sunt autem ea quae dixi, vel mundus vel materia vel omnia in mundo — haec nesciendo anima minus perfecta esset et tali natura permaneret, nisi [in] ista veniens cognosceret et contemneret. et ut perfecta ab eo quo capi poterat atque integra redderetur, fecit Deus mundum ad cognitionem sensuum . . .*“

Seele sein bedeutet also für die Seele in ihrer präexistenten Individuation auch die Möglichkeit, fallen zu können, d. h. ihr intelligibles Sein zu verlieren. Die Erschaffung der Welt gibt nun Gelegenheit einer Verwirklichung auch dieser Möglichkeit. In der Verwirklichung ihrer vom reinen Geistsein weggerichteten Möglichkeiten erkennt aber die Seele das reine Geistsein als ihr höchstes Ziel und überwindet so ihre vom Geist weggerichtete

---

1) (1241 A B), ad Gal. 4, 19 lib. II (1184 B), dazu comm. ad Eph. 1, 4 (1239 C) vi et sua potentia animae non hoc ipsum sunt quod spiritus, sed sunt, ut recipere spiritum p o s s i n t, non tamen in eo quod animae sunt, iam spiritus sunt. quoniam igitur talis animarum est uti si integre et perfectis omnibus se agat, id est si et se noverit et Deum sciat et ea quae sunt aliena, ita discat, ut repudiat et excludat, merito fit perfecta. et perfecta cum fuerit, repudiatis alienis, cognito Deo, scientiam plenam cum receperit universitatis, continuo efficitur spiritalis. Das ist ganz augustinisch, schon in der Anordnung der Selbsterkenntnis, Gotteserkenntnis, Welterkenntnis.

Neigung, indem sie die Welt verachtet [1]). *„an cur constitutus mundus an cur in mundum plurima hoc venerunt, animis et caeteris huiusmodi potentiis in Christo ut dixi positis, perfectio quae minor est, nisi omnia quae esse possunt experiantur cognoscant quid sequendum, quid eligendum sit videant et sequantur in spiritu utique, qui Christus est.“* In der Vielheit des irdischen Seins, in der Verwirklichung alles Möglichen sollen die Seelen den einen Logos erkennen und sich ganz ihm zuwenden. Wichtig ist, daß in dieser Erkenntnistheorie, die, wie bei Aristoteles, auf das Erleiden einer gegebenen Wirklichkeit eingestellt ist, der Begriff der Erfahrung auftaucht: die geistige Wirklichkeit ist eine objektive metaphysische Größe und tritt als solche an den Menschen heran, der sie nicht schafft, sondern erleidet.

Die Zuwendung zum Logos aber wird angeregt nicht von unten her, von der Seele aus, sondern durch den Logos selbst. Diese Berührung der Seele durch den Geist führt uns also — und darüber darf die Bezeichnung dieses Vorgangs durch den Begriff der Wiedergeburt nicht wegtäuschen — auf ein ganz intellektualistisches Schema, das wir bereits in der Ontologie erwähnten. Wenn es bei Viktorin heißt [2]): *„omnis anima Christum recipere potest“*, so ist damit das gleiche ausgesagt, was er in seiner Ontologie in die Formel bringt: *„omnis anima intellectualis est“*. D. h. jede Seele kann den Intellekt in sich aufnehmen, kann die geistige Wirklichkeit erfahren, wird aber erst selbst intelligibel, wenn sich der Nus in sie hineinsenkt und sie mit seinem intelligiblen Wesen füllt. Die intellektualistische Grundhaltung geht auch aus folgendem Satz deutlich hervor: „anima hominis si ratione utatur, si cognoscat mundum ut non suum, si creatorem suum recognoscat, recipere Christum potest [3]).“ In die Anschauung von dem „recipere Christum“ wirken also zwei Anschauungen hinein: einmal die aristotelische Idee von der objektiven Existenz der geistigen Wirklichkeit, die nicht gesetzt, sondern erlitten und erfahren wird, weiter die plotinische Psychologie, nach der die Seele an sich den reinen Intellekt nicht hat, sondern ihn erst in der ἐπιστροφή von oben her empfängt, indem

---

1) comm. ad Eph. 1, 4 lib. I (1239 B C).
2) comm. ad Gal. 4, 19 (1184 B).
3) comm. ad Eph. 1, 3 lib. I (1239 C).

eben in der conversio die Vergeistigung sich vollzieht. Viktorin selbst verwendet den Terminus: conversio in ganz plotinischer Weise, wenn er sagt: *omnia in ipsum (sc. Deum) conversa unum fient, hoc est spiritalia* [1]. Die Seelen sind also in die Welt gesetzt, um den Logos in seiner Individuation und seiner Diffusion und seiner Abschattung in den vielen Bildern und Formen kennen zu lernen und sich durch die Vielheit zur Einheit, durch die Bilder zum Urbild, durch die Logoi zum Logos hinführen zu lassen, durch dessen Schau sie selbst intelligibel werden und an der objektiven Realität des geistigen Seins teilhaben.

„Deshalb (sc. sind die Seelen in die Welt gekommen), daß sie in der Welt leicht Gott erkennen sollten und durch Christus, das ist durch den Geist, durch geistiges Erkennen geistig würden. Das bedeutet nämlich: geheiligt werden ... Indem wir nämlich Christus erkennen und indem wir ihn in der Welt erkennen und sinnlich erkennen und erkennen in dem, was dagegen ist, und ihn erkennen in der Finsternis, dann empfangen wir das wahre Licht: dann nehmen wir Christus auf, das ist, den Geist, und dann existieren wir ohne körperliche Makel, das ist ohne Sinne und Fleisch und sind unbefleckt und heilig [2].“

Hinter dem Gegensatz der beiden Aeone steht also nicht der Gedanke der operatio e contrario, des Wirkens des Geistes im Gegensatz, wie er sich etwa bei Luther findet [3] — so sehr das „*in eo quod adversum est*“ und andere paulinische Reminiszenzen darauf hinweisen mögen —, sondern die Anschauung, daß der eine Logos in einer Vielheit von Formen abbildlich sich verwirklicht, die Vernunft aber den Geist des Menschen von den sinnlichen Abschattungen des Logos auf den Logos selbst zurückführt, wodurch der Schauende in der Schau des reinen Intellekts an dem intelligiblen Sein des Logos selbst Teil gewinnt.

IV. Die Trinitätslehre.

Aus der viktorinischen Ontologie und Logoslehre sind die Hauptbegriffe abgeleitet, die zu einer Deutung der Trinität im Sinne des ὁμοούσιος benutzt werden.

1) Zu diesem Problem ad Eph. 1, 4 l. I (1239 D) ff. (1243 D—1246 B).
2) (1239 B) (1242 C).
3) Vgl. Erich Seeberg, Luther I S. 115 ff.

Es tritt aber bei Viktorin noch ein Begriff hinzu, dessen Ableitung aus dem hypostatischen Prozeß selbst bei Viktorin nicht mehr sichtbar ist, wohl aber bei Plotin, wie bei der Darstellung des Prozesses der Hypostasierung noch ausführlicher zu entwickeln ist, der Begriff der *copula*.

Der Begriff der *copula*, mit dem auch der Begriff *connexio* variiert — entsprechend dem plotinischen ἐπαφή —, ist nun nicht logische Bestimmung einer synthetischen Größe, wie es die Trinität darstellt, nicht eine besondere Funktion, sondern Substanz. *copula* ist also ebenfalls ein ontologischer Begriff, und bezeichnet den Geist als die Grundsubstanz der Trinität. Geist ist der Vater als Urprinzip des Geistes, als reines Geistigsein, Geist ist der Sohn als die *substantia patris*, d. h. als der geformte Logos; Geist ist der Heilige Geist als die Selbstentfaltung der energetischen Geistsubstanz in ihrer Diffusion in die Welt. *copula* bezeichnet also die ontologische Grundform der drei Hypostasen, das Wesensband der Trinität, den Sohn, der zugleich die Substanz des verborgenen Vaters, zugleich die Substanz des offenbarenden Heiligen Geistes ist.

So sagt Viktorin vom Logos-Christus[1]): „Ihn nennt der Apostel einen Eckstein, nicht so sehr einen eckigen Stein, sondern den, der der erste und der äußerste ist, von welchem aus das Fundament der Ecke beginnt, der zwei Seiten verbindet und verkoppelt und eins macht." Der Eckstein wird also geometrisch interpretiert: das *fundamentum* des Winkels liegt in dem Schnittpunkt der beiden Schenkel. Die Einigung der beiden Seiten ist eine Einheit für sich und zugleich eine Einigung von zweien. Beide Seiten haben ihren Ursprung und ihr Ziel in dieser Einheit. Ebenso faßt der Logos als die Substanz der Trinität in seinem eigenen Geistsein die beiden Zweige dieses Geistseins zusammen, deren einer in die Verborgenheit Gottes, deren anderer in die Welt hineinragt. „λόγος *iste in eo quod* λόγος *est, forma Dei est, vere iungitur, copulatur unumque est*[2])."

Der *copula*-Begriff ist mit der *vita*-Spekulation auf eine ähnliche Weise verbunden. Der transzendente Gott(-Vater) ist Leben als

---

1) comm. ad Eph. 2, 20 lib. I (1261 C) duo iungit et copulat et unum reddit.

2) comm. ad Phil. 2, 8 (1209 D).

reines Lebendigsein, der Sohn ist Leben als Form und Substanz dieses Lebendigseins im Leben — vita —, der Hl. Geist ist Leben als Entfaltung des energetischen Wesens dieses intelligiblen Lebens im Akt des Lebendigmachens. Da dieses Leben Geist ist, so ist der Geist die Substanz, in der sich die drei Personen als die verschiedenen Aktionsformen desselben Seins verbinden. „Im Geist ist alles eins."

Die Wesenseinheit macht es möglich, daß die dogmatische Benennung der *copula* wechselt, eine Tatsache, die für die Abgrenzung des Willensbegriffs bei Augustin wichtig wird. Wie Christus als der *lapis angularis* erscheint, so nennt Viktorin auch den Geist das kopulative Grundprinzip der Drei in der Einheit der Geistnatur[1]. „Du, heiliger Geist, bist die Verknüpfung, Verknüpfung aber ist alles, was zwei Dinge verknüpft. Um so alles zu verknüpfen, verknüpfst du erst zwei und bist als Verknüpfung von Zweien selbst ein Drittes und die Verknüpfung selbst ist nicht unterschieden von einem. Eins machst du ja die Zwei!" lautet das Gebet Viktorins an die Heilige Trinität im dritten Hymnus.

Die Analogie zu der geometrischen Deutung des lapis angularis ist offensichtlich. Wie dort das fundamentum des Winkels die beiden Schenkel, so verknüpft hier die eine *copula* die beiden Seiten und ist selbst als Verknüpfung ein Drittes und mit den zweien als drittes eines und dasselbe.

Wenn hier an Stelle des Logos der Hl. Geist als der trinitarische Repräsentant der copula erscheint, so hat das seinen Grund in der dynamistischen Konzeption des göttlichen Seins, das sich in allen drei Formen seiner Aktivierung ganz darstellt und je nachdem als verborgene Potenz, als geformte Substanz, als wirkende Kraft sich entfaltet. Im Grunde liegt in diesem dynamistischen Ansatzpunkt bereits die metaphysische Begründung des *filioque*. Denn auch die *progressio* ist keine ontologische Entfremdung, sondern eine *progressio cum connexione*[2]. Der Voluntarismus hilft hier das griechische Emanationsschema überwinden. Repräsentiert das griechische Schema: Vater — Sohn — Heiliger Geist das neuplatonische Hypostasenschema mit seiner sukzessiven Anordnung der Hypostasen, so drängt die voluntaristische Meta-

---

1) l. Hymn. III (1146 B).
2) l. III c. 7 (1103 D).

physik dazu, die Trinität als ein in dieselbe Substanz beschlossenes inneres Leben und Zirkulieren des göttlichen Geistes zu fassen.

So ist auch die Anwendung der vulgärkatholischen Formel μία οὐσία, τρεῖς ὑποστάσεις [1]), neben der Viktorin auch die Formel: *„substantia unum, subsistentia tria sunt"* kennt (ib.), nicht modalistisch, sondern dynamistisch zu verstehen. Die drei Personen sind drei Entfaltungsweisen, drei Aktionsformen, drei Potenzen und dynamische Zustände des einen τριδύναμος θεός [2]). So bemerkt Viktorin zu Gal. 4, 6 [3]): *„sed quoniam filii estis Dei, misit Deus spiritum filii sui in corda vestra: ecce totus ordo triarum istarum potentiarum per unam virtutem unamque deitatem."*

Die drei Personen sind also Aktivierungen der einen dynamischen Grundsubstanz. Die Homoousie besteht in der Einheit dieser Grundsubstanz, die Subsistenz, das Fürsichsein in der *actio propria* [4]). *„ὁμοούσιοι sunt, unam et eandem substantiam habentes . . . secundum actionem subsistentiam propriam habentes."*

---

1) l. III c. 4 (1102 A) ἐκ μιᾶς οὐσίας τρεῖς εἶναι τὰς ὑποστάσεις l. III c. 9 (1105 B) una substantia, tres subsistentiae.

2) l. IV c. 21 (1128 C) siehe Schmid a. O. S. 29.

3) comm. ad Gal. 4, 6 lib. II (1178 B) auch (1082 D).

4) l. I c. 16 (1050 C) weiter l. I c. 18 (1052 B) omnia tria actione ὁμοούσια. Vgl. auch die Religiosität des dritten Hymnus (1146 C), Ende:

Hic est Deus noster,
Hic est Deus unus,
Hic unus et solus Deus
O beata Trinitas

Hunc oramus cuncti
Et oramus unum
Unum Patrem et Filium
sanctumque Spiritum
O beata Trinitas.

Da peccatis veniam
praesta aeternam vitam
dona pacem et gloriam
O beata Trinitas

Libera nos
et salva nos
iustifica nos
O beata Trinitas.

l. IV c. 10 (1120 C) ist die Konsubstantialität als conversio naturalis existentiae gefaßt.

Diese Begriffe reichen aber nicht aus. Eine genaue Differenzierung der Personen ist auch durch den Begriff der *actio* nicht gegeben, insofern *actio* selbst, wie wir sahen, eine ontologische Bestimmung des „Sohnes" ist als der Formierung der Potenz des transzendenten Vaters. Ähnlich steht es mit dem Begriff der *processio*. Bei der metaphysischen Entleerung des Begriffs der Zeugung — *generatio* — bedeutet *processio* allgemein das Hervorgehen einer *actio* aus einer *potentia*, speziell die Zeugung des Sohnes — als actio — aus der väterlichen potentia: die Begriffe versagen also in der Anwendung auf die komplizierte metaphysische Einheit, in der Eins Drei sind.

Dem Versagen der üblichen trinitarischen Formeln steht nun gegenüber eine große Anzahl von Versuchen einer metaphysischen Deutung der Trinität, in der fast sämtliche ontologischen Kategorien aufgewandt werden. Diese Versuche finden sich durch alle erhaltenen Schriften Viktorins zerstreut, sind aber im dritten Hymnus auf die Trinität in einer ziemlichen Vollständigkeit zusammengefaßt. Diesem Hymnus folgend stellen wir zur Übersicht folgendes Schema zusammen [1]):

Pater	Filius	Spiritus Sanctus
1. praestator	minister	divisor
2. spiritus operationum	spiritus ministeriorum	spiritus gratiarum
3. fons	flumen	irrigatio
4. existentia	vita	cognitio
5. caritas	gratia	communicatio
6. ingenitus	unigenitus	procedens genitus
7. generator	genitus	regenerans
8. verum lumen	verum lumen ex lumine	vera illuminatio
9. status	progressio	regressus
10. invisibilis invisibiliter	visibilis invisibiliter	invisibilis visibiliter
11. omnis potentia	omnis actio	omnis agnitio
12. impassibilis impassibiliter	passibilis impassibiliter	impassibilis passibiliter

1) Hymnus III (1146 ff).

Pater	Filius	Spiritus Sanctus
13. semen	arbor	fructus
14. ab uno omnia	per unum omnia	in uno omnia
15. ex aeterno ingenitus	ex aeterno genitus	ut omnia aeterna sint genitus
16. qui creari imperat	qui creat	qui creata recreat
17. cunctis substantia	cunctis vita	cunctis salvatio
18. esse	forma	reformatio
19. primum ὄν	secundum ὄν	tertium ὄν
20. omne substantia	formata substantia	aut sibi aut aliis substantia
21. tota substantia	universalis substantia = forma	totius existentiae demonstratio
22. substantia	forma	notio
23. secreta et in occulto substantia	secreta et in occulto forma	secreta et in occulto notio
24. non silens silentium, sed vox in silentio	iam vox	vox vocis [1]
25. inoperans operatio	operans operatio id est quod est regenerare	operans operatio in [id] quod est regenerare [2]

Die Ontologie Viktorins ist dem Ansatzpunkt seiner Metaphysik entsprechend das bestimmende Moment der aufgezählten Differenzierungen der Personen. In der Interpretation der einzelnen Formeln gehen wir am besten aus von der Reihe 19, die durch die einfache numerische Anordnung: Vater, Sohn, Heiliger Geist ist erstes, zweites, drittes Sein unmittelbar in das neuplatonische Hypostasenschema hineinführt.

Die Deutung dieser Reihe im Sinn einer absteigenden Deteriorisierung der Hypostasen wird verhindert durch die Bemerkung Viktorins, daß es sich bei den „Drei" nicht um verschiedene Seinsformen, sondern um Entfaltungsweisen einer ontologischen Größe handelt, die selbst jenseits der Zahl steht. Nicht die Eins, das primum ὄν ist der Ursprung des zweiten und dritten ὄν,

---

1) l. IV c. 16 (1111 C).
2) l. I c. 13 (1047 A B).

sondern alle Drei sind Darstellungen, Aktivierungen eines transzendenten Seins, das jenseits aller zahlenmäßigen Determinierung in allen Seienden sich auswirkt. *„omnia ibi substantialiter simplicia, inconnexa, cum numero unum nec numero unum, sed ante numerum unum, id est ante unum, quod est in numero* [1]).*"*

Die Identifizierung Gottes mit der Monas ist durch diesen transzendentalistischen Ansatz — wie bei Plotin — durchbrochen. Die Monas selbst ist nicht letztes Prinzip, sondern bereits Formierung einer transzendenten überförmigen Wesenheit.

Die nähere Bestimmung dieser drei Seienden wird nun gegeben durch verschiedene ontologische Abgrenzungen:

18. *esse — forma — reformatio*
20. *omne substantia — formata substantia — aut sibi aut aliis formata substantia*
21. *tota substantia — universalis substantia (= forma) — totius existentiae demonstratio*
22. *substantia — forma — notio*
23. *secreta et in occulto substantia — secreta et in occulto forma — secreta et in occulto notio.*

Das Verhältnis der ersten und zweiten Person wird darin in der bekannten Weise als das Verhältnis des absoluten reinen Seins, des transzendenten esse zu seiner formalen Begrenzung im Seienden, — ὄv, *ens* — bestimmt. Die Anwendung des Substanzbegriffs auf das transzendente Sein geht von der ebenfalls bereits erwähnten Überlegung aus, daß das transzendente Sein seine Formierung als Substanz in seiner Verborgenheit bereits in sich trägt. Die Formierung als Hypostase erfolgt in der Zeugung des Sohnes, in dem der Vater Gestalt und reale metaphysische Existenz gewinnt. Die *notio* bezeichnet dabei die Selbstbewußtwerdung des transzendenten Seins in dieser Formierung als eines intelligiblen Seins und ihre Manifestation an die andern, die in der Schau dieses Sein erkennen und an ihm teilhaben. So kann der Hl. Geist auch als *demonstratio totius existentiae* bezeichnet werden (s. S. 101).

Die Anschauung von der Funktion des Hl. Geistes findet nun eine wichtige Modifizierung:

---

1) adv. Ar. l. III c. 1 (1098 D) (vgl. Schmid a. O. S. 29).

Einmal ist die Entfaltung des Geistes nicht nur eine sukzessive
zeitliche Darstellung und Diffusion des göttlichen Seins in der
Welt, sondern zugleich eine *reformatio*, ein Zurückbilden des aus
der einen Ursubstanz hervorgegangenen Universums in die göttliche Ursubstanz zurück. Die drei Begriffe *esse — forma —
reformatio* umschreiben so die metaphysische Bewegung des
Geistes, die im transzendenten Akt der Zeugung des Logos
beginnend über die Selbsthypostasierung zur Schöpfung des
Universums und über die Entfaltung aller göttlichen Potenzen
zur universellen Rückkehr in die transzendente Identität führt
(s. S. 114 ff.).

Zweitens aber ist diese ganze Bewegung in die göttliche
Transzendenz hineinverlegt, d. h. sie vollzieht sich im Verborgenen.
Damit ist wiederum nicht auf die Idee einer dinglichen Konkretisierung und Verhüllung des Geistes in der Geschichte hingewiesen, vielmehr bezeichnet der Ausdruck „verborgen" die
überintelligible Transzendenz Gottes. Was mit dieser Formel
gemeint ist, ist also der transzendente Akt der göttlichen Selbsterkenntnis, der über eine innergöttliche Formierung und Definition des eigenen Wesens führt. Gott ist die *secreta et in occulto substantia:* der Sohn ist die verborgene Form dieses göttlichen Seins als *forma intus*; der Geist ist die verborgene Selbsterkenntnis als *intelligentia interior*. Dieser verborgene Prozeß
liegt also vor der Geburt des Sohnes nach außen, welcher die
demonstratio und *manifestatio in aperto* ist (s. S. 85 ff.).

In unmittelbarer Abhängigkeit von dem ontologischen Hauptgedanken, der Idee der Selbsthypostasierung, stehen auch die
Formeln, die an die Bestimmung der Bewegungsmomente an-
knüpfen, die sich bei dieser trinitarischen Entfaltung des transzendenten Seins ergeben. Die Formel *status — progressio— regressus* ist so die direkte Bestimmung der Formel *esse — forma
— reformatio* nach der Seite ihrer Bewegung. Noch deutlicher
als die Begriffe *forma* und *reformatio* weisen die Begriffe *progressio* und *regressus* darauf hin, daß die Grundbewegung des Geistes
nach seiner Entfaltung in einer sukzessiven Selbstexplikation und
Individuation über eine entsprechende Reintegration des versprengten Seins wieder in die transzendente Identität des göttlichen Seins zurücklenkt (s. S. 91, 102).

Die Bestimmung des transzendenten Seins als einer Potenz und die Deutung des Logos als ihrer Aktivierung ist es, von der aus Viktorin eine weitere Reihe von trinitarischen Unterscheidungsmerkmalen gewinnt. Nebeneinander stehen hier Differenzierungen wie

7. *generator — genitus — regenerans*

16. *qui creari imperat — qui creat — qui creata recreat.*

Beide Formeln bestimmen sich gegenseitig. *generator* ist das transzendente Sein, das reiner Wille zur Zeugung ist. Dieser Wille ist primär ein Wille zum Selbstsein; der Drang zur Identität ist es, der die universelle Entfaltung des Geistes in der Zeugung des Sohnes, der Schöpfung und deren reformatio in Bewegung setzt.

Die Untersuchung des Begriffs der *generatio* zeigte, wie Zeugung als metaphysischer Akt Formierung und Aktivierung einer (verborgenen) Potenz bedeutet. Der Sohn als *genitus* ist so Manifestation, Formierung und Aktivierung der väterlichen Potenz als der Schöpfer. Der Geist ist das wirksame Prinzip der *regeneratio* und *recreatio (reformatio)*, das Durchdringen der Welt zum Zweck ihrer Vergeistigung und Rückführung in das reine Geistsein, die Kraft, die im einzelnen Menschen wie im ganzen Universum die Vollendung wirkt, in dem sie die Einheit des Geistes restituiert (s. S. 121).

Hinzuzunehmen sind hier die Formeln

11. *omnis potentia — omnis actio — omnis agnitio*

25. *inoperans operatio — operans operatio, id est quod est regenerare — operans operatio in [id] quod est regenerare.*

Der „Vater" bezeichnet den Zustand des reinen Potenzseins, das aber seinem Wesen nach auf seine Verwirklichung in der *actio* gerichtet ist. Als reines Potenzsein kommt es aber noch nicht zur Auswirkung dieses Drangs zur Aktion und ist daher nichtwirkendes Wirken. Die *actio* ist die formale Darstellung der potentiellen, verborgenen *actio inactuosa;* die Aktivierung der väterlichen Potenz nach ihren verschiedenen *species* ist der Logos, der Sohn. Der Begriff der *agnitio* nimmt den Begriff der *notio* wieder auf mit seiner doppelten Bezogenheit, insofern sich Gott in dieser *actio* selbst erkennt und als intelligibles Sein formiert und weiter insofern die Menschen in der intelligiblen Schau die Einigung mit diesem Sein erfahren (s. S. 119 ff.).

Entsprechend bezeichnet die Reihe 14 *ab uno omnia — per unum omnia — in uno omnia* in der Formel: *ab uno omnia* das schöpferische Urprinzip, in der Formel: *per unum omnia* die Darstellung und Entfaltung des Schöpfungsprinzips im Schöpfer Logos, in der Formel: *in uno omnia* die Zusammenfassung des Universums in der einen Geistnatur, wie sie in der *plenitudo* ihren heilsmäßigen Abschluß findet.

In all diesen trinitarischen Reihen läßt sich die teleologische Bezogenheit des Systems auf die transzendente Identität feststellen, die auch in 7 (*regeneratio*), 13 (*perfectio*), 15 (*ut omnia aeterna sint*), 18 (*reformatio*) zu beobachten ist.

Die Idee der transzendenten Verborgenheit des Vaters findet nun eine bestimmte erkenntnistheoretische Abgrenzung durch den Gedanken, daß sich der Vater im Sohn seiner Verborgenheit entäußert.

Das Sein des Vaters ist nach 10 die absolute Verborgenheit. Gott ist *invisibilis invisibiliter*. Im Sohn ist dieses Sein zugleich offenbar und verborgen. Offenbar, weil der Sohn die *manifestatio, declaratio, circumscriptio, determinatio, forma, imago* des väterlichen Seins ist, und weil er bis zu den Menschen gekommen ist; verborgen, weil er ein Bild des verborgenen Seins des Vaters ist, weil der Mensch das reine geistige Sein des Logos nicht rein erkennt; verborgen, weil er auch als Mensch sein geistiges Sein nicht unverhüllt, sondern in fleischlicher Verhüllung zeigte. Der Geist aber ist verborgen-offenbar: verborgen, weil er sich in der Welt nicht in reiner Gestalt, sondern in seiner Diffusion und Individuation darstellt; offenbar, weil er das Wesen Gottes kundtut und die Wiedergeburt und die *intelligentia plena* wirkt.

Wir haben bereits in der Christologie auf die eigenartige Bestimmung des Leidens des Logos hingewiesen. Auf Grund des metaphysischen Zusammenhangs von dem *motus* des Geistes und seiner *passio* wird in 12 eine Differenzierung der „Drei" nach dem metaphysischen Leidensbegriff versucht: Der Vater als der absolute *status*, das vollendete Insichruhen (als *inoperans operatio, actio inactuosa*) ist ganz ohne *passio — impassibilis impassibiliter*. Der Sohn ist *passibilis* in der Aktivierung der göttlichen *operatio*, d. h. vor allem auf seinem Erlösungsweg durch das Universum bis ins Fleisch. *impassibilis* ist er aber als reines göttliches Geist-

wesen, als Logos und esse formatum, das keine Depravation erfährt, auch wenn der Logos sich im Fleisch verhüllt. Hier setzt
die spiritualistische Anschauung ein, daß beim Wirken des Geistes
nicht der Geist leidet, sondern der vom Geist Betroffene, und
daß die geistige Wirklichkeit vom Menschen nicht gesetzt, sondern
erfahren und erlitten wird. Der Heilige Geist aber ist ohne
Leiden als Geist, d. h. als metaphysisches Wesen, leidend aber
als in der Welt wirkender Geist, d. h. in seiner Individuation
und Diffusion als die in die Zeit sich hineinerstreckende Aktivierung der göttlichen Geistnatur.

Neben diese Versuche einer metaphysischen Differenzierung
von dem transzendentalistischen Gottesgedanken aus treten nun
Versuche einer ökonomischen Gliederung des Heilswirkens
der Drei zurück, und wo solche Formeln auftreten, ordnen auch
sie sich in den metaphysischen Aufriß der Spekulation ein. Es
kommen hier in Betracht die Reihen

1. *praestator — minister — divisor*
2. *spiritus operationum — spiritus ministeriorum — spiritus gratiarum*
3. *caritas — gratia — communicatio.*

Der „Vater" ist, dynamisch gefaßt, die Urkraft des heilsmäßigen
Wirkens. Er ist *caritas*, in seinem verborgenen Wesen ist alles
Wirken als Heilswirken enthalten. Er ist aber als *caritas* zugleich das Willenszentrum dieses universellen Heilsplans, *praestator*.

Der „Sohn" ist der Verwirklicher des göttlichen Willens und
Heilsplans, der Diener des Vaters, in dessen Wirken sich die
Entschleierung des verborgenen göttlichen Willens vollzieht.
Er ist die Gnade Gottes als die offenbar gewordene göttliche
caritas. *caritas* und *gratia* stehen also nach der Analogie des
ontologischen Schemas in dem Verhältnis von *esse* und *ens*, *vivere*
und *vita*, d. h. *gratia* ist Form, Offenbarung, Aktivierung der
verborgenen Liebe Gottes.

Die Bestimmung des Hl. Geistes umfaßt alle bisher genannten
Momente: 1. Er ist *divisor*, d. h. im Hl. Geist entfaltet sich in
der Zeit und in der Vielheit die im Sohn geformte Potenz des
göttlichen Heilswirkens. 2. Innerhalb dieses Wirkens in der Welt
stellt er sich dar als ein Geist der Gnaden — *spiritus gratia-*

rum —, der in den Einzelnen den Glauben und die Wiedergeburt
schafft und den alten Menschen und die alte Welt zum neuen
Menschen und zur neuen Welt umformt. Das bedeutet aber 3.: er
ist die *communicatio*. Er teilt die Gnadengaben Gottes aus; in
ihm vollzieht sich die Herstellung der Gemeinschaft von Gott
und Mensch durch das Hineinbilden des Menschen in die göttliche Geistnatur.

Alle drei Momente, die ontologische, die teleologische und die
soteriologische Deutung der Trinität verbinden sich in 17: *cunctis
substantia — cunctis vita — cunctis salvatio*. Gott ist die Substanz
des Universums als der verborgene Urgrund des Seins. Der Sohn
ist das Leben des Universums als die Offenbarung des göttlichen
Seins als eines lebenschaffenden Seins. Der Geist ist die *salvatio*
als das Prinzip der Rückführung des entfremdeten Lebens und
Seins in die Einheit Gottes.

In traditionelleren Bahnen bewegt sich Viktorin in der Verwendung des Begriffs der Zeugung zur Deutung der trinitarischen
Personen. Es wird später zu bestimmen sein, wie weit hierin
etwa eine direkte Beeinflussung durch Origenes in Frage kommt.
Es handelt sich dabei vor allem um die Reihen 7 und 15: *ingenitus — unigenitus — procedens genitus*; *ex aeterno ingenitus
— ex aeterno genitus — ut omnia aeterna sint genitus*. Es ist also
die Idee der ewigen Zeugung und der *processio* des Geistes,
die die Grundlage dieses Abgrenzungsversuches bilden. Die Idee
der ewigen Zeugung ist hier aber nicht nur ein mythische Fiktion,
sondern ist bestimmt durch die — plotinische — Anschauung
von dem Sein des transzendenten Gottes, das ein Wille zu sich
selbst ist und sich im Logos ewig selbst verwirklicht, indem er
ihn ewig zeugt und aus seiner Überfülle als reale metaphysische
Figur heraussetzt (s. S. 55 ff., 81 ff., 85).

Die Begriffe der *generatio* und *processio* sind aber wenig glück-
lich, da für Viktorin beide identisch sind und den Akt der Substantiierung und Aktivierung des potentiellen Seins überhaupt
bedeuten und so eine Differenzierung des Sohn-Seins und des
Hl. Geist-Seins aufheben.

Auf zwei Versuche ist zum Abschluß hinzuweisen: der eine
besteht in einer Deutung der Trinität vom Begriff des *verbum*
aus, der andere ist der Versuch einer Bestimmung des Person-

seins von den drei Urideen aus, ein Versuch, der bei Augustin eine große Bedeutung gewinnt.

1. Gott ist das Schweigen (24). Die Beziehung dieses Begriffes auf das göttliche Sein geschieht von dem Begriff des Logos aus auf dem Wege der negativen Bestimmung des göttlichen Seins. Viktorin zieht nun aber noch weitere Gedanken nach dem Schema seiner ontologischen Bestimmung des göttlichen Seins heran:

Gott ist nicht schweigendes Schweigen, sondern *vox in silentio*, ein Reden im Verborgenen. Das Wort (der Logos) ist also im transzendenten Gott, d. h. in seinem Schweigen verborgen. Wie die Ruhe Gottes eine auf sich selbst gerichtete, in sich geschlossene verborgene Bewegung, so ist das Schweigen Gottes ein verborgenes Reden in und mit sich selber. Die *vox in silentio* rückt also neben die Vorstellung von der *forma intus*, dem *filius in gremio*, der *vita interior*, dem *motus cessans*.

Im Sohn tritt das Wort aus seiner Verborgenheit und seiner Verhüllung in das göttliche Schweigen heraus und substantiiert sich als Wort (Logos). Der Sohn ist „schon“ Wort. Das „schon“ bezeichnet dabei die noch nicht ganz zu Ende geführte Entfaltung und Formung des Wortes.

Denn erst im Hl. Geist vollendet sich die dritte Stufe der Entfaltung: in Gott ist das Wort verborgen, im Sohne ist es Wort, im Hl. Geiste r e d e t es. Der Geist ist die *vox vocis*, die Entfaltung des Worts im Wirken auf die einzelnen. Auch dieses Schema der Entfaltung der Trinität ist durch die ontologische Bestimmung des Geistes und seiner Bewegung bestimmt.

2. Der zweite Versuch, die Trinität von den drei Urideen aus zu bestimmen, ist geleitet durch den Gedanken, daß der Logos die Aktivierung Gottes nach seiner Existentialität, Vitalität und Intelligibilität ist. Bei Augustin hat dieser Versuch durch die Einbeziehung der Willenslehre eine Umbildung erfahren, von der aus er zu einer metaphysischen Bestimmung des Person-Begriffs vordrang (s. Teil III).

Es mag hier voraus bemerkt sein, daß das System Viktorins in seiner Behandlung des Willensbegriffs eine Zwischenform innerhalb der Umformung des griechischen in das abendländische Denken darstellt. Auf der einen Seite findet sich eine neuartige Umbildung des griechischen Intellektualismus durch eine neue

metaphysische Konzeption des Willens über den Grenzbegriff
der δύναμις hinweg, andererseits ist Viktorin mit der Voluntarisierung des neuplatonischen Systems nicht durchgedrungen. Er
zieht wohl die Konsequenzen innerhalb der allgemeinen Linien
des metaphysischen Aufbaus, aber nicht in der Behandlung der
Einzelprobleme, so z. B. in der Anthropologie. So kommt er
zwar zu einer Umformung der allgemeinen Problemstellung, hat
aber selbst die Lösung des Personproblems vom Willen aus nicht
mehr vollzogen. Er hat so bereits in seiner Metaphysik die Vor-
entscheidungen, die zur Abrundung des Personbegriffs nötig
waren, in einer systematischen Weise getroffen, ist aber zu einer
endgültigen Abrundung nicht mehr gekommen. Zwar bestimmt
er den Willen als metaphysische Substanz, aber zu einer Umformung der traditionellen Trias von *esse — vivere — intelligere*
durch den Willensbegriff zu einer Bestimmung des Personseins
dieses Seins ist er nicht gekommen. Augustin hat dies erreicht
durch eine kühne Verbindung der Willensspekulation mit der
Idee der analogia entis.

Zu der Erklärung der trinitarischen Reihe *existentia — vita
— cognitio* ist nun folgendes zu bemerken:

1. Die Neuartigkeit des viktorinischen Willensbegriffs läßt
sich dahin bestimmen, daß Wille weder psychologisch noch funktionell gefaßt ist, sondern metaphysisch, als geistige Substanz.
Damit ist neben der traditionellen Deutung des göttlichen Seins
als *esse, vivere, intelligere* ein wichtiger Begriff zur Bestimmung
des Personseins gewonnen.

2. Die Bestimmung dieses Personseins wird nun bei Augustin
in seiner Schrift *de trinitate* durchgeführt nach dem Schema der
analogia entis, d. h. durch eine rückschließende Deutung des
menschlichen Personseins bzw. durch eine Absolutsetzung der das
menschliche Personsein bestimmenden metaphysischen Momente
bei gleichzeitiger Wahrung des kreatürlichen Abstandes.

Der absolute Abstand wird hervorgehoben durch das Unterstreichen der göttlichen Transzendenz. Die Analogie aber wird
geschaffen durch den Bildbegriff, wie ihn die Schöpfungsgeschichte
anbietet. Der Mensch steht in einem bildhaften Zusammenhang
mit Gott, daher sind Rückschlüsse von dem Personsein des
Menschen auf das Personsein Gottes möglich. Der Bildbegriff

ist so der Angelpunkt der *analogia entis*, in der er zugleich die
Verschiedenheit der Projektionsebene betont; zugleich die Möglichkeit einer rückschließenden Deutung offen läßt. Mit der Voluntarisierung des Gottesgedankens geht so eine Voluntarisierung
der Anthropologie nach einer inneren Notwendigkeit des Systems
Hand in Hand. Denn die Veränderung einer der beiden durch
den Bildbegriff bezogenen Sphären überträgt sich notwendigerweise in die andere. So macht es der innere Zusammenhang des
Systems unmöglich, daß z. B. der Willensbegriff innerhalb des
Gottesgedankens substantiell, innerhalb der Anthropologie funktionell gefaßt ist (s. Teil III).

Diese innere Konsequenz hat sich erst bei Augustin, nicht
aber bei Viktorin durchgesetzt. Diese Unfertigkeit ist aber um
so wichtiger, als man seither gewohnt war, das Vorhandensein
des neuen Denkens als eine vom Himmel gekommene Erleuchtung des *magister ecclesiae* hinzunehmen[1]). Das Unfertige bei
Viktorin besteht darin, daß zwar der Willensbegriff in der Logos-
Lehre eine metaphysische Abgrenzung erfahren hat, daß zwar
in der Bestimmung der Trinität das Prinzip der *analogia entis*
in Anwendung kommt, aber beides nebeneinander herläuft, so
daß also einerseits in der Bestimmung der Trinität das Prinzip
der *analogia entis* in Anwendung kommt, aber trotzdem weiter
mit dem Begriff der *vita* und nicht mit der *voluntas* operiert
wird, andererseits ein metaphysischer Willensbegriff vorliegt, aber
noch nicht in die Anthropologie eingedrungen ist (mit Ausnahme
eines bemerkenswerten Ansatzes in der Glaubenslehre). Uns interessiert hier nur das erste Moment:

Die Bestimmung des göttlichen Seins als einer Dreieinigkeit
von *esse — vivere — intelligere* geschieht auf dem Weg der
analogia entis durch den Nachweis dieser metaphysischen Trini-

---

1) Von einem Suchen und Experimentieren kann man bei Viktorin natür-
lich nur reden, wenn man Augustin als Endpunkt der Entwicklung versteht.
Dazu hat man ein geschichtliches Recht, insofern als die Formulierung
der mit dem Willensbegriff und der Trinitätslehre zusammenhängenden
Ideen bei Augustin maßgebend für die Entwicklung des abendländischen
Denkens wurden; deshalb ist es möglich, diesen Gesichtspunkt nicht als
langweiligen Tadel, sondern als Maßstab der historischen Kritik einer
Entwicklung von ihrem Telos aus an Viktorin anzulegen.

tät auch als einer innerseelischen[1]). „*sicuti divinior trinitas unali[s] secundum quod per se effulgenter fecit animam in mundo intellegibili in substantiam et propriam substantiam, quam proprie dicimus substantiam, sic animae trinitas unalis secunda explicavit imaginationem in sensibili mundo, ipsa anima semper quae sursum sit mundanas animas gignens et istud ergo iuxta imaginem et similitudinem.*"

Die Entfaltung dieser innerseelischen Trinität geschieht nun so[2]): „Da nämlich jene Existenzen lebendig und erkennend sind, wollen wir bemerken, daß diese drei, Sein, Leben und Erkennen — *esse* — *vivere* — *intelligere* — so drei sind, daß sie immer eins sind und in dem, was Sein ist — *in eo quod est esse*. Ich sage aber: in dem, was Sein ist, weil dort das Sein ist. In diesem Sein also — das ist Leben, das ist Erkennen — ist alles auf eine substantielle Weise und eins durch Subsistenz. Leben ist nämlich selbst das, was Sein ist." Die Ableitung bewegt sich also innerhalb der bekannten ontologischen Begriffe.

Die dreifache Spezialisierung des Seins nach den drei Urideen bestimmt also auch die Seinsform des seelischen Seins auf dem Weg des metaphysischen Abbilds; ähnliche Gedanken erscheinen auch im dritten Buch gegen die Arianer[3]). Die Existenz der Seele, in deren Sein die drei Urideen sich bildhaft projizieren, unterschieden ist nach ihren beiden Entfaltungs- und Aktivationsformen, dem *vivere* und *intelligere*. Dem potentiellen Charakter dieses Seins entsprechend spricht Viktorin von einem *esse bipotens* der Seele und von einem Zwillingslicht der seelischen Grundsubstanz, der *potentia vitalis* und *potentia intelligentialis*[4]): so ergibt sich das Schema, von dem aus auch der copula-Begriff entwickelt wird: *unum* ὄν *duplici potentia in uno motu existente, vitae et intelligentiae*.

Die dreifache Modifizierung der seelischen Grundsubstanz wird nun dargestellt an einer einzelnen Entfaltungsweise der seelischen δύναμις, an der Analyse eines einfachen Erkenntnisvorgangs der *visio*. Der Grundgedanke ist dabei: Ist das Wesen des Geistes

---

1) l. I c. 64 (1088 A B).
2) l. III c. 4 (1101 B).
3) l. III c. 9 (1105 B ff.).
4) l. I c. 32 (1065 A).

ein trinitarisches, so muß diese trinitarische Wesensform in jedem intelligiblen Akt zum Ausdruck kommen.

Die Dreifältigkeit der *visio* läßt sich etwa in folgendem Schema darstellen [1]:

visus (visio)	visio	visio
visus atque natura potentialiter existens potentia vivendi potentia discernendi existentia ipsius visionis est, videt puro videndi sensu	operatio videndi progressione sui visio, intentione ac vigore propriae potestatis motu operante vi	capit et comprehendit quod vidit
esse quieta manet, in se conversa operatur	vivere motu operante	intelligere diiudicare

Mit dieser Unterscheidung wird auch diese triadische Differenzierung des seelischen Seins in das dem gesamten dynamischen Aufriß des Systems entsprechende Schema aufgenommen. Die drei Seinsmodi entsprechen den drei Entfaltungsformen des transzendenten Seins. Wie im Akt des Schauens die ruhende Potenz des Schauens, das Sehenkönnen, als das reine Schauen-Sein sich darstellt, wie sich diese Potenz aktiviert in dem eigentlichen Akt des Schauens und dadurch der Akt des Schauens als Erkennen, Begreifen, Unterscheiden sich formiert, wie diese dreifache Entfaltung eines einzelnen seelischen Vorgangs ein Bild der inner-

---

1) l. III c. 5 (1102 A B C) ponamus visum vel visionem per se vi sua atque natura potentialiter existentem, hoc est eius esse potentiam habentem visivam ad videndum, quod avit ius videre, et item potentiam habentem vivendo visa quaeque discernere quod est contra intelligere. haec si potentia sunt, nihil aliud quam esse dicitur et manent, et ut quieta sunt atque in se conversa tantum ut sint operantur solum visio vel visus existentia et idcirco solum esse numeranda. at cum eadem visio operatione videndi uti coeperit, quasi progressione sui visio, quasi, inquam, non enim progreditur, nec a se exit, sed intentione ac vigore propriae potestatis quod ei est vivere, omnia quae sunt ei obvia, vel quibus incurrendo obvia conspexerit cum officio vivendi fungitur, vita ipsius visionis est quae motu operante vivere indicat visionem, tantum in eo quod videt puro videndi sensu non discriminante nec diiudicante quod videt. quod quidem nos accipimus aestimatione, ut opinemur videre solum sine intelligentia; cum autem videre quod est videre visioni, videre non sit, nisi capiat comprehendatque quod viderit, simul ergo est et iudicare quod viderit. ergo in eo quod est videre inest diiudicare. Vgl. l. I c. (1118 D).

seelischen Trinität von Existieren, Leben und Erkennen überhaupt wiedergibt, so weist die innerseelische Trinität selbst
wieder *per imaginem* auf die Dreifaltigkeit Gottes, auf die Offenbarung des transzendenten Gottes im Sohn und im Heiligen
Geist.

Damit ist aber der objektive Sinn der göttlichen Trinität erfaßt: die Analogie zu dem Erkenntnisvorgang zeigt, daß die
Entfaltung des Einen in der Trinität die Projektion der göttlichen Selbsterkenntnis in ihren drei Stufen des Selbstseins, Sich-
selbstverwirklichens (-formens) und Sichselbsterkennens ist, d. h. die
Schaffung der zur Vollendung der Identität notwendigen dialektischen Differenzierung. In dem Sein der Seele spiegelt sich bis
in den einfachsten Akt der Erkenntnis hinein das absolute metaphysische Bewegungsgesetz des Geistes wider. Die Wesenseinheit
von Leben und Intelligenz in der einen Seele ist ein Hinweis
auf die Wesenseinheit der göttlichen Personen; das gleiche
Gesetz der Bewegung des Geistes gilt für sein Fürsichsein
und für den Zustand seiner kreatürlichen Abschattung in der
Seele.

Das ist ganz plotinisch gedacht. All diese Ideen haben ihre
direkte Voraussetzung in der plotinischen Deutung der Hypostasierung des Nus, zu deren Bestimmung er ebenfalls von einer
genauen Analyse der *visio* ausgeht, wie im zweiten Teil im Zusammenhang auszuführen ist. Aber auch Augustin setzt hier ein
mit seiner Ableitung des Personbegriffs und der Bestimmung
der Trinität auf dem Weg der analogia entis. Das wird im dritten
Teil auszuführen sein.

In dieser Ideengruppe — der Bestimmung des göttlichen Seins
durch die drei Urideen, der Darstellung ihrer bildhaften Brechung
in der Substanz der Seele und ihrer Ableitung an einer Analyse
der visio — treffen wir auf den Angelpunkt der metaphysischen
Beziehung zwischen Plotin, Viktorin und Augustin.

V. Der Glaube.

Konnten wir innerhalb der Darstellung der viktorinischen Spekulation konstatieren, daß die ganze Bewegung des Geistes und
die ganze Entfaltung des Seins beherrscht ist von einer durch-
greifenden metaphysischen Notwendigkeit, die durch einen vor-

zeitigen Willensakt des transzendenten Gottes bestimmt ist, so bedeutet die Glaubenslehre die religiöse Deutung dieser metaphysischen Bewegung, indem das ganze religiöse Leben in seinem Ursprung und seiner Bewegung als von Gott ausgehend gedacht ist. Das religiöse Leben wird hineingestellt in die universelle Bewegung und Belebung, die von Gott ausgeht und in Gott ihr Ziel hat.

In dieser theozentrischen Theologie gewinnt zum erstenmal im Abendland wieder der paulinische Gedanke der sola fides eine neue Realität.

Dabei treten folgende Momente in den Vordergrund:

1. Der Glaube ist die Form der Erkenntnis, in der die geistige Wirklichkeit erfahren wird. Das schließt in sich, daß der Glaube ein Geschenk Gottes an den Menschen ist. Die religiöse Beziehung zwischen Gott und Mensch wird von Gott her eingeleitet und nicht vom Menschen her [1]).

2. Der Glaube bezieht sich auf die promissa und futura. Aller Glaube hat die Verheißungen Gottes zum Inhalt. Die Verheißungen richten sich aber auf die *perfectio futura*, die *plenitudo*. Glauben ist also ein Richtungnehmen des Menschen auf ein zukünftiges vollkommenes Sein. *„omnia bona in futuro sunt* [2])." Dem dynamistischen Grundcharakter des Gottesgedankens entsprechend ist der Glaube selbst dynamistisch bestimmt als das Spannungsmoment, welches den Gegensatz zwischen dem gegenwärtigen und dem zukünftigen Aeon überspringt und auflöst.

3. Der Glaube ist ein Glaube an Christus, d. h. an den Logos — hier liegt die Möglichkeit, der religiösen Funktion eine intellektualistische Wendung zu geben. Man muß sich bewußt bleiben, daß es primär der Gott Logos, und nicht primär der Mensch Jesus Christus ist, von dem Viktorin ausgeht. Man darf die spezifisch theologischen Probleme Viktorins nicht aus dem großen Aufriß seiner Metaphysik herausnehmen: der Logos ist es, in dem sich der verborgene transzendente Gott offenbart und hypostasiert, in dem sich das Wirken des verborgenen Vaters entfaltet und die Menschwerdung ist nicht die erste Offenbarung,

---

1) comm. ad Phil. 1, 30 (1203 A).
2) comm. ad Eph. 2, 20 lib. I (1261 A) primum fundamentum est Christum credere et in eo spem habere et in Deum fidem mittere.

sondern nur ein Durchgangspunkt innerhalb der universellen
Bewegung des Logos, der Gott nicht als den Menschen, sondern als die metaphysische Gestalt offenbart, in der sich Gott
selbst determiniert hat.

4. Im Glauben an Christus entfaltet sich das unmittelbare
Wirken Gottes. Deswegen ist der Glaube *primum fundamentum* [1])
alles religiösen Lebens. *„omne mysterium, quod a Domino nostro
Iesu Christo actum est, fidem solam quaerit. fuit enim pro nobis
actum et in nostram ressurrectionem actum et liberationem, si fidem
in mysterium Christi et in Christum habeamus. hoc enim praelusit
divinitas et praemisit, ut ex fide homo iustificaretur"* (Anm. 2—7).

---

1) ib. (1261 A).

2) comm. ad Gal. 3,7 lib. I (1169 A); doch heißt es auch von den sancti:
Deum passi sunt aut viderunt.

3) comm. ad Eph. 2, 15 lib. I (1258 C) sola fides in Christum nobis
salus est.

4) comm. ad Eph. 3,17 lib. I (1269 A) ergo facilis et magnifica res est:
facilis in eo quod f i d e s s o l a implet tantum munus et tantum benefi-
cium ut in cordibus nostris Christus habitet. Siehe dort weiter über fides,
charitas, scientia: ordo est, ut p r i m o f i d e s s i t. qui enim c r e d i t,
is ad scientiam venit (1269 C).

5) comm. ad Gal. 3,21 lib. II (1171 C) ut haereditatem caelorum fide
consequamur in Deum.

6) comm. ad Eph. 2,19 lib. I (1260 D).

7) comm. ad Eph. 1,4 lib. I (1240 C) ergo mysterio quod hic implevit
et carne et cruce et morte et ressurrectione subventum est animis: e t s i
i n C h r i s t o f i d e s s u m a t u r, ille suscipit huiusmodi animas et adiuvit
et liberat. C h r i s t u m e n i m c r e d e r e e t i n C h r i s t u m f i d e m s u m e r e
i a m spiritaliter sentire et ·iam t o l l i a d e s i d e r i i s c a r n a l i b u s e t
m a t e r i a l i b u s. et ex hoc veluti c o g n a t i o i n t e l l i g e n d i nos iungit
et sociat Christus. et dum Christo sociaverit, inquit, et Deo. per Christum
enim Deo iungimur neque spes ulla salutis nostrae nisi Christum credere.
ad Gal. 5,6 (1189 D) neque ex eo quod praeputium est valemus in Christo,
sed quia f i d e m in eum suscepimus et quia p r o m i s s a e i u s c r e d i-
m u s et quia ex ressurrectione eius nos quoque resurgimus et omnia cum
eo perpessi sumus et cum eo ad vitam per eum tamen ressurgimus: certa
nobis f i d e s est per quam fidem operatio fit ad salutem et per charitatem
accipere nos oportere quam habemus in Christum et in Deum et exinde
circa omnem hominem. ad Gal. 1,6 (1149 A) omnem spem salutis et gratiae
Dei circa nos i n f i d e esse circa Christum, ut eum c r e d a m u s Dei filium
esse, pro nobis passum esse, ressurrexisse, exinde nos quoque resurgere,
cum remissione peccatorum, quod est verum evangelium quod annuntiat
Paulus.

Die Art dieses Wirkens ist bei Viktorin deshalb besonders hervorzuheben, weil sich bei ihm im Anschluß an die Ausbildung des metaphysischen Willensbegriffs die Idee klar ausgesprochen findet, daß es der Wille des Menschen ist, in dem das Wirken Gottes einsetzt.

Der Akt der Vergeistigung, die Wiedergeburt, die der Mensch im Glauben erlebt, ist der Tod des alten Menschen, aber nicht gefaßt als *exstinctio sui*, sondern der Tod der *voluntas carnis*. Die Wiedergeburt geschieht so, daß Gott im Menschen ein neues Wollen wirkt und seinem Geist eine neue Richtung gibt; ist aber das Wollen neu, dann ist der Geist neu. „Weil uns das Wollen selbst von Gott gewirkt wird, geschieht es, daß wir von Gott so Wirken wie Wollen haben. So ist beides gemischt, sowohl, daß wir einen Willen haben, als auch, daß eine Wirksamkeit nach dem guten Willen vorhanden ist — *adsit efficacia pro bona voluntate*. Gott wirkt aber in uns das Wollen und das Handeln nach dem guten Willen. Wer also nicht aus Gott wirkt, hat erstens kein Wollen; weiter aber, selbst wenn er ein Wollen hat, hat er keine Wirksamkeit, weil er den guten Willen nicht hat [1].“

Diese Verlagerung des religiösen Lebens und Wirkens in den Willen ist ein Moment, das eine neue Wendung der abendländischen Frömmigkeit ankündigt, die sich bei Augustin in einer Neuformung der religiösen Hauptprobleme auswirkt (s. Teil III).

Der Wille des Gläubigen ist dabei nicht gefaßt als der auf das Gute gerichtete natürliche Wille, sondern als ein von Gott gewirkter neuer Wille, der im alten Menschen nicht vorhanden war, da sich der Wille des alten Menschen nur auf Dinge dieser Welt richtete. Damit ist die radikalste Antithese gegen den Pelagianismus schon vor Pelagius aufgestellt, in der auch die Argumente eines Augustin bereits antizipiert sind. Der natürliche Mensch hat nach Viktorin überhaupt keinen Willen, sondern nur *desideria*, Begierden, die sich auf weltliche Dinge richten, deren Grundtrieb er als eine voluntas carnis oder voluntas mundana bezeichnet [2]. Das absolute, transzendente, freie Wollen eignet nur Gott allein, der selber Geist und Wille ist und das Wollen

[1] comm. ad Phil. 2,13 (1212 A) ib. (1212 B).
[2] comm. ad Eph. 2,3 lib. I (1254 B).

dem gibt, dem er den Geist gibt. Das von Gott gewirkte Wollen des Gläubigen ist also nicht primär psychologisch, sondern von der metaphysischen Identifizierung von Geist, Wille und Substanz aus zu verstehen. Der natürliche Mensch hat nur die ὄρεξις; der Gläubige will, was Gott will, weil er im Glauben die Wiedergeburt erfahren und den Geist erhalten hat.

Die origenistische Lehre vom liberum arbitrium hat in dieser festen Bindung des religiösen Lebens an das göttliche Wirken keinen Platz.

5. Das Zustandekommen der religiösen Beziehung zwischen Gott und Mensch im Glauben wird dadurch aus einem starren Objektivismus herausgelöst, daß im Glauben eine unmittelbare Relation zwischen dem Erlöser, dem Erlösungswerk und dem einzelnen hergestellt wird. Es ist das „für uns“, das an den für die Bestimmung der Glaubensanschauung wichtigen Stellen immer wiederkehrt. „Dann haben wir Glauben an Jesus Christus, wenn wir an ihn glauben, daß er der Sohn ist und daß er selbst uns retten wird, und daß er jenes Mysterium für uns vollbracht hat, . . . glauben, daß durch seine Auferstehung wir auferstanden sind [1]).“ „fuit enim pro nobis actum et in nostram ressurrectionem actum et liberationem [2]).“ Das Glaubensurteil ist also die primäre Form des religiösen Urteils, in welchem der Mensch die transzendenten Dinge und Geschehnisse zu sich in Beziehung setzt, um sie erst von dort aus logisch-begrifflich zu deuten.

Vielleicht wirkt auf diesen Glaubensbegriff schließlich noch das Schema der Individuation ein. Die Individuation der Vielen aus dem Einen ist die metaphysische Voraussetzung der Einwirkung des Einen auf die Vielen, durch welche die rückläufige Restitution der Einheit aus der Vielheit bewirkt wird. Die primäre Relation ist dabei immer die vom Einen zum Einzelnen.

Die viktorinische Glaubenslehre bekommt nun ein besonderes Gepräge durch den Begriff des mysterium.

Dieser Begriff findet sich bei Viktorin sehr häufig. Sucht man nach seiner Bedeutung, so weist Viktorin selbst zu seiner Bestimmung auf die Anschauung von der secreta et in occulto operatio des Geistes. So erklärt er die paulinische Formel „multiformis

---

1) comm. ad Eph. 2, 11 lib. I (1256 D).
2) comm. ad Gal. 3, 7 lib. I (1169 A).

sapientia Dei" [1]): „Das ist das Geheimnis, das verborgen war in Gott, das ist in Christus, das nachher enthüllt wurde, nicht den [Engeln], sondern den Menschen, und nicht allein den Menschen, sondern allen Mächten und Gewalten in den Himmeln, und das enthüllt wurde durch die Kirche. Der Apostel berührte also kurz alle Teile des Mysteriums, die wir oben genannt haben, wenn er von der ‚vielförmigen Weisheit Gottes' spricht." Das Mysterium ist hier universell die Bewegung des Geistes, seine verborgene Formung in Gott, seine Entfaltung im Sohn, und umschließt also generell alle Wirkungen und Bewegungen des Logos (s. S. 94 ff., 98 ff.).

Diese Bedeutung erfährt aber eine ganz bestimmte Modifizierung. Findet man Ausdrücke wie *„mysterio gesto . . . omnia perfecta sunt"* [2]), *„mysterium agite"* [3]), *„impletum est mysterium"*, so sind damit Vorstellungen berührt, wie sie auch innerhalb der Mysterienkulte auftauchen. Man wird hier auf Beziehungen der viktorinischen Frömmigkeit zu den Mysterienreligionen gewiesen, deren Bestimmung zu einem abschließenden Bild seines eigenartigen religiösen und metaphysischen Systems notwendig ist.

Viktorin kommt ja unmittelbar aus der Mysterienfrömmigkeit zum Christentum. Das betont Augustin nachdrücklich. Die Zugehörigkeit zu den Mysterienkulten seiner Zeit weist nicht nur auf die theologische Grundhaltung seines Denkens, sondern auch auf spezielle Züge, die Durchbrechung des Intellektualismus, die Verbindung von Mythus und Spekulation, kurz die ganze religionsphilosophische Wendung, wie sie den späten Neuplatonismus bezeichnet. Die Durchbrechung des Intellektualismus in seiner Transzendentalmetaphysik, die theologische Haltung seines Denkens und die Zugehörigkeit zu den Mysterienkulten sind komplementär. So ist das transzendentalistische Moment von der Form der Religiosität aus, wie sie den Mysterienreligionen eignet, bestimmbar. Wie sich also für uns in der Metaphysik das Hauptproblem stellt als die Frage nach den Ideen, von denen aus eine dogmatische Deutung seiner Metaphysik möglich war, stellt sich innerhalb der Betrachtung der Frömmigkeit Viktorins die Frage

---

1) comm. ad Eph. 3, 10 lib. I (1266 B) ib. 3, 12 (1267 A).
2) comm. ad Eph. 4, 20 lib. II (1278 B C).
3) comm. ad Eph. 1, 1 lib. I (1236 C D).

nach den Zügen der Frömmigkeit der Mysterienreligion, an denen
seine christliche Deutung ansetzen konnte. Die Scheidung zwischen
beiden Momenten ist natürlich nur von einer nachträglichen Betrachtung aus möglich; in Wirklichkeit liegen hier das fromme
Empfinden und das spekulative Denken unmittelbar ineinander
und bestimmen sich gegenseitig.

Zwei Grundideen der Mysterienreligion sind es nun, die die
Frömmigkeit Viktorins durchgehend bestimmen:

I. Die Selbstdarstellung Gottes in einem Erlösungsdrama, dem
Mysterium.

II. Die Wiedergeburt, bzw. die Beziehung von Mysterium und
Sakrament.

Damit sind generell die beiden Punkte genannt, an denen sich
die nichtchristlichen Mysterienreligionen mit dem Christentum
berühren, denn diese beiden Ideen sind es, die die christliche
Religion selbst auf Grund ihrer Entwicklungsgeschichte aus den
religiösen Gedanken der Mysterienreligionen in ihre eigene Substanz aufgenommen hat. Der Begriff des mysterium, wie ihn
Viktorin in seine Theologie aufgenommen hat, ist von diesen
beiden Ideen aus bestimmbar.

I. Die Idee der Erlösung ist bei Viktorin durchweg geleitet
von der Vorstellung von einem göttlichen Drama. Das mysterium
ist die Niederfahrt Gottes durch das Universum, durch alle Wesen
der oberen und unteren Himmel bis zum Menschen. Die *acceptio
carnis*, Leben, Leiden, Sterben, Höllenfahrt, Auferstehung und
Rückkehr ist der letzte und im eigentlichsten Sinne für die
Menschen heilsmäßige Akt dieses Dramas.

Dieser *descensus* des Logos von Gott durch alle Himmel hindurch bis ins Fleisch ist das *agere mysterium, gerere mysterium*[1]).
Die Erscheinung des Logos in den verschiedenen Reichen teilt
so das Heilsdrama in mehrere Akte — *partes mysterii*[2]). Die Menschwerdung ist selbst nur ein Teil dieses gewaltigen Dramas, das
mit der Schöpfung beginnt und mit der Erlösung des Universums
endet, denn Gott selbst ist „oft immer wieder auf andere Weise"
in die Welt gekommen, „und jetzt im Fleisch ... und vollzieht
das Mysterium um der Welt und der Seelen willen, die in der Welt

---

1) comm. ad Eph. 4, 10 lib. II (1274 C D).
2) comm. ad Eph. 4, 20 lib. II (1278 B C).

hin und her gezogen wurden" [1]). Im universellen Sinne ist also *mysterium* das kosmische Erlösungsdrama, das alle Erscheinungen Gottes umfaßt, und bezeichnet zunächst das universelle Wirken Gottes in seiner Selbstentfaltung [2]).

Von hier aus spezialisiert sich der Begriff auf den besonderen Teil des Erlösungsdramas, der sich in der Menschwerdung abspielt [3]). „Er hat sich nämlich auch das Fleisch angezogen, und war im Fleisch und hat im Fleisch gelitten und das ist das Mysterium und das ist was uns Heil bringt [4])." Die Inkarnation ist also das auf die Erlösung der Menschen zugerichtete Mysterium.

Die wichtige Wendung dieses Begriffs, der entstanden ist in Religionen ohne Buch und Dogma, besteht nun bei seiner Übertragung in die christlichen Vorstellungen in der Gleichsetzung von *mysterium* und *evangelium* [5]). Darauf ist bei der Untersuchung über den Begriff der Offenbarung und des primum evangelium näher einzugehen [6]). Nur auf ein Doppeltes sei hier hingewiesen: die Bezeichnung der Verkündigung des Evangeliums als eines „*tradere mysterium*" [7]) und die Deutung des Apostelkonzils als einer *concordia mysterii*.

---

1) comm. ad Eph. 1, 1 lib. I (1236 C D).

2) vgl. comm. ad Eph. 2, 6 lib. I (1255 C) hoc sanctum plerumque mysterium est, ut fidem habeamus in Christo, non nos nunc mereri suscitationem vel regna coelestia, sed cum Christus suscitatus, tunc nos suscitatos. (1256 A) non merito nostro salvi sumus, sed Dei gratia. (1258 A) per mysterium eius reconciliati Deo sumus . . . medius Christus mysterio suo et passione reconciliavit nos in se.

3) comm. ad Eph. 6, 17 lib. II (1292 B).

4) adv. Ar. l. I 22 (1056 A) induit enim et carnem et in carne fuit et passus est in carne et hoc est mysterium et hoc quod salutare sit nobis, ähnlich auch zu Eph. 1, 1 (1236 A—D).

5) comm. ad Eph. 3, 4 lib. I (1263 A) non revelationem sed quod revelatum est, hoc est mysterium . . . weiter ad Eph. 4, 32 lib. II (1282 C D) mysterium und Sündenvergebung.

6) comm. ad Eph. 6, 19 lib. II (1293 C D) mysterium et evangelium (Pauli) . . . mysterium et evangelium Pauli. ib. (1294 A) in evangelio et mysterio. ib. (1294 B) in Domino minister circa evangelium et circa mysterium.

7) Über die Beziehung von mysterium und Theologie siehe comm. ad Eph. introd. (1235 A) epistola ad Ephesios summam illam tenet quae totius disciplinae semper esse debet, scilicet ut habeant cognitionem theologiae, id est Dei Christi mysterii ipsius et adventus et caeterorum quae ad eandem cognitionem pertinent.

1. Die erste Vorstellung knüpft ganz an den heidnischen Mysteriengedanken an. Die Verkündigung des Evangeliums erscheint als eine Art Initiation. Diese Anschauung vom *„tradere mysterium"* — das eine bedeutungsvolle Analogie beim jungen Augustin hat —, ist verknüpft mit der Idee der geistigen Zeugung, d. h. der Wiedergeburt. Es handelt sich dabei um die pneumatische Deutung des Begriffs der *paternitas*[1]) und ihre Beziehung auf das Verhältnis von Lehrer und Katechumen[2]). „Die Vaterschaft im Himmel ist Christus, auf der Erde weist „Vaterschaft" entweder auf die Apostel oder überhaupt auf jeden, der das Evangelium verkündet — *evangelizat* — oder das Mysterium weitergibt. Auf diese und viele andere Weise nämlich werden diejenigen „Söhne" genannt, die den Glauben empfangen und diejenigen „Väter", die das Mysterium weitergeben. Alle Vaterschaft geht aus von Gott Vater." Ähnlich heißt es in der zu Anfang zitierten Stelle über den „Urvater": „Das gleiche gilt von dem ‚Vater' in den Mysterien" (s. S. 70).

2. In diese Auffassung wirkt auch ein bemerkenswerter Traditionsbegriff hinein. Die Apostel haben das Mysterium unmittelbar empfangen, sei es durch das Zusammensein mit dem menschgewordenen Logos, sei es durch eine persönliche Revelation des erhöhten Christus, wie Paulus. Im Apostelkonzil haben sich die Träger des *mysterium* getroffen und eine *concordia mysterii* konstatiert (nicht künstlich, etwa durch Kompromisse hergestellt), indem sie die Identität der geschichtlichen und der durch persönliche Revelation enthüllten Offenbarung feststellten[3]) (siehe dazu die näheren Ausführungen S. 160 ff.). Diese *concordia mysterii* bildet die Grundlage der Tradition. Diese Geschichtsauffassung arbeitet mit Argumenten, die, wie noch auszuführen ist, nicht

---

1) comm. ad Eph. 3, 15 lib. I (1268 C D) denique paternitas in coelis Christus est: in terra paternitas vel apostoli vel quicumque evangelizat vel qui tradit mysterium. his enim modis atque aliis multis filii dicuntur qui fidem accipiunt et illi patres qui tradunt. paternitas igitur omnis a Deo patre proficiscitur. Vgl. Augustin de vita beata I c. 4 CSL 63 ed. Knöll S. 92, 10 illorum auctoritate, qui divina mysteria tradiderunt.

2) comm. ad Gal. 4, 19 lib. II (1184 B) dixit Paulus: filii mei sive quia per baptismum, cum regeneratio fit, ille qui baptismum perficit vel perfectum suscepit, pater dicitur sive quia cum renovat illos in Christum, facit filios suos.

3) comm. ad Eph. 3, 5 lib. I (1263 C D).

nur zu einer Art Rehabilitierung des Paulus, sondern zu einem Primat des paulinischen Evangeliums führen [1]).

Wie sehr das religiöse Denken Viktorins in die Frömmigkeit der Mysterienreligion eingetaucht ist, zeigt am deutlichsten seine Interpretation der „Erbauung des Leibes Christi" [2]). Die Erbauung des Leibes Christi bedeutet das Mysterium, „das wir tun". „Die Erbauung des Leibes Christi ist aber das, was wir an den andern tun. Daher ist all dies aus zwei Gründen ... durch das Geschenk Christi eingerichtet: daß sie die Mysterien leiten und daß sie selbst handeln sollen — *ut praesint mysteriis, ut ipsi agant* —, daß sie Diener seien... und den Leib Christi erbauen, das ist die Kirche, und alle zum Glauben bestärken sollen: das ist nämlich der Leib Christi."

Ministerium und Mysterium sind also funktionell verknüpft. Das Mysterium selbst ist ein metaphysisches Drama, zu dem wir uns in Beziehung setzen, indem wir es selbst tun.

Hier greift die metaphysische Deutung der imitatio Christi ein. In dem Vollbringen des Mysteriums durch uns entfaltet sich an uns der effectus mysterii, das ist die Wiedergeburt, durch die

---

1) Dieser Austausch der Begriffe wirkt selbst in den Text des Viktorin hinein, der überall, wo der altlateinische Text und die Vulgata „sacramentum" haben, „mysterium" hat. Vgl.:

Eph. 3, 4 (1262 D)

Viktorin	Vulgata
notum mihi factum est mysterium, sicut ante scripsi in modico	Notum mihi factum est sacramentum sicut supra scripsi in brevi

dazu Viktorin im comm. (1263 A) ... etenim mysterium Domini et Dei voluntas in omni potentiam suam extendit ... nunc revelatum sibi mysterium [ostendit], cum dixit Paulus id se scripsisse Ephesiis, id est ipsum mysterium, non revelationem, sed quod revelatum est, hoc est mysterium.

Eph. 3, 9 (1265 A)

Viktorin	Vulgata
et illuminare omnes quae sit dispositio mysterii	et illuminare omnes quae sit dispensatio sacramenti

Eph. 5, 32 (1289 A)

Viktorin	Vulgata
mysterium hoc magnum est, ego autem dico in Christo et in ecclesia	Sacramentum hoc magnum est, ego autem dico in Christo et in ecclesia.

comm. ad Eph. 4, 12 lib. II (1275 D).
comm. ad Eph. 4, 16 lib. II (1278 C).

2) ad Eph. 4, 12 lib. II (1275 D), comm. ad Eph. 1, 2 lib. I (1237 B).

potentia mysterii, das ist der Geist. Indem wir das Mysterium tun, erleiden wir das Geschick des Sohnes Gottes, leiden mit Christus, sterben mit Christus und stehen auf mit der Auferstehung Christi, werden verklärt in der Verklärung Christi: an uns vollzieht sich, was an ihm geschehen ist.

Eben deshalb, weil die *actio ministerii* nicht eine pädagogische Bedeutung hat, sondern das Erleiden desselben metaphysischen Geschicks bewirkt, das Christus erlitt, setzt das ministerium notwendig den Glauben voraus und schließt ihn bereits ein und ist so doppelt bestimmt als ein *ministerium circa sanctificationem mysterii et circa fidem Christi*[1]).

II. Das Vorherrschen des zweiten Hauptgedankens der Mysterienkulte der Wiedergeburt führt bei Viktorin zu einer auffälligen Konsequenz: sucht man nämlich in seinen Schriften nach seiner Auffassung von den Sakramenten, so zeigt sich einmal, daß er den Begriff Sakrament nicht kennt, sondern nur den Begriff *mysterium*, und daß ihm von den kirchlichen Sakramenten überhaupt nur die Taufe bekannt ist. Seine ganze Sakramentsanschauung ist beschränkt auf die Taufe. In der Taufe vollzieht sich das Mysterium schlechthin, die Wiedergeburt. Seine Frömmigkeit steht noch so stark unter dem Eindruck der Mysterienreligion, daß ihm die zentrale Idee der Wiedergeburt zum wichtigsten Element auch der christlichen Religion wird, neben der die Anschauung vom Abendmahl ganz verblaßt. In der Taufe ist das Mysterium Christi, Tod, Auferstehung und Erhöhung ganz lebendig. In der Taufe vollzieht sich die Wiedergeburt in dem, der sich durch die actio mysterii in die Leidens- und Sterbensgemeinschaft mit Christus begibt. Hier werden wir auf die religiösen Motive stoßen, die für seine eigene religiöse Entwicklung von Bedeutung waren und seinen Anschluß an die Gemeinde erklären; daß es n i c h t seine Anschauung von der Kirche war, wird nachher auszuführen sein. „Des ganzen Mysteriums Kraft ist in der Taufe, seine Macht im Empfang des Geistes[2].“

---

1) comm. ad Eph. 4, 15 lib. II (1277 B).

2) l. I c. 17 (1051 A) ad Eph. 4, 17 lib. II (1275 C) hi ergo (sc. sanctificati) ut consummentur, id est perficiantur, dono Christi instituta sunt huiusmodi et mysteria et ministeria quibus perfectio et consummatio omnium sanctorum.

Vollbringen kann das Mysterium aber nur der Gläubige, denn nur im Gläubigen entfaltet sich die *potentia mysterii*, die die Heiligung schafft. Der Heilige ist der, der geheiligt ist aus dem Glauben an Christus und durch das Mysterium der Taufe. Glaube und Mysterium sind aber nicht zwei koordinierte Größen, denn nur der Gläubige erfährt die Wiedergeburt[1]. „Wer immer getauft wird in Christus, der ist schon Gottes Sohn. Wer nämlich getauft wird, wird in Christus hineingetauft. Der in Christus Getaufte hat aber Christus angezogen. Wer also getauft ist, hat Christus und ist schon in Christus, wenn er Christus hat. Hat er aber Christus, dann ist er Gottes Sohn, weil Christus der Sohn Gottes ist." Die Taufe ist also eine Taufe in Christus hinein, die die Wesensgemeinschaft mit ihm schafft und die Zugehörigkeit zum andern Aeon schon in diesem Aeon wirkt[2]. Der Unterbau dieser Ideen ist aber bei Viktorin nicht die Rechtfertigungslehre, sondern die direkte Verbindung der Idee der Wiedergeburt mit seinem Transzendentalismus.

Es ist nicht ausgeschlossen, daß auch die religiösen Hintergründe seiner Idee vom *deus ignotus*, wie sie in einer mythischen Form hinter dem ontologischen *ens absconditum* steht, unmittelbar der ägyptischen Mysterienreligion entstammen, der Viktorin ja nach Augustins Aussage angehörte. Ein sichereres Zeugnis als dieser allgemeine Hinweis auf die ägyptische Herkunft des Agnostos Theos läßt sich bei Viktorin selbst nicht finden.

Die dominierende Idee der Wiedergeburt, die Bestimmung der viktorinischen Frömmigkeit durch die wichtigsten Züge der Frömmigkeit der Mysterienreligion machen es verständlich, daß die Idee der Rechtfertigung und die moralischen und juristischen Elemente des paulinischen Denkens ganz zurücktreten. Viktorin

---

1) ad Gal. 3, 27 lib. II (1173 B) und comm. ad Eph. 1, 15 (1247 B).

2) Über die „imitatio Christi" siehe comm. ad Phil. 3, 11 (1220 B) haec virtus est ressurrectionis quia est societas nobis passionum eius. quae autem est ista societas? quia qui Christum credimus, passiones toleramus et omnes passiones, utique ad crucem atque ad mortem. quibus his omnibus ex cognitione atque ex passionum societate ressurrectio provenit . . . ecce quae fides in Christum est . . . scilicet ut socii passionis Christi et hoc credamus et haec nobis fides sit, quia veniemus in virtute ressurrectionis eius. Die metaphysische Deutung des Leidens kommt auch in dem Abschnitt 1221 A—C über die societas passionis zum Ausdruck.

spricht von Rechtfertigung nur dort, wo er unmittelbar durch den Paulustext auf diesen Begriff gedrängt ist, während er in seinen übrigen Schriften von der *salvatio* und *liberatio* spricht. Die Idee der Rechtfertigung wird verdrängt durch die Idee der Erlösung.

Zwei Gedanken sind dabei hervorzuheben, die sich gegenseitig bestimmen:

1. die Betonung der sola fides (s. schon S. 146 ff.);

2. die Ablehnung der Werkgerechtigkeit bzw. der Idee einer moralischen Bestimmbarkeit des religiösen Verhältnisses durch den Menschen.

1. Die rein religiöse Deutung der gottmenschlichen Beziehung und ihre alleinige Begründung im göttlichen Wirken entfaltet sich in der Rechtfertigungs- bzw. Erlösungslehre Viktorins mit einer Konsequenz, die im Rahmen der allgemeinen kirchlichen Haltung seiner Zeit erstaunlich ist und die für eine Deutung der großen Auseinandersetzung über die Anschauung vom Glauben im pelagianischen Schisma von entscheidender Bedeutung ist.

Viktorin lehrt die Rechtfertigung *sola fide* ohne Verbrämung des göttlichen Gnadenwirkens durch den Entwurf einer menschlichen *cooperatio*. „Die aus dem Glauben sind, werden gesegnet werden, das heißt, es wird ihnen als Gerechtigkeit angerechnet werden und zwar werden sie von Gott gesegnet werden. Gesegnet aber werden sie von Gott als solche, die gerechtfertigt sind. Gerechtfertigt werden heißt aber vom Gesetz der Knechtschaft befreit werden. Also werden diejenigen Rechtfertigung erlangen, die aus dem Glauben gerechtfertigt werden, weil Abraham aus dem Glauben gerechtfertigt wurde. Alles ist daher Glaube — totum igitur fides est [1].“ „Alles nämlich geht aus dem Glauben hervor: die Verheißung der Befreiung, der Rechtfertigung und der Erbschaft im Himmel, und über den Himmel hinaus ist dem Abraham aus dem Glauben gegeben [2].“ Man sieht hier, wie sich der Begriff der *liberatio* vor den Begriff der *iustificatio* drängt; dem Vernachlässigen der Idee der Rechtfertigung korrespondiert das Fehlen einer spekulativen Durchdringung des Begriffs der iustitia im Gottesgedanken.

---

1) comm. ad Gal. 3, 8 lib. I (1169 B C) totum igitur fides est.

2) comm. ad Gal. 3, 21 lib. II (1171 B).

Die Idee der *liberatio sola fide* ist unmittelbare Auswirkung des theozentrischen Dynamismus, wie er den viktorinischen Gottesgedanken bestimmt. Alle Gewalt des Geistes ist bei Gott und alle Kreatur kann zum Sein und zur Vollendung nur gelangen durch den Geist, der von Gott kommt. So vollzieht sich die *liberatio* als ein reines Geschenk der Gnade Gottes [1]. „Die ganze Kraft dessen, der in Christus gläubig ist, liegt in der Gnade Gottes [2]." *„omnis enim virtus mysterii hoc operata est ut nobis per gratiam et Dei pietatem relaxatio fieret peccatorum et vita aeterna praestaretur, ut saepe docuimus, ex Dei gratia, non ex operibus aut meritis. hoc autem per spiritum contingit. cum vero ex operibus iustificatio speratur, non ex spiritu spes est. hoc nos exspectamus et hoc est evangelium Christi sequi* [3]*."*

Einen wesentlichen Zug der paulinischen Rechtfertigungslehre hat Viktorin doch festgehalten, und zwar den, den auch seine Anschauung von der Wiedergeburt bestätigte: Gott rechtfertigt den ganzen Menschen, der Wiedergeborene ist als ganzer Mensch im Geist. „Christum glauben und in Christus Glauben nehmen, ist schon geistlich denken und ist schon herausgehoben sein aus den fleischlichen und materiellen Begierden — der ganze Mensch ist im wahren Geist [4]." Im Glauben wird dem Menschen das ganze Leben als Gerechtigkeit angerechnet: „reputabitur nobis omnis vita ad iustitiam" [5]. Denn im Glauben ist die Rechtfertigung des Menschen bei Gott vollkommen, indem er als geistiges Wesen dem andern Äon angehört, wenn auch der Gläubige in diesem Leben das vollendete Leben nicht ganz erreicht und immer im Zustand des Hoffens, des Wartens, des *desiderium* bleibt.

---

1) (1255 C) non enim nobis reddit meritum quippe cum non hoc meritis nos accipimus, sed Dei gratia et bonitate . . . gratia, quae est in Christo.

2) comm. ad Eph. 2, 9 lib. I (1256 A) non merito nostro salvi sumus, sed Dei gratia.

3) comm. ad Gal. 5, 4 lib. II (1189 C). ib. Christiani et qui Christum sequuntur et in spiritu et in fide spem habemus et in Dei iustificatione, non ex operibus.

4) comm. ad Eph. 1, 4 lib. I (1240 C) totus homo in spiritu vero est.

5) comm. ad Gal. 3, 7 lib. I (1169 A) ib. omne mysterium, quod a Domino nostro Iesu Christo actum est, fidem solam quaerit; fuit enim pro nobis actum et in nostram ressurrectionem actum et liberationem, si fidem in mysterium Christi et in fidem habeamus. hoc enim praelusit divinitas et praemisit, ut ex fide homo iustificaretur etc.

2. Von dieser Gnadenlehre aus kommt Viktorin zu einer in seiner Zeit ungewöhnlich scharfen Kritik aller Werkgerechtigkeit. Die bestimmten Äußerungen Viktorins zu diesem Problem[1]) lassen sich in zwei Punkte zusammenfassen:

1. Das erste ist die Ablehnung aller Versuche, durch eine bestimmte Moral, Erziehung und Askese die Rechtfertigung zu erzwingen. „Dann handelt es sich gewissermaßen um meine Gerechtigkeit oder um die unsere, wenn wir glauben, mit unserem moralischen Verhalten — *moribus nostris* — uns eine Gerechtigkeit, die durch ein moralisches Verhalten bewirkt ist — *per mores perfectam* —, zu verdienen[2]).“ Demgegenüber heißt es:

---

1) comm. ad Phil. 3, 14 (1222 A-C) meminisse p r a e t e r i t o r u m e t i a m r e c t i f a c t o r u m primum merito suo attribuentis et vindicantis est, cum haec nec nostra sint et non operibus nostris gratiam consequamur . . . verum fortior ille sensus etiam bene gestam et recta secundum regulam actam v i t a m p r a e- teritam in oblivionem mittere debeamus. comm. ad Gal. 2, prol. (1171 B) omnia ex fide proveniunt, promissio quippe liberationis et iustificationis et hereditatis in caelo et super caelum Abrahae data e x f i d e est, ita et eius semini. quod si ita est docet omnino ex lege atque ex operibus eius secundum praecepta completis nullam iustificationem, nullam liberationem, hereditatem nullam provenire. comm. ad Eph. 2, 7 lib. I (1255 C D) non enim nobis reddit meritum, quippe cum n o n hoc m e r i t i s nos a c c e p i m u s, sed Dei g r a t i a et bonitate. ib. ad 2, 9 (1256 A) quod salvi sumus, g r a t i a inquit Dei est. ita et vos, Ephesii, quod salvi estis, non ex vobis; D e i donum est, n e q u e e x o p e r i b u s v e s t r i s, sed D e i g r a t i a est et D e i donum est, n o n m e r i t [um] n o s t r [um]. aliud esse opera, aliud meritum nostrum . . . nescio quomodo enim qui operibus suis redditum meri- tum putat suum vult esse, non praestantis, et haec iactatio est. comm. ad Gal. 3, 22 (1172 B) ad Phil. 3, 9 (1219 D) „non meam iustitiam“. tunc enim quasi mea est vel nostra cum moribus nostris iustitiam Dei mereri nos putamus p e r f e c t a m p e r m o r e s. a t n o n, i n q u i t, h a n c h a b e n s iustitiam, sed quam? i l l a m . . . e x f i d e . . . non illam quae ex lege est, q u a e i n o p e r i b u s e s t . . . e t c a r n a l i d i s c i p l i n a, sed hanc quae ex Deo procedit . . . i u s t i t i a e x f i d e. Weiter ad Phil. 4, 9 (1230 D). comm. ad Gal. 1, 10 lib. I (1150 D) si quis ex operibus putat agendam vitam, hominibus placet, adhuc gratiam non meretur. comm. ad Phil. 3, 2 (1218 A) operarii enim in operibus exercent vitam, Deum non cognoscentes et salu- tem sibi ex operibus sperant, de quibus supra iam dictum quod opera nihil v a l e n t. Weiter ad Gal. 2, 21 lib. I (1166 D) ex operibus legis non est iustitia.

2) comm. ad Phil. 3, 10 (1219 C) tunc enim quasi mea iustitia est vel nostra cum moribus nostris iustitiam Dei mereri nos putamus perfectam per mores . . .

iustitia ex fide, quae est fides ex fide Christi, id est ex nobis in Christum (ib.).

Diese Anschauung ist begründet in seinem Freiheitsgedanken. Durch den Gedanken, daß nur Gott den absolut freien Willen hat, während der Mensch nur desideria kennt und seinen Willen erst von Gott empfängt, wird letzthin der Gedanke einer Bestimmbarkeit der Beziehung zwischen Gott und Mensch durch eine moralische Leistung des Menschen eliminiert.

So stößt Viktorin zugleich vom Transzendentalismus seiner Metaphysik, zugleich von seiner Frömmigkeit aus, die das Gepräge der Mysterienreligion trägt, zu einer Erfassung paulinischer Ideen vor, die seiner Zeit neu und im Grunde unangenehm waren und sich auch bei Augustin nur über einen Kompromiß in die Kirchenlehre einführen ließen.

2. Die Überspannung dieser Ablehnung des menschlichen Wirkens weist nun bei Viktorin in die Richtung eines werklosen Quietismus, einer Verflüchtigung der Glaubenslehre in eine tatlose Kontemplation. In der Exegese der Gal. 2, 10 erwähnten Abmachung: *memores tantum ut simus pauperum* widerlegt Viktorin den Versuch, durch diese Stelle die Heilsnotwendigkeit der Werke zu begründen. *„ita et ipsum consentiunt (apostoli) non ibi esse spem salutis si in pauperes opera[s] efficiamus* [1]*).“* Er versucht also sogar hier, wo der Text selbst die Idee der Werkgerechtigkeit suggeriert — und kein Zeitgenosse hat sich dieser Suggestion entzogen — mit seiner Lehre von der *sola fides* durchzudringen.

Das geschieht in folgenden Gedanken: Die Aufforderung, der Armen zu gedenken, bedeute nicht, man solle all sein Tun — *omnem actionem nostram* — darauf verwenden, den Armen Gutes zu tun, man soll auch nicht erwarten, daß das Heil an diesen Dingen hänge: *„non in hoc curam . . . ponamus totamque virtutem salutis nostrae retinendae.“* Die Warnung vor der Werkgerechtigkeit liege bereits im paulinischen Wortlaut: Paulus fordere nicht auf, man solle etwas tun, sondern man solle die Armen im Gedächtnis bewahren — *„non ut hoc ageremus, sed ut in memoria haberemus, quod est minus quam in hoc operam ponere et hoc solum complere“*.

---

1) comm. ad Gal. 2, 10 lib. I (1161 B C).

Diese Verschiebung des „Tuns" in die indifferente Sphäre des „meminisse" ist einerseits ein Zeichen für die Konzentration des gesamten religiösen Lebens auf die geistige Beziehung zwischen Gott und Mensch, wie sie im Glauben zustande kommt [1]). Anderseits darf man hier wohl auch einen Reflex jener Verschiebung der Ethik vom Praktischen ins Geistige und Innerseelische sehen, die schon bei Plotin den ganzen Schwerpunkt nach innen verlegt und im praktischen Handeln nur die blasse und unwichtige Spiegelung eines geistigen S e i n s sieht [2]).

Ist es die Spannung zwischen den beiden Äonen, von der aus der Glaubensbegriff bestimmt wird, so wird von dieser Idee des Ineinanderragens einer geistig-metaphysischen und einer sinnlichen Welt eine neue Anschauung von der Offenbarung abgeleitet, nämlich die Idee einer direkten Übermittlung des Evangeliums außerhalb jeder geschichtlichen Vermittlung.

Diese Anschauung ist die konsequente Auswirkung des geschichtslosen Geistgedankens, auf dem die Theologie Viktorins aufgebaut ist. Handelt es sich in der Religion um eine Beziehung von Geist und Geist und ist diese Beziehung rein metaphysisch-substantiell bestimmt von einer Logosidee aus, so ist damit der geschichtliche Prozeß der Vermittlung dieser Beziehung im Grunde übersprungen.

Zwei Gedanken greifen hier ein:

I. Die Anschauung vom *primum evangelium.*

II. Der Versuch einer Reduktion der christlichen Glaubenslehre auf einen reinen Paulinismus.

I. Die Idee einer außergeschichtlichen *revelatio* des göttlichen Evangeliums findet sich abgeleitet aus der Deutung des paulinischen Damaskus-Erlebnisses. Die Grundthese lautet: „*Christianum ex revelatione fieri posse et maxime fieri* [3])." Es besteht also nach Viktorin die Möglichkeit der Vermittlung des wahren göttlichen Evangeliums durch eine persönliche Revelation, die beschrieben

---

1) Man könnte daran denken, hier den Begriff der Funktion anzuwenden, wie ihn Erich Seeberg (in Luthers Theologie I Die Gottesanschauung 1929 S. 206) auf den Glaubensbegriff angewendet hat, müßte aber hinzusetzen, daß es sich bei Viktorin, wie die Erkenntnistheorie zeigen wird, um eine *intelligible* Funktion handelt.

2) S. Teil III in dem Kapitel: Ethische Probleme.

3) comm. ad Eph. 3, 3 lib. I (1262 C) ib. ad Eph. 3, 4 (1263 A).

wird als *quasi extrinsecus admonitio quae nobis ostendit Deum et omnia divina* [1]). Es handelt sich also um keinen Prozeß, der sich psychologisch vollzieht als ein inneres Erleben, sondern um eine Schau einer metaphysischen Realität, eine revelatio von außen. Weil es eine reale geistige Wirklichkeit gibt, kann man sie erfahren.

Eine solche unmittelbare Offenbarung hat sich nicht nur bei Paulus verwirklicht, vielmehr „ist es auch anderen möglich, daß sie nicht von Menschen noch durch Menschen die Erkenntnis der wahren ganzen Gottheit erfahren", denn „Gottes Wahl ist frei" [2]). Dieses Betroffenwerden durch eine besondere Offenbarung ist eine „große und einzige Würdigung", geschieht unabhängig vom menschlichen Wirken und Vollbringen, kann als ein Akt der göttlichen Gnade alle Menschen treffen und „kommt teilweise heute noch vor" [3]).

Wie weit Viktorin hiemit auf ein eigenes Erlebnis anspielt, wissen wir nicht; die Dringlichkeit, mit der er nach langem Zögern und skeptischer Zurückhaltung seine Aufnahme in die Gemeinde betrieb, legt es nahe, eine entscheidende religiöse Wendung — der Begriff Erlebnis ist hierfür zu psychologisch — zwischen der Zeit seiner wohlwollenden Interessiertheit am Christentum und seinem entschlossenen Eintritt in die christliche Gemeinde anzunehmen: wichtiger ist, daß in dieser Anschauung eine Modifizierung der plotinischen „Schau" vorliegt.

Diese Modifizierung geschieht durch die Idee der Prädestination. Prinzipiell schließt natürlich die Logosidee, wie er sie in der Christologie und der Erlösungslehre durchführt, die Idee der Prädestination aus. Der Gedanke der universellen Erlösung

---

1) ib. ad Eph. 3, 3 (1263 A ff.).

2) ad Eph. 3, 4 (1262 D — 1263 A) et hic quoque admoneo revelationibus posse cognitum esse mysterium Christi et licet circa Paulum ex electione Domini videatur impletum, tamen quoniam electio Domini libera est, etiam circa alios potest, ut non ab hominibus neque per homines fiat cognitio verae plenaeque deitatis. magna quidem et unica dignatio et fortassis ex parte quod fiat hodie concedatur. etenim cum ipse dixerit si propheta aliquis et de eodem alius sibi revelatum dixerit, sedeat et cognoscat qui prophetat et audiatur is qui ibi revelatum dicit: ergo et relevari potest et quod ex parte, eodem modo etiam in toto.

3) ib. (1263).

und seine ontologische Wendung, die Zurückholung alles Geistes aus seiner Vermischung mit dem Nichtsein verträgt sich nicht mit dem Gedanken der Auswahl einiger Weniger. So tritt bei Viktorin die Idee der Präexistenz der Seelen an Stelle des paulinischen Prädestinationsgedankens.

Wo der Prädestinationsgedanke erscheint, ist er daher reduziert auf die eben genannte Idee, daß sich Gott einigen nach seiner Wahl auf eine besondere Weise offenbart und sie seine Herrlichkeit und die Wahrheit des Evangeliums direkt schauen läßt, wie es Paulus geschah und wie es „zum Teil auch heute noch geschieht". Die Prädestination ist also eine besondere Form der Offenbarung, die im allgemeinen an alle geht auf dem normalen Weg der geschichtlichen Überlieferung und Verkündigung, die aber einige besonders erfahren als eine direkte Schau.

Damit ist aber auch die Möglichkeit einer unmittelbaren Offenbarung auch außerhalb der kirchlichen Lehrtradition zugegeben. Die Glaubenslehre mündet also letzthin in einer überkirchlichen Gnosis. Der legale Traditionsbegriff ist damit durchbrochen. Entsprechend der allgemeinen Zurückführung alles Seins und Wirkens des Geistes auf den verborgenen transzendenten Gott ist letztlich nicht das Erscheinen des Logos im Fleisch der Ansatzpunkt der „Tradition", sondern das *mysterium absconditum in Deo*, auf das die ganze christliche Lehre, die *legitima disciplina* zurückgeht.

Dieses in Gott verborgene mysterium hat sich in einer doppelten Form enthüllt: mittelbar und im Fleisch vor den Augen der „früheren" Apostel, unmittelbar und im Geist durch die *revelatio* in Paulus, dem letzten Apostel.

Die Geschichtsauffassung, die hier dahintersteht, läßt sich am besten von dem Begriff des *primum evangelium* aus entwickeln.

Die biblische Grundlage der Anschauung vom *primum evangelium* ist der Versuch, den Paulus im Galaterbrief unternimmt, seine apostolische Autorität durch den Hinweis auf seine Berufung und seinen Auftrag zu sichern.

Hier setzt nun Viktorin mit seinen Ideen ein. Paulus hat sein ganzes Evangelium in einer unmittelbaren Offenbarung von Gott selbst, d. h. vom Logos empfangen, und zwar in einem besonderen Gnadenakt auf Grund seines Prädestiniertseins ohne eigenes Zutun und menschliche Vermittlung, also außerhalb der geschichtlichen Tradition 1).

Dieses ihm *per revelationem* verkündete Evangelium ist das reine Evangelium des Glaubens.

Viktorin bemüht sich nun, den Ausführungen des Paulus im Galaterbrief folgend, den von jeder menschlichen Einmischung unberührten Offenbarungscharakter des paulinischen Evangeliums auf eine zweifache Weise hervorzuheben:

Einmal erweitert er das *„non ab hominibus“* dahin, daß Gott dieses Mysterium vorher möglicherweise bereits den Engeln geoffenbart habe 2), daß Paulus aber der erste Mensch sei, dem die unmittelbare Revelation des Evangeliums zuteil wurde.

Weiter aber versucht er in einer genauen Untersuchung der einzelnen Reiseetappen des Paulus nach Damaskus die historische Begründung der vollkommenen Unberührtheit des ihm revelierten Evangeliums zu geben. Das Ergebnis der Untersuchung jeder einzelnen von Paulus angegebenen Reiseetappe ist stets dasselbe: *nihil didicit* 3). Das Evangelium des Paulus ist vollkommen un-

---

1) comm. ad Gal. 1, 1 lib. I (1147 C ff.).

2) comm. ad Eph. 3, 5 lib. I (1263 C) nulli inquit eorum, qui ante me in generatione fuerunt filii hominum, nulli inquit notum fuit de mysterio. quid sit mysterium, quod revelatum sibi et notum factum Paulus dicit, saepe locuti sumus. adiicendo autem „filiis hominum“ ostendit fortasse mysterium illud antequam Paulo revelatum est fieri potuisse, ut revelatum sit angelis, idest non filiis hominum „sicut nunc revelatum est sanctis eius apostolis“. plene mysterii concordiam quod unum sit atque idem quod sibi revelatum est et apostolis docet, ne discordet et idem videatur esse per praesentiam Christi traditum apostolis, quod ipse sibi per revelationem traditum dixit, coniungit id sibi revelatum quod sanctis apostolis.

3) comm. ad Gal. 1, 13 lib. I (1152 C) per gratiam suam Deus revelare filium suum in me coepit ib. 2, 1 (1157 C) evangelium a me gentibus annuntiatum .. non ab hominibus neque per hominem didici ib. 2, 2 ex revelatione sibi datum, quod inter gentes praedicaret, a Deo esse ad Gal. 1, 13 lib. I (1153 B) ib. 1, 15 (1155 A): non, inquit, ivi ad apostolos praecessores meos, non ab ipsis didici... hoc est quod accepit per revelationem a Deo etc. ad Eph. 3, 2 lib. I (1262 B) ipse Paulus multis locis memorat non ab hominibus neque per homines accepit aut didicit, sed revelata illi cuncta sunt.

beeinflußt von der Tradition der älteren Apostel. Die ausführliche Wiedergabe der einzelnen Stellen kann hier unterbleiben. Hervorzuheben ist nur, daß Viktorin auch der ersten Reise des Paulus nach Jerusalem und seinem Besuch bei Petrus die Deutung gibt: „Paulus, dem alles geoffenbart war, wußte, er müsse den Petrus sehen, wegen seines großen Ansehens, das ihm von Christus gegeben sei — quasi eum cui tanta auctoritas a Christo data esset — nicht, um von ihm zu lernen[1]."

II. Die Versuche einer Reduktion der christlichen Lehre auf einen reinen Paulinismus lassen sich in folgenden charakteristischen Merkmalen der viktorinischen Auffassung von der Geschichte des Christentums hervorheben:

1. die Deutung des Apostelkonzils
2. die Deutung des Apostelstreites
3. die Verketzerung des Jakobus.

1. Das Evangelium, das Paulus durch Revelation empfangen hat, ist kein besonderes, beschränktes, modifiziertes Evangelium, sondern ist das eine einzige, wahre Evangelium. *„verum evangelium et unum"* [2]. *„credendum mihi et habenda fides: et verum evangelium est quod profero quippe per Iesum Christum et Deum patrem"* [3]. Denn es gibt überhaupt nur ein Evangelium, wie es nur ein Mysterium gibt [4]. „Eins ist das Evangelium und einzig eins: glauben, daß Christus Gottes Sohn ist, daß Christus mit seinem Leiden und seiner Ankunft im Fleisch und seiner Auferstehung und seinem Leiden alle Sünden getilgt, den Tod besiegt und alle Verderbnis ausgerottet hat. Das ist das einzige Evangelium . . . ein anderes Evangelium gibt es nicht. Das Evangelium ist nur in Christus."

Die Offenbarung des einen „Evangeliums des Glaubens" in Paulus ist aber selbst nur eine Form der universellen Entfaltung des göttlichen Mysteriums, das in allen Aposteln sich gestaltete und schon in den Propheten als *evangelium promissionis* sich offenbart hat [5].

---

1) comm. ad Gal. 1, 13 lib. I (1152 D ff.).
2) comm. ad Gal. 2, 1 lib. I (1157 D) (1158 A).
3) comm. ad Gal. 1, 2 lib. I (1148 A).
4) comm. ad Gal. 1, 6 (1149 A B).
5) comm. ad Gal. introd. (1145 D) summa autem huius epistolae haec est: errare Galatas quod ad evangelium fidei, quod est in Christo adiungant iudaismum, corporali intellectu observantes sabbatum et circum-

Der unmittelbare Offenbarungscharakter gibt dem paulinischen Evangelium aber einen Vorzug. *„plus autem fidei habet quod revelatum est quam si doceatur."* Die direkte Revelation, in der Geist zu Geist spricht, steht über der Lehre.

Der Unterschied zwischen *revelatio* und *doctrina* wird dahin bestimmt, daß Paulus die *revelatio* vom pneumatischen Logos-Christus empfangen hat, während die Apostel das Mysterium vom fleischgewordenen Mittler empfangen haben [1]). *„qui (Paulus) ergo neque ab hominibus neque per homines sed per Deum mittitur, ab illo verax est, qui etiam per homines missos veraces facit. priores ergo apostoli veraces qui non ab hominibus, sed a Deo per hominem missi sunt, per Christum Iesum scilicet adhuc mortalem. Verax etiam novissimus apostolus qui per Iesum Christum totum iam Deum per ressurrectionem eius missus est. priores sunt caeteri apostoli per Christum adhuc ex parte hominem, id est mortalem. novissimus est Paulus apostolus, per Christum iam totum Deum, id est omni ex parte immortalem."*

---

cisionem, item cetera opera quae ex lege perceperant. his rebus motus Paulus scribit hanc epistulam, eos volens corrigere et a iudaismo revocare, ut fidem tantum in Christum servent et a Christo spem habeant salutis et promissionem eius, scilicet quod ex operibus legis nemo salvetur. ut refutet ergo ista quae adiungant, confirmare vult evangelium suum. ut autem det auctoritatem evangelio suo, adhibet principia dicens se esse apostolum non ab hominibus neque per hominem. his divisionibus quod evangelium revelatione susceperit Iudaeus et acriter Iudaeus, quod post triennium Hierosolymam ad Petrum venerit, quod quindecim diebus cum eo fuerit, quod Hierosolymam post quatuordecim annos redierit, quibus omnibus hoc ostendit, nihil se ab his didicisse vel propter exiguam praesentiam vel propter longam absentiam. confirmata igitur auctoritate quod a Deo susceperit evangelium Domino nostro Iesu Christo subiungit ista praecepta, id est non esse iungendum corporalem intellectum iudaismi, et id se dicit olim ostendisse et egisse cum ageret etiam contra Petrum: deinde exsequitur hoc ipsum asserens unum esse evangelium quod ipse docuit et longe errare eos qui iudaismi praecepta iungunt et observationem; vgl. comm. ad Eph. 3,7 lib. I (1264 B C) und comm. ad Eph. 3,6 lib. I (1264 A).

1) comm. ad Gal. 1,1 (1147 C) vor allem zu Gal. 1,13 (1152—1154), ib. ad. Gal. 2,2 (1158 B) über das Apostelkonzil: quod autem seorsum illis (sc. apostolis) ostendit, est, ut Iudaeos medio tollerent et inter se mysteria communicarent ipsi qui noverant quibus omnibus cum fuisset una sententia atque unum evangelium quid persuadere nititur? nihil novi addere debere, nihilque coniungere.

Viktorin setzt also das paulinische Evangelium an die Spitze der gesamten christlichen Tradition als den unmittelbarsten und direktesten Ausdruck des göttlichen Heilswillens. Der Grundzug der viktorinischen Frömmigkeit, in dem von Gott gewirkten Glauben das einzige Fundament einer religiösen Beziehung zwischen Gott und Mensch zu sehen, findet seine letzte Auswirkung in einer Absolutsetzung des paulinischen *evangelium fidei* in einem streng durchgeführten Radikalismus gegen alle irgendwie judaistischen Züge der christlichen Religion.

Diese Verabsolutierung des paulinischen Christentums bestimmt seine Deutung des Apostelkonziles. Die oben genannte Stelle wies bereits auf eine Differenzierung der Apostel in die *apostoli priores* und den *apostolus novissimus,* von denen die ersten das Evangelium vom *Christus adhuc homo,* der letzte vom *Christus Deus* empfangen hat.

Diese Trennung ist nur verständlich von der metaphysischen Grundhaltung seiner Christologie aus: die Menschwerdung Gottes ist nicht seine erste Darstellung, vielmehr ist es der Gott Logos, der Sohn, in dem sich der verborgene Vater ganz substantiiert und darstellt, während die Erniedrigung ins Fleisch den letzten Akt der heilbringenden Niederfahrt des Logos bedeutet. Das Evangelium, wie es den früheren Aposteln vom Menschen Jesus verkündet wurde, ist verhüllt im Fleisch: das Evangelium des Gottes Christus wie es an Paulus kam, ist offenbar im Geist, denn zu Paulus redete der auferstandene pneumatische Christus.

Das Apostelkonzil selbst bedeutet nun die *communicatio mysterii*. In Jerusalem stellen die Apostel die Identität des zweifältig überlieferten Evangeliums fest. Das bedeutet aber: alle Apostel einigen sich auf das Evangelium der *sola fides*. Diese *concordia mysterii* ist also eine Bestätigung und Anerkennung der paulinischen Lehre als des normativen Evangeliums des Glaubens [1]). *„admissum evangelium est eodem modo ut tradit Paulus et confirmatum est.“*

Die *communicatio mysterii* ist also zugleich die Fixierung des doppelt geoffenbarten einen Evangeliums und die Rechtfertigung

---

1) comm. ad Gal. 2, 10 (1161 B); vgl. comm. ad Gal. 2, 3 (1158 D) ita consensus apostolo factus est de evangelio omnium qui apud Hierosolymam fuerunt und comm. ad Gal. 1, 2 (1148 B C).

der paulinischen Lehre durch die damit ausgesprochene Anerkennung ihrer Identität mit der Lehre der Apostel [1]). Der *consensus* ist also der grundlegende Akt der Lehrtradition, die Deklaration der christlichen Lehre als des *evangelium fidei* [2]), welches die *vera regula* ist [3]). „Ein sicheres Evangelium verkündet der Apostel Paulus, nämlich Christum den Sohn Gottes, die Kraft Gottes zum Heil aller Gläubigen, Griechen und Juden und nichts darüber hinaus, daß vielmehr die ganze Hoffnung auf Heil und die Gnade Gottes zu uns im Glauben ist an Christus und daß wir glauben, er sei Gottes Sohn, habe für uns gelitten, sei auferstanden, daher auch wir auferstehen mit Vergebung der Sünden. Das wahre Evangelium ist es, was Paulus verkündet. Wenn einer etwas anderes hinzufügt, nämlich den Judaismus, die Beschneidung, die Beobachtung des Sabbats und derartiges, so sündigt er darin und ist ferne von der Wahrheit [4]).“

Der Begriff der revelatio und seine Zuspitzung auf die Idee vom geoffenbarten Urevangelium des Paulus stellt also trotz seiner auffallenden Prägung innerhalb des zeitgenössischen Christentums im Aufbau der religiösen Ideen Viktorins keine Kuriosität dar, sondern steht in einem inneren Zusammenhang mit seinem Gottesgedanken und seiner Logoslehre.

Dieses *primum evangelium*, welches Viktorin auch als *vera regula* bezeichnet, unterscheidet sich in einer auffälligen Weise von der *regula veritatis* im Sinn der zeitgenössischen römischen Kirche.

1. Die *regula veritatis* in der offiziellen kirchlichen Form ist das „bestimmt interpretierte“ Taufsymbol, ihr Kernstück das apo-

---

1) comm. ad Gal. 2, 8 (1160 C D).

2) s. S. 164 Anm. 5.

3) comm. ad Gal. 2, 5 (1159 A). Wie Viktorin Petrus anklagt, so entschuldigt er Paulus für die Beschneidung des Titus.

4) comm. ad Gal. 1, 6 (1149 A) cum e v a n g e l i u m c e r t u m sit q u o d a n n u n t i a t a p o s t o l u s P., id est Christum Dei filium virtutem Dei in salutem omnibus c r e d e n t i b u s sive Graecis sive Iudaeis nihilque praeterea, sed omnem spem salutis et gratiae Dei circa nos i n f i d e e s s e circa Christum et c u m c r e d a m u s Dei filium esse, pro nobis passum esse, ressurrexisse, exinde nos quoque ressurgere cum remissione peccatorum. quod est v e r u m evangelium quod annuntiat P a u l u s. si quid aliud adiungit, id est iudaismum et circumcisionem et sabbati observationem et cetera, peccat huiusmodi atque alienus a veritate est; vgl. die S. 164 Anm. 5 zit. „summa“ des Galaterbriefes.

stolische Glaubensbekenntnis [1]). Die Richtigkeit der Interpretation
ist dadurch garantiert, daß die Kirche Träger der apostolischen
reinen Lehre ist. Legal gebunden ist diese Tradition der reinen
a p o s t o l i s c h e n Lehre durch die Idee der Sukzession. Dieses
legale traditionalistische Moment in der kirchlichen Auffassung
der *regula veritatis* ist bei Viktorin eliminiert durch die Idee
einer unmittelbaren Revelation des göttlichen Mysteriums außerhalb der geschichtlichen und das heißt im Grunde auch außerhalb der kirchlichen Überlieferung.

2. Dem kirchlichen Traditionsbegriff inhäriert, wie die geschichts-
philosophische Idee der Sukzession zeigt, ein g e s c h i c h t l i c h e s
Moment. Jesus gibt die reine Lehre den Aposteln, die Apostel
übergeben sie den Bischöfen; auf dem Weg dieser geschichtlichen Übermittlung kamen die Bischöfe zu der Macht zu unterscheiden und festzusetzen, was reine Lehre ist. Dieses geschichtliche Element ist bei Viktorin zum Teil aufgehoben. Schon am
Anfang steht nicht allein die Verkündigung der reinen Lehre
durch den Menschen Jesus, sondern am Anfang steht die Revelation, und die Revelation ist höher als die geschichtliche Vermittlung durch den Menschen Jesus, denn die geschichtliche
Vermittlung hat die Wahrheit verhüllt im Fleisch, die Revelation
offenbart im Geist.

3. Die Interpretation der *regula veritatis* ist durch die Idee
der legalen Bindung des heiligen Geistes an eine bestimmte geschichtliche Gemeinschaft und bestimmte Personen, die Nach-
folger der Apostel, k i r c h l i c h festgelegt. Die Mitteilung der reinen
Lehre vollzieht sich immer notwendig innerhalb und durch die
geschichtliche Kirche. Das primum evangelium wird offenbart
in einem freien Akt des göttlichen Willens an alle, die Gott
sich erwählt, die also nicht notwendig der geschichtlichen Kirche
anzugehören brauchen: der Pharisäer und Christenverfolger Saulus
war es, an den die Offenbarung erging.

4. Neben diesen prinzipiellen Unterschieden: hier Geist, dort
Geschichte, hier Freiheit, dort Bindung ist aber auch das *primum
evangelium* von der *regula veritatis* i n h a l t l i c h verschieden: das
primum evangelium umschließt ein ausschließlich c h r i s t o l o -
g i s c h e s Bekenntnis und kann daher höchstens zu dem zweiten

---

1) Vgl. A. Harnack. Dogmengesch. Bd I 4. Aufl. S. 288 ff.

Artikel des Apostolikums[1]) in Beziehung gesetzt werden, der auf ein ursprüngliches christologisches, für sich existierendes Glaubensbekenntnis zurückgeht und nachträglich unter Beibehaltung seiner ursprünglichen Struktur in das trinitarische Bekenntnis aufgenommen wurde. Es heißt bei Viktorin: *„Christum Dei filium virtutem Dei in salutem omnibus credentibus sive Graecis sive Iudaeis nihilque praeterea, sed omnem spem salutis et gratiae Dei circa nos in fide esse circa Christum ut eum credamus filium esse, pro nobis passum esse, ressurrexisse, exinde nos quoque resurgere cum remissione peccatorum, quod est verum evangelium, quod annuntiat Paulus . . . unum autem est evangelium solumque unum Christum credere Dei filium esse, Christum cum passione sua et adventu in carne et ressurrectione ac passione solvisse omnia peccata, vicisse mortem, corruptionem omnem exterminasse: hoc est solum evangelium"* (1149 B C).

5. Aber auch der christologische Artikel des Apostolikums ist mit dem christologischen Artikel des primum evangelium nicht identisch. Es sind die g e s c h i c h t l i c h e n Aussagen über Christus, die die Eigenart des zweiten Artikels des Apostolikums ausmachen und — nach der Analyse von Holl[1]) — dazu dienen, die beiden nomina Christi: Kyrios und Sohn zu begründen. In der Logosfigur des Victorinus sind aber die geschichtlichen Elemente weithin eliminiert. Viktorin nennt nur die *passio*, die *adventus in carnem*, die *ressurrectio* — in dieser Reihenfolge! —, d. h. er hat nur d i e „geschichtlichen" Momente, die er von seiner Logosidee aus deuten kann: die *passio* als das metaphysische Leiden der *descensio* überhaupt, die *adventus in carnem* als den Schnittpunkt, in dem der Logos auf seinem Weg durch das Universum auf die Menschennatur trifft und sich mit dem Fleisch begleitet, die *ressurrectio* als den Prozeß, in dem er mit dem erlösten Logos des Fleisches zu seiner reinen Geistnatur zurückkehrt. Dieselbe Vergeistigung vollzieht sich abbildlich an allen, die im Glauben an seinem Wesen teilhaben: indem er alle in sein geistiges Sein hineinreißt und an seinem Leben teilhaben läßt, *solvit peccata, vincit mortem, exterminat corruptionem*. War im zweiten Artikel des Apostolikums die Heilsgeschichte beschrieben, so sind bei Viktorin die pseudogeschichtlichen Momente der *as-*

---

1) Vgl. Holl, Ges. Aufsätze Bd. II S. 117 ff.: Zur Auslegung des 2. Artikels.

sumptio carnis und der Auferstehung eingereiht in den universellen metaphysischen Erlösungsprozeß.

6. Das *evangelium primum* beschränkt sich aber auch nicht
auf den metaphysischen objektiven Erlösungsprozeß, sondern
setzt die transzendente Welt, das metaphysische Heilswirken und
den Träger dieser Heilstätigkeit in eine unmittelbare Heilsbe-
ziehung zum Menschen durch den Begriff des G l a u b e n s, indem
es zeigt, daß es der Glaube allein ist, in dem der Mensch in
eine persönliche heilsmäßige Beziehung zu dem objektiven Heilsgeschehen und dem Bringer des Heils tritt. *„Christum Dei
Filium . . . omnibus c r e d e n t i b u s; . . . omnem spem salutis et
gratiae Dei circa nos i n f i d e esse circa Christum ut eum c r e d a-
m u s Dei filium esse . . . et enim Christus qui pro nobis omnibus
passus est in gratiam nos vocat si in eum c r e d a m u s. non enim
magnum est gratiam eius consequi si modo eum sequamur c r e d e n t e s
mysterio suo, ista praestitisse, et id gratis, sine labore et sine magnis
operibus . . . unum autem est evangelium solumque unum Christum c r e-
d e r e Dei Filium esse . . . aliud non est neque ex operibus mereri salutem[1].“*
Dieser spiritualistische Glaubensbegriff sprengt die traditionalistische und geschichtliche Bindung des Glaubens durch die
Kirchenlehre und damit das Dogma. Hier liegt der tiefste Gegensatz zwischen dem evangelium primum und der kirchlichen regula
veritatis: für Viktorin ist die vera regula nicht bloß die L e h r e
von Christus und seinem Heilswirken, vielmehr ist darin bereits
die religiöse Funktion einbezogen, durch welche der Mensch
sich zu dem Heilsgeschehen in Beziehung setzt und in welcher
es für ihn persönlich wichtig wird.

Die eigene Zeit Viktorins hat diese Ideen nicht verstanden.
Man hat beim Überprüfen der wenigen Urteile über Viktorin,
die fast alle von Hieronymus stammen, den Eindruck, daß man
den alten Mann schreiben ließ, ohne sich mit seinen Ideen
weiter abzugeben und ohne den neuen Geist in seinen Anschauungen zu merken.

Der zweite und dritte Punkt, die Deutung des Apostelstreites
und die Verketzerung des Jakobus, läßt sich zusammenfassen
unter dem Begriff der schroffen Ablehnung aller judaistischen
Züge des Christentums.

---

1) ad Gal. 1, 6 (1149 A ff.); (1149 C D) über das evangelium Christi.

Seine Anschauung vom Glauben hat bereits gezeigt, daß Viktorin in seiner Ablehnung der Werkgerechtigkeit nicht bei der Verwerfung der alttestamentlichen *opera* stehen blieb, sondern überhaupt die Idee eines Verdienstes vor Gott verwirft und diesen Gedanken bis zu einer quietistischen Indifferenz auch gegenüber den opera christiana weiterführt (s. S. 159 f).

2. Die prinzipielle Ablehnung des Judaismus lehnt sich stark an die paulinischen Gedanken an. Um eine auffällige eigene Interpretation handelt es sich aber bei der viktorinischen Deutung des Apostelstreites[1]).

Das für ihre Zeit Unerhörte der Interpretation besteht in der schroffen Verurteilung des Petrus, dessen Rückfall in den Judaismus als ein *peccatum* und ein Abfall vom *primum evangelium* dargestellt wird.

Das Stichwort für die Deutung des Apostelstreites fällt bereits in der Paraphrase von Gal. 2, 11: „*peccatum Petri non tacui*[2])", Der Begriff *peccatum* ist hier schon ein Urteil Viktorins, das der Paulus-Text nicht ausspricht, aber suggeriert. Viktorin ist hier durch seine Idee vom *evangelium fidei* gezwungen, die diplomatische Vorsicht des Paulus in der Darstellung des Apostelstreites preiszugeben zugunsten einer Darstellung der peinlichen Wirklichkeit, die sie verhüllen soll: der Streit ist sehr erregt und der Rückfall des Petrus eine grobe Sünde.

Viktorin ergreift von Anfang an die Partei des Paulus, ist durch sein schroffes Vorgehen gegen Petrus nicht irritiert, sondern stellt die Zurechtweisung des Petrus als eine lobenswerte Tat seiner *libertas* dar, die sein absolutes Vertrauen auf sein Evangelium des Glaubens zeigt. In diesem Zusammenhang findet sich nicht nur der Ausdruck: *evangelium suum*, sondern auch die Formulierung: *evangelium privatum*[3]).

Ein weiterer Zug der Interpretation ist, dem Streit nicht den Charakter einer persönlichen Auseinandersetzung der beiden Apostel, sondern einer objektiven Entscheidung prinzipieller Natur zu geben: überall wirkt dabei wieder die Idee von der

---

1) ad Gal. 2,11 (1161—1164) vgl. die Abhandlung von Holl, Ges. Aufs. III 1928. Der Streit zwischen Petrus und Paulus zu Antiochien in seiner Bedeutung für Luthers innere Entwicklung S. 134 ff. (s. S. 173).

2) ib. 1162 A, ib. 1162 BC).

3) s. dort auch die folgenden Stellen.

Identität des paulinischen Evangeliums mit dem *evangelium verum
et solum* mit hinein.

Bei der Auseinandersetzung fungiert Petrus von vornherein
als der Angeklagte — *accusatus*—, auf dem eine *reprehensio* lastet.
Der Inhalt dieser *reprehensio* lautet auf Verstoß gegen das *evangelium fidei*. „*ergo et ille populi iudicio peccavit et accusatus est.*"
Viktorin läßt Paulus hinzufügen: „*et populus si quid in me peccati
esset, pari modo reprehenderet sicut illum reprehendit.*" Damit wird der
Fall in eine objektive Sphäre erhoben: es handelt sich um die öffentlich erhobene Beschuldigung einer Sünde gegen das Urevangelium;
der Träger des reinen Evangelium kann dabei als Richter fungieren.

Die Formel für das Vergehen des Petrus ist die *omissio primi
evangelii*, d. h. ein Abweichen von der *concordia mysterii*, welche,
wie bereits dargestellt, eine Einigung aller Apostel auf das evangelium fidei ist. Die Sünde des Petrus wird noch dadurch ver-
schärft, daß er nicht allein das wahre Evangelium verunstaltet
hat, sondern auch die andern durch seine *simulatio* zur Zustimmung verleitet hat. „*atque id parum est quod ipse faciebat; unde
magnum peccatum quod alii illi consentiebant.*" „Weil die Heuchelei
viele täuscht, sündigst du, denn du zwingst die Heiden, nach
dem Gesetz zu leben . . . (gesündigt hat er) erstens, weil er die
ankommenden (Judaisten) fürchtete, zweitens, weil die übrigen
getäuscht wurden und zum Judaismus gezwungen wurden, da
sie nicht wußten, daß jener nur heuchelte[1]."

Damit ist der Zentral-Punkt des Streites berührt: Judaismus
oder Paulinismus; *opera* oder *sola fides*. Die Entscheidung ist
eindeutig; Viktorin läßt Paulus so sprechen: „Wir Juden,
nämlich ich und du, Petrus, und die übrigen, die wir Sünder
sind, nicht Heiden, sondern Juden, setzen doch unseren G l a u b e n
a u f C h r i s t u s u m j e d e n P r e i s, ob wir auch Juden sind.
Denn wir wissen ja, daß der Mensch nicht gerechtfertigt wird
aus den Werken des Gesetzes, sondern gerechtfertigt wird durch den
G l a u b e n, und zwar den G l a u b e n a n J e s u s C h r i s t u s. Da wir
also das wissen, . . glauben wir in Christus Jesus und glauben, daß
wir gerechtfertigt werden aus dem Glauben, nicht aus des Gesetzes Werken[2]."

---

1) ib. (1163 A).
2) ib. (1164 BC).

An diesem Punkt wirkt sich die Differenz zwischen dem viktorinischen evangelium primum und der kirchlichen Lehrtradition aus: die kirchliche Wertung der Stellung des Petrus in der römischen Kirche ist in dieser Auslegung des Galaterbriefes glatt übergangen. Man muß die kriecherischen Interpretationen und Sophismen danebenstellen, die Hieronymus in seinem Galaterkommentar erfand, um die kühle Rücksichtslosigkeit der viktorinischen Interpretation gegen die Ansichten der zeitgenössischen Theologie zu verstehen. Es ist die dogmatische Ungebundenheit des Philosophen, die sich hier ausspricht und die um so auffälliger wirkt, als auch Augustin, obwohl er die Anschauung des Hieronymus von dem fingierten Duell, das die Apostel zur Warnung der Gemeinde aufgeführt haben sollten, als unsittlich ablehnt, die ängstliche Peinlichkeit in der Behandlung des Apostelstreites zeigt und sich nirgends erlaubt, von einem *magnum peccatum Petri* zu reden.

3. Eine zweite auffällige Wendung des viktorinischen Antijudaismus ist seine Verketzerung des J a k o b u s. Es handelt sich dabei um die wiederholte Bestreitung des Apostolats des Herrenbruders Jakobus.

Ansatzpunkt dieser Polemik ist Gal. 1, 15: *alium autem apostolorum neminem vidi nisi Iacobum fratrem Domini.* Viktorin interpretiert diese Stelle in einer Weise, die bei den Abschreibern große Mißbilligung hervorrief, welche sich in einem wiederholten *„caute lege; caute lege“* am Rande niedergeschlagen hat. Er meint nämlich, Paulus bestreite mit dem *„nisi“* das Apostolat des Herrenbruders. Darauf weise auch das Sonderprädikat: Bruder des Herrn, das er ihm im Unterschied zu dem Aposteltitel gebe [1]. *„cum autem fratrem dixit, apostolum negavit.“* Dabei wird besonders hervorgehoben, daß Paulus auch von Jakobus keine Belehrung über Christus erfahren habe, sondern seine ganze Lehre auf die revelatio Christi zurückginge. *„neque a Iacobo aliquid discere potuit[2].“*

Der Grund für diese scharfe Wendung gegen Jakobus liegt in der Bemerkung Viktorins, daß es die Sekte der Symmachianer

---

1) comm. ad Gal. 1, 15 (1154 D).
2) comm. ad Gal. 1, 13 (1153 B).

sei, die sich auf Jakobus als ihren Apostel berufe bzw. diesem Apostel fälschlich den Aposteltitel beilege [1] [2]).

Aus Viktorin läßt sich über diese kaum bezeugte Sekte soviel ersehen:

1. Es handelt sich um eine judaistische Sekte, die durch die typische Verquickung von jüdischem Gesetz und Evangelium charakterisiert ist. „*ad Dominum nostrum Iesum Christum adiungunt iudaismi observationem (ib.)*".

2. Diese Sekte führt ihren Ursprung auf den Herrenbruder Jakobus zurück, den sie fälschlicherweise den elf Aposteln als zwölften zurechnen.

3. Von der Lehre des Pseudoapostels Jakobus hat Viktorin folgende Züge bewahrt: er war der erste in Jerusalem, der die Vermengung von Evangelium und Gesetzeserfüllung vornahm und mit der Christusverehrung verband und der so die Lehrgrundlage aller judaistischen Ketzerei schuf. Er bzw. seine Schüler, die die judaistische Ketzerei nach Antiochien trugen, ist auch schuld an dem verhängnisvollen Abfall des Petrus vom *primum evangelium*.

---

1) comm. ad Gal. 2, 13 (1162 D). Iacobus enim frater Domini, qui[a] auctor est ad Symmachianos, p r i m u s apud Hierosolymam sibi hoc adsumendum putavit, uti et C h r i s t u m p r a e d i c a r e t e t v i v e r e t u t I u d a e i, omnia faciens quae Iudaeorum lex praecipit, idest quae sibi Iudaei observanda intellexerunt.

2) Untersucht man die drei genannten Quellen, so ergibt sich aus Augustin und Cresconius gleichmäßig,

1. daß die Symmachianer in wenigen, aber um so zäher an ihrer Lehre festhaltenden Gemeinden noch existierten,

2. daß sie die christliche Taufe und die Beschneidung sowie die Befolgung des jüdischen Gesetzes haben,

3. daß sie auch Nazaräer heißen.

4. Aus der Bemerkung des Faustus, von dem Augustin seine Nachricht über sie hat, kann man sehen, daß es hauptsächlich Mt. 5, 17: non veni solvere war, worauf sie ihren Judaismus stützen. (Aug. contra Faust. Manich. XIX 4) hoc si mihi Nazaraeorum obiiceret quisquam, quos alii Symmachianos appellant, quod Iesus dixerit se non venisse solvere legem ... nam huiusmodi quos aio et circumcisionem portant et observant sabbatum et porcina ac reliquis abstinent huiusmodi quae praecepit lex, sub Christiani quamvis nominis professione, decepti etiam ipsi, ut intelligi datur hoc ipso capitulo quo et tu, quia Christus non ad solvendam legem se venisse dixerit sed ad implendam.

Damit findet die eigenartige Geschichtsauffassung, wie sie der Idee vom primum evangelium zugrunde liegt, eine weitere Ergänzung. Das Urevangelium war seiner Einheit in der doppelten Offenbarung nach das Evangelium des Glaubens, auf das sich alle Apostel einigten. Das Vorhandensein judaistischer Züge im jüdischen Christentum der Urzeit wird also nicht angenommen. Am Anfang herrschte überall das *evangelium fidei,* welches die

---

Dazu kommen die Nachrichten des Ambrosiaster (Prol. zum Komm. ad Gal.): sicut et Symmachiani qui ex Pharisaeis originem trahunt qui servata omni lege Christianos se dicunt nore Photini Christum non Deum et hominem, sed hominem tantummodo definientes. Es handelt sich also um folgende Momente:

1. Die Symmachianer gehen auf die Pharisäer zurück;

2. sie nennen sich Christen und verlangen dabei Gesetzeserfüllung (Beschneidung, Fasten, Sabbat);

3. sie leugnen wie die Photinianer die Gottheit Christi und behaupten, er sei nur Mensch — hominem tantum — gewesen. Diese Lehre vom ψιλὸς ἄνθρωπος findet ihre Modifizierung in der Bemerkung Viktorins, sie hielten Christus nicht für Gottes Sohn, sondern für Adam und behaupten, er sei die anima generalis. comm. ad Gal. 1, 15 (1155 B) dicunt enim eum (sc. Christum) ipsum Adam esse et esse animam generalem et alia huiusmodi blasphema.

Die Bemerkungen des Philastrius über die Symmachianer bringen dagegen andere Züge (PL 12, 1177):

1. Die Symmachianer seien Schüler des Patricius;

2. sie verwerfen die Vorstellung vom Endgericht;

3. ihre Moral trage stark libertinistische Züge: vitiis saecularibus et carnalibus praedicant serviendum;

4. als Eigenart dieser patrizianischen Lehre, mit der sich ihre Anschauungen decken sollen, wird hervorgehoben ein extremer Dualismus: das Fleisch des Menschen sei nicht von Gott, sondern vom Teufel erschaffen. Daher sei ihr Hauptgebot die Tötung des Fleisches „auf alle Weisen". Die extremste Fleischestötung sei der Selbstmord, den sich manche Mitglieder dieser Sekte zufügen. Ein metaphysischer Dualismus und die darauf sich aufbauende Moral der Fleischestötung, die Libertinismus und Selbstmord umfaßt: das ist das Gepräge der Sekte, die Philastrius zeichnet. Von judaistischen Zügen wird nichts erwähnt.

Wie weit man die beiden Berichte, einerseits die Tradition Viktorin—Ambrosius—Augustin—Cresconius, andererseits die Tradition des Philastrius miteinander kombinieren darf, ist sehr fraglich; beide Traditionen geben ein in sich geschlossenes Bild. Legt man Loofs' Teilung der judaistischen Sekten in einen vulgären und einen synkretistischen Typ zugrunde, so müßte man die Symmachianer, wie sie Philastrius zeichnet, der zweiten Gruppe zuweisen.

durch die *concordia mysterii* verbundenen Apostel verkündigten.
Der Judaismus ist erst durch einen Außenseiter des Apostel-
kollegiums, den Herrenbruder Jakobus hereingekommen, der
als erster die Vermengung des Evangeliums des Glaubens mit
der jüdischen Gesetzesfrömmigkeit vollzog und versuchte auch
die übrigen Apostel in diesen Abfall hineinzuziehen, was ihm
auch bei Petrus gelungen wäre, wenn nicht Paulus sogleich
scharf dazwischengefahren wäre.

Wir haben hier also die Grundzüge einer Geschichtskonstruktion,
deren Prinzip, die Abfallstheorie, über ein Jahrtausend später
eine neue Aktualität bekommen sollte.

Am Anfang steht die Offenbarung des Geistes, die Enthüllung
des magnum mysterium in einem einmaligen geschichtlichen
Akt. Am Anfang steht die vollendete reine ungetrübte Lehre,
die die Apostel zusammenfaßten zur regula veritatis. Dann aber
kamen die Ketzer, die Judaisten, und entstellten das reine evangelium fidei, indem sie menschliche Vorstellungen und Gebote
in die Lehre hineintrugen. Paulus war es, der dieser Entstellung
entgegentrat, wozu er als Vertreter des primum evangelium,
des evangelium revelatum, imstande war, und das Evangelium
des Glaubens, das unter den Säulen der Kirche selbst schon
zu wanken begann, wieder aufrichtete. Jakobus ist so der
Antipaulus; darin liegt der Grund seiner Bekämpfung. Der
Judaismus war für Viktorin neben dem Arianismus die bestge-
haßte Ketzerei. Noch ein bemerkenswerter Zug liegt in dieser
Geschichtsphilosophie: nicht in der Mitte der auf das Evangelium
des Glaubens geeinten Apostel entstand die Ketzerei; ein Außenseiter hat die erste Depravation des Urevangeliums eingeleitet.
Die Ketzerei ist nicht im Schoß der Kirche unter den Aposteln
entstanden, sondern ein Fremder, ein Nichtapostel hat sich ein-
gedrängt und die wahre Lehre zerstört.

Ob dieser Kampf gegen die Symmachianer nur eine Art Übung
am Phantom oder eine aktuelle geschichtliche Polemik ist, wäre
schwer zu entscheiden, wenn nicht Augustin in seiner Schrift gegen
den Manichäer Faustus die Mitteilung machte, daß die Symmachianer
noch bis in seine Zeit nicht sehr zahlreich, aber um so zäher
fortexistierten[1]). Der Donatist Cresconius bestätigt das Vor-

---

1) s. S. 174 Anm. 2.

handensein der Sekte der Symmachianer[1][2]). Die Symmachianer
sind also die Restform des Judenchristentums, die im Abendland
und besonders in Afrika am Ende des vierten Jahrhunderts noch
existierte, d. h. die Sekte, die dem Vertreter des evangelium
fidei als der Inbegriff der Ketzerei erscheinen mußte und in der
ihm in den siebziger Jahren der Judaismus noch als geschichtliche
Größe entgegentrat. Daß ihrer Lehre zu Viktorins Zeit noch
einige Aktualität zukam, zeigt ihre entsprechende Bekämpfung
im Prolog des Galaterkommentars von „Ambrosiaster", der in die
gleiche Zeit fällt; die Nachrichten beider Kommentare über die
Symmachianer stehen aber in keinem direkten Zusammenhang.

Die viktorinische Glaubenslehre ist gerade in ihren antijuda-
istischen Zügen nicht verständlich ohne eine Darstellung seiner
Anschauung vom G e s e t z.

Viktorin hat sich nämlich nicht beschränkt, den paulinischen
Gesetzesbegriff zu entwickeln, sondern hat in den jüdischen Gesetzesbegriff die griechische Anschauung vom νόμος hineingedeutet, d. h. den Gesetzesbegriff seiner Beziehung auf das jüdische
Gesetz entschränkt und dafür den universalistischen Gesetzesbegriff der griechischen Ethik und Naturwissenschaft zugrunde
gelegt.

Viktorin geht dabei aus von der Bemerkung, daß Paulus in
seinen Ausführungen über das Gesetz Gal. 4, 3 nicht vom jüdischen
Gesetz, wie zu erwarten, sondern von *elementa huius mundi*
spricht. *„et nos, inquit (sc. Paulus), cum essemus parvuli, quid
subsequi debuerat? sub l e g e vivebamus. at nunc in conclusione non
ad l e g e m, sed ad e l e m e n t a m u n d i retraxit"* (1174 D).

In dieser Wendung der paulinischen Gedankenführung sieht
er die beabsichtigte Verkoppelung der Begriffe Kosmos und
Nomos, d. h. die Bestätigung seiner universellen Deutung des
Gesetzes. *„etenim mundus hominem ante adventum Christi aut*

---

1) Augustin contra Faustum Manichaeum XIX, 17 (CSL. 25, 1 S. 516, 24
ed Zycha) Hi sunt quos Faustus Symmachianorum vel Narazaeorum nomine
commemoravit, qui usque ad nostra tempora iam quidem in exigua, sed
adhuc tamen vel in ipsa paucitate perdurant.

2) Cresconius Donatista aus Augustin (Schluß von: contra Cresconium
Gramm. lib. I c. 31 PL 43 (465 A) et nunc sunt quidam haeretici qui se Naza-
renos vocant, a nonnullis autem Symmachiani appellantur et circumcisionem habent Iudaeorum et baptismum Christianorum.

*Iudaeum habebat aut Graecum, vel Iudaeus vel Graecus, dum legibus
s u i s ageret, sub elementis mundi vita gerebatur"* (1175 A). Das griechische und das jüdische Gesetz werden also auf die gleiche Stufe
gerückt. „Denn es ist Gesetz bei den Juden, daß Gotteslästerung,
Diebstahl, falsches Zeugnis usw. bestraft wird. Gleichermaßen
werden auch bei den Griechen, d. h. bei den Heiden, diese Vergehen auf Grund der Gesetze bestraft und werden sie noch" (ib.).

Das universelle Gesetz, das in verschiedenen Brechungen von
der gleichen Uridee her bei Juden und Griechen sich manifestiert — hier spiegeln sich die bekannten Vorstellungen von
der Abhängigkeit Platos von Mose —, ist das natürliche Gesetz,
das überall dort sich verwirklicht, wo eine politische Ordnung
von Menschen besteht. Für die theologische Deutung Viktorins fällt
dieses natürliche Ordnungsprinzip unter den Begriff „Welt" überhaupt, wie er in der Lehre von den beiden Aeonen dargestellt wurde.

Der paulinische Gesetzesbegriff erfährt aber noch eine zweite Erweiterung (ib.). „Die Elemente der Welt aber haben zugleich in sich
ihre eigenen Bewegungen wie auch gewissermaßen gewisse Not-
wendigkeiten aus den Bewegungen, wie in den Gestirnen, durch
deren Umdrehung das Leben der Menschen auf eine Notwendigkeit
festgelegt wird: und so dienen die Menschen den Elementen,
wie es die Sterne gebieten, wie es der Lauf der Welt befiehlt."

Der Nomos-Begriff wird also verstanden als das Gesetz, nach
dem sich das Universum bewegt, das Naturgesetz. Wichtig ist,
daß Viktorin hier die Heimarmene mit den ganzen astrologischen
Hintergründen mit hereinbringt. Gesetz ist universell das Gesetz
des Kosmos, das den Lauf der Gestirne, den Lauf der Welt,
das Leben des natürlichen Menschen bestimmt. Denn jede Bewegung in der Welt ist geordnete Bewegung und hat ihre Notwendigkeit in sich als Gesetz.

Die Erlösung aber, die der Mensch erfährt in der Wiedergeburt, in der er hineingeboren wird in den Geist, ist die Spren-
gung dieses Gesetzes: „Von all diesem wird erlöst, wer immer
in Christus Glauben hat als den Herrn seines Lebens, und von
Christus den Geist empfangen hat, daß er alle Notwendigkeit
der Welt und die Macht der Elemente fliehe und meide und
nicht der Welt, sondern dem Herrn Christus diene, und, da der
Geist herrscht, in seinen Taten Freiheit habe" (1175 B).

Damit ist die Idee der Wiedergeburt in ihrer schärfsten, konsequentesten und großartigsten Weise entwickelt. Der Wiedergeborene ist der Welt ganz und gar entrafft. Die Freiheit, die der Geist schafft, ist nicht nur Freiheit von jeder Bindung an eine weltliche Moral und an ein weltliches Gesetz, sondern auch die Freiheit vom Gestirn, Freiheit von dem weitesten und gewaltigsten Gesetz, das das Leben des Universums bestimmt. Im Glauben vollzieht sich die radikale Erneuerung: das Hineingeboren-werden in den andern Äon ist ein Herausgehoben-werden aus der gesetzlichen Bindung des unteren Äon. Der Wiedergeborene entrinnt der Heimarmene, der nichts Irdisches entrinnen kann, die Zeit wird Ewigkeit, das Fleisch wird Geist, die zukünftige Vollendung wird gegenwärtig. Mit der Ausdehnung des Gesetzesbegriffs auf das universelle kosmische Gesetz wird der Glaubensbegriff auf die letztmöglichste Weise radikalisiert. Der Bindung des natürlichen Menschen an das Gesetz steht gegenüber die absolute Freiheit des transzendenten Gottes, die der Wiedergeborene im Geist erlangt: „die Freiheit, die Welt zu verlassen und zum Vater zurückzukehren . . .“; „diese Freiheit haben wir empfangen als ein Geschenk. Dennoch sollen wir untereinander dienen in Liebe und zwar in der Liebe des Geistes, nicht des Fleisches“ [1] [2].

Nach der Darstellung der religiösen Momente der viktorinischen Glaubensanschauung muß betont werden, daß sich die Spannung

---

[1] comm. ad Gal. 5,13 lib. II (1191 C).

[2] Bemerkenswert ist dabei, daß innerhalb der Erweiterung des Gesetzbegriffes das jüdische Gesetz ebenfalls mit unter die elementa mundi fällt, was auf einen gnostischen Zug weisen würde. Man könnte in diesem Zusammenhang noch auf die Stelle comm. ad Eph. 1, 17 (1247 D) hinweisen: Deus noster, qui est Deus Domini nostri Iesu Christi qui longe separatus est a Deo Iudaeorum, is ipse qui et pater gloriae. Weiter ad Eph. 2, 11 lib. I (1257 A) cum autem dixit (sc. apostolus) quod circumcisio quae manu facta est, vos praeputium nominat, intellegi voluit non esse a Deo datam circumcisionem, quae manu facta est, sed esse alteram circumcisionem quae mentis est. Gott hat also die fleischliche Beschneidung nicht eingesetzt. Doch sind diese gnostischen Züge sporadisch und ordnen sich nicht zu einem Bilde. Es ist nicht möglich, die Stellung Viktorins zum A. T. — so selten er es benützt — von der Idee des absoluten Gegensatzes der beiden Testamente als einer Projektion des absoluten Gegensatzes des verborgenen und im Evangelium enthüllten Gottes des Himmels und des Jahve, des Herrn der Welt zu sehen.

zwischen den beiden Äonen nicht nur religiös, sondern auch erkenntnistheoretisch bestimmen läßt. In die Glaubenslehre wirken also auch einige intellektualistische Momente hinein, die nicht übersehen werden dürfen und die in der funktionellen Verknüpfung von Glauben und Geist [1]) und der dabei vorausgesetzten metaphysischen Identität von Geist und Logos begründet liegen. In dieser Identität von Geist und Logos liegt bereits eine erkenntnistheoretische Deutung des Glaubensbegriffes, die unmittelbar das augustinische credo ut intelligam antizipiert [2]).

Die viktorinische Erkenntnistheorie trägt folgende Züge:

1. Den metaphysischen Ort der Erkenntnistheorie kennzeichnet etwa folgende Stelle [3]): „Die Intelligenz wirkt auf doppelte Weise: durch ihre eigene intellektuale Potenz und nach der Begrenzung des Erkennens auch durch die sinnliche Wahrnehmung. Da aber wiederum die sinnliche Wahrnehmung ein Bild des Erkannten und eine Begrenzung des Erkennens ist, wenn sie in vollendeter Weise das Wirken der Intelligenz aufnimmt, welche sie im Wirken und Tun bestärkt, so reicht die sinnliche Wahrnehmung ganz nahe und eng an die reine Intelligenz heran."

Es besteht also eine natürliche Grenze zwischen dem reinen potentiellen intelligiblen Sein und seiner bildhaften Brechung in der sinnlichen Wahrnehmung. Der natürliche Mensch hat kein Organ für das reine intelligible Sein, sondern nur für seine sinnliche Darstellung und Selbstbegrenzung.

Die sinnliche Wahrnehmung ist aber als *imago* selbst so etwas wie ein intelligibles Wahrnehmen. Ein vollständiges Erfassen der Selbstdarstellung des intelligiblen Seins in seinem Abbild ermöglicht eine Approximation der sinnlichen Wahrnehmung an die reine Intelligenz.

2. Die Approximation des *sensus* an die objektive geistige Wirklichkeit ist aber nur ein Grenzfall nach oben, denn das intelligible Sein erfährt durch seine Brechung in der Materie

---

1) l. I c. 2 (1041 B) ... spiritu quem doctorem habet fide sanctus vir.

2) Die weitere Behandlung des Problems Glauben und Erkenntnistheorie s. Teil III.

3) de gen. verb. div. IX (1024 B) sensus simulacrum cum sit intellecti et limitamentum intelligendi ...

eine vielfältige Entstellung [1]: „*multiplici fuco decipiens integram intelligentiam.*" Da die sinnliche Wahrnehmung auf die Erkenntnisvermittlung sinnlicher und fleischlicher Organe angewiesen ist — auf carnes und foramina, wie Viktorin sagt — so besteht die dauernde Möglichkeit eines Trugs. „*fallax intellectus nascitur*" (ib.).

3. Diese Erkenntniszone zwischen Trug und Wissen, die die Möglichkeit einer Approximation an das reine geistige Sein als Grenzfall in sich schließt, ist die Zone des verisimile. Sie bezeichnet also die natürliche Erkenntniszone der menschlichen Seele im Zustand ihres Verbundenseins mit dem fleischlichen Leibe.

4. Viktorin hat nun bereits in seiner Metapsychologie, d. h. in der Idee der Individuation der Seelen aus der göttlichen Geistnatur, die metaphysische Voraussetzung für diese Erkenntnistheorie gegeben; er sagt nämlich: die präexistenten Seelen enthielten in sich die Möglichkeit, aus der reinen Intelligenz in die benachbarte untere Zone des verisimile und vom verisimile aus in den vollständigen Trug abzusinken [2]. Gott hat die Seelen, die die Möglichkeit des Irrens in sich trugen, in das fleischliche Sein hineingestoßen, damit sie die Möglichkeit des Irrtums bis zu Ende durchkosten und aus der Kenntnis des Irrtums die vollendete Wahrheit kennen lernten. Der eigentliche Sinn des *magnum mysterium* ist nun, daß der Logos sich selbst den Fleischlichen im Fleisch zeigte und ihnen so die reine und ganze Wahrheit brachte. Die Aneignung dieser Wahrheit geschieht aber allein durch den Glauben, der hinter den verisimilia die ewige Wahrheit des Logos sieht.

Indem also der Seele das Geistige auf sinnliche Weise entgegentritt, hat sich die ihr innewohnende Möglichkeit, sich von der Finsternis betrügen zu lassen, zum Guten gewandt: sie hat das Licht in der Finsternis gefunden. So entfalten sich alle in ihr ruhenden Möglichkeiten auf den einen Gott und Geist hin. „Christus ist der Geist und die Intelligenz und die Offenbarung aller göttlichen Dinge." So kann das ganze Leben des Gläubigen

---

1) comm. ad Eph. 1,4 lib. I (1240 A).

2) comm. ad Eph. 1,3 lib. I (1239 D ff.).

Vgl. comm. ad Eph. 1,4 (1241 A B C) unde cum animae gradu progressionis ex ipso cum ipsius essent, tamen quia quadam longinquitate ab ipso m i n o r e l u c e f u l g e n t e s et minore lumine non ita perfectae fuerant, id est quia labi ab intelligentia veri poterant in ea quae v e r i s i m i l i a erant et a

als ein kontinuierlicher „*labor intelligendi*" bezeichnet werden. Der Glauben ist das reinste und vollendetste Erkennen, denn Gott schenkt uns im Glauben den Geist ihn ganz zu erkennen. Im Glauben empfangen wir die *scientia plena universitatis* [1]) als Geschenk und Gnade Gottes.

5. Die volle Erkenntnis, die *plena scientia deitatis*, die *perfecta cognitio Dei* ist wie bei Augustin Ziel des Glaubens [2]). „Wenn der Friede Gottes in uns kommt, dann werden wir Gott erkennen, dann ist nichts mißtönend, nichts strittig, kein zänkisches Argumentieren, nichts, was eine Untersuchung verlangt, wie es bei uns in Dingen der Welt vorkommt; sondern wenn wir den Frieden Gottes haben, ist alles so offen, daß das ganze Erkennen mit uns ist . . ., wenn nämlich Gott den Frieden in unsere Herzen schickt, dann ist schon das ganze Erkennen mit uns [3])." Im Glauben wird die Seele in das Sein des Logos hineingerissen und hat von ihm die universelle Erkenntnis. „. . . *in Christo tota intelligentia sit et de Christo tota intelligentia nostra sit et propterea per Christum de Deo* [4])."

Die *intelligentia* ist also der Zentralbegriff, in den die Anschauung vom Glauben mündet. Die ontologische Verknüpfung von Geist und Sein gibt so dem Erkenntnisproblem eine existentielle Bedeutung [5]).

---

verisimilibus in falsa, id est in ea quae sensus sunt, sunt autem ea quae dixi vel mundus vel materia vel omnia in mundo. haec nesciendo anima minus perfecta esset et tali natura permaneret si ista veniens cognosceret et contemneret; et ut perfecta ab eo quo capi poterat atque integra redderetur, fecit Deus mundum ad cognitionem sensuum uti quia magnis illecebris sensuum captae animae iam illam virtutem luminis sui perdiderant. quippe caro factae et carnalia sentientes mysterium per salvatorem completum est uti et discerent homines parentem suum et ad virtutem intellegendi contemptis sensibus et calcatis et contritis omnibus pervenirent, et sic perfectione per omnia completa et in omnibus secundum Christum et per Christum et in Christo unum fierent universa et sic plenitudo illa sicuti supra dixi perfecta ex omnibus redderetur.

1) comm. ad Eph. 1,4 (1239 C) scientia plena universitatis; comm. ad Eph. 1,4 lib. I (1240 A); comm. ad Eph. 1,2 lib. I (1237 A) gratia, id est ut Deum noverint.

2) comm. ad Eph. 1,4 (1241); ib.: ex hoc (sc. Christum credere) veluti cognatio intellegendi nos iungit et sociat Christo.

3) comm. ad Phil. 4,7 (1229 D).   4) comm. ad Eph. 1,3 (1237 D ff.).

5) l. I c. 38 (1063 C) si quis in eo quod Dei est esse steterit, hoc est in

Es finden sich daneben auch Versuche einer intellektualistischen Lösung, die stark von plotinischen Gedanken beeinflußt sind. Bezeichnend ist etwa folgende Stelle: „de Deo dicere supra hominem audacia est. sed quoniam inditus est animae nostrae νοῦς πατρικός (Mscr: ἠθικός) et spiritus desuper missus ad figurationes intelligentiarum inscriptas ex aeterno in anima nostra, movet ineffabiles res ad investigabilia mysteria Dei voluntatum atque operationum quasi mentis elatio animae nostrae. vult enim videre et etiam nunc in tali sita corpore[1].“ Die intelligible Kraft der Seele berührt sich also wesenhaft mit dem reinen Nus, denn sie ist ein Teil von ihm und es gibt einen Trieb in der Seele, von dieser intelligiblen Kraft aus das ganze intelligible Sein zu ergreifen. Es läge in der Konsequenz dieser Anschauung von der wesenhaften Berührung des intelligiblen Seins in der Seele mit dem Nus die Idee der Gnade zu eliminieren, denn es bedürfte ja nur einer selbstgewollten Askese, die intelligible Seele in das reine intelligible Sein des Nus zurückzuformen. Demgegenüber wird betont, daß es ein *induere*, eine *missio*, eine *insufflatio* von obenher ist, die die Seele zu einem Ergreifen der göttlichen Wirklichkeit bewegt.

So stehen in der Glaubensanschauung Viktorins die erkenntnistheoretischen und religiösen Motive hart nebeneinander: auf der einen Seite der Gedanke der *sola fides*, verknüpft mit der Idee der Wiedergeburt, auf der anderen Seite die neuplatonische Erkenntnistheorie mit ihrer Anschauung von der wesenhaften Identität der intelligiblen Kraft der Seele mit dem reinen intelligiblen Sein. Diese Gedanken sind ausbalanciert durch einen erkenntnistheoretischen Skeptizismus, der im *verisimile* den einzigen der menschlichen Erkenntnis zugemessenen Erkenntnisbezirk sieht. Ermöglicht wird dieser erkenntnistheoretische Skeptizismus durch die Anschauung von der Welt: In der Welt ist „Irrtum, Verderbnis und lauter Leiden"[2]. Erst durch einen erleuchtenden Akt der göttlichen Gnade bricht die Seele zum reinen geistigen

---

substantia, quod in ipsa ὁμοούσιος filius, statim λόγον eius videt. debemus enim quod ulterius non est interius aliquid stare facere, τὸν νοῦν in substantia substantia dei, hoc est in substantia, et statim comprehendimus et Deum et λόγον, ὁμοούσιον enim et simul ambo unum.

1) de gen. verb. div. I (1019 C).
2) l. I c. 43 (1073 D).

Sein durch und schaut in dieser Erleuchtung die eine transzendente Wahrheit. Es gibt also keine doppelte Wahrheit. Denn die Dinge in ihrer Erscheinung sind nicht wahr, sondern nur ein Schatten der Wahrheit. So gibt es zwar zwei Welten, die irdische und die geistige, aber nur eine Wahrheit, einen Geist und ein Sein [1]). „Denn die Wahrheit ist nicht doppelt, sondern immer die eine . . . aber Wahrheit-Sein selbst ist die Substanz. Denn nicht ist ein anderes die Wahrheit, ein anderes die Substanz. Was nämlich einfach ist, das ist Wahrheit. Einfach ist Gott, einfach der Sohn, eine Wahrheit [2]).

Die Kirche.

Abgesehen von dem bei Augustin zitierten Selbstzeugnis läßt sich in den Schriften Viktorins eine auffällige Uninteressiertheit an dem Problem der Kirche konstatieren. Einmal macht es die seine metaphysische bestimmende Deutung des Hl. Geistes durch die abstrakte Logosidee wenig wahrscheinlich, daß er über die Anschauung von einer metaphysischen und religiösen Beziehung zwischen Gott und dem einzelnen Menschen hinaus zu einer Anschauung von der konkreten geschichtlichen Kirche vorgedrungen ist. Die Beziehung zwischen Gott und den Menschen,

---

1) l. III c. 6 (1102 D) (1103 A); comm. ad Gal. 4, 5 lib. II (1178 D) ipsa autem cognoscentia patris, id est cum cognoscimus patrem, ipsa vox est spiritus nostri ad Deum, quem spiritum nobis dedit Deus; cognitio consonans cum eo quem cognoscit, quasi quaedam vox est in eum quem cognoscit.

2) l. I c. 43 (1073 D) non ergo duplex, sed una semper veritas et valde foris et deorsum valde quod est simile veritati quod forte in mundo existat similitudo veritatis, ubi et error et corruptio et omnis passio. (1074 A) veritas enim in semetipsa veritas. item si similis veritati est filius, id est quod simile est ducit quae ducit? si autem veritas, in veritatem ducit. si enim Deus ducit, et Deus veritas, in veritatem ducit ergo.

Vgl. l. III c. 6 (1102 D) extolle te igitur atque erige, spiritus meus, et virtute, qua a Deo mihi es in spiritu, agnosce Deum intelligere difficile, non tamen desperatum. nam ideo nosse se voluit, ideo mundum et opera sua divina constituit, ut eum per ista omnia cerneremus; λόγος certe, qui eius filius, qui imago, qui forma est, a se patrem intelligendi transitum dedit... et cum intelligiblem esse dicimus, certe insufflatione Dei anima nobis atque ex eo pars in nobis est, quae in nobis est maxima. attingimus igitur cum eo, quo inde sumus atque pendemus.

wie sie in dem plotinischen System vorgezeichnet ist, ist für ihn letzthin die Beziehung des universellen Logos — als einer metaphysischen Gestalt — zur Seele des einzelnen Menschen, in dessen *anima intellectualis* er die intelligiblen Fähigkeiten aktiviert und den Prozeß einer vollständigen Vergeistigung einleitet.

Dem entspricht, daß Viktorin von Anfang an kein positives Verhältnis zur positiven geschichtlichen Kirche seiner Zeit gehabt hat; auch nach seiner Taufe scheint sich dies nicht geändert zu haben. Für sein Verhältnis zur Kirche vor der Taufe spricht wohl am deutlichsten sein überliefertes Wort an Simplician: Machen denn die Wände den Christen[1]? Dieses Wort zeigt einmal, daß er sich die Kirche dachte als die Zusammenfassung von Gesinnungsgenossen zwischen vier Wänden, d. h. als eine Organisation von einzelnen Vertretern einer Religion, der sich anzuschließen er noch keinen notwendigen Grund sah. Es zeigt weiter das Selbstbewußtsein des Philosophen, der in der christlichen Offenbarung die Urphilosophie entdeckt und darin den Weg zum absoluten Wissen findet, den er allein beschreiten will. Von dem abstrakten Ansatz seiner Metaphysik aus findet die Anschauung von der Kirche als der geschichtlichen Konkretisierung des Geistes keine Beachtung und Deutung. Man kann in dieser Hinsicht ähnlich wie von seiner Deutung der Inkarnation sagen, daß seine Philosophie über den abstrakten Logosgedanken nicht zu einer Erfassung der geschichtlichen Momente der christlichen Religion gelangte.

Daß er aber auch nach seiner Taufe der Kirche innerlich fern stand, zeigt sich an seiner auffallenden Uninteressiertheit an der kirchlichen Organisation und am Amt, ja überhaupt an dem Anspruch der Kirche, eine konkrete Erscheinung des heiligen Geistes zu sein. Während der normale Lauf der Dinge im zeitgenössischen Rom der war, daß fast alle Konvertiten von der Bedeutung und der Berühmtheit Viktorins mit Leichtigkeit in einer angesehenen klerikalen Stellung einen ebenbürtigen Ersatz für ihre bürgerliche Stellung fanden, ist von Viktorin die Übernahme eines kirchlichen Amtes nicht erwähnt. Man weiß nur, daß er seine Professur nach seiner Taufe weiterführte,

---

[1] Augustin conf. lib. VIII c. 3 (CSL Bd. 33 ed. Knöll S. 171).

aber nach dem Philosophenedikt Julians im Gegensatz zu vielen
seiner christlichen Kollegen, die die Beibehaltung ihrer zivilen
Bestallung zukünftiger Vollendung vorzogen, auf seine öffentliche Wirksamkeit verzichtete.

Die Übernahme eines kirchlichen Amtes ist aber auch seiner
ganzen geistigen Haltung nach nicht annehmbar. Man denke
sich als Amtskollegen des Hieronymus einen Mann, der die
sola fides lehrte, die Werkgerechtigkeit verwarf, Jakobus einen
Ketzer und Petrus einen Sünder nannte und von der regula
veritatis abwich. Das stärkste Moment seiner unkirchlichen
Haltung ist dabei wohl die kühne Reduktion der Sakramente
auf die Taufe; in der vollkommenen Ignorierung der übrigen
Sakramente, vor allem des Abendmahls, entfernt er sich wohl
am nachdrücklichsten in einer konsequenten Durchführung seiner
Theologie von der zeitgenössischen Kirchenlehre. Viktorin war
kein Kleriker, sondern ein philosophierender Außenseiter der
römischen Gemeinde.

Der bissige Vorwurf des Hieronymus, er sei kein Theologe
— der unsterbliche Vorwurf aller Klerikalen gegen die freieren
Geister aller Zeiten — ist das unmittelbare Echo des offiziellen
Klerus auf die Reserviertheit des „Philosophen“, der sich erlaubte,
in der Schrift Gedanken zu finden, die außerhalb der offiziellen
katholischen Theologie und Tradition lagen. Das rasche Unter-
gehen seiner Schriften, wenigstens seiner kirchlichen, in dieser
Zeit, wo die Kirche sich mehr und mehr ihrer Bedeutung als
einer geschichtlichen politischen und gesetzgeberischen Größe bewußt wurde, mag mit dieser unkirchlichen, unkatholischen Haltung
Viktorins zusammenhängen.

Wenn ihn trotzdem sein Weg zur Kirche führte, so war es
die Idee der pneumatischen Kirche der Wiedergeborenen, die
ihn zu seinem Übertritt bewog. Aber auch dieser pneumatische
Kirchenbegriff ist bestimmt von den Einzelnen aus[1]): *„ecclesia,
id est omnis anima sancta et fidelis*[2])“. *„ecclesia, id est membra Dei
omnia, membra Christi, omnis anima mysterio eius induta et in
ipsum spem habens“*[3]).

---

1) vgl. Schmid a. O. S. 20.
2) ad Eph. 4,16 lib. II (1277 B C).
3) ad Eph. 3,10 lib. I (1266 B C).

Diese Einzelnen sind zusammengehalten durch eine pädagogische Idee [1]): „Uns hervortun sollen wir schon in diesem verderbten und perversen Geschlecht, hervorglänzen aber so, daß wir die Leuchter der Welt sein sollen, welche in der Welt selbst wie die Sonne und der Mond und die übrigen Gestirne leuchten. Durch den Glauben nämlich, die Erkenntnis Gottes, und das Befolgen der göttlichen Gebote tun sich die Christen hervor und sind wie ein Licht und Glanz in dieser Welt."

In beiden Momenten, die hier zur Deutung der paulinischen ἐκκλησία herangezogen werden, sind noch Elemente plotinischen Denkens verborgen. Die Form von Gemeinschaft, welche die plotinische Philosophie bildet, ist eben der Kreis von Einzelnen, die sich der Erkenntnis der Wahrheit befleißigen und sich dazu einer festgesetzten aus den Normen der Philosophie abgeleiteten pädagogischen Methode bedienen.

Zu der origenistischen Anschauung von der Kirche als dem κόσμος ἐν κόσμῳ [2]) dringt diese Anschauung nicht vor, nicht nur, weil das geschichtliche Moment in diesem lockeren Kirchengedanken fehlt, sondern vor allem, weil der Kult, die εὐχαριστία vollkommen zurücktritt. Selbst die Taufe erscheint bei Viktorin [3]) nur als eine niedere, durch Menschen vermittelte Geistmitteilung gegenüber der unmittelbaren — außerkirchlichen — Mitteilung des Geistes in der *revelatio*.

Dazu kommt aber noch ein weiteres Moment: Die plotinische Schau bewirkt, daß die Seele ganz intelligibel wird und an dem Sein des reinen Intellekts teilhat. Dieses Hineingezogenwerden des Einzelnen in den Geist äußert sich darin, daß er seine äußere Umwelt, die sinnliche Vielheit der Formen vergißt und die Erinnerung und damit auch das Bewußtsein seines äußeren leiblichen Ich verliert. Die Vergeistigung bedeutet also im eigent-

---

1) ad Phil. 2,15 (1213 A).

2) Die Kirche bei Origenes: futuri regni imitatio. de princ. I. 6, 2 (82, 16 ed. Koetschau): comm. in Ioh. XXVII. 24 (420, 23 ed. Preuschen), vgl. auch comm. in Ioh. XIX. 7 (307, 7 ed. Preuschen): comm. in Ioh. X. 43 (222, 15 ed. Preuschen), in Ioh. X, 42, (219, 5 ed. Pr.) ib. in Ioh. X, 39 (215, 8 ed. Pr.), ib. X, 35 (209, 16 ed. Pr.) ib. X, 23 (195, 11): in Ioh. VI, 59 (167, 21), ib. in Ioh. I, 4, 21 (7, 29 ed. Pr.).

3) ad Eph. 3,2 lib. I (1262 C) intelligamus esse istam legitimam mandatorum Salvatoris disciplinam, uti renascatur homo per spiritum et aquam et sic Christi spiritum recipiat. sed id ab hominibus et per hominem.

lichen Sinn, um einen Terminus der Mystik zu gebrauchen, eine
Ent-Ichung, indem in der Identität mit dem reinen Geistsein die
Vielheit und die Differenz verschwindet und das Bewußtsein
aufhört. So treffen sich also alle, die die wahre Erkenntnis erlangen und am seinen Sein teilhaben, in der einen metaphysischen
Gestalt, dem Logos. Wenn Plotin von den Schauenden sagt
— das sind aber die Einzelnen —, sie ragen mit ihrem Haupt
oben (über die anderen, nämlich die in der Welt verfangenen
Menschen) hinaus „und sind außerhalb der Seele und retten
das Beste und den Urgrund ihrer seelischen Substanz"[1]), so
weist das darauf, daß sich die vielen Einzelnen in der objektiven
überindividuellen transzendenten Gestalt des Nus, in dem einen
geistigen Sein, vereinigen. Von hier aus ist es für Viktorin
möglich, aus seiner Logosidee heraus auch die paulinische Anschauung von Christus als dem Haupt der Kirche bzw. der
Kirche als dem Leib Christi zu verstehen[2]); aber auch dort ist
es nicht primär die Idee des corpus Christi, sondern die der
Logosidee näherliegende Vorstellung von Christus als dem
principium und der *fons* der Individuation, über die er zur
Deutung der paulinischen Anschauung von der Kirche als dem
Leib Christi kommt. An den wenigen Stellen, wo Viktorin von
der Kirche spricht, kennt er also nur die pneumatische Kirche.

Um seinen eigenen Anschluß an die christliche Gemeinde zu
verstehen, genügt es wohl, neben dieser Idee der Kirche als dem
Leib Christi und auf seine Anschauung vom Sakrament hinzu-
weisen. Das zentrale Moment der christlichen Religion ist für
Viktorin die Wiedergeburt; sie geschieht in der Taufe als dem
Hauptsakrament; erst durch den Vollzug des Mysteriums tritt
er ein in die Gemeinschaft der Wiedergeborenen und wird selbst
ein Glied der pneumatischen Kirche; es ist die pneumatische
Kirche und nicht die Amtskirche, zu der ihn seine religiöse
Entwicklung führte.

---

1) Enn. II. III. 15 (146, 24).
2) ad Gal. 3, 28 lib. I (1173 C), ad Eph. 1, 23 lib. I (1250 B ff.): . . . .
ecclesia, quae corpus est illius, id est, quae membra omnia sunt Christi,
ecclesia est. ad Phil. 2, 4 (1204 A) societas spiritus, societas in spiritu.

II. Teil:

Die Ansätze der Theologie Viktorins im plotinischen Denken.

Zweiter Teil.

Die Ansätze der Metaphysik Viktorins im plotinischen Denken.

I. Der Gottesgedanke Plotins.

Wenn bei Viktorin der Gottesgedanke auf der Anschauung vom unbekannten Gott beruht, so ist bereits bei Plotin[1]) die ontologische Grundlage dieser Anschauung und ihre erkenntnistheoretische Abgrenzung zu finden, die in dem Gedanken zum Ausdruck kommt, daß das erste Sein in einer unerfaßlichen Transzendenz als τὸ ὑπὲρ πάσης γνώσεως sich verbirgt, seinem Wesen nach also der menschlichen Erkenntnis unzugänglich ist. Das göttliche Sein ist auch nicht mit dem Logos identisch, sondern liegt jenseits der Sphäre des intelligiblen Seins. Sein transzendentaler Seinscharakter wird durch die Logos-Idee also nicht erschöpft. Die Beziehung des Menschen zu diesem Sein ist primär eine religiöse, indem der Mensch sich einer überrationalen, unfaßlichen, göttlichen Macht gegenübersieht, die die irdische Wirklichkeit gestaltet und sie dauernd durchwirkt[2]). Der Versuch einer intellektualistischen Bestimmung der religiösen Funktion läuft parallel der Bestimmung der Art der Selbstdarstellung und Selbstentfaltung dieses verborgenen göttlichen Seins in die irdische Wirklichkeit hinein.

Inmitten der verschiedenen Versuche einer logischen, kausalen, ontologischen Bestimmung dieses transzendenten Seins darf bei Plotin die religiöse Grundhaltung nicht übersehen werden. „Entsetzt wäre der Mensch, der es wagte (das Eine zu schauen), und selbst, wenn er sich irgendwohin aufschwingt, hat er wohl nichts darüber zu sagen, da Es ihm überall gleichsam vor dem

---

1) Plotin Enn. V. III. 14 (II 197, 13 ff.) πῶς οὖν ἡμεῖς λέγομεν περὶ αὐτοῦ ; ἢ λέγομεν μέν τι περὶ αὐτοῦ, οὐ μὴν αὐτὸ λέγομεν οὐδὲ γνῶσιν οὐδὲ νόησιν ἔχομεν αὐτοῦ. I. 7. 1 ἐπέκεινα τῶν ὄντων (97, 9) ἐπέκεινα οὐσίας, ἐπέκεινα καὶ ἐνεργείας καὶ ἐπέκεινα νοῦ καὶ νοήσεως (97, 20 f.); (96, 18).

2) Enn. V. V. 8 (II 216, 7) θαῦμα δή, πῶς οὐκ ἐλθὼν πάρεστι καὶ πῶς οὐκ ὢν οὐδαμοῦ οὐκ ἔστιν ὅπου μή ἐστιν.

Angesicht der Seele erscheint und er Es überall sieht, wohin er auch den Blick richtet[1]." Ähnlich heißt es in einer mythischen Darstellung der Schau des verborgenen Gottes im fünften Buch der Enneaden[2]: „Deshalb zieht auch Zeus, der ja der älteste der anderen Götter ist, an deren Spitze er steht, als erster heran zu der Schau dieses (des Einen); es folgen aber die anderen Götter und Dämonen und Seelen, welche dies zu schauen vermögen. Er aber offenbart sich ihnen aus einem ungesehenen Ort und aufstrahlend in der Höhe über ihnen erleuchtet er alles und erfüllt es mit seinem Glanze und entsetzt die unter ihm; und sie wenden sich ab, weil sie ihn nicht zu schauen vermögen, wie die Sonne. Die einen unter ihr halten es aus und schauen, die anderen werden verwirrt..." Das Niederschmetternde, Verwirrende, Verstörende und Überwältigende — Plotin spricht von einem ἐκπλήττειν, ταράσσειν — der Erscheinung des verborgenen

---

1) Enn. VI. VIII. 19 (II 504, 14 ff.) ἐκπλαγείη γὰρ ἂν τολμῶν καὶ οὐδ' ἂν ἔχοι ἀΐξας [τὸ] ποῖ εἰπεῖν περὶ αὐτοῦ πάντη αὐτῷ ἐκείνου οἷον πρὸ ὀμμάτων τῆς ψυχῆς προφαινομένου καὶ ὅπη ἂν ἀτενίσῃ ἐκεῖνον βλέποντος. Ganz in der religiösen Sprache und Vorstellungswelt der Mysterien ist Enn.V.V. 3 (II 209, 21 ff.) gehalten: ὁ δὲ ὑπερκάθηται καὶ ὑπερίδρυται ἐπὶ καλῆς οὕτως οἷον κρηπῖδος ἢ ἐξ αὐτοῦ ἐξήρτηται· ἔδει γὰρ... εἶναι αὐτῷ κάλλος ἀμήχανον πρὸ αὐτοῦ προϊόν, οἷον πρὸ μεγάλου βασιλέως πρόεισι μὲν πρῶτα ἐν ταῖς προόδοις τὰ ἐλάττω, ἀεὶ δὲ τὰ μείζω καὶ τὰ σεμνότερα ἐπ' αὐτοῖς, καὶ τὰ περὶ βασιλέα ἤδη μᾶλλον βασιλικώτερα, εἶτα τὰ μετ' αὐτὸν τίμια· ἐφ' ἅπασι δὲ τούτοις βασιλεὺς προφαίνεται ἐξαίφνης αὐτὸς ὁ μέγας, οἱ δ' εὔχονται καὶ προσκινοῦσιν, ὅσοι μὴ προαπῆλθον ἀρκεσθέντες τοῖς πρὸ τοῦ βασιλέως ὀφθεῖσιν· ἐκεῖ μὲν οὖν ὁ βασιλεὺς ἄλλος, οἵ τε πρὸ αὐτοῦ προϊόντες ἄλλοι αὐτοῦ· ὁ δὲ ἐκεῖ βασιλεὺς οὐκ ἀλλοτρίων ἄρχων, ἀλλ' ἔχων τὴν δικαιοτάτην καὶ φύσει ἀρχὴν καὶ τὴν ἀληθῆ βασιλείαν, ἅτε τῆς ἀληθείας βασιλεὺς καὶ ὢν κατὰ φύσιν κύριος τοῦ αὐτοῦ ἀθρόου γεννήματος καὶ θείου συντάγματος, βασιλεὺς βασιλέων καὶ πατὴρ δικαιότερον ἂν κληθεὶς θεῶν, ὃν ὁ Ζεὺς καὶ ταύτη ἐμιμήσατο, τὴν τοῦ ἑαυτοῦ πατρὸς οὐκ ἀνασχόμενος θεωρίαν, ἀλλὰ τὴν τοῦ προπάτορος οἷον ἐνέργειαν εἰς ὑπόστασιν οὐσίας.

2) Enn. V. VIII. 10 (II 243, 7 ff.) διὰ τοῦτο καὶ ὁ Ζεὺς καίπερ ὢν πρεσβύτατος τῶν ἄλλων θεῶν ὧν αὐτὸς ἡγεῖται, πρῶτος πορεύεται ἐπὶ τὴν τούτου θέαν, οἱ δὲ ἕπονται θεοὶ ἄλλοι καὶ δαίμονες καὶ ψυχαί, αἲ ταῦτα ὁρᾶν δύνανται. ὁ δὲ ἐκφαίνεται αὐτοῖς ἔκ τινος ἀοράτου τόπου καὶ ἀνατείλας ὑψοῦ ἐπ' αὐτῶν κατέλαμψε μὲν πάντα καὶ ἔπλησεν αὐγῆς καὶ ἐξέπληξε μὲν τοὺς κάτω καὶ ἐστράφησαν ἰδεῖν οὐ δεδυνημένοι οἷα ἥλιον· οἱ μὲν ὑπ' αὐτοῦ ἀνέχονταί τε καὶ βλέπουσιν, οἱ δὲ ταράττονται, ὅσῳ ἂν ἐφεστήκωσιν αὐτοῦ.

Gottes, der aus seiner Verhüllung heraustritt, ist hier als der primäre Eindruck beschrieben.

Aber auch dort, wo die religiöse Funktion eine intellektualistische Deutung erfahren hat, zeigt es sich, daß die intellektuale Anschauung das transzendente Sein nicht ganz erfaßt. Denn in der Ekstase selbst erlangt der Schauende nicht ein Wissen von dem göttlichen Sein in seiner transzendenten Reinheit, da in diesem Zustand des „Besessenseins" — κάτοχος γίνεσθαι[1]) — die Grenzen des geformten intelligiblen Seins durchbrochen werden und eine Abgrenzung zwischen dem göttlichen Sein und dem eigenen Sein im Akt der Vereinigung selbst nicht möglich ist. Der Zustand der unmittelbaren Wesenseinheit ist selbst kein intelligibles Erkennen, vielmehr wird dieser Zustand erst nachträglich von dem reflektierenden Bewußtsein aus gedeutet und begrifflich geformt. Weil das transzendente Sein ein überintelligibles ist, kann die Berührung mit diesem Sein in der Ekstase nicht im Akt des raptus selbst, sondern erst nachträglich von dem denkenden Bewußtsein aus begrifflich bestimmt werden. Das Geheimnis der transzendenten Verborgenheit wird auch in der intellektualistischen Deutung der religiösen Funktion nicht enthüllt. Denn Erkennen ist nur dort, wo eine intelligible Form da ist; da aber das göttliche Sein jenseits des geformten intelligiblen Seins liegt, ist im Akt der Einigung kein Begriff von diesem in der Seele [2—5]). So gilt für die Wesensbestimmung des

---

1) Enn. V. III. 14 (II 197, 22) ἀλλ' ὥσπερ οἱ ἐνθουσιῶντες καὶ κάτοχοι γενόμενοι ἐπὶ τοσοῦτον κἂν εἰδεῖεν ὅτι ἔχουσι μεῖζον ἐν αὐτοῖς, κἂν μὴ εἰδῶσιν ὅτι ἐξ ὧν δὲ κεκίνηνται καὶ λέγουσι, ἐκ τούτων αἴσθησίν τινα τοῦ κινήσαντος λαμβάνουσιν ἑτέρων ὄντων τοῦ κινήσαντος οὕτω καὶ ἡμεῖς κινδυνεύομεν ἔχειν πρὸς ἐκεῖνο ὅταν νοῦν καθαρὸν ἔχωμεν, χρώμενοι ὡς οὗτός ἐστιν ὁ ἔνδον νοῦς, ὁ δοὺς οὐσίαν καὶ τἆλλα κτλ.

2) Enn. V. III. 17 (II 202, 1 ff.) die Schau ist eine ἔφαψις, ὕστερον δὲ περὶ αὐτοῦ συλλογίζεσθαι.

3) Plotin Enn. V. III. 14 (II 197, 15 ff.) οὐδὲ γνῶσιν οὐδὲ νόησιν ἔχομεν αὐτοῦ . . . οὕτως ἔχομεν, ὥστε περὶ αὐτοῦ μὲν λέγειν, αὐτὸ δὲ μὴ λέγειν. καὶ γὰρ λέγομεν, ὃ μή ἐστιν. ὃ δέ ἐστιν, οὐ λέγομεν. ὥστε ἐκ τῶν ὕστερον περὶ αὐτοῦ λέγομεν.

4) Plotin Enn. VI. VIII. 11 (II 492, 13 f.) τὸ μὲν οὖν εἶναι, ὡς λέγομεν ἐκεῖνο εἶναι, ἐκ τῶν μετ' αὐτό.

5) Porphyrios ad Marc. 15 (ed. Mai S. 30) προηγείσθω οὖν τοῦ περὶ θεοῦ λόγου τὰ θεοφιλῆ ἔργα, καὶ σιγάσθω ὁ περὶ αὐτοῦ λόγος ἐπὶ πλήθους.

Einen der Satz: „τὸ μὲν οὖν εἶναι, ὡς λέγομεν ἐκεῖνο εἶναι, ἐκ τῶν μετ᾽ αὐτό[1].“

Die mythische Bezeichnung dieses transzendenten Seins als des ἄγνωστος θεός findet sich bei Plotin selbst nicht, obwohl sie in bildhafter Umschreibung und mythischer Einkleidung auch bei ihm präsent ist, ist aber häufig bei seinen Schülern und Nachfolgern genannt; hinzuweisen ist hier vor allem auf die theologischen Institutionen des Proklos und die Hymnen des Synesios[2].

Die Versuche einer negativen Bestimmung des göttlichen Seins sind von der religiösen Grundhaltung aus zunächst das Zugeständnis einer logischen Aporie[3]) gegenüber einer unbekannten göttlichen Welt, die an der Grenze des intelligiblen Seins anbricht. Die Scheu vor einer letzten Logisierung des Absoluten war bei dem Ägypter Plotin stärker als der griechische Impuls des Wissenwollens, der seine Spekulationen vorwärts treibt.

In dieser Haltung dem *deus absconditus* gegenüber berühren sich die neuplatonischen und die christlichen Theologen. Auch Augustin, der, wie wenige seiner abendländischen Zeitgenossen,

---

ἀνοικειοτάτη γὰρ θεολογία κενοδοξία ψυχῆς· νομίζει αἱρετώτερον εἶναι σιγᾶν ἢ λόγον εἰκῆ προέσθαι περὶ θεοῦ. ἀξίαν σε ποιήσει θεοῦ τὸ μηδὲν ἀνάξιον θεοῦ μήτε λέγειν μήτε πράττειν μήτε πάντως εἰδέναι ἀξιοῦν.

1) Proklos in Parm. VI. 87 (ed. Cousin); in Tim. 110 E (ed. Schneider S. 261) πᾶν τὸ θεῖον αὐτὸ μὲν διὰ τὴν ὑπερούσιον ἕνωσιν ἄρρητόν ἐστι καὶ ἄγνωστον πᾶσι τοῖς δευτέροις, ἀπὸ δὲ τῶν μετεχόντων ληπτόν ἐστι καὶ γνωστόν. διὰ μόνον τὸ πρῶτον παντελῶς ἄγνωστον, ἄτε ἀμέθεκτον ὄν. inst. theol. 123 (ed. Creuzer) πάσης σιγῆς ἀρρητότερον καὶ ὑπάρξεως ἀγνωστότερον. Plat. theol. II. 11 (ed. Portus).

2) Norden ἄγνωστος θεός S. 80—82 entnehme ich neben Proklos inst. theol. 122 πᾶν τὸ θεῖον αὐτὸ μὲν διὰ τὴν ὑπερούσιον ἕνωσιν ἄρρητόν ἐστι καὶ ἄγνωστον und Plot. Enn. V. III. 12 die Stellen bei Gregor dem Theologen in seinem Hymnus εἰς θεόν (Anth. graec. carm. Christ. ed. Christ-Paranikas 1871 S. 24) ὦ πάντων ἐπέκεινα· τί γὰρ θέμις ἄλλο σε μέλπειν, πῶς λόγος ὑμνήσει σε· σὺ γὰρ λόγῳ οὐδενὶ ῥητός· πῶς λόγος ἀθρήσει σε; σὺ γὰρ νόῳ οὐδενὶ ληπτός· μοῦνος ἐὼν ἄφραστος, ἐπεὶ τέκες ὅσσα λαλεῖται. μοῦνος ἐὼν ἄγνωστος, ἐπεὶ τέκες ὅσσα νοεῖται sowie aus dem Hymnus des Synesios IV 226 ff. γόνε κύδιστε, πατὴρ ἄγνωστε, πατὴρ ἄρρητε, ἄγνωστε νόῳ, ἄρρητε λόγῳ und aus dem Hymnus des Martianus Capella II 187: . . . ignoti vis celsa patris.

3) Plotin Enn. VI. VIII. 11 (II 492, 23 und 493, 1) handelt von der ἀπορία innerhalb des Gottesgedankens.

von dem Trieb besessen war, alles „wissen zu wollen", spricht
von Gott als dem, *qui scitur melius nesciendo*" [1] [2]). Aber gerade
dieses „Wissenwollen" ist bei Plotin durch die besondere Art
der Leidenschaft, die es treibt, an das große Geheimnis gebunden,
das am Anfang steht. Die fromme Furcht wird pariert durch
eine kühne Spekulation, die trotz der Einsicht in die Beschränkt-
heit des Intellekts eine Logisierung des transzendenten Seins
versucht. Der Weg dieser Spekulation ist die *via negationis* bzw.
ihr logisches Korrelat, die *via supralationis* und *praelationis*. Ihren
Grundgedanken hat Proklos in seinem Parmenideskommentar so
umschrieben [3]): „πᾶσα γνῶσις τοῦ ἑνὸς δι' ἀποφάσεώς ἐστιν. αἱ
ἀποφάσεις μητέρες εἰσὶ τῶν καταφάσεων." Dieser Gedanke, der
bereits bei Plotin seine Formulierung gefunden hat (s. S. 189 ff.),
erscheint in der Geschichte des christlichen und nichtchristlichen
Neuplatonismus in verschiedenen Abwandlungen [4]).

Die *theologia negativa* verfügt über einen großen Reichtum von
Begriffen. Im Zusammenhang unserer Untersuchung beschränken
wir uns auf die Begriffe Substanz, Form, Logos, Leben, weil an
diesen unmittelbar die christologischen Spekulationen Viktorins
ansetzen. Wir fassen die zitierten Stellen zusammen in die vier [5])

---

1) Augustin de ordine XVI 44 (PL 32, 1015).

2) Augustin sermo 117, 3, 5 (PL 38, 663) magis pia est talis ignoran-
tia quam praesumpta scientia; vgl. Augustin de doctr. christ. I 6 (PL 34,
21) ac per hoc ne ineffabilis quidem dicendus est Deus quia et hoc
cum dicitur aliquid dicitur. et fit nescio quae pugna verborum, quoniam
si illud est ineffabile quod dici non potest, non est ineffabile, quod vel
ineffabile dici potest. quae pugna verborum silentio cavenda potius
quam voce pacanda est.

3) Proklos in Parm. IV. 116 (ed. Cousin).

4) Die Idee des Proklos, daß auch die Verneinung nicht das Wesen
Gottes trifft (Plat. theol. II 10, 109), ist vom Areopagiten dahin formuliert,
daß es von Gott weder eine θέσις noch eine ἀφαίρεσις gebe, da er nichts
von allem und über allem sei.

5) Vgl. Plotin VI. II. 3 (II 302, 25). — Zu 1. u. 4. ib. VI. VIII. 7 ἐπέκεινα οὐσίας καὶ νοῦ καὶ ζωῆς ἔμφρονος; vgl. Enn. V. VI. 6 (II 227, 15) u.
Enn. VI. VII. 40 (II 474, 25). — Zu 3. u. 4. ib. V. III. 13 (II 196, 4 ff.), weiter
V. III. 16 (II 200, 23 ff.) αὐτάρκης οὖν ἑαυτῷ καὶ οὐδὲν ζητεῖ· εἰ δὲ μηδὲν
ζητεῖ, ἔχει ἐν ἑαυτῷ ὃ ἐζήτησεν ἄν, εἰ μὴ παρῆν . . . (32 f.) δεῖ τοίνυν ἐκεῖνο
ζωῆς εἶναι κρεῖττον καὶ νοῦ. — Zu 1. ib. V. III. 17 (II 201, 19 ff.) δηλονότι
ποιητικὸν οὐσίας καὶ αὐταρκείας ἐκεῖνο αὐτὸ οὐκ ὂν οὐσία, ἀλλ' ἐπέκεινα
ταύτης καὶ ἐπέκεινα αὐταρκείας. — Zu 1. u. 4. ib. Enn. I. VII. 1 (I 97, 20 f.)

Hauptgedanken: 1. Gott ist, der nicht ist, d. h., der in einem transzendenten Sein jenseits alles intelligiblen Seins als ein Über-

ἐπέκεινα οὐσίας, ἐπέκεινα καὶ ἐνεργείας καὶ ἐπέκεινα νοῦ καὶ νοήσεως ib. I. VIII. 2 (I 100, 8): αὐτός τε γὰρ κτλ. — Zu 1. ib. V. V. 6 (II 213, 3) ἐπέκεινα ἄρα ὄντος; ib. VI. VII. 38 (II 471, 24 f.) ἔστι δὲ οὐδὲ τὸ ἔστιν. οὐδὲν γὰρ οὐδὲ τούτου δεῖται. — Zu 2. ib. VI. IX. 3 (II 512, 2) ἐκεῖνο δὲ οὔ τι ἀλλὰ πρὸ ἑκάστου οὐδὲ ὄν. καὶ γὰρ τὸ ὂν οἷον μορφὴν τοῦ ὄντος ἔχει, ἄμορ-φον δὲ ἐκεῖνο καὶ μορφῆς νοητῆς. γεννητικὴ γὰρ ἡ τοῦ ἑνὸς φύσις οὖσα τῶν πάντων οὐδέν ἐστιν αὐτῶν· οὔτε οὖν τὶ οὔτε ποιὸν οὔτε ποσὸν οὔτε νοῦς οὔτε ψυχή· οὐδὲ κινούμενον οὐδ' αὖ ἑστώς, οὐκ ἐν τόπῳ, οὐκ ἐν χρόνῳ, ἀλλὰ τὸ καθ' αὑτὸ μονοειδές, μᾶλλον δὲ ἀνείδεον πρὸ εἴδους ὂν παντός, πρὸ κινήσεως, πρὸ στάσεως· ταῦτα γὰρ περὶ τὸ ὄν, ὃ πολλὰ αὐτὸ ποιεῖ. — Zu 1. ib. V. IV. 1 (II 202, 9 ff.) ἀνάγκη . . . τάξιν εἶναι δευτέρων καὶ τρίτων, τοῦ μὲν ἐπὶ τὸ πρῶτον ἀναγομένου, τοῦ δὲ τρίτου ἐπὶ τὸ δεύτερον. δεῖ μὲν γάρ τι πρὸ πάντων εἶναι ἁπλοῦν τοῦτο καὶ πάντων ἕτερον τῶν μετ' αὐτό, ἐφ' ἑαυτοῦ ὄν, οὐ μεμιγμένον τοῖς ἀπ' αὐτοῦ καὶ πάλιν ἕτερον τρόπον τοῖς ἄλλοις παρεῖναι δυνάμενον, ὂν ὄντως ἓν οὐχ ἕτερον ὄν, εἶτα ἕν, καθ' οὗ ψεῦ-δος καὶ τὸ ἓν εἶναι, οὗ μὴ λόγος μηδὲ ἐπιστήμη, ὃ δὴ καὶ ἐπέκεινα λέγεται εἶναι οὐσίας . . . αὐταρκέστατόν τε τῷ ἁπλοῦν εἶναι καὶ πρῶτον ἁπάντων. Dazu Proklos comm. in rep. I 279 (ed. Kroll) καὶ οὐκ ἐκεῖνο μόνον (τὸ ἀγαθὸν) ἀλλὰ καὶ ἡ ἀλήθεια. καὶ γὰρ ταύτην καταλάμπειν εἶπεν τὰ γιγνωσκόμενα πάντα, καθάπερ τὰ ὁρώμενα τὰ τοῦ ἡλίου φῶς· καὶ ἔοικεν ἔλλαμψις εἶναι τῆς ὑπερ-ουσίου τῶν ὅλων ἀρχῆς, δι' ἣν καὶ τοῖς νοητοῖς ὑπάρχει μετουσία τις ἐκείνης καὶ τοῖς νοοῦσιν, ἑνοποιὸς οὖσα τούτων αὐτῶν τε καθ' ἑαυτὰ καὶ πρὸς ἄλληλα. ib. 429 (Kroll), in Parm. VI. 53, Plat. theol. II. 4; III. 7; weiter Porphyrios sent. 34 (ed. Mommert S. 28) τὸ ὄντως ὂν οὔτε μέγα οὔτε μικρόν ἐστι· τὸ γὰρ μέγα καὶ μικρὸν κυρίως ὄγκου ἴδια· ἐκβεβηκὸς δὲ ὑπὲρ τὸ μέγιστον καὶ ὑπὲρ τὸ ἐλάχιστον ταὐτὸ καὶ ἓν ἀριθμῷ ὂν εἰ καὶ εὑρίσκεται ἅμα ὑπὸ παντὸς μεγίστου καὶ ὑπὸ παντὸς ἐλαχίστου μετεχόμενον κτλ. Porphyrios ad Marc. 16 (ed. Mai 31 f.) μείζων ἀρετῆς θεός. Dion. Areop. de div. nom. c. I. V. (PG 1, 593 A) (καὶ μὴν εἰ) κρείττων ἐστὶ παντὸς λόγου καὶ πάσης γνώσεως καὶ ὑπὲρ νοῦν καθόλου καὶ οὐσίαν ἵδρυται, πάντων μὲν οὖσα περιληπτικὴ καὶ συναπτικὴ καὶ συλληπτικὴ καὶ προληπτική, πᾶσι δὲ αὐτὸς καθόλου ἄληπτος . . . ib.: τὸ ἓν τὸ ἄγνωστον τὸ ὑπερούσιον . . . . τὴν τριαδικὴν ἑνάδα φημί . . . Dion. Areop. de div. nom. I. 1; 3; 5 (PG 1, 586—93) αἴτιον μὲν τοῦ εἶναι πᾶσιν, αὐτὸ δὲ μὴ ὂν ὡς πάσης οὐσίας ἐπέκεινα (588 B) ἀρχῆς ἁπάσης ὑπερουσίως ὑπεράρχιος ἀρχή (589 C) ὑπερουσιότης καὶ ὑπεραγαθότης, ὑπερύπαρξις (593 C) οὔτε αἴσθησις αὐτῆς ἐστιν οὔτε φαντασία οὔτε δόξα οὔτε ὄνομα οὔτε λόγος οὔτε ἐπαφὴ οὔτε ἐπιστήμη (593A); siehe weiter T. H. Müller a. O. S. 67. Areop. de coel. hierarch. c. II. 3 (PG 1, 140 C) ἀμέλει καὶ τὴν σεβασμίαν τῆς ὑπερ-ουσίου θεαρχίας μακαριότητα τῶν ἐκφαντορικῶν λογίων αἱ μυστικαὶ παρα-δόσεις ποτὲ μὲν ὡς Λόγον καὶ νοῦν καὶ οὐσίαν ὑμνοῦσι, τὴν θεοπρεπῆ λογιότητα καὶ σοφίαν αὐτῆς δηλοῦσι καὶ ὄντως οὖσαν ὕπαρξιν καὶ τῆς τῶν ὄντων ὑπάρξεως αἰτίαν ἀληθινὴν καὶ ὡς φῶς αὐτὴν ἀναπλάττουσι καὶ ζωὴν ἀποκαλοῦσι . . . ἔστι γὰρ ὑπὲρ πᾶσαν οὐσίαν καὶ ζωήν. de div.

sein und Ursprung alles Seins existiert. 2. Gott ist ohne Form,
d. h., er ist jenseits aller Selbstformierung und Selbsthypostasierung
in einer transzendenten Überförmigkeit. 3. Gott ist, der nicht
lebt, d. h. der ein transzendentes verborgenes Leben führt, das
„besser" ist als das intelligible Leben. 4. Gott ist nicht Intellekt,
d. h., er ist jenseits des intelligiblen Seins in einer unerfaßlichen
Übervernünftigkeit. Die Zweilinigkeit der ontologischen Frage
nach ihrer formalen und inhaltlichen Bestimmung als des Momentes
der perspektivischen Ordnung der einzelnen Wesensbestimmungen
kommt bereits hierin zum Ausdruck.

In diesen Gedanken treffen wir auf Anschauungen, die Viktorin
zur Bestimmung des Verborgenseins Gottes angewandt hat
(s. S. 63 ff., 83 ff., 92 ff.). Die Idee der absoluten Transzendenz, der
Unfaßlichkeit, Verborgenheit des göttlichen Seins und die Idee
seiner negativen Bestimmung stehen in einer notwendigen Relation.
Indem die Begriffe wie *intelligentia*, *vita*, *substantia*, *motus* auf
dem Weg der Supralation in den Gottesgedanken hineingetragen
und auf die erste Formierung des transzendenten Seins angewandt
werden, bilden sie Anknüpfungspunkte für eine Logoslehre bzw.
für eine Christologie. Faktisch wird dadurch der Transzendentalismus durch einen Pluralismus aufgelöst (s. Teil III).

Bei Viktorin ist der Stand der Entwicklung der, daß sämtliche
Begriffe, die Plotin auf dem Weg der negativen Bestimmung
in seinen Gottesgedanken hineingetragen hat, zu einer Erklärung
der metaphysischen Differenzierung von „Vater" und „Sohn" ver-
wandt, d. h. christologisch gedeutet sind. Das bedeutet: die

---

nom. II. 11 (PG 1, 649 C) ὁ ἀρχίθεος καὶ ὑπέρθεος ὑπερουσίως
εἷς θεός, ἀμέριστος ἐν τοῖς μεριστοῖς, ἡνωμένος ἑαυτῷ καὶ τοῖς πολλοῖς
ἀμιγὴς καὶ ἀπλήθυντος. de div. nom. I.I (PG 1, 588 A) τῆς ὑπὲρ λόγον καὶ
νοῦν καὶ οὐσίαν αὐτῆς ὑπερουσιότητος ἀγνωσία αὐτῇ τὴν ὑπερούσιον
ἐπιστήμην ἀναθετέον κτλ. de div. nom. I.I (PG 1, 588 B) ἑνὰς ἑνοποιὸς
ἁπάσης ἑνάδος καὶ ὑπερούσιος οὐσία καὶ νοῦς ἀνόητος καὶ
λόγος ἄρρητος . . . αἴτιον μὲν τοῦ εἶναι πᾶσιν, αὐτὸ δὲ μὴ ὄν, ὡς πάσης
οὐσίας ἐπέκεινα. de div. nom. II. III (PG 1, 589 C) τῶν ἑνιζομένων ἑνότης
ἀρχῆς ἁπάσης ὑπερουσίως ὑπεράρχιος ἀρχή, und de div. nom. I. 5. 38 (PG 1, 593 C).
Bemerkenswert ist die Bestimmung Gottes als des Lichts, Plotin Enn. V.
VIII. 4 (II 235, 18), dazu I. V. 7—10 φῶς πρὸ φωτός. Beim Areopagiten
überschlägt sich die Idee vom φῶς πρὸ φωτός in die Idee von der göttlichen „Finsternis": ὑπερούσιον τοῦ θείου σκότους ἀκτῖνα. de myst. theol.
c. 1, 1 (PG 1, 1000 A).

dogmatischen Hauptprobleme sind bestimmt durch die metaphysischen Ideen Plotins, wie er sie von seinem transzendentalistischen
Gottesgedanken aus entwickelt. Die Tatsache, daß Viktorin auch
die formalen ontologischen Spekulationen Plotins auf seinen
christlichen Gottesgedanken übertragen hat, ist die Voraussetzung
des unbiblischen Charakters eines großen Teils seiner theologischen
Spekulationen. In seinen dogmatischen Ideen finden sich formale
philosophische Prinzipien, die die alexandrinische Religionsphilosophie im Gefolge des Origenes auf Grund einer strengeren
Bindung an Bibel und regula veritatis nicht akzeptiert hatte.
Die bewußte Einschränkung auf Bibel und regula veritatis, die
in der alexandrinischen Theologie nur eine Auflockerung erfuhr
durch die Anwendung der allegorischen und typologischen Exegese,
hat dort, an die Schultradition anknüpfend, die notwendige metaphysische Deutung des Dogmas von Anfang an bestimmt und
ist methodisches Prinzip einer Auswahl der philosophischen Ideen
geworden, während bei Viktorin umgekehrt die Zuwendung zur
christlichen Lehre, in der er die Vollendung der Philosophie erblickte und die ihm gewissermaßen als Buch auf den Schreibtisch gelegt wurde, den Abschluß einer langen philosophischen
Entwicklung bildete, die auf eine strenge formale Schuldisziplin
aufgebaut war, so daß es in der Richtung seines Denkens liegen
mußte, möglichst viele seiner metaphysischen Spekulationen in
die christliche Lehre hineinzudeuten und so durch den Absolutheitsanspruch der christlichen Lehre die objektive Richtigkeit
seines philosophischen Gottesgedankens zu bestätigen (s. S. 10).

Die religiöse Grundhaltung der plotinischen Philosophie hat
aber selbst den Anstoß zu der geschichtlichen Wendung gegeben,
wie sie sich in seiner Aneignung durch die christliche Theologie
vollzieht. Die Tatsache, daß Plotin das Urprinzip seiner Philosophie nicht mehr begrifflich deutet, ermöglicht es, an Stelle dieses
transzendentalen Prinzips, des verborgenen Gottes, den christlichen Gottesgedanken zu substituieren. Die Durchbrechung der
Logosphilosophie durch den Ansatz der Spekulation in einem
überintelligiblen transzendentalen Sein, d. h. die Wendung der
griechischen Philosophie zum Transzendentalismus, ist so gleichzeitig ein Durchbruch der Philosophie auf den Gottesgedanken
der Offenbarung hin geworden. Die Bekehrungsgeschichte Viktorins

(s. S. 3 ff.) ist ein bedeutsames Exempel dieser Wendung: Sie zeigt, daß für den Philosophen in den theologischen Ideen des Neuplatonismus, genauer in dem transzendentalistischen Gottesgedanken, eine Weisung auf die christliche Offenbarung lag. Ein Philosoph, dessen Probleme sich in der Richtung der neuplatonischen Gottes- und Logos-Lehre bewegten, konnte entdecken, daß der unbekannte, verborgene Gott, den er suchte, sich hier offenbart hatte. Für einen Philosophen, der Gott als das transzendente Sein sah, das sich im Logos selbst formiert und begrenzt, verlor die Idee der Inkarnation ihren logischen Unsinn: er konnte sie denken.

Die Theologie Viktorins zeigt das Einmünden des neuplatonischen Denkens in die christliche Religion als Abschluß einer geistigen Entwicklung, innerhalb derer er seine metaphysischen Ideen weiterverfolgt, bis sie die religiösen Ideen der Offenbarung treffen: ein großartiger Versuch zugleich einer Rehabilitierung des neuplatonischen Idealismus durch die Offenbarung und einer Logisierung der Offenbarung durch eine idealistische Metaphysik.

Dieser Durchbruch des Idealismus zur Offenbarung ist ein Prozeß, der sich in der Geistesgeschichte mit einer inneren Notwendigkeit immer wiederholt. Vom dem idealistischen Geistgedanken aus entdeckt die Phänomenologie des Geistes immer wieder den Geist, den sie sucht, als einen offenbaren.

II. Die mythische Darstellung des Gottesgedankens und der Zeugung des Sohnes.

Komplementär zu dem Verzicht auf eine letzte logische Deutung des transzendenten göttlichen Wesens ist bei Plotin der Versuch einer mythischen Veranschaulichung dieses transzendenten Seins als einer himmlischen Gestalt, ein Versuch, wie er nur möglich ist im Denken eines Mannes, der selber Kultgenosse ist und den Mythus, der ihm im Kult als eine lebendige, religiöse Größe entgegentritt, metaphysisch deutet.

Man trifft bei Plotin auf mythische Darstellungen seines Gottesgedankens, die bei aller scheinbarer Absurdität des Mythus, der ihnen zugrunde liegt, direkt auf christologische Gedanken Viktorins hinweisen.

So sagt er: „Kronos sei als der weiseste Gott vor dem Zeus entstanden und verschlinge wieder, was er erzeuge und habe es in sich. So sei er voll und Geist in Sattsein. Daraufhin, heißt es, erzeuge er den Zeus, der dann die Sattheit ist, denn der Geist zeugt die Seele, da er Geist in Vollkommenheit ist. Da er nämlich in Vollkommenheit war, mußte er erzeugen und konnte nicht als eine solche Potenz zeugungsunfähig sein. Vollkommener aber konnte das Erzeugte auch hier nicht sein, sondern es mußte geringer sein als ein Abbild desselben, in derselben Weise unbegrenzt, aber in dieser Weise eine Begrenzung und gleichermaßen zur Gestalt (Form) gebracht von dem Erzeuger [1]."

Wir fügen die entsprechende mythische Darstellung seines Gottesgedankens im selben Buch hinzu, die lautet [2]: „Er habe Gott gesehen, der mit einem schönen Sohn schwanger ging und alles in sich erzeugt hatte und ohne Leiden die Geburt in sich trug, denn er freute sich an dem, was er erzeugte und, da er Freude hatte an seinen Söhnen, behielt er alles bei sich, indem er zufrieden war mit seinem und ihrem Glanze. Der aber erschien, während die drinnen gebliebenen (Söhne) schön und schöner waren, als einziger von den anderen als Sohn nach außen; an ihm kann man gleichsam an einem Bilde dieses (des Vaters) sehen,

---

1) Plotin Enn. V. I. 7 (II 170, 22 ff.): ὡς τὰ μυστήρια καὶ οἱ μῦθοι οἱ περὶ θεῶν αἰνίττονται Κρόνον μὲν θεὸν σοφώτατον πρὸ τοῦ Διὸς γενέσθαι, [διὰ τὸ] ἃ γεννᾷ πάλιν ἐν ἑαυτῷ ἔχειν, ᾗ καὶ πλήρης καὶ νοῦς ἐν κόρῳ· μετὰ δὲ ταῦτά φασι Δία γεννᾶν κόρον ἤδη ὄντα· ψυχὴν γὰρ γεννᾷ νοῦς, νοῦς ὢν τέλειος. καὶ γὰρ τέλειον ὄντα γεννᾶν ἔδει, καὶ μὴ δύναμιν οὖσαν τοσαύτην ἄγονον εἶναι· κρεῖττον δὲ οὐχ οἷόν τε ἦν εἶναι οὐδ' ἐνταῦθα τὸ γεννώμενον, ἀλλ' ἔλαττον ὂν εἴδωλον εἶναι αὐτοῦ, ἀόριστον μὲν ὡσαύτως, ὁριζόμενον δὲ ὑπὸ τοῦ γεννήσαντος καὶ οἷον εἰδοποιουμένου. Wichtig ist der Doppelsinn von κόρος = „Sattheit" und „Sohn".

2) Plotin Enn. V. VIII. 12 (II 246, 10 ff.): θεὸν ἑωρακέναι τόκον ὠδίνοντα καλὸν καὶ πάντα δὴ ἐν αὐτῷ γεγεννηκότα καὶ ἄλυπον ἔχοντα τὴν ὠδῖνα ἐν αὐτῷ· ἡσθεὶς γὰρ οἷς ἐγέννα καὶ ἀγασθεὶς τῶν τόκων κατέσχε πάντα παρ' αὐτῷ τὴν αὐτοῦ καὶ τὴν αὐτῶν ἀγλαΐαν ἀσμενίσας. ὁ δὲ καλῶν ὄντων, καὶ καλλιόνων τῶν εἰς τὸ εἴσω μεμενηκότων μόνος ἐκ τῶν ἄλλων παῖς ἐξεφάνη εἰς τὰ ἔξω. ἀφ' οὗ καὶ ὑστάτου παιδὸς ὄντος ἔστιν εἰδεῖν οἷον ἐξ εἰκόνος τινὸς αὐτοῦ, ὅσος ὁ πατὴρ ἐκεῖνος καὶ οἱ μείναντες παρὰ τῷ πατρὶ ἀδελφοί· ὁ δὲ οὔ φησι μάτην ἐλθεῖν παρὰ τοῦ πατρός· εἶναι γὰρ δὴ αὐτοῦ ἄλλον κόσμον γεγονότα καλόν, ὡς εἰκόνα καλοῦ. ib. weiter: μὴ δὲ γὰρ εἶναι θεμιτὸν εἰκόνα καλὴν μὴ εἶναι μήτε καλοῦ μήτε οὐσίας· μιμεῖται δὴ τὸ ἀρχέτυπον πανταχῇ.

wie groß jener Vater ist und die Brüder sind, die beim Vater
blieben. Der aber sagt nicht umsonst, er komme vom Vater, denn
nun existiere eine andere Welt von ihm, die schön geworden
sei als ein Abbild des Schönen. Denn es sei auch nicht dem
Gesetz entsprechend, daß das Abbild des Schönen und des Seins
nicht schön sei. Er ahmt nunmehr das Urbild in allem nach.
Denn auch Leben hat er und die Art des Seins als eine Nach-
ahmung, und das Schönheit-Sein als von dort stammend. Er hat
auch das Ewig-Sein jenes (des Vaters) als Abbild."

Beide genannten Stellen geben eine Deutung des Mythus von
Kronos. Rein formal zeigt die doppelte Verwendung dieses Mythus,
daß die Sublimierung eines Mythus durch die neuplatonische
Metaphysik — als ein Akt „pneumatischer Exegese", der origenistischen Schriftauslegung vergleichbar — sich durch seine Absurdität nicht abschrecken ließ, den verhüllten Sinn dieses Mythus
zu suchen.

Die Deutung selbst ist nicht singulär. Sie ist für uns dadurch
faßbar, daß ein später Neuplatoniker, Sallustius, diesen Mythus
als Grundlage für die Entwicklung seiner Lehre von der pneumatischen Mythenexegese benutzt und dabei auf eine vierfache
Deutungsmöglichkeit aufmerksam macht [1]).

Die Einleitung seiner Darstellung ist die Lehre vom vierfachen
Sinn des Mythus, vom theologischen, physischen, psychischen
und hylischen. Alle diese vier Formen werden nun vom Kronos-
mythus aus entwickelt.

---

1) Sallustius § 4 (ed. Nock S. 44, Cambridge. 1926): τῶν δὲ μύθων οἱ
μέν εἰσι θεολογικοί, οἱ δὲ φυσικοί, ἔτι δὲ ψυχικοί τε καὶ ὑλικοὶ
καὶ ἐκ τούτων μικτοί. εἰσὶ δὲ θεολογικοὶ οἱ μηδενὶ σώματι χρώμενοι ἀλλὰ τὰς
οὐσίας αὐτὰς τῶν θεῶν θεωροῦντες, οἷον αἱ τοῦ Κρόνου καταπόσεις τῶν
παιδῶν. ἐπειδὴ νοερὸς ὁ θεός, πᾶς δὲ νοῦς εἰς ἑαυτὸν ἐπιστρέφει,
τὴν οὐσίαν ὁ μῦθος αἰνίττεται τοῦ θεοῦ· φυσικῶς δὲ τοὺς μύθους
ἔστι θεωρεῖν ὅταν τὰς περὶ τὸν κόσμον ἐνεργείας λέγῃ τις, τῶν θεῶν, ὥσπερ
ἤδη τινὲς χρόνου μὲν τὸν Κρόνον ἐνόμισαν, τὰ δὲ μέρη τοῦ χρόνου παῖδας
τοῦ ὅλου καλέσαντες καταπίνεσθαι ὑπὸ τοῦ πατρὸς τοὺς παῖδάς φασιν.
ὁ δὲ ψυχικὸς τρόπος ἐστὶν αὐτῆς τῆς ψυχῆς τὰς ἐνεργείας σκοπεῖν, ὅτι καὶ
τῶν ἡμετέρων ψυχῶν αἱ νοήσεις κἂν εἰς τοὺς ἄλλους προέλθωσιν,
ἀλλ' οὖν ἐν τοῖς γεννήσασι μένουσι. ὑλικὸς δέ ἐστι καὶ ἔσχατος, ᾧ μάλιστα
Αἰγύπτιοι δι' ἀπαιδευσίαν ἐχρήσαντο αὐτὰ τὰ σώματα θεοὺς νομίσαντες καὶ
καλέσαντες, [καὶ] Ἶσιν μὲν τὴν γῆν, Ὄσιριν δὲ τὸ ὑγρόν, Τυφῶνα δὲ τὸν
θερμότητα ἢ Κρόνον μὲν ὕδωρ, Ἄδωνιν δὲ καρπούς, Διόνυσον δὲ οἶνον.

1. Nach dem theologischen Sinn, der außerhalb aller materiellen Vorstellungen liegt und sich rein auf die göttlichen Substanzen selbst bezieht, bedeutet das Verschlingen der Kinder bei Gott die Zuwendung zu sich selbst, die ἐπιστροφὴ πρὸς ἑαυτόν, d. h. den über die Selbstverwirklichung — in den Zeugungen (Kindern) — führenden Akt der Selbsterkenntnis, die „Substanz" Gottes; die Substantiierung und Selbstbegrenzung geschieht also durch die Zurücknahme — das Auffressen und Zurückschlingen — der in den Zeugungen (Söhnen) verwirklichten Potenzen des göttlichen Seins. Das Auffressen und Zurückholen der Zeugungen (Kinder) bedeutet so den Weg des Geistes zu seiner Identität über seine Selbstentfaltung und Selbstverwirklichung.

2. Die physische (kosmische) Deutung entsteht durch die Beziehung des Mythos auf eine kosmische „Energie". Kronos ist die Zeit, d. i. das Urprinzip der Zeit. Die Kinder sind die Teile der Zeit, d. i. die Zeit in ihrer sukzessiven geschichtlichen Entfaltung. Das Verschlingen ist dann das Hineinschlingen der einzelnen Teile in das gähnende Urprinzip der Zeit (vgl. dazu die Zeitspekulationen Viktorins S. 103 ff.).

3. Die psychische Deutung entsteht durch die Beziehung des Mythos auf die seelische Energie. Das Verschlingen der Kinder ist hier der Akt des Erkenntnisvorgangs in der menschlichen Seele. Die Gedanken der Seele treten aus ihrer Substanz heraus an die Dinge, das Andere, heran und formen sich an ihnen, kehren aber wieder geformt in die Seele zurück und bleiben dort, wobei also erst die Rückkehr das Verstehen und Erkennen, d. i. aber, das intelligible-Sein der Seele vollendet. In jedem Akt der Erkenntnis vollzieht sich die Apperzeption einer äußeren Form dermaßen, daß die Seele ihre „Söhne", die νόες, zeugt und sie nach außen schickt. Die Aneignung des Erkenntnisobjekts vollzieht sich nun dadurch, daß die Seele die gezeugten νόες, νοήσεις wieder „auffrißt", d. h. die an dem Gegenstand geformten νόες wieder zurückholt und dadurch „verständig" wird. Es handelt sich demnach beim Fressen der Kinder um den Grundakt des Denkens. Bemerkenswert ist dabei einmal das in dieser ganz parallel aufgebauten, theologischen und psychischen Deutung des Mythus letzten Grundes das Prinzip der *analogia*

entis wirksam ist, das denselben objektiven metaphysischen Prozeß in seiner transzendentalen Realität und in seiner Bezogenheit auf Bewußtseinsvorgänge sieht, weiter, daß die Anschauung von der Bewegung, die sich im Denkakt und in der Konstituierung des Bewußtseins vollzieht, in der Analyse bei Plotin ihre Grundlage in der Analyse der visio ihre Grundlage hat und in der Untersuchung des trinitarischen geistigen Vorgangs, der sich im Denkakt abspielt, bei Augustin wiederkehrt (s. Teil III).

4. Die h y l i s c h e Deutung ergibt sich aus der Sinnbeziehung des Mythus auf die Elemente. Sallustios spielt hier auf eine ägyptische Vorstellung an, nach der Kronos das Wasser bedeute, bringt dann noch weitere Identifizierungen von Göttern mit Elementen und Stoffen — Isis-Erde, Typhon-Hitze, Feuer, Dionysos-Wein, Adonis-Früchte, ohne auf die Deutung des Verschlingens der Kinder hier ausführlicher einzugehen.

Damit sind die für die Deutung des plotinischen Mythus wesentlichen Gedanken genannt. Das Erzeugen der Kinder ist die Aktivierung und Verwirklichung der der göttlichen Urpotenz innewohnenden Potenzen. Das Verschlingen der Kinder ist so nach der theologischen Deutung der Akt der Substantiierung des Urprinzips, d. h. seiner Selbsthypostasierung als Intellekt. Indem Kronos seine Kinder nicht nach außen läßt, sondern sie in sich zurückhält, gewinnt er selbst Substanz und erkennt sich selbst als Seienden und als Intellekt und umfaßt so bereits die Vielheit des geistigen Seins. Diesen Zustand, in dem Gott selbst Substanz wird, indem er seine Substanz gewordenen Potenzen, d. i. das reale metaphysische Abbild seines Seins, in sich zurücknimmt, bezeichnet Plotin als ein „Voll-Sein". Den Zustand des vollendeten Selbst-Seins und In-sich-selbst-ganz-seins aber meint er, wenn er sagt: „Dann freut er sich an seinem und ihrem Glanze." Das Ziel der göttlichen Bewegung ist also die Identität; der Weg zur Identität führt über den Akt der Substantiierung; diese besteht im Zurückhalten der eigenen Zeugungen, d. i. der aktivierten und substantiierten Potenzen, wodurch das transzendente Sein die Vielheit des geistigen Seins in sich selbst trägt. Der Akt der Substantiierung ist zugleich der Akt der Selbstbegrenzung und Formierung, d. i. der innergöttlichen Zeugung des Sohnes. Das bedeutet: Gott wird Intellekt im Sohne; der Sohn ist die Substanz, die Form, das Bild des Vaters, indem er die Umreißung aller Potenzen des väterlichen Seins im Vater selbst, die Totalität und Vollendung der in dem väterlichen Sein zurückgehaltenen Sohnschaften ist.

Von der Mythendeutung aus sind wir also auf Ideen geführt, die Viktorin der Ableitung seiner Christologie zugrunde legt. Es liegt also eine mythische und eine dogmatische Behandlung desselben ontologischen Problems vor. Der Sohn ist die Substanz und die Form des Vaters, der sich im Sohn selbst substantiiert, formiert und erkennt. Die Voraussetzung des plotinischen und des viktorinischen Gedankens ist ein dynamistischer Transzendentalismus, der in der Idee der Identität mündet. Dieselbe Anschauung von einem transzendentalen göttlichen Sein spaltet sich in eine mythische und eine dogmatische Konzeption. Die spiritualistische Überhöhung des Mythos von Kronos trägt in sich die theologischen Ideen, die zur dogmatischen Begründung der innergöttlichen Zeugung des Sohnes im Vater, seinem Hervorgehen, seiner Abbildlichkeit, seines Form-Seins und weiter zum Ansatzpunkt der trinitarischen Spekulationen dienen.

Der Mythus zeigt aber noch weitere Momente: die Substantiierung und Formierung des göttlichen Seins vollzieht sich in einem inneren Akt in Gott selbst. Erst dieses innere Sich-selbstbewußt-werden, die reale Existenz einer Vielheit geistiger Ideen und Bewegungen in Gott ist die Voraussetzung für die *apparentia foris*. Damit treffen wir auf weitere Grundkategorien des viktorinischen Denkens: die Teilung in ein „*intus*", „*foris*", in ein „In-Gott-Sein" und „Außer-Gott-Sein", die Differenzierung des Geistes in ein Bei-sich-sein (Identität) und seine Entfremdung. Die Geburt des Sohnes (des Logos) nach außen setzt nach Plotin seine reale Formierung innen voraus (s. S. 198). Erst nachdem Gott sich in sich selbst substantiiert, geformt und erkannt hatte, und über die innere Zeugung des Sohnes zu seiner Identität vorgedrungen war, konnte er im Sohn nach außen als ein reales Sein in Erscheinung treten, sagt Viktorin (s. S. 85). Der metaphysische Prozeß ist bei beiden derselbe.

Die Analogie der Ideenführung reicht noch weiter: auch die imago-Spekulation ist in den Kronosmythus eingebettet. Plotin

sagt, an dem Sohn könne man wie an einem Bild erkennen, wie
der Vater und seine Brüder sind, die bei ihm bleiben (s. S.199).
Der Sohn ist als die Substanz und Form des Vaters, in der sich
alle Potenzen und Zeugungen zusammenfassen, ein Bild des Vaters
und damit das Bild jeder einzelnen in ihm ruhenden Seinsform.
Mit dem Intellekt-Form- und Substanz-werden rückt das göttliche
Sein in einem Akt der Selbsthypostasierung in die intelligible
Sphäre herein und wird im Sohn bildhaft erkennbar. Der Sohn
ist als Bild des Vaters die Offenbarung des Vaters.

Der letzte Prozeß: der Sohn verharrt nicht in der starren
Ruhe des Form- und Substanz-Seins, sondern ist als Bild des
Vaters selbst ein dynamisches Sein. Er setzt aus sich heraus die
ihm als Bild des Vaters innewohnenden Potenzen und exponiert
sie in eine intelligible Wirklichkeit, d. h., er aktiviert seine Potenzen
in der Schaffung eines intelligiblen Kosmos, der „Seele des Universums". „Da er nämlich vollkommen war, mußte er zeugen und
konnte nicht als eine solche Potenz zeugungsunfähig sein" (s. S.198).
Die Vollkommenheit des Sohnes findet also ihren Abschluß in
der Aktivierung der in ihm zusammengefaßten intelligiblen
Potenzen in einem universellen intelligiblen Sein, dem νοερὸς
κόσμος (s. S. 198), dem selbst wieder zum Sohn, der sie erzeugt, im Bildverhältnis steht. Die Darstellung des Intellekts-
Seins des Sohnes im intelligiblen Sein des Universums ist der
letzte Schritt der Selbstentfaltung des dynamischen göttlichen
Urprinzips, das sich so in einem Universum der Begriffe, Formen,
Wesen, Gesetze und Bewegungen individuiert und differenziert hat.

Bis auf die letzte Idee läuft die Gedankenführung des Viktorin
in einer Linie mit den plotinischen Ideen, nur daß sich bei
Viktorin gewissermaßen der Sohn und der Hl. Geist in die metaphysischen Funktionen des Logos und der Welt-Seele so teilen,
daß eine glatte Identifizierung nicht durchzuführen ist. Die Unterschiede werden im folgenden noch näher auszuführen und zu
begründen sein, aber was den metaphysischen Aufriß anbelangt,
so hat die plotinische Trinität in ihrer Entfaltung von dem
überwesentlichen Vater aus ihre Analogie in der Bewegung des
Geistes, wie sie der Trinitätslehre Viktorins zugrunde liegt:
der Vater als das unerfaßliche potentielle Urprinzip des Seins,
der Sohn die Substantiierung und Formierung der im göttlichen

Sein enthaltenen Potenzen, der Geist als die Aktivierung und Gestaltung der im Sohn substantiierten Potenzen, teleologisch gedeutet als ein Wirken einer universellen Vergeistigung (s. S. 135).

Sucht man nach dem unterscheidenden Merkmal der beiden „Trinitäten", so ist auf die Idee der Wesensgleichheit hinzuweisen, die bei Viktorin die Anschauung von der Trinität bestimmt. Die Untersuchung des metaphysischen Willensbegriffs wird zu zeigen haben, wie es gerade der Willen ist, von dessen Auffassung als der Substanz des Geistes aus die plotinische Metaphysik eine durchgreifende Umwandlung erfuhr (s. Teil III). Für Viktorin stellt sich die Entfaltung der Urpotenz in den Hypostasen als ein kontinuierlicher Prozeß innerhalb derselben Seins-Sphäre dar. Die Darstellung in den Drei ist nichts anderes als eine logische Auflösung des Aktes der ἐπιστροφή, in der der absolute Geist sich selbst will und denkt. Die dialektische Bewegung selbst vollzieht sich innerhalb derselben Geistnatur. Die Idee der Wesensgleichheit bedeutet also eine Nivellierung und Zusammenziehung der drei plotinischen Hypostasen auf derselben ontologischen Ebene. Die Vorbereitung dieses Prozesses liegt aber bei Plotin. Auch bei Plotin gehören ja schon die drei Hypostasen, die als geistige Wesen von der Materie als dem Nichtsein unterschieden werden, ontologisch eng zusammen. Die drei Hypostasen sind aber untereinander nicht nur ontologisch gebunden, sondern auch teleologisch durch die Idee der ἐπιστροφή und der Identität als dem Endziel aller Bewegung des Geistes. Die Idee der Depotenzierung der Hypostasen untereinander wird bei Viktorin vollends überwunden durch den Gedanken, daß es sich bei der trinitarischen Bewegung des Geistes um einen dialektischen Vorgang, einen innergöttlichen Lebensprozeß innerhalb derselben Geist-Sphäre handelt.

Analog ist also bei Plotin und Viktorin der Prozeß der Hypostasierung der Drei, der vom Gottesgedanken aus entwickelt wird; es verschwindet aber bei Viktorin die Vorstellung von der sukzessiven Verringerung der Hypostasen untereinander. Bei Plotin kristallisiert sich die Bewegung des Geistes in einem intelligiblen Kosmos, und hier hört die Analogie des plotinischen und viktorinischen Geistgedankens scheinbar auf: aber auch diese Weltseele ist nur ein τρόπος τῆς δυνάμεως innerhalb der Selbst-

darstellung und Selbstentfaltung des absoluten Geistes, deren
Ziel die Identität ist. Bestätigt wird dieser Gedanke durch die
Tatsache, daß sich bei Viktorin Stellen finden, wo die Zeugung
des Logos in einem realen Zusammenhang mit der Hypostasierung
der Weltseele steht, wenn nicht mit ihr identisch ist (s. S. 94).
Man muß sich dabei immer vor Augen halten, daß „Welt" bei
Plotin eine dynamische und religiöse Wirklichkeit bezeichnet,
die am besten mit dem Schleiermacherschen Begriff des „Universum" bezeichnet werden kann.

Die einzelnen Begriffe, die die engere Abhängigkeit der viktorinischen und plotinischen Spekulationen zeigen, sind anschließend
in einer genauen Untersuchung des Vorgangs der Hypostasierung
zu entwickeln, wie er sich bei Plotin findet. Vorweg seien dazu
einige Gedanken bemerkt, auf die die mythische Darstellung der
Bewegung des Geistes hinweist:

Es ist bemerkenswert, daß sich bei Plotin entsprechend dem
transzendentalistischen Ansatz seines Gottesgedankens gerade an
der Stelle der Mythus einfindet, wo es sich darum handelt, einen
innergöttlichen Prozeß darzustellen, der der Art des göttlichen
Seins nach in logischen Begriffen nicht mehr zu beschreiben
ist; weiter aber, daß der Mythus genau denselben metaphysischen
Ort einnimmt, an dem bei Viktorin die Offenbarung steht, daß
also die Möglichkeit einer Konversion vom Neuplatonismus zum
Christentum im Sinne einer Verschiebung der „Mythen" in dem
transzendentalen Ansatzpunkt des neuplatonischen Geistgedankens liegt; drittens, daß dessen religiöse Konzeption bereits
einen Hinweis auf die Möglichkeit einer Substituierung des
„offenbaren" Gottes an Stelle des unbekannten transzendenten
Gottes enthält; daß schließlich in dem Mythus selbst schon die
metaphysischen Ideen von Plotin hineingetragen werden, die
dann auf die Deutung der Trinität bezogen das dogmatische
Denken beeinflußten, und daß die mythischen Bezeichnungen
„Vater", „Sohn" „ewige Zeugung" bei Plotin bis in die Einzelheiten hinein die Deutung des „Vaters" und des „Sohnes" im
Dogma vorbereiten.

Es wird nun zu prüfen sein, ob sich eine begriffliche und
ideenmäßige Korrespondenz zwischen der Metaphysik Plotins und
der Religionsphilosophie Viktorins in dem Umfange und der un-

mittelbaren Analogie nachweisen läßt, wie sie aus der mythischen Einkleidung des plotinischen Gottesgedankens sich ergab; wir gehen dazu von der metaphysischen Konzeption der Gottesanschauung aus.

Über die Versuche einer rein negativen Bestimmung hinaus hat bereits der Grundgedanke der mythischen Darstellung des Gottesgedankens auf seinen dynamistischen Grundzug hingewiesen. Es ist die Bezeichnung „Vater", die auf die Bestimmung des Urprinzips als eines potentiellen Seins hinzeigt; desgleichen manifestiert der Ablauf des Emanationsprozesses den dynamischen Charakter des „Einen". Das Eine ist die reine, absolute Potenz, die alle Möglichkeiten und alle Wirklichkeiten des Seins in einer transzendentalen Einheit in sich enthält. Plotin hat versucht, den δύναμις-Begriff von einer logischen Einengung zu befreien: Gott ist nicht δύναμις im Sinn einer speziellen Begrenzung des δύναμις-Begriffs, etwa so, daß er wohl δύναμις, aber nicht Akt wäre, sondern Potenz über und jenseits aller Potenzen[1]). Das Potenz-Sein Gottes liegt jenseits in der logischen Differenzierung von Potenz und Akt. „Der Geist tritt nicht aus der Möglichkeit eines potentiellen Denkens in die Wirklichkeit des Denkens; dann würde er eines andern, höheren bedürfen, das nicht aus der Potenz stammt; sondern in ihm ist das Ganze[1])[2])." Wir erinnern hier an die bei Viktorin aufgestellte Unterscheidung von Potenz und Potentialität: ontologisch ist Potenz (als absolute Potenz, „Vater"), was dem Intellekt, der nicht über das geformte intelligible Sein hinausschaut, als Möglichkeit erscheint.

Die transzendente Realität dieser Potenz zeigt sich in folgendem: In dem Potenz-Sein liegt der Ursprung der Emanation und der Individuation. Gott ist die Quelle und der Ursprung der Ener-

---

1) Plotin Enn. VI. VII. 31 (II 464, 1 ff.): οὐ τοίνυν οὐδὲ τοιαύτη μορφή οὐδὲ τις δύναμις οὐδ’ αὖ πᾶσαι αὖ γεγενημέναι καὶ οὖσαι ἐνταῦθα, ἀλλὰ δεῖ ὑπὲρ πάσας εἶναι δυνάμεις καὶ ὑπὲρ πάσας μορφάς· ἀρχὴ δὲ τὸ ἀνείδεον, οὐ τὸ μορφῆς δεόμενον, ἀλλὰ ἀφ’ οὗ πᾶσα μορφὴ νοερά. ib.: τὸ γὰρ γενόμενον, εἴπερ ἐγίνετο, ἔδει γενέσθαι τι καὶ μορφὴν ἰδίαν ἔσχεν.

2) Enn. II. V. 3 (I 170, 2 f.): νοῦς γὰρ οὐκ ἐκ δυνάμεως τῆς κατὰ τὸ οἷόν τε νοεῖν εἰς ἐνέργειαν τοῦ νοεῖν, ἀλλ’ ἐν αὐτῷ τὸ πᾶν.

— Enn. VI. VIII. 1 (II 478, 16 f.): καίτοι καὶ τὸ δύνασθαι τοῦτο σκεπτέον πῶς ποτε λέγεται, μήποτε οὕτως τὸ μὲν δύναμιν, τὸ δὲ ἐνέργειαν φήσομεν, καὶ ἐνέργειαν μέλλουσαν.

gien [1]), die δύναμις πάντων [2]), die ganze Kraft, die sich in das Unendliche erstreckt [3]), die Kraft, die das Prinzip des geistigen Lebens ist [4]), die das Sein erzeugende Kraft, die in sich selbst bleibt und nicht verringert wird [5]), das „κύριον der Energie" [6]) die erste Kraft [7]). Vor allem der κύριον-Begriff bedeutet eine Unterstreichung der Realität und Wirksamkeit dieser Kraft; an ihn setzt auch, wie noch auszuführen ist, die Willensspekulation an [8]).

1) Enn. I. VII. 2.

2) Enn. V. III. 15 (II 199, 7 f.).

3) Enn. V. IV. 2 (II 205, 3 ff., 12 ff.): πῶς μένοντος ἐκείνου γίνεται ἐνέργεια; ἡ μέν ἐστι τῆς οὐσίας, ἡ δ' ἐκ τῆς οὐσίας ἑκάστου ... μένοντος αὐτοῦ ἐν τῷ οἰκείῳ ἤθει ἐκ τῆς αὐτοῦ τελειότητος καὶ συνούσης ἐνεργείας ἡ γεννηθεῖσα ἐνέργεια ὑπόστασιν λαβοῦσα, ἅτε ἐκ μεγάλης δυνάμεως, μεγίστης μὲν οὖν ἁπασῶν, εἰς τὸ εἶναι καὶ οὐσίαν ἦλθεν. ἐκεῖνο γὰρ ἐπέκεινα οὐσίας ἦν. καὶ ἐκεῖνο μὲν δύναμις πάντων, τὸ δὲ ἤδη τὰ πάντα. εἰ δὲ τοῦτο τὰ πάντα, ἐκεῖνο ἐπέκεινα τῶν πάντων· ἐπέκεινα ἄρα οὐσίας. — Enn. III. VI. 10 δύναμις τῶν πάντων. — Enn. V. V. 10 (II 218, 6 ff.): ζωῆς γὰρ ἔμφρονος καὶ νοερᾶς αἴτιος δύναμις ὤν, ἀφ' οὗ ζωὴ καὶ νοῦς, ὅτι οὐσίας καὶ τοῦ ὄντος, ὅτι ἕν· ἁπλοῦν γὰρ καὶ πρῶτον, ὅτι ἀρχή. ἀπ' αὐτοῦ γὰρ πάντα ... (17 f.) τὸ δ' ἄπειρον ἡ δύναμις ἔχει.

4) Enn. V. VIII. 9 (II 242, 1 ff., 12 ff.): über die Epiphanie Gottes in der Seele: ὁ δὲ ἥκοι τὸν αὐτοῦ κόσμον φέρων μετὰ πάντων τῶν ἐν αὐτῷ θεῶν εἷς ὢν καὶ πάντες καὶ ἕκαστος πάντες, συνόντες εἰς ἓν καὶ ταῖς μὲν δυνάμεσιν ἄλλοι, τῇ δὲ μίᾳ ἐκείνῃ τῇ πολλῇ πάντες εἷς. μᾶλλον δὲ ὁ εἷς πάντες ... τὸ δέ ἐστι δύναμις πᾶσα εἰς ἄπειρον μὲν ἰοῦσα, εἰς ἄπειρον δὲ δυναμένη. καὶ οὕτως ἐστὶν ἐκεῖνος μέγας, ὡς καὶ τὰ μέρη αὐτοῦ ἄπειρα γεγονέναι. —

5) Enn. VI. IX. 5 (II 515, 6): αὐτοῦ ἡ φύσις τοιαύτη, ὡς πηγὴν τῶν ἀρίστων εἶναι καὶ δύναμιν γεννῶσαν τὰ ὄντα μένουσαν ἐν ἑαυτῇ καὶ οὐκ ἐλαττουμένην ... — ib. 6 (515, 27 ff.): μέγιστον γὰρ ἀπάντων οὐ μεγέθει, ἀλλὰ δυνάμει, ὥστε καὶ τὸ ἀμέγεθος δυνάμει ... ληπτέον δὲ καὶ ἄπειρον αὐτὸ οὐ τῷ ἀδιεξιτήτῳ ἢ τοῦ μεγέθους ἢ τοῦ ἀριθμοῦ, ἀλλὰ τῷ ἀπεριλήπτῳ τῆς δυνάμεως.

6) Enn. VI. VIII. 7 (II 487, 5 f.): αὐτὸ τῆς ἐνεργείας κύριον, ὃ καθαρῶς τοῖς ἀϊδίοις ὑπάρχει ...

7) Enn. V. IV. 1 (II, 203, 16): εἰ τέλειόν ἐστι τὸ πρῶτον καὶ πάντων τελειότατον καὶ δύναμις ἡ πρώτη ... πῶς οὖν τὸ τελειότατον καὶ τὸ πρῶτον ἀγαθὸν ἐν αὐτῷ σταίη ὥσπερ φθονῆσαν ἑαυτοῦ ἢ ἀδυνατῆσαν ἡ πάντων δύναμις; πῶς δὲ ἂν ἔτι ἀρχὴ εἴη; — Enn. VI. VIII. 10 (II 492, 1 ff.): καὶ τὸ μὴ ἥκειν πρὸς μηδὲν ἄλλο τὴν ὑπερβολὴν τῆς δυνάμεως ἐν αὐτῷ ἔχει, οὐκ ἀνάγκῃ κατειλημμένου, ἀλλ' αὐτοῦ ἀνάγκης τῶν ἄλλων ὄντος καὶ νόμου.

8) Daneben findet sich auch das „primum" als Bezeichnung des transzendentalen Charakters des göttlichen Seins, das bei Viktorin immer wieder hervortritt.

Das Potenz-Sein ist gefaßt als ein Überschwang an Potenz
— ὑπερβολὴ δυνάμεως —, welcher das Gesetz und die Notwendigkeit aller Dinge in seiner Überfülle trägt[1]. Nicht nur ist
also das Überströmen, Über-sich-selbst-hinaus-sich-verwirklichen
unmittelbar in dem dynamischen Sein Gottes begründet, sondern
in diesem Prozeß verwirklicht sich ein geistiges Gesetz; alles
geistige Leben und alle intelligible Bewegung vollzieht sich
mit einer strengen metaphysischen Notwendigkeit, die die sukzessive Entfaltung der intelligiblen Wesen und Formen formt
und leitet.

Diese dynamistische Grundhaltung ist für die trinitarische
Spekulation von entscheidender Bedeutung gewesen. Es wurde
in der Darstellung der viktorinischen Trinitätslehre darauf hingewiesen, daß sich die Trinität für Viktorin als die dreifache
Explikation der Urpotenz darstellt: Gott ist der τριδύναμος θεός,
die drei Personen repräsentieren also drei dynamische Seinsformen
Gottes (s. S. 84). Die prinzipielle Frage ist von dem dynamistischen Ansatzpunkt aus nicht die Frage der Antiochener nach
dem τρόπος τῆς ὑπάρξεως, sondern die Frage nach dem τρόπος
τῆς δυνάμεως, wie sie Plotin stellt[2]. Diese Frage tritt gegenüber der ontologischen Abgrenzung der Hypostasen, deren Unterschied untereinander allgemein von der Idee der Entfremdung
aus bestimmt, aber ontologisch nicht abgegrenzt wird, als Mittel
der Bestimmung der Eigenart der einzelnen Hypostasen in den
Vordergrund. Die dynamistische Trinitätslehre bei Viktorin kann
man ihrerseits wieder als eine Vorbereitung der voluntaristischen
Trinitätslehre Augustins bezeichnen, zumal der metaphysische
Willensbegriff bereits bei Plotin selbst schon beginnt, den δύναμις-
Begriff und damit auch den Substanzbegriff und die Anschauung
vom Prozeß der Hypostasierung umzugestalten[3].

---

1) Enn. III. V. 16: ἐν τοῖς γεννωμένοις οὐκ ἔστι πρὸς τὸ ἄνω, ἀλλὰ πρὸς
τὸ κάτω χωρεῖν καὶ μᾶλλον. εἰς πλῆθος ἰέναι, καὶ ἡ ἀρχὴ ἑκάστων ἁπλού-
στερα ἢ αὐτά.

2) Enn. V. III. 15 (II 199, 8): τίς ὁ τρόπος τῆς δυνάμεως.

3) Die göttliche δύναμις enthält nach Plotin nicht nur alle Seinsformen,
sondern auch alle Verhaltungsweisen des Seins, Bewegt- und Unbewegt-
Sein in ihrer Potenz. Mit dem dynamistischen Gottesgedanken ist bereits
bei Plotin die motus-Lehre verbunden.

Im Noῦς, d. i. im Sohne, entfaltet sich nun das überwesentliche Sein des Vaters in einer intelligiblen, metaphysischen Realität, als Substanz und zwar als eine energetische Substanz. Gleichermaßen wie das „Eine" „ein durch eine erstaunliche Kraft über alles sich erstreckendes Eins" ist[1][2]), so ist die substantiierte Form dieser Potenz ihrer ganzen Natur nach ein dynamisches, auf das Wirken gerichtetes Sein[3]). „Das nach dem Ersten ist Kraft und zwar eine unermeßliche Kraft und dies erhält aus den gesamten übrigen Dingen seine Bestätigung, weil nichts existiert, auch von den untersten Dingen, was nicht die Kraft zum Zeugen hat[4])". Das Geheimnis dieser Kraft des Geistes ist, daß er „bleibt, der er ist, aber viele schafft, die doch alle in ihn gegründet sind, und durch ihn und von ihm sind[5][6])."

---

1) Enn. III. IX. 3 (I 349, 22 ff.): τὸ μὲν πρῶτον δύναμίς ἐστι κινήσεως καὶ στάσεως, ὥστε ἐπέκεινα τούτων· τὸ δὲ δεύτερον ἔστηκέ τε καὶ κινεῖται περὶ ἐκεῖνο. καὶ νοῦς δὲ τὸ δεύτερον.

2) Enn. VI. II. 3 (II 303, 11 ff.): ὅλως δὲ ἴσως οὐδὲ τὸ ἓν φατέον αἴτιον τοῖς ἄλλοις εἶναι, ἀλλ' οἷον μέρη αὐτοῦ καὶ οἷον στοιχεῖα αὐτοῦ καὶ πάντα μίαν φύσιν μεριζομένην ταῖς ἡμῶν ἐπινοίαις, αὐτὸ δὲ εἶναι ὑπὸ δυνάμεως θαυμαστῆς ἓν εἰς πάντα καὶ φαινόμενον πολλὰ καὶ γινόμενον πολλά, οἷον ὅταν κινηθῇ καὶ τὸ πολύχουν τῆς φύσεως ποεῖν τὸ ἓν μὴ ἓν εἶναι, ἡμᾶς τε οἷον μοίρας αὐτοῦ προφέροντας ταύτας ἓν ἕκαστον τίθεσθαι καὶ γένος λέγειν ἀγνοοῦντας ὅτι μὴ ὅλον ἅμα εἴδομεν, ἀλλὰ κατὰ μέρος προφέροντες πάλιν αὐτὰ συνάπτομεν οὐ δυνάμενοι ἐπὶ πολὺν χρόνον αὐτὰ κατέχειν σπεύδοντα πρὸς αὐτά.

3) Enn. VI. VIII. 16 (II 500, 31 ff.): τὸ ἄρα εἶναι ὅπερ ἔστιν ἐνέργεια ἡ πρὸς αὐτόν... αὐτὸς ἄρα ὑπέστησεν αὑτὸν συνεξενεχθείσης τῆς ἐνεργείας μετ' αὐτοῦ. — ib. 20 (II 505, 5 ff.): οὐδὲ φοβητέον ἐνέργειαν τὴν πρώτην τίθεσθαι ἄνευ οὐσίας, ἀλλ' αὐτὸ τοῦτο τὴν οἷον ὑπόστασιν θετέον. — ib. II. V. 3 (I 170, 8 ff.): πάντα οὖν τὰ πρῶτα ἐνεργείᾳ· ἔχει γάρ, ἃ δεῖ ἔχειν, καὶ παρ' αὑτῶν καὶ ἀεί... (16 ff.): καὶ ἐνεργείᾳ ἄρα καὶ ἐνέργεια τὰ πάντα καὶ ζωαὶ τὰ πάντα καὶ ὁ τόπος ὁ ἐκεῖ τόπος ἐστὶ ζωῆς καὶ ἀρχὴ καὶ πηγὴ ἀληθῶς ψυχῆς τε καὶ νοῦ.

4) Enn. V. III. 16 (II. 199, 22): δύναμίς ἐστι καὶ ἀμήχανος δύναμις καὶ τοῦτο ὅτι ἐκ τῶν ἄλλων ἁπάντων πιστωτέον, ὅτι μηδέν ἐστι μηδὲ τῶν ἐσχάτων, ὃ μὴ δύναμιν εἰς τὸ γεννᾶν ἔχει.

5) Enn. II. IX. 9 (I 196, 26 ff.): οὐ γὰρ τὸ συστεῖλαι εἰς ἕν, ἀλλὰ τὸ δεῖξαι πολὺ τὸ θεῖον, ὅσον ἔδειξεν αὐτός, τοῦτό ἐστιν δύναμιν θεοῦ εἰδότων, ὅταν μένων ὅς ἔστι πολλοὺς ποιῇ πάντας εἰς αὐτὸν ἀνηρτημένους καὶ δι' ἐκεῖνον καὶ παρ' ἐκείνου ὄντας.

6) Eine Anschauung, die schon durch ihren triadischen Aufbau an die paulinische Formel Röm. 11, 36 erinnert.

In dem δύναμις-Begriff hat also der neuplatonische Geistgedanke eine Seinsbestimmung erfahren, die einerseits das religiöse
Moment nicht aufhebt, andererseits eine ontologische Deutung
ermöglicht und den Ansatzpunkt einer Reihe von metaphysischen
Spekulationen bildet, die die Grundzüge des Systems in der Bestimmung des „Für-sich-seins" und seiner Entfaltung im Anderssein eindeutig festlegen [1]).

III. Analyse des Prozesses der Hypostasierung.

1. Die Idee der Selbsthypostasierung.

Wie vollzieht sich nun bei Plotin die Abgrenzung des Seins in
seiner reinen Transzendenz und des Seins im Zustand seiner
Hypostasierung und welches ist der metaphysische Vorgang,
der sich bei dieser Hypostasierung abspielt?

Das Sein in seiner reinen Transzendenz ist ein vollkommenes
einfaches Ruhen in sich selbst jenseits aller Bewegung und

---

1) Enn. VI. II. 21 (II 323, 17 ff.): οὖσα γὰρ ἔννους ζωὴ καὶ ἐνέργεια οὐκ
ἀτελὴς οὐδὲν παραλείπει ὧν εὑρίσκομεν νοῦν νοερὸν ἔργον ὄν, ἀλλὰ πάντα
ἔχει ἐν τῇ αὐτῆς δυνάμει ὄντα αὐτὰ ἔχουσα καὶ ὡς ἂν νοῦς ἔχοι. — Enn. VI.
II. 20 (II 321, 19 ff.). — Enn. V.V. 5 (II, 212, 16): οὕτω τοι τὸ μὲν γενόμενον καὶ τὸ
εἶναι μίμησιν ἔχοντα ἐκ τῆς δυνάμεως αὐτοῦ ῥυέντα. — Enn. VI.
IV. 9: καίτοι οὐχ οἷόν τε ὥσπερ οὐσίαν ἄνευ δυνάμεως
οὕτως οὐδὲ δύναμιν ἄνευ οὐσίας· ἡ γὰρ δύναμις ἐκεῖ
ὑπόστασις καὶ οὐσία ἢ μείζων οὐσίας. — Sallustios § 5 (ed. Nock
S. 10, 25): μετὰ δὲ τὴν οὕτως ἄρρητον δύναμιν αἱ τῶν θεῶν τάξεις εἰσί. Vgl.
dazu die Ausführungen des Chalcidius über die substantia vitalis,
comm. in Tim. CCI ed. Wrobel S. 242, 7. — Als eine bemerkenswerte Abwandlung des dynamistischen Gottesgedankens, die in dieselbe Richtung
der Deutung der Trinität weist, die auch Viktorin eingeschlagen hat, kann
erwähnt werden, daß sich bei Nemesios der Versuch einer triadischen
Auflösung der Potenz in ihr reines Potenz-Sein, in die Formierung dieses
Potenz-Seins in der Potenz und in die Verwirklichung dieser Potenz
findet. Nemesius de nat. hom. c. 34,13 f. (Burkh.): omnis enim rei, quam facimus,
potestatem habemus; quorum vero potestatem non habemus, horum nec
actus. habetur actus igitur a potestate, potestas vero ab essentia; nam
actus est a potestate et potestas ab essentia, et in essentia. tria igitur
haec sunt ad invicem se habentia: potens, potestas, possibile.
potens quidem essentia, potestas vero a qua habemus posse, possibile
autem, quod secundum potestatem natum est fieri. Vgl. Augustin de trin.
VI. II. 3 (925): (Deus) potens ea potentia vel virtute quam genuit ...

Nichtbewegung, das „Fremde" [1]), ein vollkommenes In-sich- und
Bei-sich-sein, außerhalb jeder Beziehung auf ein anderes als sein
eigenes Selbst — τὸ αὐτό —; dieses Selbst aber steht jenseits
des Selbstbewußtseins, da ja das Selbstbewußtsein bereits zu
seinem Zustandekommen das Vorhandensein einer Vielheit benötigt, die überintelligible Einheit aber bei einer dialektischen
Spaltung in ein Erkennendes, Erkanntes und ein Erkennen seiner
Simplizität verlustig ginge [2]).

Diesem transzendenten Sein eignet aber die Richtung auf sich
selbst, eine „Neigung" — νεῦσις — zu sich selbst, ein Sich-
selbst-zuwenden — ἐπιστρέφειν πρὸς ἑαυτόν — und Sich-selbst-
schauen [3]). Der Antrieb dieses Richtungnehmens auf sich selbst
ist ein Wille zur Selbstschau und zum Selbstsein, der Wille des
absoluten Geistes zu seiner Identität. In der Selbstschau vollzieht sich die innere Formierung und Substantiierung: der Geist
schaut seine eigene Unendlichkeit und alle seine Potenzen in
sich und gewinnt in der Erkenntnis der eigenen Fülle Form
und Sein. Das Wollen zu sich selbst ist also die innergöttliche
Bewegung, in der sich der absolute Geist als Intellekt — Νοῦς —
selbst formiert und ein Seiender ist. Die große Linie der Bewegung ist also: Der Wille führt zur ἐπιστροφή, die ἐπιστροφή

---

1) Plotin Enn. VI. VII. 40 (II 474, 16 f.): καὶ ἔστιν αὕτη πρώτη ἐνέργεια
ὑπόστασιν γεννήσασα εἰς οὐσίαν ... (21 ff.): πρώτη δὲ οὖσα αὕτη ἐνέργεια
καὶ πρώτη νόησις οὐκ ἂν ἔχοι οὔτε ἐνέργειαν πρὸ αὑτῆς οὔτε νόησιν. μετα-
βαίνων τοίνυν τις ἀπὸ ταύτης τῆς οὐσίας καὶ νοήσεως οὔτε ἐπὶ οὐσίαν ἥξει
οὔτε ἐπὶ νόησιν, ἀλλ' ἐπέκεινα ἥξει οὐσίας καὶ νοήσεως ἐπί τι θαυμαστόν,
ὃ μήτε ἔχει ἐν αὑτῷ οὐσίαν μήτε νόησιν, ἀλλ' ἔστιν ἔρημον αὐτὸ ἐφ'
ἑαυτοῦ τῶν ἐξ αὐτοῦ οὐδὲν δεόμενον. οὐ γὰρ ἐνεργήσας πρότερον ἐγέννησεν
ἐνέργειαν.

2) Plotin Enn. V. IV. 2 (II 204, 22 ff.): ἔστιν αὐτοῦ πάντα ἐν αὑτῷ καὶ
σὺν αὑτῷ, πάντη διακριτικὸν ἑαυτοῦ, ζωὴ ἐν αὑτῷ καὶ πάντα ἐν αὑτῷ καὶ ἡ
κατανόησις αὐτοῦ ἀπὸ οἱονεὶ συναισθήσει οὖσα ἐν στάσει ἀιδίῳ καὶ νοήσει
ἑτέρως ἢ κατὰ τὴν νοῦ νόησιν; weiter Enn. V. V. 10 (II 218, 9 ff.): ἀπ'
αὐτοῦ κίνησις ἡ πρώτη, οὐκ ἐν αὑτῷ, ἀπ' αὐτοῦ στάσις, ὅτι αὐτὸς μὴ
ἐδεῖτο. οὐ γὰρ κινεῖται οὐδ' ἕστηκεν. οὐδὲ γὰρ εἶχεν οὔτε ἐν ᾧ
στήσεται, οὔτε ἐν ᾧ κινηθήσεται. — Enn. V. VI. 2 (II 224, 5 ff.): ᾧ ἄρα τὸ
τέλειον ὑπάρξει, πρὸ τοῦ νοεῖν τοῦτο ἔσται· οὐδὲν ἄρα δεῖ αὐτῷ τοῦ νοεῖν·
αὔταρκες γὰρ πρὸ τούτου. — Enn. V. VI. 5 (II 226, 4 ff.): ὃ δ' ἐστὶ πάντη
ἕν, ποῦ χωρήσεται πρὸς αὐτό; ποῦ δ' ἂν δέοιτο συναισθήσεως; ἀλλ' ἔστι τὸ
αὐτὸ καὶ συναισθήσεως καὶ πάσης κρεῖττον νοήσεως.

3) Enn. VI. VII. 16 (II 445, 23 ff.).

zur Selbsterkenntnis, die Selbsterkenntnis zur Formierung als
reiner Intellekt, als Seiender. Dieser Prozeß vollzieht sich noch
innerhalb des transzendentalen Seins als eine innergöttliche
Zeugung des Sohnes, d. h. als eine ewige Zeugung, da der Wille
zur Identität ein ewiger ist. „Wie erzeugt das Eine nun den
Intellekt? Nun, es schaute durch die Hinwendung zu sich selbst,
und dieses Schauen ist Intellekt[1].“ Das in Gott sich vollziehende
„Sich-selbst-als-Geist-erkennen“ ist zugleich der primäre Akt
seiner Substantiierung. So ist der Intellekt Substanz und die
erste Substanz[2].

Diese Hypostase tritt noch nicht aus dem transzendenten Sein
heraus, vielmehr ist das so entstandene Sein ein „Bleiben in sich
selber“[3], eine „Ruhe“[4], ein in sich selbst vollendeter Zustand,
der als „müßige Energie“ als die „erste Energie und erste
Substanz jenes (Einen), der ganz in sich selbst bleibt“, bezeichnet
wird[4].

Das „Bleiben in sich selber“ hat bei Plotin auch eine mythische
Beschreibung erfahren. „Der Geist bleibt in seiner eigenen
Wohnung, aus ihm entsteht, was entsteht, es entsteht aber aus
einem, der bleibt[5].“ Dahinter steht ein sakrales Bild: der abso-

---

1) Enn. V. I. 7 (II. 169, 17): εἰκόνα δὲ ἐκείνου εἶναι λέγομεν τὸν νοῦν.
δεῖ γὰρ σαφέστερον λέγειν· πῶτον μέν, ὅτι δεῖ πως εἶναι ἐκείνου τὸ γεννώμενον καὶ ἀποσώζειν πολλὰ αὐτοῦ καὶ εἶναι ὁμοιότητα πρὸς αὐτό, ὥσπερ καὶ
τὸ φῶς τοῦ ἡλίου. ἀλλ᾽ οὐ νοῦς ἐκεῖνο. πῶς οὖν νοῦν γεννᾷ; ἢ ὅτι τῇ
ἐ π ι σ τ ρ ο φ ῇ π ρ ὸ ς α ὐ τ ὸ ἐ ώ ρ α ; ἥ τε ὅρασις αὕτη νοῦς ... ἢ καὶ
ἐνταῦθα ἓν μέν, ἀλλὰ τὸ ἓ ν δ ύ ν α μ ι ς π ά ν τ ω ν· ὦν οὖν ἐστι δύναμις,
ταῦτα ἀπὸ τῆς δυνάμεως οἷον σχιζομένη ἡ νόησις καθορᾷ. ἢ οὐκ ἂν ἦν νοῦς.
ἐπεὶ καὶ παρ᾽ αὐτοῦ ἔχει ἤδη οἷον σ υ ν α ί σ θ η σ ι ν τ ῆ ς δ υ ν ά μ ε ω ς, ὅ τ ι
δ ύ ν α τ α ι ο ὐ σ ί α ν α ὐ τ ὸ ς γ ε ν ν ᾶ ν δ ι᾽ α ὐ τ ὸ ν κ α ὶ ὁ ρ ί ζ ε ι ν τ ὸ
ε ἶ ν α ι α ὐ τ ῷ τ ῇ π α ρ᾽ ἐ κ ε ί ν ο υ δ υ ν ά μ ε ι, καὶ οἷον μέρος ἕν τι τῶν
ἐκείνου καὶ ἐξ ἐκείνου ἡ οὐσία καὶ ῥώννυται παρ᾽ ἐκείνου καὶ τελειοῦται εἰς
οὐσίαν παρ᾽ ἐκείνου καὶ ἐξ ἐκείνου.

2) Enn. I. VIII. 2 (I 100, 1 ff.).

3) Enn. I. VIII. 2 (I 100, 24 ff.): καὶ ἔστι π ρ ώ τ η ἐνέργεια ἐκείνου καὶ
π ρ ώ τ η ο ὐ σ ί α ἐ κ ε ί ν ο υ μ έ ν ο ν τ ο ς ἐ ν ἑ α υ τ ῷ. ἐνεργεῖ μέντοι περὶ
ἐκεῖνον οἷον περὶ ἐκεῖνον ζῶν.

4) Enn. V. III. 7 (II 187, 5 ff.): ἀλλὰ νῷ ἡσυχία οὐ νοῦ ἐστιν ἔκστασις,
ἀλλ᾽ ἔστιν ἡσυχία τοῦ νοῦ σχολὴν ἄγουσα ἀπὸ τῶν ἄλλων ἐνέργεια.

5) Plotin Enn. V. IV. 2 (II 204, 22): εἴ τι οὖν μένοντος αὐτοῦ ἐν αὐτῷ
γίνεται, ἀπ᾽ αὐτοῦ τοῦτο γίνεται, ὅταν ἐκεῖνο μάλιστα ᾖ ὃ ἔστι. μένοντος οὖν
αὐτοῦ ἐν τῷ οἰκείῳ ἤθει ἐξ αὐτοῦ μὲν τὸ γινόμενον γίνεται, μένοντος δὲ

lute Geist wird geschaut als der, „der drinnen bleibt im Heiligtum, in sich selbst, und ruhig bleibt, erhaben über alle Dinge" und wer ihn schauen will, sieht ihn nicht selbst, sondern muß „die schon mehr nach außen stehenden Götterbilder oder vielmehr das zuerst erscheinende Götterbild anschauen" [1][2].

Mit diesen Ideen ist ein deutlicher Zusammenhang des viktorinischen Gottesgedankens mit Plotin gegeben, denn damit ist das ontologische Grundprinzip, die Idee der Selbsthypostasierung ausgesprochen, das für die viktorinische Trinitätslehre und Logoslehre leitend geworden ist. Sowohl die religiöse Anschauung, die hinter dem transzendenten Gottesgedanken steht, wie die ontologische Bestimmung dieses Gottesgedankens führen darauf, daß die viktorinische Idee vom *deus in occulto* mit der plotinischen Idee von dem Gott, der sich in sich selbst wie in einem Tempel verbirgt und unsichtbar über allen Geistwesen thront, in Zusammenhang zu bringen ist (s. S. 190).

Weiter weisen aber auch die metaphysischen Begriffe, die bei Plotin in der formalen Beschreibung und Deutung des absoluten Seins erscheinen, unmittelbar auf die viktorinischen Anschauungen von der „Ruhe" — *quies* — Gottes in der auf sich selbst gerichteten Bewegung (s. S. 99 f.), von der *actio inactuosa*, der *operatio inoperans* (s. S. 134), von dem Bleiben in sich selber — *mansio* — (s. S. 100 f.), von dem Verharren des Einen in seiner Identität — *status, motus cessans* — (s. S. 100). Die gleichen Be-

---

γίνεται. ἐπεὶ οὖν ἐκεῖνο μένει νοητόν, τὸ γινόμενον γίνεται νόησις. ν ό η σ ι ς δ ὲ ο ὖ σ α κ α ὶ ν ο ο ῦ σ α ἀ φ' ο ὖ ἐ γ έ ν ε τ ο — ἄλλο γὰρ οὐκ ἔχει — ν ο ῦ ς γ ί γ ν ε τ α ι, ἄλλο οἷον νοητὸν καὶ οἷον ἐκεῖνο καὶ μ ί μ η μ α καὶ ε ἴ δ ω λ ο ν ἐκείνου.

1) Enn. V. I. 6 (II 167, 32 ff.): δεῖ τοίνυν θεατὴν ἐκείνου ἐν τ ῷ ε ἴ σ ω ο ἷ ο ν ν ε ῷ ἐ φ' ἑαυτοῦ ὄ ν τ ο ς μ έ ν ο ν τ ο ς ἡ σ ύ χ ο υ ἐ π έ κ ε ι ν α ἁ π ά ν τ ω ν, τὰ οἷον πρὸς τὰ ἔ ξ ω ἀγάλματα ἑστῶτα, μᾶλλον δὲ ἄγαλμα τὸ πρῶτον ἐκφανὲν θεᾶσθαι περηνός. Vergl. V. V, II (II 219,6).

2) Enn. V. III. 12 (II 195, 6 ff.): οὐ γὰρ οἷον προυθυμήθη νοῦν γενέσθαι, εἶτα ἐγένετο νοῦς τῆς προθυμίας μεταξὺ αὐτοῦ τε καὶ τοῦ γεννηθέντος νοῦ γενομένης· οὐδ' αὖ ὅλως προυθυμήθη, οὕτω τε γὰρ [ἂν] ἦν ἀτελής, καὶ ἡ προθυμία οὐκ εἶχεν ὅτι προθυμηθῇ ... (12 ff.): ἀλλὰ δῆλον ὅτι, εἴ τι ὑπέστη μετ' αὐτό, μένοντος ἐκείνου ἐν τῷ αὐτοῦ ἤθει ὑπέστη. δεῖ οὖν ἵνα τι ἄλλο ὑποστῇ, ἡ σ υ χ ί α ν ἄ γ ε ι ν ἐ φ' ἑ α υ τ ο ῦ π α ν τ α χ ο ῦ ἐ κ ε ῖ ν ο · εἰ δὲ μὴ ἢ πρὸ τοῦ κινηθῆναι κινήσεται καὶ πρὸ τοῦ νοῆσαι νοήσει, [ἢ] ἡ πρώτη ἐνέργεια αὐτοῦ ἀτελὴς ἔσται ὁ ρ μ ὴ μόνον οὖσα.

griffe dienen bei Plotin zur Bestimmung der Geburt des „Sohnes"
bzw. zur rückschließenden Bestimmung des absoluten Seins von
seiner ersten Formierung und Substantiierung aus, bei Viktorin
zur Ableitung seiner Christologie und zur Bestimmung des „Vaters"
von seiner *declaratio* im Sohne aus.

2. Die Hypostasierung des Intellekts.

Der weitere metaphysische Prozeß, der sich an diese erste
innergöttliche Formierung und Selbsthypostasierung des absoluten
Geistes anschließt, ist von diesem Ansatzpunkt aus verständlich.
Untersucht man den Vorgang der Hypostasierung des Intellekts,
so findet man hinter der Zergliederung dieses metaphysischen
Prozesses die logische Zergliederung des Erkenntnisvorganges,
wie er die Selbsterkenntnis des absoluten Geistes konstituiert,
d. h. letzthin die Dialektik des Denkprozesses. Der Akt der
Selbsterkenntnis führt zu einer Abspaltung und zu einer Substantiierung außerhalb seiner selbst, zur Setzung einer Hypostase
außen, wodurch erst die notwendig jede Erkenntnis formende
Dialektik von Schau-Subjekt und Schau-Objekt in Bewegung
gesetzt werden kann. Hinter der Idee der Hypostasierung steht
also die Anschauung von der dialektischen Bewegung des Geistes,
wie sie sich bis in den einfachsten Erkenntnisvorgang hinein
projiziert. Erst von hier aus ist es möglich zu verstehen, wie
z. B. bei Viktorin die erkenntnistheoretische Analyse der *visio*
Grundlage einer trinitarischen Spekulation werden kann. Bevor
wir aber diese Idee und das ihr innewohnende trinitarische Prinzip
näher betrachten, ist der Vorgang der Hypostasierung selbst
noch genauer zu beschreiben.
Die Hypostasierung vollzieht sich als ein Heraussetzen des
in Gott verborgenen Intellekts — Viktorins Anschauung von der
apparentia foris setzt hier ein — und zwar geht das reale Außen-
sein darauf zurück, daß sich die entströmende göttliche Kraft
in einem rückwendenden Akt dem väterlichen Ursein wieder
zukehrt und sich in dieser ἐπιστροφή als Intellekt, Energie und
Substanz erkennt und dadurch seine Subsistenz erhält. „Das
Eine ist die Potenz aller Dinge. All das, dessen Potenz es
ist, das sieht, von der Potenz gleichsam abgespalten, das Denken.

Sonst wäre es nicht Intellekt. Hat es doch auch von sich selbst bereits eine Art Mitempfindung seiner Kraft, daß es eine Substanz selbst durch sich erzeugen und für sich selbst das Sein bestimmen kann durch die von jenem (dem Ersten) ausgehende Kraft und daß die Wesenheit gleichsam ein Teil ist der Wesenheiten jenes und aus jenem und gefestigt wird von jenem . . . Jenes (d. i. das Eine) ist nichts von dem im Intellekt Befindlichen, aus ihm aber ist alles im Bereiche des Seienden[1])."

Die Abspaltung oder Entfremdung ist also „die Geburt nach außen". Der Intellekt tritt aus der Verborgenheit und in sich ruhenden Vollendung des absoluten Geistes heraus, ohne daß das Sein des absoluten Geistes, das ja eine auf sich selbst gerichtete Potenz ist, irgendwie deteriorisiert oder depotenziert wird: indem er heraustritt, substituiert er sich außerhalb des „Selbst" als ein „Anderes", das sich in der Zurückwendung auf das erste Selbst als Intellekt erkennt und dessen transzendentalem Potenzsein es seine reale intelligible Existenz verdankt. „Die Überfülle des Einen hat ein Anderes gemacht: das Gewordene (Andere) wandte sich auf es (das Eine) zurück und füllte sich und wurde, indem es auf dieses (Eine) blickte, und wurde so Intellekt[2])."

Derselbe Akt, der sich bei der Konstituierung der inneren Selbstbegrenzung des absoluten Seins vollzogen hat, vollzieht sich jetzt als Akt der Setzung des „Andern" außen. Der ausgesetzte Nus, der innen ist als das Selbst, wird außen erst dann Substanz, Leben und Intellekt, wenn er sich auf dem Weg dieser *processio foris* zurückwendet, das potentielle Sein, das ihm von dort zuströmt, auffängt und so „voll" wird, nachdem er erst nur reine Möglichkeit war. So entspricht sich bis auf die einzelnen Begriffe die Ausbildung des „Selbstwerdens" des absoluten Seins als einer inneren verborgenen Substantiierung der auf sich selbst gerichteten Potenz und die Setzung des Anderen in der Entfremdung als einer offenbaren Hypostasierung außen.

---

1) S. S. 212 Anm. 1.

2) Enn. V. II. 1 (II 176, 10 ff.): ὃν γὰρ τέλειον τῷ μηδὲν ζητεῖν μηδὲ ἔχειν μηδὲ δεῖσθαι οἷον ὑπερερρύη καὶ τὸ ὑπερπλῆρες αὐτοῦ πεποίηκεν ἄλλο. τὸ δὲ γενόμενον εἰς αὐτὸ ἐπεστράφη καὶ ἐπληρώθη καὶ ἐγένετο πρὸς αὐτὸ βλέπον καὶ νοῦς οὕτως.

Der Grund für die Idee, daß sich das überfließende entströmende Sein wieder seinem Ursprung zuwendet, liegt darin, daß dieses Sein nicht nur als Potenz, sondern als eine auf die eigene Identität gerichtete Potenz, als ein Wille des Geistes zu sich selbst gefaßt ist.

Das „Andere" als eine reale metaphysische Substanz, d. h. die selbständige Hypostase des absoluten Seins als Intellekt kommt also dadurch zustande, daß der Drang der von ihrem Ursprung wegströmenden Potenz pariert wird durch den ihr innewohnenden Willen zu sich selbst, der auch in der Entfremdung wirkt und das entströmende Sein auf seinen Ursprung zurückbiegt. So ist das Ganze ein lebendiger dialektischer Prozeß, der von der Identität aus sich entfaltet und in der Identität sein transzendentes Ziel hat.

Wie ist es möglich, daß das „Erste" durch diese Hypostasierung des Intellekts außen keine Depotenzierung erfährt? Plotin schreibt von einem „Mitempfinden seiner eigenen Kraft", die der Intellekt hat, solange er „drinnen" ist (s. S. 215). Er ist also drinnen potentiell, außen als reale Hypostase und ist so gleichermaßen drinnen und draußen, indem er innen potentiell, außen als Form und Substanz ist. Das absolute Sein hat so als eine auf sich selbst gerichtete Potenz keine Verringerung erfahren, denn alles, was der Intellekt außen hat, hat er aus der Potenz, aus der er herkommt, die aber als Potenz immer gleich gerichtet und dieselbe ist.

Wir greifen hier auf die bereits genannten Gedanken zurück, daß durch die Hypostasierung des Andern erst die dialektische Voraussetzung für den Akt des Denkens und Erkennens geschaffen ist. Die Hypostasierung bedeutet eine Darstellung des absoluten Seins außerhalb seines An-sich-seins als Intellekt, die Setzung einer Art von Gegen-Ich, denn jedes Erkennen, und so auch das höchste, die Selbsterkenntnis des absoluten Geistes, ist auf die Notwendigkeit dieser Dialektik des „Selbst" und des „Anderen", der ταυτότης und der ἑτερότης gewiesen [1]). Man stößt

---

1) Enn. VI. VII. 39 (II 472, 26 ff.): δεῖ γὰρ τὸν νοῦν ἀεὶ ἑτερότητα καὶ ταυτότητα λαμβάνειν, εἴπερ νοήσει. ἑαυτόν τε γὰρ οὐ διακρινεῖ ἀπὸ τοῦ νοητοῦ τῇ πρὸς αὐτὸ ἑτέρου σχέσει, τά τε πάντα οὐ θεωρήσει μηδεμιᾶς ἑτερότητος γενομένης εἰς τὸ πάντα εἶναι· οὐδὲ γὰρ ἂν οὐδὲ δύο.

hier also auf Ideen einer metaphysischen Dialektik des Geistes, die den Hintergrund dieser Bewegungen bildet.

Der komplizierte metaphysische Prozeß ist an einer zusammenfassenden Stelle von Plotin so beschrieben: „Wenn Gott sich selbst schafft, so ist er hinsichtlich des „Sich selbst" noch nicht. Hinsichtlich des Schaffens aber ist er schon vor sich selbst, da er das Geschaffene selber ist. Darauf wäre denn zu sagen, daß Gott überhaupt nicht als geschaffener, sondern als schaffender zu denken ist, wobei wir sein Schaffen als ein absolutes hinstellen und nicht als ein solches, aus dem ein anderes zu vollenden bezweckt wird, sondern so, daß seine Tätigkeit kein anderes Ziel hat, sondern ganz er selbst ist. Denn hier sind nicht zwei, sondern eins. Auch ist nicht zu befürchten, daß die erste Tätigkeit ohne Substanz gesetzt wird, sondern eben diese ist gewissermaßen als die Hypostase zu setzen . . . Wenn es mit Recht heißt, er halte sich stetig in sich zusammen, so ist er selbst es auch, der sich aus sich selbst heraussetzt, wenn anders er, was er seiner Natur nach in sich faßt, auch von Anfang an ins Dasein gerufen hat . . . das Sein ist eins mit dem Schaffen und sozusagen ewiges Zeugen [1]." Die Selbsthypostasierung des „Vaters" im Intellekt — dem Sohne — tritt also in einer mythologischen Deutung dieses ontologischen Prozesses unter die Idee der ewigen Zeugung. In dieser ontologischen Fragestellung (mit ihrer Grundidee, daß sich der transzendente Gott, der immer

---

1) Enn. VI. VIII. 20 (II 504, 29): εἰ γὰρ ποιεῖ ἑαυτόν, τῷ μὲν ἑαυτὸν οὔπω ἔστι. τῷ δ᾽ αὖ ποιεῖν ἔστιν ἤδη πρὸ ἑαυτοῦ, τοῦ ποιουμένου ὄντος αὐτοῦ. πρὸς ὃ δὴ λεκτέον ὡς ὅλως οὐ τακτέον κατὰ τὸν ποιούμενον, ἀλλὰ κατὰ τὸν ποιοῦντα, ἀπόλυτον τὴν ποίησιν αὐτοῦ τιθεμένοις, καὶ οὐχ ἵνα ἄλλο ἀποτελεσθῇ ἐξ αὐτοῦ τῆς ποιήσεως, ἀλλ᾽ οὔσης ἐνεργείας αὐτοῦ οὐκ᾽ ἀποτελεστικῆς, ἀλλ᾽ ὅλου τούτου ὄντος· οὐ γὰρ δύο, ἀλλ᾽ ἕν. οὐδὲ φοβητέον ἐνέργειαν τὴν πρώτην τίθεσθαι ἄνευ οὐσίας, ἀλλ᾽ αὐτὸ τοῦτο τὴν οἷον ὑπόστασιν θετέον. εἰ δὲ ὑπόστασιν ἄνευ ἐνεργείας τις θεῖτο, ἐλλιπὴς ἡ ἀρχὴ καὶ ἀτελὴς ἡ τελειοτάτη πασῶν ἔσται· καὶ εἰ προσθείη ἐνέργειαν, οὐχ ἓν τηρεῖ. εἰ οὖν τελειότερον ἡ ἐνέργεια τῆς οὐσίας, τελειότατον δὲ τὸ πρῶτον, πρῶτον ἂν ἐνέργεια εἴη. ἐνεργήσας οὖν ἤδη ἐστὶ τοῦτο καὶ οὐκ ἔστιν, ὡς πρὶν γενέσθαι ἦν . . . ἐνέργεια δὴ οὐ δουλεύσασα οὐσίᾳ καθαρῶς ἐστιν ἐλευθέρα καὶ οὕτως αὐτὸς παρ᾽ αὐτοῦ αὐτός. καὶ γὰρ εἰ μὲν ἐσώζετο εἰς τὸ εἶναι ὑπ᾽ ἄλλου, οὐ πρῶτος αὐτὸς ἐξ αὐτοῦ· εἰ δ᾽ αὐτὸς αὐτὸν ὀρθῶς λέγεται συνέχειν, αὐτός ἐστι καὶ ὁ παράγων ἑαυτόν, εἴπερ, ὅπερ συνέχει κατὰ φύσιν, τοῦτο καὶ ἐξ ἀρχῆς πεποίηκεν εἶναι.

Potenz und immer Wille zu sich selbst ist, ständig sich im intelligiblen Sein substantiiert, darstellt und offenbart) ist auch
die Idee der ewigen Zeugung begründet, wie sie in der Christologie Viktorins noch in derselben ontologischen Bezogenheit und
Verbindung mit dem potentiellen Charakter des transzendentalen
Seins erscheint (s. S. 67 f.). Plotin und Viktorin sind hier verbunden
durch dieselbe mythische Vorstellung und ihre Beziehung auf
den Prozeß der Selbsthypostasierung des absoluten Seins im Intellekt.

Betrachtet man zusammenfassend diesen Prozeß der Hypostasierung, so ergibt sich als das metaphysische Gesetz, das die
Entfaltung des absoluten Seins bestimmt, das triadische Schema
μονή — πρόοδος — ἐπιστροφή (An-sich-sein — Entfremdung
— Rückwendung). In der Rückwendung substantiiert sich der
entfremdete Geist außerhalb des absoluten Geistes als Intellekt.
Dadurch ist die dialektische Voraussetzung der Schau geschaffen.
Die Potenz des Intellekts ist so immer doppelt gerichtet, auf
seinen Ursprung, dem er seine Potenz und Substanz verdankt,
und auf sich selbst und die Aktivierung seiner eigenen Potenz.
„Demnach muß auch der Intellekt eine Kraft zum Denken haben,
wodurch er die Dinge in sich sieht, eine andere, wodurch er die
über ihm liegenden durch eine Richtungnahme (Aufschwung)
aufnimmt, demzufolge er auch schon früher allein sah und
als ein sehender später auch den Intellekt erhielt und eins ist,
und jenes Schauen ist das Denken des verständigen Intellekts,
dieses ist der liebende Intellekt[1]."

Damit greift ein neuer Gedanke ein, der ebenfalls in seiner
Übertragung bei Augustin auf die trinitarische Spekulation einen
bestimmenden Einfluß ausgeübt hat. Der Intellekt, als die Substantiierung (Hypostase) des Geistes in seiner Entfremdung
von seinem Urprinzip, ist an dieses Ursein, das ihn zeugt, nach
oben gebunden durch einen ἔρως. Die ἐπιστροφή, die den Geist
bei der Entfremdung an einem Zerrinnen des göttlichen Über-

---

1) Enn. VI. VII. 35 (II 468, 22): καὶ τὸν νοῦν τοίνυν [δεῖ] τὴν μὲν ἔχειν
δύναμιν εἰς τὸ νοεῖν, ᾗ τὰ ἐν αὐτῷ βλέπει, τὴν δέ, ᾗ τὰ ἐπέκεινα αὐτοῦ ἐπιβολῇ τινι καὶ παραδοχῇ, καθ' ἣν καὶ πρότερον
ἑώρα μόνον καὶ ὁρῶν ὕστερον καὶ νοῦν ἔσχε καὶ ἕν ἐστι· καὶ ἔστιν ἐκείνη
μὲν ἡ θέα νοῦ ἔμφρονος, αὕτη δὲ νοῦς ἐρῶν.

schusses im Unendlichen verhindert und ihn zu seinem Ursprung
zurückbiegt, der Ruck, durch den der Strom der Emanation aufgehalten wird, die strömende Abwärtsbewegung sich selbst fängt
und sich gewissermaßen staut, ist bewirkt durch eine Liebe zu
dem Urprinzip. „Alles (Erzeugte) sehnt sich aber nach dem Erzeuger und liebt ihn, am meisten aber, wenn sie allein sind, der
Erzeuger und das Erzeugte. Wenn aber der Erzeuger (zugleich)
auch das Beste ist, so ist das Erzeugte notwendig mit ihm zusammenhängend, derart, daß es nur durch das Anderssein (von
ihm) getrennt ist[1].“

Der Wille des absoluten Geistes zu sich selbst erschein also
hier in der Hypostase als der Wille des entfremdeten Geistes,
des Andern, zu seinem eigenen Urprinzip, aus dem er hervorging.

Der Eros ist also das metaphysische Spannungsmoment in der
dialektischen Spaltung des absoluten Seins in ein „Selbst“ und
ein „Anderes“ und zugleich das verkoppelnde und einende Moment.
Ist die Idee von der ἐπιστροφή der Anstoß zu der viktorinischen
und augustinischen copula-Spekulation, so ist in dieser metaphysischen Sublimierung des ἔρως-Begriffs bereits die Funktion
des *amor* sowohl innerhalb der Erkenntnislehre als auch der
Trinitätsspekulation Augustins vorbestimmt, die selbst wieder
in einer unmittelbaren inneren Beziehung zur Willens-Speku-
lation steht. Beides wird in der Darstellung der augustinischen
Trinitätslehre genauer zu untersuchen sein. Hier sei soviel vor-
weggenommen:

Bei Augustin erscheint in *„de trinitate“* der Heilige Geist als
die Liebe — *amor, dilectio* —, die als *copula trinitatis* die beiden,
den Vater und den Sohn, miteinander wesentlich verbindet. Die
Umformung des hypostatischen Verhältnisses (Plotin) in ein kon-
substantielles vollzieht sich mit dem Moment, wo diese copula,
als der Wille und die Liebe des entfremdeten Geistes zu seinem
Geist-Selbst nicht mehr bloß funktionell (Plotin), sondern substantiell gefaßt wird. Wird der Wille metaphysisch als Substanz
des Geistes bestimmt — wozu es nur einer leichten Verschiebung

---

1) Enn. V. I. 6 (II 169, 12): π ο θ ε ῖ δὲ πᾶν τὸ γεννῆσαν [τὸ γεγεννημένον]
καὶ τοῦτο ἀ γ α π ᾷ καὶ μάλιστα ὅταν ὦσι μόνοι τὸ γεννῆσαν καὶ τὸ γεγεννη-
μένον; ὅταν δὲ καὶ τὸ ἄριστον ᾖ τὸ γεννῆσαν, ἐξ ἀνάγκης σύνεστιν αὐτῷ,
ὡς τῇ ἑτερότητι μόνον κεχωρίσθαι.

des Ansatzpunktes der plotinischen Ontologie bedarf —, so ist
er nicht mehr bloß funktionierendes Verbinden — *copulare* — des
Selbst und des Andern, sondern als *copula* selbst Substanz und
zwar Grundsubstanz der beiden andern und als Grundsubstanz
selbst ein Drittes. Das ist die Richtung der Entwicklung, wie
sie in der Darstellung des Willensbegriffs aufzuzeigen ist.

Doch ist der Vorgang der Hypostasierung damit noch nicht
zum Abschluß gebracht. Die Bestätigung unserer Behauptung,
daß die Spaltung des Einen in eine dialektisch bezogene Zwei-
heit des „Selbst" und des „Andern" in Zusammenhang zu bringen
ist mit der Dialektik des Denkprozesses, dessen Gesetzmäßigkeit
so an der absoluten Bewegung des transzendentalen Seins dedu-
ziert wird, ist die Tatsache, daß die Begriffe wie ἔφεσις und
συναφή sich innerhalb der Erkenntnistheorie Plotins in derselben
Funktion wiederfinden, die sie im Hypostasierungsprozeß aus-
üben.

Der Akt der intelligiblen Erkenntnis, wie er sich im menschlichen Bewußtsein vollzieht, entwickelt sich also nach dem gleichen
metaphysischen Gesetz, wie der Akt der transzendentalen Selbsterkenntnis des absoluten Geistes.

Das bedeutet für die Anthropologie: auch die Bewußtseinsvorgänge sind von den großen metaphysischen Bewegungen aus
zu verstehen, die sich im absoluten Geist vollziehen und seine
objektive Realität, sein Selbstsein konstituieren. Wie die Seele
im Erkenntnisakt mit den εἴδη der geschauten Gegenstände sich
berührt auf Grund einer intelligiblen Wesensähnlichkeit von
Schauendem und Geschautem — Plotin spricht von einem γέννημα
συναφές [1] —, so sind der absolute Geist und der Intellekt, das
„Selbst" und das „Andere", durch eine συναφή verbunden; und
wie die Erkenntnis erst nach der erfolgten Vereinigung von
Intellekt und geschauter Form ins Bewußtsein tritt, so wird der

---

1) Enn. IV. V. 1 (II 102, 1 ff.): δεῖ πως τὴν ψυχὴν σ υ ν α φ ῆ γενομένην
τοῖς αἰσθητοῖς διὰ τῶν προσομοίων κοινωνίαν τινὰ πρὸς α ὐ τ ὰ γ ν ώ σ ε ω ς
ἢ παθήματος ποιεῖσθαι· διὸ καὶ δι' ὀργάνων σωματικῶν ἡ γνῶσις. διὰ γὰρ
τούτων οἷον σ υ μ φ υ ῶ ν ἢ σ υ ν ε χ ῶ ν ὄ ν τ ω ν οἷον ε ἰ ς ἕ ν πως πρὸς
αὐτὰ τὰ αἰσθητὰ ἰέναι, ὁ μ ο π α θ ε ί α ς τινὸς οὕτω πρὸς αὐτὰ γινομένης. εἰ
οὖν δεῖ σ υ ν α φ ή ν τινα πρὸς τ ὰ γινωσκόμενα γίνεσθαι, περὶ μὲν τῶν ὅσα
ἀφῇ τινι γινώσκεται, τί ἄν τις ζητοῖ; weiter Enn. VI. V. 4 (II 387, 32 ff.):

Intellekt selbst erst nach seiner liebenden Rückwendung zum
„Selbst" Intellekt und Substanz, indem er sich im Spiegel seines
eigenen Ich als Intellekt erkennt und weiß [1]). In jedem Akt der
Schau, im einfachsten Vorgang der sinnlichen Wahrnehmung wie
in der höchsten Schau, dem absoluten Sich-selber-wissen des
Geistes, entfaltet sich also die metaphysische Dialektik, die durch
den Eros überwunden wird [2]). In der Darstellung dieses metaphysischen Bewegungsgesetzes in den verschiedenen Sphären des
Seins dringt in einer entscheidenden Weise das Prinzip der
analogia entis durch.

Den unmittelbaren Zusammenhang des Aktes der Hypostasierung
mit dem Erkenntnisakt zeigt eine Analyse dieses Vorganges bei
Plotin, die sich in folgendes Schema zusammenfassen läßt [3]),
welches mit dem viktorinischen Schema S. 208 zu vergleichen ist.

καὶ γὰρ εἰ λέγοιμεν ἄλλο μετ' αὐτὸ τὸ ἕν, ὁμοῦ αὖ αὐτῷ καὶ τὸ μετ' αὐτὸ
περὶ ἐκεῖνο καὶ εἰς ἐκεῖνο καὶ αὐτοῦ οἷον γ έ ν ν η μ α σ υ ν α φ ὲ ς ἐ κ ε ί ν ῳ,
ὥστε τὸ μετέχον τοῦ μετ' αὐτὸ κἀκείνου μετειληφέναι. πολλῶν γὰρ ὄντων
τῶν ἐν τῷ νοητῷ πρώτων τε καὶ δευτέρων καὶ τρίτων καὶ οἷον σ φ α ί ρ α ς
μ ι ᾶ ς ε ἰ ς ἓ ν κ έ ν τ ρ ο ν ἀ ν η μ μ έ ν ω ν, οὐ διαστήμασι διειλημμένων, ἀλλ'
ὄντων ὁμοῦ αὐτοῖς ἁπάντων, ὅπου ἂν παρῇ τὰ τρίτα, καὶ τὰ δεύτερα καὶ τὰ
πρῶτα πάρεστι.

1) Enn. VI. IV. 14 (II 380, 8 ff.): τὸ δὲ ἐκεῖ τὸ ἔκπαλαι καὶ ἐξ ἀρχῆς· τὸ
δὲ γενόμενον πελάζει καὶ σ υ ν ά π τ ε σ θ α ι δοκεῖ καὶ ἐξήρτηται ἐκείνου.

2) Weiter Enn. V. VIII. 13 (II 247, 6 ff.): ὁ ο ὖ ν θ ε ὸ ς ὁ ε ἰ ς τ ὸ
μ έ ν ε ι ν ὡ σ α ύ τ ω ς δ ε δ ε μ έ ν ο ς καὶ συγχωρήσας τῷ παιδὶ τοῦδε τοῦ
παντὸς ἄρχειν . . . ταῦτ' ἀφεὶς ἔστησέ τε τὸν αὐτοῦ πατέρα εἰς ἑαυτὸν καὶ
μέχρις αὐτοῦ πρὸς τὸ ἄνω. ἔστησε δ' αὖ καὶ τὰ εἰς θάτερα, ἀπὸ τοῦ παιδὸς
ἀρξάμενα εἶναι μετ' αὐτόν, ὥστε μ ε τ α ξ ὺ ἀ μ φ ο ῖ ν γ ε ν έ σ θ α ι τῇ τε
ἑ τ ε ρ ό τ η τ ι τ ῆ ς π ρ ὸ ς τ ὸ ἄ ν ω ἀποτομῆς καὶ τῷ ἀνέχοντι ἀπὸ τοῦ μετ'
αὐτὸν πρὸς τὸ κάτω δ ε σ μ ο ῦ μ ε τ α ξ ὺ ὢ ν π α τ ρ ό ς τ ε ἀ μ ε ί ν ο ν ο ς κ α ὶ
ἥ τ τ ο ν ο ς υ ἱ έ ο ς· und Enn. V. V. 1 (II 206, 25 ff.): ὁ δὴ νοῦς γινώσκων
καὶ τὰ νοητὰ γινώσκων, εἰ μὲν ἕτερα ὄντα γινώσκει, πῶς ἂν συντύχοι
αὐτοῖς; ἐνδέχεται γὰρ μή, ὥστε ἐνδέχεται μὴ γινώσκειν ἢ τότε ὅτε συνέτυχε
καὶ οὐκ ἀεὶ ἕξει τὴν γνῶσιν· εἰ δὲ συνεζεῦχθαι φήσουσι τί τὸ συνεζεῦχθαι
τοῦτο· ἔπειτα καὶ αἱ νοήσεις τύποι ἔσονται.

3) Enn. III. III. 10—11 (II 193, 3 ff.): διὸ καὶ ὁ ν ο ῦ ς οὗτος πολύς, ὅταν
τὸ ἐπέκεινα ἐ θ έ λ ῃ ν ο ε ῖ ν. νοεῖ μὲν οὖν αὐτὸ ἐκεῖνο, ἀλλ' ἐ π ι β ά λ λ ε ι ν
θ έ λ ω ν ὡ ς ἁ π λ ῷ ἔξεισιν ἄλλο ἀεὶ λαμβάνων ἐν αὐτῷ πληθυνόμενον· ὥστε
ὥ ρ μ η σ ε μὲν ἐπ' αὐτὸ οὐχ ὡς νοῦς, ἀλλ' ὡς ὄ ψ ι ς ο ὔ π ω ἰ δ ο ῦ σ α, ἐξῆλθε
δὲ ἔχουσα ὅπερ αὐτὴ ἐπλήθυνεν· ὥστε ἄλλου μὲν ἐ π ε θ ύ μ η σ ε ν ἀορίστως
ἔχουσα ἐπ' αὐτῇ φ ά ν τ α σ μ ά τ ι, ἐξῆλθε δὲ ἄλλο λαβοῦσα ἐν αὐτῇ αὐτὸ πολύ
ποιήσασα. καὶ γὰρ αὖ ἔχει τ ύ π ο ν τ ο ῦ ὁ ρ ά μ α τ ο ς, ἢ οὐ παρεδέξατο ἐν

τὰ ἐπεκεῖνα νοῦ

ὄψις ἀτύπωτος	θέλησις	ὄψις ἰδοῦσα
ὄψις οὐκ ἰδοῦσα	ἔφεσις	νοῦς ἔχων
νοῦς ὡς νοῦς	ὁρμή	νοῦς
νοῦς οὔπω νοήσας	ἐπιθυμία	οὐσία
	ἐπιβολή	νόησις

Der visuelle Prozeß illustriert den intelligiblen. Der Akt der
Erkenntnis bedarf notwendig zu seinem Zustandekommen einer
Vielheit, d. h. fordert ein Ansichsein und ein Anderssein. In
der Hypostasierung des Intellekts schafft das Eine aus seinem
Überfluß eine Vielheit — ein Anderssein — als Voraussetzung
der Betätigung und Formierung seines intelligiblen Wesens.
Dieses Anderssein ist zunächst noch nicht reiner Intellekt,
sondern Intellekt der Möglichkeit nach, der sein intelligibles
Wesen noch nicht aktiviert hat — νοῦς οὔπω νοήσας —. Ein
eigenes metaphysisches Sein gewinnt das „Andere" erst, indem
es sich seinem Ursprung zuwendet, sein Selbst schaut und in
diesem Akt sein eigenes Sein formt und konstituiert.

Die Rückwendung ist also der Endpunkt der Emanation und
der Entfremdung: rückwendend erkennt sich der Geist selbst
in der ἐπιστροφή als Intellekt und formiert sich als Hypostase.
Die bewegende Kraft der Rückwendung ist die ἔφεσις, die ὁρμή
die ἐπιθυμία des Andern zu seinem Selbst. In dem Akt der Rückwendung verwandelt sich das Schauenkönnen — ὄψις ἀτύπωτος,
d. h. das noch nicht aktivierte und geformte Schauen — in ein
sehendes Schauen; der Intellekt, der nur der Möglichkeit nach
Intellekt war, in einen Intellekt, der nach Sein und Form Intel-

---

αὐτῇ γενέσθαι· οὗτος δὲ π ο λ ὺ ς ἐ ξ ἑ ν ὸ ς ἐ γ έ ν ε τ ο καὶ οὕτως γνοὺς
ε ἶ δ ε ν α ὐ τ ὸ καὶ τοῦτο ἐγένετο ἰ δ ο ῦ α ὄ ψ ι ς. τοῦτο δὲ ἤδη ν ο ῦ ς, ὅ τ ε
ἔχει καὶ ὡς νοῦς ἔχει· πρὸ δὲ τούτου ἔ φ ε σ ι ς μόνον καὶ ἀ τ ύ π ω τ ο ς ὄ ψ ι ς·
οὗτος οὖν ὁ νοῦς ἐπέβαλε μὲν ἐκείνῳ, λαβὼν δὲ ἐγένετο νοῦς, ἀεὶ δὲ ἐνδια-
θέμενος καὶ γενόμενος καὶ ν ο ῦ ς καὶ ο ὐ σ ί α καὶ ν ό η σ ι ς, ὅτε ἐνόησε· πρὸ
γὰρ τούτου οὐ νόησις ἦν τὸ νοητὸν οὐκ ἔχων, οὐδὲ νοῦς οὔπω νοήσας· τὸ δὲ
πρὸ τούτων ἡ ἀρχὴ τούτων, οὐχ ὡς ἐνυπάρχουσα . . . οὐ τοίνυν ἔν τι τῶν
πάντων, ἀλλὰ πρὸ πάντων, ὥστε καὶ πρὸ νοῦ. καὶ γὰρ αὖ ν ο ῦ ἐντὸς τὰ
π ά ν τ α. ὥστε καὶ ταύτῃ πρὸ νοῦ, καὶ εἰ τὰ μετ' αὐτὸν δὲ τὴν τάξιν ἔχοι τὴν
τῶν πάντων. καὶ ταύτῃ πρὸ πάντων. (194, 3 ff.) καὶ γὰρ εἰ νοήσει, οὐκ ἐπέκεινα νοῦ, ἀλλὰ νοῦς ἔσται· ἀλλὰ εἰ νοῦς ἔσται, καὶ αὐτὸ πλῆθος ἔσται.

lekt ist, d. h. in einem denkenden Intellekt. Dieses Intellektsein ist die Erfüllung, das „Haben", die „Substanz", die „Sattheit",
der „Sohn", das Erfülltsein von dem intelligiblen Sein des Einen,
das das Andere als τύπος und εἰκών, als reales metaphysisches
Abbild in sich trägt.

Auf eine Formel gebracht heißt das: die Selbsterkenntnis des
Geistes im Intellekt ist der konstituierende Akt seines hyposta-
tischen Seins. In der Selbsterkenntnis definiert sich der absolute
Geist als denkender Intellekt. Dieser Akt fordert die dialektische
Spaltung des absoluten Geistes in ein „Selbst" und ein „Anderes".
Das Eine hat in seiner transzendentalen Einheit das Selbster-
kennen noch nicht, da das Selbsterkennen schon die Vielheit
voraussetzt. Die Spaltung in die Vielheit ist aber notwendig und
liegt in der Betätigung und Aktivierung des Willens zur eigenen
Identität. Das Zustandekommen der Vielheit liegt im Wesen des
Denkens[1]. So führt das Sich-selber-denken des absoluten Geistes
mit Notwendigkeit zu einer triadischen Entfaltung, indem der
Intellekt als Hypostase die Trinität des Erkennens (als Potenz),
der Erkenntnis (als Akt) und des Erkannten (als τύπος, Form
und Bild) in sich trägt[2]. Der triadische Prozeß hat also seine
innere Begründung in einem Denkgesetz. „Es muß mehr als
eines geben, damit es ein Schauen gebe, und das Schauen muß
mit dem Geschauten übereinstimmen und das Geschaute muß

---

1) Enn. V. 3. 13 (II, 196, 12): πολὺ γὰρ αὐτὸ ποιοῦμεν γνωστόν, καὶ γνῶσιν ποιοῦντες καὶ διδόντες νοεῖν δεῖσθαι τοῦ νοεῖν ποιοῦμεν· κἂν σὺν αὐτῷ τὸ
νοεῖν ᾖ, περιττὸν ἔσται αὐτῷ τὸ νοεῖν· κινδυνεύει γὰρ ὅλως τὸ νοεῖν πολλῶν
εἰς αὐτὸ συνελθόντων συναίσθησις εἶναι τοῦ ὅλου, ὅταν αὐτό τι ἑαυτὸ νοῇ,
ὃ δὴ καὶ κυρίως ἐστὶ νοεῖν· ἓν δὲ ἕκαστον αὐτὸ τί ἐστι καὶ οὐδὲν ζητεῖ.

2) Enn. V. 4. 2. (II 204, 29 ff.): μένοντος οὖν αὐτοῦ ἐν τῷ οἰκείῳ ἤθει ἐξ
αὐτοῦ μὲν τὸ γιγνόμενον γίνεται, μένοντος δὲ γίνεται. ἐπεὶ οὖν ἐκεῖνο μένει
νοητόν, τὸ γινόμενον γίνεται νόησις. νόησις δὲ οὖσα καὶ νοοῦσα ἀφ' οὗ ἐγένετο — ἄλλο γὰρ οὐκ ἔχει — νοῦς γίγνεται, ἄλλο οἷον νοητὸν καὶ οἷον ἐκεῖνο
καὶ μίμημα καὶ εἴδωλον ἐκείνου. ib. V. I. 4 (II, 166, 9 ff.): ὁ μὲν νοῦς κατὰ
τὸ νοεῖν ὑφιστὰς τὸ ὄν, τὸ δὲ ὂν τῷ νοεῖσθαι τῷ νῷ διδὸν τὸ νοεῖν καὶ
τὸ εἶναι. Weiter Enn. VI. VII. 41 (II 476, 9 ff.): εἰ δὲ ταὐτὸν νοῦς, νόησις,
νοητόν, πάντη ἓν γενόμενα ἀφανιεῖ αὐτὰ ἐν αὑτοῖς· διακριθέντα δὲ τῷ ἄλλο
πάλιν αὖ οὖν ἐκεῖνο ἔσται und V. III. 10 (II 192, 25 ff.): δεῖ δὲ τὸ νοοῦν
μηδὲ αὐτὸ μένειν ἁπλοῦν καὶ μάλιστα ὅσῳ ἂν αὐτὸ νοῇ· διχά-
σει γὰρ αὐτὸ ἑαυτό, κἂν σύνεσιν δῷ τὴν σιωπήν ... καὶ γὰρ αὖ πόθος
τις καὶ ἡ γνῶσίς ἐστι καὶ οἷον ζητήσαντος εὕρεσις.

die von ihm erzeugte Vielheit sein. Auch hat ja das Eine nicht
überall, worauf es wirken kann, sondern es wird allein und fremd
überall dastehen. Denn, wo es wirkt, da ergibt sich ein Anderes
und wieder ein Anderes . . . darum muß das Wirkende entweder
auf ein Anderes wirken oder selbst eine Vielheit sein, wenn es
in sich selbst wirken will [1]." „. . . Das Denkende, wenn es
denkt, muß zu zweien sein und entweder das eine außerhalb
oder beides in demselben, und sowohl muß das Denken immer
in einem Anderssein als auch notwendig in der Identität sein
und das eigentlich Gedachte muß in seiner Beziehung zum Intellekt sowohl dasselbe als auch verschieden sein. Wiederum
bringt ein jedes von dem Gedachten die Identität und das Anderssein mit sich [2]." Wie also jeder Erkenntnisakt in einem triadischen Rhythmus sich vollzieht, so auch in ganz besonderem Maße
der Urakt alles Denkens, das Sich-selber-denken des absoluten
Geistes, in dem er sich selbst und allen Dingen zum Sein verholfen hat.

Die Ideen finden bei Plotin selbst noch ihre Einzelausführung.
Die wichtigsten Gedanken bleiben: die Spaltung des absoluten
Seins zur Schaffung einer dialektischen Erregung [3]); die Deutung
der Spaltung als einer Entfremdung, in der sich der (potentielle)
Intellekt hypostasiert, formiert und begrenzt; die Rückwendung
des entfremdeten Geistes zu seinem Selbst (als Urbild), die
ἐπιστροφή, ἔφαψις, ἐπιβολή [4]) [5]); die Begründung der ἐπιστροφή in

---

1) Enn. V. 3. 10 (II 191, 22 ff.): δεῖ τοίνυν πλείω ἑνὸς εἶναι ἵνα
ὅρασις ᾖ, καὶ συνεκπίπτειν τὴν ὅρασιν τῷ ὁρατῷ, καὶ τὸ ὁρώμενον τὸ ὑπ' αὐτοῦ πλῆθος εἶναι [οὐδὲ] ἐν πάντῃ. οὐδὲ γὰρ ἔχει τὸ
ἐν πάντῃ εἰς τί ἐνεργήσει, ἀλλὰ μόνον καὶ ἔρημον ὂν πάντῃ στήσεται· ἢ γὰρ
ἐνεργεῖ, ἄλλο καὶ ἄλλο.

2) Enn. V. 3. 10 (II 191, 32): δεῖ τοίνυν τὸ νοοῦν ὅταν νοῇ, ἐν δυσὶν εἶναι
καὶ ἢ ἔξω θάτερον ἢ ἐν τῷ αὐτῷ ἄμφω καὶ ἀεὶ ἐν ἑτερότητι τὴν νόησιν εἶναι,
καὶ ταυτότητι δὲ ἐξ ἀνάγκης.

3) Enn. V. III. 5 (II 183, 12 ff.): τί οὖν, εἰ πᾶν τοιοῦτον οἷον ὁμοιομερὲς
εἶναι, ὥστε τὸ ὁρῶν μηδὲν διαφέρειν τοῦ ὁρωμένου; οὕτω γὰρ ἰδὼν ἰ-
ἐκεῖνο τὸ μέρος αὐτοῦ ὂν ταὐτὸν αὐτῷ εἶδεν ἑαυτόν. διαφέρει γὰρ οὐδὲν τὸ ὁρῶν πρὸς τὸ ὁρώμενον.

4) Enn. III. VI. 2 (II. 283 13 ff.) ὥσπερ γὰρ ἢ ὄψις καὶ δυνάμει οὖσα καὶ ἐνεργείᾳ
ἡ αὐτὴ τῇ οὐσίᾳ, ἡ δὲ ἐνέργειά ἐστιν οὐκ ἀλλοίωσις ἀλλ' ἅμα προσῆλθε πρὸς ὃ ἔχει
τὴν οὐσίαν καὶ ἔστιν εἰδυῖα καὶ ἔγνω ἀπαθῶς, καὶ τὸ λογιζόμενον οὕτω πρὸς
τὸν νοῦν ἔχει καὶ ὁρᾷ καὶ ἡ δύναμις τοῦ νοεῖν τοῦτο οὐ σφραγῖδος ἔνδον γε-

dem dynamischen Sein des Geistes, das ein auf sich selbst gerichteter Wille ist — ἔρως, πόθος, ὁρμή, θέλησις (s. S. 218 f. 222). Ergänzt werden diese Gedanken durch die Anschauung, daß die „Rückwendung" für den Intellekt keine Veränderung, sondern eine existentielle Erfüllung bedeutet und daß die Hypostasierung des Intellekts, der fortan als eine metaphysische Realität außerhalb des absoluten Geistes besteht, formal durch den Bildbegriff bestimmt wird.

Die Analogie der trinitarischen Spekulationen Viktorins zu diesen Gedanken ist offensichtlich. An die Idee von der ewigen Zeugung des Sohnes als der Substantiierung des absoluten Seins als Intellekts außerhalb seines transzendentalen Seins knüpfen bei Plotin wie bei Viktorin die Substanz-Spekulation (s. S. 59 f.), die Bildspekulation (s. S. 86 ff.) und die Ausführungen über den *forma*-Begriff an (s. S. 51, 83 ff.). Verstärkt wird die Analogie noch dadurch, daß sich auch bei Plotin die Substantiierung des Geistes außerhalb seines Ansich-Seins in der mythischen Einkleidung der Zeugung des Sohnes im Vater und seiner Geburt nach außen darstellt. Eine Ableitung der einzelnen Ideen der viktorinischen Logoslehre würde eine Wiederholung einiger Kapitel des ersten Teiles bedeuten: nur die *imago*-Spekulation und *forma*-Spekulation soll wegen ihrer auffälligen Einbeziehung in die Christologie bei Viktorin auf ihre ideenmäßigen Voraussetzungen bei Plotin genauer untersucht werden.

νομένης, ἀλλ' ἔχει ὃ εἶδε καὶ αὖ οὐκ ἔχει.   Enn. VI. 2. 8 (II 308, 30 ff.): ἐν μὲν οὖν τῷ νοεῖν ἡ ἐνέργεια καὶ ἡ κίνησις, ἐν δὲ τῷ ἑαυτὸν ἡ οὐσία καὶ τὸ ὄν· ὧν γὰρ νοεῖ καὶ ὄντα ἑαυτὸν καὶ εἰς ὃ οἷον ἐπερείδετο ὄν· ἡ μὲν γὰρ ἐνέργεια ἡ εἰς αὑτὸν οὐκ οὐσία, εἰς ὃ δὲ καὶ ἀφ' οὗ τὸ ὄν. τὸ γὰρ βλεπόμενον τὸ ὄν, οὐχ ἡ βλέψις· ἔχει δὲ καὶ αὕτη τὸ εἶναι, ὅτι ἀφ' οὗ καὶ εἰς ὃ ὄν. ἐνεργείᾳ δὲ ὄν, οὐ δυνάμει, συνάπτει πάλιν αὖ τὰ δύο καὶ οὐ χωρίζει, ἀλλὰ ποιεῖ ἑαυτὸν ἐκεῖνο κἀκεῖνο ἑαυτόν.

5) Enn. V. I. 7 (II. 169, 17 ff.): εἰκόνα δὲ ἐκείνου εἶναι λέγομεν τὸν νοῦν... πῶς οὖν νοῦν γεννᾷ; ἢ ὅτι τῇ ἐπιστροφῇ πρὸς αὐτὸ ἑώρα· ἡ δὲ ὅρασις αὕτη νοῦς. s. S. 222.

Vgl. Enn. V. III. 6 (II,1 86,12ff.) οὐ γὰρ δὲ πρακτικός γε οὗτος (sc. ὁ νοῦς) ὡς πρὸς τὸ ἔξω βλέποντι τῷ πρακτικῷ καὶ μὴ ἐν ἑαυτῷ μένοντι εἴη ἂν τῶν μὲν ἔξω τις γνῶσις, ἀνάγκη δὲ οὐκ ἔνεστιν εἴπερ τὸ πᾶν πρακτικὸς εἴη, γινώσκειν ἑαυτόν. ᾧ δὲ μὴ πρᾶξις — οὐδὲ γὰρ ὄρεξις τῷ καθαρῷ νῷ ἄποντος — τούτῳ ἡ ἐπιστροφὴ πρὸς αὐτὸν οὖσα οὐ μόνον εὔλογον ὑποδείκνυσιν, ἀλλὰ καὶ ἀναγκαίαν ἑαυτοῦ τὴν γνῶσιν.

3. Die imago- und forma-Spekulation.

Auf die Anschauung von der Formlosigkeit bzw. der Überförmigkeit des göttlichen Seins — eine Anschauung, die den
ontologischen Hintergrund der forma-Spekulation bildet (s. S. 51,
83 ff.) — wurde bereits bei der Darstellung der dynamistischen Konzeption des Gottesgedankens hingewiesen [1]). Die Substantiierung
des göttlichen Seins außerhalb seines Ansichseins bedeutet zugleich seine Formierung; das Intellektsein in seiner realen metaphysischen Form als Hypostase ist die formale Selbstbegrenzung
des transzendentalen Seins. „Die Form war in dem Geformten,
das formende Prinzip war formlos [2]).“ „Die Grenze kommt nicht
von außen, gleich wie um eine Größe herumgelegt, sondern die
Grenze war in jenem gesamten, vielgestalteten und unermeßlichen
Leben, das aus einer solchen Natur hervorstrahlte, es war aber
nicht das Leben dieses (d. h. das Leben des Einen als eines
bestimmten Subjekts), denn sonst wäre es bereits (als das Leben
eines Individuums) begrenzt gewesen [3]).“ So ist dieser Intellekt
die F o r m des absoluten Seins, wie er seine S u b s t a n z ist [4]),
aber nicht Form irgendeines Einzelnen, sondern als Substanz
des absoluten Seins die Form aller Formen [5]). Da nun der abso-

---

1) Enn. V. V. 11. (II 218, 23 f.): οὐδὲ σχῆμα τοίνυν ὅτι μηδὲ μέρη, ο ὐ δ ὲ
μ ο ρ φ ή. . . . (29 f.): τὸ δὲ πρῶτον ἀρχὴ τοῦ εἶναι καὶ κ υ ρ ι ώ τ ε ρ ο ν αὖ
τῆς οὐσίας.

2) Enn. VI. VII. 17 (II 447, 11 ff.): εἶχεν οὖν ζωὴν καὶ οὐκ ἐδεῖτο ποικίλου
τοῦ διδόντος καὶ ἦν ἡ ζωὴ ἴχνος τι ἐκείνου, οὐκ ἐκείνου ζωή. πρὸς ἐκεῖνο μὲν
οὖν βλέπουσα ἀόριστος ἦν, βλέψασα δ’ ἐκεῖ ὡρίζετο ἐκείνου ὅρον οὐκ ἔχοντος·
εὐθὺς γὰρ πρὸς ἕν τι ἰδοῦσα ὁρίζεται τούτῳ καὶ ἴσχει ἐν αὐτῇ ὅρον καὶ πέ-
ρας καὶ εἶδος. καὶ τ ὸ ε ἶ δ ο ς ἐ ν τ ῷ μ ο ρ φ η θ έ ν τ ι, τ ὸ δ ὲ μ ο ρ φ ῶ σ α ν
ἄ μ ο ρ φ ο ν ἦ ν. ὁ δὲ ὅρος οὐκ ἔξωθεν, οἷον μεγέθει περιτεθείς, ἀλλ’ ἦν πάσης
ἐκείνης τῆς ζωῆς ὁ ὅρος πολλῆς καὶ ἀπείρου οὔσης, ὡς ἂν παρὰ τοιαύτης
φύσεως ἐκλαμψάσης, ζωή τε ἦν οὐ τοῦδε· ὥ ρ ι σ τ ο γὰρ ἂν ὡς ἀτόμου ἤδη.

3) Enn. VI. VII. 17 (II 448, 2 ff.): ἦ ν ο ὖ ν ἡ μ ὲ ν ζ ω ὴ δ ύ ν α μ ι ς π ᾶ σ α,
ἡ δὲ ὅ ρ α σ ι ς ἡ ἐκεῖθεν δ ύ ν α μ ι ς π ά ν τ ω ν, ὁ δὲ γενόμενος νοῦς αὐτὰ ἀνεφάνη τὰ πάντα. Ὁ δὲ ἐπικάθηται αὐτοῖς, οὐχ ἵνα ἱδρυθῇ, ἀλλ’ ἵνα ἱδρύσῃ εἶδος
ἰδὼν τῶν πρώτων ἀ ν ε ί δ ε ο ν αὐτό.

4) Enn. VI. VII. 2 (II 426, 12 ff.), weiter Enn. V. V. 6 (II 212, 25 ff.):
τῆς δὲ γενομένης οὐσίας εἴδους οὔσης — οὐ γὰρ δή τι ἄλλο ἄν τις εἴποι τὸ
ἐκεῖθεν γενόμενον — καὶ εἴδους οὐ τινός, ἀλλὰ παντός, ὡς μὴ ἂν ὑπολιπεῖν
τι ἄλλο, ἀνάγκη ἀ ν ε ί δ ε ο ν ἐκεῖνο εἶναι, ἀνείδεον δὲ ὂν οὐκ οὐσία· τόδε
γάρ τι δεῖ τὴν οὐσίαν εἶναι· τοῦτο δὲ ὡ ρ ι σ μ έ ν ο ν.

5) Enn. V. V. 5 (II 211, 32 ff.): καὶ ὥσπερ ἐκεῖ ἐπὶ τῶν ἀριθμῶν ἦν τῆς

lute Geist als Potenz, der Intellekt als Energie (Akt) gefaßt ist,
so trifft man hier letzthin auf die Idee, die auch die Christologie
Viktorins bestimmt (s. S. 69, 87), daß im Geist Potenz und Akt in
einem metaphysischen Bildverhältnis zueinander stehen.

Der Gedanke, daß der Sohn die Form des Vaters und als
solche die Form aller Dinge ist, ist auch in das Denken
Augustins eingedrungen und zwar in einer direkten Verlängerung
der durch Viktorin latinisierten plotinischen Spekulation. In dem
vierzehnten Brief[1]), der zeitlich in die Epoche der Auseinandersetzung Augustins mit dem Neuplatonismus fällt, schreibt er von
der *„summa illa sapientia, forma rerum, per quam facta sunt
omnia, quem filium Dei unicum sacra nostra profitentur“.*

Das Problem, innerhalb dessen diese Bezeichnung des Logos
als einer *forma rerum* auftaucht, ist die Frage, ob der Logos die
ratio lediglich des Menschen oder die *ratio* eines jeden Dings in
sich enthalte. Bereits diese Problemstellung weist also auf eine
Konzentration der theologischen Frage auf die formal gefaßte
Logosidee; damit ist ein direkter Hinweis auf die viktorinische
Logoschristologie und ihre Idee gegeben, daß der Logos alle
Ideen und Formen in sich berge, auch den Logos der Materie
und des Fleisches. Dieser formale Logosbegriff wird also unmittelbar auf den *filius Dei unicus* bezogen.

Auch in der Schrift *de vera religione*, in der die Antinomie
zwischen dem Trieb nach einer transzendentalen Anschauung und
einer gläubigen Unterwerfung unter die kirchliche Autorität noch
längst nicht ausgeglichen ist, erscheint die *forma*-Spekulation in
einer direkten Beziehung zu der neuplatonischen Seinslehre, und
zwar in einer bezeichnenden Verknüpfung mit dem Bildbegriff.
*„summe unus est Pater veritatis, Pater suae sapientiae, quae nulla
ex parte dissimilis, similitudo eius dicta est et imago, quia de ipso
est. itaque etiam Filius recte dicitur ex ipso, caetera per ipsum.
praecessit enim forma omnium summe implens unum de quo est, ut*

μονάδος ἐπὶ πᾶσιν εἶδος πρώτως καὶ δευτέρως, καὶ οὐκ ἐπ' ἴσης ἑκάστου με-
ταλαμβάνοντος τῶν ὑστέρων αὐτῆς, οὕτω καὶ ἐνταῦθα ἕκαστον μὲν τῶν μετὰ
τὸ πρῶτον ἔχει τι ἐκείνου οἷον εἶδος ἐν αὐτῷ.

1) Augustin ep. XIV. 4 (CSL 34,1 S. 34,13 ff. ed. Goldbacher) item quaeris,
utrum summa illa veritas et summa sapientia, forma rerum per quam
facta sunt omnia, quem filium Dei unicum sacra nostra profitentur, generaliter hominis an etiam uniuscuiusque rationem contineat.

caetera quae sunt quantum sunt uni similia, per eam formam fierent [1]).“
Der Form-Begriff findet hier nach beiden Seiten: der Sohn als
Formierung des Vaters, den er „ausfüllt“ und als Grundform
aller Formen seine Abgrenzung.

Man ist versucht, mit dem neuplatonischen Formbegriff auch
einige origenistische Ideen in einen geistesgeschichtlichen Zusammenhang zu bringen, wie sie sich in *de principiis* bei der
Exegese der Formel *figura est substantiae vel subsistentiae dei*
entwickelt finden: „*et vide ne forte quoniam filius dei, qui et
verbum eius et sapientia dicitur et qui solus novit patrem et ‚revelat
quibus vult‘, id est qui capaces verbi ipsius et sapientiae fiunt,
secundum hoc ipsum quod intellegi atque agnosci facit Deum,
‚figuram substantiae vel subsistentiae eius‘ dicatur exprimere, id
est cum in semetipsa primum describit sapientia ea quae revelare
vult ceteris, ex quibus ab illis agnoscitur et intellegitur deus et haec
dicatur: figura expressa substantiae Dei* [2]).“

Man könnte denken, daß hier die plotinische Idee der Selbsthypostasierung im Anschluß an den Hypostasen-Begriff hineingedeutet
wird. Die Weiterführung dieses Gedankens weist aber auf eine
Umlagerung des ganzen Gedankenkreises bei Origenes: es handelt
sich nicht um das ontologische Problem der Selbsthypostasierung
des transzendentalen verborgenen Gottes in der Hypostase des
Sohnes, sondern um das christologische Problem der *exinanitio*,
der Selbstbegrenzung des Logos-Christus im geschichtlichen
Menschen Jesus und führt hier nicht zu einer ontologischen Abgrenzung, sondern zu einer formalen Veranschaulichung der
κένωσις.

„*Verbi causa*: wenn es eine Statue von solcher Beschaffenheit
gäbe, daß sie durch ihre Größe den ganzen Erdkreis ausfüllte
und wegen ihrer ungeheuren Ausdehnung von niemand begriffen
werden könnte, es würde aber eine andere Statue gemacht, die
in der Haltung der Glieder, der Linien, des Gesichts, in Form
und Stoff ganz und gar ähnlich wäre, nur nicht in der Größe
und Unermeßlichkeit der Ausdehnung (und würde) dafür (gemacht),
daß die, welche die erste ungeheure Statue nicht begreifen und

---

1) Augustin de ver. rel. XLIII. 81 (PL 34, 159).
2) Origenes de princ. I c. 2, 8 f. ed. Koetzschau S. 38, 5 ff. (Griech. christl.
Schriftsteller: Origenes Bd. V).

anschauen können, beim Betrachten der zweiten getrost annehmen könnten, sie hätten die erste gesehen, weil sie ja alles, die Körper- und Gesichtslinien, die Form selbst und den Stoff in einer ununterschiedenen Ähnlichkeit bewahre: in einer solchen Ähnlichkeit erniedrigte sich der Sohn von der Gleichheit mit dem Vater und wird, indem er uns so den Weg der Erkenntnis zeigt, *figura expressa substantiae eius* [1].“ Es handelt sich also um eine Veranschaulichung der Menschwerdung des Logos und die Begründung ihres pädagogischen Charakters, die hier durch die *imago*-Spekulation geschieht. Man kann von dieser Wendung der *forma-* *(figura-)* Spekulation eine Abhängigkeit des Viktorin von Origenes nicht ableiten, vielmehr weist die ontologische Fragestellung bei Viktorin und ihre Beziehung auf die Idee der Selbsthypostasierung des Vaters im Sohne direkt auf Plotin.

Die enge Verbindung zwischen der viktorinischen Spekulation und dem plotinischen Gedanken — daß die Selbstumgrenzung und Selbsthypostasierung des absoluten Geistes über seine Spaltung in das Selbst und das Andere als Urbild aller Dialektik

---

[1] Origenes V. de princ. I. c. 2,8 ed. Koetzschau S. 38,13 ff.: ut autem plenius adhuc intellegatur quomodo salvator „figura est substantiae vel subsistentiae Dei“, utamur etiam exemplo quod quamvis rem non plene nec proprie significet de qua agimus, tamen ad hoc solum videatur assumtum, quod „exinaniens se filius qui erat in forma Dei“ per ipsam sui exinanitionem studet nobis „deitatis plenitudinem“ demonstrare. verbi causa si facta esset aliqua statua talis quae magnitudine sui universum orbem terrae teneret et pro sui immensitate considerari a nullo posset, fieret autem alia statua membrorum habitu ac vultus lineamentis, specie ac materia per omnia similis absque magnitudinis immensitate, pro eo ut qui illam immensam considerare atque intueri non possent, hanc videntes, illam se vidisse confiderent pro eo quod omnia vel membrorum vel vultus lineamenta vel ipsam speciem materiamque similitudine prorsus indiscreta servaret: tali quodam similitudine „exinaniens“ se filius de aequalitate patris et viam nobis cognitionis eius ostendens „figura expressa substantiae eius“ efficitur, uti qui in magnitudine deitatis suae positam gloriam merae lucis non potuimus aspicere, per hoc quod nobis „splendor“ efficitur, intuendae lucis divinae viam per splendoris capiamus aspectum. conparatio sane de statuis quas in rebus materialibus posita ad nihil aliud recipiatur quam ad hoc quod filius dei brevissimae insertus humani corporis formae ex operum virtutisque similitudine dei patris in se immensam atque invisibilem magnitudinem designabat per hoc quod dicebat ad discipulos suos quia „qui me vidit, vidit et patrem“ et „ego et pater unum sumus“.

des Denkens sich vollzieht — wird durch die Betrachtung einer
eigenartigen viktorinischen Anschauung weiter unterstützt, der
Anschauung vom Pleroma, vom „Voll"sein Gottes. Dieser Begriff erscheint bei Viktorin in engster Beziehung zu seinem dialektischen Gegenbegriff, dem Chorema. Die πλήρωμα-χώρημα-
Spekulation[1]) bildet so die begriffliche Formulierung jener metaphysischen Dialektik, wie sie im neuplatonischen Geistgedanken
vorgebildet ist[2]).

Das Pleroma bezeichnet bei Viktorin das schlechthin vollendete
vollkommene In-sich-sein und Bei-sich-sein des Vaters. Der Begriff ist hier aber nicht mythische Kategorie, wie etwa in der
Gnosis, sondern bezogen auf das Chorema, das Hohlsein, Leer-
sein, als sein negatives Gegenbild, welches der Sohn ist. Der
Sohn selbst, der als negatives Bild des Vaters reine Potentialität
ist, ist erst, indem er die Fülle des Vaters, die seiner Leere
entspricht, sucht — *quaerendo* — und in sich aufnimmt — *recipere*.
Die Existenz des Sohnes vollendet sich in der Aneignung des
väterlichen Seins als einer Erfüllung seiner bloßen Potentialität.

---

1) Auch hier weisen Spuren bis auf Philo zurück. Vgl. z. B.: τὸ γὰρ ὄν
ᾗ ὄν ἐστιν, οὐχὶ τῶν πρός τι· αὐτὸ γὰρ ἑαυτοῦ π λ ῆ ρ ε ς καὶ αὐτὸ ἑαυτῷ ἱκανόν.
Philo III. de mut. nom. 27 p. 161 W. Vgl. auch Augustin S. 227—28.

2) Victorinus contra Arianos l. IV. 29 (1133 BC): duae igitur intelligentiae, una intus existens, quod est illi esse, alia existens, quod est illi
intelligendo esse; haec foris, haec filius. quoniam vero intelligendo se intelligentia Deum intellexit, utique intelligentiam internam — illa autem Deus
est — intellexit et verum esse et verum vivere et veram intelligendo existit
et ipsa verum esse, verum vivere, verum intelligere. etenim qui unum
intelligit, et habet unum et est unum secundum eius apud se intelligentiam; sic ergo filius, id est intelligentia, intelligendo se genita intelligentia intellexit Deum et omnia illa quae ingenita Deus sunt et intelligendo πλήρωμα quaerendo et πλήρωμα intelligendo, unde iam existit
quod pater. etenim cum πλήρωμα pater sit, necessario χώρημα suum
habet infinitum, licet et sibi finitum: ubi πλήρωμα suum tenet et capit,
eodemque modo filius recipiendo et quaerendo. hoc est enim recipere
χώρημα, existere, intelligendo autem totum quod pater πλήρωμα existit
genitus et ipse totus ex toto, et quia intelligentia est intelligens intelligentiam, cum lumen rerum sit intelligentia, existit lumen ex lumine; et
quia intelligentia utraque verum lumen ex vero lumine... item in eo quod
uterque χώρημα et πλήρωμα est, item in eo quod imago et imago... item
uterque actio et opera, uterque via et uterque a se habens vitam voluntas
et voluntas etc.

Der Sohn ist so der Hohlraum bzw. die leere Form, in die sich der Vater hineinformt und darin seine Formung und Hypostasierung findet. Im Sohn ist so das *infinitum sibi finitum.*

Der Akt dieser Formierung und Substantiierung ist Abschluß eines „Suchens", worin eben der Vorgang der ἐπιστροφή bezeichnet wird, in welcher die Potentialität des Sohnes Substanz wird. Dieser Akt ist nun ein rein intelligibler: die Erfüllung mit der Gesamtheit dessen, was der Vater ist, ist also das Intellektwerden des Sohnes. In dieser Bewegung erkennt und formiert sich der Intellekt als Intellekt und ist so intelligible Substanz. *„Filius, id est intelligentia intelligendo se genita, intelligentia intellexit Deum et omnia illa quae ingenita Deus sunt"* (ib.). Eine andere Formulierung lautet: *„intelligentia intelligens intelligentiam"* (ib.).

Damit sind die Hauptideen klar umschrieben. Man sieht, daß sich der dialektische Gegensatz zwischen dem „Selbst" und dem „Andern" fortentwickelt hat in der Richtung auf einen Gegensatz von „Ich" und „Gegenich". Aus der Hypostasenlehre kristallisiert sich so hier langsam der Personbegriff heraus. Die Erfüllung des Gegenich vollzieht sich in einer Zuwendung zu seinem positiven Selbst; die Aneignung desselben bedeutet so zugleich seine eigene Substantiierung, zugleich die Substantiierung und Formierung dessen, was in diesem „Selbst" als Potenz latent vorhanden war und jetzt im Akt der Selbstbewußtwerdung wirklich wird. Das χώρημα gehört also zu den bereits abgeleiteten Begriffen wie ὄψις ἀτύπωτος, νοῦς οὐ νοήσας, νοῦς ὡς νοῦς. Es liegt darin die Vorstellung, daß die Entfremdung selbst, das Wegströmen des überschießenden Geistes von seinem Urprinzip, noch nicht das „Andere", das Gegenich setzt, sondern daß im Vorgang der Emanation entsprechend dem potentiellen Sein des Einen zunächst nur ein Intellekt der Potenz nach hervorgeht, der sich als reale Substanz und selbständiges metaphysisches Wesen erst in der ἐπιστροφή hypostasiert. Das Auffangen der Potenz in die komplementäre negative Form ist der Akt, in dem sich die Potenz begrenzt und substantiiert. Das transzendente Sein formiert sich als Intellekt und erkennt sich als intelligibles Sein.

In dem Begriffspaar πλήρωμα-χώρημα sind also die Ideen der plotinischen Hypostasenlehre und der viktorinischen Trinitätslehre zusammengefaßt durch die Idee, daß die Selbsthypostasierung des absoluten Geistes über eine Selbstentfaltung in einer Vielheit führen muß.

Die πλήρωμα-χώρημα-Spekulation Viktorins trägt auch noch unbewußt Züge der mythischen Darstellung der Hypostasierung des Sohnes, wie sie oben dargestellt wurden. Nicht nur weist das πλήρωμα selbst auf das plotinische „Vollsein" Gottes, sondern auch die Vorstellung, daß die Intelligenz dadurch Intellekt wird, daß sie ihr Selbst schaut „und alles, was ungezeugt, Gott ist", erinnert an die Vorstellung von den Kindern, die Gott in sich zurückhält, um sich an ihrem und seinem Glanze zu freuen (s. S. 198).

In der gemeinsamen Grundidee von der intelligiblen Selbstentfaltung des absoluten Seins und ihrer Orientierung an der Dialektik des Erkenntnisvorgangs liegt der Hauptberührungspunkt und die innere Kongenialität der plotinischen Hypostasenlehre und der viktorinischen Trinitätsspekulation. Neben diesem innersten Berührungspunkt im Geistgedanken sind alle andern „Ähnlichkeiten", die man noch weiter feststellen kann, entweder formale Ergänzungen oder sekundäre Analogien. Man trifft an diesem Punkt auf eine innige Wahlverwandtschaft des Christentums und der idealistischen Philosophie am Anfang der klassischen Dogmatik. Wenn man sich heute darüber ärgert, daß Christian Ferdinand Baur und mit ihm die Tübinger Schule das Paulinische πνεῦμα mit dem Hegelschen „Geist" verwechselt habe, und man unter „Verwerfung" einer spekulativen Metaphysik die dogmatischen Fragen von der Idee des qualitativen Unterschieds von Zeit und Ewigkeit aus zu lösen versucht, so ist dabei zu bedenken, daß die Verbindung der Offenbarung mit der idealistischen Philosophie den geschichtlichen Hintergrund des christlichen Dogmas, wie es im 4. Jahrhundert geformt wurde, bildet, und daß die dogmatische Formulierung der Trinitätslehre nur von einem idealistischen Geistgedanken aus verstanden und entwickelt werden kann, während für eine Lösung vom dialektischen Existenzbegriff aus die Trinität mitsamt dem Geiste sich zu einem schwankenden Gespenst verflüchtigt.

Bevor wir zu der Seinsbestimmung des (plotinischen) Intellekts und seiner weiteren Hypostasierung übergehen, sind noch kurz zwei Anschauungen zu erwähnen, die, beide mythischen Ursprungs, einer Veranschaulichung des Vorgangs der Hypostasierung dienen

und die Konzentration der ganzen Metaphysik auf den Gottesgedanken verdeutlichen.

4. Die Lichtmetaphysik.

Es handelt sich einmal um die Ideengruppe, die man als die plotinische Lichtmetaphysik zu bezeichnen pflegt, d. h. die Orientierung
des emanatistischen und hypostatischen Prozesses an der Licht-
strahlung, veranschaulicht an der Sonne [1]), wobei auch mythische
Momente mitbestimmend sein mögen.

Der hypostatische Prozeß, der darin beschrieben ist, läßt sich
in folgendes Schema zusammenfassen [2]):

φῶς πρὸ φωτός	νοῦς πρὸ νοῦ
ἀεὶ μένον ἐπὶ τοῦ νοητοῦ	ἐπέκεινα νοῦ
	ἐπέκεινα γνώσεως
	ἄνευ τοῦ τί ἕν
	αὐτοέν
φῶς	νοῦς
τὸ ἀπ' αὐτοῦ (sc. τοῦ φωτὸς	φύσις νοητή
πρὸ φωτός) ὁρῶν καὶ γιγνώ-	τὸ γιγνῶσκον
σκον ἑαυτό	τὸ ἕν
πρῶτον γιγνῶσκον	
οὐδὲ τοιοῦτον οἷον μὴ οὐσία	
εἶναι	
περίλαμψις	

Es entsprechen sich also: die absolute Potenz des Lichts —
die absolute Potenz des Geistes; die Selbstobjektivierung der Licht-

---

1) Eine weitere klassische Veranschaulichung ist das Bild von Quelle
und Fluß.

2) Plotin Enn. V. III. 12 (II 195, 21 ff.): φώς τι οὖν θησόμεθα καὶ πᾶσαν
τὴν νοητὴν φύσιν, αὐτὸν δὲ ἐπ' ἄκρῳ τῷ νοητῷ ἑστηκότα βασιλεύειν,
ἐπ' αὐτοῦ οὐκ ἐξώσαντα ἀπ' αὐτοῦ τὸ ἐκφανέν. ἢ ἄλλο φῶς πρὸ φωτὸς
ποιήσομεν, ἐπιλάμπειν δὲ ἀεὶ μένον ἐπὶ τοῦ νοητοῦ. οὐδὲ γὰρ ἀποτέτμηται τὸ
ἀπ' αὐτοῦ οὐδ' αὖ ταὐτὸν αὐτῷ οὐδὲ τοιοῦτον, οἷον μὴ οὐσία εἶναι οὐδ' αὖ οἷον
τυφλὸν εἶναι· ἀλλ' ὁρῶν καὶ γινῶσκον ἑαυτὸ καὶ πρῶτον γινῶσκον.
τὸ δὲ ὥσπερ ἐπέκεινα νοῦ, οὕτως καὶ ἐπέκεινα γνώσεως, οὐδὲν δεόμενον ὥσπερ οὐδενός, οὕτως οὐδὲ τοῦ γινώσκειν· ἀλλ' ἔστιν ἐν δευτέρᾳ φύσει τὸ γινώσκειν. ἐν γάρ τι καὶ τὸ γινώσκειν. τὸ δέ ἐστιν ἄνευ τοῦ τὶ ἕν. εἰ γὰρ τὶ
ἕν, οὐκ ἂν αὐτοέν· τὸ γὰρ αὐτὸ πρὸ τοῦ τί.

kraft als Licht in einem Akt der Substantiierung außerhalb
seines Ursprungs — die Selbstobjektivierung des absoluten Geistes
als Intellekt in einem Akt der Substantiierung außerhalb seines
Ansichseins; die Explikation der in der Lichtsubstanz enthaltenen
Vielheit des Lichts — Strahlen — in der Aktivierung dieser
Vielheit, d. h. in der Ausstrahlung und Erleuchtung — die Explikation der in dem Substanz gewordenen Intellekt enthaltenen
Vielheit des intelligiblen Seins (Ideen) in der Aktivierung dieser
potentiellen Vielheit, d. h. der Verlebendigung der einzelnen intelligiblen Formen in der Setzung des intelligiblen Universums.
Das Schema: Lichtquell — Licht — Ausstrahlung ist eines der ge-
läufigsten Bilder geworden, die der Veranschaulichung des triadischen Prozesses der Gottheit dienen sollten und ist zur Bezeichnung der ewigen Zeugung des Sohnes auch in das Nicaenum
eingedrungen [1]).

Auch die viktorinische Trinitätslehre kennt diese Lichtmetaphysik, die sich dort in einer ganz analogen Dreierreihe darstellt
als *verum lumen* — *verum lumen ex lumine* — *vera illuminatio*.
Der christliche und der neuplatonische Gedanke treffen sich in der
Analogisierung der dreifältigen Selbstexplikation des absoluten
Seins mit der dreifachen Selbstexplikation des Lichtes (s. S. 131).
Gerade die ontologische Bezogenheit, d. h. die Bezogenheit auf
die Idee der Selbsthypostasierung weist wieder auf die Herkunft
der Spekulation Viktorins aus der neuplatonischen Tradition.

5. Die hierarchische Abstufung.

Der zweite Versuch einer Veranschaulichung der Hypostasierung
ist die Darstellung des Aufbaus der himmlischen Hierarchie.
Am Anfang steht der König der Könige, der Urvater, der Gott
der Götter, der Herr — ὁ κύριος [2]) — der herrscht über das All,
das er selbst ist und das er in sich geschaffen hat, der Eine,
der immer er selbst ist in vollendeter Ruhe und der „an das
Verharren in sich gebunden ist" [3]). Er hat die Herrschaft über
das All dem Sohn abgetreten; dieser Sohn ist Zeus. Er ist das
Abbild — εἰκών — der Energie des Vorvaters — προπάτωρ — und

---

1) φῶς πρὸ φωτὸς im 2. Artikel.
2) Enn. V. V. 3 (II 210, 3 ff.).
3) Enn. V. VIII. 13 (II 247, 6 ff.).

ist als Bild die Substanz und Hypostase der väterlichen Energie.
Dieser König ist der wirkliche Herr des gesamten Universums.
Um ihn und unter ihn reicht sich die Hierarchie der unteren
Könige in einer absteigenden Reihe, und immer königlicher ist
ihre Würde, je mehr sich die Reihe dem König nähert, „aber
das um den König selbst ist in noch höherem Maße königlich“.
„Unter all diesen erscheint plötzlich der König selbst, der Große,
sie aber werfen sich nieder und beten [1].“ Man sieht, wie mit
dieser Konzentration des Universums auf den Einen, d. h. mit
dem absolutistisch-theozentrischen Aufriß der plotinischen Metaphysik, ein ordnendes Prinzip gegeben ist, das jede Vielheit, sei
es eine politische, zahlenmäßige, ideenmäßige, auf ihren Ursprung
hinordnet.

Dieser hierarchische Grundzug in dem Aufbau der himmlischen
Hierarchie wirkt auf die Anschauung von der irdischen Hierarchie
zurück und hat ihre Analogie in der orientalischen Kyrios- und
Gott-Kaiser-Idee, die die Weltherrschaft auf den Einen zentriert,
der in einer Hierarchie von Unterkönigen die Welt beherrscht
und als der Eine die Huldigung und Proskynese aller verlangt.
Der spiritualisierte, auf den Geistgedanken bezogene Kyrios-
begriff, wie ihn die Metaphysik Plotins zeigt, und die hellenistische,
im Grunde orientalische Idee vom Gott-Kaiser stehen in einer
direkten Analogie zueinander.

Hierin zeigt sich ein neuer orientalischer Zug des plotinischen
Denkens. Das Vorhandensein der Kyrios-Idee in der neuplatonischen Metaphysik selbst ist ein wesentlicher Anstoß für die
christliche Apperzeption und Deutung dieser Metaphysik geworden.
Die Schriften des Areopagiten zeigen die vollendete Übertragung
dieses hierarchischen Aufbaus des überweltlichen Universums,
der im Kyriosgedanken gipfelt. Auch die hierarchische katholische
Kirchenidee steht mit diesem Gedanken der göttlichen Hierarchie
in Zusammenhang und bedeutet die christliche Wendung der
Idee des Weltimperiums und die Verlängerung der himmlischen
Hierarchie in die Geschichte hinein, so daß man sagen kann,
daß in dem einen Geistgedanken Philosophen, Mystiker, Kaiser
und Päpste ein ordnendes Prinzip für die Erkenntnis, Leitung

---

[1] Enn. V. V. 3 (II 209, 26 ff.) s. S. 190.

und Einrichtung ihres intelligiblen, religiösen und politischen Kosmos fanden [1]).

6. Der Logos als Form und Gesetz.

Es ist bezeichnend, daß bei Plotin mit dem forma-Begriff (der Sohn als die Urform und die Uridee) auch der Gesetzesbegriff im Intellekt einsetzt und zwar gleich in einer bezeichnenden Personifizierung: der Intellekt ist der erste Gesetzgeber [2]), und als ein solcher selbst Gesetz, d. h. auch Träger aller Gesetze des Lebens, des Wissens und der Kunst.

Das Auftreten dieser Idee ist deswegen wichtig, weil man von hier aus in eine Reihe von Gedanken des jungen Augustin eindringen kann, die losgelöst von diesem metaphysischen Hintergrund unverständlich sind.

Es handelt sich um Ideen, wie sie im 11. und 12. Brief Augustins ausgeführt sind, und zwar in einem bedeutungsvollen Zusammenhang mit der forma-Idee. Dort sind dem Aufstieg der Seele zu Gott in auffallender Weise die wissenschaftlichen Disziplinen eingeordnet: sie erscheinen dort als die wichtigsten Stufen, über die die Seele in das Reich des Geistes eindringt. Die Begründung dieser rationalistischen Idee gibt die Christologie: Christus erscheint als *magister disciplinarum* [3]). Der 12. Brief bringt folgende Zusammenfassung der Gedanken: „*quid sit Dei filius . . . recordaris: disciplina est forma Dei, per quam facta sunt omnia, quae facta sunt, filius nuncupatur*" (s. S. 237 Anm. 1).

Der Gedanke, daß der Sohn die Urdisziplin ist, erscheint in einem unmittelbaren Zusammenhang mit der forma-Spekulation. Der Sohn ist die formale Selbstbegrenzung des absoluten Seins als eines intelligiblen Seins. Das intelligible Sein enthält alle

---

1) Vergleiche die gleichzeitige Sol-Religion, die die religiöse Grundlage der römischen Kaiser-Idee bildet, s. W. Weber, Probleme der Spätantike 1930 S. 74 u. 86 über die „Vereinheitlichung der religiösen Welt".

2) Enn. V. IX. 5 (II 252, 29 ff.) ὁ νοῦς ἄρα τὰ ὄντα ὄντως, οὐχ οἷά ἐστιν ἄλλοθι νοῦν. οὐ γάρ ἐστιν οὔτε πρὸ αὐτοῦ οὔτε μετ' αὐτόν, ἀλλὰ οἷον νομοθέτης πρῶτος, μᾶλλον δὲ νόμος αὐτὸς τοῦ εἶναι· ὀρθῶς ἄρα „τὸ γὰρ αὐτὸ νοεῖν ἐστίν τε καὶ εἶναι".

3) Siehe Wundt a. O. S. 57.

Gesetze und Formen des Wissens in sich, d. h. ist selbst die Urform, die Uridee, das Urwissen. Die Verkoppelung der formalen Logoslehre mit der Christologie weist auf eine ungebrochene Übernahme der plotinischen Anschauung vom Intellekt. Die forma-Spekulation Viktorins liefert hier die ausführliche Darstellung eines bei Augustin singulären Gedankens (s. S. 83 ff.).

Durch die Beziehung der *disciplina* erscheint also bei Augustin der Logos, d. i. Christus als das Prinzip der Wissenschaftslehre. Von dieser rationalisierenden Christologie aus wird auch die Menschwerdung intellektualistisch gedeutet [1]: *„quicquid autem per susceptum illum hominem gestum est, ad eruditionem informationemque nostram gestum est.“* Die *eruditio* und *informatio* ist hier über ihre ethische Abgrenzung als Ableitung zu einem richtigen Leben hinaus als Anleitung zum Wissen gefaßt. Die Vermittlung des absoluten Wissens ist der Sinn der Inkarnation. Der Logos, der einen Menschen angenommen hat (Viktorin!), fungiert unter den Menschen als *magister disciplinarum*, um die *disciplina*, die er ist, zu lehren [2]. Der Gedanke, den Augustin hier ausführt, hat im 11. Brief seine ausführliche Begründung [3]. *„species, quae proprie filio tribuitur, ea pertinet etiam ad disciplinam et ad artem quandam, si bene hoc vocabulo in his rebus utimur, et ad intelligentiam, qua ipse animus rerum cogitatione formatur. itaque quoniam per illam susceptionem hominis id actum est, ut quaedam nobis disciplina vivendi et exemplum praecepti sub quarumdam sententiarum maiestate et perspicuitate insinuaretur, non sine ratione hoc totum filio tribuitur (28,10 ff.) disciplina hominibus erat necessaria, qua inbuerentur et qua ad modum formarentur ... demonstranda igitur prius erat quaedam norma et regula disciplinae. quod factum est per illam suscepti hominis dispensationem, quae proprie filio tribuenda est, ut esset consequens et ipsius patris, id est unius principii ex quo sint omnia, cognitio per filium ...“*

---

1) Augustin (ep. XII. CSL. 34,1; S. 29, 24ff. ed. Goldbacher): quid sit Dei filius, quo coniuncti simus, recorderis; quod ut hic breviter adtingam, disciplina ipsa et forma Dei, per quam facta sunt omnia, quae facta sunt, filius nuncupatur. quicquid autem per susceptum illum hominem gestum est, ad eruditionem reformationemque nostram gestum est.

2) Ähnlich ist Isis σοφία und Lehrerin der σοφία, Hermes ist νόμος und Lehrer der νόμοι.   3) Augustin (ep. XI. 4 CSL 34,20; S. 27,4 ff.).

Der ganze Passus ist reich an Begriffen, die innerhalb unserer
bisherigen Untersuchung Viktorins und Plotins bereits auftauchten.
Die *species* Christi (s. S. 88) bezieht sich auf eine *disciplina* und
ars. Das intellektualistische Moment der *disciplina* wird noch
formal ergänzt durch den εἶδος-Begriff der Wissenslehre (s. S. 88).
Durch diese *disciplina* erfährt im Akt des Denkens der (menschliche) Geist eine Formung — *formatur* (s. S. 84). Die Menschwerdung selbst dient der Übermittlung dieser *disciplina* an die
Menschen. Sie verbreitet sich unter ihnen durch rationale Leit-
sätze — *sententiae* —, die infolge ihrer Durchsichtigkeit — *per-
spicuitas* — den Menschen eingehen. Die *disciplina* hat sich in
einer Norm und Regel — *norma et regula* — niedergeschlagen:
diese Norm stammt vom Sohn, der in dieser Norm die Erkenntnis — *cognitio* — des einen Urprinzips, des Vaters, ist und ihn
so offenbart (s. S. 84). Letzten Endes ist hier Christus der Ver-
künder des absoluten Wissens, die Offenbarung verwandelt sich
in eine Prinzipienlehre, die christliche Lehre in eine Urphilosophie, die bei Augustin ganz die Züge der plotinischen Philosophie trägt. Die erkenntnistheoretische Voraussetzung ist auch
hier, daß sich alles Erkennen immer nur auf ein *esse formatum*,
eine begrenzte intelligible Form beziehen kann (s. S. 84).

In wenigen Sätzen ist hier die plotinische Anschauung von
der Formierung des absoluten Geistes im Intellekt samt ihrer
pädagogischen Weiterbildung richtig und selbständig entwickelt
und in eine kühle intellektualistische Christologie weiterge-
führt [1]).

---

1) Daß die Idee vom Christus *magister disciplinarum* nicht singulärer
Ausdruck einer ketzerischen Anwandlung ist, sondern dem metaphysischen
Denken Augustins fest eingepaßt war, zeigt die Tatsache, dass sie sich
in einer moralischen Abwandlung als Grundlage einer größeren theologischen Abhandlung *de magistro* (PL 32, 1193 ff.) findet. In dieser Schrift
findet sich im Zusammenhang mit der *Logos-disciplina*-Spekulation auch die
Idee ausgesprochen, daß es die *mens*, der vernünftige Teil der Seele ist,
in der die Erlösung einsetzt, indem Christus als die Kraft und die Weisheit und des Logos Gottes ihr innewohnt. So zeigt sich der neuplatonische
Geistgedanke in seiner Auswirkung bis in die theologischen Einzelprobleme hinein.
Zur Logos-Spekulation s. Augustin de magistro XI. 38 (PL 32, 1216)
de universis autem quae intelligimus non loquentem qui personat foris,
sed intus ipsi menti praesidentem consulimus veritatem, verbis fortasse ut

Auch in Augustins religionsphilosophischer Abhandlung *de vera religione* erscheint innerhalb der Entwicklung der Logos-Christologie eine Darstellung der *disciplina*-Spekulation [1]), wobei bezeichnenderweise der metaphysische Gesetzes-Begriff auf Christus bezogen ist [2]). „Daran ist nicht zu zweifeln, daß die

consulamus admoniti. Ille autem qui consulitur, docet qui in interiore homine habitare dictus est Christus, id est incommutabilis Dei virtus atque sempiterna sapientia quam quidem omnis rationalis anima consulit. sed tantum cuique panditur, quantum capere propter propriam sive malam sive bonam potestatem potest.

Zur Idee der ἐπιστροφή s. Augustin de magistro XIV. 46 (PL 32, 1220) Nunc enim ne plus eius (sc. verbis) quam oportet tribueremus, admonui te, ut iam non crederemus tantum, sed etiam intelligere inciperemus, quam vere scriptura sit auctoritate divina, ne nobis quemquam magistrum dicamus in terris, quod unus omnium magister in coelis sit. Quid sit autem in coelis docebit ipse a quo etiam per homines signis admonemur et foris; ut ad eum intro conversi erudiamur: quem diligere ac nosse beata vita est, quam se omnes clamant quaerere, pauci autem sunt qui eam vere se invenisse laetentur.

Der Gedanke, daß der Logos das universelle Gesetz ist, hat etwa gleichzeitig bei Ambrosius eine Umwandlung erfahren, indem er auf dieses Gesetz-Sein des Geistes die Vorsehung Gottes bezog und von einer νομοθετική *providentia* sprach. Diese Idee führt von einem rein intellektualistischen Logosbegriff aus auf die Anschauung von der εἱμαρμένη, würde also die christliche Vorsehungslehre in eine „heidnische" Schicksalslehre umbiegen; hier ist es aber die neue Idee von der Identifizierung von Geist und Wille, d. h. die Lehre von der absoluten Freiheit Gottes, die eine rationalistische Schematisierung des christlichen Vorsehungsgedankens verhindert.

Ambrosius de fuga saeculi II, 12 (ed. Schenkl CSL 32,2 S. 172,10) sit ergo propitiandae divinitatis ambitio sequendae praeceptionis oboeditio, interdictae praevaricationis cautio, quibus propitiatoriam dei misericordiam et nomotheticen eius providentiam vel institutorum obsequio vel interdictorum declinatione veneremur.

1) Zur „disciplina" vgl. die μάθησις-Idee bei Origenes comm. in Joh. 1, 18. 20 (ed. Preuschen Griech.-christl. Schriftsteller Origenes Bd. IV S. 23) ὡς κατὰ τοῦτο εἰπεῖν ἀρχὴν εἶναι μαθήσεως τῇ μὲν φύσει Χριστὸν καθ' ὃ σοφία καὶ δύναμις θεοῦ, πρὸς ἡμᾶς δὲ ⟨τὸ⟩ „ὁ λόγος σὰρξ ἐγένετο, ἵνα σκηνώσῃ ἐν ἡμῖν" οὕτω μόνον πρῶτον αὐτὸν χωρῆσαι δυναμένοις.

2) Augustin de vera religione XXXI. 57 (PL 34,147) nec iam illud ambigendum est incommutabilem naturam, quae supra rationalem animam est, Deum esse; et ibi esse primam vitam et primam essentiam, ubi est prima sapientia. Nam haec est illa incommutabilis veritas, quae lex omnium artium dicitur et ars omnipotentis artificis.

unveränderliche Natur, die oberhalb der vernünftigen Seele sich befindet, Gott ist, und daß dort das erste Leben und die erste Existenz und die erste Weisheit ist." Es erscheinen in diesem Zusammenhang also nicht nur die Idee einer Hypostase des Intellekts, sondern auch die plotinischen und viktorinischen Begriffe der *prima vita, prima essentia, prima sapientia* (s. S. 92,132). Augustin fährt fort: „*haec est illa incommutabilis veritas, quae lex omnium artium dicitur et ars omnipotentis artificis.*" Der Logos fungiert hier in seiner ungebrochenen formalen Bestimmung als das absolute Gesetz, die Norm aller Erkenntnis, aller Disziplinen, als die *ars*, das Formprinzip alles göttlichen Wirkens. artifex heißt der Schöpfer, weil sich seine Allmacht im Rahmen der ars, die der Logos ist, verwirklicht.

Daß Augustin den neuplatonischen Geistgedanken während einer entscheidenden Epoche seines Lebens unabgewandelt in seine Christologie aufgenommen hat, muß um so eher hervorgehoben werden, als ihm diese intellektualistische Wendung später selbst als eine peinliche Ketzerei erschienen ist. Die Assimilation der neuplatonischen Ideen ist auch bei Augustin durch die Vorstufe einer unmittelbaren Identifikation von christlichen und neuplatonischen Ideen hindurchgegangen, bevor sich in der Aneignung und Deutung selbst eine eigene innere Umformung zeigt. Will man zu der Selbstkritik Augustins Stellung nehmen, wie sie hauptsächlich den Inhalt der *retractationes* bildet, so muß man zugeben, daß diese unmittelbare Identifikation, wie sie etwa in der eben besprochenen Stelle vorliegt, vorschnell erscheinen mag und nur unter Aufopferung wesentlicher religiöser Ideen möglich war. Augustin selbst hat einige „ketzerische" Gedanken seiner Jugendphilosophie später zu beseitigen versucht; was er aber nicht mehr zu emendieren vermochte, ist die philosophische Grundhaltung der theologischen Fragestellung seiner Jugendschriften, die beherrscht ist von dem starken Trieb seines Geistes zur intelligiblen Klarheit, einem Trieb, der ihn zugreifen ließ, wo er die Möglichkeit einer intelligiblen Sicherung der religiösen Ideen und Glaubenssätze zu sehen glaubte.

IV. Das hypostatische Sein des Nus.

Im Nus substantiiert sich das transzendente Sein, die μεγάλη ἀρχή [1]), als Akt und Form. Der Nus (Geist) ist also die in Form gebrachte Aktivierung des transzendenten Seins, d. h. determinierte Tätigkeit [2]). Damit ist die metaphysische Voraussetzung für die Differenzierung der Hypostasen gegeben, wie sie bei Viktorin in den beiden Reihen: *inoperans operatio — operans operatio, omnis potentia — omnis actio* formuliert ist (s. S. 131 f.).

Das auf sich selbst gerichtete Wirken des Geistes — quies sedens in centro (s. S. 74) bzw. νοῦς ἐν στάσει καὶ ἡσυχίᾳ καὶ ἑνότητι (s. S. 213) — tritt nun als ein Wirken nach außen hervor — cum forma foras operante bzw. als ἐνέργεια ἀπ' ἐκείνου [3]), ἐνέργεια γὰρ οὐσίας [4]).

Das hypostasierte „Andere" trägt als Gestalt des absoluten Seins die Vielheit der Formen, d. h. sämtliche möglichen Formen, Ideen und Wesen in sich und bildet die intelligible Einheit aller geistigen Realitäten [5]).

Der Gedanke, daß der Nus als der formgewordene Geist die Vielheit der Formen in sich trägt, differenziert sich bei Plotin in verschiedener Weise. So heißt es: „Der Geist erzeugt alles

---

1) Plotin Enn. V. III. 15 (II 198, 15 ff.): πᾶν γὰρ τὸ μὴ ἓν τῷ ἓν σώζεται καὶ ἔστιν ὅπερ ἔστι τούτῳ· μὴ γὰρ ἓν γενόμενον κἂν ἐκ πολλῶν ᾖ, οὔπω „ἔστιν" ἂν εἴποι τις αὐτό . . . (zu dem „ἔστιν" vgl. Viktorin S. 40 Zeile 10) τὸ δὲ μὴ πολλὰ ἔχον ἐν ἑαυτῷ ἤδη οὐ μετουσία ἑνὸς ἕν, ἀλλ' αὐτὸ ἕν, οὐ κατ' ἄλλου, ἀλλ' ὅτι τοῦτο, παρ' οὖ πῶς καὶ τὰ ἄλλα, τὰ μὲν τῷ ἐγγύς, τὰ δὲ τῷ πόρρω . . . (20 ff.) αὐτὸ δὲ ἐκεῖνο ἓν πάντα, ὅτι μεγάλη ἀρχή· ἀρχὴ γὰρ ἓν ὄντως καὶ ἀληθῶς ἕν. τὸ δὲ μετὰ τὴν ἀρχὴν ὧδέ πως ἐπιβρίσαντος τοῦ ἑνὸς πάντα μετέχον τοῦ ἓν καὶ ὁτιοῦν αὐτοῦ πάντα αὖ καὶ ἕν.

2) Enn. VI. VII. 21 (II 452, 7): ὁρισθεῖσα ἐνέργεια.

3) Enn. III. IX. 1 (I 347, 7 ff.): ἢ τὸ μὲν νοητὸν οὐδὲν κωλύει καὶ νοῦν εἶναι ἐν στάσει καὶ ἑνότητι καὶ ἡσυχίᾳ, τὴν δὲ τοῦ νοῦ φύσιν τοῦ ὁρῶντος ἐκεῖνον τὸν νοῦν τὸν ἐν αὐτῷ ἐνέργειάν τινα ἀπ' ἐκείνου, ἢ ὁρᾷ ἐκεῖνον.

4) Enn. VI. VI. 8 (II 407, 5): εἰ δὴ τὸ ὂν πρῶτον δεῖ λαβεῖν, πρῶτον ὄν, εἶτα νοῦν, εἶτα τὸ ζῷον . . . ὁ δὲ νοῦς δεύτερον — ἐνέργεια γὰρ τῆς οὐσίας — dazu Enn. V. IX. 5 (II 251, 32): δεῖ δὲ νοῦν λαμβάνειν . . . μὴ τὸν δυνάμει μηδὲ τὸν ἐξ ἀφροσύνης εἰς νοῦν ἐλθόντα, . . . ἀλλὰ τὸν ἐνεργείᾳ καὶ ἀεὶ νοῦν ὄντα.

5) Enn. V. IX. 5 (II 252, 6 ff.): εἰ δὲ (sc. ὁ νοῦς) παρ' αὐτοῦ καὶ ἐξ αὐτοῦ νοεῖ, αὐτός ἐστιν ἃ νοεῖ. εἰ γὰρ ἡ μὲν οὐσία αὐτοῦ ἄλλη, ἃ δὲ νοεῖ ἕτερα αὐτοῦ, αὐτὴ ἡ οὐσία αὐτοῦ ἀνόητος ἔσται· καὶ δυνάμει οὐκ ἐνεργείᾳ αὖ . . . (14 ff.) νοῦς ὢν ὄντως νοεῖ τὰ ὄντα καὶ ὑφίστησιν — ἔστιν ἄρα τὰ ὄντα.

Seiende zugleich mit sich selbst, indem er selbst in die Entstehung tritt [1] (H)." Er ist „der, der die Logoi (Formprinzipien)
hat" [2]. „Wenn seine Substanz Energie ist, seine Energie die Vielheit ist, dann ist seine Substanz so groß wie die Vielheit" [3].
Die Tätigkeit selbst erscheint als Zeugen alles Seienden und
zwar als ein „Setzen" des Seienden (in seiner Vielheit) in dem,
der es denkt.

Der Nus ist so als die Form gewordene Totalität des Geistes
zugleich die Totalität der Vielheit der Entfaltungsformen des
Geistes, die dieser in sich birgt und deren Vielheit er dadurch
zustande bringt, daß er sie denkt und ihnen so eine intelligible
Eigenexistenz gibt. So ist der Nus die metaphysische Gestalt,
in dessen Denken sich alles Leben als eine geistige transzendente
Bewegung abspielt [4]. Der ontologisch-hypostatischen Linie der

---

1) Enn. V. I. 7 (II 170, 17 f.): γενομένον δὲ ἤδη (sc. τὸν νοῦν) τὰ ὄντα πάντα
σὺν αὐτῷ γεννῆσαι. Vgl. auch adv. Ar. l. I. 26 (1059 D).

Vgl. Enn. V. VI. 4 (II 225, 27 ff.): νοῦς δ' ἐν αὐτῷ οἰκεῖον ἔχει οὐ φῶς ὢν μόνον, ἀλλ' ὅ ἐστι π ε ρ ω τ ι σ μ έ ν ο ν ἐ ν τ ῇ α ὐ τ ο ῦ ο ὐ σ ί ᾳ, τὸ δὲ παρέχον τούτῳ
τὸ φῶς οὐκ ἄλλο ὂν φῶς ἐστιν ἁπλοῦν παρέχον τὴν δ ύ ν α μ ι ν ἐκείνῳ τοῦ
εἶναι ὃ ἔστι.

2) Enn. V. VII. 3 (II 230, 15 ff.): ὁπόσον γὰρ δεῖ τὸν κόσμον εἶναι καὶ
ὁπόσα ἐν τῷ ἑαυτοῦ βίῳ διεξελεύσεται, κεῖται ἐξ ἀρχῆς ἐ ν τ ῷ ἔ χ ο ν τ ι τ ο ὺ ς
λ ό γ ο υ ς.

3) Enn. V. III. 12 (II 194, 6 ff.): καὶ τί κωλύει οὕτω πλῆθος εἶναι ἕως ἐστὶν οὐσία μία; τὸ γὰρ πλῆθος οὐ συνθέσει ἀλλ' αἱ ἐνέργειαι αὐτοῦ τὸ πλῆθος. ἀλλ'
εἰ μὲν αἱ ἐνέργειαι αὐτοῦ μὴ οὐσίαι, ἀλλ' ἐ κ δ υ ν ά μ ε ω ς ε ἰ ς ἐ ν έ ρ γ ε ι α ν
ἔ ρ χ ε τ α ι, οὐ πλῆθος μέν, ἀτελὲς δὲ πρὶν ἐνεργῆσαι τῇ οὐσίᾳ. εἰ δὲ ἡ οὐσία
αὐτοῦ ἐνέργεια, ἡ δὲ ἐνέργεια αὐτοῦ τὸ πλῆθος, τοσαύτη ἔσται ἡ οὐσία αὐτοῦ
ὅσον τὸ πλῆθος· τοῦτο δὲ τῷ μὲν νῷ συγχωροῦμεν, ᾧ καὶ τὸ νοεῖν ἑαυτὸ
ἀπεδίδομεν, τῇ δὲ ἀρχῇ πάντων οὐκέτι. δεῖ δὲ πρὸ τοῦ πολλοῦ τὸ ἓν εἶναι,
ἀφ' οὗ καὶ τὸ πολύ. ἐπ' ἀριθμοῦ γὰρ παντὸς τὸ ἓν πρῶτον.

4) Enn. V. IX. 8 (II 255, 17 ff.): ἔστι μὲν οὖν οὗτος ὁ νοῦς, ἐν αὐτῷ καὶ
ἔ χ ω ν ἑ α υ τ ὸ ν ἐ ν ἡ σ υ χ ί ᾳ κόρον ἀεί. εἰ μὲν οὖν προεπενοεῖτο ὁ νοῦς πρό-
τερος τοῦ ὄντος, ἔδει τὸν νοῦν λέγειν ἐνεργήσαντα καὶ νοήσαντα ἀποτελέσαι
καὶ γεννῆσαι τὰ ὄντα· ἐπεὶ δὲ τὸ ὂν τοῦ νοῦ προεπενοεῖν ἀνάγκη, ἐγκεῖσθαι
δεῖ τίθεσθαι ἐν τῷ νοοῦντι τὰ ὄντα, τὴν δὲ ἐνέργειαν καὶ τὴν νόησιν ἐπὶ τοῖς
οὖσιν, οἷον ἐπὶ πυρὶ ἤδη τὴν τοῦ πυρὸς ἐνέργειαν ἵν' ἓν ὄντα τὸν νοῦν ἐφ'
ἑαυτοῖς ἔχῃ ἐνέργειαν αὐτῶν. ἔστι δὲ καὶ τὸ ὂν ἐνέργεια. μία οὖν ἀμφοῖν ἐνέργεια, μ ᾶ λ λ ο ν δ ὲ τ ὰ ἄ μ φ ω ἕ ν. μ ί α μ ὲ ν ο ὖ ν φ ύ σ ι ς τό τε ὂν ὅ τε νοῦς·
διὸ καὶ τὰ ὄντα καὶ ἡ τοῦ ὄντος ἐνέργεια καὶ ὁ νοῦς ὁ τοιοῦτος· καὶ οἱ οὕτω
νοήσεις τὸ εἶδος καὶ ἡ μ ο ρ φ ὴ τοῦ ὄντος, καὶ ἡ ἐνέργεια· ἐπινοεῖται γε μὴν
μεριζομένων ὑφ' ἡμῶν θάτερα πρὸ τῶν ἑτέρων. ἕτερος γὰρ ὁ μερίζων νοῦς,
ὁ δὲ ἀμέριστος καὶ μὴ μερίζων τὸ ὂν καὶ τὰ πάντα.

Entfaltung ist notwendig eine dynamisch-vitalistische zugeordnet. Denn die Logoi selbst sind ihrerseits wieder als lebendige Kräfte gedacht. So ist der Geist gewissermaßen „eine lebendige vielfache (buntschimmernde? s. u.) Kugel", ein „überall hinblickendes, von lebendigen Wesen erstrahlendes Allwesen" — πανπρόσωπον —, „die Gesamtheit der reinen Seelen, die vereint auf denselben Punkt hineilen" [1]).

Ein Begriff wie πανπρόσωπον zeigt, daß sich hinter der Idee von der metaphysischen Realität des geistigen Seins bereits die Anschauung dieses Seins als einer metaphysischen Gestalt erhebt, in der sich alles intelligible Wesen zusammendrängt und auf die alles intelligible Leben genetisch bezogen ist. Man darf hier wohl einen neuen Zug erblicken, der die personale Konzeption des Nus als „Sohn" vorbereitete. Auch das Prinzip der Individuation liegt in diesem Intellekt, und die Differenziertheit der intelligiblen Formen und Wesen hat ihren Realgrund in einer vorzeitigen Formierung im Intellekt selbst. Von hier aus wird dann auch der Gedanke der Präexistenz der Seelen entwickelt.

Für die plotinische Anschauung vom Denken läßt sich hier soviel erkennen: Denken ist ein existentieller Vorgang, denn Geist ist Substanz und lebende Substanz und die erste und einzige Substanz. Das Sein des Intellekts umfaßt also in sich die Trinität von Sein, Leben und Denken. „Jenes gesamte wahrhaft Seiende ist sowohl ein Seiendes als auch Geist und vollkommenes Leben, ja alle lebenden Wesen zusammen, dessen Einheit auch dieses lebendige All dem Einen, soweit es ihm möglich ist, nachgeahmt ist[2])." Die Erkenntnis dieses triadischen Seins-

---

1) Enn. VI. VII. 15 (II 445, 13 ff.): εἴ τις αὐτὸν ἐπεικάζοι σφαίρᾳ ζώσῃ ποικίλῃ, εἴτε παμπρόσωπόν τι χρῆμα λάμπον ζῶσι προσώποις εἴτε ψυχὰς τὰς καθαρὰς πάσας εἰς τὸ αὐτὸ συνδραμούσας φαντάζοιτο οὐκ ἐνδεεῖς, ἀλλὰ πάντα τὰ αὑτῶν ἐχούσας καὶ νοῦν τὸν πάντα ἐπ' ἄκραις αὐταῖς ἱδρυμένον, ὡς φέγγει νοερῷ καταλάμπεσθαι τὸν τόπον — φανταζόμενος μὲν οὕτως ἔξω πως ἄλλος ὢν ὁρῴη [ἂν] ἄλλον· δεῖ δὲ ἑαυτὸν ἐκεῖνο γενόμενον τὴν θέαν ἑαυτὸν ποιήσασθαι.

2) Enn. VI. VI. 15 (II 417, 6 ff.): πάλιν γὰρ ἐξ ἀρχῆς τούτων ἤδη λεχθέντων λέγωμεν τὸ μὲν ξύμπαν ὂν τὸ ἀληθινὸν ἐκεῖνο καὶ ὂν εἶναι καὶ νοῦν καὶ ζῷον τέλειον εἶναι, ὁμοῦ δὲ πάντα ζῷα εἶναι, οὗ δὲ τὸ ἓν ἐνί, ὡς ἦν αὐτῷ δυνατόν, μεμίμηται καὶ τόδε τὸ ζῷον τὸ πᾶν. Enn. V. IV. 2 (II 205, 24): νοῦς δὴ καὶ ὂν ταὐτόν. Vgl. weiter Enn. V. VI. 6 (II 227, 12 ff.): δεῖ γὰρ τὴν πρώτως λεγομένην οὐσίαν οὐκ εἶναι τοῦ εἶναι σκιάν, ἀλλ' ἔχειν

charakters des Intellekts beherrscht die ganze Anschauung Plotins.
Dieselbe Seinsbestimmung des Intellekts ist dann von Viktorin
zur metaphysischen Deduktion der Trinität benutzt worden, wie
wir in der Erklärung der trinitarischen Formel existentia-vita-
cognitio ausgeführt haben (s. S. 140 ff.).

Mit dieser Anschauung des geistigen Seins ist ein wichtiges
Teilungsprinzip gegeben, das innerhalb der dogmatischen Problemstellung für die Sakramentslehre, d. h. speziell für die metaphysische Deutung der Teilbarkeit des sakramentalen Leibes
Christi von Wichtigkeit werden sollte und das bei Plotin so
formuliert wird: „Handelt es sich um das Denken eines (dem
Geiste) Innewohnenden, so ist jenes (das Innewohnende) die Gestalt, und das ist die Idee. Was ist nun die Idee? Geist und
Geist-Substanz, aber nicht jede einzelne Form von Geist verschieden, sondern jede einzelne ist Geist, und zwar ist der Geist
die Gesamtheit der Formen — τὰ πάντα εἴδη —, die Einzelform
ist Geist als einzelne, wie die gesamte Wissenschaft die Gesamtheit der Lehrsätze ist, jeder Einzel-Teil aber ein Teil der
Gesamtwissenschaft, nicht indem er etwa räumlich geschieden
ist, sondern indem er als einzelner seine Potenz im Ganzen hat[1].“

Dieses Teilungsprinzip der Geistsubstanz, die im einzelnen
potentiell als Ganzes präsent ist, wird auf dem Wege der *analogia entis* auch an dem menschlichen Personsein demonstriert:
„In jedem Gedanken und jeder Wirksamkeit des Geistes (ist der
ganze Geist gegenwärtig), wie auch beim Menschen der ganze
Mensch hervortritt, indem er ihm sich selbst mitbringt, und,
weil er alles, was er hat, von Anfang an zusammen hat, in
seiner ganzen Person bereitsteht[2].“

πλῆρες τὸ εἶναι. πλῆρες δέ ἐστι τὸ εἶναι ὅταν εἶδος τοῦ νοεῖν καὶ
ζῆν λάβῃ· ὁμοῦ ἄρα τὸ νοεῖν, τὸ ζῆν, τὸ εἶναι ἐν τῷ ὄντι. εἰ ἄρα
ὄν, καὶ νοῦς, καὶ εἰ νοῦς, καὶ ὄν, καὶ τὸ νοεῖν ὁμοῦ μετὰ τοῦ εἶναι; weiter
Enn. VI. VII. 2 (II 229, 3 ff.).

1) Enn. V. IX. 8 (II 255, 10 ff.): εἰ οὖν ἡ νόησις ἐνόντος, ἐκεῖνο τὸ εἶδος
τὸ ἐνὸν καὶ ἡ ἰδέα αὕτη. τί οὖν τοῦτο; νοῦς καὶ νοερὰ οὐσία οὐχ ἑτέρα τοῦ
νοῦ ἑκάστη ἰδέα, ἀλλ' ἑκάστη νοῦς. καὶ ὅλος μὲν ὁ νοῦς τὰ πάντα εἴδη,
ἕκαστον δὲ εἶδος νοῦς ἕκαστος, ὡς ἡ ὅλη ἐπιστήμη τὰ πάντα θεωρήματα, ἕκαστον δὲ μέρος τῆς ὅλης οὐχ ὡς διακεκριμένον τόπῳ, ἔχον δὲ δύναμιν ἕκαστον
ἐν τῷ ὅλῳ. So ist der Geist ἐν ἡσυχίᾳ κόρος ἀεί. Vgl. auch Enn. VI. VIII. 20.

2) Enn. VI. VII. 2 (II 428, 7 ff.): ἐν ἑκάστῳ τοίνυν νοήματι καὶ ἐνεργήματι,

Wie also alles geistige Leben auf die eine metaphysische Zentralgestalt, den Nus, bezogen ist, so erscheint hier jede Einzeläußerung des Menschen in ihrer realen metaphysischen Beziehung zum ganzen Menschen. Wie die Konzeption des Nus als einer metaphysischen Gestalt bereits den Personbegriff ankündet, so kann man auch hier sagen, daß diese Reduktion des einzelnen und besonderen Aktes auf das dynamische Zentrum, den ganzen Menschen, auf den anthropologischen Personbegriff hinweist, wie ihn Augustin ausgebildet hat. Bei Plotin finden sich alle einzelnen ontologischen und anthropologischen Momente, von denen aus Augustin zu seiner Konzeption des Personbegriffs vorgedrungen ist; mehr als Plotin — die *analogia entis*, den Bildbegriff, die Anschauung vom Geist und seiner dreifältigen Natur als seinem Wesen — hat er an philosophischen Vorlagen für seine eigene Spekulation nicht gehabt.

Die Bestimmung des Geistes als eines energetischen Seins ist Voraussetzung der Zeugung des intelligiblen Universums als der letzten Hypostase. Der Geist ist die dreifaltige Einheit von *actio*, *agens* und *actus*[1]). „Eins ist bei ihm das Sein und das Wirken." „*actio*, *actus* und *agens* können in eins zusammengefaßt werden. Das Wirken *(actus)* läßt aber mehr auch den Wirkenden *(agens)* hervortreten, die Tätigkeit dagegen nicht: Wirken heißt aber in einer Tätigkeit sein, d. h. in einer Wirksamkeit — ἐνέργεια —. Folglich ist ἐνέργεια mehr die Kategorie, von welcher man sagt, sie werde an der Substanz wahrgenommen, wie daselbst ‚Qualität‘, und sie selbst bezieht sich auf die Substanz wie ‚Bewegung‘."

2. Der Geist als männliches Prinzip und die Interpretation des vir Christus.

Die Bestimmung des Nus als einer wirkenden, zeugenden Form und Substanz führt bei Plotin zu einer bemerkenswerten Mythen-

---

οἷον κατ᾽ ἄνθρωπον πᾶς προεφάνη ὁ ἄνθρωπος συμφέρων ἑαυτὸν αὐτῷ καὶ πάντα ὅσα ἔχει ἐξ ἀρχῆς ὁμοῦ ἔχων ἕτοιμός ἐστιν ὅλος.

1) Enn. VI. I. 15 (II 281, 32 ff.): ἢ ἐνταῦθα ποίησις, ποιεῖν, ποιῶν εἰς ἓν ληπτέα· ἐμφαίνει δὲ μᾶλλον τὸ ποιεῖν καὶ τὸν ποιοῦντα, ἡ δὲ ποίησις οὔ. καὶ τὸ ποιεῖν ἐν ποιήσει εἶναί τινι· τοῦτο δὲ ἐνεργείᾳ· ὥστε ἐνεργείαν μᾶλλον εἶναι τὴν κατηγορίαν, ἢ περὶ τὴν οὐσίαν λέγεται θεωρεῖσθαι, ὡς ἐκεῖ ποιότης, καὶ αὐτὴ περὶ τὴν οὐσίαν ὥσπερ κίνησις, καὶ ἓν γένος ἡ κίνησις τῶν ὄντων.

deutung: „Das (nämlich das energetische Wesen des Geistes), glaube ich, wollten die alten Weisen auf mystische Weise in der Rätselsprache ihrer Geheimlehren (M) ausdrücken, wenn sie den archaischen Hermes immer ithyphallisch darstellten, um anzudeuten, daß der Erzeuger der sichtbaren Dinge der intelligible Logos ist[1].“ Der Logos ist das εἶδος γόνιμον, das schöpferische Formprinzip, das die Materie, das weibliche Prinzip des Universums, gestaltet und die Vielheit seiner Formen in ihr als dem willenlosen Substrat des intelligiblen Schaffens aktiviert. Der Logos trägt also als Totalität und Ursprung der intelligiblen Formen den Drang zur Individuation seinem energetischen Wesen nach in sich.

Zu der geschichtlichen Lage dieser Idee innerhalb unseres Problemkreises ist noch zweierlei zu bemerken:

1. In dieser Konzeption des Logos als des männlichen Formprinzipes — nicht im Naturalismus der Stoa — liegen nahe Berührungen mit der *Logos-semen*-Spekulation vor, die in der Christologie Viktorins hervorgehoben wurden. Diese Vorstellung ist also auf dem Wege der Spiritualisierung primitiver religiöser Vorstellungen durch die neuplatonische Metaphysik in die christliche Spekulation eingedrungen, nachdem bereits die Gnosis — Basilides — die *semen*-Spekulation zu einer Art von System ausgebaut hatte.

2. Die mythische Differenzierung, von Logos und Materie als dem männlichen und weiblichen bzw. dem formenden und dem zu formenden Prinzip des Universums, hat auch über die Logoschristologie in der Erlösungslehre Viktorins Eingang gefunden. „Alles, was vollendet ist, heißt Mann, alles, was unvollendet ist, heißt Weib[2].“ Dieser Gedanke modifiziert sich bei Viktorin

---

1) Enn. III. VI. 19 (I 309, 3 ff.): μόνον γὰρ τὸ εἶδος γόνιμον· ἡ δὲ ἑτέρα φύσις ἄγονος· ὅθεν οἶμαι καὶ οἱ πάλαι σοφοὶ μυστικῶς καὶ ἐν τελεταῖς αἰνιττόμενοι Ἑρμῆν μὲν ποιοῦσι τὸν ἀρχαῖον τὸ τῆς γενέσεως ὄργανον ἀεὶ ἔχοντα πρὸς ἐργασίαν τὸν γεννῶντα τὰ ἐν αἰσθήσει δηλοῦντες εἶναι τὸν νοητὸν λόγον, τὸ δὲ ἄγονον τῆς ὕλης μενούσης τὸ αὐτὸ ἀεὶ διὰ τῶν περὶ αὐτὴν ἀγόνων δηλοῦντες . . . ὡς ἄγονος τε καὶ οὐδὲ πάντη θῆλυς, ἀλλὰ τοσοῦτον μὲν θῆλυς ὅσον ὑποδέξασθαι, ὅσον δὲ γεννᾶν οὐκέτι, τῷ τὸ πρὸς ἑαυτὴν κεχωρηκὸς μήτε θῆλυ εἶναι μήτε γεννᾶν δύνασθαι, ἀποτετμημένον δὲ πάσης τῆς τοῦ γεννᾶν δυνάμεως, ἣ μόνῳ ὑπάρχει τῷ μένοντι ἄρρενι.

2) Victorin comm. ad Gal. 4, 4 lib. II (1176 C) omnis enim femina, quae edit aliquid, mulier dicitur; virtus autem mysterii quamquam et

dahin, daß er die rückläufige Bewegung des von Gott entfremdeten geistigen Lebens zum reinen intelligiblen Sein zurück —
den *motus retro in patriam potentiam* — als einen Prozeß der
universellen Vermännlichung deutet. Der entfremdete Geist wird,
indem er aus seiner Verbindung mit der Materie, die seine
Effeminierung bedeutete, sich loslöst, zum *vir Christus*.

Dieselbe Anschauung spielt auch in die Deutung der Menschwerdung Christi hinein[1]). Die descensio Christi ist ein Eintreten
in den unteren Aeon. Diese untere Welt ist aber selbst — entsprechend dem Gerichtetsein der Materie auf die Empfängnis —
als das weibliche Prinzip schlechthin gekennzeichnet. Gleichermaßen, sagt Viktorin, führt alles, was in der Welt lebt, ein
weibliches Leben. *„mundus vel nos in ipso mundo positi . . . femi-
narum modo et mulierum exigimus vitam."* Mit dem Sündenfall hat

---

occulta et sancta sit, tamen ut interim in transitu agnosci possit, sic atten-
denda est, quod omnia quae p e r f e c t a sunt, v i r dicuntur, omnia quae
i m p e r f e c t a, f e m i n a. denique cum perfectis omnibus sanctificatisque
et iustificatis concurrere in v i r u m reperimus (ad Eph. 4, 13). sic enim
dictum es[t] intellegi licet: cum mundus vel nos in ipso mundo positi, non
perfecti<s>simus, f e m i n a r u m modo et mulierum exigimus vitam . . . hinc
e n i m m a l u m e x f e m i n a: nam et in primo homine non peccatum
nisi ex femina.

1) Adv. Ar. l. I. 51 (1079 D ff.) sed quoniam sicut demonstratum ista motio
una cum sit, et vita est sapientia, tota conversa in sapientiam et magis in
existentiam patriam magis aut retro motae motionis in patriam potentiam,
et ab ipso vivificata vita recurrens in patrem, v i r e f f e c t a; descensio
enim vita, ascensio sapientia. spiritus autem et ista; spiritus igitur utraque:
in una duo et sicut existente vita prima existentia necessitas fuit in
virginalem potentiam subintrare et m a s c u l a r i virginis p a r t u v i r u m
g e n e r a r i filium Dei. Die Stelle ist noch weiter bedeutungsvoll: in
prima enim motione, primam dico in apparentiam venientem, veluti
d e f e c i t a potentia patris et in cupiditate insita vivefaciendi, intus
quidem existens vita, motione autem foris existens in semetipsam recurrit.
rursus i n s e m e t i p s a m c o n v e r s a venit in suam patriam existentiam
virtute effecta et per f[a]cta in omnipotentem virtutem effectus est perfectus
spiritus, n u t u i n s u p e r i o r a c o n v e r s o, h o c e s t i n t r o. sic
secundum typum oportuit ordinem esse et cum est in corpore spiritus,
hoc est filio Christo, et quasi d i m i n u t i o n e m pati et a v i r g i n e
n a s c i et ipsa veluti diminuatione sua patria virtute, hoc est, existentia
diviniore et prima resurgere et renovari et reverti in patrem, hoc est in
existentiam et potentiam patriam. Auch die Inkarnation ist also eine Entfremdung des Geistes von seiner Identität.

die Effeminierung des Geistes auf Erden begonnen: der Geist
hat durch seine Hingabe an das weibliche Sein der Welt eine
Depotenzierung erfahren und ist an der Frau verdorben. *„hinc
enim malum ex femina. nam et in primo homine non peccatum nisi
ex femina."* In diese Welt, die Fleisch und Weib ist, wird der
Mensch vom andern Aeon hineingeboren als der „Mann". Dieses
Mannsein bezeichnet den Zustand der Vollendung schlechthin
als das Sein des Logos. Erst durch das Erscheinen des Mannes
von oben her ist eine Erlösung möglich.

Die „verborgene und heilige Macht des Mysteriums" ist also,
die Welt aus dem verdorbenen effeminierten Zustand wieder in
die Vollendung des Mannseins durch den vir Christus zurückzuholen. So kann Viktorin die Erlösung als ein vir effici, als
ein concurrere in virum bezeichnen [1]).

3. Die Umformung der Ideenlehre.

Im Zusammenhang mit der Zurückführung der Individuation
in das Wesen des Geistes selbst hat auch die Ideenlehre eine
bedeutsame Kritik und Umformung erfahren, die zugleich eine
Umformung des metaphysischen Raumes darstellt, in dem sich
die platonische Ideenlehre bewegte.

Es handelt sich bei den Ideen nicht um ein Reich von für
sich existierenden, unzerstörbaren Urbildern, die untereinander
selbst abgegrenzt sind und in dieser Individuation gleichmäßig

---

1) Vgl. aus Jamblichs theologumena arithmeticae ed. de Falco S. 3, 21 c. 5:
λέγουσιν οὖν ταύτην οὐ μόνον θεόν ἀλλὰ καὶ νοῦν καὶ ἀρσενόθηλυν. νοῦν
μέν, ὅτι τὸ ἐν θεῷ ἡγεμονικώτατον καὶ ἐν κοσμοποιίᾳ καὶ ἐν πάσῃ ἁπλῶς τέχνῃ
τε καὶ λόγῳ, εἰ καὶ μὴ ἐπιφαίνοιτο τοὺς καθ' ἕκαστον ὅλον δι' ἐνεργείας νοῦς
ἐστι, ταυτότης τις ὢν καὶ ἀμετάτρεπτος δι' ἐπιστήμης, ὡς αὐτὴ πάντα
περιειληφυῖα ἐν ἑαυτῇ καὶ ἐπίνοιαν εἰ καὶ κατ' ἔκστασιν ἐν τοῖς τῶν
ὄντων εἴδεσιν ὡς λόγος τις τεχνικὸς ἐοικὼς τῷ θεῷ καὶ οὐ μεθισταμένη τοῦ
καθ' ἑαυτὸν λόγου οὐδὲ μεθίστασθαι ἄλλον τινὰ ἐῶσα, ἀλλὰ ἄτρεπτος ὡς ἀληθῶς καὶ μοῖρα Ἄτροπος.
Daß ähnliche Anschauungen noch zur Zeit Augustins existierten, zeigt
eine Bemerkung Augustins in de trinitate, nach welcher vor Augustin
hervorragende Verteidiger des katholischen Glaubens in Christus eine
Teilung der zwei Naturen vorgenommen hätten, indem sie die mens
Christi als vir, den sensus corporis als mulier bezeichnet hätten, eine Anschauung, die Augustin natürlich ablehnt. (Augustin de trin. XII. 13, 20
PL 42, 1008 f.)

nebeneinander bestehen, sondern um eine dynamische Beziehung
dieser intelligiblen Formen auf das eine Zentrum, das als die
Uridee den Brennpunkt und den Quellpunkt der einzelnen
Ideen darstellt. Die Ideen sind so vitale Substanzen, die in der
einen intelligiblen Ursubstanz ihren Ausgangspunkt und ihr Ziel
haben.

Mit der Setzung des Geistes als eines dynamischen Prinzips
ist in das Reich der Ideen ein neues Ordnungsprinzip eingetreten, die ἀναγωγὴ ἐπὶ τὸ νοητόν [1]), die Richtung und Zentrierung
auf das erste intelligible Sein. Die Ideen sind nicht mehr irgendwo
in einem metaphysischen Raum für sich, sondern sie sind bezogen, sind geistige Ausstrahlungen des einen Wesens, das sie
in sich zusammenfaßt — ἔστηκεν ἐν αὐτῷ ὁμοῦ πάντα ὢν [2]) —,
Samen des Einen, die selbst wiederum die Kraft des Erzeugens
in sich tragen, Strahlen des Urlichts, denen die Kraft zu er-
leuchten selbst eignet, und vitale geistige Wesen sind. Das
Reich der Ideen ist so eine reale, von lebendigen Kräften bewegte Wirklichkeit; für ihre Erkenntnis bleibt grundlegend das
aristotelische Prinzip, daß das Denken nicht ein Setzen, sondern
ein Finden einer geistigen Wirklichkeit ist, in der sich die
Auseinandersetzung großer metaphysischer Gestalten als der
geistige Hintergrund des menschlichen Lebens und Denkens
abspielt.

Indem das Problem der Individuation in Zusammenhang mit
der Selbstentfaltung des absoluten Geistes gebracht wird, erfährt die Ideenlehre eine Umformung durch die ontologische
Beziehung der einzelnen intelligiblen Formen auf das eine geistige
Urprinzip. Die einzelne Idee selbst ist nicht eine starre intelligible Form, sondern eine dynamische Einheit, der selbst als
Abbild der Kräfteeinheit, der sie entstammt, die Möglichkeit
eines Wirkens und Sichmehrens gegeben ist. „Jedes einzelne
ist eine eigene Kraft [3]).“ „Bei den Kräften in den Samen ist jede

---

1) Enn. V. VII. 1 (II 228, 2 ff.): εἰ καὶ τοῦ καθέκαστόν ἐστιν ἰδέα, ἢ εἰ ἐγὼ
καὶ ἕκαστος τὴν ἀναγωγὴν ἐπὶ τὸ νοητὸν ἔχει, καὶ ἑκάστου ἡ ἀρχὴ ἐκεῖ.
Vgl. Enn. V. VIII. 5 (II 237, 32 ff.): ὅσαι οὐσίαι σοφίαν οὐκ ἔχουσι τῷ μὲν
διὰ σοφίαν τινὰ γεγονέναι οὐσίαι, τῷ δὲ μὴ ἔχειν ἐν αὐταῖς σοφίαν οὐκ ἀλη-
θιναὶ οὐσίαι . . . τὰς ἰδέας ὄντας ἔλεγον εἶναι οἱ παλαιοὶ καὶ οὐσίας.
2) Enn. V. IX. 7 (II 254, 20 ff.).
3) Enn. V. IX. 6 (II 253, 32 ff.): ὁ νοῦς ἐστιν ὁμοῦ πάντα καὶ οὐχ ὁμοῦ

einzelne von ihnen ein vollständiges Formprinzip für sich mitsamt den Teilen, die es in sich umschließt" (ib.).

Diese dynamistische Umformung der Ideenlehre führt auf die Anschauungen Viktorins hin, wie sie in seiner vita-Spekulation hervortraten (s. S. 92 f.), nämlich, daß die Logoi die vitalen Kräfte sind, die die ganze Natur durchdringen und beleben. Nicht als abstrakte Formen erscheinen die Ideen, sondern „als Kräfte, und zwar wunderbare Kräfte, die nicht schwach, sondern als reine Kräfte sehr stark sind und gewissermaßen strotzend und wahrhaft Kräfte, die nicht eine bestimmte Grenze haben; sie sind also unendlich" [1]).

Die Logoi sind das belebende und schöpferische Prinzip der Natur, wobei sich der dynamistische Spiritualismus Plotins gegen den immanentistischen Feuerdynamismus der Stoa wendet. „Nicht Feuer muß hinzukommen, daß die Materie Feuer wird [2]), sondern ein Logos; das ist kein unwichtiges Zeichen dafür, daß in den Lebewesen und in den Pflanzen die Logoi die schöpferischen Prinzipien sind und daß die Natur ein Logos ist, welcher einen andern Logos schafft als ein Erzeugnis seiner selbst, indem er zwar dem Substrat etwas gibt, selber aber bleibt [3])." Damit ist

---

ὅτι ἕκαστον δύναμις ἰδία ... καὶ αἱ τῶν σπερμάτων δὲ δυνάμεις εἰκόνα φέρουσι τοῦ λεγομένου· ἐν γὰρ τῷ ὅλῳ ἀδιάκριτα πάντα, καὶ οἱ λόγοι ὥσπερ ἐν ἑνὶ κέντρῳ ... αἱ μὲν οὖν ἐν τοῖς σπέρμασι δυνάμεις ἑκάστη αὐτῶν λόγος εἷς ὅλος μετὰ τῶν ἐν αὐτῷ ἐμπεριεχομένων μερῶν [ὢν] τὸ μὲν σωματικόν ὕλην ἔχει οἷον ὅσον ὑγρόν, αὐτὸς δὲ εἶδός ἐστι τὸ ὅλον καὶ λόγος ὁ αὐτὸς ὢν ψυχῆς εἴδει τῷ γεννῶντι.

1) Enn. VI. II. 21 (II 322, 24 ff.): ὅρα τοίνυν ἐν τούτῳ [τῷ] μεγάλῳ νῷ καὶ ἀμηχάνῳ οὐ πολυλάλῳ ἀλλὰ πολύνῳ νῷ, ... ὅπως ἕν, τὰ πάντα ἐξ αὐτοῦ. ἀριθμὸν δὴ πάντως ἔχει τούτοις οἷς ὁρᾷ, καὶ ἔστι δὲ ἕν καὶ πολλά, καὶ ταῦτα δὲ δυνάμεις καὶ θαυμασταὶ δυνάμεις, οὐκ ἀσθενεῖς, ἀλλ' ἅτε καθαραὶ οὖσαι μέγισταί εἰσι καὶ οἷον σφριγῶσαι καὶ ἀληθῶς δυνάμεις οὐ τὸ μέχρι τινὸς ἔχουσαι· ἄπειροι τοίνυν καὶ ἀπειρία καὶ τὸ μέγα.

2) Enn. V. VII. 1 (II 228, 3 ff.). Das emanatistische Ueberschießen des Geistes bezw. der Urkraft wirkt also bis in seine Individuation hinein. Daß diese Idee auch für die Individuation der intelligiblen Wesen und Personen im Logos gilt, zeigt z. B. der Begriff des αὐτοσωκράτης, καθ' ὃ ἡ ψυχὴ καθ' ἕκαστα καὶ ἐκεῖ (ib.).

3) Enn. III. VIII. 2 (I 333, 19 ff.): οὐ γὰρ πῦρ δεῖ προσελθεῖν, ἵνα πῦρ ἡ ὕλη γένηται, ἀλλὰ λόγον. ὃ καὶ σημεῖον οὐ μικρὸν τοῦ ἐν τοῖς ζῴοις καὶ ἐν τοῖς φυτοῖς τοὺς λόγους εἶναι τοὺς ποιοῦντας καὶ τὴν φύσιν εἶναι λόγον, ὃς ποιεῖ λόγον ἄλλον γέννημα αὐτοῦ, δόντα μέν τι τῷ ὑποκειμένῳ μένοντα δ' αὐτόν.

ein ganz spiritualistischer Naturbegriff gegeben. Natur und Geist treten in eine unmittelbare lebendige Berührung: der Geist verwirklicht sich in einer aktiven schöpferischen Entfaltung von intelligiblen Kräften in der Materie. „τὸ ἔνδον κινεῖ[1]". Die letzte und unterste schöpferische und formende Betätigung des Geistes steht in einem Zusammenhang mit dem intelligiblen Zentrum. Damascius hat den Begriff geprägt, in den sich wohl die vitalische dynamistische Anschauung von dem Verhältnis von Natur und Geist zusammenfassen läßt[2]): „κατὰ τὸ ἐκ ἑκασταχοῦ προϋπάρχουσα παντελὴς ὑπόστασις".

Der Gedanke der zentralen Beziehung der intelligiblen Einzelformen auf das göttliche Sein ist auch die Grundanschauung der augustinischen Ideenlehre geworden. Gott ist der *unus deus*, das *principium naturarum omnium, a quo universitas inchoatur et perficitur et continetur*[3]). *„tu autem domine, qui et semper vivis et nihil moritur in te . . . apud te rerum omnium instabilium stant causae et rerum omnium mutabilium immutabile manent origines et omnium inrationalium et temporalium sempiternae vivunt rationes*[4])". Nicht nur kausal, sondern ontologisch — apud te vivunt — sind hier die Ideen auf Gott bezogen.

Den Abschluß dieser Umformung der Ideenlehre bringt der Areopagite. Auf drei Gedanken ist dabei besonders hinzuweisen.

1. Die Ideen sind die Gedanken Gottes. Die aus Gott hervorgehenden intelligiblen Kräfte sind als Ideen und Substanzen der göttlichen Substanz Gedanken — νόες, νοήσεις — Gottes, unmittelbare intelligible Äußerungen des Geistes. Diese Abwandlung hat schon Pachymeros, der byzantinische Erklärer des

---

1) Plotin Enn. V. VIII. 2 (II 233, 18): τὸ ἔνδον κινεῖ.

2) Damascius quaest. de primis principiis 34 ed. Kopp S. 90: ἔστιν ἄρα ἐν παντὶ ἑκάστῳ τὸ ἀναλογοῦν τῷ πρὸ πάντων καὶ αὐτὴ ἐστὶν ἡ ἐκείνου πρόοδος εἰς πάντα ἡ κατὰ τὸ ἐκ ἑκασταχοῦ προϋπάρχουσα παντελὴς ὑπόστασις, μᾶλλον δὲ ἡ ῥίζα τῆς ὑποστάσεως ἑκάστης.

3) Augustin de vera religione lib. I c. 1, 1 (PL 34, 122) cumque omnis vitae bonae ac beatae via in vera religione sit constituta qua unus Deus colitur et purgatissima pietate cognoscitur principium naturarum omnium, a quo universitas et inchoatur et perficitur et continetur etc.

4) Augustin conf. I. VI. 9 (CSL Bd. 33 ed. Knöll S. 7, 9).

Areopagiten, hervorgehoben, indem er schreibt: „Einige der
Griechen nannten die Ideen und die Urbilder — παραδείγματα —
solche, die für sich bestehen — ἐνυπόστατα —. Diese verprügelt
der Areopagite — ἀπορραπίζων — und sagt: wenn die Ideen nicht
einfach und eindeutig übervereinfachte Gedanken des überver-
einfachten und übergeeinten Gottes wären, dann wäre Gott ja
zusammengesetzt aus dem Urbild und sich selbst, was er (der
Areopagite) eine Verdoppelung nennt. Alles ist also auf die erste
Ursache zurückzuführen [1].“ Gott entströmen die Ideen als προ-
νοητικαὶ δυνάμεις, als die intelligiblen Formen, in denen sich die
göttliche Vorsehung aktiviert. In Wirklichkeit geht diese Anschauung nicht auf den Areopagiten zurück, der als Metaphysiker
hierin keineswegs originell ist, sondern auf die Umformung der
platonischen Ideenlehre durch die theozentrische Ordnung des
Systems bei Plotin.

2. Die Ideen sind als Gedanken Gottes zugleich Willensäußerungen Gottes. Dieser Gedanke zeigt die fortschreitende
Voluntarisierung des dynamistischen Gottesgedankens. „Urbilder
nennen wir die Logoi, die in Gott das Sein der seienden Dinge
zeugen und einfach vorher vorhanden sind. Diese nennt die
Theologie Vorbestimmungen und göttliche und gute
Willensäußerungen, die das Seiende determinieren und
schaffen, nach denen der Übersubstantielle alles vorherbestimmte
und ausführte [2].“

---

1) Dionysius Areopagita de div. nom. circumscr. Pach. V. 9 (PG 3, 849 C):
ἐπειδή τινες τῶν Ἑλλήνων τὰς ἰδέας καὶ τὰ παραδείγματα ἐνυπόστατα ἔφησαν,
τούτους ἀπορραπίζων φησίν· εἰ γὰρ μὴ ἁπλῶς καὶ ἐνιαίως εἶεν αἱ ἰδέαι νοήσεις ὑπερηπλωμέναι οὖσαι τοῦ ὑπερηπλωμένου καὶ ὑπερηνωμένου θεοῦ, σύν-
θετος ἂν εἴη ὁ θεὸς ἐκ παραδείγματος καὶ ἑαυτοῦ, ὅπερ διπλόην ὠνόμασε·
π ά ν τ α   ο ὖ ν   ἀ ν α θ ε τ έ ο ν   τ ῇ   π ρ ώ τ ῃ   α ἰ τ ί ᾳ.

2) Dionys. Areop. de div. nom. V. 8 (PG 3, 824 C): παραδείγματα δέ
φαμεν εἶναι τ ο ὺ ς   ἐ ν   θ ε ῷ   τ ῶ ν   ὄ ν τ ω ν   ο ὐ σ ι ο π ο ι ο ὺ ς   κ α ὶ   ἐ ν ι α ί ω ς
π ρ ο υ φ ε σ τ ῶ τ α ς   λ ό γ ο υ ς, οὓς ἡ θεολογία π ρ ο ο ρ ι σ μ ο ὺ ς καλεῖ καὶ
θεῖα καὶ ἀγαθὰ θ ε λ ή μ α τ α τῶν ὄντων ἀφοριστικὰ καὶ ποιητικά, καθ' οὓς ὁ
ὑπερούσιος τὰ ὄντα πάντα καὶ προώρισε καὶ παρήγαγεν.

Thomas von Aquin hat in der Schrift de veritate quaest. III de ideis
art. I: utrum sint ideae mit Recht diesen Passus hervorgehoben: exemplaria dicimus in Deo existentium rationes substantificatas et singulariter
praeexistentes: quas Theologia praedefinitiones vocat, et *divinas et bonas*
voluntates existentium praedeterminativas et effectivas: secundum quas super-

Die ganze metaphysische Wirklichkeit, die hinter der sinnlichen Wirklichkeit steht, ist so determiniert durch den göttlichen Willen und seine intelligiblen Einzeläußerungen, und ihr Leben spielt sich primär im göttlichen Bewußtsein ab. Die Entfaltung des Geistes in den Logoi ist so die Entfaltung der göttlichen Vorsehung nach ihrer formalen Seite. Die Vorsehung ist dabei das leitende Prinzip, nach dem sich die Individuation der intelligiblen Formen und Wesen in der Geschichte aktiviert und entfaltet [1]).

4. nomina und res.

Daß mit dieser Anschauung von den Ideen eine eindeutige ontologische Entscheidung der Frage nach ihrer Realität gegeben ist, wurde bereits angedeutet. Die korrespondierende Frage nach dem Sein der *nomina* beantwortet Viktorin folgendermaßen: „Alle Namen sind von den Späteren erfunden und am meisten von denen, die in der Welt sind, von Menschen oder Engeln oder (sonstigen) Mächten; denn jene ewigen Dinge (die Logoi) sind die eigentlichen Dinge — *res ipsae* — und lebende Potenzen, ewige, erkennende, die substantiell erkannt werden [2]).“ „Keinen Namen gibt es also dort (in der Ewigkeit), sondern die Namen sind ihnen (den Dingen selbst) angeheftet durch unsere Bezeichnung und unsere Sprache [3]).“ Diese Gedanken sind der Reflex der

---

substantialis essentia omnia praedefinit et producit. Er selbst formuliert diesen Gedanken dahin: *„ideo non possumus ponere ideas esse extra Deum, sed in mente divina tantum.“* Zugleich mit der Ideenlehre trägt also auch die Anschauung von der Vorsehung und der Individuation bei Thomas neuplatonisches Gepräge.

1) Vgl. dazu H. F. Müller a. O. S. 47 und die dort genannte Interpretation des Corderius.

2) Victorinus comm. ad Eph. 1, 23 lib. I (1251 B) 'et omne nomen'. omnia quidem n o m i n a a posterioribus inventa sunt et maxime ab his qui in mundo sunt vel hominibus vel angelis vel potestatibus. etenim aeterna illa omnia r e s ipsae sunt et p o t e n t i a e viventes, aeternae, intellegentes, quae s u b s t a n t i a l i t e r cognosc[untur].

3) MV. comm. ad Eph. I. 23 (1251 B ff.): nullum igitur ibi (sc. in aeterno) nomen est, sed n o m i n a illis addita nostro vocabulo sunt vel nostra lingua ... porro autem cum ille Christus spiritus divinus et sanctus et Dei filius haec nomina a nobis accipiat, ultra est tamen quam haec omnia vocabula viderentur imposita ... nomina enim iam facta omnia sunt, quae per intellectum f i n g i potuerunt ae expressionem earum r e r u m qua[s] i n t e l l i g e n t e s cepimus.

plotinischen Anschauung vom Denken. Die Ideen sind vitale intelligible Substanzen: die Namen sind nur äußere Bezeichnungen,
Masken, Hüllen, die nicht die Logoi, die res ipsae sind. Diese
existieren als wirkende Kräfte und reale Geistwesen in der transzendenten Welt. Der Mensch hat daher keinen unmittelbaren
Zugang zu ihrem reinen Sein, sondern hat sie nur in Namen.
Die Notwendigkeit der Benennung der intelligiblen Formen, d. h.
letzthin die Sprache überhaupt ist also eine Notwendigkeit des
unteren Aeon. Der Prozeß der Namengebung ist ein geschichtlicher, jetzt abgeschlossener. „Alle Namen, die durch den Intellekt
erdacht werden konnten — fingi! — zur Bezeichnung der Dinge,
die wir im Erkennen aufgenommen haben, sind bereits gemacht "(ib.).

V. Die Seele des Universums.

1. Die Hypostasierung der Weltseele.

Bringen wir die Darstellung des Ablaufs der Hypostasierung
der Weltseele aus dem Intellekt vollends zum Abschluß. Der
Vorgang vollzieht sich in einer dem ersten Hypostasierungsprozeß ganz analogen Weise. So kommt es, daß sich zur Bezeichnung des gegenseitigen Verhältnisses von Intellekt und
Seele des Universums dieselben Begriffe wiederfinden, auf die
wir bereits in der Untersuchung des Prozesses der Hypostasierung
des Nus gestoßen sind. Das Setzen der Weltseele außerhalb des
Intellekts bedeutet die abschließende Aktualisierung der im
Intellekt vorhandenen Totalität der intelligiblen Potenzen. Denn
im Intellekt selbst ist das ganze intelligible Sein, das in ihm
Substanz gewonnen hat, noch auf sich selbst gerichtet und in
sich selbst ruhend: in einem neuen Akt der Entfremdung hypostasiert sich diese Totalität der intelligiblen Formen außen und
zwar so, daß sich jede intelligible Form in ihrer Vereinzelung
darstellt. Die Weltseele bezeichnet also den Zustand des Geistes,
von dem aus die Diffusion seiner intelligiblen Formen in die
Materie hinein erfolgt, bezeichnet also die Totalität der differenzierten und individuierten Formen in ihrer auf das spezielle
Wirken gerichteten Abgrenzung. „Der Geist ist also das Seiende
und er hat alles in sich nicht wie in einem Traum, sondern (sc.
er hat alles) als sich selbst und so, daß er allen einer ist. Alles

ist dort zugleich und nichtsdestoweniger gesondert. Auch die
Seele hat viele Wissenschaften — πολλὰς ἐπιστήμας — in sich
beieinander, aber sie hat die intelligiblen Formen nicht zusammengeschüttet, sondern jede tut das ihre, wenn es nötig ist, ohne
andere mit hineinzuziehen [1]." Mit dem „nicht zusammengeschüttet"
und dem „ohne die andern mit hineinzuziehen" ist als Eigenart, oder besser gesagt als τρόπος τῆς δυνάμεως dieser letzten
Hypostase die Diffusion des Geistes in seine selbständig lebenden
und wirkenden Einzelformen, die Logoi, die Ideen, die ἐπιστῆμαι
bezeichnet. So stellt die Seele in ihrem Eigensein die *operatio
foris* des Intellekts dar, wie der Nus selbst als Hypostase die
operatio foris des absoluten Seins darstellt.

Der Vorgang dieser außerhalb des Intellekts sich vollziehenden
Hypostasierung geschieht ebenfalls wieder über eine Entfremdung
und eine Rückwendung. Die Seele hat so ihr ganzes intelligibles
Sein aus dem Intellekt, aus dem sie hervorgeht. Im Prozeß der
Entfremdung selbst eignet ihr also nicht das Intelligibelsein,
sondern nur eine natürliche Anlage der Erkenntnis, ein Denken-
können; sie ist πεφυκυῖα νοεῖν. Erst im Akt der ἐπιστροφή auf
das intelligible Prinzip, aus dem sie hervorgeht, hypostasiert
sich die intelligible Möglichkeit zu einem realen intelligiblen
Sein. So verhält sich die Seele zum Geist wie das Schauen zum
geschauten Gegenstand [2]), wie die Materie zur Form (ib.); sie
wird von ihm geformt, und die intelligiblen Formen, die sie
umschließt und abbildet, stammen nicht aus ihr, sondern aus
dem Nus. „Weil sie (die Seele des Universums) vom Geist
stammt, ist sie geisthaft (H.) und in vernünftigen Überlegungen —
λογισμοί — bewegt sich ihr Geist, und ihre Vollendung stammt
erst wieder vom Geist, der gleichsam wie ein Vater (seinen
Sohn) aufzieht, den er als ein im Verhältnis zu ihm noch Un-
vollkommenes gezeugt hatte. Das Sein kommt also der Seele

---

1) Plotin Enn. V. IX. 6 (II 253, 24 ff.): νοῦς μὲν δὴ ἔστω τὰ ὄντα καὶ
πάντα ἐν αὐτῷ οὐχ ὡς ἐν τόπῳ ἔχων, ἀλλ' ὡς αὐτὸν ἔχων καὶ ἓν ὢν αὐτοῖς·
π ά ν τ α δ ὲ ὁ μ ο ῦ ἐ κ ε ῖ. καὶ οὐδὲν ἧττον διακεκριμένα. ἐπεὶ καὶ ψ υ χ ὴ ὁμοῦ
ἔχουσα πολλὰς ἐπιστήμας ἐν ἑαυτῇ οὐδὲ ἔχει συγκεχυμένον καὶ ἑ κ ά σ τ η
π ρ ά τ τ ε ι τ ὸ α ὐ τ ῆ ς, ὅταν δέῃ, οὐ συνεφέλκουσα τὰς ἄλλας.

2) Enn. III. IX. 3 (I 349, 8 ff.): τὴν ψυχὴν αὐτὴν δεῖ ὥσπερ ὄ ψ ι ν εἶναι,
ὁρατὸν δὲ αὐτῇ τὸν νοῦν εἶναι, ἀόριστον πρὶν ἰδεῖν, πεφυκυῖαν δὲ νοεῖν· ὕλην
οὖν πρὸς νοῦν.

vom Geist und die Verwirklichung ihres Begriffs (H.) besteht darin, daß der Geist von ihr geschaut wird. Denn wenn sie auf den
Geist blickt, so hat sie in sich als ihr Eigentümliches, was sie
denkend verwirklicht [1]." Der Nus steht also zur zweiten Hypostase im Vaterschaftsverhältnis, welches der Vaterschaft des Logos
in der viktorinischen Spekulation entspricht [2]).

Der Analogie des Vorgangs der Hypostasierung entsprechend
stehen Intellekt und Seele in einem realen metaphysischen Bildverhältnis [3]), was ebenfalls letzthin wieder auf den Gedanken
des bildhaften Verhältnisses von Potenz und Akt zurückgeht,
insofern die Weltseele die Aktivierung der im Intellekt potentiell vorhandenen „zusammengeschütteten" intelligiblen Einzelformen darstellt.

Als solche bildet die universelle Seele eine Formierung (Selbstexplikation) des Geistes, weil sich in ihr alle Bilder und Formen
des Nus restlos und vollständig darstellen [5]). Sie bezeichnet also
Totalität der differenzierten intelligiblen Formen in ihrer besonderen Aktivierung. Das charakteristische Merkmal dieses in-

---

1) Enn. V. I. 3 (II 164, 24 ff.): δεῖ δὲ λαβεῖν ἐκεῖ οὐκ ἐκρέουσαν, ἀλλὰ
μένουσαν μὲν τὴν ἐν αὐτῷ, τὴν δὲ ἄλλην ὑφισταμένην. οὖσα οὖν ἀπὸ νοῦ
νοερά ἐστιν καὶ ἐν λογισμοῖς ὁ νοῦς αὐτῆς καὶ ἡ τελείωσις ἀπ᾽ αὐτοῦ πάλιν
οἶον πατρὸς ἐκθρέψαντος, ὃν οὐ τέλειον ὡς πρὸς αὑτὸν ἐγέννησεν. ἥ τε οὖν
ὑπόστασις αὐτὴ ἀπὸ νοῦ ὅ τε ἐνεργείᾳ λόγος νοῦ αὐτῇ ὁρωμένου. ὅταν
γὰρ ἐνίδῃ εἰς νοῦν, ἔνδοθεν ἔχει καὶ οἰκεῖα, ἃ νοεῖ καὶ ἐνεργεῖ.

2) Zur Vermeidung einer Begriffsverwechslung ist zu bemerken, daß die
Begriffe νοῦς und λόγος bei Plotin und Viktorin genau vertauscht sind.
λόγος ist bei Plotin das intelligible Sein der universellen Seele, λόγος bei
Viktorin bezeichnet den Sohn, die Selbstdarstellung des absoluten Geistes
als Intellekt. Der Sohn wird bei Plotin als νοῦς bezeichnet, während νοῦς
bei Viktorin an den wenigen Stellen, wo er erwähnt wird, die Funktion
des plotinischen Logos ausfüllt.

3) Enn. VI. IX. 5 (II 514, 12 f.) heißt es vom Nus: ἐναναβεβηκὼς τῇ
ψυχῇ καὶ πατήρ vgl. V. I. 3 (II 165, 4).

4) Enn. V. I. 3 (II 164, 19 ff.): καίπερ γὰρ οὖσα χρῆμα, οἶον ἔδειξεν ὁ
λόγος, εἰκών τίς ἐστι νοῦ. οἶον λόγος ὁ ἐν προφορᾷ λόγου τοῦ ἐν ψυχῇ,
οὕτω τοι καὶ αὐτὴ λόγος νοῦ καὶ ἡ πᾶσα ἐνέργεια καθ᾽ ἣν προίεται ζωὴν εἰς
ἄλλον ὑπόστασιν.

5) Enn. I. VI. 6 (II 92, 6 ff.): γίνεται οὖν ἡ ψυχὴ καθαρθεῖσα εἶδος
καὶ λόγος καὶ πάντη ἀσώματος καὶ νοερὰ καὶ ὅλη τοῦ θείου, ὅθεν ἡ πηγὴ
τοῦ καλοῦ καὶ τὰ συγγενῆ πάντα τοιαῦτα· ψυχὴ οὖν ἀναχθεῖσα πρὸς νοῦν ἐπὶ
τὸ μᾶλλόν ἐστι καλόν. νοῦς δὲ καὶ τὰ παρὰ νοῦ τὸ κάλλος αὐτῇ οἰκεῖον καὶ
οὐκ ἀλλότριον, ὅτι τότε ἐστὶν ὄντως μόνον ψυχή.

dividuierten intelligiblen Seins ist so seine Teilbarkeit. „Die
Seele hat die Natur, sich zu teilen [1].“ Diese Teilung ist aber
keine Zerstückelung — οὐ κατακερματισθεῖσα [2]) —, etwa derart, daß
ihre Totalität zertrümmert würde in lauter Einzelteile, Einzelformen
oder Einzelseelen, sondern „alles lebt vermöge der Gesamtseele
und sie ist überall als ganze gegenwärtig, dem Vater, der sie
erzeugte, darin gleichend, daß sie eins ist und daß sie überall
ist. Ein Gott ist unser Kosmos vermöge der Seele“. Es gilt
also für sie das gleiche Teilungsprinzip wie für den Geist. Alles
geistige Wesen ist nicht zerstückelbar, sondern teilt sich in der
Weise, daß im Teil das ganze Wesen potentiell präsent ist. Auch
hier erscheint das intelligible Prinzip des Universums als eine
reale Gestalt, d. h. als Gott, der dritte Gott neben dem Vater
dem Sohn (s. S. 132 nr. 19).

Dieses Teilungsprinzip manifestiert sich nun bei der Diffusion
der Seele in die Materie, d. h. bei der Aktivierung der einzelnen
vitalen intelligiblen Formen in der toten Materie. Der Logos
durchdringt den Stoff als ein Strom von Leben und entfaltet
in ihm den ganzen Reichtum seiner Formen. Die Formung und
Belebung umfaßt nicht nur die menschliche Natur, sondern den
gesamten Kosmos (s. S. 255 f). Der Geist trifft also erst in seiner
weitesten Entfremdung von seiner Identität, d. h. von der Weltseele aus auf die Materie und muß erst diesen Prozeß der Substantiierung und Individuation durchlaufen, um sich überhaupt
in seinen einzelnen intelligiblen Formen darstellen zu können.
So ist das eine notwendig mit dem andern verknüpft: will der
Geist seine Potenz entfalten und zur Darstellung bringen, so
muß er Substanz werden, die intelligible Substanz muß sich
individuieren, die individuierte Einzelform muß ein Substrat
haben, das sie formen und beleben kann: alles ist so von einer

---

1) Enn. IV. 1 (II 3, 9 ff.): νοῦς μὲν οὖν ἀεὶ ἀδιάκριτος καὶ οὐ μεριστός,
ψυχὴ δὲ ἐκεῖ ἀδιάκριτος καὶ ἀμέριστος· ἔχει δὲ φύσιν μερίζεσθαι· καὶ γὰρ
ὁ μερισμὸς αὐτῆς τὸ ἀποστῆναι καὶ ἐν σώματι γενέσθαι·
μεριστὴ οὖν εἰκότως περὶ τὰ σώματα λέγεται εἶναι, ὅτι οὕτως ἀφίσταται καὶ
μεμέρισται.

2) Enn. V. I. 2 (II 163, 30): ἀλλ’ οὐχ ἡ ψυχὴ οὕτως, οὐδὲ μέρει ἑαυτῆς
ἑκάστῳ κατακερματισθεῖσα μορίῳ ψυχῆς ζῆν ποιεῖ, ἀλλὰ πάντα ζῇ τῇ ὅλῃ
καὶ πάρεστι πᾶσα πανταχοῦ τῷ γεννήσαντι πατρὶ ὁμοιουμένη καὶ κατὰ
τὸ ἓν καὶ κατὰ τὸ πάντη . . . καὶ θεός ἐστι διὰ ταύτην ὁ κόσμος ὅδε.

großen Teleologie beherrscht. Hieran schließen sich die bereits genannten vitalistischen Ideen von der Belebung und Beseelung des Kosmos, die sich bei Plotin, Viktorin und Augustin in einer ganz analogen Form wiederfinden.

2. Geist und Stoff.

Der Geist beginnt von seiner untersten Hypostase aus auf die Materie einzuwirken: damit stellt sich das neue Problem: Wie verhält sich das intelligible Sein bei seiner Einwirkung auf die Materie, oder ontologisch gewendet: Wie verbinden sich Sein und Nichtsein zu einer dinglichen konkreten Gestalt?

Hier zeigt sich nun, wie von dem abstrakten Geistgedanken aus Plotin gezwungen ist, eine strenge Scheidung der beiden Seinssphären durchzuführen.

Die strenge ontologische Scheidung von Geist und Stoff ist erfaßbar an dem Gedanken der Reintegration des entfremdeten Geistes, welche sich in der Rückwendung der versprengten Logos zu seinem Urprinzip vollzieht, d. h. bei der rückläufigen Wiederaufhebung der Entfremdung und des Wieder-ganz-Geist-werdens (Reintegration!) in der Identität.

Bei dieser Rückwendung stellt sich nämlich für Plotin das Problem: Wendet sich die ganze universelle Seele wieder zum Intellekt zurück oder bleibt der in der Materie versprengte Teil zurück? Plotin antwortet mit einem Gedanken, der das entscheidende Moment seines Geistgedankens erkennen läßt: die Seele habe sich nie mit dem untersten Sein, der Materie essentiell vermischt. „Sie ist weder (sc. in den Körper) eingegangen noch herabgestiegen, sondern während sie (die Seele des Universums) unbeweglich bleibt, schließt der Körper der Welt sich an sie an und läßt sich gewissermaßen von ihr durchleuchten, ohne daß er sie belästigt oder ihr Sorgen bereitet, denn in sicherer Lage ruht der Kosmos [1].“

---

1) Enn. III. IV. 4 (I 263, 18 ff.): τί οὖν ἡ τοῦ παντὸς (sc. ψυχή); ἀπο- στήσεται καὶ τὸ αὐτῆς μέρος στραφείσης; ἢ οὐδὲ συνένευσε τῷ μέρει αὐτῆς τῷ ἐσχάτῳ· οὐδὲ γὰρ ἦλθεν οὐδὲ κατῆλθεν, ἀλλὰ μενούσης προσάπτεται τὸ σῶμα τοῦ κόσμου καὶ οἷον καταλάμπεται οὐκ ἐνοχλοῦν οὐδὲ παρέχον μερίμνας ἐν ἀσφαλεῖ τοῦ κόσμου κειμένου.

Die Konsequenz des abstrakten Geistgedankens ist also, dogmatisch gesehen, eine schroffe Ablehnung der Idee der Inkarnation. Geist bleibt Geist, auch dort, wo er scheinbar in die Materie eingeht und sich verleiblicht. Geist gibt es nicht als konkrete, geschichtliche Wirklichkeit, sondern als intelligibles Formprinzip.

An diesem Punkte des Systems, wo sich das Problem der Verbindung des Intelligiblen mit dem Materiellen erhebt, treffen wir auf die grundlegende Verschiedenheit der christlichen und neuplatonischen Weltbetrachtung. Der Hauptunterschied ist in dem Satz ausgesprochen: „Die Weltseele" — und das ist das geistige Prinzip des Universums — „ist nicht gekommen noch herabgestiegen", dem das christliche: „Ich bin gekommen" in einer scharfen Antithese gegenübersteht. Daß im ersten Fall die Weltseele gemeint ist, ändert das ontologische Bild nicht, denn die Weltseele bezeichnet eben die intelligible Form, in der der Logos auf die Materie wirkt. Das geht auch daraus hervor, daß Plotin das Verhältnis der Weltseele und Körper an der genannten Stelle als Analogie-Beispiel zur Darstellung des Verhältnisses von Einzelseele und Körper benutzt. Dort heißt es: „Bleibt nun dieser Seelenteil immer im Leibe? Nein, denn wenn wir uns hinaufwenden, so wendet sich auch dieser Teil mit hinauf" (III 4,4). Die Idee der Inkarnation ist also die Idee, an der sich der christliche und der neuplatonische Geistgedanke scheidet. Die Entfaltung des „Einen" reicht über die Substantiierung bis zur Individuation in die intelligible Einzelform, aber selbst in der dinglichen Einzelform sind das materielle Substrat und die intelligible Form ihrem Wesen nach geschieden; der Riß zwischen Sein und Nichtsein geht mitten durch die Welt und mitten durch die Person des Menschen. Der Logos der Offenbarung aber ist Fleisch geworden. Der „Gott" Plotins schwebt in einem metaphysischen Kosmos von drei konzentrischen Sphären; er durchleuchtet den Kosmos als das geistige Formprinzip unseres Seins; der christliche „Gott" bricht in die Geschichte ein und wird selbst Fleisch, Mensch, Geschichte.

Wenn aber die Deutung des christlichen Logos an der abstrakten Logosidee orientiert ist, so ist die innere Konsequenz der Deutung des pneumatischen Christus von dem plotinischen

Geistgedanken aus die Auflösung der Idee der Inkarnation entweder im Sinn eines Doketismus oder in einer abgeschwächten Form, der Idee der *assumptio carnis.*

Das theologische System Viktorins weist daher gerade an dieser Stelle eine innere Antinomie auf, auf die wir bereits hingewiesen haben (s. S. 108 ff), die wir aber jetzt von dem tiefsten Gegensatz des plotinischen und des genuin christlichen Geistgedankens aus erklären können [1]).

1. Innerhalb der Christologie sind uns immer wieder Tendenzen entgegengetreten, die wir als doketisch bezeichneten und die sich in der Form: *Christus usque ad hominem* zusammenfassen lassen. Christus ist also als Gott bis zum Menschen gekommen, ohne selbst Mensch zu werden — „ein Mensch? unmöglich!" (s. S. 111 Anm 2) —, hat sich vielmehr mit dem Fleisch nur überkleidet. Diese Anschauung vom *quasi homo* ist in der Erlösungslehre metaphysisch dahin formuliert, daß der universelle Logos den Logos des Fleisches angenommen hat, was er — ontologisch gesehen — konnte, da ja auch der Logos des Fleisches als Logos Teil des universellen Logos ist. Der Logos ist also nicht Fleisch geworden, sondern er bleibt der geistige Logos, das himmlische Aeonenwesen auch in seinem Fleischgewand, das er sich umgezogen hat (s. S. 110).

2. Beide Gedanken können in einen unmittelbaren Zusammenhang mit dem plotinischen Geistgedanken gebracht werden. Christus erfüllt bei Viktorin genau die Funktion des plotinischen Nus und der Weltseele. Er ist der Logos, die Totalität der geistigen Substanz und die Totalität der differenzierten intelligiblen Logoi, ist also nicht nur das Lebensprinzip des Geistes, sondern auch das Lebensprinzip des Universums der Natur, des Fleisches. Voraussetzung ist dabei die neuplatonische Anschauung von der Materie als dem wesenlosen chaotischen Teig der Schöpfung, dem Stoff, der sich um das vitale und formende intelligible Prinzip herumlegt und sich von ihm „bestrahlen" läßt. Der Logos reicht also, bildlich gesehen, immer nur bis an die Materie heran,

---

1) Die Antinomie beschränkt sich nicht auf Viktorin, sondern ist überall dort latent, wo die Zuspitzung der theologischen Problematik auf die trinitarischen Spekulationen eine Vernachlässigung des christologischen Problems mit sich bringt und die geschichtlichen Probleme weniger akzentuiert werden.

ohne in eine essentielle Verbindung mit ihr zu treten. Diese Anschauung ist die metaphysische Voraussetzung des *Christus usque ad hominem*: der Logos hat sich nicht dergestalt mit der Materie verbunden, daß er sich qualitativ und substantiell mit ihr vermischt und selbst Fleisch geworden wäre, sondern hat sich nur mit ihr überkleidet, und zwar so, daß stets durch die fleischliche Hülle die göttliche Kraft des Geistes durchleuchtete. Die konkreten geschichtlichen Momente werden so eliminiert und die ganze Bewegung des Geistes wird als ein abstrakter metaphysischer Entfaltungsprozeß gedeutet.

So wenig der Neuplatonismus von seinem Geistgedanken aus auf das Problem der Geschichte stößt, sondern im Leben des Universums letzthin nur metaphysische Vorgänge sieht, die sich in den zeitlichen Dingen widerspiegeln — die Geschichte rückt so unter die gleiche Idee des *exemplum* wie der Mythus! —, so wenig berührt Viktorin in der Deutung der Inkarnation von diesem abstrakten Geistgedanken aus das eigentliche Problem der konkreten, geschichtlichen Wirklichkeit.

Drittens weist die rein metaphysische, ungeschichtliche Deutung der Erlösung gleichfalls auf die plotinische Idee von der Reintegration des hypostatischen und emanatistischen Prozesses. Die viktorinische Anschauung vom Zurückholen des Logos aus dem Fleisch tritt in Analogie zu der plotinischen Vorstellung, daß in dem Prozeß der Rückwendung des entfremdeten Geistes zu seinem geistigen Urprinzip kein Rest geistigen Wesens in der Materie zurückbleibt, sondern der Geist, der die Materie ja nur durchleuchtet hat, sich ganz auf sich selbst richtet und die Materie zurückbleibt wie eine Wand im Schatten. Auf dieser metaphysischen Linie entsprechen sich der plotinische und der viktorinische Erlösungsgedanke mit seiner Anschauung von dem Sich-nach-innen-richten des Geistes und der im absoluten Wissen wiederhergestellten Identität des absoluten Geistes[1]).

---

1) Es ist bezeichnend, daß bei dem einzigen Mann, der von der Logosidee aus auf das Problem der Geschichte stößt, bei Origenes, die Geschichte sich nicht als Weltgeschichte, sondern, dem kosmologisch-metaphysischen Denken entsprechend, als Welten-Geschichte, als einen Ablauf von Aeonen, d. i. großen metaphysischen Welt-Systemen, darstellt. (S. das Kap. über Origenes.)

3. Die Allbeseelung und die Idee der Präexistenz.

Die Einbeziehung der Hypostasierung der universellen Seele in den Prozeß der Selbstentfaltung des absoluten Geistes umschließt auch die spezielle Gestaltung der Seelenlehre, wie sie bereits bei Plotin, der in seiner Spekulation vom Menschen ausging, in dem großen metaphysischen Gemälde, das die universelle objektive Bewegung des Geistes und seiner Einwirkung auf die Materie darstellt, Platz gefunden hat.

„Wie Sonnenstrahlen eine finstere Wolke, die sie mit ihrem Licht treffen, aufglänzen lassen und ihr einen goldstrahlenden Anblick gewähren, so gab auch die Seele dem Leib des Himmels, in den sie eintrat, unsterbliches Leben, verlieh ihm Unsterblichkeit und erweckte den (unbewegt) Liegenden [1].“ „Sollen wir nun sagen, es (das geistige Universum) sei selbst gegenwärtig oder es selbst bleibe für sich, es gingen aber Kräfte von ihm auf alles aus und so sage man, es sei überall? Denn so bezeichnet man die Seelen gewissermaßen als Ausstrahlungen, so daß es selbst (das geistige Universum) zwar in sich selbst ruht, diese aber, von ihm ausgesandt, je nachdem dies oder jenes Lebewesen werden . . . Man darf sich aber nicht wundern, wenn es (das geistige Universum), ohne an einem Ort zu sein, jedem einzelnen, das an einem Ort ist, gegenwärtig ist . . . [2].“

Die Beseelung gehört so mit hinein in den allgemeinen Prozeß der Belebung und Durchdringung der Materie durch die individuierten Formen, Logoi, Ideen. Auf die Einzelseelen angewandt, führt diese Anschauung, wie bereits ausgeführt (s. S. 123), zur Idee der Präexistenz. Die Seelen (Einzelseelen) bilden innerhalb dieser Diffusion der einzelnen Kräfte und Substanzen nicht nur allgemein das belebende und potenzierende Prinzip — ἡ τοῦ εἶναι

---

1) Plotin Enn. V. I. 2 (II 163, 7 ff.): οἷον σκοτεινὸν νέφος ἡλίου βολαὶ φωτίσασαι λάμπειν ποιοῦσι χρυσοειδῆ ὄψιν διδοῦσαι, οὕτω τοι καὶ ψυχὴ ἐλθοῦσα εἰς σῶμα οὐρανοῦ ἔδωκε μὲν ζωήν, ἔδωκε δὲ ἀθανασίαν, ἤγειρε δὲ κείμενον.

2) Enn. VI. IV. 3 (II 365, 10 ff.): ἆρ' οὖν αὐτὸ φήσομεν παρεῖναι, ἢ αὐτὸ μὲν ἐφ' ἑαυτοῦ εἶναι, δυνάμεις δὲ ἀπ' αὐτοῦ ἰέναι ἐπὶ πάντα καὶ οὕτως αὐτὸ πανταχοῦ λέγεσθαι εἶναι; οὕτω γὰρ τὰς ψυχὰς οἷον βολὰς εἶναι λέγουσιν, ὥστε αὐτὸ μὲν ἱδρῦσθαι ἐν αὑτῷ, τὰς δὲ ἐκπεμφθείσας κατ' ἄλλο καὶ κατ' ἄλλο ζῷον γίνεσθαι.

δύναμις [1] —, sondern differenzieren sich selbst als einzelne abgeschlossene Lebensformen und -kreise. Eine Einzelseele ist so nicht nur als kleines System von intelligiblen und formalen Prinzipien und Funktionen, sondern sie ist ein lebendiger, schöpferischer, geistiger Organismus. Die dynamistische Seelenlehre bildet also die natürliche Parallele zu der dynamistischen Ideenlehre. (III 4,4): „Ein jeder von uns ist ein geistiger Kosmos; mit den unteren Seelenteilen berühren wir diese Erdenwelt, mit den oberen, die ein Kosmos sind, das Geistige (H). Es ist nämlich nachgewiesen, daß auch die Seelen besondere Bewegungen haben müssen und daß sie nicht bloß Seelen, sondern bereits lebende Organismen (M) sind — ζῷα ἤδη — und es ist doch gewiß nicht verwunderlich, daß sie als solche, die sind, was sie sind, ein ihrem Wesen entsprechendes Leben haben. Denn sie sind nicht herabgekommen, weil die Welt vorhanden war, sondern vor der Welt hatten sie die Bestimmung, zur Welt zu gehören . . . und zu schaffen nach ihrer Eigenart . . . [2].“

In diesem Zusammenhang erscheint die Verkoppelung von Vorsehung, Präexistenz und Individuation, auf die wir bereits (s. S. 124 ff) bei Viktorin hinwiesen. Der Gedanke der direkten metaphysischen Notwendigkeit eines Eindringens der Seelen in die Materie ist bei Plotin und bei Viktorin aus der gleichen Idee der Präexistenz abgeleitet. Auch nach Viktorin wohnt den Seelen bei Gott die Möglichkeit inne, von Gott sich abzuwenden und auch nach ihm müssen sie, um zu ihrer reinen Geistform zu gelangen, diese Möglichkeit erst aktivieren und selbst herniedersteigen. Die Anschauung von der metaphysischen Bezogenheit von Vorsehung und Individuation ist über die Idee des Areopagiten von der προνοητικὴ ὑπόστασις in die mittelalterliche Metaphysik eingedrungen.

1) Enn. IV. VIII. 2 (II 144, 32 ff.): ὡς οὐ κακὸν ὂν ψυχῇ ὁπωσοῦν σώματι παρέχειν τὴν τοῦ εἶναι δύναμιν.
2) Enn. III. II. 7 (I 235, 1 ff.): εἴρηται γὰρ ὅτι ἔδει καὶ ψυχὰς κινήσεις οἰκείας ἔχειν καὶ ὅτι οὐ ψυχαὶ μόνον, ἀλλὰ ζῷα ἤδη, καὶ δὴ καὶ οὐδὲν θαυμαστὸν οὔσας ὅ εἰσιν ἀκόλουθον βίον ἔχειν· οὐδὲ γάρ, ὅτι κόσμος ἦν, ἐληλύθασιν, ἀλλὰ πρὸ κόσμου τὸ κόσμου εἶναι εἶχον καὶ ἐπιμελεῖσθαι καὶ ὑφιστάναι καὶ διοικεῖν καὶ ποιεῖν ὅστις [ὁ] τρόπος κτλ.

Der Aufbau dieses Gedankens ist etwa folgender: Der Nus
ist die eine Geistsubstanz. Diese Substanz ist als solche die
Totalität der intelligiblen Formen: die Geistsubstanz, die Energie
und Wille ist, trägt alle Formen ihrer Entfaltung und Individuation potentiell in sich. In ihr sind auch die individuierten
Seelen präexistent. Der verborgene Akt ihrer Individuation ist
zugleich der Akt der Vorbestimmung, da jeder Seele eine besondere Gruppe von Tätigkeiten und intelligiblen Prinzipien zugeteilt ist. In der zeitlichen Aktivierung der Einzelseelen wirkt
sich also diese Vorsehung aus: jeder Akt der Entfaltung des
Geistes ist so letzten Endes ein metaphysisch notwendiger, auf
Grund der inneren Teleologie, die die Entfaltung des Geistes
bestimmt. Denn die Seelen waren bereits in ihrer Präexistenz
auf ein Ordnen, Beleben, geistiges Wirken je nach ihren Kräften
gerichtet. Nach ihrer Projektion in die Welt aktivierten sie ihre Potenz und traten in das Sein als schöpferische lebendige Organismen.

Die metaphysische Formel für die Weltseele lautet also: „eine
Natur in mehreren Kräften [1).“

In der Differenzierung in einzelne Kräfte manifestiert sich die
Vielheit der einen universellen Substanz der Seele. „Die Seele
selbst ist Logos und das Haupt der Logoi, und die Logoi sind
ein Akt der nach ihrer Substanz wirkenden Seele: die Substanz
aber ist die Potenz der Logoi; als eine Vielheit erweist sich
also dieses Eine aus dem, was es auf andere wirkt [2).“

Für eine Klärung der Beziehung der plotinischen Seelenlehre
zu den viktorinischen Anschauungen ist dabei noch folgendes
herauszuheben:

Das Sein der Einzelseele selbst umfaßt die trinitarische Einheit von Substanz, Leben und Intellekt [3). Damit ist das Prinzip

---

1) Enn. II. IX. 2 (I 186, 21): μία φύσις ἐν δυνάμεσι πλείοσι.

2) Enn. VI. II. 5 (II 305, 20 ff.): καὶ αὐτὴ (sc. ἡ ψυχὴ) λόγος καὶ κεφά-
λαιον τῶν λόγων καὶ ἐνέργεια αὐτῆς κατ' οὐσίαν ἐνεργούσης οἱ λόγοι, ἡ δὲ
οὐσία δύναμις τῶν λόγων. πολλὰ μὲν δὴ οὕτω τοῦτο τὸ ἓν ἐξ ὧν εἰς ἄλλα
ποιεῖ δεδειγμένον. Enn. V. III. 9 (II 189, 31 ff.) nennt die Kräfte der Seele in
der traditionelle Reihe: ψυχὴ καθαρῶς νοοῦσα, δοξαστική, αἰσθητική, γεννῶσα
(γεννητική), vgl. Enn. IV. IX. 3 (II 155, 5 ff.) die vier δυνάμεις τῆς ψυχῆς, die
φυτική, θρεπτική, αἰσθητική, λογική.

3) Enn. VI. II. 7 (II 306, 29 ff.): ἐπεὶ δὴ ἐν ψυχῇ οὐσίαν ἅμα καὶ ζωὴν καὶ

der *analogia entis* im System Plotins vorgezeichnet. Denn diese triadische Differenzierung des intelligiblen Seins der Einzelseele ist auch Seinsbestimmung des reinen Intellekts. Viktorin hat sich bereits dieser ontologischen Dreifaltigkeit der Geistsubstanz bedient, um sich die christliche Trinität an den drei Seinsformen des absoluten Geistes zu veranschaulichen. Wichtig ist dabei, daß es die menschliche Person ist, in der sich dieses dreifache Sein widerspiegelt. Die über den Willensbegriff vollzogene Ausbildung des Person-Begriffs, wie wir ihn bei A u g u s t i n treffen (s. Teil III), fand in dieser natürlichen Analogie des seelischen und des geistigen Seins die Grundlage zu der Deutung des dreifältigen Personseins Gottes, wie sie den Inhalt von *de trinitate* bildet.

VI. Die Reintegration des entfremdeten Geistes.

Die Seele selbst ist nach Plotin nicht ganz geisthaft, sondern nur in dem Maß ihrer Hinwendung — ἐπιστροφή — zu dem geistigen Prinzip. Der Gedanke der ἐπιστροφή bestimmt also auch den Prozeß der Vergeistigung. Das Geistwerden vollzieht sich in der Einzelseele in einem Akt der Zuwendung; dieser Akt ist analog dem Prozeß der Rückwendung der universellen Seele zu ihrem Ursprung gedacht. Diese Rückwendung der universellen Seele ist in die allgemeine Reintegration des hypostasierten und entfremdeten Geistes in sein eigenes transzendentes An-sich-sein einbeschlossen. Wie sich also das Sein des Intellekts in ein reines Für-sich-sein und eine Selbstdarstellung außen spaltet, so ist das Sein der Seele in ihrer Entfremdung vom Intellekt geteilt in die Substanz und die Differenz, die beim Eindringen der intelligiblen Substanz in die tote Materie sich ergibt. „Jeder von uns ist hinsichtlich seines Körpers weit entfernt von der Substanz; hinsichtlich unserer Seele dagegen und unseres eigentlichen Seins haben wir Teil an der Substanz und sind Substanz: das heißt (wir sind gewissermaßen) etwas Zusammengesetztes aus Differenz und Sub-

---

τοῦτο κοινὸν ἡ οὐσία ἐπὶ πάσης ψυχῆς, κοινὸν δὲ καὶ ἡ ζωή, ζωὴ δὲ καὶ ἐν νῷ, ἐπεισάγοντες καὶ τὸν νοῦν καὶ τὴν τούτου ζωήν, κοινὸν τὸ ἐπὶ πάσῃ ζωῇ τὴν κίνησιν ἕν τι γένος θησόμεθα, οὐσίαν δὲ καὶ κίνησιν τὴν πρώτην ζωὴν οὖσαν δύο γένη θησόμεθα κτλ. Zur innerseelischen Analogie siehe auch I. IV. 3; VI. 3. 1 und VI. IX. 3.

stanz, also nicht ursprünglich Substanz und Substanz an sich — αὐτοουσία —; darum sind wir auch nicht Herrn unserer eigenen Substanz[1]).“

Die Seele wird um so mehr geisthaft und kehrt um so eher aus der Entfremdung wieder in die reine Geistnatur zurück, je mehr sie sich in der ἐπιστροφή in die reine Geistsubstanz zurückbildet. „Die Seele muß über den Geist nachdenken, indem sie von sich aus schaut, wie beschaffen er ist; der Geist aber schaut selbst sich selbst und reflektiert nicht über sich selbst, denn er ist sich selbst immer gegenwärtig, wir aber nur dann, wenn wir uns zu ihm hinwenden[2]).“ Die Präsenz des Geistes in der Seele ist so immer nur dort, wo die Seele in der ἐπιστροφή in das reine geistige Sein wieder eintaucht. Diese Vorstellung ist die Grundlage aller mystischen Anschauung von der Erlösung und der Überformung durch den Geist geworden.

Die Erlösung und Vergeistigung der Seele, die in der *scintilla in anima* einsetzt, ist also mit einbezogen in den großen metaphysischen Prozeß des Rückströmens des entfremdeten Geistes in seine verborgene Einheit, wie er die dialektische Gegenbewegung zu dem Prozeß der Emanation und Individuation des Geistes darstellt. Die frühchristliche Religionsphilosophie hat diese Idee nicht in ihrer metaphysischen Abstraktion übernommen, sondern sie geschichtlich bezogen. Dem Prozeß der dialektischen Bewegung des Geistes in der Individuation und Reintegration (abstrakt gesehen) entspricht die Idee von der Rekapitulation (geschichtlich gesehen). Der Gedanke der Rekapitulation, wie ihn Irenäus[3]) und Origenes ausgesprochen

---

1) Enn. VI. VIII. 12 (II 493, 24 ff.): κατὰ τὴν ψυχὴν καὶ ὃ μάλιστά ἐσμεν μετέχομεν οὐσίας καί ἐσμέν τις οὐσία. τοῦτο δέ ἐστιν οἷον σύνθετόν τι ἐκ διαφορᾶς καὶ οὐσίας· οὐκοῦν κυρίως οὐσία οὐδ' αὐτοουσία. διὸ οὐδὲ κύριοί [ἐσμεν] τῆς αὐτῶν οὐσίας.

2) Enn. V. III. 9 (II 190, 21 ff.): καὶ αὐτῇ μὲν περὶ νοῦ συλλογιστέα οἷος ἀφ' ἑαυτῆς σκοπουμένη, νοῦς δὲ αὐτὸς αὐτὸν οὐ συλλογιζόμενος περὶ αὐτοῦ· πάρεστι γὰρ ἀεὶ αὐτῷ· ἡμεῖς δέ, ὅταν εἰς αὐτόν.

3) Der Nachweis von Loofs, Theophilus von Antiochien adversus Marcionem und die anderen theologischen Quellen des Irenaeus, Leipzig 1930 (TuU 46, 2) S. 357 ff., die Rekapitulation bei Irenaeus stamme aus Justin und ihre grundlegende Bedeutung sei zunächst diejenige der Wiederholung, übersieht m. E. den eigenen geschichts-philosophischen Charakter der Rekapitulationsidee bei Irenaeus.

hat, ist also die auf die Geschichte bezogene neuplatonische
Idee von der dialektischen Bewegung des Geistes in seiner
Individuation und Reintegration, welche die Identität zum Ziele
hat. Die abstrakte, nicht geschichtliche Konzeption rückt hier
Viktorin auf die Seite Plotins, nicht auf die Seite des Origenes.

Die Rückwendung der Seele zum Intellekt stellt sich für
Plotin als eine Schau dar. Wie die „Schau" im Prozeß der
Hypostasierung des transzendenten Seins der konstituierende
Akt des realen „Außenseins" der Hypostase ist, die in der Zurück-
wendung und Schau des hypostasierenden Urprinzips eine reale
metaphysische Gestalt gewinnt (s. S. 214 ff), so ist sie auch das
Prinzip der rückläufigen Wiederauflösung der außen liegenden
Hypostasen, die in der Schau sich wieder in das hypostasierende
Urprinzip zurückbilden und so in der transzendentalen Identität
ihr letztes Ziel haben. „Es gilt also Geist zu werden und seine
eigene Seele seinem Geist anzuvertrauen und unter ihn zu breiten,
damit sie, was jener schaut, in Wachheit aufnehmen und hiemit
(vermöge des Geistes [H]) das Eine zu schauen, ohne irgendeine sinnliche Wahrnehmung oder etwas von ihr her in ihn
hineinzulassen, sondern mit dem reinen Geist das Reinste
schauen und mit der höchsten Kraft des Geistes[1]." Während
die Seele im Zustand der Entfremdung einer reinen Schau des
transzendentalen „Einen" nicht fähig ist, bildet sie sich in der
ἐπιστροφή in den Nus zurück und erlangt so von ihm aus die
Schau des Einen. Der Nus liegt also dem Verlauf der Hypostasierung nach gewissermaßen zwischen dem Einen und der Seele.
Die Schau des Einen ist der Seele erst möglich, wenn sie sich
ganz in den Nus hineingebildet hat und auf dem Weg der sinnlichen Vermittlung überhaupt keine Eindrücke mehr empfängt,
also auf ihre niedere Erkenntniskraft ganz verzichtet und nur
noch „mit der höchsten Kraft des Geistes das Reinste schaut".
Die Rückkehr der Seele in den Intellekt bedeutet also im eigentlichsten Sinne ihre völlige Entfernung und Ablenkung von der

---

[1] Enn. VI. IX. 3 (II 511, 16 ff.): νοῦν τοίνυν χρὴ γενόμενον καὶ τὴν ψυχὴν
τὴν αὐτοῦ νῷ πιστεύσαντα καὶ ὑφιδρύσαντα, ἵν' ἃ ὁρᾷ ἐκεῖνος ἐγρηγορυῖα δέ-
χοιτο, τούτῳ θεᾶσθαι τὸ ἓν οὐ προστιθέντα αἴσθησιν οὐδεμίαν οὐδέ τι παρ'
αὑτῆς εἰς ἐκεῖνον δεχόμενον, ἀλλὰ καθαρῷ τῷ νῷ τὸ καθαρώτατον θεᾶσθαι καὶ
τοῦ νοῦ τῷ πρώτῳ.

sinnlichen Welt, indem der entfremdete Geist allein mehr auf
sein transzendentes Selbst gerichtet ist.

Hier taucht ein neuer charakteristischer Unterschied zwischen
dem platonischen und dem christlichen Denken auf: die Idee
der Auferstehung des Leibes war von einem System aus, das
auf einem abstrakten Geistgedanken und einer Seinslehre aufgebaut war, die in dem Gegensatz von Geist und Stoff den
Gegensatz von Sein und Nichtsein sah, unerträglich. Das zeigt
die heftige Abwehr des Celsus gegen diese christliche Anschauung zur Genüge [1]). Plotin selbst sagt im dritten Buch in
einer Weise, die ihre polemische Absicht nicht verbirgt: „Die
wahre Erweckung ist eine wahrhafte Auferstehung vom Leib, nicht
mit dem Leib. Denn die Auferstehung mit dem Körper ist nur
eine Transformation — μετάστασις — aus einem Schlaf in einen
andern, gewissermaßen ein bloßer Wechsel des Lagers; die wahre
Auferstehung ist aber eine vollständige Trennung von den Leibern,
welche der Natur zugehören, die der Seele entgegengesetzt ist,
und daher das Entgegengesetzte zu ihrem Wesen haben. Das
bezeigt ihre Geburt und ihr Sturz und ihre Verderbnis, Dinge,
die nicht zu Natur des Seins gehören [2]).“ Der metaphysische
Riß wird auch in der Vereinigung von Geist und Leib in der
menschlichen Person nicht überbrückt.

Zwei Ideen Viktorins werden von hier aus deutlich. Einmal
der Gedanke, daß die Erlösung eine Erlösung der Seele ist und
als die Geistwerdung in dem höchsten und vernünftigsten Teil der
Seele beginnt (s. S. 126; 183), was genau der in der plotinischen θέα
sich vollziehenden Bewegung der Seele entspricht, die ebenfalls
im obersten intelligiblen Teil der Seele einsetzt und von hier
aus die ganze Seele in das reine intelligible Sein hineinformt.
Weiter aber die spiritualistische Deutung der Auferstehung
(s. S. 120 f.), deren dingliche Anschauung mit dem abstrakten Ansatz
der Logosidee in Konflikt geraten mußte. So ist die Auferstehung

---

1) s. Origenes contra Celsum I, 68 (Griech. Christl. Schriftst. Or. Bd. 1, S.
121 f.); II, 77 (I, 199); II, 5 (1, 132); VI, 34 (II, 103); VII, 32 (II, 182).

2) Enn. III. VI. 6 (I 291, 5 ff.): ἡ δὲ ἀληθινὴ ἐγρήγορσις ἀληθινὴ ἀπὸ σώματος, οὐ μετὰ σώματος, ἀνάστασις. ἡ μὲν γὰρ μετὰ σώματος μετάστασίς ἐστιν ἐξ
ἄλλου εἰς ἄλλον ὕπνον, οἷον ἐξ ἑτέρων δεμνίων· ἡ δὲ ἀληθὴς ὅλως ἀπὸ τῶν σωμά-
των, ἃ τῆς φύσεως ὄντα τῆς ἐναντίας ψυχῇ τὸ ἐναντίον εἰς οὐσίαν ἔχει. μαρτυρεῖ
δὲ καὶ ἡ γένεσις αὐτῶν καὶ ἡ ζωὴ καὶ ἡ φθορὰ οὐ τῆς τοῦ ὄντος φύσεως οὖσα.

des Fleisches bei Viktorin wohl mit unter dem Einfluß der spiritualisierten paulinischen Anschauung als die *assumptio* des Logos des Fleisches durch den universellen Logos und die dadurch bewirkte Vergeistigung gedacht. Diese Umdeutung bedeutet also einen direkten Anschluß der christlichen Auferstehungslehre an die neuplatonische Logos-Spekulation. Die Annahme des Logos des Fleisches gehört so mit hinein in jenen universellen Prozeß des regressus des Geistes in die absolute Identität, in dem auch der Prozeß der Rückbildung der Seele in den reinen Intellekt sich abspielt (s. S. 118 ff).

Zwei Bemerkungen mögen diesen Prozeß der Reintegration ergänzen:

1. Der Weg zu dem „anderen Leben" ist nicht der radikale Bruch, der Tod des alten Menschen, auch nach seiner geistigen Seite, sondern führt über eine pädagogische Selbstdisziplin, durch welche die Seele in das reine geistige Sein zurückgeformt wird.

2. Die Rückwendung des entfremdeten Geistes in den Nus ist bei Plotin noch nicht die letzte Stufe der Reintegration. Der Nus selbst ist ja als Hypostase noch außerhalb der reinen transzendenten Identität und der überwesentlichen Einheit des Geistes. Das letzte Ziel ist also diese letzte Einheit und Identität, und nicht der Nus.

Innerhalb der Beschreibung des Aufstiegs der Seele zum „Einen" findet sich der auffällige Begriff der Zertrümmerung und Vernichtung des Nus[1]. Was bedeutet diese Zertrümmerung des Nus?

Einmal vollzieht sie sich bei der Schau des „Einen", also innerhalb des Prozesses der ἐπιστροφή. Bei dieser ist ihr der Nus als Hypostase gewissermaßen vorgelagert; die Seele kann also das Eine erst ganz schauen, wenn diese dem transzendenten Sein vorgelagerte Zwischenhypostase übersprungen bzw. aufgehoben ist. Plotin deutet die „Zertrümmerung" so: „Vielmehr der Geist der Seele schaut zuerst, es gelangt aber das Schauen auch in sie und die beiden werden eins[2]." Die Schau des

---

1) Enn. VI. VII. 35 (II 469, 5 ff.): ἡ δὲ ψυχὴ οἷον συγχέασα καὶ ἀφανίσασα μένοντα τὸν ἐν αὐτῇ νοῦν, μᾶλλον δὲ αὐτῆς ὁ νοῦς ὁρᾷ πρῶτος, ἔρχεται δὲ ἡ θέα καὶ εἰς αὐτὴν καὶ τὰ δύο ἓν γίνεται.

2) ib.

„Einen" setzt also in der Seele da ein, wo sie schon Geist ist,
d. h. wo ihre „Spitze" bereits das reine geistige Sein berührt.
Von dieser scintilla animae aus verwandelt sich die ganze Seele
in Geist. Die Zertrümmerung des Nus besteht also darin, daß
die Seele im Akt der Einigung, in dem sich der Prozeß der
Hypostasierung rückläufig wieder aufhebt, über den Zustand des
hypostatischen Seins des Nus hinaus in eine direkte wesenhafte
Berührung mit dem „Einen" tritt. Das Ziel dieser Bewegung
der Seele ist die μακαρία θέα, die συνάρμοσις und ἕνωσις, in
welcher die Seele in einem raptus in die Einheit des transzendenten Seins hineingerissen wird.

In der Schau vollzieht sich also ein Prozeß der Reintegration
des entfremdeten Geistes zu seiner reinen Identität in einer
sukzessiven Auflösung seiner Hypostasierungen außerhalb seiner
Identität, ein Vorgang, der in seinen einzelnen Teilen in umge-
kehrter Reihenfolge der Bewegungen dem ersten Prozeß der
Hypostasierung und Entfremdung entspricht. Dieser Vorgang
vollzieht sich also weder im Bewußtsein, noch im Gefühl; die
Ekstase läßt sich also nicht psychologisch, sondern nur meta-
psychologisch deuten; der moderne Begriff des „Erlebnisses"
kann also nicht auf sie angewandt werden.

Die Idee, daß die Rückkehr des entfremdeten Geistes zum
„Einen" über die Zertrümmerung des Nus führt, ist der meta-
psychologische Hintergrund der Ekstase. Die Ekstase ist gewissermaßen die anthropologische Urform des universellen
Prozesses der Rückkehr des entfremdeten Geistes zu seiner
transzendenten Identität.

Zwei auch für das Verständnis Viktorins wichtige Gedanken
setzen hier ein:

1. Die Idee der Präexistenz der Seelen (s. S. 262) ist unmittelbar
aus dem Gottesgedanken selbst abgeleitet. Dem „Einen" eignet
wesentlich die absolute Freiheit. Die Individuation der intelligiblen Formen, Kräfte und Wesen ist eine Betätigung dieser
Freiheit. Im Nus hypostasiert sich das transzendente „Eine" als
die Totalität der intelligiblen Formen und Kräfte. Ihre Aktivierung bedeutet ihre Projektion in die Zeit. Ihre Entfaltung in
der Zeit ist die sukzessive Verwirklichung präexistenter Wesen,
Formen und Kräfteeinheiten, die im Geist selbst in einer über-

zeitlichen Universalität vereint sind. Daher sagt Plotin: „Demnach muß in ihm auch das Ewige und das Zukünftige als ein bereits Gegenwärtiges sein. Es gibt also nichts Späteres in jenem, sondern was dort schon gegenwärtig ist, wird später in einem Anderen entstehen. Wenn nun das Zukünftige (im Einen) schon vorhanden ist, so muß es vorhanden sein als ein für das Spätere Vorbedachtes, das heißt so, daß es dann nichts mehr bedarf, also so, daß kein Rest bleibt. Alles war also schon und war stets und war so, daß man später sagen konnte, dies sei der Grund von jenem. Denn ausgebreitet und gleichsam in die einzelnen Teile zerlegt, vermag es dieses nach jenem zu zeigen, wobei es jedoch dies alles zusammen ist, d. h. es hat auch die Ursache in sich[1])." Alles, was geschieht, ist also metaphysisch notwendig; das zeitliche Nacheinander und, was noch bedeutsamer ist, auch die kausale Verkettung der Dinge ist nur die Projektion dessen, was im Geist in einer überzeitlichen Universalität beieinander und gegenwärtig ist[2]).

Darin, daß sich die einzelnen Formen und Wesen so aktivieren, wie sie ihrer Natur und vorbestimmten Gesetzlichkeit nach wirken müssen, betätigt sich die Vorsehung. Die Entfal-

---

1) Enn. VI. VII. 1 (II 425, 29 ff.): εἰ δεῖ ἑκάστην ἐνέργειαν μὴ ἀτελῆ εἶναι μηδὲ θέμις τοῦ θεοῦ ὁτιοῦν ὂν ἄλλο τι νομίζειν ἢ ὅλον τε καὶ πᾶν, δεῖ ἐν ὁτῳοῦν τῶν αὐτοῦ πάντα ἐνυπάρχειν. δεῖ τοίνυν [καὶ τοῦ ἀεὶ εἶναι] καὶ τοῦ μέλλοντος [ὡς] ἤδη παρόντος εἶναι· οὐ δὴ ὕστερόν τι ἐν ἐκείνῳ, ἀλλὰ τὸ ἤδη ἐκεῖ παρὸν ὕστερον ἐν ἄλλῳ γίνεται. εἰ οὖν ἤδη πάρεστι τὸ μέλλον, ἀνάγκη οὕτω παρεῖναι ὡς προνενοημένον εἰς τὸ ὕστερον. τοῦτο δέ ἐστιν, ὡς μηδὲν δεῖσθαι μηδενὸς τότε, τοῦτο δ᾽ ἐστὶ μηδὲν ἐλλείποντος· πάντα ἄρα ἤδη ἦν καὶ ἀεὶ ἦν καὶ οὕτως ἦν ὡς εἰπεῖν ὕστερον τόδε διὰ τόδε· ἐκτεινόμενον μὲν γὰρ καὶ οἷον ἁπλούμενον ἔχει δεικνύναι τόδε μετὰ τόδε ὁμοῦ δὲ ὂν πᾶν τόδε· τοῦτο δέ ἐστιν ἔχον ἐν ἑαυτῷ καὶ τὴν αἰτίαν.

2) Der Gedanke der Präexistenz ist in seiner Beziehung auf die Einzelseele bereits soteriologisch abgestimmt. εἰς γένεσιν πέμπων ὁ θεὸς ἢ θεός τις τὰς ψυχὰς φωσφόρα περὶ τὸ πρόσωπον ἔθηκεν ὄμματα ... ταῖς αἰσθήσεσιν ἑκάσταις ἔδωκε προορώμενος, ὡς οὕτως ἂν σῴζοιτο, εἰ προορῷτο καὶ προακούοι καὶ ἁψαμένη τὸ μὲν φεύγοι, τὸ δὲ διώκοι. Enn. VI. VII. 1 (II 370, 1). Bemerkenswert ist dabei, daß es die Idee von der absoluten Freiheit Gottes ist, in die die Anschauung von der Präexistenz als der vorzeitlichen Individuation mündet, eine Anschauung, die auch auf Augustin von bestimmendem Einfluß gewesen ist.

tung der intelligiblen Einzelformen in der Zeit ist die Darstellung
eines metaphysischen Geschehens, das in Gott bereits vorbedacht
ist. Dieser metaphysische Determinismus entspricht dem Freiheitsbegriff Plotins, der letzten Grundes nur die göttliche Freiheit und die des Pneumatikers kennt (s. S. 278f.).

2. Aus dieser Anschauung von der Präexistenz der intelligiblen
Wesen, Kräfte und Ideen im Geist entwickelt sich notwendig
die Anschauung von den beiden Aeonen.

Jeder irdischen Seins- und Lebensform entspricht eine intelligible, die in einem metaphysischen Kosmos vorgebildet ist. Das
irdische Abbild dieser geistigen Wirklichkeit bedeutet eine
Brechung, Verzerrung und Trübung der reinen Form des Urbildes.
Der ganze kreatürliche Kosmos hat in einer geistigen himmlischen Welt höchster Vollkommenheit sein geistiges Urbild.
„Alles ist dort Himmel, auch die Erde ist Himmel und das
Meer und die Lebewesen und Pflanzen und Menschen, alles ist
himmlisch, jenem Himmel zugehörig [1].“ In der sechsten Enneade
findet sich die Spekulation über dieses geistige Reich bis in die
Einzelheiten der Gegenüberstellung von „Hier“ und „Dort“
durchgeführt. Im Anschluß an die Beobachtung, daß es sich bei
der Gesteinsbildung, der inneren Umwandlung der Steinschichten
und überhaupt bei den geologischen Bildungen um die Wirkung
eines Logos handelt, sagt er: „Haben wir also gefunden, daß die
der Erde innewohnende schöpferische Natur ein lebendiger Logos
ist, so werden wir uns von hier aus leicht überzeugen, daß die
dortige Erde viel früher lebendig und ein mit Vernunft erfülltes
Leben der Erde ist, Erde an sich und auf ursprüngliche Weise
Erde, von der auch die Erde hier herstammt [2].“ „Da wir
zugeben, daß dieses unser Universum gleichsam nach dem Muster
jenes gebildet ist, so muß auch dort zuvor das All als lebendiges
Wesen sein und wenn ihm (d. i. jenem All) das Sein im vollsten

---

1) Enn. V. VIII. 3 (II 235, 5 ff.) πάντα γὰρ ἐκεῖ οὐρανὸς καὶ ἡ γῆ οὐρανὸς καὶ θάλασσα καὶ ζῷα καὶ φυτὰ καὶ ἄνθρωποι, πᾶν οὐράνιον ἐκείνου τοῦ
οὐρανοῦ.

2) Enn. VI. VII, 11 (II 439, 1 ff.) τὴν [δὲ] δημιουργοῦσαν ἐγκαθημένην τῇ
γῇ φύσιν ζωὴν ἐν λόγῳ ἀνευρόντες πιστοίμεθα ἂν τὸ ἐντεῦθεν ῥαδίως
τὴν ἐκεῖ γῆν πολὺ πρότερον ζῶσαν εἶναι καὶ ζωὴν ἔλλογον γῆς, αὐτογῆν
καὶ πρώτως γῆν, ἀφ' ἧς καὶ ἡ ἐνταῦθα γῆ.

Umfang zukommt, muß es alle Dinge umfassen. Demnach muß
auch der Himmel dort ein lebendiges Wesen sein und folglich
nicht ohne die Sterne, die hier eben Himmel heißen . . . Offenbar
ist auch dort die Erde nicht öde, sondern noch in einem viel höheren
Grade belebt und es sind auf ihr alle lebenden Wesen insgesamt
. . . selbstverständlich haben auch die Pflanzen in ihrem (der
dortigen Erde) Leben ihren Ort; ferner ist dort Meer und alles
Wasser in strömender Bewegung und beharrendem Leben und
im Wasser lauter lebende Wesen und die Natur der Luft ist
ein Teil jenes Alls dort und in ihr sind lebende Luftwesen, der
Luft selbst entsprechend [1]". Diese Gedanken über den metaphysischen Kosmos der intelligiblen Wesen und Formen mögen
wohl den Hintergrund der Spekulationen Viktorins über die
Erde im Himmel bilden [2]. Der Unterschied darf freilich
nicht übersehen werden. Der Begriff des Himmels ist bei Plotin formal-idealistisch als die Totalität der intelligiblen Formen,
Kräfte und Bewegungen gefaßt. Dementsprechend ist der Begriff „die Erde dort" bei Plotin als die Totalität der intelligiblen Formen des Universums gedacht. Neu ist bei Viktorin
das soteriologische und eschatologische Moment, das durch die
Beziehung dieses Begriffs auf die christliche Anschauung vom
anderen Aeon als dem neuen Himmel und der neuen Erde entsteht.

Entsprechend der Unterscheidung eines intelligiblen und eines
kreatürlichen Kosmos findet sich bei Plotin auch die Scheidung
zwischen dem intelligiblen und dem kreatürlichen Menschen,
eine Unterscheidung, die für die spekulative Dogmatik den
Anlaß zu einer Identifizierung dieser Vorstellung mit der paulinischen Anthropologie geben konnte.

---

1) Enn. VI. VII. 12 (II 440, 16 ff.) ἐπεὶ γάρ φαμεν πρὸς οἷον παράδειγμα
ἐκείνου τόδε τὸ πᾶν εἶναι, δεῖ κἀκεῖ πρότερον τὸ πᾶν ζῷον εἶναι καί, εἰ παν-
τελὲς τὸ εἶναι αὐτῷ, πάντα εἶναι· καὶ οὐρανὸν δὴ ἐκεῖ ζῷον εἶναι, καὶ
οὐκ ἔρημον τοίνυν ἄστρων τῶν ἐνταῦθα τοῦτο λεγομένων οὐρανόν... ἔστι δ'
ἐκεῖ δηλονότι καὶ γῆ ... καὶ ἔστιν ἐν αὐτῇ ζῷα ξύμπαντα ... καὶ φυτά· καὶ
θάλασσα δέ ἐστιν ἐκεῖ καὶ πᾶν ὕδωρ ἐν ῥοῇ καὶ ζωῇ μενούσῃ καὶ τὰ ἐν ὕδατι
ζῷα πάντα ἀέριός τε φύσις τοῦ ἐκεῖ παντὸς μοῖρα, καὶ ζῷα ἀέρια ἐν αὐτῷ ἀνὰ
λόγον αὐτῷ τῷ ἀέρι.

2) comm. ad Gal. 4, 26 lib. II (1186 A): Unde intelligi licet et hic terram
et ibi terram supra coelos.

Die plotinischen Gedanken über den irdischen und den himmlischen Menschen finden in ihren wichtigsten Zügen an zwei
Stellen ihren Ausdruck:

1. „Die in die Materie hineingeborene Seele ist (als solche, die
gewissermaßen dazu disponiert ist) auch ohne den Körper der
Mensch. Im Körper aber bildet sie nach sich selbst auch ein
anderes Bild des Menschen, wie sie es in sich aufnahm, als sie
den Körper bildete, wie auch ein Maler (nach dem Urbild) einen
geringeren Menschen danach machen wird . . . und besitzt die
Gestalt, die Begriffe oder die Anlagen, die Dispositionen, die
Kräfte, alles aber in abgeschwächter Weise, weil sie so (d. h.
im Leib) nicht der erste Mensch ist. Ferner hat sie auch andere
Arten von Empfindungen, andere Sinne, die zwar scharf zu sein
scheinen, aber stumpf sind im Vergleich zu denen vor ihnen, denn
es sind nur Abbilder. Der über diesen stehende Mensch
aber eignet schon göttlicheren Seele, welche einen besseren
Menschen hat und schärfere Sinne[1].“ 2. „Bevor diese Geburt
sich vollzog, waren wir dort andere Menschen und einige
sogar Götter, reine Seelen und Geist, der dem ganzen Wesen
anhaftete, als Teile des Geistigen, die weder abgegrenzt noch
abgespalten waren, sondern zum Ganzen gehörten. Aber an
jenen Menschen trat ein anderer heran, der existieren wollte
und uns fand: wir waren nämlich noch nicht außerhalb des Alls.
Er legte sich um uns herum und brachte sich an jenen
Menschen heran, so wie damals jeder von uns war.“ Der
Schluß beschreibt die Vereinigung der beiden Menschen: „καὶ
γεγεννήμεθα τὰ συνάμφω καὶ οὐ θάτερον ὃ πρότερον ἦμεν καὶ θάτερόν
ποτε ὃ ὕστερον προσεθέμεθα ἀργήσαντες τοῦ πρότερον ἐκείνου καὶ
ἄλλον τρόπον οὐ παρόντες[2].“ In beiden Stellen spiegelt sich dieselbe Anschauung von den beiden Menschen.

---

1) Enn. VI. VII. 5 (II 431, 9 ff.) ἡ δὲ ψυχὴ ἡ τοιαύτη (sc. ἡ ζωτικωτέρα) ἡ
ἐγγενομένη τῇ τοιαύτῃ ὕλῃ, ἅτε οὖσα τοῦτο, οἷον οὕτω διακειμένη καὶ ἄνευ
τοῦ σώματος, ἄνθρωπος· ἐν σώματι δὲ μορφώσασα καθ' αὐτὴν καὶ
ἄλλο εἴδωλον ἀνθρώπου, ὅσον ἐδέχετο τὸ σῶμα ποιήσασα... τὴν μορφὴν
ἔχει καὶ τοὺς λόγους ἢ τὰ ἤθη, τὰς διαθέσεις, τὰς δυνάμεις, ἀμυδρὰ πάντα,
ὅτι μὴ οὗτος πρῶτος· καὶ δὴ καὶ εἴδη αἰσθήσεων ἄλλων, αἰσθήσεις ἄλλας
ἐναργεῖς δοκούσας εἶναι, ἀμυδροτέρας δὲ ὡς πρὸς τὰς πρὸ αὐτῶν καὶ εἰκόνας.
2) Enn. VI. IV. 14 (II 380, 8 ff.) ἦ καὶ πρὸ τοῦ ταύτην τὴν γένεσιν γενέσθαι
ἦμεν ἐκεῖ ἄνθρωποι ἄλλοι ὄντες καί τινες καὶ θεοί, ψυχαὶ καθαραὶ καὶ

Die erste Stelle geht von der Seele als dem intelligiblen dynamischen Prinzip aus. Diese Seele ist der Mensch in seiner vorzeitlichen, unkörperlichen, geistigen Form. Nun ist aber die Seele bereits auf die Materie hin disponiert. Der intelligible Mensch wird in die Materie hineingeboren und erscheint dort als leiblicher Mensch: dieser natürliche Mensch ist der „andere" Mensch, ein Abbild des ersten, das alle Anlagen, Kräfte in einer abgeschwächten gebrochenen Weise darstellt; seiner Körperlichkeit entsprechend hat auch der „andere" Mensch nicht mehr die reine Wahrnehmung des oberen Menschen, sondern ein Erkennen in getrübter Form.

Es stehen sich also das Geist-Ich als das metaphysische Urbild des Menschen in seiner Individuation und der natürliche Mensch gegenüber. Beide stehen zueinander im Verhältnis von Bild und Abbild. Es gibt aber unter den reinen Seelen, d. h. unter den oberen Menschen selbst, Abstufungen und Grade der Reinheit des intelligiblen Seins, je nach dem Grad der Entfremdung vom Intellekt, welchen verschiedene Grade der Erkenntnis entsprechen.

Die zweite Stelle gibt insofern ein genaueres Bild, als einmal die genannte Differenzierung im Reich der „oberen" Menschen deutlicher beschrieben ist. Die Stufen verschiedener Reinheit und Vollkommenheit des intelligiblen Seins richten sich nach der Annäherung an den Intellekt selbst und erstrecken sich von der „Seele" bis zum „Gott" (s. S. 274). Die Substanz dieser oberen Wesen wird beschrieben als ein Teil des intelligiblen Seins, der sich aber aus dem geistigen Universum noch nicht losgelöst hat. Weiter ist der Prozeß der Einleibung gewissermaßen von unten her gesehen. Erschien in der ersten Stelle die Verleiblichung als ein Eintauchen der zur ἐνσάρκωσις bestimmten Seele in die Materie und ihre abbildhafte Darstellung und Formierung, so geht hier die Aktion vom anderen Menschen aus. Der untere

---

νοῦς συνημμένος τῇ ἁπάσῃ οὐσίᾳ, μέρη ὄντες τοῦ νοητοῦ οὐκ ἀφωρισμένα οὐδ' ἀποτετμημένα, ἀλλ' ὄντες τοῦ ὅλου· οὐδὲ γὰρ οὐδὲ νῦν ἀποτετμήμεθα, ἀλλὰ γὰρ νῦν ἐκείνῳ τῷ ἀνθρώπῳ προσελήλυθεν ἄνθρωπος ἄλλος εἶναι θέλων καὶ εὑρὼν ἡμᾶς· ἦμεν γὰρ τοῦ παντὸς οὐκ ἔξω· περιέθηκεν ἑαυτὸν ἡμῖν καὶ προσέθηκεν ἑαυτὸν ἐκείνῳ τῷ ἀνθρώπῳ τῷ ὡς ἦν ἕκαστος ἡμῶν τότε.

Mensch drängt zum Sein, sucht lebendig zu werden und trifft
bei diesem Suchen auf den oberen Menschen, der in dem geistigen
Universum als ein intelligibler individuierter Kräfteorganismus
existiert. Er macht sich an sein oberes Geist-Ich heran und
schließt es in sich ein. Im natürlichen irdischen Menschen —
im γέννημα — sind also beide, der somatische und der intelligible, der untere und der obere Mensch vereinigt. Deshalb kann
Plotin von diesem Menschen sagen: er vereint in sich das
Nichtandere und das Andere: das Nichtandere ist das geistige
Ich als das metaphysische Urbild, das Andere ist „das, was
wir uns später zugelegt haben," (s. S. 274) das somatische Kleid,
der leibliche Mensch.

Die Stelle ist insofern für die Erkenntnis der christlichen
Deutungsmöglichkeit der plotinischen Anthropologie wichtig, als
hier die Verbindung von Geist und Leib der Logik des abstrakten Geistgedankens entsprechend als eine *assumptio*, als ein προσ-
τίθεσθαι dargestellt ist. Geist — auch in der hypostasierten Form
der Seele — wird nie Fleisch, Logos wird nicht σάρξ, sondern
die einzige Beziehung zum Stoff ist, daß er sich einen Leib
umlegt (s. S. 274). Dieser prinzipielle Punkt, dessen letzte Gründe
in der Ontologie liegen, verschiebt sich nicht, ob es sich nun
um die Verleiblichung eines individuierten Logos (als Seele, d. i.
Urbild einer Person) oder, wie in der christlichen Logoslehre,
um die Einleibung des ganzen Logos als universelle Gestalt
handelt. Der genannte Gedanke, der auch im natürlichen
Menschen den Riß zwischen den beiden unvereinbaren Prinzipien
nicht überbrückt, ist die bestimmende Voraussetzung für die Idee
der *assumptio* geworden, von der aus die Inkarnation des Logos
als eine Überkleidung mit dem Fleisch gedeutet wird (siehe
Viktorin S. 106 ff.). Die Vereinigung der beiden Menschen vollzieht
sich also nicht als Inkarnation in der Weise, daß eine Wesens-
vermischung stattfindet, sondern als Einschließung des Menschen
„dort". Die Folge ist nicht eine Korruption seines Wesens und
seiner Struktur, sondern eine Depotenzierung seiner intelligiblen
Erkenntnis und Wirkung, eine Brechung und Verdüsterung des
intelligiblen Lichts durch die umschließende Materie. Die Unterscheidung der „beiden Menschen" hat ihre Analogie in der
Unterscheidung des Kosmos als des Zeugmas von Allseele +

Materie einerseits und der universellen Seele in ihrem reinen intelligiblen Für-sich-sein andererseits [1]).

Man kann die Vorstellung von den beiden Menschen in dieser metaphysischen Differenzierung nicht glattweg mit der paulinischen Scheidung zwischen dem εἴσω ἄνθρωπος und dem ἔξω ἄνθρωπος (Röm. 7, 22; Eph. 3, 16; II. Kor. 4, 16) identifizieren. Immerhin ist schon durch die Terminologie die Möglichkeit einer metaphysischen Deutung gegeben, vor allem, da sich einerseits bei Plotin Begriffe wie ὁ ἄνθρωπος ὁ ἐκεῖ und ὁ ἄνθρωπος ὁ ὕστερος finden [2]), andererseits auch die Anthropologie des Paulus durch eine Äonenlehre bestimmt ist.

Aus der Anschauung von den beiden Menschen finden sich bei Plotin Gedanken entwickelt, die ganz in die Richtung derjenigen viktorinischen Spekulationen weisen, die wir in der Formel: die Erlösung vom Gestirn zusammenfaßten (s. S. 178). Die Idee Viktorins, daß der Mensch in dem Maß vom Zwang der Gestirne befreit ist, als er seine Geistnatur zurückerlangt hat, hat ihre Analogie in der plotinischen Idee, daß der Mensch in dem Maße von dem Zwang der Heimarmene befreit wird, als er sein reines intelligibles Sein wiedererlangt, d. h. sein Geist-Ich sich aneignet. „Die andere Seele hat den Aufschwung nach oben, nach dem Schönen und nach dem Göttlichen, über das niemand herrscht, um sich mit jenem zu identifizieren und bei ihrem Zurückweichen (zum Göttlichen) im Einklang mit ihm zu leben; sonst lebt der Mensch, von dieser Seele verlassen, unter der Heimarmene, und dann sind für ihn hier (unten) die Sterne nicht nur Zeichen, sondern er wird selbst gewissermaßen ein Teil des Universums und folgt dem Gesetze des Universums, dessen Teil er ist [3]).“ Die Aneignung seines Geist-Ich bedeutet also für den Menschen das Hineinwachsen in die absolute Freiheit des Geistes.

---

1) Diese assumptio des unteren Menschen ereignet sich in einem Zustand der „Faulheit“ des geistigen Ich — ἀργήσαντες — und wird auf ein „Nicht-bei-sich-sein“ — οὐ παρόντες — zurückgeführt (s. S. 274).

2) Enn. VI. VII. 6 (II 432, 10 ff.).

3) Enn. II. 3, 9 (I 141, 15 ff.): τῆς δὲ ἑτέρας τῆς ἔξω ἡ πρὸς τὸ ἄνω φορὰ καὶ τὸ καλὸν καὶ τὸ θεῖον, ὧν οὐδεὶς κρατεῖ, ἀλλ' ἢ προσχρῆται, ἵν' ᾖ ἐκεῖνο καὶ κατὰ τοῦτο ζῆ ἀναχωρήσας· ἡ ἔρημος ταύτης τῆς ψυχῆς γενόμενος ζῆ ἐν εἱμαρμένῃ καὶ ἐνταῦθα τὰ ἄστρα αὐτῷ οὐ μόνον σημαίνει, ἀλλὰ γίνεται αὐτὸς οἷον μέρος καὶ τῷ ὅλῳ συνέπεται οὗ μέρος.

Wer aber das transzendente Urbild verliert, verfällt dem Zwang der Gestirne, dem Gesetz des Kosmos, der Heimarmene. Die Heimarmene hat hier also dieselbe Funktion, wie bei Viktorin der ins Kosmologisch-Metaphysische gesteigerte Gesetzesbegriff. Die kosmische Bindung des natürlichen Menschen ist bestimmt durch die Beschaffenheit seines Leibes, durch Geburtsort und Geburtszeit, d. h. durch das ganze kosmische „Milieu", in das er hineingeboren wird [1].

Im Anschluß an diesen Gedanken entwickelt Plotin eine Typologie, die wieder die tiefe Verwurzlung seiner Anthropologie in seiner Metaphysik zeigt: „Von den Menschen sind die einen vom Ganzen (der Welt) und von den äußeren Dingen gewissermaßen verzaubert, und sind kaum oder überhaupt nicht sie selbst. Die andern aber herrschen über sie und ragen gewissermaßen mit dem Haupt nach oben über sie hinaus und sind ‚draußen' und retten das Beste ihrer Seele und den Urgrund ihrer seelischen Substanz [2]."

Hier kommt das stolze Selbstbewußtsein des Pneumatikers und eine geistige Exklusivität zum Ausdruck, die, seit Heraklit immer wieder ausgesprochen, sich auch in manchen arroganten Zügen der Heiligen des dritten und vierten Jahrhunderts wiederfindet, aber bei den Größten der zeitgenössischen Christenheit durch das Ideal der humilitas pariert wurde [3].

Wohl besteht also nach Plotin ein Unterschied zwischen dem natürlichen Menschen und dem Pneumatiker, dem Erdenmenschen, der dem Gesetz des Universums verfallen ist, und dem Geistigen, der in die Tiefen des Geistes hineinragt, wohl kann man insofern bei Plotin von einer metaphysischen Präexistenz reden: der

---

1) Enn. II. III. 15 (I 146, 15 ff.): ἀλλ' οἱ κλῆροι τίνες; ἢ [τὸ] τοῦ παντὸς ἔχοντος οὕτως, ὡς τότε εἶχεν ὅτε εἰσῄεσαν εἰς τὸ σῶμα, γενέσθαι, καὶ τὸ εἰσελθεῖν εἰς τόδε τὸ σῶμα καὶ τῶνδε γονέων καὶ ἐν τοιούτοις τόποις γίνεσθαι καὶ ὅλως, ὡς εἴπομεν, τὰ ἔξω.

2) Enn. II. III. 15 (I 146, 24): τῶν δὲ ἀνθρώπων οἱ μὲν γίνονται τῶν ἐκ τοῦ ὅλου καὶ τῶν ἔξω ὥσπερ γοητευθέντες καὶ ὀλίγα ἢ οὐδὲν αὐτοί· οἱ δὲ κρατοῦντες τούτων καὶ ὑπεραίροντες οἷον τῇ κεφαλῇ πρὸς τὸ ἄνω καὶ ἐκτὸς ψυχῆς ἀποσῴζουσι τὸ ἄριστον καὶ τὸ ἀρχαῖον τῆς ψυχικῆς οὐσίας.

3) S. W. Weber, Kirchengeschichte und römische Kaisergeschichte, Stuttgart 1929, S. 19.

Unterschied von der christlichen Anschauung läßt sich nicht übersehen, daß hier die Freiheit in einem Akt der Selbsterlösung erlangt wird, dort in einem Akt göttlicher Gnade. Der Hauptgedanke der neuplatonischen Ethik — die bewußte und durch eine eifrige Pädagogik unterstützte Introversion der Seele, die Trennung und Reinigung des Geistes durch eine strenge Askese, die bewußte Selbsterziehung mit dem Ziel eines wesenhaften Besitzergreifens vom göttlichen Sein — steht zu der christlichen Anschauung von der Gnade und vom Ergreifen der transzendenten Wirklichkeit durch den Glauben im Verhältnis einer unlösbaren Spannung, die eines der erregendsten Momente des religiösen Denkens im Abendland geworden ist.

An einem Punkt freilich kann eine Annäherung stattfinden: in der Deutung alles Geschehens als eines durch eine metaphysische Notwendigkeit bestimmten Prozesses, der in die Selbstentfaltung des absoluten Geistes eingereiht ist; damit ist auch der Gedanke ausgesprochen, daß alles irdische Geschehen letzthin nur Schatten eines geistigen Geschehens ist, dessen Verlauf und Ziel von einem verborgenen Willen des verborgenen Gottes bestimmt ist. Legt man den Nachdruck auf dieses Moment, so besteht innerhalb der christlichen Deutung des neuplatonischen Gottesgedankens die Möglichkeit, auch die Einleitung der religiösen Beziehung zwischen Gott und Mensch allein auf Gott zurückzuführen. Daß dies möglich ist, zeigt eben Viktorin, der von seinem Glaubensbegriff aus das ganze religiöse Wirken und Leben von dem Heilswillen Gottes abhängig weiß.

VII. Die Zeitspekulation.

Ein wesentliches Moment in der Darstellung der Bewegung des absoluten Geistes ist noch unbestimmt: die Entfaltung des transzendenten Seins in der Vielheit der intelligiblen Formen ist eine sukzessive. Die Frage nach der Entfaltung und Aktivierung des transzendenten Seins ist also die Frage nach der Zeit.

Wie die Seinsbestimmung der unteren Hypostasen, so wird auch der Zeitbegriff von der einer Seinsbestimmung des „Einen" abgeleitet. „Der Aeon (die Ewigkeit) . . . ist identisch mit

Gott. Mit Recht kann man sagen: der Aeon ist Gott, der sich zeigt und offenbart, wie er ist, ein unbewegtes Sein und Selbstsein und so auch das beständige Im-Leben-sein[1]." Ewigkeit ist also die Seinsform Gottes; das ruhende Selbst-Sein, die Identität des Geistes ist „Ewigkeit" im Sinn einer unendlichen Gegenwart. Der Aeon ist „Leben im Stillstand und auf sich selbst gerichtetes und gleichförmiges und unendliches Leben"[2].

Die Zeit dagegen ist die abbildliche Selbstentfaltung dieser auf sich selbst gerichteten unbewegten Bewegung, die Selbstdarstellung des absoluten Seins in einer sukzessiven Aufrollung, in einer Kette von „Gegenwarten". Die Entfaltung vollzieht sich analog dem Prozeß der Hypostasierung bzw. identisch mit diesem auf dem Weg der realen metaphysischen Abbildlichkeit. Die Zeit ist das Bild der Ewigkeit[3], und zwar bewegtes Abbild, indem die im transzendenten Sein auf sich selbst gerichtete Bewegung sich nach außen richtet. Dem Prozeß der Selbstexplikation des absoluten Seins in den individuierten intelligiblen Formen und Wesen entspricht also der Prozeß der Selbstexplikation der Ewigkeit in ihrer sukzessiven Auflösung in der Zeit. Das Zeitproblem ist also nicht geschichtlich, sondern ontologisch-metaphysisch gefaßt. Das Leben, der Nus, der Aeon: all diese Begriffe sind Seinsbestimmungen der ersten Hypostase, in der sich das „Eine" substantiiert hat. Wie Geist und Ewigkeit,

---

1) Enn. III. VII. 5 (I, 315, 16 ff.): ὅθεν σεμνὸν ὁ αἰὼν καὶ ταὐτὸν τῷ θεῷ ἡ ἔννοια λέγει. καὶ καλῶς ἂν λέγοιτο ὁ αἰὼν θεὸς ἐμφαίνων καὶ προφαίνων ἑαυτὸν οἷός ἐστι, τὸ εἶναι ὡς ἀτρεμὲς καὶ ταὐτὸν καὶ οὕτω καὶ τὸ βεβαίως ἐν ζωῇ.

2) Enn. III. VII. 11 (I, 326, 14 ff.): εἰ γὰρ αἰών ἐστι ζωὴ ἐν στάσει καὶ τῷ αὐτῷ καὶ ὡσαύτως καὶ ἄπειρος ἤδη, εἰκόνα δὲ δεῖ τοῦ αἰῶνος τὸν χρόνον εἶναι, ὥσπερ καὶ τόδε τὸ πᾶν ἔχει πρὸς ἐκεῖνο, ἀντὶ μὲν ζωῆς τῆς ἐκεῖ ἄλλην δεῖ ζωὴν τὴν τῆσδε τῆς δυνάμεως τῆς ψυχῆς ὥσπερ ὁμώνυμον λέγειν, εἶναι καὶ ἀντὶ κινήσεως νοερᾶς ψυχῆς τινος μέρους κίνησιν, ἀντὶ δὲ ταυτότητος καὶ τοῦ ὡσαύτως καὶ μένοντος τὸ μὴ μένον ἐν τῷ αὐτῷ, ἄλλο δὲ καὶ ἄλλο ἐνεργοῦν, ἀντὶ δὲ ἀδιαστάτου καὶ ἑνὸς εἴδωλον τοῦ ἑνὸς τὸ ἐν συνεχείᾳ ἕν, ἀντὶ δὲ ἀπείρου ἤδη καὶ ὅλου τὸ εἰς ἄπειρον πρὸς τὸ ἐφεξῆς ἀεί, ἀντὶ δὲ ἀθρόου ὅλου τὸ κατὰ μέρος ἐσόμενον καὶ ἀεὶ ἐσόμενον ὅλον.

3) Enn. III. VII. 13 (I, 330, 2 f.): παράδειγμα αἰῶνος καὶ εἰκόνα κινητήν. Vgl. Enn. I. V. 7 (I, 82, 20 f.): ὅλως δὲ τοῦ χρόνου τὸ πλέον σκέδασιν βούλεται ἑνός τινος ἐν τῷ παρόντι ὄντος· διὸ καὶ εἰκὼν αἰῶνος εἰκότως λέγεται ἀφανίζειν βουλομένη ἐν τῷ σκιδναμένῳ αὐτῆς τὸ ἐκείνου μένον.

so sind Welt und Zeit ontologisch bezogen. Der Bildcharakter alles irdischen Seins ist universell und erstreckt sich auch auf das Zeit-Sein. Das Welt-Sein ist Zeit-Sein als Bild des absoluten Seins, das Ewigkeit ist. „Die Zeit ist das Bild der Ewigkeit, wie sich dieses All zu jenem verhält, und, es ist zu sagen: an Stelle des Lebens dort existiert ein anderes Leben, welches dieser Kraft der Seele angehört, welches gewissermaßen nur den gleichen Namen hat; an Stelle der intelligiblen Bewegung die Bewegung eines Teiles der Seele, an Stelle des Selbstseins und der Gleichförmigkeit, der Dauer das Nicht-bei-sich-bleiben, das Wirken von immer anderen Dingen. An Stelle der Ungeteiltheit und Einheit ein Abbild der Einheit, das Eine, das in der fortgesetzten Dauer ist, an Stelle des Unendlichen und Ganzen ein sukzessiver Fortschritt ins Unendliche, an Stelle des insgesamt Ganzen ein solches, das Stück für Stück sich entfaltet und immer ein zukünftiges Ganzes [1]“.

Auch hier ist entscheidend der Zusammenprall des Seins mit dem Nichtsein. Indem der Geist sich in der Materie verwirklicht, entfaltet sich die nach innen gerichtete Bewegung außen als ein Stück für Stück sich verwirklichendes Fortschreiten auf die Identität hin, die als das transzendente Ziel dieser Bewegung stets eine zukünftige ist. Die Zeit ist so in den universellen Prozeß der Selbstentfaltung des absoluten Seins ontologisch einbezogen und ist existentiell mit der Aktivierung der intelligiblen Formen und Kräfte in der unteren Welt verbunden. Die Zeit ist also mit der ersten Bewegung des Geistes von seiner in sich verharrenden Identität auf das Nicht-Sein zugesetzt. Die erste Außenbewegung des „Einen“, der erste Abfall, ist die Geburt der Zeit. Wie die Entfaltung des göttlichen Seins eine Entfaltung der Vielfältigkeit dieses Seins in der Welt, so ist die Entfaltung des Einen in der Zeit die sukzessive Abwicklung und Abbildung der Ewigkeit in der Welt. Die allgemeine Teleologie der Bewegung des Geistes bestimmt das Zeitproblem: das Abbild der ewigen Gegenwart Gottes in der Welt ist der Moment der Gegenwart, der den nächsten Moment aus sich heraus erzeugt: das Abrollen der Zeit in einem beständigen

---

[1] Siehe S. 280 Anm. 2.

Sich-weiter-zeugen der Gegenwart (als Moment) in die Zukunft
hinein hat als Ziel die Ewigkeit als ein zukünftiges Ganzes:
Auch das Abbild der Ewigkeit in dem Moment der Gegenwart
ist ein dynamisches und schöpferisches Prinzip; die Auflösung
der Ewigkeit in die Zeit hat die Identität als Ziel, das erst in
der restlosen Selbstentfaltung erreicht ist. So gibt also die
Zeit-Spekulation den Längsschnitt der Hypostasenlehre: die
Vollendung, welche über die Selbstexplikation des absoluten
Geistes führt, ist eine zukünftige: denn die Selbstexplikation
bezieht sich nicht nur auf das Nus-Sein (Darstellung in den
intelligiblen Formen), auf das Leben-Sein (Darstellung in der
operatio vitalis der λόγοι σπερματικοί), sondern auch auf das
Ewigkeit-Sein (Darstellung in dem „Stück-für-Stück-sich-Ent-
falten" innerhalb der Zeit).

„Bevor die Zeit noch dieses *prius* erzeugte und des *posterius*
bedurfte, ruhte sie in sich selbst in dem Seienden als nicht seiend,
verharrte vielmehr in jenem gleichfalls in ihrer Ruhe. Da aber
ihre Natur einen regen Tätigkeitstrieb hatte und ihr eigener
Herr sein wollte, so bewegte sie sich selbst und es setzte sich
auch die Zeit in Bewegung und da wir uns immer auf das
Folgende und nicht auf das selbe, sondern auf ein Anderes und
wieder ein Anderes hin bewegten und so eine gewisse Länge
des Wegs beschrieben, machten wir die Zeit zu einem Abbild
der Ewigkeit[1]."

Der Prozeß der Entstehung der Zeit ist hier in den gleichen
Begriffen wie der Prozeß der Hypostasierung charakterisiert,
da beide ein und dieselbe Bewegung des absoluten Geistes
bezeichnen. Wie die Selbstbegrenzung des transzendenten Seins
im Intellekt zur Aktivierung der in ihm zusammengefaßten intelligiblen Formen in der Welt, so verhält sich der Aeon als
„Zeit, die in sich selbst ruht" zur „Zeit in der Entfaltung". In

---

1) Enn. III. VII. 11 (I, 325, 8 ff.): ὡς πρότερον πρὶν τὸ πρότερον δὴ τοῦτο
γεννῆσαι καὶ τοῦ ὑστέρου δεηθῆναι σὺν αὐτῷ ἐν τῷ ὄντι ἀνεπαύετο χρόνος
οὐκ ὤν, ἀλλ' ἐν ἐκείνῳ καὶ αὐτὸς ἡσυχίαν ἦγε. φύσεως δὲ πολυπράγμονος καὶ
ἄρχειν αὐτῆς βουλομένης καὶ εἶναι αὐτῆς καὶ τὸ πλέον τοῦ παρόντος ζητεῖν
ἑλομένης ἐκινήθη μὲν αὐτή, ἐκινήθη δὲ καὶ αὐτός, καὶ εἰς τὸ ἔπειτα ἀεὶ καὶ
τὸ ὕστερον καὶ οὐ ταὐτόν, ἀλλ' ἕτερον, εἶθ' ἕτερον κινούμενοι μῆκός τι τῆς
πορείας ποιησάμενοι αἰῶνος εἰκόνα τὸν χρόνον εἰργασάμεθα.

der transzendenten Ruhe des ersten Seins ist die Zeit aufgehoben. Zeit in der Entfaltung gibt es erst mit der Diffusion und Aktivierung der einzelnen intelligiblen Formen und Kräfte in der Welt. „Zeit" bezieht sich als immer auf das Sein der Welt der Vielheit — „wir bewegen uns auf ein Anderes und immer wieder ein Anderes hin". — Genauer: Zeit ist das Sein des entfremdeten Geistes in der Welt. Zeit ist also nicht mit dem Vorhandensein der Materie als solcher gegeben, sondern Zeit ist da, wo der Geist in der Materie wirkt; d. h. wieder: Zeit ist der Geist in der Entfremdung von seiner ewigen transzendenten Identität.

Von hier aus kann vielleicht auch die unklare Anschauung von der Ewigkeit der Materie gedeutet werden: Man wird diese „Ewigkeit" eben von diesem metaphysischen Zeitbegriff aus verstehen müssen, der aufs engste mit der Bewegung des Seins verbunden ist. Die Materie hat an sich kein Zeit-Prädikat, wie sie auch kein Seinsprädikat hat. Sie rückt aus ihrer wesenlosen Ewigkeit erst dann in die Zeit, wenn sich der Geist in ihr verwirklicht, d. h. in einer sukzessiven Darstellung seiner Vielheit die Zeit schafft. Die „Ewigkeit" der Materie ist also ein „Nicht-Zeit-Sein", wie ihr „Sein" ein „Nicht-Sein" ist.

Plotin hat die Entfaltung der Ewigkeit in der Zeit folgendermaßen dargestellt[1]): „Die Zeit zerstreut sich immer durch die Entfernung, die Ewigkeit dagegen bleibt in sich identisch, sie beherrscht und übertrifft durch ewige Kraft die augenscheinlich über vieles sich erstreckende Zeit, einer Linie vergleichbar, die ins Unendliche zu verlaufen scheint, während sie doch an einen Punkt geknüpft ist und um ihn herumläuft, wobei der Punkt ihr überall, da wo sie hinläuft, sichtbar wird, und doch läuft nicht er, sondern jene dreht sich im Kreis um ihn herum." Die ewige, in sich ruhende Gegenwart des Aeon ist also in Fluß geraten und hat sich in eine unendliche Reihe von sich

---

1) Enn. VI. V. 11 (II 396, 4 ff.): . . . τοῦ μὲν χρόνου σκιδναμένου ἀεὶ πρὸς διάστασιν, τοῦ δ' αἰῶνος ἐν τῷ αὐτῷ μένοντος καὶ κρατοῦντος καὶ πλείονος ὄντος δυνάμει ἀιδίῳ τοῦ ἐπὶ πολλὰ δοκοῦντος ἰέναι χρόνου, οἰονεὶ γραμμῆς εἰς ἄπειρον ἰέναι δοκούσης εἰς σημεῖον ἀνηρτημένης καὶ περὶ αὐτὸ θεούσης πανταχῇ οὗ ἂν δράμῃ τοῦ σημείου αὐτῇ ἐνφανταζομένης, αὐτοῦ οὐ θέοντος· ἀλλὰ περὶ αὐτὸ ἐκείνης κυκλωμένης. Vgl. die Bemerkungen R. Ottos zur Zeitspekulation Eckeharts (West-östliche Mystik, Gotha 1926, S. 86 f., 90 f.).

überstürzenden Gegenwarten aufgelöst. Die Bewegung verläuft
aber nicht ins Unendliche, sondern kehrt zu ihrem Anfang
zurück. Das Geheimnis des „Augenblicks" der Gegenwart ist,
unmittelbares Abbild der Ewigkeit zu sein, aber die Ewigkeit
erschöpft sich nicht in den Teilen der Bewegung, in der sie
sich entfaltet, sondern ist zugleich ihr Ursprung und ihr transzendentes Ziel. Der Idee der Bewegung der Zeit von dem
ruhenden Punkt aus entspricht genau der Gedanke von der
Entfremdung des Geistes von seinem ruhenden Selbst aus und
es ist ein und dieselbe Bewegung. Die Entfremdung geht wohl
vom ruhenden Geist aus, aber der Strom der Emanation zer-
fließt nicht in einer grenzenlosen Unendlichkeit, sondern kehrt
wieder zu seinem Ursprung zurück. Gleichermaßen ist auch die
Ewigkeit der Ursprung der Bewegung der Zeit, die sich zu ihm
als dem transzendenten Ziel ihrer Bewegung zurückbewegt.

Infolgedessen bedeutet die Wegwendung des Geistes von der
Welt zu seinem Selbst zugleich eine Rückformung in die Ewigkeit. Die Erreichung der unio, d. i. der Vergottung ist zugleich
eine Entraffung der Zeitlichkeit. Im raptus ist die Zeit aufgehoben. Die Rückkehr des entfremdeten Geistes in seine ursprüngliche Identität ist eine Rückbildung in die ewige über-
zeitliche Gegenwart des Aeon. „Das Leben des Seienden im Sein
in seiner völlig ununterbrochenen, schlechthin unveränderlichen
Totalität ist das, was wir suchen, Ewigkeit[1]." Der Durchbruch
in das absolute Sein ist ein Durchbruch in die Ewigkeit: das
ist die soteriologische Wendung dieser ontologischen Bezogenheit von Sein und Zeit.

Diese Ideen bilden die Grundlage der bereits dargestellten
Zeitspekulation Viktorins. Die Möglichkeit einer Verbindung
der Zeitspekulation mit der Christologie, wie sie sich bei Viktorin
findet (s. S. 103 ff.), ist nur verständlich aus der Verbindung des Zeit-
begriffs mit der Nus-Spekulation bzw. seiner Verknüpfung mit der
Idee der Selbsthypostasierung des absoluten Seins bei Plotin[2]).

---

1) Enn. III. VII. 3 (I 313, 9 ff.): γίνεται τοίνυν ἡ περὶ τὸ ὂν ἐν τῷ εἶναι
ζωὴ ὁμοῦ πᾶσα καὶ πλήρης ἀδιάστατος πανταχῇ τοῦτο, ὃ δὴ ζητοῦμεν, αἰών.

2) Bemerkenswert ist, daß auch bei Chalcidius diese Zeitlehre bereits
einen großen Raum einnimmt. Nur die beiden Hauptgedanken, daß die
Zeit ein Bild des Aeon ist — simulacrum tempus aevi — und daß das

VIII. Ethische Probleme.

Innerhalb der dargestellten Beziehung der metaphysischen und anthropologischen Probleme ist noch auf die besondere Lage einiger ethischer Probleme hinzuweisen.

Das Ziel der plotinischen Ethik ist nicht die Annäherung an ein moralisch bestimmtes Absolutes auf dem Weg einer Tugendlehre oder Pflichtenlehre, sondern die ὁμοίωσις, die zu einer Identifizierung mit dem Absoluten führt, das als transzendentes, geistes Geist gefaßt ist, ist eine ταυτότης, d. h. ein Selbst-Gottsein [1]). Die Ethik hat also ein existentielles, religiöses, nicht ein moralisches Ziel. In diesem Ziel treffen sich die Anschauungen Plotins und Viktorins bei aller Verschiedenheit der religiösen Konzeption der via perfectionis und der Ansicht über das Verhalten des Menschen innerhalb des religiösen Prozesses. In der Idee der Vergottung dringt die orientalische Grundstimmung des religiösen Denkens bei Plotin durch, durch die

---

Sein Gottes der Aeon ist, seien hier hervorgehoben. Chalc. comm. in Tim. c. XXV (ed. Wrobel S. 90 f.): et temporis quidem proprium progredi aevi propria mansio semperque in idem perseverati o. temporis item partes dies noctes menses et anni, aevi partes nullae. temporis item species praeteritum praesens futurum, aevi substantia uniformis in solo perpetuoque praesenti. Vgl. weiter comm. in Tim. c. XXIII (ed. Wrobel S. 88 f.). Das göttliche Sein ist in der Terminologie des Chalcidius charakterisiert als eine mansio propria und perseveratio in idem, während die „Substanz" des Aeon bei Chalcidius als eine ewige Gegenwart bestimmt ist. Dementsprechend sind auch alle causae, die mit den Ideen zu identifizieren sind, ewig und „älter als die Zeit", d. h. präexistent. Damit ist der Anschluß an bekannte Ideen gegeben. Die momentum-Spekulation des Ambrosius wird ebenfalls von hier aus zu verstehen sein. Einige Gedanken sind auch noch bei Augustin lebendig: die direkte Beziehung der Zeitspekulation auf die Christologie hat er fallen gelassen, dagegen sind die Ideen von der Identität des göttlichen Seins und des Aeon und. von der ewigen Gegenwart des Aeon in seinem theologischen Denken festgehalten. Das großartige „Ich bin" seiner Gottesanschauung hat hier seine Wurzel. Conf. XI. XIII. 15 (CSL Bd. 33. ed. Knöll S. 291, 1; 11): Deus ... omnium saeculorum auctor et conditor ... (16) praecedis omnia praeterita celsitudine semper praesentis aeternitatis et supra omnia futura, quia illa futura sunt, et cum venerint, praeterita erunt: tu autem idem ipse es et anni tui non deficient.

1) Enn. I. II. 5 (I 54, 25 ff.) und S. 288 Anm. 4.

er sich von der Ethik des mittleren Platonismus abgrenzt und die seine christlichen Leser bewußt oder unbewußt als verwandtes Element empfanden.

Praktisch ist die Rückformung des Menschen in sein geistiges Sein bei Plotin ein Weg der Selbsterlösung, die in der κάθαρσις besteht. Das Stichwort dieser asketischen Reinigung ist die „Flucht". Die „Flucht" besteht in der Abwendung von den Dingen der Welt, in der Hinwendung zu den geistigen Dingen. Sie ist also die mythische Bezeichnung des in die Anthropologie hineinprojizierten Prozesses der Rückkehr des entfremdeten Geistes zu seiner Identität. So stehen die absolute Bewegung des Geistes und die geistige Entwicklung des einzelnen Menschen in einer doppelten Beziehung: 1. die Vergeistigung des Einzelnen ist in den universellen metaphysischen Prozeß eingeordnet. 2. Dieser universelle Prozeß vollzieht sich primär in den Menschen. Jeder Stufe der Reintegration entspricht so innerhalb der Anthropologie eine bestimmte Stufe der Reinigung und Vergeistigung, in der Ethik eine bestimmte Intensität der κάθαρσις.

Dementsprechend spiegeln die ethischen Anschauungen die metaphysischen Begriffe und Vorstellungen wieder, die zur Bestimmung der Bewegung des absoluten Geistes dienten. Der Prozeß der κάθαρσις ist als ἐπιστροφή bezeichnet. Die Rückwendung der Einzelseele zu ihrem Geist-Ich steht also in einer direkten Analogie zur Rückwendung des entfremdeten Geistes zu seiner Identität.

Diese Analogie ist auch in der Erlösungslehre Viktorins völlig gewahrt (s. S. 114 ff.): die Erlösung des Menschen ist der anthropologische Einzelfall der universellen Erlösung und Rückführung des entfremdeten Geistes in die eine Geistnatur Gottes.

Die Rückwendung selbst vollzieht sich in zwei Stufen[1]). Die erste ist ein Sich-selbst-bewußtwerden der Geistnatur des Men-

---

1) Enn. V. VIII. 11 (II 245, 3 ff.): ἐν τῇ ἐπιστροφῇ κέρδος τοῦτ' ἔχει· 1. ἀρχόμενος αἰσθάνεται αὑτοῦ ἕως ἕτερός ἐστι. 2. δραμὼν δὲ εἰς τὸ εἴσω ἔχει πᾶν καὶ ἀφεὶς τὴν αἴσθησιν εἰς τοὐπίσω τοῦ ἕτερος εἶναι φόβῳ εἷς ἐστιν ἐκεῖ, κἂν ἐπιθυμήσῃ ὡς ἕτερον ὂν ἰδεῖν, ἔξω αὑτὸν ποιεῖ.

(ib.) δεῖ δὲ καταμανθάνοντα μὲν ἕν τινι τόπῳ αὑτοῦ μένοντα μετὰ τοῦ ζητεῖν γνωματεύειν αὑτόν, εἰς οἷον δὲ εἴσεισιν οὕτω μαθόντα καὶ πίστιν [ἔχοντα] ὡς ἐπὶ χρῆμα μακαριστὸν εἴσεισιν, ἤδη αὑτὸν δοῦναι εἰς τὸ εἴσω καὶ γενέσθαι

schen. Die zweite ist ein Hindrängen, ein willensmäßiges Besitzergreifen dieses geistigen Seins.

Sobald die Seele zur Erkenntnis ihrer geistigen Natur vorgedrungen ist, zieht es sie mit Macht ganz in das geistige Sein hinein. „Man muß sich also nicht wundern, wenn das, dem die Seele nachjagt, und was dem Intellekt das Licht gewährt und bei seinem Eindringen eine Spur von ihm erregt, eine solche Kraft hat, wodurch es eben die Seele an sich zieht und aus aller Irrfahrt in sich zurückruft, damit sie bei ihm ausruhe [1]."

Mit den Begriffen bezeichnet Plotin das existentielle Ziel dieses Hineinziehens der Seele in das geistige Sein, das religiös als Vergottung gefaßt ist. In der Betonung des Hineingerissenwerdens der Seele in das geistige Sein, d. h. in der Betonung des Erfahrungs-Charakters dieses Vorgangs und der Passivität der Seele in diesem Prozeß liegen bereits Ansätze, dieses ganze Geschehen aus der Sphäre des liberum arbitrium hinauszuverlegen, Ansätze, die so der christlichen Anschauung vom Wirken des Geistes entgegenkommen konnten (s. Viktorin S. 146 ff., auch S. 279).

Von der Anschauung von dem „Eindringen" des Logos in die Seele zur mythischen Idee von der Geburt Christi in der Seele ist ein naher Weg. Wirklich sind hier bereits zwei von den „drei Wegen" der christlichen Mystik vorgezeichnet, Reinigung und Einigung, während der erste Weg, die anihilatio sui, eine tiefere Anschauung von der Person und von der Wirksamkeit des Geistes im Menschen voraussetzt.

In polemischem Gegensatz zu der stoischen Moral [2] schließt die „Flucht" den Selbstmord aus, ist vielmehr eine praktische, asketische Selbsterziehung innerhalb des irdischen Lebens. „‚Flucht' nennt er nicht das Weggehen von der Erde, sondern

---

ἀντὶ ὁρῶντος ἤδη θέαμα ἑτέρου θεωμένου οἷος ἐκεῖθεν ἥκει ἐκλάμποντα τοῖς νοήμασι . . . Vgl. Enn. IV. VII. 10 (II 137, 30 ff.): φρόνησις γὰρ καὶ ἀρετὴ ἀληθὴς θεῖα ὄντα οὐκ ἂν ἐγγένοιτο φαύλῳ τινὶ καὶ θνητῷ πράγματι, ἀλλ' ἀνάγκη θεῖον τὸ τοιοῦτον εἶναι, ἅτε θείων μετὸν αὐτῷ, διὰ συγγένειαν καὶ τὸ ὁμοούσιον.

1) Vgl. Enn. VI. VII 23 (II 453, 31 ff.): ἐκεῖνο δὴ ὃ ψυχὴ διώκει, καὶ ὃ φῶς νῷ παρέχει καὶ ἐμπεσὸν αὐτοῦ ἴχνος κινεῖ, οὔτοι δεῖ θαυμάζειν εἰ τοιαύτην δύναμιν ἔχει ἕλκον πρὸς αὐτὸ καὶ ἀνακαλούμενον ἐκ πάσης πλάνης, ἵνα πρὸς αὐτὸ ἀναπαύσαιτο.

2) Vgl. E. Benz, Das Todesproblem in der Stoa, Stuttgart 1929.

das Gerecht- und Heilig-Sein im Geist auf dieser Erde [1]." Das
praktische Ziel ist — gleichzeitig sittlich und religiös formuliert — die Gerechtigkeit und Heiligkeit, die der erreicht, der
in diesem Leben „den Lauf nach innen" vollendet und „das
Beste seiner Seele" gerettet hat [2] (s. S. 278). Das Wesentliche
ist aber weniger die sittliche Tat im öffentlichen Leben, als die
Vergeistigung der Seele, die, dem religiösen Gedanken der
mysterienreligionen entsprechend, zur Vergottung führt [3]. „Das
Streben geht nicht dahin, ohne Sünde zu sein, sondern Gott zu
sein" [4]. Das Gottsein ist der Zustand, in dem die Seele der
Sünde und selbst der Möglichkeit, sündigen zu können, enthoben
ist. Die Moral bleibt also hinter dem religiös begründeten
transzendenten Ziel zurück, denn das höchste Sein liegt jenseits
alles moralischen Verhaltens und ist ein Sein im Geist.

Von diesem Denken aus ist jetzt auch der Sündenbegriff des
Viktorin verständlich (s. S. 97 f; 127). Sünde meint nicht eine einzelne Tat, ein Befangensein in einen Zustand der Entfremdung und
Gott abgewandtheit, oder, wie Plotin sagt, ein Aufenthalt an
einem „schlechteren Platz" [5]. Die Vollendung mündet aber in ein
Jenseits von Gut und Böse, weil der absolute Geist selbst, der
das Ziel jeder ἐπιστροφή ist, jenseits dieses Begriffs steht, die
bereits in die Welt der Vielheit gehören und das letzte Sein
nicht mehr treffen.

---

1) Enn. I. II. 1 (I 49, 23 ff.): φευκτέον ἐντεῦθεν. τίς οὖν ἡ φυγή; θεῷ,
φησιν, ὁμοιωθῆναι. τοῦτο δέ, εἰ δίκαιοι καὶ ὅσιοι μετὰ φρονήσεως γενοίμεθα
καὶ ὅλως ἐν ἀρετῇ.

2) Enn. I. VIII. 6 (I 105, 7 ff.): φυγὴ γάρ, φησιν, οὐ τὸ ἐκ γῆς ἀπελθεῖν,
ἀλλὰ καὶ ὄντα ἐπὶ γῆς δίκαιον καὶ ὅσιον εἶναι μετὰ φρονήσεως.

3) Auf den spiritualistischen Charakter und die geistige Aktivität der
plotinischen Ethik weist besonders O. Kristeller in seiner Arbeit über die
plotinische Ethik hin (s. P. O. Kristeller, Der Begriff der Seele in der Ethik
des Plotin, Tübingen 1929, S. 113 ff.); die These P. Kletlers, der in der
plotinischen Ethik nur Züge die müde Resignation der sterbenden Antike
findet, unterschätzt ihre geistige Kraft (s. P. Kletler, Scotus Eriugena,
Berlin, 1931, S. 19 ff.).

4) Enn. I. II. 6 (I 55, 28 ff.): ἡ σπουδὴ οὐκ ἔξω ἁμαρτίας εἶναι, ἀλλὰ θεὸν
εἶναι.

5) Enn. III. II. 4 (I 231, 11 ff.): ἴσχουσι δὲ ἀδικοῦντες δίκας κακυνόμενοί
τε ταῖς ψυχαῖς ἐνεργείαις κακίας ταττόμενοί τε εἰς τόπον χείρονα.

III. Teil:

Die Entwicklung der abendländischen Willensmetaphysik.

A. Die Willensspekulation
innerhalb der plotinischen Gottesanschauung.

I. Die Durchbrechung
des Transzendentalismus.

In einem Wort läßt sich der große neue Gedanke formulieren, der im 4. Jahrhundert in die Spekulation des lateinischen Abendlandes eingedrungen ist: Geist ist Wille. Diese Idee ist Grundlage nicht nur einer neuen Konzeption der metaphysischen und dogmatischen Hauptprobleme, sondern überhaupt einer Neuformung der Frömmigkeit geworden; mit dem Moment ihrer selbständigen philosophischen und theologischen Fixierung neben dem griechischen intellektualistischen Gottesgedanken sind im 4. Jahrhundert die beiden Pole gesetzt, zwischen denen sich die Geistesgeschichte in den nächsten Jahrhunderten bewegte: der intellektualistische und der voluntaristische Gottesgedanke.

Die vorläufige Untersuchung des Willensbegriffs innerhalb der Theologie Viktorins (s. S. 78—83), auf die wir in diesem Abschnitt zurückgreifen, hat bereits wichtige Hinweise auf die augustinische Problemlage gegeben. Der eigentliche Ausgangspunkt der Willensspekulation, der für Viktorin wie für Augustin unmittelbar maßgebend ist, ist aber Plotin, und zwar ist es sein Gottesgedanke, von dem aus sich das Willensproblem angreifen läßt.

Der Gottesgedanke Plotins ist nämlich selbst nicht ausschließlich in der seither beschriebenen Weise intellektualistisch bestimmt, sondern trägt selbst ein dialektisches Moment in sich. Dieses Moment tritt vor allem in dem 8. Buch der 6. Enneade hervor, das für die ganze Ausbildung der voluntaristischen Metaphysik außerordentlich bedeutsam ist. Die Dialektik äußert sich darin, daß einerseits versucht wird, die absolute Transzendenz und Einheit Gottes innerhalb der negativen Theologie festzuhalten, daß andererseits Begriffe in die Gottesanschauung eindringen, die die absolute Transzendenz und Einheit in einen Pluralismus umzuformen beginnen. So heißt es z. B.: „Gott schaut gewissermaßen auf sich selbst, und

dieses Auf-sich-schauen bedeutet für ihn gewissermaßen ein Sein,
er schafft sich gewissermaßen selbst[1]).“ Damit ist zwar der Hauptgedanke festgehalten: die Selbsthypostasierung des Geistes in der
Selbst-Schau. Dieser Prozeß führt aber hier nicht über eine Entfremdung nach außen, sondern vollzieht sich in der Einheit des
Geistes selbst. Der Substanz-, Intellekt- und Energie-Begriff, von
denen es bei der negativen Bestimmung der göttlichen Transzendenz hieß, daß das göttliche Sein nicht durch sie bestimmt werden
könne, werden hier unmittelbar in die göttliche Transzendenz hineinprojiziert. Die Einheit des übersubstantiellen Gottes, der reine
Potenz und über alle Substanz und Zahl ist, ist damit eigentlich
durchbrochen[2]), indem sich der trinitarische Prozeß der Selbsterkenntnis und Selbstvollendung, der über die Selbst-Schau zur Identität führt, in der transzendenten Einheit Gottes selbst abspielt,
dessen Wesen also eine Vielheit von Formen umfaßt. Wenn die
Schau, das Substanz-werden, das Sich-selbst-schaffen sich in Gott
selbst vollzieht, dann bedeutet das, daß der trinitarische Vorgang
der Selbstentfaltung des absoluten Geistes nicht mehr hypostatisch,
sondern als sich im göttlichen Sein selbst vollziehend gedacht ist;
auf dies Weise kann die Idee der Wesensgleichheit ihren metaphysischen Rückhalt im plotinischen Gottesgedanken finden. Das
An-sich-sein des Geistes wird jetzt nicht mehr rein transzendentalistisch als ein Über-Sein, sondern als geformtes Sein verstanden,
indem sein Substanz-werden als in ihm selbst sich vollendend gefaßt wird. „Was also nicht aus sich selbst herausgetreten ist, sondern unentwegt sich selbst angehört, von dem kann man im vor-
züglichsten Sinne sagen: es ist, was es ist[3]).“ Noch fehlt der Begriff der Person, um dieses „Es ist, was es ist“ in das gewaltige
„Ich bin, der ich bin“ zu verwandeln, die letzte und höchste Konzeption des ewigen persönlichen Seins des Geistes, aber die Richtung auf diese tiefsinnigste Formulierung ist mit der genannten
Wendung des plotinischen Gottesgedankens gewiesen.

---

1) Enn. VI. VIII. 16 (II 500, 21 ff.) πρὸς αὐτὸν οἶον στηρίζει καὶ οἶον πρὸς αὐτὸν
βλέπει καὶ τὸ οἶον εἶναι τοῦτο αὐτῷ τὸ πρὸς αὐτὸν βλέπειν οἶον ποιεῖ ἂν αὐτόν.

2) Heinemann, Plotin (Leipzig 1921) spricht von einer „Durchlöcherung“
des plotinischen Gottesgedankens, siehe seine Ausführungen über die Einheit und die Transzendenz S. 250—258.

3) Enn. VI. VIII. 9 (II 490, 10 ff.) τὸ δὴ οὐ παρεκβεβηκὸς ἑαυτό, ἀλλ’ ἀκλινὲς
ὂν ἑαυτοῦ, αὐτὸ ἄν τις κυριώτατα λέγοι εἶναι ὃ ἔστιν.

Die Umbildung der transzendenten Einheit in einen pluralistischen Gottesgedanken geschieht durch ein regelmäßig wiederkehrendes „gewissermaßen" — „οἷον" —. Mit diesem Vorzeichen werden alle die Begriffe, die zur ontischen Bestimmung der ersten Hypostase, des Nus dienten, in die Seinsbestimmung des transzendenten Gottes hineingetragen.

Das erste Beispiel zeigt bereits, daß es sich bei diesem „οἷον" nicht um ein irreales „als ob" handelt, sondern daß dem so beschriebenen Sein ein realer metaphysischer Seinscharakter zukommt. Die durch das „οἷον" herangebrachten positiven Seinsbestimmungen heben also die negativen Bestimmungen des göttlichen Seins wieder auf. „Wenn also seine (des Einen) sogenannte Existenz seine sogenannte Tätigkeit ist — denn beides ist nicht verschieden, da dies ja nicht einmal beim Intellekt der Fall ist —, so besteht die Tätigkeit nicht im höheren Grade im Sein als das Sein in der Tätigkeit. Daher hat es auch nicht jene naturgemäße Tätigkeit, auch wird die Tätigkeit und das sogenannte Leben nicht auf die sogenannte Substanz zurückgeführt, sondern die sogenannte Substanz, die ewig mit der Tätigkeit verbunden ist und sich ihr gleichsam zugesellt, macht aus beiden das Gute als ein Selbsteigenes, sich selbst und keinem anderen Angehöriges [4])." In dieser bezeichnenden Stelle sind sämtliche ontologischen Bestimmungen des Intellekts — Energie, Leben, Substanz, Existenz — auf die Seinsbestimmung des transzendenten Einen angewandt. Zwischen Energie und Substanz ist keine ontologische Abstufung, sondern die Substanz ist energische Substanz und die Energie ist substantielle Energie, wie entsprechend das Verhältnis zwischen Substanz und Leben nicht als eine Relation von Verschiedenem, sondern als eine aktuale Identität bestimmt ist: die intelligible Substanz ist lebende Substanz und das intelligible Leben substantielles Leben. Die Begriffe, die sonst bei Plotin das hypostatische Sein des Nus bezeichnen, sind hier durch das „οἷον" in die absolute transzendente Einheit und Identität des Einen hineinprojiziert. Der absolute Geist

---

4) Enn. VI. VIII. 7 (II 487, 25) ὅταν δὲ δὴ ἡ οἷον ὑπόστασις αὐτοῦ ἡ οἷον ἐνέργεια ἦ . . . οὔ τι μᾶλλον κατὰ τὸ εἶναι ἡ ἐνέργεια ἡ κατὰ τὴν ἐνέργειαν τὸ εἶναι· ὥστε οὐκ ἔχει τὸ ὡς πέφυκεν ἐνεργεῖν, οὐδὲ ἡ ἐνέργεια καὶ ἡ οἷον ζωὴ ἀνενεχθήσεται εἰς τὴν οἷον οὐσίαν, ἀλλ' ἡ οἷον οὐσία συνοῦσα καὶ οἷον συγγενομένη ἐξ ἀιδίου τῇ ἐνεργείᾳ ἐξ ἀμφοῖν αὐτὸ αὐτὸ ποιεῖ καὶ οὐδενός.

selbst als seiendes Prinzip ist „gewissermaßen" Hypostase, „gewissermaßen" Tätigkeit, „gewissermaßen" Leben, „gewissermaßen" Substanz, denn er ist die transzendente Einheit von diesen allen.

Auffällig und für die weitere Entwicklung bedeutsam ist besonders die Tatsache, daß das Sein des Einen selbst als ὑπόστασις bezeichnet wird, ein Ausdruck, der in den früheren Schriften nur auf den Intellekt und die niederen Seinsformen angewandt wurde. So sagt Plotin im selben Buch: „Was aber das Prinzip aller Vernunft und Ordnung und Grenze anlangt, wie könnte jemand eine solche ὑπόστασις dem Zufall überlassen[5]?" Das die Durchbrechung des Transzendentalismus verhüllende „οἷον" ist hier bereits verschwunden. Die letzte Konsequenz dieser Einbeziehung der Vielheit der Formen in das Eine (den Geist in seiner absoluten Identität) ist die Anschauung von der Wesensgleichheit der verschiedenen Seinsformen im Einen.

In dieser Dialektik des plotinischen Geistgedankens liegt also die Möglichkeit einer Umformung der Anschauung von der Hypostasierung in den Gedanken der Konsubstantialität der ersten Hypostasen, d. h. die Möglichkeit einer Auflösung des emanatistischen Schemas vorbereitet. Von der späteren Entwicklung aus kann man sagen: die Dialektik des ὁμοούσιος und des ὁμοιούσιος liegt bereits in der Konzeption des plotinischen Geistgedankens versteckt, in dem neben die Idee der Hypostasierung auch die Idee eines inneren geistigen Lebens in Gott tritt. Das „οἷον" ist der schützende Begriff, der verhütet, daß bei Plotin die Spannung in seinem Geistgedanken zu einer Auflösung der Idee der transzendenten Einheit Gottes führt. Deswegen betont er die Wichtigkeit dieses „οἷον" nachdrücklich, indem er im 13. Kapitel desselben Buches ausführt, man könne die einzelnen Begriffe wie Substanz, Hypostase, Energie nicht direkt auf das göttliche Sein anwenden. „Man muß immer das ‚οἷον' zu jedem einzelnen Begriff hinzunehmen[6]."

Indem das transzendente Sein als ein denkendes bestimmt wird, sind sämtliche Kategorien, die der Bestimmung des Nus dienten,

---

5) Enn. VI. VIII. 10 (II 491, 8 ff.) τὴν δὲ ἀρχὴν παντὸς λόγου τε καὶ τάξεως καὶ ὅρου πῶς ἄν τις τὴν τούτου ὑπόστασιν ἀναθείη τύχῃ;

6) Enn. VI. VIII. 13 (II 496, 25) λαμβανέτω δὲ καὶ τὸ οἷον ἐφ' ἑκάστου.

in den Gottesgedanken hineingerückt. „Wenn er also nicht wurde,
sondern seine Tätigkeit immer war und gleichsam ein Wachen ist,
ohne daß das Wachende ein anderes ist, ein immerwährendes Wachen und transzendentales Denken — ὑπερνόησις —, dann ist er so,
wie er wachte [7]." Entsprechend der Dreifaltigkeit des Erkennens
(s. S. 143 f., 222 f.) ist in Einem die Dreifaltigkeit des Erwachens —
als das Wachen, das Erwachende, das Bewußtsein des Wachseins —
vereinigt. Alle Seinsformen des „Sohnes" sind also in der Identität
des „Vaters" vorhanden und existent. Im Grunde ist damit die
Vorstellung von dem seinsmäßigen Anderssein und dem Geringersein des Sohnes durch die Idee der Wesensgleichheit verdrängt.
Das Sein des Einen ist nicht mehr jenseits des Selbstbewußtseins,
sondern ist ein Sich-selbst-denken, d. h. der Akt des Sich-selbst-
denkens vollzieht sich in ihm selbst und konstituiert sein Sein. Damit wird eine Trinitätslehre ermöglicht, die die Hypostasierung
nicht mehr als einen außerhalb des Einen sich vollziehenden metaphysischen Prozeß, sondern als einen Vorgang des innergöttlichen
Lebens faßt.

II. Der Freiheitsbegriff bei Plotin.

Einen Hinweis auf die Ursache dieser Auflösung der Idee der
transzendenten Einheit gibt die Tatsache, daß diese Durchbrechung
des transzendenten Gottesgedankens in einem Kapitel geschieht,
das sich das Problem der göttlichen Freiheit stellt. In die Bestimmung der absoluten Freiheit Gottes spielt aber in einer entscheidenden Weise der metaphysische Willensbegriff hinein, und zwar
dringt hier Plotin bereits bis zu der abschließenden Formulierung
vor: die Substanz des Einen ist Wille. Damit weicht die formale
Bestimmung des Einen einer dynamischen, die in dem Einen nicht
mehr einen Begriff, sondern ein lebendiges, wollendes, denkendes
Wesen sieht, d. h. eine Person.

Die Frage nach der Einheit des Einen ist durch zwei Motive gekennzeichnet: Die Anknüpfung des Problems an die dynamistische
Konzeption des Einen [8]), und den Versuch, die Grundlage des Freiheitsbegriffs auf dem Weg der Analogie durch die Wesensbestimmung der menschlichen Freiheit abzugrenzen, d. h. 1. die Bestim-

---

7) Enn. VI. VIII. 16 (II 501, 1 ff.).
8) R. Seeberg, Augustinus, 1930 S. 12 ff. Vgl. u. S. 295 u. 298.

mung der Freiheit des Geistes auf dem Wege der analogia entis,
2. die ontologische Bestimmung seines Potenz-seins.

1. Seine anthropologische Ableitung.

Die gleich im 1. Kapitel von Enn. VI. VIII angebahnte Kombination des metaphysischen und anthropologischen Willensbegriffs ist deswegen wichtig, weil sich bei Augustin innerhalb der Ableitung der Trinität als der inneren Entfaltung des göttlichen Lebens die gleiche spekulative Verbindung zwischen dem metaphysischen und dem anthropologischen Willensbegriff auf dem Wege der a n a l o g i a e n t i s in einer viel gründlicheren und umfassenderen Weise durchgeführt findet (s. S. 144).

Plotin gibt in der Einleitung zu der Spekulation über die Freiheit des „Einen" den Grundsatz, nach welchem auch die trinitarische Spekulation Augustins vorgeht: „Wir wollen zuerst bei uns selbst nach der gewöhnlichen Art unseres Fragens untersuchen, ob wir selbst einen freien Willen haben [9]." Der durch das Prinzip der a n a l o g i a e n t i s gegebene Zusammenhang zwischen Augustin und Plotin ist also nicht nur ein metaphysischer, sondern ein methodischer, insofern beide dem Problem der Freiheit durch eine Analyse des menschlichen Bewußtseins nähertreten. Innerhalb dieser Analyse versucht Plotin die Freiheit zunächst als die uneingeschränkte Möglichkeit zu bestimmen, seinen W i l l e n verwirklichen zu können [10]. Das Bewußtsein unserer Freiheit bestünde dann darin, daß alles geschieht oder nicht geschieht, je nachdem wir es wollen oder nicht wollen. Die Freiheit ist also vorläufig als eine absolute Freiheit des Willens bestimmt. Nun folgt die Abgrenzung: das wahre Wollen ist nicht ein hemmungs- und richtungsloser Trieb — ὄρεξις —, sondern eine vernünftige Einstellung auf das Gute, ein noetisches Wollen — βούλησις. Dieser wahre, vernünftige Wille ist die Energie des Intellekts selbst; die wahre Freiheit existiert

---

9) Enn. VI. VIII. 1 (II 478, 19 ff.) ἀλλὰ ταῦτα μὲν ἐν τῷ παρόντι ἀναβλητέον, πρότερον δὲ ἐφ' ἡμῶν αὐτῶν, ἐφ' ὧν καὶ ζητεῖν ἔθος, εἴ τι ἐφ' ἡμῖν ὂν τυγχάνει.

10) Enn. VI. VIII. 1 (II 479, 5 ff.) . . ὃ μὴ τύχαις δουλεύοντες μηδὲ ἀνάγκαις μηδὲ πάθεσιν ἰσχυροῖς πράξαιμεν ἂν βουληθέντες οὐδενὸς ἐναντιουμένου ταῖς βουλήσεσιν· εἰ δὲ τοῦτο, εἴη ἂν ἡ ἔννοια τοῦ ἐφ' ἡμῖν, ὃ τῇ βουλήσει δουλεύει καὶ παρὰ τοσοῦτον ἂν γένοιτο ἢ μή, παρ' ὅσον βουληθείημεν ἄν.

daher nur in einem denkenden reinen Intellekt [11]). Der eigentliche freie Akt ist eine energische Zurichtung des Intellekts auf das Gute.

2. Die ontologische Bezogenheit von ratio und voluntas.

Da das Sein des Intellekts selbst bestimmt ist als ein energisches Sein, ist der Wille des Intellekts unmittelbare aktive Wesensäußerung seines intelligiblen Seins. Das heißt aber: Wollen und Denken sind im Intellekt dasselbe; ihr Ineinander im Intellekt ist keine funktionelle Relation, sondern eine ontologische Identität: Denken heißt Wollen, weil es ein dem Intellekt gemäßes Wollen ist [12]). „Der Wille ist das Denken, Wille heißt es, weil es dem Intellekt entspricht. Denn der sogenannte Wille ahmt das Vernunftgemäße nach. Der Wille nämlich will das Gute; das wirkliche Denken aber ist in dem Guten. Es besitzt also der Intellekt dasselbe wie der Wille: er will und dann entsteht das betreffende Denken [13]).“ Das Sein des Intellekts ist Gut-Sein, das Denken aber ein Wille zum Guten: der Wille des Intellekts ist aber als Wille zum Guten ein Wille zu sich selbst, d. h. zur eigenen Identität [14]).

---

11) Enn. VI. VIII. 5 (II 483, 10 ff.) ἆρ' οὖν ἐν νῷ μόνῳ νοοῦντι τὸ αὐτεξούσιον καὶ τὸ ἐπ' αὐτῷ καὶ ἐν νῷ τῷ καθαρῷ ἢ καὶ ἐν ψυχῇ κατὰ νοῦν ἐνεργούσῃ καὶ κατὰ ἀρετὴν πραττούσῃ ;

12) Enn. VI. VIII. 6 (II 485, 27 ff.) ἡ δὲ βούλησις ἡ νόησις, βούλησις δ' ἐλέχθη ὅτι κατὰ νοῦν· καὶ γὰρ [ἡ] λεγομένη βούλησις τὸ κατὰ νοῦν μιμεῖται ἡ γὰρ βούλησις θέλει τὸ ἀγαθόν· τὸ δὲ νοεῖν ἀληθῶς ἐστιν ἐν τῷ ἀγαθῷ. ἔχει οὖν ἐκεῖνος ὅπερ ἡ βούλησις θέλει καὶ οὗ τυχοῦσα ἂν ταύτῃ νόησις γίνεται. Vgl. dazu auch Enn. VI. VIII. 4 (II. 482, 123 ff.) φύσις δὲ ἁπλῆ καὶ ἐνέργεια μία καὶ οὐδὲ τὸ δυνάμει ἔχουσα ἄλλο, ἄλλο δὲ τὸ ἐνεργείᾳ, πῶς οὐκ ἐλευθέρα; οὐδὲ γὰρ ὡς πέφυκε λέγοιτο ἂν ἐνεργεῖν ἄλλης οὔσης τῆς οὐσίας, τῆς δὲ ἐνεργείας ἄλλης, εἴπερ τὸ αὐτὸ τὸ εἶναι ἐκεῖ καὶ τὸ ἐνεργεῖν. εἰ οὖν οὔτε δι' ἕτερον οὔτε ἐφ' ἑτέρῳ, πῶς οὐκ ἐλευθέρα;

13) In dieser realen metaphysischen Identität von ratio und voluntas in der plotinischen Spekulation liegen also die geheimen Wurzeln der auffälligen Ambivalenz des augustinischen Gottesgedankens, der unleugenbar stark intellektualistische, griechische Züge trägt und dabei die Grundelemente der voluntaristischen Konzeption des Gottesgedankens in einer Weise zum Ausdruck bringt, daß die großen theologischen Hauptprobleme von hier aus eine entscheidende neue Formulierung erfahren, s. R. Seeberg, Dogmen-Geschichte Bd. II. ³ S. 406; 409 ff.; 417 Anm. 1.

14) Enn. VI. VIII. 5 (II 484, 8 ff.) ἆρ' οὐ κακῶς ἐχούσης φήσομεν αὐτὴν εἰς κατακόσμησιν ἐλθεῖν συμμετρουμένην τὰ πάθη καὶ τὰς ὀρέξεις; τίνα οὖν τρόπον

3. Die ethische Formulierung des Freiheitsgedankens.

Damit erfährt auch die ethische Problemstellung eine grundlegende Änderung. Sittlichkeit ist von dieser Seinsmetaphysik aus nicht ein moralisches Verhalten, sondern ist bestimmt durch die Zugehörigkeit zu einer bestimmten geistigen Seinsform. Hier liegt der Grund dieser für den Spiritualismus bezeichnenden leicht resignierten Verachtung des „Tuns". Der freie Wille betrifft nicht das äußere Tun, sondern von aller äußeren πρᾶξις freie Tätigkeit des Geistes [15]). Die existentielle Grundlage der Sittlichkeit ist ein geistiges Sein und der Wille, der dieses Sein konstituiert, ist primär nicht eine Einwirkung auf die Dinge der Außenwelt, sondern die Richtungnahme des Geistes auf sein eigenes Sein. Die Aktivierung dieses Willens in die konkrete Wirklichkeit, in die Tatsphäre hinein ist erst eine sekundäre Wirkung dieses geistigen Willens.

Die Idee, daß die Sittlichkeit nicht ein moralisches Verhalten, sondern umgekehrt das moralische Verhalten die Aktivierung eines geistigen Seins ist, ist eine wesentliche Voraussetzung der an und für sich schwer verständlichen Kombination von neuplatonischer Ethik und paulinischer Rechtfertigungslehre, wie sie bei Viktorin und Augustin vorliegt. Der verbindende Gedanke ist, daß das Vollbringen der „guten Werke" Ausfluß eines geistigen Seins ist, kurz gesagt, der Gedanke der Souveränität des geistigen Innen vor dem moralischen Außen. „Die Taten sind zwangsläufig, der Wille aber ist vor den Taten und der Logos ist nicht gezwungen. ... Außerhalb des Tuns setzen wir daher die Freiheit und die eigentliche Tugend [16])." Die ontologische Grundlage der plotinischen Ethik konnte dazu führen, das „Sein in Christus", welches die metaphysische Grundlage der paulinischen Ethik ist, von dieser

---

λέγομεν ἐφ᾽ ἡμῖν τὸ ἀγαθοῖς εἶναι καὶ τὸ ἀδέσποτον τὴν ἀρετήν; ἢ τοῖς γε βουληθεῖσι καὶ ἑλομένοις· ἢ ὅτι ἐγγενομένη αὕτη κατασκευάζει τὸ ἐλεύθερον καὶ τὸ ἐφ᾽ ἡμῖν καὶ οὐκ ἐᾷ ἔτι δούλους εἶναι, ὦν πρότερον ἦμεν.

15) Enn. VI. VIII. 5 (II 484, 17 ff.) ἥκει οὐκ ἐν πράξει τὸ ἐφ᾽ ἡμῖν, ἀλλ᾽ ἐν νῷ ἡσύχῳ τῶν πράξεων.

16) Enn. VI. VIII. 5 (II 483, 32 ff.) εἰ οὖν ἐνεργοῦσα ἐν ταῖς πράξεσιν ἡ ἀρετὴ ἠνάγκασται βοηθεῖν, πῶς ἂν καθαρῶς ἔχοι τὸ ἐπ᾽ αὐτῇ; ἆρ᾽ οὖν τὰς πράξεις μὲν ἀναγκαίας, τὴν δὲ βούλησιν τὴν πρὸ τῶν πράξεων καὶ τὸν λόγον οὐκ ἠναγκασμένον φήσομεν; ἀλλ᾽ εἰ τοῦτο ἐν ψιλῷ τιθέμενοι τῷ πρὸ τοῦ πραττομένου ἔξω τῆς πράξεως τὸ αὐτεξούσιον καὶ τὸ ἐπ᾽ αὐτῇ τῇ ἀρετῇ θήσομεν.

Ontologie aus zu interpretieren, wozu noch als weiteres Moment hinzukommt, daß Paulus wie Plotin dabei von dem Problem der Freiheit ausgehen.

Im selben 8. Buch der 6. Enneade findet dieser Gedanke noch eine weitere Ausführung. Sittlichkeit ist kein „Benehmen", sondern eine „Konzentration nach innen". Der freie Wille in den Handlungen wird nicht auf die äußere, sondern auf die innere Betätigung, auf das Denken und Schauen der Tugend selbst bezogen, „damit es deutlich wird, daß das Unmaterielle das Freie ist; und dahin muß unsere Selbstbestimmung führen, und das ist der souveräne Wille, der auf sich selbst beruht, auch wenn du a u s N o t etwas nach außen anordnest" [17]). Gutes-Tun ist also Reflex eines Gut-Seins, welches ein geistiges Sein ist.

In der Erklärung des Willensbegriffs innerhalb der Anthropologie wird also festgestellt, daß es sich beim Willen nicht um eine bloße Funktion, sondern um ein geistiges Sein handelt. In dieser Anschauung einer innerseelischen Wesensgleichheit von Denken und Wollen arbeitet Plotin unmittelbar dem augustinischen Willensbegriff vor. In der gleichen Anschauung liegt auch schon der Grundgedanke der neuen Konzeption des Begriffs Person innerhalb der Anthropologie. Plotin selbst hat aber diesen Gedanken in der Anthropologie nicht durchgeführt. Die Untersuchung der Freiheit des Menschen dient ihm nur dazu, das Hauptproblem, die Frage nach der absoluten Freiheit des Geistes, zu unterbauen. Die eigentliche metaphysische und theologische Problematik beginnt für ihn mit der Transposition der an dem anthropologischen Exempel gewonnenen Begriffe und Anschauungen in die metaphysische Sphäre. Denn der eigentliche Ort der Freiheit und des Willens ist der Geist. Damit bekommt die ganze Frage nach der Freiheit und Selbstbestimmung des Menschen eine theologische Wendung: es handelt sich letzten Grundes überall nicht um die Freiheit des Menschen, sondern um die Freiheit Gottes; wer der göttlichen Geist-

---

17) Enn. VI. VIII. 6 (II 485, 8 ff.) ὥστε καὶ τὸ ἐν ταῖς πράξεσιν αὐτεξούσιον καὶ τὸ ἐφ' ἡμῖν οὐκ εἰς τὸ πράττειν ἀνάγεσθαι οὐδ' εἰς τὴν ἔξω, ἀλλ' εἰς τὴν ἐντὸς ἐνέργειαν καὶ νόησιν καὶ θεωρίαν αὐτῆς τῆς ἀρετῆς... ὥστε εἶναι σαφέστερον ὡς τὸ ἄυλόν ἐστι τὸ ἐλεύθερον· καὶ εἰς τοῦτο ἀναγωγὴ τοῦ ἐφ' ἡμῖν καὶ αὕτη ἡ βούλησις ἡ κυρία καὶ ἐφ' ἑαυτῆς οὖσα, καὶ εἴ τι ἐπιτάξειε πρὸς τὰ ἔξω, ἐξ ἀνάγκης, s. O. Kristeller a. o. S. 102 f.

natur teilhaftig ist, ist frei. Von einer sittlichen Freiheit des Menschen kann man nur bei ihrer wesenhaften, seinsmäßigen Beziehung auf die göttliche Freiheit reden.

III. Der theologische Willensbegriff.

Das „Eine" hat die absolute Freiheit und den Willen im vollendeten Maße. In welcher Weise aber hat es die Freiheit und den Willen? Noch im 9. Kapitel des 6. Buches hat Plotin seinen Gottesgedanken so entwickelt [18]): „Dem Einen eignet weder das Gute noch das Wollen irgendeiner Sache, sondern es ist jenseits des Guten und für sich selbst nicht gut, wohl aber für die andern (d. h. unter ihm), noch ist es ein Denken, damit es das Anders-sein vermeide ... noch ist es Bewegung, vielmehr vor dem Denken und der Bewegung." Diese negative Bestimmung wird aber aufgehoben durch die direkte Anknüpfung des Willensbegriffs an dem Begriff der δύναμις [19]), durch welchen er das Sein des Einen bestimmt hat. Mit der Einbeziehung des Willensbegriffs in seinen transzendenten Gottesgedanken beginnt die Durchbrechung dieses Transzendentalismus und die Umformung der Hypostasenlehre in die Anschauung vom inneren Leben des Geistes, d. h. die Nivellierung der drei aus der Entfaltung des Geistes entstandenen Hypostasen auf der gleichen Seins-Ebene.

Die Assimilation des Willensbegriffs an den δύναμις-Begriff vollzieht sich noch innerhalb desselben 9. Kapitels. Die Potenz des „Einen" ist „ganz über sich Herr" und „ist das, was sie will" [20]).

---

18) Enn. VI. IX. 6 (II 517, 1 ff.) τῷ ἑνὶ οὐδὲν ἀγαθόν ἐστιν, οὐδὲ βούλησις τοίνυν οὐδενός· ἀλλ' ἔστιν ὑπεράγαθον καὶ αὐτὸ οὐχ ἑαυτῷ, τοῖς δ' ἄλλοις ἀγαθόν . . . οὐδὲ νόησις, ἵνα μὴ ἑτερότης, οὐδὲ κίνησις· πρὸ γὰρ κινήσεως καὶ νοήσεως, vgl. Enn. VI. VIII. 9 (II 490, 20 ff.).

19) R. Seeberg, Grundriß der Dogmengeschichte 1927, S. 68 verweist auf den ἔρως als einen der Anknüpfungspunkte der voluntarischen Anschauung. Vgl. auch R. Seeberg: Augustinus, Gedächtnisrede, Stuttgart 1930: „Hier muß beachtet werden, daß diese doppelte, auf ein Ziel gerichtete Lebensbewegung (von oben nach unten und unten nach oben), an welcher alle Gedanken des Neuplatonismus orientiert sind, gewissermaßen Willensart an sich prägt."

20) Enn. VI. VIII. 9 (II 490, 20 ff.): ἀλλ' ἀόριστον ἰδὼν πάντα μὲν ἕξεις εἰπεῖν τὰ μετ' αὐτό, φήσεις δὲ οὐδὲν ἐκείνων εἶναι, ἀλλά, εἴπερ δύναμιν πᾶσαν αὐτῆς ὄντως κυρίαν, τοῦτο οὖσαν ὃ θέλει, μᾶλλον δὲ ὃ θέλει ἀπορρίψασαν

Damit wird zugleich mit dem Willensbegriff der Substanzbegriff in das „Eine" hineingetragen. Plotin verhindert zwar die Auflösung der transzendenten Einheit, die als Formalprinzip fortbesteht, durch die Bemerkung, es handle sich nicht um das Schaffen einer eigenen Substanz im eigenen Sein, sondern um ein Hinausschleudern des von ihm Gewollten in das Sein [21]. „Die Potenz selbst ist größer als das Wollen." Indes ist dieses Formalprinzip durch die ontologische Bestimmung des Seins des Einen als eines Wollens bereits aufgelöst und wird bereits im 13. Kapitel fallen gelassen. „Ein jedes von den Seienden, das nach dem Guten strebt, will lieber jenes sein, als was es selbst ist, und glaubt dann am meisten zu sein, wenn es Teil am Guten gewonnen hat, und in ihm wünscht sich ein jedes zu sein, soviel es von dem Guten empfangen hat, weil offenbar die Natur des Guten weit eher von ihm erwählt werden muß, wenn anders dem bei einem andern besonders begehrenswerten Anteil des Guten auch das Wesen entspricht, welches frei ist im Wollen und durch das Wollen seine Existenz erhalten hat [22]." „... Es ist aber die Natur des Guten selbst ein Sich-selbstwollen. In der Hypostase des Guten muß also notwendig die Wahl und das Wollen seiner selbst mit enthalten sein [23]."

Der Wille erscheint demnach in einer doppelten Funktion: 1. als der absolute, auf sich selbst gerichtete Wille des absoluten Geistes, 2. als der Wille des entfremdeten Geistes in seiner Zuwendung zum Absoluten.

εἰς τὰ ὄντα, αὐτὴν δὲ μείζονα παντὸς τοῦ θέλειν οὖσαν τὸ θέλειν μετ' αὐτὴν θεμένην. οὔτ' οὖν αὐτὴ ἠθέλησε τὸ οὕτως, ἵνα ἂν εἵπετο, οὔτε ἄλλος πεποίηκεν οὕτως.

21) ib.

22) Enn. VI. VIII. 13 (II 495, 13): τῶν ὄντων ἕκαστον ἐφιέμενον τοῦ ἀγαθοῦ βούλεται ἐκεῖνο μᾶλλον ἢ ὅ ἐστιν εἶναι, καὶ τότε μάλιστα οἴεται εἶναι, ὅταν τοῦ ἀγαθοῦ μεταλάβῃ καὶ ἐν τῷ τοιούτῳ αἱρεῖται· ἑαυτῷ ἕκαστον τὸ εἶναι, καθ' ὅσον ἂν παρὰ τοῦ ἀγαθοῦ ἴσχῃ, ὡς τῆς τοῦ ἀγαθοῦ φύσεως ἑαυτῇ δηλονότι πολὺ πρότερον αἱρετῆς οὔσης, εἴπερ ὅση μοῖρα ἀγαθοῦ παρ' ἄλλῳ αἱρωτάτη, καὶ οὐσία ἑκούσιος καὶ παραγενομένη θελήσει καὶ ἕν καὶ ταυτὸν οὖσα θελήσει καὶ διὰ θελήσεως ὑποστᾶσα.

23) Enn. VI. VIII. 13 (II 496, 11 ff.): ἔστι γὰρ ὄντως ἡ ἀγαθοῦ φύσις θέλησις αὐτοῦ... ἐν δὲ τῇ τοῦ ἀγαθοῦ ὑποστάσει ἀνάγκη τὴν αἵρεσιν καὶ τὴν αὑτοῦ θέλησιν ἐμπεριειλημμένην εἶναι.

1. Der auf sich selbst gerichtete Wille des absoluten Geistes.

a) Wille und Substanz.

In der Anknüpfung an die Idee, daß das „Eine" Potenz und zwar die auf die Formierung des eigenen Selbst gerichtete Potenz ist, wird der absolute Wille als ein Wille des Guten zu sich selbst dargestellt. Die Natur des „Einen" ist ein Sich-selbst-wollen; im Geist selbst liegt also der Drang zur Identität als ein Wille. Das Wesen dieses Willens wird durch folgendes gekennzeichnet: „Seine — des „Einen" — Wirkungen sind seine Willensäußerungen, denn er wirkt nicht ohne zu wollen; seine Energien aber sind gewissermaßen seine Substanzen. Sein Wille und seine Substanz sind also dasselbe. Ist das so, dann heißt das: wie er wollte, so ist er auch. Nicht m e h r also wirkt und will er, als er geworden ist oder: wie er will und wirkt, so ist seine Substanz. In universellem Sinne Herr ist er, indem auch sein eigenes Sein in seiner eigenen Entscheidung liegt [24]."

Im Geist ist also Wirken und Wollen eins, und zwar in der Weise, daß der Wille wie das Wirken die Substanz des Geistes ist. Der Geist i s t, weil er sich selbst will, und indem er sich selbst will, schafft er sich selbst (Enn. VI. VIII. 21). Der souveräne Wille, der ihn zur Identität führt, gibt ihm das Sein und die Form. Der Geist ist, was er will, nämlich er selbst, und sein Sein reicht nicht weiter als sein Wille reicht. Damit ist der große Ring geschlossen: der Weg des Geistes zu sich selbst führt notwendig zur Substanzierung; die Hypostasierung ist so in den innergöttlichen Lebensprozeß einbezogen. Die göttliche Natur ist Wille, ist Geist, ist also ihrem Wesen nach frei. „Man muß das Wollen und das Wesen und den Willen als eines fassen und der Wille muß durch sich selbst notwendig auch das Sein durch sich selbst für sich sein. Es ist also erwiesen, daß das Gute sich selbst geschaffen hat. Denn wenn das Wollen von ihm stammt und gleichsam sein Werk ist, dies

---

24) Enn. VI. VIII. 13 (II 495, 4 ff.): εἰ γὰρ δοίημεν ἐνεργείας αὐτῷ, τὰς δὲ ἐνεργείας αὐτοῦ οἷον βουλήσει αὐτοῦ — οὐ γὰρ ἀβουλῶν ἐνεργεῖ — αἱ δὲ ἐνέργειαι ἢ οἷον οὐσία αὐτοῦ, ἡ βούλησις αὐτοῦ καὶ ἡ οὐσία ταὐτὸν ἔσται· εἰ δὲ τοῦτο, ὡς ἄρα ἐβούλετο, οὕτω καὶ ἔστιν· οὐ μᾶλλον ἄρα ὡς πέφυκε βούλεταί τε καὶ ἐνεργεῖ, ἢ ὡς βούλεταί τε καὶ ἐνεργεῖ ἡ οὐσία ἐστὶν αὐτοῦ. κύριος ἄρα πάντη ἑαυτοῦ ἐφ᾽ ἑαυτῷ ἔχων καὶ τὸ εἶναι.

aber identisch ist mit seiner Hypostase, so hat er sich selbst zur
Hypostase verholfen; folglich ist er nicht, was er durch Zufall war,
sondern was er selbst wollte[25])." Der metaphysische Willensbegriff ist hier also entsprechend den Ausführungen innerhalb
der Anthropologie nicht mehr funktionell, sondern ontologisch
gefaßt und zwar als die Substanz, in der sich der Geist, der
Wille ist, selbst hypostasiert hat. „Wenn nun das Gute existierte
und die Wahl und der Wille es zugleich mitexistieren ließen —
denn ohne diese wird es nicht sein —, so kann dies notwendigerweise nicht eine Vielheit sein, s o n d e r n m a n m u ß d e n W i l l e n
u n d d i e S u b s t a n z i n e i n s z u s a m m e n n e h m e n, denn
n o t w e n d i g e r w e i s e i s t b e i i h m s e l b s t d a s W o l l e n
u n d d a s S e i n d a s s e l b e" (ib.). Geist i s t also Wille.

Innerhalb dieser Entwicklung des metaphysischen Willensbegriffs sind auch die übrigen Begriffe wie Leben, Intellekt, Energie
direkt in den transzendentalistischen Gottesbegriff hineingerückt,
der dadurch als eine reale metaphysische Wirklichkeit, als lebendiger Geist, als Person faßbar wird. Die absolute Freiheit des
Geistes ist eine Freiheit, selbst sein zu können; der Weg zum
Selbst führt über das Sein und zum Sein. Mit dieser Konzeption
des Willens als der Substanz des Geistes ist der griechische Intellektualismus durchbrochen.

Jetzt wird die Identifizierung des Willens mit dem Logos, d. i.
Christus, dem Sohne, verständlich, wie sie sich bei V i k t o r i n findet (s. S. 78 ff.). Es ist der erste Versuch einer dogmatischen
Identifizierung des durch den Willensbegriff transformierten,
verpersönlichten, neuplatonischen Gottesgedankens mit dem christlichen Gottesbegriff. Der Wille ist die Hypostase, in der sich der
Geist substanziert und selbst darstellt; dieser Prozeß der Hypostasierung ist identisch mit dem Prozeß der Zeugung des Sohnes.
Es wird auch deutlich, warum bei A u g u s t i n nicht eindeutig

---

25) Enn. VI. VIII. 13 (II 496, 26 ff.): εἰ οὖν ὑφέστηκε τὸ ἀγαθὸν καὶ συν-
εφίστησιν αὐτὸ ἡ αἵρεσις καὶ ἡ β ο ύ λ η σ ι ς — ἄνευ γὰρ τούτων οὐκ ἔσται —
δεῖ δὲ τοῦτο μὴ πολλὰ εἶναι, σ υ ν α κ τ έ ο ν ε ἰ ς ἓ ν τ ὴ ν β ο ύ λ η σ ι ν κ α ὶ τ ὴ ν
ο ὐ σ ί α ν, τ ὸ δ ὲ θ έ λ ε ι ν π α ρ' α ὑ τ ο ῦ ἀ ν ά γ κ η καὶ τ ὸ ε ἶ ν α ι π α ρ' α ὑ τ ο ῦ
α ὑ τ ῷ ε ἶ ν α ι· ὥστε αὐτὸν πεποιηκέναι αὐτὸν ὁ λόγος ἀνεῦρεν. εἰ γὰρ ἡ β ο ύ-
λ η σ ι ς παρ' αὑτοῦ καὶ οἷον ἔργον αὐτοῦ, αὕτη δὲ ταὐτὸν τῇ ὑ π ο σ τ ά σ ε ι
αὐτοῦ, αὐτὸς ἂν οὕτως ὑποστήσας ἂν εἴη α ὑ τ ό ν· ὥστε οὐχ ὅπερ ἔτυχέν
ἐστιν, ἀλλ' ὅπερ ἠβουλήθη αὐτός.

die voluntaristische und die intellektualistische Konzeption seines
Gottesgedankens geschieden werden kann: die Tatsache, daß er
beide Linien in sich vereint, geht auf die seinsmäßige Verknüpfung
des Willensbegriffs und des Intellekts im plotinischen Gottesgedanken zurück. Es geht also in dieser Metaphysik nicht um den Primat des Willens über den Intellekt oder des Intellekts über den
Willen, wie man die Frage gewöhnlich zu stellen pflegt, sondern
Wille und Intellekt liegen in der einen Geistsubstanz unmittelbar
ineinander. Der Grund dafür ist der dynamistische Ansatzpunkt
dieses Gottesgedankens: Wille, Energie, Leben, Bewegung, Intellekt sind in dem einen lebendigen Sein des Geistes eins. Damit ist
die metaphysische Voraussetzung für eine Deutung der Wesensgleichheit der trinitarischen Personen gegeben. Keine der einzelnen
Seinsformen liegt jetzt mehr über der anderen: der Streit um die
ontologische Priorität eines dieser Seins-Momente ist von dieser
Konzeption aus müßig.

In der Anschauung von der substantiellen Identität des Geistes
ist aber auch die Auffassung Gottes als einer Person in einer defi-
nitiven Weise vorgezeichnet: In der Verkoppelung von Substanz,
Wille und Intellekt ist der Gedanke des Person-seins Gottes und
dementsprechend die Deutung der trinitarischen Entfaltung als der
Selbstentfaltung der Person Gottes vorbereitet. Die lebendige Einheit von Wollen und Denken nennt Augustin P e r s o n, nachdem
er in einer Analyse des menschlichen Bewußtseins den anthropologischen Personbegriff bestimmt hat.

b) Der Prozeß der Selbsthypostasierung des Geistes und die dabei entwickelten Begriffe.

Der Willensbegriff erfährt bei Plotin selbst noch eine bemerkenswerte Ausgestaltung. Von der Identität des Willens mit der Energie des Geistes aus stellt sich der Akt der Substantiierung als ein
Sich-selbst-schaffen dar. „Entweder war der Wille in der Substanz; in keiner Weise ist er also anders als die Substanz; oder er
war etwas, was nicht war wie der Willen; alles war also Willen, und
nicht war in ihm das Nicht-wollen, nicht das vor dem Willen-sein:
Zuerst ist also der Wille er selbst [26]).“ Der Gedanke des in der

---

26) Enn. VI. VIII. 21 (II 506, 16 ff.): δεῖ δὲ καὶ τὴν ποίησιν αὐτοῦ, ἣν λέγομεν καὶ ταύτην ἅπαξ εἶναι· καλὴ γάρ· καὶ τίς ἂν παρατρέψειε βουλήσει

Identität vollendeten und seiend gewordenen Geistes findet hier in der Idee des sich selbst wollenden Willens seinen Abschluß[27]). Dieser Hauptgedanke wird noch öfters wiederholt. Dabei sind noch einige wichtige Begriffe hervorzuheben.

Der Wille des Geistes zur Identität wird beschrieben als eine Neigung zu sich selbst — νεῦσις πρὸς ἑαυτόν. Diese Neigung zur Identität bringt die ihm eigentümliche Seins-Form zustande. „Er selbst (Gott) hat sich selbst zu Stand und Wesen gebracht, indem mit ihm zugleich die Tätigkeit hervortrat... er ist also nicht so, wie er zufällig wurde, sondern wie er selbst wollte[28])." Durch diesen Begriff der Neigung — νεῦσις — ist die Anknüpfung an den bereits (s. S. 128 ff.) genannten Begriff der copula gegeben. Der über die Substantiierung führende Weg der Entfaltung des Geistes ist dadurch zurückgeführt auf die allgemeine Abwicklung des Erkenntnisvorganges, wie er sich hier als ein Akt der inneren Selbsterkenntnis des Geistes abspielt (s. S. 216 ff.). Dieser Gedanke tritt in der Trinitätsspekulation Augustins in seiner vollen Schärfe hervor (s. u.).

Begriffe wie νεῦσις, ἔφεσις fanden wir bereits bei der Darstellung der Entfremdung des Geistes und des Prozesses der Hypostasierung

γενομένην θεοῦ καὶ βούλησιν οὖσαν; βουλήσει οὖν μήπω ὄντος; τί δὲ βούλησιν ἐκείνου ἀβουλοῦντος τῇ ὑποστάσει· πόθεν οὖν αὐτῷ ἔσται ἡ βούλησις ἀπὸ οὐσίας ἀνενεργήτου; ἢ ἦν βούλησις ἔν τε τῇ οὐσίᾳ; οὐχ ἕτερον ἄρα τῆς οὐσίας οὐδέν. ἢ τι ἦν ὃ μὴ ἦν οἷον ἡ βούλησις; πᾶν ἄρα βούλησις ἦν καὶ οὐκ ἔνι τὸ μὴ βουλόμενον, οὐδὲ τὸ πρὸ βουλήσεως ἄρα. πρῶτον ἄρα ἡ βούλησις αὐτός. καὶ τὸ ὡς ἐβούλετο ἄρα καὶ οἷον ἐβούλετο καὶ τὸ τῇ βουλήσει ἑπόμενον, ὃ ἡ τοιαύτη βούλησις ἐγέννα. ἐγέννα δὲ οὐδὲν ἔτι ἐν αὐτῷ· τοῦτο γὰρ ἤδη ἦν.

27) Enn. VI. II. 21 (II 324, 2 ff.): ἐν οἷς γὰρ ἡ οὐσία οὐκ ἄλλο τι ἢ νοῦς, καὶ οὐκ ἐπακτὸν οὔτε τὸ ὂν αὐτοῖς οὔτε ὁ νοῦς, ἀμογητὶ ἂν εἴη ἄριστα ἔχον, εἴπερ κατὰ νοῦν κείσεται, καὶ τοῦτο ὄν, ὃ θέλει νοῦς, καὶ ἔστι.

Enn. VI. VIII. 16 (II 500, 23 ff.): οὐχ ὡς ἔτυχεν ἄρα ἐστίν, ἀλλ' ὡς αὐτὸς ἐθέλει, καὶ οὐδ' ἡ θέλησις εἰκῇ οὐδ' οὕτω συνέβη· τοῦ γὰρ ἀρίστου ἡ θέλησις οὖσα οὐκ ἔστιν εἰκῇ. ὅτι δ' ἡ τοιαύτη νεῦσις αὐτοῦ πρὸς αὐτὸν οἷον ἐνέργεια οὖσα αὐτοῦ καὶ μονὴ ἐν αὐτῷ τὸ εἶναι ὃ ἔστι ποιεῖ, μαρτυρεῖ ὑποτεθὲν τοὐναντίον. ὅτι εἰ πρὸς τὸ ἔξω νεύσειεν αὐτοῦ, ἀπολεῖ τὸ εἶναι ὅπερ ἔστι. τὸ ἄρα εἶναι, ὅπερ ἔστιν ἡ ἐνέργεια ἡ πρὸς αὐτόν· τοῦτο δὲ ἓν καὶ αὐτός. αὐτὸς ἄρα ὑπέστησεν αὐτὸν συνεξενεχθείσης τῆς ἐνεργείας μετ' αὐτοῦ... οὐκ ἄρα ὡς συνέβη, οὕτως ἐστίν, ἀλλ' ὡς ἠθέλησεν αὐτός ἐστιν.

28) Enn. VI. VIII. 16 ib.

„außen" (s. S. 222 ff.). In dem letztgenannten Zusammenhang bezeichnet er aber nicht mehr die Hinwendung der nach „außen" sich vollziehenden Hypostasierung des entfremdeten Geistes zu seinem Selbst, vielmehr ist der Prozeß selbst infolge der voluntaristischen Umformung als ein innergöttlicher gesehen, insofern der Prozeß der Selbstgestaltung und der in der Selbstschau verwirklichten Identität in das göttliche Bewußtsein hineinverlegt ist. Damit ist aber unmittelbar die Weiterbildung im Sinne des Augustinischen Personbegriffs möglich.

Die „Neigung zu sich selbst" wird auch als eine ἀγάπη und ein ἔρως bezeichnet. „Gott bewegt sich gleichsam in sein eigenes Inneres hinein als Liebe — ἀγάπη — 'zu sich selbst, dem reinen Glanz, indem er das selbst ist, was er liebgewonnen hat, d. h., er hat sich selbst zur Existenz verholfen, wenn anders er bleibende Energie und das Liebenswerteste gleichsam Intellekt ist. Der Intellekt aber ist das Werk einer Tätigkeit; aber nicht irgendeiner anderen, folglich ist er selbst das Werk seiner eigenen Tätigkeit [29])." Ähnlich heißt es im nächsten Kapitel: „Liebenswert und Liebe ist eben dasselbe, und zwar die Liebe seiner selbst, die nicht anders schön ist, als durch sich selbst und in sich selbst. Denn auch das In-sich-selbst-sein hat er (der Geist) nicht anders als dadurch, daß das in ihm Seiende mit ihm identisch ist. Wenn aber das, was darin ist, mit ihm (als Subjekt) eins ist, der Gegenstand des Strebens aber als Hypostase und gleichsam als Substrat gedacht wird, so ergibt sich uns wieder das Streben und die Substanz als identisch [30])." Das Selbst-werden

29) Enn. VI. VIII. 16 (II 500, 13 ff.): ὁ δ' εἰς τὸ εἴσω οἶον φέρεται αὐτοῦ οἶον ἑαυτὸν ἀγαπήσας, αὐγὴν καθαράν, αὐτὸς ὢν τοῦτο ὅπερ ἠγάπησε· τοῦτο δ' ἐστιν ὑποστήσας αὐτόν, εἴπερ ἐνέργεια μένουσα καὶ τὸ ἀγαπητότατον οἶον νοῦς· νοῦς δὲ ἐνέργημα· ὥστε ἐνέργημα αὐτός· ἀλλὰ ἄλλου μὲν οὐδενός· ἑαυτοῦ ἄρα ἐνέργημα αὐτός.

30) Enn. VI. VIII. 15 (II 498, 21 ff.): Καὶ ἐράσμιον καὶ ἔρως ὁ αὐτὸς καὶ αὐτοῦ ἔρως ἅτε οὐκ ἄλλως καλὸς ἢ παρ' αὐτοῦ καὶ ἐν αὐτῷ· καὶ γὰρ καὶ τὸ συνεῖναι ἑαυτῷ οὐκ ἂν ἄλλως ἔχοι, εἰ μὴ τὸ συνὸν καὶ τὸ ᾧ σύνεστιν ἓν καὶ ταὐτὸν εἴη· εἰ δὲ τὸ συνὸν καὶ τὸ ᾧ σύνεστιν ἓν καὶ τὸ οἶον ἐφιέμενον τῷ ἐφετῷ ἕν, τὸ δὲ ἐφετὸν κατὰ τὴν ὑπόστασιν καὶ οἶον ὑποκείμενον, πάλιν αὖ ἡμῖν ἀνεφάνη ταὐτὸ καὶ ἡ ἔφεσις καὶ ἡ οὐσία. Zur Annäherung des neuplatonischen und augustinischen Gottesgedankens an diesem Punkte (s. u.) vgl. auch R. Seeberg, Augustinus S. 14, wo als erster Berührungspunkt aufgeführt wird, „daß hüben und drüben Gott als lebendiger allbe-

vollzieht sich also in der Identifizierung mit dem geliebten Gegenstand, dem Selbst; die Liebe zum Selbst ist also wie der Wille ontologisch gefaßt, ist selbst Wille. Der Geist ist Liebe, wie er Energie ist, aber er wird erst ganz er selbst in der Identität mit dem geliebten Gegenstand. Die zweite Stelle ist insofern deutlicher, als sie den „geliebten" Gegenstand als Hypostase kennzeichnet: dieser Gedanke weist auf die Anschauung Viktorins zurück, nach der die Identität auf dem Weg über die Hypostasierung einer Art von Gegen-Ich zustande kam, wie die Pleroma-Chorema-Spekulation zeigt (s. S. 230 ff.).

Rückblickend kann man also eine doppelte Verklammerung des Willensbegriffs innerhalb der plotinischen Metaphysik konstatieren: die dynamis-Spekulation und die Eros-Lehre. Im Zusammenhang mit dem Willensbegriff selbst erscheinen die Begriffe ἀγάπη, ἔρως, νεῦσις innerhalb der Entfaltung des absoluten Geistes als nähere Bestimmungen der metaphysischen Funktion des Willens innerhalb des göttlichen Seins.

Die Tatsache, daß sich bei Plotin der Willensbegriff in dieser Weise in einer direkten Beziehung zum Eros-Begriff substantiell gefaßt findet, ist die wichtigste Voraussetzung für die Verwendung des Begriffs der dilectio innerhalb der augustinischen Trinitätslehre. Die triadische Reihe, in welcher Augustin die Selbstentfaltung des Geistes in memoria, intelligentia, voluntas darstellt, hat ihr direktes metaphysisches Gegenbild in der Dreieinigkeit von mens, notitia, amor innerhalb des göttlichen Selbstbewußtseins. Diese augustinische Anschauung von amor bzw. dilectio als der geistigen Grundsubstanz des Personseins Gottes ist unverständlich ohne die metaphysische Voraussetzung in dem plotinischen Willensbegriff, von dem aus der ἔρως bzw. die ἀγάπη nicht mehr als Funktion, sondern als die das Sein des Geistes konstituierende Substanz verstanden wird. Erst von hier aus ist auch die Einbeziehung des amor-Begriffes in die Spekulation über die Wesensgleichheit der drei Personen begreiflich.

---

wegender Geist gedacht wird, mag auch in dem einen Fall Gott als Weltimmanente Energie, in dem andern als der über die Welt erhabene Wille gedacht werden".

Weiter ist wichtig, daß der Begriff „amor" bei Augustin unmittelbar an Stelle des metaphysischen Willensbegriffs fungieren kann und als die „copula" bezeichnet wird, durch welche das Personsein zustande kommt, als das bindende Element in der Selbstbewußtwerdung des Geistes, die sich als Urakt alles Schauens, alles Erkennens, alles Wollens vollzieht.

In diesem Akt enthüllt sich auch zugleich der tiefste Sinn dieser Begriffe: das letzte und höchste Ziel aller Liebe, alles Erkennens und Schauens ist die Identität des Geistes, denn das Urbild aller Liebe ist die Liebe des Geistes zu sich selbst, die seine Selbstvollendung schafft; alle Selbstvollendung ist im höchsten Sinne Selbsterkenntnis; so ist im Geist alles Schauen ein Lieben und alles Lieben ein Sich-selber-wollen. Der Sinn alles absoluten geistigen Wollens, Wirkens und Denkens ist die Identität. Dieser mit sich selbst identische absolute Geist ist bei Augustin als Person erfaßt. In dieser letzten Konzeption strömt der plotinische und der viktorinische, der hellenistische und der metaphysisch gedeutete christliche Gottesgedanke zusammen.

2. Der Wille des entfremdeten Geistes.

Erst von der Bestimmung der Freiheit des absoluten Geistes aus läßt sich jetzt die mögliche Freiheit des entfremdeten Geistes, speziell das anthropologische Freiheitsproblem abgrenzen. Wir greifen dabei zurück auf die Darstellung des Prozesses der Hypostasierung, wie er im zweiten Teil beschrieben wurde (s. S. 214 ff.). Die Hypostase ist noch nicht existent im Akt der Entfremdung selbst, sondern erst im Akt ihrer Rückwendung, indem sie gewissermaßen in der Flucht vor ihrem Urprinzip innehält, sich auf ihren Ursprung zurückwendet und sich dadurch „außen" substanziert. Die treibende Kraft dieser Rückwendung — ἐπιστροφή — findet sich als ein Wille, ἔρως, ἀγάπη, συναφή, νεῦσις bezeichnet.

Dieser Prozeß wird jetzt von der neuen Auffassung des Willensbegriffs aus verständlich. Der Geist ist ein Wille zu sich selbst. In diesem Ruck des entströmenden Geistes, in dem er im Prozeß der Emanation innehält und sich auf seinen Ursprung als sein Selbst zurückwendet, manifestiert sich das „Auf-sich-selbst-gerichtet-sein", das das Wesen des Geistes ausmacht. Alles, was Geist ist, hat also seiner Natur nach diesen Trieb zur Identität.

Dieser Wille des Geistes zu sich selbst manifestiert sich noch in der untersten Hypostase und fernsten Entfremdung. Überall dort ist Freiheit ein Wille des entfremdeten Geistes zum Absoluten, zum Geist-Selbst. Wie also die Hypostasierung ihrerseits ein Akt der absoluten Freiheit des Geistes ist, so ist Freiheit innerhalb des unteren Seins nur da, wo der entfremdete Geist sich bereits zu seinem Geist-Selbst zurückgefunden hat.

Die Selbstverwirklichung als ein Akt des souveränen göttlichen Willens, der ein Wille zu sich selbst ist, führt „von oben her" zur Hypostasierung, zur „Zeugung des Sohnes". „Gott ist niemandes Knecht, weder seiner Substanz, noch sich selbst, noch bedeutet für ihn die Substanz seinen Ursprung, sondern er selbst ist Ursprung der Substanz; nicht für sich machte er die Substanz, sondern als er sie machte, ließ er sie aus sich selbst heraustreten, da ja der in keiner Weise des Seins bedurfte, der das Sein gemacht hat [31]."

Dementsprechend ist also von einer Freiheit innerhalb der unteren Hypostasen „von unten her" nur insoweit zu reden, als sie an dieser Freiheit des absoluten Geistes noch teilhaben, d. h. Freiheit gibt es nur im absoluten Geist. Das höchste Ziel der menschlichen Freiheit ist das Teilhaben an der Freiheit des absoluten Geistes.

Freiheit beim Menschen gibt es also nur, insoweit sich in ihm die Rückwendung zur reinen Geistnatur bereits vollzogen hat und er insofern an der absoluten Freiheit des Geistes teilhat. Dieses existentielle Ziel, das Gott-sein (s. S. 288) bleibt das höchste Ziel aller idealistischen Ethik. Die einzige menschliche Freiheit, die diesen Namen verdient, ist die Freiheit des Pneumatikers. Damit ist die Auffassung der Freiheit an die christliche Idee von der Freiheit des im Geiste Wiedergeborenen herangerückt (s. S. 147 ff.).

Innerhalb des spiritualistischen Freiheitsbegriffs spielt der Wille insofern eine bedeutsame Rolle, als er es ist, in dem sich

31) Enn. VI. VIII. 19 (II 504, 19 ff.): χρὴ δὲ ἴσως καὶ τὸ ἐπέκεινα οὐσίας καὶ ταύτῃ νοεῖσθαι τοὺς παλαιοὺς λεγόμενον δι’ αἰνίξεως, οὐ μόνον ὅτι γεννᾷ οὐσίαν, ἀλλ’ ὅτι οὐ δουλεύει οὔτε οὐσίᾳ οὔτε ἑαυτῷ οὐδέ ἐστιν αὐτῷ ἀρχὴ ἡ οὐσία αὐτοῦ, ἀλλ’ αὐτὸς ἀρχὴ τῆς οὐσίας ὢν οὐχ αὑτῷ ἐποίησε τὴν οὐσίαν ἀλλὰ ποιήσας ταύτην ἔξω εἴασεν ἑαυτοῦ, ἄτε οὐδὲν τοῦ εἶναι δεόμενος ὃς ἐποίησεν αὐτό.

diese Transformation in das geistige Sein vollzieht. Der Geist, der
Wille ist, beginnt im Willen des Menschen zu wirken [32]). Auch der
Wille des entfremdeten Geistes ist ein Wille zu seinem absoluten
Sein und zwar in der Weise, daß innerhalb dieses Sich-selbst-
wollens die Zurückführung des entfremdeten Geistes in sein absolutes Selbst stattfindet. „Ein jedes von den Schauenden, das nach
dem Guten strebt, will lieber jenes sein, als was es selbst ist (s. S.
304)." In diesem Wollen erhält das niedrige geistige Sein seine reine
Existenz zurück.

Die Voraussetzung des Wollens ist die Abkehr des Willens von
allen äußeren Dingen und seine Konzentration auf das Innen, d. h.
die Transformation der ὄρεξις in die βούλησις. Hierin liegt bereits
ein Hinweis auf die augustinische Willenlehre (s. u.). Auch hier
ist aber die βούλησις nicht psychologisch oder moralisch verstanden,
bedeutet auch nicht den Willen zum eigenen niederen Selbst — ist
also nicht auf die eigene Person konzentriert —, sondern ein Wille
über sich selbst hinaus zum absoluten Geist, ein Aufschwung des
entfremdeten Geistes zu seinem transzendenten Selbst. Auch der
menschliche Geist hat sein letztes Ziel in der transzendenten Identität des absoluten Geistes.

Die Rückwendung stellt sich als ein Schauen dar, dessen Motiv
ein vernünftiges Wollen ist. Die praktische Ethik besteht darin,
dem, der schauen will, den Weg zu zeigen [33]). „Wenn also durch
das Wollen des Guten ein jedes sich selbst macht, so wird doch wohl
bereits klar, daß jenes in erster Linie ursprünglich für sich selbst
ein solches ist, durch welches auch das übrige durch sich selbst sein
kann, und in seinem sogenannten Wesen wohnt der Wille gleichsam inne, ein solches zu sein, und es ist unmöglich, es zu begreifen,
ohne daß es selbst sein will, was es ist [34])." Der reale metaphysische

---

32) Siehe R. Seeberg, Dogmatik Bd. II³ S. 417 ff. Augustinus s. u. S. 20 ff.

33) Enn. VI. IX. 4 (II 513, 2 ff.): διὸ οὐδὲ ῥητὸν οὐδὲ γραπτόν φησιν, ἀλλὰ
λέγομεν καὶ γράφομεν πέμποντες εἰς αὐτὸ (sc. τὸ ἕν) καὶ ἀνεγείροντες ἐκ τῶν
λόγων ἐπὶ τὴν θέαν ὥσπερ ὁδὸν δεικνύντες τῷ τι θεάσασθαι βουλο-
μένῳ· μέχρι μὲν γὰρ τῆς ὁδοῦ καὶ τῆς πορείας ἡ δίδαξις, ἡ δὲ θέα αὐτοῦ ἔργον
ἤδη τοῦ ἰδεῖν βεβουλημένου.

34) Enn. VI. VIII. 13 (II 495, 27 ff.): εἰ οὖν τούτῳ (sc. dem Wollen des
Guten) αὐτό τι ἕκαστον ἑαυτὸ ποιεῖ, δῆλον δήπου γίνεται ἤδη, ὡς ἐκεῖνο
ἂν εἴη ἤδη ἑαυτῷ τοιοῦτον πρώτως, ᾧ καὶ τὰ ἄλλα ἑαυτοῖς ἐστιν εἶναι, καὶ
σύνεστιν αὐτοῦ τῇ οἷον οὐσίᾳ ἡ θέλησις τοῦ οἷον τοιοῦτον εἶναι

Charakter des Einen als des ἀγαθόν schlechthin ist dabei notwendig vorausgesetzt.

Der Prozeß der „Erneuerung" setzt im Willen ein. Diese Erneuerung ist bei Plotin metaphysisch gefaßt als ein geistiger Akt, der durch pädagogische Mittel, durch eine zielbewußte Abwendung des Willens von den exteriora und eine systematische Hinwendung auf das Absolute gelenkt wird — hier greift der Gedanke der Askese ein —, innerhalb der christlichen Lehre als ein Gnadenakt Gottes. Die Verbindung der beiden Momente in der Ethik der christlichen Askese hat sich von dem gemeinsamen metaphysischen Ansatzgedanken aus vollzogen.

Innerhalb dieser Assimilation ist es für das abendländisch-lateinische Denken besonders bedeutungsvoll, daß bereits nach der Anschauung der neuplatonischen Ethik der Wille es ist, in dem sich die entscheidende sittliche Wendung vollzieht. Die Idee der sittlichen Vervollkommnung als der Zurückformung des entfremdeten Geistes in den absoluten Geist ist bei Plotin ein unmittelbarer Reflex seiner Konzeption des Geistes als eines Willens zu sich selbst.

Diese ganze Willensspekulation ist bezeichnenderweise innerhalb der christlichen Deutungsversuche des Neuplatonismus auf griechischem Boden hinter der bereitwilligen Übernahme der Logosspekulation zurückgetreten. Damit ist eine doppelte Frage gestellt:

I. Woher kommt diese ungriechische Konzeption des Willens als des Seins des Geistes in die plotinische Metaphysik?

II. Wie vollzieht sich die Entwicklung des Willensbegriffs zwischen Plotin und Augustin?

καὶ οὐκ ἔστιν αὐτὸ λαβεῖν ἄνευ τοῦ θέλειν ἑαυτῷ, ὅπερ ἔστι. καὶ σύνδρομος αὐτὸς ἑαυτῷ θέλων αὐτὸς εἶναι καὶ τοῦτο ὢν ὅπερ θέλει καὶ ἡ θέλησις καὶ αὐτὸς ἕν, καὶ τούτῳ οὐχ ἧττον ἕν, ὅτι μὲν ἄλλος αὐτός, ὅπερ ἔτυχεν, ἄλλο δὲ τὸ ὡς ἠβουλήθη ἄν.

B. Die orientalische Willensspekulation der nichtchristlichen Religionskreise.

Der Problemstellung unserer Untersuchung entsprechend soll hier nicht die Entwicklung des psychologischen Begriffs behandelt werden, vielmehr soll nur die Frage nach der Entwicklung des m e t a - p h y s i s c h e n Willensbegriffs gestellt werden, wie er bei Plotin erscheint. Daß mit diesem metaphysischen Willensbegriff eine entsprechende Modifizierung des anthropologischen Willensbegriffs verbunden ist, ist bereits nachgewiesen (s. S. 79); dieses zweite Problem wird durch das erste stets schon mitbestimmt.

Die voluntaristische Konzeption des Gottesgedankens ist nicht ursprünglich griechisch. Sie fehlt selbst dort, wo man sie am ehesten erwartet, in dem Weltbild des platonischen Timäus (s. u.).

Der metaphysische Willensbegriff ist vielmehr aufs engste verbunden mit dem orientalischen Gottes- (Kyrios-) Gedanken (s. S. 189 ff.).

Der Versuch einer metaphysischen Konzeption des Willens dringt in einem doppelten Strom in den Hellenismus ein. Der Ursprung beider Ströme ist dort, wo der orientalische Gottesgedanke den Mittelpunkt einer spekulativen Religionsphilosophie bildet: innerhalb des Ideenkreises der nichtchristlichen Religion in der hermetischen Literatur, d. h. der ä g y p t i s c h e n R e l i g i o n s p h i l o - s o p h i e, innerhalb der christlichen Spekulation in der G n o s i s. Die Untersuchung des Willensbegriffs innerhalb dieser beiden Strömungen ist um so wichtiger, als von beiden Richtungen aus eine unmittelbare Einwirkung auf die neuplatonische Philosophie ausging.

I. Die ägyptische Religionsphiiosophie
(Hermes Trismegistos, Poimandres).

1. In der hermetischen Literatur tritt der Willensbegriff sehr in den Vordergrund. Was bei einer Betrachtung dieses Schriftkreises zunächst auffällt, ist, daß das Θέλημα[1]) und ebenso die Βουλή und

---

1) corp. hermeticum XIII 1 f., ed. W. Scott, Hermetica, Bd. I, Oxford 1924, (S. 238): ἀγνοῶ, ὦ τρισμέγιστε, ἐξ οἴας μήτρας ἄνθρωπος <ἀν>αγεννη-

die Βούλησις als mythische Hypostasen neben Νοῦς, Λόγος und Αἰών auftreten [2]). Die metaphysischen Begriffe, die bei Plotin zur ontologischen Bestimmung des intelligiblen Seins dienen (s. S. 241 ff), führen hier ihr mythisches Eigenleben.

Die Bedeutung dieses Zusammenhangs wird erhöht durch die Tatsache, daß bereits in der hermetischen Spekulation der Wille als die S u b s t a n z des Geistes erscheint. Dieser Gedanke findet sich vielleicht schon in der Naassenerpredigt angedeutet, wo es von Gott heißt: „Ich werde, was ich will und ich bin, was ich bin [3]).“ Im gleichen Zusammenhang wird Gott als die οὐσία τοῦ πνεύματος bezeichnet [4]). An diesen Substanzbegriff knüpft sich die Idee von der motio immota, der bewegenden Kraft der auf sich selbst gerichteten und in sich selbst ruhenden Bewegung Gottes (ib.). In dieser kurzen Definition der Naassenerpredigt vereinigt sich also bereits eine ganze Gruppe von Ideen, wie sie die spekulative Grundlage des Willensbegriffs innerhalb des plotinischen Systems darstellen. Das „Ich werde, was ich will“ schlägt bereits den Gedanken an, daß der Wille des Geistes ein Wille zu sich selbst ist, d. h. zu seiner eigenen Hypostasierung und Substantiierung ist.

Was in der Naassenerpredigt sich auf eine kurze Andeutung beschränkt, ist im *corpus hermeticum* aufs deutlichste ausgeführt, und zwar in einer Weise, die die unmittelbare Analogie zur

---

θ<εί>η <ἄν>, σπορᾶς δὲ ποίας; — Ὦ τέκνον, σοφία <ἡ> μήτρα, ἐν σιγῇ <κύουσα> καὶ ἡ σπορὰ τὸ ἀληθινὸν ἀγαθόν. — Τίνος σπείραντος, ὦ πάτερ; τὸ γὰρ σύνολον ἀπορῶ. — Τοῦ θελήματος τοῦ Θεοῦ, ὦ τέκνον. — Λέγε μοι καὶ τοῦτο· τίς ἐστι τελεσιουργὸς τῆς παλιγγενεσίας; — Ὁ τοῦ Θεοῦ παῖς ἄνθρωπος εἷς, θελήματι Θεοῦ <ὑπουργῶν>. Reitzenstein Poimandres S. 233: ‚Das Thelema wird dabei als männlich gedacht‘.

2) corp. herm. XIII 19 (S. 252) (s. Reitzenstein S. 347) hat auch die Trias Λόγος, Νοῦς, Βουλή: ταῦτα βοῶσαι αἱ δυνάμεις αἱ ἐν ἐμοὶ [[τὸ πᾶν ὑμνοῦσι]] τὸ σὸν θέλημα τελοῦσι... σῇ βουλῇ ἀπὸ [[σοῦ ἐπὶ σὲ τὸ πᾶν]]. δέξαι ἀπὸ πάντων λογικὴν θυσίαν... <τὸν νοῦν> τὸν ἐν ἡμῖν σῶζε ζωή, φωτίζε φῶς, πνευμάτιζε θεέ. Λόγον γὰρ τὸν σὸν ποιμαίνει ὁ Νοῦς, πνευματοφόρε δημιουργέ. σὺ εἶ ὁ θεός ... [20] Βουλῇ τῇ σῇ ἀναπέπαυμαι. ... Θελήματι τῷ σῷ «ἀνεγεννήθην» ... Θεέ σὺ <ὁ> πατήρ, σὺ ὁ Κύριος, σὺ ὁ Νοῦς· δέξαι λογικὰς θυσίας ἃς θέλεις ἀπ' ἐμοῦ. σοῦ γὰρ βουλομένου πάντα <σοι> τελεῖται. Siehe auch Reitzenstein a. O. S. 330.

3) Naassener Predigt nach Poimandres S. 87 (Reitz.) ed. Schneider S. 142, 20: (vgl. Reitzst. Synkret. S. 164) γίνομαι ἃ θέλω καὶ εἰμὶ ὃ εἰμί.

4) Naas. Pred. ib.

plotinischen Spekulation aufweist. „Die Energie Gottes ist der
Wille und s e i n e S u b s t a n z i s t d e r W i l l e, daß alles sei:
denn was ist Gott der Vater, wenn nicht das Sein aller Dinge, die
noch nicht sind. Aber seine Substanz ist das Vorhandensein des
Seienden: das ist Gott, das ist der Vater... außerhalb des göttlichen Willens gibt es weder ein Sein noch ein Werden... Gott ist
dadurch, daß er alles will, der Vater des Alls; denn er will, daß
dies sei, und so ist es auch [5]).“ Gott ist also Wille; seine Substanz ist
die Totalität alles Seins vor aller Verwirklichung in der Zeit, er
ist die allgegenwärtige Identität alles Seins und das Prinzip der
Dinge, die noch nicht sind; er ist, weil er will und was er will:
hier sind wichtige Hinweise auf plotinische Gedanken gegeben (s. S. 299 ff.): die Identität der göttlichen Energie mit seinem
Willen, die Identität seines Willens mit seinem Wesen: das Wesen
aber gefaßt als die Totalität alles Seins. Diese Konzeption des
Willens, die mit einer anderen Anschauung von der Materie verbunden ist, führt notwendig zur Idee der Schöpfung aus dem
Nichts.

In der ägyptischen Religionsphilosophie hat sich der Prozeß der
Logisierung des orientalischen Gottesgedankens und damit das Problem, dem Willensbegriff einen bestimmten metaphysischen Ort
anzuweisen, in einer entscheidenden Weise gelöst, indem nach dem
Schema der Logos-Spekulation der Wille als die Substanz und
Hypostase Gottes erscheint. Der Grundgedanke dieser Spekulation
ist auch innerhalb der ägyptischen Religionsphilosophie der Gedanke der absoluten Freiheit Gottes, die sich im *corpus hermeticum*
nach zwei Seiten entwickelt findet.

1. Die Gesetzlichkeit des intelligiblen und kreatürlichen Universums stellt sich in drei Formen dar: als Heimarmene, als necessitas,

---

5) corp. herm. X 2 (S. 186): ἡ γὰρ τούτου ἐνέργεια ἡ θέλησίς ἐστι.
καὶ ἡ οὐσία αὐτοῦ τὸ θέλειν πάντα εἶναι. τί γάρ ἐστι<ν ὁ> θεὸς καὶ
πατὴρ [καὶ τὸ ἀγαθὸν] ἢ τὸ τῶν πάντων εἶναι οὐκέτι ὄντων; ἀλλὰ ὕπαρξις
αὕτη τῶν ὄντων· τοῦτο ὁ θεός, τοῦτο ὁ πατήρ. Vgl. corp. herm. XI 2, 13 b.
ῥάδιον νοήσεις τὸ τοῦ θεοῦ ἔργον ἓν ὄν, ἵνα πάντα γίνηται [τὰ γινόμενα]. ..
ib. X 4 (S. 188): εἰ δὲ [τοῦτο οὕτως ἔχει], πάντως μέντοι ἀναγκαζόμενος ὑπὸ
τοῦ [ἀγαθοῦ] θελήματος <τοῦ θεοῦ> οὗ χωρὶς οὔτε εἶναί <τι> οὔτε γενέσθαι δυνατόν. ib. X 4 a (S. 188): ὁ δὲ θεὸς [καὶ πατὴρ καὶ τὸ ἀγαθὸν] τῷ <θέλ-
ειν> εἶναι τὰ πάντα <πάντων πατήρ> ... καὶ γὰρ ταῦτα θέλει εἶναι καὶ
οὕτως ἄρα ἔστι καὶ αὐτά.

als ordo. Heimarmene ist die Gesetzlichkeit, nach der sich die Individuation des einen vernünftigen Urprinzips vollzieht, d. h. die
universelle vorzeitliche Bestimmung und Festsetzung aller intelligiblen Formen, Kräfte, Ideen und Bewegungen [6]). Die necessitas
ist die Aktivierung dieser prädestinierten Gesetzlichkeit im Sein —
qua ad effectum vi coguntur omnia [7]). ordo bezeichnet die innere
Ordnung, nach der sich die Entfaltung des Seins unter der Heimarmene und der necessitas vollzieht, also die Gesetzlichkeit des Zusammenwirkens der differenzierten Formen in ihrer zeitlichen Einzelentfaltung und Einzelverwirklichung. Der souveräne Wille Gottes selbst steht jenseits der drei Formen von Gesetzlichkeit.

2. Diese Idee von der absoluten Freiheit Gottes, bzw. des Geistes,
der Wille ist, ist aber bereits in einem „heilsmäßigen" Sinn gedeutet, und zwar insofern, als Hermes lehrt, die W i e d e r g e b u r t
vollziehe sich nicht in jedem, sondern nur in dem, den Gott selbst
w i l l [8]). Die Erlösung erfolgt also durch einen unmittelbaren Willensakt Gottes. In der hermetischen Theologie ist also bereits von
dem voluntaristischen Geistgedanken aus die direkte Beziehung
zwischen der Wiedergeburt des einzelnen und der Prädestination
als einem unmittelbaren heilsmäßigen Eingriff des göttlichen Willens hergestellt.

Diese Entfaltung des substantiellen Willensbegriffs im Zusammenhang mit dem Problem der absoluten Freiheit Gottes enthält
auch insofern noch einen wichtigen Hinweis, als bereits in der ägyptischen Religionsphilosophie das Ἀγαθόν, welches bei den Ägyptern
die Stelle des plotinischen „Einen" einnimmt — (s. S. 309) als Wille
bezeichnet wird [9]). Man kann also feststellen, daß die wesentlichsten Begriffe und Ideen, die Plotin innerhalb seiner Willensspekulation entwirft, in der ägyptischen Religionsphilosophie vorskizziert

---

6) corp. herm. Ascl. III 39—40 a (S. 362 ; 364).

7) ib. S. 364.

8) corp. herm. XIII 13 b (S. 248).

9) corp. herm. Ascl. III 20 b (S. 332): hic ergo, solus [ut] omni[a] utriusque sexus fecunditate plenissimus, semper bonitatis praegnans suae, parit
semper quicquid voluerit procreare. voluntas eius «eadem» est bonitas omnis. haec [[eadem]] bonitas omnium rerum est ex divinitate eius nata [natura]. Statt bonitatis hat eine Handschrift auch voluntatis. Der Wille erscheint auch in den herm. Fragmenten des Lactanz, so div. inst. lib. IV 7;
vgl. weiter corp. herm. Ascl. III 26 a und Lact. div. inst. VII 18 (S. 359).

sind, und daß es der o r i e n t a l i s c h e Gottesgedanke ist, von
dessen metaphysischer Explikation aus das Willensproblem in die
neuplatonische Theologie eingedrungen ist, und darüber hinaus,
daß bereits dort eine religiöse Deutung des Willensbegriffs in der
Beziehung von Prädestination und Wiedergeburt existierte.

Diese Willensspekulation ist wie bei Viktorin dogmatisch (s.
S. 78 ff.), so hier mythisch bezogen auf die Zeugung des Sohnes, insofern „Sohn" — in Analogie zu der plotinischen Deutung des
Kronosmythus — die Substantiierung und Manifestierung Gottes
außerhalb seines transzendenten An-sich-seins, d. h. seine Hypostasierung im Intellekt bezeichnet (s. S. 204 ff., 210 ff.).

Drei Dinge sind dabei besonders hervorzuheben.

1. Hermes sagt: „Der Nus stammt unmittelbar aus der Substanz Gottes, soweit es eine Substanz Gottes gibt [10])." In diesem
einschränkenden Zusatz macht sich das gleiche zögernde Bedenken
bemerkbar, das Plotin dazu brachte, die notwendige Einbeziehung
der Begriffe Substanz, Wille, Intellekt in die Bestimmung seines
Gottesgedankens durch ein οἶον abzudämpfen (s. S. 291). Wenn
wir dort darauf hinwiesen, daß diese Durchbrechung der absoluten
Transzendenz Voraussetzung für die Anschauung der Konsubstantialität der drei Hypostasen ist, in denen sich die Entfaltung des
Geistes abwickelt, so ist im *corpus hermeticum* bereits die ontologische Abstufung von Vater und Sohn als οὐσιότης und οὐσία gefunden, eine Differenzierung, die Plotin vermeidet, da sie seine
Hypostasenlehre stört, die sich aber konsequenterweise bei V i k -
t o r i n findet, der das Verhältnis von Vater und Sohn durch die
ontologischen Begriffe *substantialitas* und *substantia* bezeichnet
(s. S. 290 ff.).

2. In der ägyptischen Spekulation ist bereits der Gedanke von
der ἕνωσις der Hypostasen ausgesprochen. So wird im *corpus
hermeticum* das Verhältnis von Vater und Sohn als eine ἕνωσις
gefaßt [11]). Im ersten Buch spricht der Sohn: „Ich bin jenes Licht,

---

10) corp. herm. XII 1 (S. 222; 224): ὁ ν ο ῦ ς .. ἐξ αὐτῆς τῆς τοῦ θεοῦ ο ὐ -
σ ί α ς ἐστίν, εἴ γ έ τις ἔστιν οὐσία θεοῦ καὶ ποία τις οὖσα τυγχάνει, αὐτὸς
μόνος ἀκριβῶς οἶδεν. ὁ νοῦς οὖν οὐκ ἔστιν ἀποτετμημένος τῆς οὐ-
σιότητος τοῦ θεοῦ, ἀλλ' ὥσπερ ἡπλωμένος καθάπερ τὸ τοῦ ἡλίου φῶς.

11) corp. herm. I 6 (S. 116): τὸ φῶς ἐκεῖνο, ἔφη, ἐγώ, νοῦς, ὁ πρῶτος θεός,
ὁ πρὸ φύσεως ὑγρᾶς τῆς ἐκ σκότους φανείσης· ὁ δὲ ἐκ [νοὸς] φωτ[ει]νὸς λόγος

der Nus, der erste Gott... aber der aus dem Nus hervorstrahlende
Logos ist der Sohn Gottes... Und in dir ist der Logos der Sohn
des Herrn, aber der Nus ist Gottvater. Sie sind aber nicht von-
einander verschieden, die Einheit — ἕνωσις — beider ist das
Leben [12])." Einen wichtigen Hinweis auf diese Anschauung der
ägyptischen Hermesreligion gibt auch die Formel, die Martial überliefert: „Hermes omnia solus et ter unus [13])."

3. Innerhalb dieser Spekulationen fällt bereits das Stichwort der
späteren Kämpfe: das ὁμοούσιος. Mit diesem Begriff wird das Verhältnis des Nus zum Logos bezeichnet, die ἕνωσις und ὁμοουσία also
bereits ontologisch gedeutet (s. S. 291 f.). Diese Momente mögen die
Bemerkung unterstreichen, daß mit der voluntaristischen Konzeption des Gottesgedankens zugleich die Idee der Wesensgleichheit
der Hypostasen angebahnt ist; ist der Geist Wille und ist die Substanz des Geistes Wille, dann wird die dreifache Entfaltung des
Geistes, welche nach der Dreifaltigkeit des Erkenntnisvorgangs
gedacht ist, auf einer substantiellen Ebene zusammengehalten. Der
Wille hält die drei „formae" in der einen Substanz zusammen.
Augustin bzw. Viktorin haben den passenden Terminus für diese
Funktion gefunden, wenn sie den Willen als die copula bezeichnen.

Für Plotin selbst läßt sich soviel erkennen: Mit der voluntaristischen Wendung des Gottesgedankens war die Entwicklung auf
die „homoousianische" Hypostasenlehre selbst angebahnt, aber
nicht durchgeführt, da dies zu einer Erschütterung seines ganzen
transzendentalistischen Systems geführt hätte. Auf die Versuche,
dem entgegenzuwirken, haben wir bereits hingewiesen (s. S. 290 ff.).

Für die in der hermetischen Literatur vorliegende Konzeption
des Willens als Substanz und Hypostase gilt dasselbe wie für
Plotin: der Nus, die Energie, das Leben sind nicht numerisch verschiedene Hypostasen, sondern liegen in derselben einen Substanz
ineinander.

Der Ansatzpunkt ist auch in der ägyptischen Religionsphilosophie
die Anschauung vom deus ignotus. Der Wille des Vaters ist ein
Wille, sich selbst darzustellen, aus seiner Verborgenheit herauszu-

---

υἱὸς θεοῦ . . . καὶ ἐν σοὶ ὁ λόγος [κυρίου] <υἱός>, ὁ δὲ νοῦς πατὴρ [θεός].
οὐ γὰρ διίστανται ἀπ’ ἀλλήλων. ἕνωσις γὰρ τούτων ἐστὶν ἡ ζωή.

12) ib. I 10 (S. 118): ἡνώθη τῷ δημιουργικῷ νῷ. ὁμοούσιος γὰρ ἦν.

13) s. Reitzenstein, Hell. Mysterienreligionen [3] S. 27.

treten, den unteren Hypostasen, den Aeonen, bekannt zu werden. Der Wille und der Intellekt ist derselbe „Sohn"; man kann also auch hier nicht von einer Priorität des Willens über den Intellekt reden, vielmehr handelt es sich um ein lebendiges, geistiges Sein, dessen metaphysische Bestimmung den theologischen Personbegriff vorbereitet (s. S. 302).

So wird der Wille Gottes genau dem Logos entsprechend beschrieben [14]): Trismegistos: „haec enim mundi < re > genitura: cunctarum reformatio rerum bonarum et naturae ipsius sanctissima et religiosissima restitutio, per[co]acta temporis cursu < dei voluntate > quae est [[et fuit sine initio]] sempiterna. voluntas enim dei caret initio, quae eadem est semper et sicuti est, sempiterna < et fuit sine initio >, dei enim natura consilium est [[voluntatis]] bonitatis." Asclepios: „voluntatis summa consilium o Trismegiste?" Trism.: „voluntas o Asclepi, consilio nascitur et ipsum velle e voluntate. neque enim inpense aliquid vult, qui est omnium plenissimus: [[et ea vult quae habet]] vult autem omnia bona, et habet omnia quae «et ea vult quae habet», omnia autem bona cogitat et vult."

Die Behandlung des Willensbegriffs an dieser Stelle ist um so auffälliger, als hier der Wille unmittelbar in Verbindung gebracht wird mit der universellen Wiedergeburt, der reformatio rerum bonarum, der *restitutio sanctissima et religiosissima*. Diese religiöse Konzeption des Willens weist schon auf die Funktion des Geistes innerhalb der Restitution und Wiedergeburt des Universums bei *Viktorin*. Dieser Gedanke, der, wie noch auszuführen ist, eine beachtenswerte Geschichtsphilosophie in sich trägt, kommt notwendig dort zum Durchbruch, wo Gott voluntaristisch als der auf sich selbst gerichtete Geist geschaut ist.

Vor allem die Anschauung von der Schöpfung ist es, bei der der Willensbegriff immer wieder in den Vordergrund rückt. „Der Wille Gottes selbst ist die höchste Vollendung, da sich ja das Wollen und das Vollenden in einem und demselben Zeitpunkt vollendet: dem Spruch Gottes folgt die Notwendigkeit nach; mit dem Willen ist der Effekt gleichzeitig [15])." Die Entfaltung des göttlichen

---

14) corp. herm. Ascl. III 26 b (S. 346).

15) corp. herm. Ascl. I 8 (S. 300): voluntas etenim Dei ipsa est summa perfectio, utpote cum voluisse et perfecisse uno eodemque temporis puncto conpleat. ib.

Willens ist damit nach zwei Seiten bestimmt: einmal als das universelle Gesetz der intelligiblen und kreatürlichen Natur, dann als unmittelbar in die Geschichte eingreifende Macht. Die Schöpfung selbst ging rein aus dem göttlichen Willen hervor. „Mit seinem Willen hat der Vater dem All einen Leib gemacht [16]." „Mit seinem Willen hat er das Seiende geschaffen [17]." „Von seinem Willen hängt alles ab [18]." „Alles ist Gott und von ihm alles und alles ist seines Willens [19]."

Zur Schöpfung steht dann die Restitution des Universums in einer komplementären Beziehung (s. S. 121). Der Wille Gottes ist es, der sich in dem Erlöser, dem Menschen von Himmel, manifestiert, den Gott auf die Welt gesandt hat und der die Wiedergeburt schafft. So spricht der Myste zu Hermes: „Sage mir auch dies: Wer ist es, der die Wiedergeburt schafft?" Hermes: „Der Sohn Gottes, ein Mensch nach dem Willen des Vaters [20]."

Der göttliche Wille ist also gefaßt als Heilswille. Der Sohn ist Mensch geworden, um als γενεσιουργὸς τῆς παλιγγενεσίας den Heilswillen des Vaters zu verwirklichen [21].

Zusammenfassend kann man sagen, daß der Willensbegriff bei dem Versuch einer Logisierung des orientalischen Gottesgedankens in die metaphysische Spekulation eingedrungen ist, und daß es die ägyptische Hermes-Theologie war, in der dieser Prozeß stattgefunden hat. Die ursprüngliche Verknüpfung dieser Spekulation mit einer Religion, und zwar einer Religion, in der nicht nur die Idee

---

Schluß: [placitum enim Dei necessitas sequitur, voluntatem comitatur effectus].

16) corp. herm. IV 1 a (S. 148).

17) ib. IV 1 b.

18) corp. herm. Ascl. I 7 c (S. 298).

19) corp. herm. Ascl. III 34 c (S. 358); s. auch folgende Stellen: corp. herm. XII 15 b (S. 232); corp. herm. Ascl. III 17 a (S. 316); corp. herm. I 11 b (S. 118); corp. herm. Ascl. III 22 b (S. 336); corp. herm. XIII 21 (S. 252); corp. herm. fr. 11 (Scott S. 536); Lactanz div. inst. IV 7, 3; corp. herm. I 12 (S. 120) 13 a b (S. 120).

20) corp. herm. XIII 4 (S. 240): λέγε μοι καὶ τοῦτο· τίς ἐστι γενεσιουργὸς τῆς παλιγγενεσίας; — ὁ τοῦ Θεοῦ παῖς, ἄνθρωπος εἷς θελήματι Θεοῦ.

21) ib. vgl. auch corp. herm. XIII 19 (S. 252) im Hymnus des Hermes: . . αἱ δυνάμεις αἱ ἐν ἐμοὶ . . . τὸ σὸν θέλημα τελοῦσι. ib. 20: θελήματι τῷ σῷ <ἀνεγεννήθην>; dazu auch corp. herm. Ascl. I 11 b (S. 306; 308).

der Erlösung, sondern auch der Mythus vom Menschen vom Himmel mächtig war, bringt es mit sich, daß dieser Willensbegriff heilsmäßig gedeutet ist.

Der Unterschied der hermetischen und der neuplatonischen Willensspekulation läßt sich dahin formulieren, daß in der hermetischen Spekulation der Voluntarismus konsequent bis zur Anschauung der Schöpfung als einer *creatio ex nihilo* durchgeführt ist, und daß von vornherein durch die Beziehung auf die Erlösung, Wiedergeburt und auf die Menschwerdung des Sohnes eine soteriologische Bestimmung gegeben ist.

Für die Ausdehnung dieses Gedankenkreises ist es von Wichtigkeit, daß wir in L a k t a n z einen Zeugen dafür haben, daß die hermetische Spekulation ohne weitere Umformung direkt in die lateinische Theologie eingedrungen ist. Laktanz zitiert den Hermes Trismegistos als Quelle von fast gleichem Autoritätswert wie die Offenbarung. „Trismegistus hat fast die universelle Wahrheit erforscht — auf welche Weise, weiß ich nicht — und hat die Kraft und die Majestät des Worts oft beschrieben [22].“

Von den Stellen, in denen in der hermetischen Literatur vom Willen Gottes die Rede ist, findet sich ein großer Teil in den Exzerpten, die in den theologischen Schriften des Laktanz erhalten sind, dem gerade die Betonung des Willens im Gottesgedanken ein wichtiger Hinweis auf die Identität der Gottesanschauung der christlichen und hermetischen Spekulation erschien. In einem solchen Einzelphänomen zeigt sich die geheime Sympathie des lateinischen Denkens mit dem voluntaristischen Gottesgedanken des Ostens, eine Sympathie, als deren stärkster Ausdruck die Renaissance des Alten Testamentes in der abendländischen Frömmigkeit zu verstehen ist [23].

---

22) Laktanz, div. inst. lib. IV 9, 3 (CSEL 19 S. 300): Trismegistus, qui veritatem paene universam n e s c i o q u o m o d o investigavit, virtutem maiestatemque Verbi saepe descripsit . . . etc.

23) Auf eine weitere Möglichkeit eines Eindringens des voluntaristischen Gottesgedankens in die nichtchristliche Theologie könnte eine Bemerkung Reitzensteins weisen, der die These aufstellt (Hellenistische Mysterienreligionen [3] S. 108), daß unter Trajan die römische Judengemeinde nicht streng orthodox gewesen sei, sondern ganz oder in großen Teilen mit Jahwe zusammen den Zeus Hypsistos Ouranios und den phrygischen Attis verehrt habe. Laktanz gibt auch einen wertvollen Hinweis auf den reli-

II. Der Willensbegriff in der mythisch-metaphysischen Spekulation der Gnosis.

Für die Entwicklung des metaphysischen Willensbegriffs ist von Bedeutung seine früheste Aufnahme in die christliche Spekulation, wie sie sich in der Gnosis findet.

1. Valentin.

Man wird hier zunächst auf die „Enthymesis" Valentins hinweisen müssen, um die Behandlung des Willensbegriffs in der Gnosis zu verstehen. Die Enthymesis erscheint als selbständige mythische Hypostase in einem ganz ähnlichen Sinn wie das Thelema in der ägyptischen Theologie. Daß die Hypostasenlehre im Grunde eine mythische Urform der Metaphysik darstellt, geht aus der Umformung dieser mythischen Hypostasen in metaphysische Begriffe bei ihrer Logisierung innerhalb des griechischen Denkens hervor. Grundlage der Hypostasenspekulation ist auch in der Gnosis der transzendentalistische Gottesgedanke in der Form der Anschauung vom deus ignotus bzw. absconditus. Mit der Enthymesis ist das Dynamisch-Willensmäßige im Wesen Gottes bezeichnet. Die Verkoppelung von Willensbegriff und Enthymesis im Gottesgedanken der Gnosis zeigt ein Valentinfragment, das sich in den Excerpta ex Theodoto findet [24]): „ἄγνωστος οὖν ὁ πατὴρ ὢν ἠθέλησεν γνωσθῆναι τοῖς αἰῶσιν καὶ διὰ τῆς ἐνθυμήσεως τοῦ ἑαυτοῦ, ὡς ἂν ἑαυτὸν ἐγνωκώς, πνεῦμα γνώσεως οὔσης ἐν γνώσει, προέβαλε τὸν Μονογενῆ. γέγονεν οὖν καὶ ὁ ἀπὸ γνώσεως, τουτέστι τῆς πατρικῆς ἐνθυμήσεως προελθὼν γνῶσις, τουτέστιν ὁ υἱός, ὅτι

gionsphilosophischen Charakter des zeitgenössischen Neuplatonismus: er spricht vom Bankerotte der weltlichen Philosophie und ihrer theologischen Wendung bei Pythagoras und Plato: „suspicabantur enim sapientiam in religione versari", eine Formel, die ausgezeichnet die Philosophie seiner Zeit charakterisiert. Er erzählt dann weiter von den Bemühungen der beiden „Theologen", bei den Ägyptern, Magiern und Persern die Weisheit zu suchen, um sich schließlich zu verwundern, warum sie so weit herumgereist seien, wo sie doch alles viel näher und wahrer bei den Juden hätten haben können, „bei denen allein damals die Weisheit war" de div. inst. lib. IV 2,3—4.

24) excerpta ex Theodoto 7,1 (Griech. christl. Schriftst. Clem. Alex. Bd. 3 S. 108, bei Harvey, Iren. tom. I S. 14 Anm. 4 irreführend als did. or. § 14 zitiert).

«δι' υἱοῦ ὁ πατὴρ ἐγνώσθη». τὸ δὲ τῆς ἀγάπης πνεῦμα κέκραται τῷ τῆς γνώσεως ὡς πατὴρ υἱῷ καὶ ἐνθύμησις ἀληθείᾳ, ἀπ' ἀληθείας προελθὸν ὡς ἀπὸ ἐνθυμήσεως γνῶσις· καὶ ὁ μὲν μείνας «μονογενὴς υἱὸς εἰς τὸν κόλπον τοῦ πατρὸς» τὴν ἐνθύμησιν διὰ τῆς γνώσεως ἐξηγεῖται τοῖς αἰῶσιν, ὡς ἂν καὶ ὑπὸ τοῦ κόλπου αὐτοῦ προβληθείς [25]."

Der Antrieb, den „eingeborenen Sohn" aus sich herauszusetzen, ist also die Enthymesis, d. h. der Wille des verborgenen Gottes, sich den Aeonen selbst darzustellen. Die Enthymesis bewirkt die Gnosis. Die Gnosis ist aber der Sohn, d. h. die Form, in der Gott sich selbst erkennt und von den Aeonen geschaut werden kann. In der Schau als der Vollendung der Identität vollzieht sich also die Substanzierung und Selbstdarstellung des verborgenen Vaters im Sohn. Die Enthymesis entspricht der Funktion der Boulesis in der hermetischen Spekulation (s. S. 311 f.). Beide bezeichnen die erste Tätigkeit des verborgenen Gottes, in der er sich seiner Transzendenz entäußert [26]). Die Tatsache, daß auch hier der Akt der Selbstbegrenzung als eine Gnosis aufgefaßt ist, führt wieder darauf, daß hinter der Vorstellung der Hypostasierung des transzendenten Gottes die Idee des über die Selbstentfremdung führenden Prozesses der Identität des absoluten Geistes steht.

Die Stelle aus den excerpta ex Theodoto führt so auf Anschauungen, wie sie in der Deutung des Kronos-Mythus bei Plotin hervortraten (s. S. 198 ff.). Der Sohn ist die Substanzierung des verborgenen Gottes außerhalb seiner göttlichen Verborgenheit und ist also selbst die Offenbarung des verborgenen Gottes, denn er hat die volle Kenntnis Gottes und kann so den Aeonen den Willen des Vaters verkünden: er ist so gewissermaßen der Mittler, der zwischen den verborgenen Vater und die unteren Emanationen tritt und als die Substanz des Vaters selbst das ganze Wesen des Vaters offenbart. Der Sohn selbst ist so „unter" dem Vater, aus seinem

25) Diese Gedanken weisen auf die Vorstellung Plotins von der Hierarchie der unteren Wesen, die sich versammeln, um den Höchsten zu schauen, und vor die er plötzlich aus dem Verborgenen hintritt (s. S. 190). Auch daß es der Wille zur Selbstdarstellung ist, der ihn zur Zeugung des Sohnes führt, weist auf plotinische Züge (s. S. 12 f.).

26) Auch folgende bei Irenaeus zitierte Stelle setzt den transzendentalistischen Gottesgedanken und die Anschauung seiner Selbstbegrenzung im Sohne, dem Nus, voraus. Hier ist es der Nus, der den verborgenen

Schoß unten hervorgegangen, bleibt aber in einem wesenhaften
Zusammenhang mit ihm, insofern sein Wesen das Wesen des Vaters
ist und in seiner Gnosis der Vater selbst dargestellt und erkennbar
ist. Die mythische Bildphantasie und das metaphysische Denken

Vater den unteren Äonen offenbaren will, während nach der oben zitierten
Stelle der Vater sich selbst im Sohn begrenzt, um sich den Äonen zu offenbaren. Zur Enthymesis vgl. auch Irenaeus lib. I 1, 2 (13 f.) : Et propatorem
quidem eorum cognosci soli dicunt ei, qui ex eo natus est, Monogeni, hoc
est No : reliquis vero omnibus invisibilem et incomprehensibilem
esse.

Solus autem Nus secundum eos delectabatur videns Patrem, et magnitudinem immensam eius considerans exultabat et excogitabat reliquis
quoque Aeonibus participare magnitudinem Patris, quantus
et quam magnus existeret et quemadmodum erat sine initio et inca-
pabilis et incomprehensibilis ad videndum.

Continuit autem eum Sige voluntate Patris, quoniam vellet omnes hos
in intellectum et desiderium exquisitionis Patris sui adducere.

Et reliqui quidem Aeones omnes tacite quodammodo desiderabant pro-
latorem seminis sui videre, et eam, quae sine initio est, radicem contem-
plari.

Praesiliit autem valde ultimus et iunior de duodecade ea, quae ab An-
thropo et Ecclesia emissa fuerat, Aeon, hoc est Sophia, et passa est passionem sine complexu coniugis Theleti : quae exorsa quidem fuerat in iis,
quae sunt erga Nun et Alethiam ; derivavit autem in hunc [Aeonem, id est
Sophiam] demutatam, sub occasione quidem dilectionis, temeritatis autem,
quoniam non communicaverat Patri perfecto quemadmodum et Nus.

Passionem autem esse exquisitionem Patris : voluit enim, ut dicunt, magnitudinem eius comprehendere.

Dehinc quum non posset, quoniam impossibilem rem aggrederetur, in
magna agonia constitutum propter magnitudinem altitudinis, et propter
quod investigabile Patris est, et propter eam quae erat erga eum dilectionem, quum extenderetur semper in priora, a dulcedine eius novissime forte
absorptum fuisset et resolutum in universam substantiam, nisi ei, quae
confirmat et extra inenarrabilem magnitudinem custodit omnia, occurrisset
virtuti. Hanc autem virtutem et Horon vocant ; a qua abstentum et confirmatum, vix reversum in semetipsum, et credentem iam, quoniam incomprehensibilis est Pater, deposuisse pristinam intentionem (τ. προτέραν ἐνθύμησιν) cum ea quae acciderat, passione, ex illa stuporis admiratione.

Harvey (S. 14 Anm. 4) : The reader may remark that Sophia and her
product Enthymesis are a reflex of the Archetypal Enthymesis, whereby
Bythus in the beginning conceived the notion of evolving the entire series
of Divine Intelligences named Aeons ; and for this reason the πάθος of
Sophia, i. e. Enthymesis, had its commencement in the primary emanation
of Bythus.

liegen in dieser Anschauung eigenartig ineinander. Der Wille erscheint hier primär der auf sich selbst gerichtete Wille Gottes, der zu der Zeugung des Sohnes und von ihm aus zur Zeugung des Universums führt.

Diesen Prozeß führt ein Irenaeusfragment noch weiter aus [27]). „Diese Enthymesis wollte — βουλευθεῖσαν — zur Ehre der Aeonen das All machen und habe Bilder von ihnen angefertigt; noch mehr: der Erlöser selbst existiere nur durch sie und sie selbst habe sich im Bild des unsichtbaren Vaters bewahrt, unerkennbar dem Demiurgen; der aber sei ein Bild des eingeborenen Sohnes, Abbild aber der übrigen Aeonen seien die Erzengel und die Engel, die unter diesen sind." Die Schöpfung des intelligiblen Universums, der Prozeß der Hypostasierung, die Abstufung der himmlischen Hierarchie, die auf dem Weg einer realen Abbildung der oberen Hypostasen zustande kommt, geht also auf das Wirken der Ἐνθύμησις zurück. Auch der Erlöser verdankt ihr schließlich sein Sein. Wenn es heißt: „Sie selbst hat sich im Bild des unsichtbaren Gottes bewahrt", so wirkt die Ἐνθύμησις selbst im εἰκών des unsichtbaren Gottes; da aber das Bild der Sohn ist, so sind wir wieder auf plotinische Ideen gewiesen, wo ebenfalls der Sohn als das Abbild des verborgenen Vaters, als der Wille des Vaters und die schöpferische Aktivierung seiner Potenzen erscheint (s. S. 198 ff.).

Auch die Bemerkung, daß der Demiurg die Enthymesis nicht erkenne, führt auf bereits bekannte Ideen. Die absolute Freiheit des Willens ist nur bei Gott: dieser freie Wille bewirkt das Sich-selbst-

---

27) Irenaeus lib. I 1, 9 (ed. Harvey tom. 1 S. 42): τὴν γὰρ Ἐνθύμησιν ταύτην βουληθεῖσαν εἰς τιμὴν τῶν Αἰώνων τὰ πάντα ποιῆσαι εἰκόνας λέγουσι πεποιηκέναι αὐτῶν, μᾶλλον δὲ τὸν Σωτῆρα δι' αὐτῆς· καὶ αὐτὴν [lege ἑαυτὴν] μὲν ἐν εἰκόνι τοῦ ἀοράτου Πατρὸς τετηρηκέναι μὴ γινωσκομένην ὑπὸ τοῦ δημιουργοῦ· τοῦτον δὲ τοῦ μονογενοῦς υἱοῦ, τῶν δὲ λοιπῶν Αἰώνων τοὺς ὑπὸ τούτων [τούτου] γεγονότας Ἀρχαγγέλους τε καὶ Ἀγγέλους. text. lat. ib.: Hanc enim Enthymesin volentem in Aeonum honorem omnia facere imagines dicunt fecisse ipsorum, magis autem Salvatorem per ipsam. Et ipsam quidem in imagine invisibilis Patris conservasse incognitam a Demiurgo. Hunc autem unigeniti Filii: reliquorum vero Aeonum eos qui ab hoc facti sunt Angeli et Archangeli; vgl. weiter die Auffassung der Enthymesis Iren. lib. I 1, 3 (S. 20 H.); lib. I 1,6 (S. 31 f. H.), auch lib. I 1, 5 (S. 28 H.), vor allem auch der αὐτοβούλητος βουλή der Sige, die bei dem Gnostiker Markus sich findet (nach Iren. lib. I 8, 8 [S. 141 H.]).

schaffen, die Hypostasierung und die Individuation; dem entfremdeten Geist eignet die Freiheit nicht mehr, vielmehr vollzieht sich
in den unteren Hypostasen nur noch die notwendige Auswirkung
dieses prädestinierenden Willens: der Demiurg verwirklicht nur
die Schöpfung, aber nicht in einer freien Entscheidung: diese ist
bei Gott allein: er kann den Willen Gottes nicht erkennen, sondern
nur erfüllen: die Ἐνθύμησις steht über der Εἱμαρμένη, die Freiheit
über dem Gesetz. Das sind Gedanken, wie sie auch in der hermetischen Spekulation in der Abstufung von εἱμαρμένη, necessitas und
ordo und der Unterordnung dieser Schicksalsformen unter die Freiheit Gottes sich hervortaten [28]).

2. Ptolemaeus.

Diese Spekulationen erscheinen bei Ptolemaeus, der mit He-
rakleon zum italischen Zweig der valentinischen Gnosis gehörte und
vermutlich um die Mitte des 2. Jahrhunderts in Rom lebte [29]), in
einer bemerkenswerten Verwandlung. Bei ihm hat nämlich die
Θέλησις bzw. das Θέλημα als Hypostase die Ἐνθύμησις verdrängt [30]).

28) Iren. lib. II 18, 6 (S. 300 H.). s. S. 312 f.
29) vgl. Harnack, A., Brief des Pt. an die Flora, Sitzber. d. Ak. d. Wiss.
Berlin, Heft XXV, Jahrg. 1902.

30) Iren. lib. I 6, 1 (S. 109 f. H.):
οὗτος τοίνυν ὁ Πτολεμαῖος, καὶ οἱ
σὺν αὐτῷ, ἔτι ἐμπειρότερος ἡμῖν τοῦ
ἑαυτῶν διδασκάλου προελήλυθε . . .
δύο γὰρ οὗτος συζύγους τῷ θεῷ τῷ
παρ' αὐτοῖς Βυθῷ καλουμένῳ ἐπενό-
ησέ τε καὶ ἐχαρίσατο. ταύτας δὲ καὶ
διαθέσεσιν [l. διαθέσεις] ἐκάλεσεν,
Ἔννοιάν τε καὶ Θέλημα. Πρῶτον γὰρ ἐνενοήθη προβαλεῖν φησὶν,
εἶτα ἠθέλησε. Διὸ καὶ τῶν δύο διαθέσεων τούτων, ἢ καὶ δυνάμεων,
τῆς Ἐννοίας καὶ τῆς Θελήσεως,
ὥστε συγκρατεισῶν εἰς ἀλλήλας, τῇ
προβολῇ τοῦ Μονογενοῦς καὶ τῆς Ἀληθείας κατὰ συζυγίαν ἐγένετο. Οὕστινας
τύπους καὶ εἰκόνας τῶν δύο διαθέσεων
τοῦ Πατρὸς προελθεῖν, τῶν ἀοράτων
ὁρατάς· τοῦ μὲν Θελήματος, τὴν Ἀλήθειαν, τῆς δὲ Ἐννοίας τὸν Νοῦν, καὶ

Hippolyt. elench. VI 5; 38, 169—170
(Griech. christl. Schriftst. Bd. 3, ed.
Wendland):
πολλαὶ δὲ περὶ αὐτοῦ τοῦ Βυ-
θοῦ διάφοροι γνῶμαι . . . οἱ δὲ περὶ
τὸν Πτολεμαῖον δύο συζύγους αὐτὸν
ἔχειν λέγουσιν, ἃς καὶ διαθέσεις
καλοῦσιν, Ἔννοιαν καὶ Θέλησιν.
Πρῶτον γὰρ ἐνενοήθη τι προβαλεῖν,
ὥς φασιν, ἔπειτα ἠθέλησε· διὸ καὶ τῶν
δύο τούτων διαθέσεων καὶ δυνάμεων,
τῆς τε Ἐννοίας καὶ τῆς Θελήσεως,
ὥσπερ συγκρατεισῶν εἰς ἀλλήλας ἡ
προβολὴ τοῦ τε Μονογενοῦς καὶ τῆς
Ἀληθείας κατὰ συζυγίαν ἐγένετο. οὕστινας τύπους καὶ εἰκόνας τῶν δύο
διαθέσεων τοῦ Πατρὸς προελθεῖν ἐκ
τῶν ἀοράτων ὁρατάς, τοῦ μὲν Θελήματος τὸν Νοῦν, τῆς δὲ Ἐννοίας
τὴν Ἀλήθειαν. καὶ διὰ τοῦτο τοῦ ἐπι-

Dem Bericht des Irenaeus läßt sich über diesen Punkt noch soviel entnehmen: die Θέλησις erscheint zusammen mit der Ἔννοια als Gemahlin des Bythos. Neben den Willen ist also das intelligible Prinzip, die Ἔννοια als selbständige Hypostase getreten, die sich beide mit dem Urprinzip, dem Bythos, zu einer Trias vereinigen. Wichtig ist, daß diese beiden *coniuges* auch als διαθέσεις, d. h. als *formae* des Bythos bezeichnet werden, Begriffe, die bereits bei Tertullian innerhalb der abendländischen Trinitätslehre zur Bezeichnung der trinitarischen Personen auftreten.

Die beiden Hypostasen, das voluntaristische und das noetische Prinzip in der Gottheit, finden sich auch als K r ä f t e des Bythos bezeichnet. Durch die Vermischung dieser beiden — *commixtio* — kommt es zu der Geburt — *emissio*, προβολή — einer neuen Syzygie des Monogenes und der Aletheia. Der Monogenes und die Aletheia sind die τύποι und die εἰκόνες der beiden διαθέσεις des Vaters: in diesen Bildern werden zugleich die beiden unsichtbaren Urbilder sichtbar [31]).

διὰ τούτου τοῦ Θελήματος ὁ μὲν ἄρρην εἰκὼν τῆς ἀγεννήτου Ἐννοίας γέγονεν, ὁ δὲ θῆλυς τοῦ Θελήματος· τὸ Θέλημα τοίνυν δύναμις ἐγένετο τῆς Ἐννοίας. Ἐνενόει μὲν γὰρ ἡ Ἔννοια τὴν προβολήν· οὐ μέντοι προβαλεῖν αὐτὴ καθ᾽ ἑαυτὴν ἠδύνατο ἃ ἐνενόει. Ὅτε δὲ ἡ τοῦ Θελήματος δύναμις ἐπεγένετο, τότε ὃ ἐνενόει [ἐνενοεῖτο] προέβαλε . . . κτλ.

γενητοῦ Θελήματος ὁ ἄρρην εἰκών, τῆς δὲ ἀγεννήτου Ἐννοίας ὁ θῆλυς, ἐπεὶ τὸ Θέλημα ὥσπερ δύναμις ἐγένετο τῆς Ἐννοίας. ἐνενοεῖτο μὲν γὰρ ἀεὶ ἡ Ἔννοια τὴν προβολήν, οὐ μέντοι προβάλλειν αὐτὴ κατ᾽ αὐτὴν ἠδύνατο, ἀλλὰ ἐνενοεῖτο, ὅτε δὲ ἡ τοῦ Θελήματος δύναμις ἐπεγένετο, τότε ⟨ὃ⟩ ἐνενοεῖτο προβάλλει.

Irenaeus text. lat. (ib. S. 109 f. H.): Hi vero qui sunt circa Ptolemaeum scientiores, duas coniuges habere eum Bython dicunt, quas et dispositiones vocant, Ennoean et Thelesin. Primo enim mente concepit quid emittere, sicut dicunt, post deinde voluit. Quapropter duobus his affectibus et virtutibus, id est Ennoeas et Theleseos, velut commixtis in invicem emissio Monogenis et Aletheiae secundum coniugationem facta est. Quos typos et imagines duorum affectuum Patris egressas esse, invisibilium visibiles. Thelematis quidem Nun, Ennoeas autem Aletheian: et propter hoc adventitiae voluntatis masculus est imago, innatae vero Ennoeae foemininus, quoniam Voluntas velut virtus facta est Ennoeae. Cogitabat enim Ennoea semper emissionem, non tamen et emittere ipsa per semet ipsam poterat quae cogitabat. Cum autem Voluntatis virtus advenit, tunc quod cogitabat, emisit.

31) Der genannte hypostatische Prozeß ist nun bei Irenaeus und bei

Dieser metaphysische Prozeß ist nichts anderes als die Auflösung des einen Prozesses der Zeugung des Sohnes in eine dyadische Emanation auf Grund der dyadischen Konzeption des Gottesbegriffs als Geist und Wille. In dem Bythos vereinigen sich gewissermaßen der intellektualistische und der voluntaristische Gottesgedanke, indem in der göttlichen Substanz Wille und Intellekt in einer verborgenen Weise geeint sind; Thelema und Ennoia sind mythisch gefaßt die beiden Gemahlinnen, metaphysisch die beiden formae und potentiae, die sich in dem Urprinzip vereinen. In dem mythisch als androgyn gedachten Urprinzip sind die beiden als die das Sein des Geistes konstituierenden formae zurückgehalten. Entsprechend entfalten sich weiter die Hypostasen in einer voluntaristischen und einer noetischen Reihe. In einer genauen Analogie zu der Ἐνθύμησις des Valentin zeugt hier das Θέλημα, das männliche Prinzip Gottes, den Μονογενής, den eingeborenen Sohn Gottes, d. h. den Νοῦς. Dementsprechend zeugt die Ἔννοια, das weibliche Prinzip, die Ἀλήθεια. Dieser Prozeß ist aber nicht getrennt zu verstehen, sondern als ein Zusammenwirken beider Urprinzipien. Die Ἔννοια gebiert ihre Hypostase mit der Kraft des männlichen Prinzips, des Θέλημα. Das Fundament des Systems bilden also die beiden Begriffe Idee und Kraft, auf denen schon Simon Magus sein Weltsystem aufbaute; die Idee ist bestimmt als Bewußtsein, die Kraft als Wille.

In einer differenzierten mythischen Einkleidung dringen hier Prinzipien durch, die wir schon bei Plotin bemerkten. Die Entfaltung des göttlichen Urprinzips führt über die Selbsthypostasie-

---

Hippolyt verschieden dargestellt: Irenaeus sagt, in der Hypostasierung entspreche dem Thelema als Abbild die Aletheia, der Ennoia der Nus, während Hippolyt die Hypostasierung umgekehrt schildert und den Nus aus dem Thelema, die Aletheia aus der Ennoia hervorgehen läßt. Die Fortsetzung der Spekulation bei Irenaeus zeigt aber deutlich, daß die Konzeption des Hippolyt die richtige ist: die beiden ursprünglichen διαθέσεις des Bythos werden nämlich geschlechtlich differenziert und Irenaeus berichtet dementsprechend, der εἰκών des Thelema sei männlich, der εἰκών der Ennoia sei weiblich: dies wird dadurch begründet, daß der Wille (das Thelema) die Kraft der Ennoia ist. Die Ennoia hat wohl immer die προβολή, die Geburt ihres Abbildes gedacht — cogitabat —, konnte aber nicht die e m i s s i o aus eigener Kraft bewerkstelligen: erst als die Kraft des Willens (das Thelema) hinzutrat, vollendete sich die e m i s s i o.

rung. Die so entstandene Hypostase steht in einem realen Bildverhältnis zu dem verborgenen Urbild und ist somit dessen Manifestierung und Offenbarung. Diese eine Grundidee herrscht also
gleichermaßen in der Deutung des hypostatischen Aktes innerhalb
der hermetischen, der gnostischen und der neuplatonischen Religionsphilosophie. Die verbindende Grundanschauung ist der Gedanke vom unbekannten Gott: der Zusammenhang des plotinischen
mit dem orientalischen Gottesgedanken wird hier offensichtlich
(s. S. 192) [32]. Nur ist bei Ptolemaeus die verborgene Identität von
Willen und Intellekt in der einen Geistsubstanz erklärt durch die
Annahme einer verborgenen Dyas in der Geistsubstanz selbst, die
sich in ihren Hypostasen differenziert (s. S. 324). Aber bereits die Notwendigkeit eines Zusammenwirkens der beiden bei der Hypostasierung zeigt die Berührung mit dem Prozeß der Hypostasierung bei
Plotin (s. S. 214 ff.).

Über den metaphysischen Willensbegriff innerhalb der östlichen
Spekulation kann man also sagen, daß die gnostische Lehre in
einer besonderen mythischen Einkleidung dieselbe Anschauung vom
Willen als der Substanz des auf sich selbst gerichteten Geistes zum
Ausdruck bringt, wie die Spekulation des Hermes Trismegistos,
in welcher sich in einem teilweise noch zu erkennenden Prozeß die
mythischen Begriffe bereits unter dem Einflusse griechischen Denkens in metaphysische Kategorien umgewandelt haben und daß
es der gemeinsame transzendentalistische Gottesgedanke ist, von
dem aus dieser Willensbegriff in die neuplatonische Spekulation
eingedrungen ist.

---

32) Vgl. auch G. Nebel, Plotins Kategorien der intelligiblen Welt, Tübingen 1929, der den transzendentalen Gottesgedanken Plotins als „nicht-
griechisches" Element zur Gnosis und Philo in Beziehung bringt (S. 23).

C. Die Ansätze einer dogmatischen Gestaltung der Willensmetaphysik im griechischen Christentum.

I. Irenaeus.

In der Kritik der valentinianischen Gnosis — soweit man bei Irenaeus von einer Kritik sprechen kann — führt Irenaeus aus, man brauche überhaupt nicht solche Popanze wie das Pleroma, die dreißig Aeonen, den Bythos und die Proarche, um die Welt zu verstehen, sondern Gott selbst sei ja Erfinder, Schöpfer und Vollender — conditor, inventor, fabricator — aller Dinge. Von hier aus kommt er zur Formulierung seines eigenen Willensbegriffs[1]: „Gott hat aus sich selbst frei aus seiner eigenen Kraft heraus alles gemacht und geordnet und vollendet und die Substanz aller Dinge ist sein Wille ..." und weiter: „Gott allein ist Schöpfer, er, der über aller Ursprünglichkeit und über aller Macht und Herrschaft und Kraft ist." Diese Idee, daß der Wille Gottes die Substanz aller Dinge ist, d. h. also gerade die eigenartige metaphysische Formulierung des Willensbegriffs, die wir hier untersuchen, findet sich zuerst bei Irenaeus in dieser Formulierung. Er ist der erste unter den altkatholischen Vätern, bei denen der Willensbegriff nicht in einer unbestimmten funktionellen Weise in das Heilswirken eingreifend gedacht ist, sondern bei dem sich bemerkenswerte Ansätze zu einer Willensmetaphysik finden, indem die metaphysische Willensspekulation auf den christlichen Gottesgedanken be-

---

1) Irenaeus lib. II 47, 12 (S. 367 f. H.): sive — quod et solum est verum, quod et per plurima ostendimus, velut liquidissimis ostensionibus — ipse <deus> a semetipso fecit libere et ex sua potestate et disposuit et perfecit omnia et est substantia omnium voluntas eius; solus hic Deus invenitur qui omnia fecit, solus omnipotens et solus Pater condens et faciens omnia et visibilia et invisibilia et sensibilia et insensata et coelestia et terrena «Verbo virtutis suae». et omnia aptavit et disposuit sapientia sua et omnia capiens, solus autem a nemine capi potest: ipse fabricator, ipse conditor, ipse inventor, ipse factor ipse Dominus omnium ... neque Mater ... neque Pleroma XXX Aeonum ... neque Bythus nec Proarche ... sed solus unus Deus fabricator, hic qui est super omnem principalitatem et potestatem et dominationem et virtutem.

zogen bzw. die voluntaristische Spannung des christlichen Gottesgedankens metaphysisch gedeutet wird.

„Der Wille — θέλησις — und die Energie — ἐνέργεια — Gottes
ist die bewirkende und vordenkende — προνοητική — Ursache aller
Zeit, alles Raumes, alles Aeons und aller Natur. Willen ist der
Logos unserer intelligiblen Seele, über den wir selbst verfügen, als
eine existierende, über sich selbst frei herrschende Potenz —
αὐτεξούσιος δύναμις —. Wille ist erregter Intellekt und intelligibler
Trieb, der sich auf das Gewollte richtet[2]).“ Das heißt 1.: Der
Wille ist identisch mit der Energie Gottes; jede Aktivierung der
göttlichen Allmacht ist also ihrem Wesen nach Wille. 2. Diese Willensäußerung Gottes ist die Betätigung seiner absoluten Freiheit,
die weder an die Zeit, noch an den Raum gebunden ist, überhaupt
vor aller Natur ist, da diese ihr Sein erst aus dem göttlichen Willen hat. 3. Der Wille ist prädestinierender Wille: die Entstehung
und Geschichte des Universums ist im Willen Gottes vorgeformt:
der absolute Wille und der Logos sind ineinander in der gleichen
Substanz. 4. Dementsprechend ist der Willens- und Freiheits-Be-
griff in der Anthropologie auf diese neue Konzeption bezogen: auch
hier ist die Formulierung des Willens als einer geistigen Substanz
maßgebend. Wille ist der Logos der vernünftigen Seele, also die
intelligible Substanz der Seele, bzw. die Energie des Intellekts in
der Seele.

Die Identität beider Funktionen in der einen Substanz tritt durch
die doppelte Definition des Willens als eines νοῦς ὀρεκτικός und
einer διανοητικὴ ὄρεξις besonders deutlich hervor. Im Unterschied
von der ὄρεξις als der rein animalischen natürlichen Begierde des
Fleisches ist die Thelesis der Wille des Geistes.

---

2) Irenaeus fr. V aus Maximus tom. II op. p. 152 (Iren. ed. Harvey tom.
II S. 477): Θέλησις καὶ ἐνέργεια Θεοῦ ἐστιν ἡ παντὸς χρόνου καὶ τόπου καὶ αἰῶνος καὶ πάσης φύσεως ποιητική τε καὶ προνοητικὴ αἰτία·
Θέλησίς ἐστι τῆς νοερᾶς ψυχῆς ὁ ἐφ᾽ ἡμῖν λόγος, ὡς αὐτεξούσιος αὐτῆς ὑπάρχουσα δύναμις; Θέλησίς ἐστι νοῦς ὀρεκτικὸς καὶ
διανοητικὴ ὄρεξις πρὸς τὸ θεληθὲν ἐπινεύουσα.
Die Verbindung von θέλησις und ἐνέργεια, zwei Kategorien, die in den
monotheletischen Kämpfen eine große Rolle spielen, findet sich also schon
bei Irenaeus. R. Seeberg Dg[3], S. 417, Anm. 1 erklärt dieses Hervortreten
im monotheletischen Streit aus Einwirkungen des aristotelisierenden Neuplatonismus.

Der metaphysische Willensbegriff tritt bei Irenaeus in eine bedeutsame Relation zu der realen Erlösungslehre. „Denn", sagt Irenaeus, „Erster und Herr muß in allen der Wille Gottes sein; alles andere muß vor dem zurückweichen und sich unterwerfen und sich in Knechtschaft begeben[3])." Mit der Überwindung des psychologischen durch einen metaphysischen Willensbegriff in der christlichen Dogmatik ist die „augustinische" Wendung längst vor Augustin mit einer gewissen Notwendigkeit angebahnt.

Die Willensspekulation des Irenaeus ist nur ein Ansatz und ein Versuch. Der Theologe, bei dem der Willensbegriff in das Zentrum der dogmatischen Spekulation eingedrungen ist, ist O r i g e n e s.

II. Das Willensproblem in der Christologie des Origenes.

Auch bei Origenes ist der Willensbegriff keineswegs eindeutig.

Wille bezeichnet zunächst bei Origenes eine einzelne Willensäußerung oder eine Totalität von solchen ohne weitere metaphysische Determinierung. So nennt Origenes die heilige Schrift in ihrer Totalität den „mystischen Willen" — βούλημα μυστικόν — [4]). Von hier aus ist es das Problem *Wille-Wort,* das sich immer wieder gestellt findet. Auch sein Geistgedanke spielt hier mit herein. Da es der heilige Geist ist, der in der Schrift spricht, so findet sich zu verschiedenen Malen für die Schrift die Bezeichnung „der Wille des heiligen Geistes"[5]). Die heiligen Bücher selbst enthalten keine

---

3) Irenaeus lib. II 56, 2 (S. 383 H.): Deo itaque vitam et perpetuam perseverantiam donante capit et animas primum non exsistentes dehinc perseverare, c u m e a s D e u s e t e s s e e t s u b s i s t e r e voluerit. P r i n c i p a r i e n i m d e b e t i n o m n i b u s e t d o m i n a r i v o l u n t a s D e i. reliqua autem omnia huic c e d e r e e t s u b d i t a esse et in s e r- v i t i u m d e d i t a.

4) Jerem. hom. IV 1 (Griech. christl. Schriftst. Orig. Bd. 3, S. 22,7).

5) Jerem. hom. VIII 1 (a. O. S. 55, 15). Über Wort und Wille s. Origenes (übs. Rufin) in Genes. hom. III 2 (Griech. christl. Schriftst. Bd. 6, S. 40): nunc autem idcirco locutus dicitur, ut scientes homines hoc ministerio v o- l u n t a t e m alterius alteri innotescere agnoscant ea quae sibi per prophetas deferuntur, D e i e s s e v o l u n t a t i s i n d i c i a. In quibus utique non intelligitur v o l u n t a s Dei contineri, nisi ea locutus dicatur, quia nec sentitur nec intelligitur inter homines iudicari umquam posse per si- lentium ͵v o l u n t a t e m . . . sed hoc ipsum quod vel aspirat in corde

Lehren von Menschen, sondern solche, die aus dem Anhauch des heiligen Geistes nach dem Willen des Vaters des Universums durch Jesus Christus zu uns gekommen sind [6]). Gleichermaßen erscheinen die Propheten, auch Salomon als Diener des Willens des heiligen Geistes [7]). Dementsprechend handelt es sich beim Lesen der Schrift und bei der Exegese der Einzelstelle, das βούλημα τοῦ λόγου zu finden [8]). Die Anschauung, daß es nicht ein Logos, sondern ein Wille [9]) ist, der hinter dem Wort steht und aus dem Wort hervorspringt, ist zwar mitten in die Logos-Spekulation eingesprengt, zeigt aber das latente Vorhandensein voluntaristischer Ideen innerhalb seiner theologischen Spekulation [10]). Hat der origenistische Willensbegriff bereits innerhalb seines Gottesgedankens einen festen metaphysischen Ort? Hier ist ein Doppeltes zu bemerken:

1. Klar ausgesprochen findet sich der Gedanke der *creatio ex nihilo*. „Du allein bist, dem, was Du bist, von keinem gegeben ist: wir alle nämlich, das ist die gesamte Kreatur, waren nicht, bevor wir geschaffen wurden, und daher ist, was wir sind, Wille des Schöpfers. Alles, was im Himmel und was auf Erden ist, ist nicht, was die Natur des Schöpfers betrifft und ist, was den Willen des

---

uniuscuiusque sanctorum vel sonum vocis pervenire ad aures eius facit, locutus homini dicitur Deus . . . etc.

6) De princ. IV c. 2, 2 (Griech. christl. Schriftst. Orig. Bd. 5, S. 308 f.).

7) comm. in Cant. Cant. prol. (Orig. Bd. 6, S. 83); vgl. auch comm. in Joh. X 13 § 68 (Orig. Bd. 4, S. 183) und in Ezech. hom. XIV 2 (Orig. Bd. 8, S. 452), weiter in Ezech. hom. II 2 (Orig. Bd. 8, S. 342); c. Cels. VII 29 (Orig. Bd. 2, S. 180); comm. in Cant. Cant. proleg. (Orig. Bd. 6, S. 83); c. Cels. VII 10 (Orig. Bd. 2, S. 161 f.), siehe weiter de princ. 28, 8.

8) de princ. III c. 1, 11 (Orig. Bd. 5, S. 213) δεῖ γὰρ τοῦ ἤθους ἀκοῦσαι καὶ τῆς δυνάμεως τοῦ λεγομένου καὶ μὴ συκοφαντεῖν μὴ κατακούοντας τ ο ῦ β ο υ λ ή μ α τ ο ς τ ο ῦ λ ό γ ο υ; trad. Rufinus (ib. S. 213): necesse est enim tropum nos primo vel figuram sermonis advertere et ita demum virtutem dicti intelligere nec inferre calumnias verbo, cuius i n t e r i o r e m s e n s u m non diligentius exploremus.

9) Die Formel βούλημα τῶν λεγομένων, τῶν θείων λόγων findet sich im gleichen Sinne noch öfter, vgl. hom. in Jerem. XIV 15 (Orig. Bd. 3, S. 121) u. c. Cels. VI 46 (Orig. Bd. 2, S. 118 u. ö.).

10) Es ist durchaus ein Zurückbiegen der Vorstellung in die geläufige platonische Logoslehre, wenn Rufin in der Übersetzung von περὶ ἀρχῶν an der Stelle, wo Origenes vom Willen des Worts spricht, von einem s e n s u s i n t e r i o r, einem inneren Sinn spricht.

Schöpfers betrifft, und ist das, was er wollte, der es gemacht hat [11])."

Zwischen dem schöpferischen Willen und der geschaffenen Kreatur wird also streng geschieden. Das natürliche Sein i s t n i c h t, weil Gott allein das Sein zukommt. Es i s t, weil es der Wille Gottes ist, dem es das Sein allein verdankt. Es wird hier nur eine Abgrenzung der beiden Seinsformen, Gottes und der Kreatur gegeben, dagegen weder eine nähere metaphysische Bestimmung des Willens selbst, noch eine Klärung der ontologischen Beziehung von *voluntas* und *natura Dei.*

2. Eine eindeutige metaphysische Bestimmung erfährt der Willensbegriff auch nicht in der Entwicklung der Idee von der absoluten F r e i h e i t Gottes. Im Anschluß an den Gedanken, daß Gott durch seine providentia das Universum leite und erhalte, fährt Origenes fort: „Merke genau: wir haben gesagt, nichts geschehe ohne seine V o r s e h u n g, und nicht: ohne seinen W i l l e n, denn vieles geschieht ohne seinen W i l l e n, nichts aber ohne V o r s e h u n g. V o r s e h u n g ist nämlich das, womit er vorsorgt und verfügt und vorsieht, was geschieht — *procurare, dispensare, providere.* W i l l e aber ist das, womit er etwas will oder nicht will -- *qua vult aliquid aut non vult* [12])." Die Vorsehung erscheint hier also als eine dem Willen übergeordnete Funktion. Der Wille selbst ist lediglich gefaßt als ein Wählen zwischen mehreren Dingen, ist also rein intellektualistisch bestimmt, ohne das Triebhafte, das Existentiell-Dynamische zu berücksichtigen. Diese Überordnung der Vorsehung zeigt ein Prävalieren des intellektualistischen Momentes im Gottesgedanken an. Die Unterscheidung ist aber nicht überall gleich stark, indem sie sich nämlich nur auf die Tätigkeit Gottes bei der Schöpfung und der Erhaltung des Universums bezieht. Das „*esse*" der Dinge stammt aus dem Willen, das „*geri*" aus der Vor-

---

11) in libr. I Reg. hom. I 11 (Orig. Bd. 3, S. 20) tu solus es cui quod es a nullo datum est; nos enim omnes, id est universa creatura, non eramus antequam crearemur, et ideo quod sumus, v o l u n t a s est creatoris. (21, 3 ff. B) sic ergo et „quae in caelis sunt et quae in terra, visibilia et invisibilia", quantum ad n a t u r a m Dei pertinet, n o n s u n t, quantum ad v o l u n t a t e m creatoris, s u n t hoc, quod ea esse v o l u i t ille qui fecit, s. auch de princ. II 3, 6 (Orig. Bd. 5, S. 121 f.).

12) in Gen. hom. III 2 (Orig. Bd. 6, S. 40) ... multa enim sine v o l u n t a t e eius geruntur, nihil sine p r o v i d e n t i a.

sehung. Das Geschehen vollzieht sich nicht als eine kontinuierliche
Serie von jeweiligen Eingriffen des göttlichen Willens, sondern als
die Entfaltung der göttlichen Vorsehung, die auf einen Akt der absoluten göttlichen Freiheit zurückgeht.

Daß auch die Abwickelung der Vorsehung auf den göttlichen
Willen zurückweist, zeigt einmal die Anschauung des Origenes
vom Lauf der Gestirne [13]). „Denn auch die Bewegung der Gestirne
ist keine autonome, sondern nur ein officium, das ihnen durch den
göttlichen Willen zugeteilt ist." Die Freiheit Gottes selbst steht jenseits aller schicksalsmäßigen Bindung [14]).

Im letztgenannten Origeneszitat ist also die Bewegung der Gestirne nicht auf die πρόνοια, sondern auf den göttlichen W i l l e n
zurückgeführt, der hier als die primäre Funktion erscheint. In
einer ähnlichen Weise wird auch die πρόνοια, die die Engel aus-
üben, als eine Funktion des göttlichen Willens bezeichnet [15]).

Es finden sich also innerhalb des intellektualistischen Aufrisses
des Systems tastende Ansätze einer voluntaristischen Konzeption,
die aber eine letzte metaphysische Formulierung nicht erfahren hat.
Die griechisch-intellektualistischen und die orientalisch-voluntari-
stischen Momente liegen im Gottesgedanken ungeklärt n e b e n-
e i n a n d e r.

An zwei Orten hat sich innerhalb dieser Versuche ein deutlicher
Kristallisationspunkt der Willensspekulation innerhalb der origenistischen Theologie gebildet: innerhalb der Christologie und innerhalb der Ethik [16]).

---

13) de princ. II c. 8, 3 (Orig. Bd. 5, S. 161) de luna et stellis similiter
sentiamus quod ex causis praecedentibus licet invitae conpulsae sint,
‚subici vanitati' ob praemia futurorum n o n s u a m facere s e d c r e a t o-
r i s v o l u n t a t e m, a quo in haec officia distributae sunt.

14) In diesen Gedanken klingt die gnostische Idee hinein, daß die Erlösung
der Seele von der Welt auch eine Erlösung vom Gestirn bedeutet (s. S. 277).

15) Orig. περὶ εὐχῆς XXXI 6. Bemerkenswert ist Orig. in Ezech. hom.
XI 5 (Orig. Bd. 8, S. 432) ‚plantatio' quippe Hierusalem non potest in
alia ‚terra' ‚afferre fructus' . . . si non perseveraverit i n v o l u n t a t e
D e i e t i n e c c l e s i a e i u s, id est in factis et sermonibus et scientia
veritatis Christi Jesu. Die Verbindung sententia et voluntas findet sich in
Ezech. hom. XI 5 (432, 14 B.), ib. XI 2 (426, 19 B.)

16) Es ist sehr ratsam, die Gedanken des Origenes, wie sie uns noch im
Urtext vorliegen, von ihrer Formulierung in der Rufinschen Übersetzung
zu sondieren; s. S. 330 Anm. 8 u. S. 334 Anm. 20.

1. Der Willensbegriff wird herangezogen zur metaphysischen Bestimmung des „Sohnes", und zwar zur Erklärung des realen Zusammenhangs von Bild und Abbild, wie er zwischen Gott-Vater und dem Sohne besteht. In einer generellen Ausführung über den Bildbegriff kommt Origenes zu dem Schluß, daß das Abbild die Einheit der Natur und Substanz von Vater und Sohn enthält. „imago etiam naturae et substantiae patris et filii continet unitatem [17]." Hier wird also bereits vom Bildbegriff aus die Idee der Wesensgleichheit entwickelt — denn so muß man wohl die unitas naturae et substantiae deuten — im Gegensatz zu der neuplatonischen Anschauung, in der das Abbild immer zugleich eine gewisse Depravation des Urbildes darstellt.

Die processio der natura des Sohnes aus dem Vater wird nun durch die processio des Willens aus dem Verstand erläutert [18]). Diese Zeugung des Sohnes wird dem allgemeinen Gesetz unterstellt: „sufficere debeat voluntas patris ad subsistendum hoc quod vult pater, volens enim non alia utitur via nisi quae consilio voluntatis profertur. ita ergo et filii ab eo subsistentia generatur."

Damit berühren wir einen bereits bekannten Gedanken: Alles, was ist — subsistentia omnium rerum — hat seinen Ursprung unmittelbar und allein im göttlichen Willen. Die erste Substanz, die der göttliche Wille durch sein Wollen schuf, sind die intelligiblen Wesen, wie Origenes im zweiten Buch seiner Dogmatik ausführt [19]): „Im Anfang schuf er das, was er schaffen wollte, die intelligiblen Naturen — rationabiles naturas."

---

17) Origenes de princ. I c. 2, 6 (34 K.).

18) ib. (35, 3 ff. K.): qui utique natus ex eo est v e l u t q u a e n a m v o l u n t a s e i u s e x m e n t e p r o c e d e n s.

19) Orig. de princ. II c. 9, 6 (169, 23). Die Beziehung von Zeugung und Wille findet sich auch de princ. IV c. 4, 1 (349, 3 ff. K.): non enim dicimus, sicuti haeretici putant, partem aliquam substantiae Dei in filium versam aut ex nullis substantiis filium procreatum a patre, id est extra substantiam suam, ut fuerit aliquando quando non fuerit: sed absciso omni sensu corporeo ex invisibili et incorporeo Deo verbum et sapientiam genitam dicimus absque ullo corporali passione, v e l u t s i v o l u n t a s p r o c e d a t e m e n t e. nec absurdum videbitur cum dicatur ‚filius caritatis', si hoc modo etiam v o l u n t a t i s putetur ****; dazu sind als griechische Zitate heranzuziehen *** οὗτος δὴ ὁ υἱὸς ἐκ θελήματος τοῦ πατρὸς ἐγεννήθη, »ὅς ἐστιν εἰκὼν τοῦ θεοῦ τοῦ ἀοράτου« und das Fragment aus Justinian. ep. ad Mennam (Mansi IX, 525) mit der Überschrift ὅτι

Damit tritt aber auch das Hauptdilemma der Spekulation hervor:
Das Hervorgehen des Sohnes aus dem Vater läßt sich metaphysisch
nicht von der Entstehung der intelligiblen Wesen, d. h. Kreaturen,
abgrenzen. Die Wesensgleichheit von Vater und Sohn kann daher
nicht strikt bewiesen werden. Indem zwischen der *generatio* des
Sohnes und dem Schaffen der intelligiblen Wesen nicht ontologisch
geschieden wird, tritt Christus auf die Seite der intelligiblen Kreaturen, wenn auch an die Spitze der hierarchischen Pyramide der
Geistwesen, verliert also dadurch die Singularität seiner Göttlich-
keit und Gottgleichheit.

Das ist auch aus den Ausführungen des ersten Buches von *de principiis* ersichtlich. Dort heißt es [20]: „Der Wille des Vaters genügt,
daß das sei, was der Vater will.“ Damit ist die Schöpfung des geistigen und materiellen Universums samt allen Kreaturen gemeint.

κτίσμα καὶ γενητὸς ὁ υἱός, ἐκ τοῦ αὐτοῦ δὲ λόγου (349 app. 1 K.), weitere
siehe Origenes de princ. I c. 2, 6 (35 K.): ... non solum extremae impietatis
sit verum etiam ultimae insipientiae nec omnino vel ad intelligentiam
consequens, ut incorporeae naturae substantialis divisio possit intellegi.
Magis ergo sicut voluntas procedit e mente et neque partem
aliquam mentis secat neque ab ea separatur aut dividitur: tali quadam
specie putandus est pater filium genuisse, imaginem scilicet suam, ut
sicut ipse est invisibilis per naturam, ita imaginem quoque invisibilem
genuerit. — id. de princ. I c. 2, 9 (40, 5 ff. K.) huius ergo totius ‚virtutis‘ tantae et tam immensae ‚vapor‘ et ut ita dixerim, vigor ipse in
propria subsistentia effectus quamvis ex ipsa virtute velut
voluntas ex mente procedat, tamen et ipsa voluntas Dei
nihilominus Dei virtus efficitur. efficitur ergo virtus altera in sua proprietate subsistens.

20) de princ. I c. 2, 6 (35, 4 ff.): et ideo ego arbitror quod sufficere
debeat voluntas eius patris ad subsistendum quod vult
pater. volens enim non alia utitur via nisi quae consilio voluntatis profertur. ita ergo et filii ab eo subsistentia generatur.
Die Hypostasierung der intelligiblen Wesen aus dem Willen Gottes
steht in dem griech. Fragment zu de princ. II c. 9, 1 (164, 1 ff. K.): ἐν τῇ
* ἐπινοουμένῃ ἀρχῇ τοσοῦτον * ἀριθμὸν τῷ βουλήματι αὐτοῦ ὑποστῆ-
σαι τὸν θεὸν νοερῶν οὐσιῶν *** ὅσον ἠδύνατο διαρκέσαι. Hier übersetzt
Rufin den Willen nicht! Die Entstehung der intelligiblen Wesen erscheint
so bei Rufin nicht als Hypostasierung aus dem göttlichen Willen, sondern
als eine freie Schöpfung: er substituiert also einerseits den substantiellen
Willensbegriff, trennt anderseits zwischen Hypostase und Kreatur und
löst so von sich aus in seiner Übersetzung das bei Origenes ungelöste
Problem.

Dann fährt Origenes fort: „So wird a u c h das Sein — *substantia* — des Sohnes erzeugt." Mit diesem „auch" wird also das Sein des Sohnes vom Vater weg in die Sphäre der geschaffenen Wesen hineingerückt. Anstatt die Wesensgleichheit zu beweisen, wird eine seinsmäßige Verschiedenheit zwischen dem freischaffenden Gott und dem Sein des Sohnes, der dem geschaffenen Wesen zugehört, behauptet.

Damit ist überhaupt die innere Dialektik der origenistischen Christologie berührt: es ist, kurz gesagt, die Unsicherheit, ob Christus auf der Seite Gottes oder auf der Seite der intelligiblen Kreaturen steht. Diese Unsicherheit ermöglichte es, daß sich später Arianer wie Antiarianer auf origenistische Spekulationen beriefen, weil es möglich war, durch eine geschickte Deutung beide Standpunkte aus ihnen zu entwickeln. Der Grund dafür ist die undeutliche metaphysische Bestimmung des Willensbegriffs innerhalb seiner Anschauung von Gott. Ist der Wille die Substanz Gottes oder eine energetische Ausstrahlung, eine bloße Funktion des Geistes? Zwischen diesen Fragen — der orientalischen und der griechischen Konzeption des Willens — ist bei Origenes noch keine Entscheidung getroffen. Daher ist es auch nicht möglich, die beiden Fragen streng zu beantworten, in welchem ontologischen Verhältnis die intelligiblen Wesen zu Gott als ihrem Schöpfer stehen und in welcher Weise sie sich vom Sein Christi unterscheiden. Der Nachweis der Wesensgleichheit von Vater und Sohn durch die Beziehung auf die *processio* des Willens aus der Vernunft ist wohl ein Hinweis auf eine mögliche Lösung des Problems, seine Stichhaltigkeit läßt aber sofort nach, wenn man bemerkt, daß die intelligiblen Kreaturen überhaupt, von denen eine Wesensgleichheit mit Gott nicht behauptet werden kann, einem solchen Akt ihre Existenz verdanken.

Im Johannes-Kommentar findet sich wohl die ausführlichste Stellungnahme zum gleichen Problem und zwar bei der Auslegung von Joh. 4, 34: „Meine Speise ist, daß ich tue den Willen des, der mich gesandt hat!" Dazu bemerkt Origenes: „Eine geziemende Speise ist es für den Sohn Gottes, wenn er der Vollbringer des väterlichen Willens wird — ποιητὴς γίνεται τοῦ πατρικοῦ θελήματος —, indem er dieses Wollen so in sich vollbringt, wie es auch im Vater war, so daß der Wille des Vaters in dem Willen des Sohnes ist und der Wille des Sohnes sich vom Willen des Vaters nicht entfernt, so daß es niemals zwei Willen sind, sondern ein Wille... daher das Wort: Der ihn gesehen hat, hat den Sohn gesehen, hat aber auch den gesehen, der ihn gesandt hat... Alles ist der Wille des Vaters, welcher geschieht durch den Sohn, weil ja das Wollen Gottes, welches im Sohne geschieht, das tut, was der Wille Gottes will. Allein der Sohn tut den ganzen Willen des Vaters, indem er dem Vater nachgibt, deshalb ist er auch sein Bild... und wahrlich deshalb ist er das Bild des unsichtbaren Gottes; denn auch der Wille in ihm ist ein Bild des ersten Willens und die Gottheit in ihm ist ein Abbild der wahren Gottheit [21])." Damit ist die richtige Modifizierung der origenistischen Begründung der Wesensgleichheit gegeben: es handelt sich bei dem Verhältnis von Vater und Sohn um eine ταυτότης τοῦ βουλήματος, eine ὁμόνοια, συμφωνία τοῦ βουλήματος [22]), eine Willensidentität. Der Wille wird so zum Verbindungselement, der *copula* zwischen Vater und Sohn. Es heißt nicht: der Sohn i s t der Wille, sondern er t u t den Willen, der Wille i s t i n ihm, er g e s c h i e h t durch ihn. Über die metaphysische Beschaffenheit dieses Willens, die eigentliche ontologische Bestimmung des Wesens des Sohnes ist hier etwas Eindeutiges auch nicht gesagt. Auch der Bildbegriff gibt nach dieser Richtung keine letzte Aufhellung: wohl taucht er im Zusammenhang mit dem Willen an verschiedenen Stellen auf [23]), aber auch dort ist seine Bedeutung nur eine funktionelle: der metaphysische Seinscharakter der Hypostase und der des abbildlichen Willens innerhalb der Hypostase ist nicht bestimmt. Der Sohn ist Bild des Vaters, weil er ihm nachgibt und seinen Willen tut, nicht, wie es bei den Ägyptern, bei Plotin und bei Viktorin heißt, weil er der Wille i s t. Dementsprechend umfaßt der Bildbegriff nicht das Sein des Sohnes, sondern den Willen als Funktion; die einzige durchsichtige Scheidung, daß der Sohn der Vollbringer des göttlichen Willens ist, führt von selbst wieder auf die Möglichkeit, von hier aus den Sohn der Sphäre der intelligiblen Kreaturen zuzurechnen. Das Problem, ob der große Riß zwischen dem Vater

---

21) comm. in Joh. lib. XIII 336 § 228 f. (Orig. Bd. 4, S. 260 f.).
22) c. Cels. VIII 12 (Orig. Bd. 2, S. 229).
23) comm. in Joh. l. VI 57 § 295 (Orig. Bd. 4, S. 271), s. auch Anm. 31.

und dem auf der Seite der übrigen Hypostasen und geistigen Wesen stehenden Sohn oder zwischen der intelligiblen Kreatur und dem mit dem Vater geeinten Sohn sich auftut, bleibt daher offen.

2. Der Schatten der absoluten Freiheit Gottes ist das *liberum arbitrium* aller vernünftigen Wesen, denen die Willensfreiheit ja als Abbildern des göttlichen Urbildes zukommt[24]. Gott hat alle vernünftigen Wesen gleich geschaffen, „denn", sagt Origenes, „es existierte für sie kein Grund, daß sie verschieden und widersprechend sein sollen". Die Identität des göttlichen Seins schloß ja die Vielheit und das Anderssein aus. Die Differenzierung erfolgte erst durch die Betätigung der Willensfreiheit der einzelnen Wesen, indem der eine seine Freiheit zur Vollendung der *imitatio Dei* benutzte, den anderen seine *negligentia* zur Verderbnis hinabzog.

Hier setzt die origenistische Theodizee ein. Die Freiheit der intelligiblen Wesen ist der einzige Ursprung des Bösen. Das Böse kommt also erst mit den freien Kreaturen in die Welt. Durch die Entscheidung bestimmen sich die Geistwesen ihren Ort im Universum. Selbst der Teufel ist imstande, das Gute zu tun, wenn er es nur wollte, denn das αὐτεξούσιον, das er mit allen anderen Geistwesen teilt, ermöglicht es ihm, sich Gott zuzukehren. „Aber," wie Origenes sagt[25], „damit, daß er das Gute in sich aufnehmen konnte, ist noch nicht gesagt, daß er es auch wollte und sich darum bemühte. Er wollte von Gott abfallen, und darum hat ihn Gott verstoßen[26]." Entsprechend verhält es sich mit dem Menschen. „Das Wollen haben wir vom Demiurgen empfangen, wir aber gebrauchen das Wollen zum Schönsten und zum Entgegengesetzten, gleichermaßen auch das Wirken[27]."

So kommt Origenes innerhalb seiner Anthropologie gewissermaßen zu einer Drei-Willen-Lehre, indem er die *voluntas Dei, voluntas carnis, voluntas animae* unterscheidet[28]. „Alles, von dem

---

24) de princ. II 9, 6 (Orig. Bd. 5, S. 169 f.).

25) de princ. I 8, 3 (Orig. Bd. 5, S. 99 f.): ne diabolus quidem ipse incapax fuit boni, non tamen idcirco quia potuit recipere bonum, e t i a m v o l u i t, vel virtuti operam dedit.

26) vgl. de princ. I 8, 1 (a. O. S. 96).

27) de princ. III 1, 20 (a. O. S. 235).

28) de princ. III 4, 2 (a. O. S. 267): pro certo namque habetur quod omnia quaecumque ‚spiritus' esse dicuntur, v o l u n t a s s i t s p i r i t u s et quaecumque ‚opera carnis' esse dicuntur, voluntas sit carnis.

man sagt, es sei Geist, ist der Wille des Geistes, und alles, was man
die Werke des Fleisches nennt, ist der Wille des Fleisches." Zwischen
diese beiden Willen ist die Seele hineingestellt und ihr Wille ist ein
mittlerer Wille zwischen diesen beiden Willen [29]). „Wenn sie sich
nun den Lüsten des Fleisches hingibt, macht sie die Menschen
fleischlich, wenn sie sich aber mit dem Geist verbindet, führt sie
den Menschen zu einem Sein im Geiste und macht, daß man ihn
deshalb geistig nennt."

Damit ist eine voluntaristische Deutung des natürlichen, seelischen und geistigen Lebensprozesses eingeleitet. Die Freiheit der
geschaffenen Geister betätigt sich in ihrer Hinwendung nach oben
oder nach unten. „Es ist nämlich besser, daß der Mensch entweder in
der Tugend oder im Laster sei, als in keinem von beiden; bevor sich
die Seele dem Geist zuwendet und eins wird mit ihm, während
sie noch dem Körper anhängt und an Fleischliches denkt, erscheint
sie offenbar weder im guten noch im schlechten Stand sich zu be-
finden, sondern ist sozusagen einem Tiere ähnlich. Es ist aber
besser, daß sie, wenn es möglich ist, dem Geiste anhängt und Geist
wird. Wenn sie es aber nicht vermag, so ist es ihr förderlicher,
sogar der Bosheit des Fleisches zu folgen, als in ihren eigenen Ab-
sichten zu verharren und das Leben eines unvernünftigen Tieres
zu führen [30])."

Das anthropologische Problem ist also moralisch gefaßt: die
Freiheit des Menschen ist eine Freiheit zum Guten oder zum Bösen,
wie sie eine Freiheit zum Geist oder zum Fleisch ist. Was den Menschen über das Tier erhebt, ist die Freiheit, ein Heiliger oder ein
Schurke sein zu können. Die Idee der Wiedergeburt spielt in diesen
Zusammenhang nicht herein: das Ziel dieser Ethik ist ein praktisch-
pädagogisches und kein existentielles. Der Weg zum Guten führt
über das Tun des göttlichen Willens [31]), über ein Zurichten des
eigenen „mittleren" Willens auf den Willen des Geistes. Im Anfang
der Wirkung des Geistes steht hier nicht der Bruch, sondern die

---

29) de princ. III 4, 2 (a. O. S. 267).

30) de princ. III 4, 3 (a. O. S. 268) Schluß: melius autem est ut, si fieri
potest, adhaerens spiritui efficiatur spiritalis; si vero id
non potest, magis expedit eam vel carnis malitiam sequi, quam in suis
positam voluntatibus animalis inrationabilis statum tenere.

31) de princ. I 8, 1 (a. O. S. 98).

Erlösung vollzieht sich als ein Ineinanderwirken von Freiheit und Gnade. Der erste Anstoß geht dabei von der Freiheit des Menschen aus. Zum menschlichen Wollen tritt die Gnade hinzu und gewährt die Vollendung — θεοῦ γὰρ συμπαρισταμένου τοῦτο τελεῖται [32]). Diese Vollendung ist praktisch gefaßt als die möglichst vollständige Verwirklichung des göttlichen Willens im Menschen. „Selig sind jene Seelen, die ihren Rücken krümmten, um als Reiter das Wort Gottes auf sich zu nehmen und sich von ihm zügeln zu lassen, damit er sie hinwende, wohin er immer selbst will und sie leite durch die Zügel seiner Lehren — praecepta —; denn dann gehen sie schon nicht mehr nach ihrem eigenen Willen, sondern werden gelenkt nach dem Willen ihres Reiters [33].“

So nahe dieses Bild an einen metaphysischen Willensbegriff heranzuführen scheint, wie er etwa im Rahmen der Lutherschen Prädestinationslehre entwickelt wird, so sehr ist das Bild selbst durch die Deutung der Zügel als der *praecepta*, die der freie Mensch erfüllen kann oder nicht, ins Intellektualistische und Pädagogische umgebogen.

Die kurze, humanistische Formel für diese origenistische Anschauung von der Erlösung ist in *de principiis* so formuliert: βελτίωσις τοῦ βουλομένου, Besserung des Willigen. Sie erscheint bei ihm bezeichnenderweise im Anschluß an die „pädagogische" Deutung Christi, wie sie Clemens von Alexandrien vortrug, eine Deutung, die ganz aus dem Denken des griechischen Bildungshumanismus entwickelt ist [34]).

Ansätze zu einer festen metaphysischen Konzeption des Willens

---

32) de princ. III c. 1, 19 (a. O. S. 232) οὕτως ἐπεὶ οὐκ ἀρκεῖ τὸ ἀνθρώπινον θέλειν πρὸς τὸ τυχεῖν τοῦ τέλους, οὐδὲ τῶν οἱονεὶ ἀθλητῶν τρέχειν πρὸς τὸ καταλαβεῖν „τὸ βραβεῖον τῆς ἄνω κλήσεως τοῦ θεοῦ ἐν Χριστῷ Ἰησοῦ" (θεοῦ γὰρ συμπαρισταμένου ταῦτα ἀνύεται) καλῶς λέγεται τὸ „αὐτοῦ θέλοντος οὐδὲ τοῦ τρέχοντος, ἀλλὰ τοῦ ἐλεοῦντος θεοῦ".

33) Orig. comm. in Cant. Cant. lib. II (Orig. Bd. 8 S. 153) . . . quia iam non sua voluntate incedunt, sed a d o m n i a d u c u n t u r et r e d u c u n - t u r v o l u n t a t e s e s s o r i s.

34) Es fehlt nicht das klassische Exempel vom Arzt, vor dem der Kranke nicht „nicht wollen", sondern dem er „sich selbst darbringen" soll. de princ. III c. 1, 15 (a. O. S. 222) ὥσπερ ὁ ἐν ἀγαθίᾳ καὶ ἀ π α ι δ ε υ σ ί ᾳ τυγχάνων αἰσθανόμενος τῶν ἰδίων κακῶν ἤτοι ἐκ προτροπῆς τοῦ διδάσκοντος ἢ ἄλλως ἐξ ἑαυτοῦ, ἐπιδίδωσιν ἑαυτὸν ᾧ νομίζει δύνασθαι αὐτὸν χειραγωγήσειν ἐπὶ παίδευσιν καὶ ἀρετήν, ἐπιδιδόντος δὲ τούτου ὁ π α ι δ ε ύ ω ν ἐπαγγέλλεται

sind also an drei Stellen der origenistischen Theologie gemacht: in der Christologie, wo der Wille die copula zwischen Vater und Sohn bezeichnet, innerhalb der Theodizee, in der das Böse auf die freie Willenswahl der vernünftigen Wesen zurückgeführt wird, und schließlich in der Anschauung von der Erlösung, in der der Wille des Menschen und der Wille Gottes (Freiheit und Gnade) zusammenwirken. Dieses Wirken vollzieht sich nicht über eine radikale Umgestaltung in der Wiedergeburt, sondern innerhalb einer normativen Seelen-Pädagogik. Zu einer festen metaphysischen Konzeption ist Origenes selbst nicht vorgedrungen; die Frage nach dem Verhältnis des göttlichen Willens zur göttlichen Substanz und nach der ontologischen Seite des Hervorgehens der intelligiblen Wesen aus dem Willen wird nicht gestellt. Mangels einer klaren metaphysischen Bestimmung der „Zeugung des Sohnes" kann auch die Frage der Konsubstantialität von dem unklaren Willensbegriff aus nicht restlos bestimmt werden. Es bleibt die innere Dialektik, die es nicht zuläßt, Christus eindeutig entweder hypostatisch an die Spitze der intelligiblen Kreaturen oder wesensgleich als Schöpfer, Sohn und Herr auf der Seite Gottes zu sehen. Diese Dialektik stellt historisch gesehen ein Fluktuieren zwischen der griechischen und orientalischen Deutung des Willens, zwischen dem Willen als Funktion und dem Willen als Substanz des Geistes dar.

III. Athanasius.

Diese Dialektik ist bei Athanasius überwunden und zwar setzt seine positive Lösung genau bei dem Problem ein, das bei Origenes noch offen stand. Wenn Christus sein Sondersein aus dem Willen des Vaters hat, wenn die vernünftigen Wesen ihr Sein aus dem Willen des Vaters haben, wie unterscheidet sich das Sein des Sohnes vom Sein der intelligiblen Kreaturen?

In seinem 3. Buch der Schrift gegen die Arianer bezieht Athanasius folgendermaßen den Willensbegriff in seine christologische

ἐξελεῖν τὴν ἀπαιδευσίαν καὶ ἐνθήσειν παιδείαν, οὐχ ὡς οὐδενὸς ὄντος εἰς τὸ παιδευθῆναι καὶ φυγεῖν τὴν ἀπαιδευσίαν ἐπὶ τῷ ἑαυτὸν προσαγηοχότι θεραπευθησόμενον, ἀλλ' ὡς ἐπαγγελλόμενος βελτιώσειν τὸν βουλόμενον. οὕτως ὁ θεῖος λόγος ἐπαγγέλλεται τῶν προσιόντων τὴν κακίαν ἐξαιρεῖν, ἣν ὠνόμασε „λιθίνην καρδίαν", οὐχὶ ἐκείνων οὐ βουλομένων, ἀλλ' ἑαυτοὺς τῷ ἰατρῷ τῶν καμνόντων παρεσχηκότων.

Spekulation ein [35]): „Der Sohn ist außerhalb der aus dem Willen Gottes entstandenen Wesen, vielmehr ist er selbst der lebende Wille des Vaters, in welchem (sc. Willen) dies alles entstanden ist. Der Sohn Gottes ist also selbst der Logos und die Sophia, er selbst ist das Denken und der lebende Wille, und in ihm ist das Wollen des Vaters, er selbst ist die Wahrheit und das Licht und die Kraft des Vaters." Damit ist die klare Scheidung gegeben. Christus ist nicht einer von denen, die durch den Willen Gottes geschaffen wurden, sondern er i s t selbst der Wille, wie er der Intellekt, die Weisheit, die Wahrheit, das Licht und die Kraft des Vaters i s t. Durch diese metaphysische Bestimmung ist er klar und deutlich der Sphäre der Kreaturen entrückt und als ihr Schöpfer und Herr seinem Wesen nach auf die Seite des Vaters gestellt. Die origenistische Dialektik ist hier durch eine metaphysische Fixierung des Willens-Begriffs überwunden: der Logos i s t der lebende Wille des Vaters. Wesen und Wirkung des Willens sind jetzt geschieden. Er s c h a f f t die Kreaturen, die als Kreaturen von seiner Vollendung als Gott durch den natürlichen Abgrund getrennt sind, der sich zwischen Schöpfer und Geschöpf, Gott und Kreatur auftut. In einer klaren Scheidung der Sphären erscheint der Sohn in der absoluten Transzendenz beim Vater als der Wille, der Logos, die Sophia: darunter die von ihm geschaffene Sphäre der Kreaturen. Athanasius führt weiter aus [36]): „Etwas anderes ist es zu sagen: er ist durch den Willen entstanden — βουλήσει γέγονεν — etwas anderes zu sagen: seinen Sohn, der ihm eigen war von Natur — ἴδιον ὄντα φύσει — liebt er und er will ihn." Zwischen dem Wesen und der Wirkung des Willens ist damit klar geschieden. Die Kreaturen sind durch den Willen entstanden, der Sohn aber i s t der Wille

---

35) Athanasius contra Arianos III, 63 (PG 26, 456 C — 457 A). ὁ δὲ υἱὸς οὐ θελήματός ἐστι δημιούργημα ἐπιγεγονώς, καθάπερ ἡ κτίσις, ἀλλὰ φύσει τῆς οὐσίας ἴδιον γέννημα. καὶ γὰρ ἴδιος ὢν λόγος τοῦ πατρός, οὐκ ἐᾷ πρὸ ἑαυτοῦ λογίσασθαί τινα βούλησιν, αὐτὸς ὢν βουλὴ ζῶσα τοῦ πατρός . . . . αὐτὸς ἂν εἴη τοῦ πατρὸς ἡ ζῶσα βουλή . . . καὶ θέλημα τοῦ πατρὸς αὐτὸς ἐκλήθη. ib. 65 (PG 26, 461 A) Ὁ ἄρα τοῦ θεοῦ υἱὸς αὐτός ἐστιν ὁ λόγος καὶ ἡ σοφία, αὐτὸς ἡ φρόνησις, καὶ ἡ ζῶσα βουλὴ καὶ ἐν αὐτῷ τὸ θέλημα τοῦ πατρός ἐστιν, αὐτὸς ἀλήθεια, καὶ φῶς καὶ δύναμις τοῦ πατρός ἐστιν. εἰ δὲ ἡ βούλησις τοῦ θεοῦ, ἡ σοφία ἐστὶ κτλ.

36) Athanasius c. Arianos III, 66 (PG 26, 464 A) καὶ γὰρ ἕτερόν ἐστι λέγειν· βουλήσει γέγονεν, ἕτερον δέ, ὅτι ἴδιον ὄντα φύσει τὸν υἱὸν αὐτοῦ ἀγαπᾷ καὶ θέλει αὐτόν.

selbst, denn er ist die eigene Natur Gottes. Hier entspringt die Polemik gegen die „polytheistischen" Tendenzen der Arianer, „als ob der eine Logos aus Gott nicht genüge, das ganze aus dem Willen des Vaters stammende Schöpfungswerk und seine Vorsehung zu vollenden; wenn Gott sich des einen Logos bedient, so zeigt dies die Macht Gottes und die Vollkommenheit [37])."

Damit ist die Entwicklung des Willensbegriffs in der alexandrinischen Theologie bis zu dem Punkt vorgedrungen, in dem sich die Entwicklung in Rom seit dem Anstoß durch die plotinische Spekulation kristallisiert hat. Es ist daher bedeutungsvoll zu sehen, wie auch in Alexandrien mit der klaren Konzeption des metaphysischen Willensbegriffs eine innere Stärkung und Festigung der Lehre von der Konsubstantialität der trinitarischen Personen gegeben ist. Durch die Scheidung von Substanz und Wirkung des Willens ist die engste substantielle Verbindung von Vater und Sohn und zugleich die Begründung der *creatio ex nihilo* gegeben. Weiter aber zeigt auch die athanasianische Christologie dieses charakteristische Ineinander von Wille, Geist, Leben, Intellekt in der einen Substanz des Sohnes, die wir an der ägyptischen Religionsphilosophie und an Plotin hervorgehoben haben und die nach ihrer Transposition in die abendländische Dogmatik die Grundlage der augustinischen Trinitätslehre und seines Personbegriffs geworden ist. Diese ideengeschichtlichen Berührungspunkte deuten darauf hin, daß es nicht utopistisch ist, hinter der großen politischen Koalition von Rom und Alexandrien im arianischen Streit eine geistige Koalition von Ost und West, eine geistige Wahlverwandtschaft zwischen dem alexandrinischen und dem abendländischen Denken zu sehen, innerhalb deren ein wesentlicher Punkt — dogmatisch gesehen — der voluntaristische Gottesgedanke und die Deutung der Trinität als eines inneren Lebens in Gott durch den metaphysischen Willensbegriff ist.

---

37) Athanasius de decr. nic. Syn. c. 16 (PG 25, 452 A) ὥσπερ οὐκ ἀρκοῦντος ἑνὸς ἐκ τοῦ Θεοῦ λόγου πᾶσαν τὴν ἐκ τοῦ βουλήματος τοῦ πατρὸς δημιουργίαν καὶ τὴν τούτου πρόνοιαν πληρῶσαι· τὸ μὲν γὰρ πολλοὺς αὐτὸν λαλεῖν λόγους ἀσθένεια τῶν πάντων ἐστίν, ἑκάστου λειπομένου τῆς τοῦ ἑτέρου χρείας· τὸ δὲ ἑνὶ κεχρῆσθαι λόγῳ τὸν Θεὸν . . . τοῦτο καὶ τοῦ Θεοῦ τὴν δύναμιν δείκνυσι καὶ τοῦ ἐξ αὐτοῦ λόγου τὴν τελειότητα. καὶ τῶν οὕτω φρονούντων τὴν εὐσεβῆ σύνεσιν . . .

D. Die lateinische voraugustinische Willensspekulation.

I. Der lateinische Neuplatonismus.

Versuchen wir schließlich die Entwicklung des abendländischen Willensbegriffs bis auf Augustin zu skizzieren. Die Untersuchung der viktorinischen Willensspekulation hat bereits darauf hingewiesen, daß es vor allem das lateinische Abendland war, das die Logik dieser voluntaristischen Konzeption des Gottesgedankens begrifflich erfaßt und in sein dogmatisches Denken eingeführt hat.

1. Chalcidius.

Der erste abendländische Philosoph, dessen Gottesgedanken durch den metaphysischen Willensbegriff bestimmt ist, ist C h a l c i d i u s, der wichtigste Zeuge eines frühen lateinischen Neuplatonismus. Das einzig erhaltene Werk ist eine Übersetzung des Timaeus, der ein ausführlicher Kommentar beigegeben ist [1].

An diesem Werk ist auffällig, daß Chalcidius den Willensbegriff in die platonische Spekulation hineingetragen hat, und zwar nicht nur in die Kommentierung des Plato-Textes, sondern, was noch bezeichnender ist, schon in die Ü b e r s e t z u n g des griechischen Urtextes. Wir greifen die drei Hauptstellen heraus:

1. Das Problem, das im Dialog gestellt ist, ist die Frage nach der Entstehung des Alls [2]. „δι' ἥντινα αἰτίαν γένεσιν καὶ τὸ πᾶν τόδε ὁ συνιστὰς συνέστησεν;"

---

1) Ausgabe von Wrobel bei Teubner, Leipzig 1876.
2) Tim. 29 d f. (ed. Rivaud, Paris 1925, Platon tom. X S. 142) ἀγαθὸς ἦν, ἀγαθῷ δὲ οὐδεὶς περὶ οὐδενὸς οὐδέποτε ἐγγίνεται φθόνος, τούτου δ' ἐκτὸς ὢν πάντα ὅτι μάλιστα ἐβουλήθη γενέσθαι παραπλήσια ἑαυτῷ· ταύτην δὴ γενέσεως καὶ κόσμου μάλιστ' ἄν τις ἀρχὴν κυριωτάτην παρ' ἀνδρῶν φρονίμων ἀποδεχόμενος ὀρθότατα ἀποδέχοιτ' ἄν. (30 a) β ο υ λ η θ ε ὶ ς γὰρ ὁ θεὸς ἀγαθὰ μὲν πάντα, φ λ α ῦ ρ ο ν δὲ μηδὲν εἶναι κατὰ δύναμιν, οὕτω δὴ πᾶν ὅσον ἦν ὁρατὸν παραλαβὼν οὐχ ἡσυχίαν ἄγον ἀλλὰ κινούμενον πλημμελῶς καὶ ἀτάκτως, εἰς τάξιν αὐτὸ ἤγαγεν ἐκ τῆς ἀταξίας, ἡγησάμενος ἐκεῖνο τούτου πάντως ἄμεινον. Θέμις δ' οὔτ' ἦν οὔτ' ἔστιν τῷ ἀρίστῳ δρᾶν ἄλλο πλὴν τὸ κάλλιστον.

Plato findet die Ursache in dem Gut-sein Gottes. „Da er gut war, wollte Gott, daß auch das Universum gut sei [3].“ Hier spielt also zwar der Willensbegriff schon bei Plato herein, jedoch ohne eine genauere metaphysische Abgrenzung; vielmehr liegt der Nachdruck darauf, daß die ἀγαθότης Gottes als die αἰτία der Entstehung des Universums gedacht ist. Bei der γένεσις wird hier primär nicht nach dem Willen, sondern nach der αἰτία gefragt; das voluntaristische Motiv tritt hinter dem Kausalprinzip zurück.

Wie übersetzt nun Chalcidius? [4] *„quam quidem voluntatem dei originem rerum certissimam si quis ponat, recte eum putare consentiam“*. Damit ist der ganze Prozeß der Weltentstehung rein voluntaristisch gedeutet. Gottes Wille ist der Ursprung aller Dinge. Chalcidius hat also grammatikalisch den Begriff der ἀρχὴ γενέσεως καὶ δυνάμεως nicht auf die ἀγαθότης Gottes bezogen, sondern ihn mit dem Prädikat des Nachsatzes des vorangehenden Hauptsatzes verbunden, in welchem die Wirkung der ἀγαθότης Gottes dahin charakterisiert ist, daß er alle Dinge sich möglichst selbst ähnlich machen w o l l e. Das bedeutet aber: Chalcidius hat die Deutung der Schöpfung an den hier auftauchenden Willensbegriff angeknüpft und von dieser Interpretation aus den ganzen Nachdruck auf ihre Begründung im Willen Gottes geschoben, während Plato das Kausalprinzip in den Mittelpunkt gestellt hatte. Um jede Beziehung der ἀρχή auf die ἀγαθότης zu vermeiden, hat Chalcidius bereits in der Übersetzung an Stelle des Begriffs der ἀρχή den Willensbegriff eingesetzt.

Diese im Text geschickt versteckte Umformung ist auch gegenüber der fragmentarischen Übersetzung C i c e r o s neu. Cicero gibt von dem ganzen Abschnitt nur eine kurze Paraphrase [5]. Im Mittelpunkt steht bei ihm die probitas Gottes. Das Willensmoment ist in der Wiedergabe bei Cicero neben diesem stoischen Gedanken vollkommen fallen gelassen. Das ἠβουλήθη γενέσθαι Platons wird einfach mit „generavit“ übersetzt. Es handelt sich also bei Chalcidius um eine eigene voluntaristische Umformung des ganzen

---

3) ib. 30 a.
4) Chalc. trad. Tim 30a (a. O. S. 26). ib.: v o l e n s siquidem deus bona quidem omnia provenire.
5) Timaeus § 9 (ed. C. F. W. Müller, Leipzig 1890, Cic. op. IV, 3 S. 216).

Schöpfungsbildes, die sich bis in die Übersetzung hinein erstreckt. Es ist die Bekanntschaft mit dem voluntaristischen Gottesgedanken des Ostens und der mosaischen Schöpfungsgeschichte, die hier das platonische Weltbild umzuformen beginnt.

2. Diese Tendenz zeigt sich in einer Weise, die weniger auffällig ist, aber doch die Absicht nicht verhüllen kann, an der zweiten Stelle Timaeus 38 c, wo es sich um die S c h ö p f u n g d e r G é - s t i r n e handelt. Plato schreibt hier folgendermaßen [6]): „ἐξ οὖν λόγου καὶ διανοίας θεοῦ τοιαύτης πρὸς χρόνου γένεσιν, ἵνα γεννηθῇ χρόνος, ἥλιος καὶ σελήνη καὶ πέντε ἄλλα ἄστρα, ἐπίκλην ἔχοντα πλανητά, εἰς διορισμὸν καὶ φυλακὴν ἀριθμῶν χρόνου γέγονεν κτλ.“ Als Ursache der Entwicklung ist also bei Plato seinem Gottes- gedanken entsprechend vom Logos und der διάνοια des Schöpfers die Rede. Auch in diese rein noetische Begriffs-Gruppe bringt Chalcidius, ohne sich an den Text zu halten, den Willensbegriff hinein, in dem er so übersetzt [7]): *hac igitur dei ratione consilioque huiusmodi genituram temporis v o l e n t i s c r e a r i sol et luna et aliae quinque stellae, quae vocantur erraticae, factae sunt ...*“ Auch dieses eigenwillige Substituieren des Willensbegriffs zeigt die gleiche Tendenz einer Abschwächung des Primats des Logos und der As- similation der Schöpfungsidee an den jüdisch-christlichen Gottes- gedanken.

3. Wohl die auffälligste Umbiegung der platonischen Schöpfungs- idee ist aber folgende. Bei Plato steht [8]): „ἐπεὶ δὲ κατὰ νοῦν τῷ συνι- στάντι πᾶσα ἡ τῆς ψυχῆς σύστασις ἐγεγένητο, μετὰ τοῦτο πᾶν τὸ σωματοει- δὲς ἐντὸς αὐτῆς ἐτηκταίνετο καὶ μέσον μέσῃ συναγαγὼν προσήρμοττεν.“ Wieder ist es also das intelligible, nicht das voluntaristische Prin- zip, das hier nach Plato am Anfang der Schöpfung steht. Chalcidius übersetzt hier glattweg [9]): *igitur cum pro v o l u n t a t e p a t r i s cuncta rationabilis animae nasceretur, aliquanto post omne cor- poreum intra conseptum eius effinxit mediumque adplicans mediae modulamine apto iugabat.*“

Er führt also den Ursprung der Weltseele unmittelbar auf einen Willensakt Gottes zurück, der hier außerdem, wozu ebenfalls im

---

6) Plato Tim. 38 c (S. 152 a. O.).
7) Chalc. trad. Tim. 38 c (a. O. S. 37).
8) Plato Tim. 36 d (a. O. S. 149).
9) Chalc. trad. Tim. 36 d e (a. O. S. 34).

griechischen Text kein Anlaß vorliegt, als „Vater" erscheint. In dieser Ersetzung des platonischen Nus durch die *voluntas patris* ist die Absicht des Chalcidius — in welchem Maße sie ihm selbst bewußt war, ist schwer zu entscheiden — die Absicht einer Verbindung des griechischen und des orientalischen Gottesgedankens klar zum Ausdruck gebracht.

Auffallend ist hier, daß schon C i c e r o in seiner Übersetzung des Timaeus an dieser Stelle den Willensbegriff in die platonische Schöpfungsidee einzuschieben versucht; er übersetzt hier nämlich so [10]), daß er den Begriff „Nus" mit *mens et voluntas* wiedergibt, und vereint auf diese Weise das intelligible und voluntaristische Prinzip in einer Weise, wie sie erst bei Augustin in einer klaren metaphysischen Determinierung wieder zum Vorschein kommt. Es scheint so, als ob bereits bei Cicero das Denken des Lateiners bei der Betrachtung der Schöpfung gegen eine rein intellektualistische Konzeption des Gottes- und Schöpfungsgedankens reagiert [11]).

An einer einzigen Stelle findet sich innerhalb des p l a t o n i - s c h e n Timaeus selbst der Willensbegriff in direkter Verbindung mit dem Problem der absoluten Freiheit Gottes: in der Rede des Schöpfers des Alls an die Götter, in der er ihnen den Schöpfungsbefehl erteilt; hier liegt der singuläre Fall vor, daß der platonische Gott selbst hervortritt mit einem: Ich bin, ich will [12]), der einzige

---

10) Cicero Tim. § 26 (a. O. S. 221).

11) Ein ähnlicher Versuch, den Willensbegriff in den abstrakten Gottesgedanken hineinzuprizieren, findet sich bei Cicero auch in der Schrift über die Natur der Götter, wo er die Begabung des Menschen mit der r a t i o b o n a ebenfalls auf die m e n s v o l u n t a s q u e d i v i n a zurückführt. An diesen beiden einzigen Stellen, wo bei Cicero der Willensbegriff innerhalb von metaphysischen Spekulationen auftaucht, ist er mit dem Begriff der m e n s in der geschilderten Weise gekoppelt. de nat. deor. III, 70 (ed. C. F. W. Müller, Cic. op. IV 2, S. 131). Vgl. auch Chalc. in Tim. c. 354 (a. O. S. 377 f.). Cicero de nat. deor. I, 19 (a. O. S. 10).

12) Plato Tim. 41 a b (a. O. S. 156) „θεοὶ θεῶν, ὧν ἐγὼ δημιουργὸς πατήρ τε ἔργων, δι' ἐμοῦ γενόμενα ἄλυτα ἐμοῦ μὴ ἐθέλοντος. τὸ μὲν οὖν δὴ δεθὲν πᾶν λυτόν, τό γε μὴν καλῶς ἁρμοσθὲν καὶ ἔχον εὖ λύειν ἐθέλειν κακοῦ· δι' ἃ καὶ ἐπείπερ γεγένησθε, ἀθάνατοι μὲν οὐκ ἐστὲ οὔτ' ἄλυτοι τὸ πάμπαν, οὔτι μὲν δὴ λυθήσεσθέ γε οὐδὲ τεύξεσθε θανάτου μοίρας, τῆς ἐμῆς β ο υ λ ή σ ε ω ς μείζονος ἔτι δεσμοῦ καὶ κυριωτέρου λαχόντες ἐκείνων οἷς ὅτ' ἐγίγνεσθε συνεδεῖσθε". (42 e) καὶ ὁ μὲν δὴ ἅπαντα ταῦτα διατάξας ἔμενεν ἐν τῷ ἑαυτοῦ κατὰ

Ort, an dem die Berührung mit dem orientalischen Gottesgedanken innerhalb der Schöpfungsidee des Timaeus selbst gegeben ist.

Das Problem des Person-seins Gottes ist also längst, bevor es Gegenstand metaphysischer Reflexion wurde, im Mythus auf eine naive Weise gelöst, denn im Mythus spricht und bewegt sich Gott als Person, längst bevor die metaphysischen Prinzipien dieses Personseins enwickelt sind.

Weiter aber: mit der mythischen Person ist der Wille von selbst gegeben, selbst dort, wo, wie bei Plato, der Gott, der mythisch als eine wollende und handelnde Person fungiert, metaphysisch als rein intelligibles Prinzip gefaßt ist. Die vollständige Logisierung des Mythus führt immer auf das Problem der Person und des Willens zusammen, und es ist eine tiefe religiöse Einsicht Augustins, daß er beide Probleme zusammen und in Beziehung zueinander gelöst hat. Die intellektualistische, kausale Deutung der Schöpfung ist bei Plato selbst innerhalb seiner mythischen und darum persönlichen Darstellung Gottes durchbrochen.

Die eben besprochene Timaeusstelle hat bei Chalcidius bezeichnenderweise eine starke Umbildung erfahren, so daß seine Übersetzung hier eher als eine Umschreibung denn als eine unmittelbare Wiedergabe erscheint [13]). *„quapropter quia facti generatique estis — spricht Gott zu den unteren Göttern — immortales quidem nequaquam nec omnino indissolubiles, nec tamen umquam dissolvemini, nec mortis necessitatem subibitis, quia voluntas mea maior est nexus et vegetatior ad aeternitatis custodiam quam illi nexus vitales, ex quibus aeternitas vestra coagmentata atque composita est ..."*

Die genannten Beispiele aus Chalcidius zeigen, daß sich durch die ganze Übersetzung des Timaeus hindurch die Tendenz einer voluntaristischen Deutung und Umformung des intellektualistischen Gottesgedankens bemerkbar macht. Die einzelnen Ideen sind: der Wille Gottes ist der Ursprung alles Seienden überhaupt — differenziert als das schöpferische Prinzip der Gestirne und ihrer Bewegung, das schöpferische Prinzip der Weltseele, die in Gott herr-

---

τρόπον ἤθει· μένοντος δὲ νοήσαντες οἱ παῖδες τὴν τοῦ πατρὸς τάξιν ἐπείθοντο αὐτῇ καὶ λαβόντες ἀθάνατον ἀρχὴν θνητοῦ ζῴου, μιμούμενοι τὸν σφέτερον δημιουργόν κτλ.

13) Chalc. trad. Tim. 41 b (a. O. S. 43 f.).

schende Identität von Natur und Wille als der Garant der absoluten
Freiheit Gottes.

Diese Ideen finden in der eigentlichen Kommentierung des bereits in der Übersetzung umgeformten Timaeus ihre Ausführung
in einem Maße, welches die Ideen des Timaeus noch weiter im
Sinne einer Willensmetaphysik umformt.

Wir gehen dabei aus von der bereits zitierten Götterrede. In
dieser Rede des Allschöpfers heißt es im griechischen Urtext
(Tim. 41 a): „θεοὶ θεῶν, ὧν ἐγὼ δημιουργὸς πατήρ τε ἔργων, δι'
ἐμοῦ γενόμενα ἄλυτα ἐμοῦ τε μὴ ἐθέλοντος".

Damit ist die Souveränität des göttlichen Willens behauptet, die
den Schöpfer-Gott über die unteren Götter wie Gê, Uranos, Kronos, Rhea, Zeus und Hera stellt.

Bei Chalcidius erfährt diese Stelle in seiner Kommentierung [14])
die Deutung, daß es der Wille des höchsten Gottes ist — *e voluntate summi Dei emensa omnem temporum antiquitatem* —, dem
diese Götter ihren Ursprung verdanken, so daß also der Wille
Gottes als das eigentliche Schöpfungsprinzip erscheint. Im selben
Zusammenhang erscheint Gott als *opifex generationis, fabricator*
und spricht zu den anderen Göttern: *opera siquidem vos mea* ...
An Stelle der hypostatischen Rangordnung der Götter ist also eine
schöpfungsmäßige Genealogie getreten.

Noch auffälliger ist die Deutung der Vorsehung, der πρόνοια von
dem theologischen Willensbegriff aus, so daß der Vorsehungsgedanke
des Timaeus von der ursprünglichen Bestimmtheit durch den
metaphysischen Logos- und Nomos-Gedanken Platos sich auf die
christliche Prädestinationslehre hin bewegt [15]). Bedeutungsvoll wird
diese Umdeutung vor allem dadurch, daß die *providentia* selbst
nicht rein funktionell, sondern als die erste Emanation des Nus
gefaßt wird, so daß sie als die *secunda eminentia* den metaphysischen Ort des plotinischen „Sohnes" einnimmt. Diese erste Hypostase des *primum illud* wird als der Wille Gottes bezeichnet [16]).

---

14) Chalc. comm. in Tim. c. 139 (a. O. S. 200).

15) Chalc. comm. in Tim. c. 269 (a. O. S. 300): praecedit providentia,
sequitur fatum . . . praenascitur providentia.

16) ib., weiter comm. in Tim. c. 144 (a. O. S. 204) und c. 176 (a. O. S. 219):
deinde a providentia, quae est post illum summum se cundae eminentiae, quem Noun Graeci vocant — est autem intelligibilis essentia aemulae

Damit biegt die Willensspekulation des Chalcidius in die metaphysische Konzeption des plotinischen Willensbegriffs ein. Die
Relation von *voluntas-providentia-actus,* die sich bei Chalcidius
selbst, z. B. in dem Begriff der *voluntas provida,* niederschlägt [17]),
weist so bereits das charakteristische Problemgewebe auf, das bei
der ersten dogmatischen Behandlung des Willensbegriffs bei Viktorin wiederkehrt (s. S. 78 ff.).

Zu den neuplatonischen Philosophen, deren gemeinsames geistiges
Kennzeichen ist, daß sie sich im Besitz der höchsten geistigen Bildung ihrer Zeit den religiösen Ideen des Christentums zuwandten,
in deren Konversion, also in ähnlicher Weise wie bei Viktorin „humanistische" Elemente mit hereinspielen, gehören neben dem
Neuplatoniker Chalcidius und Marius Victorinus besonders nach
Firmicus Maternus (c. 340). Die Untersuchung des Chalcidius und
des Viktorin hat bereits gezeigt, daß es sich nicht nur, wie man gewöhnlich annimmt, bei den Ideen dieser Philosophen um den mehr
oder minder deutlichen Abklatsch von Anschauungen der griechischen Philosophie handelt, daß sich vielmehr innerhalb der Aufnahme der griechischen Philosophie durch den Geist des lateinischen
Abendlandes eine Umformung des griechischen Denkens vollzogen
hat, deren bezeichnendstes Moment die voluntaristische Wendung
des griechischen Gottesgedankens ist. Dabei ist von besonderer Bedeutung, daß es ein latinisierter Plotin war, auf den Augustin stieß
und der sein spekulatives Denken anregte. Augustin kannte Plotin
aus den Übersetzungen und philosophischen Schriften Viktorins.
Diese bereits mit der Übersetzung in eine andere Sprache — bzw.
ein anderes Denken — gegebene geistige Transformation muß also
mit berücksichtigt werden.

Während sich der griechische Neuplatonismus im allgemeinen
den christlichen Ideen gegenüber infolge seiner intellektualistischen

---

bonitatis propter indefessam ad summum Deum conversionem estque ei
ex illo bonitas, qua tam ipsa ornatur quam cetera, quae ipso auctore
honestantur. hanc igitur D e i v o l u n t a t e m tamquam sapientem rerum
omnium tutelam p r o v i d e n t i a m vocant homines, non, ut plerique exi-
stimant, idee dictam quia praecurrit in videndo atque intelligendo pro-
ventus futuros, sed q u i a p r o p r i u m d i v i n a e m e n t i s i n t e l l e g e r e,
qui est proprius m e n t i s a c t u s et est m e n s D e i aeterna. est igitur
m e n s D e i d e i n t e l l i g e n d o a e t e r n u s a c t u s.

17) Chalc. comm. in Tim. 354 (a. O. S. 377 f.).

Grundhaltung ablehnend verhielt, und dort, wo eine Annäherung
zustande kommt, diese sich gewöhnlich über die Idee der παιδεία
oder des Gesetzes-Begriffs vollzieht, bildet die im lateinischen
Neuplatonismus ausgebildete voluntaristische Gottesanschauung
die geistige Verbindung mit dem Christentum, die deswegen eine
engere sein konnte, weil sie näher an den christlichen Gottesgedanken heranführte.

2. Marius Victorinus (nach seinen vorchristlichen Schriften).

Zur genauen Bestimmung der geschichtlichen Weiterentwicklung
unseres Problems ist es notwendig, die Untersuchung noch einmal
V i k t o r i n zuzuwenden, der nach Chalcidius der erste ist, bei dem
man die voluntaristische Deutung des Timäus weiterverfolgen kann.
Es zeigt sich nämlich, daß der Voluntarismus seiner Metaphysik
auch schon in seinen vorchristlichen philosophischen Schriften vorhanden ist.

In Betracht kommt hier hauptsächlich der Kommentar Viktorins
zu Ciceros Rhetorik [18]).

Die Tatsache, daß bereits vor seiner Bekehrung zur christlichen
Kirche seine Metaphysik voluntaristisch abgestimmt war, ist deswegen beachtenswert, weil sie zeigt, daß die Willensspekulation
bereits die Problemstellung seiner Philosophie bestimmte, d. h. des
lateinischen Neuplatonismus, dessen anerkannter Vertreter Viktorin längst vor seinem Übertritt zur Kirche war.

Der Kommentar zu Ciceros Rhetorik fällt dadurch auf, daß er an
vielen Stellen die in die rhetorische Abhandlung eingestreuten
philosophischen Begriffe aufgreift, um längere philosophische Ex-
kurse daran anzuknüpfen.

Dies geschieht z. B. im 24. Kapitel des ersten Buches bei der
Interpretation des Begriffs natura. Cicero bemerkt in seiner Rhetorik an dieser Stelle einfach, es sei sehr schwierig, diesen Begriff
zu definieren. Viktorin greift diese Bemerkung auf, um ein metaphysisches Problem, das an und für sich in den Zusammenhang der
Rhetorik nicht hineingehört, daran zu entwickeln, das Problem des
„Streites der Weisen", was früher sei, Gott oder die Natur [19]). „Ist
die Natur früher, dann ist Gott geboren; aber Gott konnte nicht

---

18) explanationes in Rhetoricam M.Tulli Ciceronis ed. Halm, rhet. lat.
min. S. 153 ff.   19) Viktorin in Cic. rhetoricam I 24 (a. O. S. 215, 23—35).

geboren werden. Ist Gott früher, dann ist die Natur geboren; wenn aber die Natur geboren werden konnte, dann fängt sie an, nicht Natur zu sein."

Viktorin löst diese Dialektik selbst nicht auf, sondern beginnt zunächst von der Geschichte des Naturbegriffs bei den verschiedenen Philosophen zu sprechen. Er nennt zuerst die stoische Idee vom Urfeuer. *„natura est ignis artifex quadam via vadens in res sensibiles procreandas; etenim manifestum est omnia principe igne generari"* (ib.). Natur ist hier das schöpferische Urelement, aus dem die anderen Elemente hervorgehen und sich zum Kosmos gestalten, dessen bildendes Prinzip in diesem Urelement enthalten ist.

Als zweites erscheint der platonische Naturbegriff. Seine Definition desselben ist höchst merkwürdig: „Plato aber hat so definiert: die Natur ist der Wille Gottes. Und unter den übrigen Anschauungen ist diese eher anzuerkennen, denn wenn Gott und die Natur so sind, daß aus diesen ein anderes früher nicht ist — notwendigerweise wird aber das zweite aus dem ersten geboren, wenn daher etwas geboren wird, dann ist es weder Gott noch Natur —, dann ist es richtig, wenn er die Natur den Willen Gottes nannte; denn notwendigerweise hat Gott immer gewollt und will immer." Zum Schluß heißt es: „Das aber müssen wir bedenken: Natur ist dasselbe wie Universum. Über das Universum hinaus gibt es nicht Natur, sondern Gott; der Wille Gottes, durch welchen das Universum ist, ist dieselbe Natur" (ib.).

Ein Versuch, diese auffallenden „platonischen" Gedanken zu analysieren, führt auf folgenden Gedanken:

Ausschlaggebend ist der transzendentalistische Gottesgedanke. „Gott" ist nicht identisch mit „Natur", sondern ist darüber hinaus. Hauptsatz: Die Natur ist der Wille Gottes.

1. Begrenzung: weder ist Gott früher als die Natur, noch die Natur früher als Gott. Zwischen beiden gibt es keine formale oder ontologische Priorität. Begründung: alles, was geboren ist, ist etwas Sekundäres, Abgeleitetes, weil es auf den Erzeuger als das primäre Moment hinweist. Dieses Verhältnis Erzeuger-Erzeugtes kommt aber zwischen Gott und Natur nicht in Frage: daher ist es möglich, daß die Natur der Wille Gottes ist. Der Wille Gottes ist aber immer mit Gott zusammen am Anfang nicht als etwas Sekundäres, Geschaffenes. Deshalb kann es sich bei der Natur so wenig um

ein Geschaffenes handeln wie beim Willen. Die Natur ist der Wille
Gottes selbst.

2. Begrenzung: Natur ist das Universum. Das Universum ist durch
den Willen Gottes. Das Universum steht zugleich in einer seins-
und „schöpfungs"mäßigen Beziehung zu Gott, ähnlich der plotinischen „Weltseele" (Schöpfung im Sinn der Emanation). Der transzendentalistische Gottesgedanke verhindert aber die Gleichung:
Gott = Universum.

Für die Begriffe Natur und Welt ergibt sich daraus folgendes:
1. Natur ist Wille, und zwar der Wille Gottes, also ein geistiges
Prinzip. 2. Natur ist der Wille, durch den das Universum ist, also
ein geistiges Schöpfungsprinzip. Universum bezeichnet den verwirklichten Schöpfungswillen, die konkrete Gesamtwirklichkeit.
Man darf also dem Begriff Natur nicht den stoischen Sinn substituieren: Natur ist hier der auf die Schöpfung gerichtete Wille Gottes.

Das für unsere Untersuchung wesentliche Moment ist dabei, daß
der Gottesgedanke rein voluntaristisch gefaßt ist: innerhalb dieser
voluntaristischen Bestimmung beschreibt der Begriff *natura* die
göttliche Substanz, soweit sie auf das Schaffen der Welt gerichtet
ist, den dynamischen geistigen Grund des Seins des Universums;
was aber Gott will, das ist auch schon, nur daß sich die Wirklichkeit des Willens von der Wirklichkeit der gewollten Schöpfung
unterscheidet, wie die Wirklichkeit der Idee von der des konkreten
Dings; hier erst trifft man auf platonische Gedanken, während die
ganze voluntaristische Konzeption von Gott sowie der spiritualistische Naturbegriff bei Plato nicht zu finden ist. Sucht man bei
Plato selbst nach einer Analogie zu diesem *natura*-Begriff, so ist
man auf seine Anschauung von der Weltseele gewiesen.

Der Unterschied zwischen dem intellektualistischen und voluntaristischen Gottesgedanken, den Viktorin hier Plato zuschiebt, ist
so groß, daß man das Zitat: „*natura est Dei voluntas*" für einen
Irrtum oder eine Fälschung Viktorins halten müßte, wenn nicht
bereits die Übersetzung des Chalcidius zeigte, daß die voluntaristische Deutung des platonischen Gottesgedankens den Text selbst
angegriffen und bereits begonnen hatte, den Begriff des Nus durch
die voluntas zu verdrängen. Das Zitat selbst läßt sich in dieser
Form auch bei Chalcidius nicht nachweisen. Ob nun Viktorin den
Gedanken aus dem Augenblick heraus schöpferisch mißdeutend

formuliert oder ob es sich um ein Zitat einer eigenen Platoübersetzung oder um einen Satz der Schultradition handelt: soviel ist sicher, daß Viktorin Plato ins Voluntaristische umgedeutet; der wesentliche Punkt der Latinisierung ist die Umformung der intellektualistischen in den voluntaristischen Gottesgedanken. Das Vorhandensein einer lateinischen platonischen Tradition weist aber wiederum auf die Notwendigkeit, Augustins neuplatonische Elemente zunächst von den Resten des lateinischen Neuplatonismus aus, d. h. vor allem von Viktorin aus, zu verstehen, dessen Plotin-Übersetzungen und Schriften ihn in das metaphysische Denken einführten: von einem rein intellektualistischen Gottesgedanken aus war eine Lösung des Person-Problems unmöglich.[20]).

3. Firmicus Maternus.

Daß es sich bei dieser Interpretation von Natur und Wille nicht um einen singulären Einzelfall, sondern um eine philosophische Lehrmeinung handelt, die uns mit den Quellen jener Zeit entschwunden ist, ist daraus ersichtlich, daß sich sämtliche Gedanken bei dem unmittelbaren Zeitgenossen Viktorins, bei F i r m i c u s M a t e r n u s, der dieselbe philosophische Bildung wie er durchlaufen hat, entwickelt finden. Die Betrachtung über den Willen steht bei ihm wie bei Viktorin an einer Stelle, an der man sie nicht erwartet.

Das Werk des Firmicus, das er über den Irrtum der heidnischen Religionen schrieb, ist an Konstantins Söhne Konstantius und Konstans gerichtet und hat die praktische Absicht, sie zu einer aktiven plotinischen Ausrottung des Heidentums anzuleiten.

Der wichtigste Satz, der sich mit dem Willensbegriff befaßt, lautet[21]): „Der Wille Gottes ist die Substanz des vollendeten Werkes." Der Zusammenhang zeigt, daß das „vollendete Werk"

20) Auf die Tatsache, daß von dieser Beziehung Gott-Natur aus kein naturalistischer Immanentismus entwickelt werden kann, braucht nicht mehr näher eingegangen zu werden: darauf weist bereits die Abgrenzung gegen den stoischen natura-Begriff hin.

21) Firm. Maternus de errore XXVI 3 (ed. Ziegler, Leipzig 1908, S. 68) v o l u n t a s D e i perfecti operis s u b s t a n t i a est; . . . quicquid deus dixerit, factum est. Die Beziehung von s u b s t a n t i a und n a t u r a innerhalb der Entwicklung des transzendentalen Gottesgedankens findet sich auch bei Chalcidius comm. in Tim. c. 176.

die Schöpfung, d. h. das Universum meint. Substanz ist aber nicht
das materielle Sein des Universums, sondern ein geistiges Sein,
d. h. der Begriff substantia fungiert hier genau in dem Sinn der
viktorinischen natura. Hier wie dort ist der Wille als geistiges
Sein gefaßt und die Schöpfung ausschließlich voluntaristisch begründet. Mit der Betonung des *„opus perfectum"* ist weiter auf
die Theodizee hingewiesen, die bereits bei Viktorin von den gleichen
Grundlagen aus entwickelt wurde (s. S. 81 f., 351 f.). Man könnte
noch darauf hindeuten, daß bei Firmicus Maternus dem Willensbegriff entsprechend das Hauptgebot der Ethik das Erfüllen des
göttlichen Willens ist, wodurch die *„conjunctio und die societas
caelestium rerum"* erreicht wird [22]).

II. Die Ansätze in der kirchlichen Dogmatik.

Bevor wir uns der eigentlichen dogmatischen Formulierung des
Willensbegriffs durch Augustin zuwenden, sind noch einige kurze
Ansätze zu einer eigenen abendländischen Willensspekulation zu
nennen, die sich innerhalb der klassischen christlichen Literatur
vor Augustin finden, so bei T e r t u l l i a n, L a k t a n z und A m -
b r o s i u s. Es handelt sich bei den beiden ersten nur je um eine
bezeichnende Stelle, in der Gedanken durchdringen, die dann nach
der späteren metaphysischen Klärung des Willensbegriffs das religiöse Denken beherrschen.

1. Tertullian.

In einer Auslegung der 4. Bitte des Vaterunsers schreibt T e r -
t u l l i a n [23]): „Dein Wille geschehe im Himmel und auf Erden"
(beten wir) nicht, weil etwa einer verhindern könnte, daß der
Wille Gottes geschehe, und wir für Gott um eine erfolgreiche Betätigung seines Willens beteten . . .; dann folgt der wichtige Satz:
*„petimus ergo substantiam et facultatem voluntatis suae submini-
stret nobis, ut salvi simus et in caelis et in terris, quia summa est
voluntatis eius salus eorum, quos adoptavit, est et illa Dei voluntas, quam dominus administravit praedicando operando sustinendo.*

---

22) Firm. Maternus de errore XX 7 (a. O. S. 53) supra homines erigitur
et a terrena fragilitate separatus caelestium se rerum societate coniungit
qui in omnibus actibus suis prout potest D e i s u m m i s e q u i t u r v o l u n -
t a t e.   23) Tertullian de orat. c. 4 (CSEL 20, S. 183).

si enim ipse pronuntiavit non suam, sed patris facere se volun-
tatem, sine dubio, quae faciebat, ea erat voluntas patris, ad quae
nunc nos velut ad exemplaria provocamur, ut et praedicemus et
operemur et sustineamus ad mortem usque. quae ut implere possi-
mus, opus est Dei voluntate ... dominus quoque, cum sub instantiam
passionis infirmitatem carnis demonstrare iam in sua carne voluis-
set, ‚pater‘, inquit, ‚transfer poculum istud‘, et recordatus ‚nisi quod
mea non, sed tua fiat voluntas". ipse erat voluntas et potestas patris
et tamen ad demonstrationem sufferentiae debitae voluntati se patris
tradidit."

Nur auf zwei Momente dieser aufschlußreichen Ausführung ist
hier hinzuweisen. Erstens: die drei wichtigsten Punkte der späteren Willensspekulation sind hier bereits in dieser einmaligen und
ganz singulären Formulierung vorgebildet: 1. der Wille ist gefaßt
als Substanz, 2. der Wille Gottes ist christologisch gedeutet, 3. der
Wille ist auf die Erlösung bezogen. Der Vollzug des göttlichen
Willens ist nicht ein beliebiger kosmologischer Vorgang, sondern
steht in einer h e i l s m ä ß i g e n Beziehung zum Menschen, als
eine *subministratio substantiae*. Der effectus dieser *subministratio
substantiae* ist die *salus* der Menschen im Himmel und auf Erden:
das metaphysische Ziel der Erlösung steht hier in einem unmittelbaren Zusammenhang mit der Sakramentslehre, die in dem „Brot"
des Vater-Unsers nicht das Brot zum Essen, sondern das *panis
supersubstantialis*, das Brot vom Himmel, den Leib Christi sieht
(so schon Origenes comm. in Matth. ser. 85 ed. Lomm. 4, 416 f.). Die
subministratio des göttlichen Willens bewirkt so keineswegs nur ein
moralisches Verhalten, sondern eine reale Erlösung und Vergottung.

Die letzte Konsequenz dieser Beziehung des Willens auf die Erlösung ist die Wiederaufnahme der paulinischen Rechtfertigungslehre, die Viktorin dahin formuliert, daß nur der Erlöste, d. h. der im
Geist Wiedergeborene dem Willen Gottes dienen kann (s. S. 178 ff.).
Bei einer klaren Erfassung dieses Realzusammenhangs von göttlichem Willen und Erlösung muß die Anschauung von der Ver-
dienstlichkeit der Werke als eine überflüssige Arabeske fallen, eine
Konsequenz, die Viktorin in seiner Zeit als einziger theologisch
durchdacht hat (s. S. 159 f.). Das Tun des göttlichen Willens ist dann
Ausstrahlung eines Erfülltseins vom Willen Gottes, was eine wesenhafte Zugehörigkeit zum Wesen Gottes im Glauben bezeichnet.

2. Laktanz.

Der zweite, der hier noch heranzuziehen ist, ist L a k t a n z und zwar aus dem Grunde, weil sich auch bei ihm der Prozeß der voluntaristischen Deutung des Platonismus, wie er bei Chalcidius zum erstenmal deutlich wird, angedeutet findet.

Bei Laktanz findet sich folgender Gedanke ausgesprochen: „Daß die Welt von Gott gemacht sei, hat (schon) Plato gesagt; dasselbe sagen die Propheten und das gleiche geht auch aus den sibyllinischen Orakeln hervor [24].'' Damit wird eine direkte Verbindung der jüdischen und platonischen Schöpfungsidee hergestellt. Der Ausgangspunkt dieser Verbindung ist auch hier der Gedanke der Schöpfung. Auch hier erfährt der platonische Gottesgedanke durch seine Identifizierung mit dem jüdischen eine voluntaristische Umdeutung. Eine selbständige Weiterbildung über diese dilettantische Vermengung hinaus hat bei Laktanz nicht stattgefunden. Das einzige, worauf man hinweisen könnte, ist eine Deutung der Wesensgleichheit, in der der substantielle Zusammenhang von Vater und Sohn als ein Ineinander und eine Identität von Intellekt und Wille gefaßt ist [25]. Dieser Gedanke ist insofern bemerkenswert, als hier nicht mehr, wie z. B. bei Origenes (s. S. 333 ff.), der Vater als das intelligible, der Sohn als das voluntaristische Prinzip gesetzt ist, die beiden Funktionen also nicht mehr auf die beiden Personen aufgeteilt sind, sondern sie beide als innerhalb derselben Geistnatur zusammenliegend gedacht sind.

3. Ambrosius.

Bei A m b r o s i u s, bei dem sich die voluntaristische Konzeption des Gottesgedankens bereits gefestigt hat, finden sich einerseits deutliche Rückbeziehungen auf die Ideen des Neuplatonismus, andererseits Hinweise auf augustinische Anschauungen. Besonders im H e x a m e r o n hat Ambrosius seine Anschauungen über den Willen Gottes und die entsprechende Deutung der Schöpfung entwickelt. Die Idee der *creatio ex nihilo* ist bei ihm konsequent durch-

---

24) Lactanz div. inst. VII 7, 7 ff (CSEL 19, S. 610).

25) Lactanz div. inst. IV 29, 13 (CSEL 19, S. 394) quapropter cum m e n s et v o l u n t a s alterius in altero sit vel potius una in utroque, merito u n u s d e u s u t e r q u e a p p e l l a t u r, quia quidquid est in patre, ad filium transfluit et quidquid est in filio, a patre descendit.

geführt im Gegensatz zu Viktorin, bei dem von der neuplatonischen Tradition her immer noch die Anschauung von der Ewigkeit der Materie eine letzte klare Auswirkung des neuen Willensbegriffs gestört hatte [26]). Nicht nur die Schöpfung des Universums, sondern auch der ganze Ablauf der geschaffenen Welt, die Geschichte, ist jetzt auf den göttlichen Willen bezogen. Das „*tamquam ex suo fecit qui unde voluit fecit*" (ib.) weist auf die Kombination von *natura* und *voluntas* zurück, wie wir sie bei Viktorin in seinem Cicero-Kommentar fanden (s. S. 350 ff.). Die Schöpfung, der Bestand der Welt, ihre Auflösung ruhen einzig in Gott, d. i. in seinem Willen [27]). Entsprechend wird bei Ambrosius das Ende der Welt als ein *recurrere in Dei voluntatem* bezeichnet, welches sich also entsprechend als der rückläufige Prozeß der Schöpfung in die Geistnatur zurück darstellt. Damit ist ein Hinweis auf die Anschauung von der „absoluten Geschichte" des Geistes gegeben, wie sie in den Ideen Viktorins (s. S. 265 ff.) über die Bewegung des Geistes ausführlich dargestellt ist, wobei wiederum der Unterschied, der in der verschiedenen Anschauung von der Materie besteht, zu berücksichtigen ist.

Die Anschauung von der M a j e s t ä t Gottes ist es vor allem, mit der sich bei Ambrosius der Willensbegriff verbindet und seinem Gottesgedanken die grandiose alttestamentliche Kraft und Wucht gibt und den Charakter seiner Religiosität bestimmt. „Alles besteht durch Gottes Majestät und nicht durch Zahl, Gewicht und Maß — *non quod in medio sit terra, quasi aequa lance suspenditur, sed quia maiestas Dei voluntatis suae eam lege constringit* [28])." Diese Idee, zugleich die christlichste Kritik der „gottlosen heidnischen Philosophien" findet sich noch verschiedentlich formuliert. „*voluntate igitur Dei immobilis manet et ‚stat in saeculum terra' (Eccl. 1, 4) secundum Ecclesiastae sententiam et in voluntate Dei movetur et nutat. non ergo fundamentis suis innixa subsistit nec fulcris suis stabilis perseverat, sed dominus statuit eam et fir-*

---

26) Ambrosius exam. I. 5. 19 (CSEL 32 ¹, S. 16) ex ipso principium et origo substantiae universorum, id est ex v o l u n t a t e e i u s et potestate. omnia enim ex eius v o l u n t a t e coeperunt, quia unus deus pater, ex quo omnia, etenim tamquam ex suo fecit, q u i u n d e v o l u i t f e c i t.

27) exam. II, 2, 4 (a. O. S. 43 f.) voluntas eius mensura rerum est.

28) exam. I, 6, 22 (a. O. S. 18).

*mamento voluntatis suae continet, quia ‚in manu eius omnes fines
terrae' (Ps. 94, 4) ... ego tamen, qui profundum maiestatis eius et
artis excellentiam non queo comprehendere, non disputatoriis me
libramentis committo atque mensuris, sed omnia reposita in eius
existimo voluntate, quod voluntas eius fundamentum sit universorum et propter eum adhuc mundus hic manet."* (ib. S. 19 f.)

In dem Wissen um die gewaltige Majestät Gottes und dem Vertrauen auf sie beginnt sich bereits der volle religiöse Sinn der neu
entdeckten voluntas Dei zu entfalten [29]).

Von der voluntaristischen Konzeption der Schöpfung aus dringt
Ambrosius zu einer Kritik der Schöpfungsidee des Timäus vor und
stößt die letzte „Unentschlossenheit" der Neuplatoniker, die Be-
schränkung der willensmäßigen Schöpfung Gottes auf die intelligible Natur unter Beibehaltung der Idee von der Ewigkeit der
Materie, vollends beiseite [30]). *„... omnia vis divina incomprehensibilis humanis mentibus et ineffabilis sermonibus nostris voluntatis
suae auctoritate contexuit. fecit igitur Deus caelum et terram et
ea quasi auctor esse praecepit, non tamquam figurae inventor, sed
tamquam operator naturae ..."* Mit dem Begriff „inventor figurae"
ist klar die Ansicht der hier bekämpften Gegner gekennzeichnet,
nämlich eben die Schöpfungsidee des Timaeus, innerhalb deren
Gott nur als das ordnende, intelligible Bildprinzip erscheint. Ambrosius erhebt hier Einspruch mit der Bemerkung (ib.), die Annahme, die Materie selbst sei nicht erschaffen, sei eine Beeinträch-
tigung der göttlichen Allmacht [31]). *„si vero incomposita, mirum
admodum coaeternam Deo materiem decorum sibi non potuisse
conferre, quae substantiam non a creatore acceperit, sed sine tempore ipsa possederit. plus ergo invenit operator omnium quam
contulit: invenit materiem in qua posset operari, contulit autem
figuram, quae decorem inventis rebus adferret"* (ib. S. 41 f.). Schließlich ermahnt er die Leser, nicht den philosophischen Traditionen zu
folgen, sondern allein der *regula veritatis, „quae oraculis divini ser-*

---

29) Die gleiche charakteristische Verbindung von voluntas und maiestas
kennzeichnet zugleich seine Frömmigkeit und den fürstlichen Stil seines
Denkens und faßt den biblischen Gedanken in neue kraftvolle Begriffe:
der Wille Gottes ist das **firmamentum terrae**, das **fundamentum
universorum** (ib. S. 19 und 20).

30) exam. II, 1, 1 (a. O. S. 41).

31) ib. II, 1, 2, S. 41.

monis exprimitur et contemplatione tantae maiestatis fidelium pectoribus infunditur" (II. 1, 3 S. 42). Die religiöse Logik der Willensmetaphysik eliminiert also die Idee der Ewigkeit der Materie.

Die christliche Aneignung der Willensspekulation stellt sich in ihrer letzten Konsequenz dar, indem, gestützt auf die regula fidei, der Kampf gegen die griechische Schöpfungsidee aufgenommen wird, die jetzt nur noch als eine inanis seductio erscheint. Wohl ist es der hier geschmähte Timäus, innerhalb dessen Weltbild das Eindringen des Willensbegriffes sich vorbereitet hat, wohl ist es der „Philosoph" Plotin, in dessen System sich die philosophische Vorbildung der dogmatischen Deutung des Willens fand: aber mit dem Moment der vollzogenen Aneignung wird die Magd Philosophie verstoßen: der letzte Grund der Wahrheit ist das geoffenbarte Wort, welches der geoffenbarte Wille ist. Ist die Quintessenz der Metaphysik in die regula veritatis hineingedeutet, dann stirbt die entseelte Philosophie vollends ab und an Stelle eines metaphysischen Begriffs tritt Christus an die Spitze der Schöpfung. *„non ergo secundum elementorum naturas, sed secundum Christum, qui omnia quae voluit fecit abundans plenitudine divinitatis suae, consideremus quae facta sunt et naturae possibilitatem interrogemus* (II. 1, 3 S. 42 f.)."

Die Kritik des Timaeus durchzieht weiter das zweite Buch des Hexameron. Ansatzpunkt der Kritik ist immer die Idee der Ewigkeit der Materie, die eliminiert wird durch den Gedanken, daß es nur ein Sein, einen Schöpfer, einen Willen geben kann. „Gottes Wille ist das Maß der Dinge, sein Wort ist (schon) das Ende des Werks ... was ist schwer bei i h m, dem das Wollen schon Vollendung des Schaffens ist?" (ib. II, 2, 5 S. 44.)

Die beiden Gedanken, daß Gott das willensmäßige und intelligible Urprinzip ist, d. h. die Verkoppelung von *mensura* und *voluntas*, Form und Wille, in der Substanz Gottes weist direkt auf die bereits dargestellten neuplatonischen Spekulationen (s. S. 298 ff.) und ihre dogmatische Interpretation bei Viktorin (s. S. 78 ff.) zurück. Dem entspricht, daß auch die Individuation des Logos, seine Auflösung in die Vielheit der *species* und *nomina* in einem Willensakt Gottes begründet ist, und zwar so, daß die Beseelung der *nomina* und *species* „*in momento divinae praeceptionis*" erfolgt [32]).

---

32) exam. V, 1, 3 (a. O. S. 142).

Der Begriff „*momentum*" selbst ist auffällig als eigenartige Modifizierung der viktorinischen Zeitspekulation (s. S. 103 ff.). Der schöpferische Akt Gottes vollzieht sich nicht in der Zeit. Das Schaffen selbst geschieht bei Gott ohne Verzug — *sine mora* —, d. h. durch einen überzeitlichen Schöpfungsakt wird das Geschaffene in die Zeit hineingeschleudert, und zwar so, daß mit dem Sein der Welt die Zeit geschaffen wird. Der Akt des Schaffens fällt aber zusammen mit dem Wollen. Wollen und Schaffen vollziehen sich beide in einem „Moment". Der „Moment" bezeichnet also die „Zeitform" des göttlichen Wirkens: in ihm entsteht das Geschaffene und die Zeit. Die Zeit in ihrer Ausdehnung ist der Moment in Bewegung. Der Moment kommt also immer der Zeit „zuvor". So sagt Ambrosius bei der Darstellung der Schöpfung des Menschen: „*et pulchre addidit (sc. scriptura): fecit, ne mora in faciendo aestimaretur, ut vel sic intellegerent homines, quam incorporalis operator esset, qui tantum opus brevi exiguoque m o m e n t o suae operationis absolveret, ut voluntatis effectus sensum temporis praeveniret* [33])."
Gottes Wollen ist kein zeitliches Wollen, sondern ein ewiges Wollen. Die Anwendung der Zeitkategorie des „Moments" auf Gott bedeutet die Reduktion der Zeit auf ihren statischen Anfangspunkt, den Stabilitätspunkt, von dem aus sich die Zeit in Bewegung setzt. In diesem „Moment", als der gedrängtesten Bezeichnung von „Gegenwart", die bei Gott absolut, ewig, statisch, in der Welt als unfaßbarer Kulminationspunkt zwischen Vergangenheit und Zukunft erscheint, vollzieht sich die *absolutio operationis*, die mit dem *effectus voluntatis* identisch ist [34]), „*momento suae voluntatis maiestatem tantae operationis inplevit, ut ea quae non erant, esse faceret tam velociter, ut neque voluntas operationi praecurreret nec operatio voluntati.*" (ib.)

Zwei Gedanken sind noch hinzuzufügen: 1. Der Akt des göttlichen Willens ist zugleich die Entfaltung der göttlichen *Vorsehung*. Wille und Vorsehung sind in einer Weise kombiniert, wie sie bereits die hermetische Willensspekulation andeutete und wie sie letztlich auf die Anschauung des Ineinanderliegens von Intellekt und Wille in der einen freien göttlichen, absolut freien Natur

---

33) exam. I, 3, 8 (a. O. S. 7).
34) ib. S. 7.

zurückgeht [35]). 2. Hinzuweisen ist in diesem Zusammenhang auf die Verbindung von W o r t und W i l l e. Ambrosius bemerkt zu dem Schöpfungswort: Es werde Licht! [36]) *„dixit Deus non ut per vocis organa quidem sonus sermonis exiret nec ut linguae motus caeleste formaret adloquium atque aerem istum quidam verborum strepitus verberaret, sed ut voluntatis suae cognitionem proderet operationis effectu."* Das Wort ist zugleich Vollendung des Willens in der operatio und Offenbarung des Willens durch den *effectus operationis.* Somit ist das geistige Prinzip der Schöpfung überhaupt, d. h. auch das Gesetz Offenbarung des göttlichen Willens. Das Wort erscheint dabei als die eigentliche „Fessel" von Natur und Geschichte, der Totalität aller Lebensentfaltung und Geistentfaltung, oder, wie Ambrosius sagt, als die *naturalis concordia* [37]). „Durch die F e s s e l des Worts ist alles zusammengebunden und wird durch seine Kraft zusammengehalten und besteht in ihm selbst. Denn in ihm ist alles geschaffen und in ihm selbst wohnt alle Vollendung und daher bleibt alles, weil Gott nicht zuläßt, daß sich auflöse, was er selbst zusammenfügte, denn es besteht in seinem Willen; alles nämlich, was er will, hält er durch seinen Machtspruch zusammen und lenkt es und bindet es durch eine natürliche Harmonie. Es lebt also Gottes Wort und am meisten lebt es in den Seelen der Frommen und niemals stirbt die Vollendung der Gottheit: denn niemals stirbt die immerwährende Gottheit und die ewige Kraft Gottes."

Diese Gedanken sind deshalb wichtig, weil sie die radikale Verschiebung der hellenistischen Syndesmos-Idee, die grundlegende Transformation des spätgriechischen Vitalismus durch den voluntaristischen Gottesgedanken zeigen. Unter dem rein religiösen Blickpunkt ist hier die ganze naturwissenschaftliche „Lebensphilosophie" ins Geistige verschoben. Wohl sind die Anschauungen von der inneren Harmonie und Ordnung des Universums noch dieselben, aber die bindende Energie ist nicht mehr gefaßt als ein eingesprengtes Formprinzip, sondern als der verwirklichte und sich

---

35) exam. II, 5, 18—22 (a. O. S. 57 ff.).

36) exam. I, 9, 33 (a. O. S. 36); ib. S. 35: non ideo dixit, ut sequeretur operatio, sed dictio absolvit negotium.

37) de fug. saeculi 2, 13 (CSEL 32², S. 173).

verwirklichende Wille des einen transzendenten Gottes, der sich in
seiner Selbstverwirklichung als der lebendige Gott enthüllt [38]).

Die Untersuchung über die voraugustinische Entwicklung des
Willensbegriffs, die wir damit abschließen, zeigt, daß eine Menge
von Teilfragen des Problemgewebes, in dessen Zentrum der voluntaristische Gottesgedanke steht, innerhalb der Umformung der neuplatonischen Metaphysik im Abendland und ihrer teilweise schon
vor Augustin durchgeführten Aneignung durch das abendländische
Christentum bereits eine mehr oder weniger ausführliche Vorbereitung ihrer Lösung erfahren haben. Plotin, Viktorin und Ambrosius haben das theologische Willensproblem grundsätzlich zu
behandeln versucht, bei den anderen wie Chalcidius und Firmicus
Maternus sind einzelne Teilprobleme herausgegriffen und Teil-
lösungen angedeutet. Die große Linie ist bei allen sichtbar: die
voluntaristische Umformung des griechischen Gottesgedankens und
die Übernahme dieser Willensmetaphysik zur begrifflichen Verdeutlichung des christlichen Gottesgedankens.

Die Einbeziehung der Metaphysik bedeutet zugleich eine Deutung der Offenbarung, zugleich ihre Prüfung an der Offenbarung.
In dem Maß als die Theologie ihre religiösen Grundgedanken begrifflich zu formulieren lernte und zur *theologia universalis* wird,
die sich von ihrem Geistgedanken aus sämtliche Wissenschaften an-
gliedert, stirbt die entgötterte Philosophie ab oder wird zur ketzerischen Konkurrentin. Bei Männern wie Augustin und Viktorin
führte der Weg zur Wahrheit des Christentums über die Metaphysik. Aber schon bei Ambrosius zeigt sich die Reaktion, die auch die
Haltung des alten Augustin kennzeichnet: hat man die Vollendung
der Philosophie in der Offenbarung erkannt, ist der Prozeß der
Assimilation der Hauptgedanken abgeschlossen, hat sich der christliche Gottesgedanke in seiner Universalität entfaltet und metaphysisch selbst bestimmt, dann ist alles „drinnen" und das „Draußen"
wird unwichtig. Der Wert der Disziplinen und Wissenschaften wird
von dem neuen s c h o l a s t i s c h e n Denken bestimmt nach dem
Grad ihrer Wichtigkeit und Bezogenheit — bzw. Beziehbarkeit —
auf das Dogma.

---

38) Zum Problem: Wille und Vorsehung siehe Ambr. exam. III, 15, 64
(a. O. S. 104 f.).

In diesem langsamen Prozeß, innerhalb dessen die einzelnen
Disziplinen und Ideen von der Theologie angegliedert wurden, hat
sich der Primat der spekulativen Theologie herausgebildet.

Bei Augustin sind die bisher aufgezählten Motive der Willensspekulation in einer genialen Weise zusammengefaßt und von
einem Hauptgedanken aus entwickelt.

E. Augustin und die abschließende dogmatische Deutung des metaphysischen Willensbegriffs.

I. Der Personbegriff und seine Ableitung innerhalb der Trinitätslehre.

Der metaphysische Willensbegriff ist bei Augustin aufs engste in die trinitarische Spekulation verflochten.

Ausschlaggebend und die philosophische Tradition seiner Gedanken eindeutig bestimmend ist das Faktum, daß Augustin zur Bestimmung der Trinität, durch die Analyse des Vorgangs der Erkenntnis in ihren verschiedenen Formen fortschreitet. Die elementare Bewegung des Geistes im Akt der Erkenntnis bildet den Ausgangspunkt für die Bestimmung der Bewegung des absoluten Geistes (Plotin) und der inneren Bewegung in dem dreifaltigen Gott (Augustin).

Die Untersuchung der Hypostasierung des Nus aus dem „Einen" bei Plotin hat gezeigt, daß das Schema der dreifachen Zerlegung dieses Prozesses der logischen Zergliederung des Erkenntnisaktes entspricht, der beim Einen als der Akt der Selbsterkenntnis des absoluten Geistes gefaßt ist (s. S. 218 ff.). Der Prozeß findet sich daher bei Plotin folgerichtig aus einer genauen Analyse der sinnlichen und der intelligiblen Erkenntnis abgeleitet (s. S. 220—25).

Die Analogie zu diesen erkenntnistheoretischen Untersuchungen bilden die Voruntersuchungen, die Augustin zur metaphysischen Deutung der Trinität anstellt. Der Ansatzpunkt der trinitarischen Spekulation Augustins ist die Analyse einer primitiven Form der sinnlichen Wahrnehmung, z. B. des Sehens eines Körpers.

Dieser einfache Akt der sinnlichen Wahrnehmung läßt sich in drei Momente zerlegen: das erste ist die *res ipsa*, der Körper, der gesehen wird[1] und der da ist und existiert, noch bevor er in das Blickfeld des Betrachtenden eingetreten ist. Das zweite ist die Schau, die *visio* selbst, welche nicht ist, bevor der Sinn selbst das Sehobjekt ergriffen hat. Das dritte ist die *intentio animi*, die Ab-

---

1) de trin. XI, 2, 2 (PL 42, 985).

sicht bzw. das dynamische Moment, der Wille des Geistes, sich auf
diesen Gegenstand zu richten. Das Sehen kommt nur zustande,
solange die Seele ihre Intention auf den bestimmten Gegenstand
gerichtet hält.

Diese *visio extrinsecus* ist die Grundform einer komplizierteren
Form der Schau, die sich in der Seele selbst als *visio interior*, d. h.
als Denken vollzieht, und zwar auf Grund folgender Vorgänge:
Im Akt der Schau des Körpers außen hat sich die Seele seine *species*
angeeignet und in sich aufgenommen[2]. An Stelle der äußeren
visio vollzieht sich jetzt, wo die *species* nicht an einem konkreten
Körper geformt wird, eine *visio intus* an der „Spitze der Seele" —
acies animae —, indem sich die Seele auf das Sehen gerade dieser
species zuspitzt. Der Wille aber ist es — der Begriff der *intentio*
wird von jetzt an regelmäßig durch den Begriff *voluntas* ersetzt —
der entsprechend seiner Funktion bei der *visio extrinsecus*, wo er
den Sinn der Wahrnehmung auf das zu betrachtende Außenobjekt
hindrängte, jetzt die Spitze der Seele auf das Gedächtnis bzw. die
in dem „Bauch" des Gedächtnisses vorhandene *species* hinlenkt.

Die Analyse der äußeren und inneren Wahrnehmung führt also
jeweils auf einen trinitarischen Prozeß. Dem Akt der äußeren
Wahrnehmung als einem Zusammenwirken von *res, voluntas* und
visio entspricht ein Denkakt, das Zusammenwirken von *memoria,
voluntas* und *intelligentia,* wobei alle drei Momente als Relationen
innerhalb derselben intelligiblen Seinssphäre zusammenliegen.

Die Analogie zu der plotinischen Spekulation über die *visio* —
s. S. 222 und S. 143 — ist hier offensichtlich. Besonders sei hier auf
die bereits in der Darstellung der Hypostasierung bei Plotin erwähnte Funktion der νεῦσις (ἔρως, ἀγάπη, θέλησις) in der ἐπιστροφή
mit der Funktion der *voluntas* in dem *visio*-Prozeß bei Augustin
hingewiesen. In der Zerlegung des einfachen Denkaktes ist der
Sinn und die Notwendigkeit der Trinität als zum Wesen des intelligiblen Seins gehörig aufgedeckt und die Art des Ineinander-
wirkens von Willen und Intellekt im Denkakt gekennzeichnet.
Wenn hier bei Augustin die Funktion des Willens als ein *c o n v e r-
t e r e aciem recordantis animi ad memoriam* (ib. 989) bezeichnet

---

2) Augustin sagt sehr plastisch: ‚verschluckt‘, ein Bild, das seine Ent-
sprechung darin hat, daß das Gedächtnis als der ‚Bauch‘ der Seele bezeichnet wird. de trin. XI, 3. 6 (988).

wird, so ist damit unmittelbar der Vorgang der ἐπιστροφή begrifflich wiedergegeben, wie er in der Erkenntnistheorie Plotins vorkommt (s. S. 215 ff.).

Die Analyse der dialektischen Bewegung des Denkaktes führt also auf die Unterscheidung von drei Momenten innerhalb des intelligiblen Seins: der intelligiblen *species,* die im Gedächtnis ist, der *acies animi,* und des verbindenden Momentes beider, des *Willens,* der die Seele auf die gesuchte *species* hindreht und so die beiden im Akt der *cognitio* verkoppelt.

Hier ist bereits ein Hinweis auf die dogmatische Bedeutung des Begriffs der *copula* gegeben, der dann in der Trinitätslehre die Wirkung des Geistes kennzeichnet und dessen Funktion in den beiden Arten der Wirksamkeit des Willens im Akt der *cogitatio,* dem *referre aciem formandam* und dem *coniungere formatam* vorgebildet ist. Entsprechend finden sich in der plotinischen Metaphysik neben dem Begriff der ἐπιστροφή verwandte Begriffe wie συναφή zur Bezeichnung der Beziehung der beiden Hypostasen im Akt der Zuwendung (s. S. 222 ff.) [3]).

Die weitere Entwicklung der Notwendigkeit der „Drei" bei den verschiedenen Formen der Wahrnehmung leiten zwei Gedanken: einmal, daß es sich sowohl bei der äußeren als auch der inneren *visio* um eine intelligible E i n h e i t handelt und zweitens, daß die innere *visio* als rein geistige Anschauung eine r e i n e r e Erkenntnis darstellt. Beidemal spielt der Willensbegriff in einer bedeut-

---

3) Augustin führt nun weiter aus, daß die in diesem trinitarischen Prozeß gewonnene Erkenntnis der v i s i o   e x t e r i o r um nichts an Richtigkeit nachstehe. „Zieht der Wille die Spitze der Seele von den Sinnen des Körpers vollständig ab und wendet sie ganz und gar dem Bild zu, das innen geschaut wird, so trifft er auf eine so vollkommene Ähnlichkeit der species des Körpers, die aus dem Gedächtnis herausgepreßt wird, daß der Geist selbst nicht unterscheiden kann, ob er den Körper selbst ,draußen' schaut oder ob es sich um ein Denken dieses Körpers ,drinnen' handelt" de trin. XI. 4, 7 (989 f.) Diese vollständige Ähnlichkeit des gedachten und gesehenen Bildes beweist Augustin durch einige psychologische Exempla, die ganz von einer dynamistischen Seelenlehre aus geschaut sind und deren eindrucksvollstes an Realismus nichts zu wünschen übrig läßt: m e m i n i   m e   a u d i s s e   a   q u o d a m   q u o d   t a m   e x p r e s s a m   e t   q u a s i   s o j i d a m   s p e c i e m   f e m i n e i   c o r p o r i s   i n   c o g i t a n d o   c e r n e r e   s o l e r e t,   u t   e i   s e   q u a s i   m i s c e r i   s e n t i e n s   e t i a m   g e n i t a l i b u s   f l u e r e t.   t a n t a m   h a b e t   v i r i u m   a n i m a   i n   c o r p u s   s u u m. de trin. XI. 4, 7 (989).

samen Weise herein[4]). „*quod est intentio v o l u n t a t i s ad corpus visum visionemque copulandam, ut fiat ibi quaedam unitas trium, quamvis eorum sit diversa natura; hoc est eadem v o l u n t a t i s i n t e n t i o ad copulandam imaginem corporis quae est in memoria, et visionem cogitantis, id est formam quam cepit acies animi rediens ad memoriam, ut fiat et hic quaedam unitas ex tribus non iam naturae diversitate discretis, sed unius eiusdemque substantiae, quia hoc totum intus est, et totum unus animus.*“ Die die Einheit bewirkende Kraft ist also der Wille, dessen Funktion das *copulare* der *visio* — der auf die Erkenntnis „zugespitzten“ Seele — und dem wahrgenommenen Objekt ist. Bei der Schau außen handelt es sich nun um eine Verkoppelung von existentiell V e r s c h i e d e n e m, da die drei verknüpften Momente: Seele, Sinnesorgan, materielles Objekt verschiedenen Seinssphären angehören. Dagegen handelt es sich bei dem Denken um eine Verkoppelung von existentiell G l e i c h a r t i g e m. Der innere Prozeß vollzieht sich innerhalb ein und derselben Substanz, der einen ganzen Seele, die sich im Denkakt dreifach expliziert, ohne ihre Substanz zu verändern[5]).

Die „Dreifaltigkeit“, die in die Seele als ein Bild der Trinität eingezeichnet ist, ist also eine Notwendigkeit des D e n k e n s, d. h. ein metaphysisches Gesetz, das die ursprünglichste und eigenste Betätigung des Geistes bestimmt und in seinem Wesen selbst vorgezeichnet ist. Die Art des Zusammenwirkens von Intellekt und Wille im Geist ist von vornherein durch diese wesenhafte dreifältige Einheit der Geistnatur bestimmt.

Diesen innerseelischen, trinitarischen Denkprozeß kann man nur so lange als einen psychologischen bezeichnen[6]), als man die metaphysische Voraussetzung dieses Prozesses der dreifältigen Schau bei Plotin, seine Anwendung auf die Entfaltung des „Einen“ in seinen Hypostasen, seine theologische Beziehung auf die Zeugung

---

4) de trinitate XI. 4, 7 (990 f.); vgl. ib. XI, 5, 9 (991 f.).

5) de trin. XI. 3. 6; (988 f.) ib. XI. 4. 7; (989 f.) ib. XI. 5. 9; (991 f.) ib. XI. 8. 14; (995) ib. XI. 9. 16 (996 f.).

6) Die rein psychologische Deutung der augustinischen Trinitätslehre M. Schmaus, Die psychologische Trinitätslehre des Hl. Augustinus, München 1927 geht bezeichnenderweise nirgends auf die Ansätze der augustinischen Willensspekulation in der neuplatonischen M e t a p h y s i k ein und verschließt sich damit den Weg einer geschichtlichen Deutung.

des Sohnes und die übrigen dadurch bedingten Ideen nicht kennt. Es ist nicht so, daß Augustin eine „psychologische Trinitätslehre" erfunden hat, vielmehr ist die Grundlage dieser Psychologie die Entwicklung eines aus der Analyse des Denkprozesses gewonnenen metaphysischen Gesetzes, das schon zweihundert Jahre zuvor Plotin als das universelle Gesetz der Entfaltung des Geistes überhaupt gefunden hatte, d. h. als ein Gesetz, das die Hypostasierung des absoluten Geistes innerhalb des Prozesses der Selbsterkenntnis regelt und das in dem menschlichen Geist als dem Abbild des reinen Intellekts gleichermaßen sich aktivierend gedacht wird. Die Trinitätslehre Augustins ist eine metaphysische, nicht eine psychologische.

Der Gedanke der Notwendigkeit der drei Momente zum Zustandekommen einer Erkenntnis auch im Akt der Selbsterkenntnis des absoluten Geistes ist bereits bei Plotin am Gottesgedanken entwickelt (s. S. 214 ff.). Daß auch bei Plotin die Drei erscheinen, wenn auch in einer anderen hypostatischen Anordnung, hat seinen Grund in der Zurückführung der Bewegung des absoluten Geistes auf das sich schon im einfachen Denkakt auswirkende Gesetz, das hier Augustin im Anschluß an ihn entwickelt. Daß die plotinischen „Drei" nicht wesensgleich, sondern hypostatisch gedacht sind und zwar so, daß die jeweils niederere Hypostase ein jeweils schlechteres Sein hat, kommt daher, daß Plotin bereits das Heraustreten Gottes aus seiner transzendenten Einheit als Verminderung seines Wesens auffaßt.

Der bisher geführte Nachweis über die Entwicklung des Willensbegriffs zeigt, wie mit der Konzeption des Willens als geistiger Substanz, d. h. mit der Umwandlung der Transzendentalmetaphysik, die wir bei Plotin nachzuweisen versuchten (s. S. 289 ff.), die Hypostasenlehre sich logischerweise umformt in die Anschauung von der Wesensgleichheit in der einen Geistnatur. Das Bedeutungsvolle an den Ausführungen Augustins ist nicht, daß sie „psychologisch" sind, sondern daß sie von vornherein die Einheit der Drei in der einen Substanz der Seele betonen und den Nachdruck darauf legen, daß sich die ewigen metaphysischen Gesetze und Bewegungen des Geistes in ihrer bildhaften Brechung im Menschen wiederfinden.

Noch einige Gedanken sind an dieser Analyse des Denkakts herauszuheben:

Im Ablauf der intelligiblen Bewegung steht der Wille zum Sehen natürlich vor der *visio* als der Identität von schauendem Intellekt und geschauter Form in der vollzogenen geformten Schau. Der Wille bewegt zwar — bei der *visio extrinseca* — den Sinn, der erst zu formen ist, an den Gegenstand, der geschaut werden soll, heran, aber, sagt Augustin, „es ist noch kein *placitum* da", XI. 5. 9 (991) die eigentliche Wahrnehmung, die Zustimmung des erkennenden Sinnes zu dem zu erkennenden Gegenstand steht noch aus. Erst in der vollendeten Einigung, wenn der Wille den Sinn ganz auf den Gegenstand hingebogen hat, ist die Wahrnehmung vollendet und das *placitum* des Sinnes zum geschauten Gegenstand gegeben. Mit dem Moment, wo die Schau erreicht ist, ist aus dem bewegenden Willen ein ruhiger Wille geworden (ib. 992). „*placitum autem quieta voluntas est.*" Auf den Geist übertragen ist in dieser Idee, die sich dort als das Ruhen des Geistes in der vollendeten Identität nach der Entfaltung und Entfremdung darstellt, bereits der Weg Rekapitulation beschrieben, wie er sich auch bei Viktorin fand (s. S. 121).

Die Analyse des Wahrnehmungsaktes wird nun in eine Terminologie gekleidet, die die theologische Deutung unmittelbar vorbereitet. Die *res ipsa* wird nämlich als der Vater — *parens* —, die *visio* als der Sohn, die *voluntas* als die *copula* bezeichnet. „Gleichsam Vater jener Schau, das heißt der Form, welche im Sinne des Schauenden entsteht, ist die Form des Körpers, aus welchem sie entsteht." (ib. 991.)

Diese Bezeichnung paßt auf die Verkoppelung verschiedener ontologischer Einheiten, wie sie die Schau „außen" darstellt, nicht vollkommen: denn es ist ja ein Körper, an den etwas anderes, Unkörperliches, herangetragen wird, um an ihm geformt zu werden. Deswegen bedeutet dieses Herantragen von etwas Geistigem an ein Körperliches in jedem Akt der äußeren Schau eine Entfremdung des Geistes, und zwar eine Entfremdung von seinem S e i n. „*id amare alienari est*" (ib. 991). Augustin hat also die plotinische Idee von der Hypostasierung als der Entfremdung des Geistes (s. S. 214 ff.) wohl begriffen; sie läßt sich aber nicht auf das göttliche Sein anwenden. Die Begründung dafür, daß sich das geistige Sein deteriorisiert, liegt darin, daß der Gegenstand, auf den sich die Hinwendung richtet, von schlechterer Seinsart ist. Wenn nun nach Plotin die Verschlechterung der Hypostasen darauf zurückgeht, daß bereits

bei der Spaltung des Einen in ein Ansichsein und ein Anderes eine
ontologische Differenzierung eintritt, so schaut Augustin diesen
Prozeß nicht als eine Hypostasierung des Geistes außerhalb seiner
Identität, als ein Anderes, sondern von seinem voluntaristischen
Geistgedanken aus als eine innere geistige Bewegung, die sich
in dem transzendenten göttlichen Sein selbst abspielt. Diese innere
Selbstentfaltung führt zu keiner Entfremdung und Depotenzie-
rung, da die existentielle Einheit nirgends gesprengt wird.

Ein neues Moment tritt bei Augustin auf durch die Bestimmung
des Grades der Teilhaftigkeit am reinen Geist-sein bei den einzelnen die *visio* bewirkenden Momenten [7]).

In der Schau eines konkreten Gegenstandes ist der Wille seinem
Wesen nach geistiger als die beiden anderen Momente, das schauende Sein und das geschaute Objekt, „denn", so argumentiert
Augustin, „der Körper, der geschaut wird, ist überhaupt nichts Geistiges. Die Schau, die im Sinnesorgan entsteht, hat wohl etwas
Geistiges beigemischt, weil sie ohne (das Mitwirken der) Seele
nicht entstehen kann" (ib. 991). Der Wille allein ist das geistige
Prinzip in jener Einheit der Ungleichen. „Er beginnt gewissermaßen
die Person des Geistes eindringen zu lassen in dieser Trinität —
tamquam personam spiritus insinuare incipit in illa trinitate [8])."

Innerhalb dieser Trinität ist der Wille weder „Sohn" noch „Vater"
der Wahrnehmung, sondern als das geistige Prinzip die *copulatrix
rei visibilis atque visionis quasi parentis et prolis* [9]). Er erfüllt genau die Funktion des Geistes, d. i. der Person des Heiligen Geistes
innerhalb der göttlichen Trinität, wo der Geist ebenfalls zwischen
Vater und Sohn als *copula* steht.

Schwieriger ist das Sein des Willens im Akt der inneren Schau
— der *cogitatio* — zu bestimmen, bei der ihm die Funktion der
copula von *visio* und *memoria,* d. h. der Verbindung des auf das
Denken gerichteten Intellekts und der im Gedächtnis bereit liegen-

---

7) de trin. XI. 5. 9 (991 f.).

8) Seiner Geistesnatur nach gehört also der Wille mehr zu dem in der
Schau geformten Sinn als zu dem Körper, an dem er geformt wird, wenn
er überhaupt mit diesen ungeistigeren Momenten in Beziehung zu setzen
ist. sensus enim animantis et voluntas animae est, non lapidis
aut alicuius corporis quod videtur. de trin. XI. 5. 9 (991).

9) de trin. XI. 11. 18 (998).

den *species* zukommt. Die Gleichheit und Identität der Natur und Substanz — *naturae atque substantiae parilitas et aequalitas* — all dieser drei Momente wirft nun die letze Frage auf: Wenn in jedem Akt des Denkens die drei Dinge enthalten sind [10]) — nämlich

1. *quod in memoria reconditum est etiam antequam cogitetur*
2. *quod fit in cogitatione cum cernitur*
3. *voluntas utrumque coniungens et ex utroque tertia se ipsa unum aliquid complens,* (ib. 994) —

gibt es dann so viel Trinitäten, als es im Menschen Gedanken gibt? Die Antwort ist eindeutig: Die Entfaltung der Dreifaltigkeit der Seele in jedem einzelnen Akt der Wahrnehmung weist zurück auf das dreifaltige Wesen der Seele überhaupt, das ihr als einem geistigen Wesen zukommt. In der Seele ist 1. die Totalität der im Gedächtnis verborgenen *species,* 2. die generelle Schau des Geistes, der diese Formen sich aus dem Gedächtnis zurückholt und sie denkt, durch das 3. Moment, durch den Willen (als die *copulatrix)* zu einer substantiellen Einheit vereinigt, welche keine Summe darstellt, sondern in dieser Dreiheit ihr geistiges Wesen entfaltet. Das metaphysische Prinzip, das sich in jedem Akt der Seele auswirkt, weist zurück auf das geistige Sein der Seele selbst und das Prinzip seiner Entfaltung. Dieses Sein, das *unum quiddam ex quibusdam tribus* [11]), ist im eigentlichsten Sinne die Person.

Aber auch das „das Andere denken" ist noch nicht die letzte Betätigung des menschlichen Geistes. Auch im Akt der Erkenntnis ist der Gegenstand der Erkenntnis selbst immer noch das Abbild einer sinnlichen Realität und daher ein Anderes; das Denken des Anderen aber bedeutet stets eine Entfremdung des denkenden Geistes, da sein eigenstes Wesen das Sich-selber-denken ist. Die reinste Form der Erkenntnis vollzieht sich in diesem Sich-selber-denken der *mens,* das sich im reinsten intelligiblen Teil der Seele vollzieht. Denn in der *mens* ist der Akt des Denkens die reine Selbsterkenntnis des Geistes als eines intelligiblen Wesens. Dort hat sich der schauende Geist selbst als Objekt der Betrachtung: die Verbindung der drei

---

10) de trin. XI. 7, 12 (994) tot igitur huius generis trinitates quot recordationes . . . an potius ita cognoscitur una quaedam in hoc genere trinitas, ut unum aliquid generaliter dicamus . . . ut sit hoc totum unum quiddam ex quibusdam tribus?

11) ib. XI, 7, 12 (994).

Momente in dieser Schau schafft dort die vollkommene Identität, bei deren Zustandekommen der Geist eine Depotenzierung nicht mehr erleidet.

Damit ist Augustin innerhalb seiner Anthropologie zur tiefsten Anschauung vom dreifaltigen Wesen des Geistes in einer progressiven Auflösung des Denkaktes vorgedrungen: zur Anschauung von der Notwendigkeit der Drei innerhalb der Identität des sich selber denkenden Geistes. In dem Sich-selber-denken differenziert sich der Geist innerhalb seiner Identität in seine drei Relationen, die in seiner Substanz ineinander liegen. Es gibt da kein Außen mehr, auch nicht mehr das intelligible Abbild eines Außen im Bewußtsein, denn der Geist selbst tritt jetzt an die Stelle des Schau-Objekts und hat sich selbst als vollendetes Objekt. In derselben Seinssphäre der Identität vollzieht sich die denkbar eigenste Betätigung des Geistes. Die drei Relationen innerhalb dieses Prozesses des Sich-selber-denkens sind

1. die *interior memoria mentis, qua sui meminit*

2. die *interior intelligentia, qua se intelligit*

3. die *interior voluntas, qua se diligit,*

ubi haec tria simul semper sunt et semper simul fuerunt [12]).

Mit dem *diligere* als der Bezeichnung des Sich-selber-wollens ist bereits die Wendung zu einer theologischen Deutung der Willensfunktion angedeutet, die sich in der Konzeption des Heiligen Geistes als der göttlichen Liebe auswirkt.

Bei diesem Sich-selber-denken des Geistes handelt es sich nicht um einen einmaligen Denkakt, sondern um die ganze *mens* in ihrer ungeteilten Aktivität. Das Willen- und Richtung-nehmen auf sich selbst ist die Liebe — *amor, dilectio* — des Geistes zu sich selbst als dem denkbar vollkommensten Objekt seiner intelligiblen Betätigung.

---

12) de trin. XIV. 7. 10 (1043) vgl. auch de trin. X. 11. 18 (984) volun- tas etiam mea totam intelligentiam totamque memoriam meam capit dum toto utor quod intellego et memini. quapropter quando invicem a singulis et tota omnia capiuntur, aequalia sunt tota singula totis singulis et tota singula simul omnibus totis; et haec tria unum, una vita, una mens, una essentia. Über den amor de trin. IX. 4. 4 (963): sicut autem duo quaedam sunt mens et amor eius cum se amat, ita quaedam duo sunt mens et notitia eius, cum se novit. igitur ipsa mens et amor et notitia eius tria quaedam sunt, et haec tria unum sunt.

Bedeutete so innerhalb des Denkaktes in der Seele die *memoria* die Totalität der intelligiblen Formen, die sie in einer Reihe von Außen-Wahrnehmungen in sich hineingeschlungen hat, so tritt jetzt an Stelle der *memoria* der Außendinge im Geist die Erinnerung seiner selbst als ein Selbstbewußtsein, eine *notitia sui* [13]).

In der *mens* liegt also die Dreieinigkeit von Geist, dem Wissen des Geistes von sich selbst und dem Willen zu seiner Identität. Bei allen drei Momenten handelt es sich um ein und dieselbe Substanz. Die Eigenart dieses Seins ist, daß, wie innerhalb des einen geistigen Seins alle Relationen dem Wesen nach untereinander geich sind, so jede einzelne das Ganze ist. Das Rätsel der Trinität ist also nicht mehr ein mythisches, sondern ist das Rätsel des Wesens des Geistes selbst, d. h. das Rätsel der Identität des sich selbst schauenden Geistes [14]). *„mens vero cum se totam novit, hoc est perfecte novit, per totum eius est notitia eius, et cum se perfecte amat, totam se amat et per totum eius est amor eius ... unius ergo eiusdemque essentiae necesse est haec tria sint."*

Eine vollständige Zerlegung und Vergleichung der einzelnen Relationen braucht hier nicht zu folgen. Das Resultat all dieser Einzeluntersuchungen, die Augustin hier weiter anstellt, läßt sich in die beiden Gedanken zusammenfassen:

1. Drei sind es im Geist, und diese drei sind eins, und sind sie (die drei) vollendet, dann sind sie gleich [15]).

---

13) Wieder steht hier die plotinische Idee von der Entfremdung und der ἐπιστροφή im Hintergrund. Jede Hinwendung zu einem geringeren Objekt der Schau als zu dem Geist selbst ist eine Entfremdung des Geistes. Die Hinwendung zu einer niedereren Seinsform bedeutet zugleich eine Entfremdung von seinem eigentlichen Wesen. Dieses metaphysische Prinzip, das Plotin auch auf den absoluten Geist angewandt hat (s. S. 214 ff.), realisiert sich nach Augustin nur im Menschen, wo dem Geist auf Grund der verschiedenen Seinsformen die materielle Wirklichkeit, das intelligible Abbild dieses „Außen" und das eigene Selbst als Gegenstand der Schau geboten ist, durch deren Wahl oder Vermeiden er den Grad seiner eigenen Geistigkeit bestimmt.

14) de trin. IX, 4, 7 (964).

15) de trin. IX, 4, 4 (963) igitur ipsa mens et amor et notitia eius, tria quaedam sunt et haec tria unum sunt et cum perfecta sunt, aequalia sunt. Die Erklärung auch de trin. IX, 2, 2 (962): mens igitur cum amat se ipsam, duo quaedam ostendit, mentem et amorem. quid est autem amare se nisi sibi praesto esse velle ad fruendum se? et cum tantum se vult esse, quantum est, par menti voluntas est et amanti amor aequalis.

2. Kennt der Geist sich selbst, dann kennt er seine Substanz, und ist er seiner selbst sicher, dann ist er seiner Substanz sicher [16]).

Der Sinn der bisherigen Betrachtung der augustinischen Trinitätsspekulation ist also kurz der: das Wunder der Trinität ist das Wunder des Geistes und dieses Wunder ist in der menschlichen Seele selbst vorgebildet. „Suchst du die Trinität in der Schöpfung, so suche zuerst in dir selber [17])."

In welchem Verhältnis steht nun der Geist im Menschen zum Geist Gottes, d. i. zum absoluten Geist?

Dazu eine Vorbemerkung. Wir sind bei Plotin auf das Prinzip der analogia entis gestoßen und zwar bei dem Versuch, dem Prozeß der Hypostasierung des Geistes bis zur Zerstreuung der Seele in die Materie hinein von seinem transzendentalistischen Ansatzpunkt aus zu verfolgen (s. S. 258 f.). Innerhalb der universellen Bewegung des Geistes taucht das anthropologische Problem dort auf, wo nach der Verbindung des geistigen und des materiellen Seins im Menschen gefragt wird.

Augustin dagegen geht von einer genauen Untersuchung der Funktionen des menschlichen Geistes innerhalb der verschiedenen Formen seiner Betätigung aus und dringt von der Untersuchung der letzten und höchsten Form der menschlichen Erkenntnis aus zu der Frage nach den Bewegungen des absoluten Geistes vor.

Die Möglichkeit eines Rückschlusses von der Welt auf die Überwelt, vom Wesen des menschlichen auf das Wesen des göttlichen Geistes, der Schluß von der Kreatur auf den Schöpfer geschieht mit Hilfe der *Bildspekulation*.

Diese Bildspekulation hat ihre Voraussetzung in der Anschauung der Hypostasierung des Geistes, von der P l o t i n sagt, daß sie sich in einem realen metaphysischen Bildverhältnis vollziehe und zwar durch alle Hypostasen hindurch bis in die menschliche Seele hinein, die ebenfalls ein Bild des Nus in sich trägt (s. S. 265 ff.).

Logischerweise kann innerhalb des theozentrischen Systems die Ableitung dieses Bildverhältnisses von Gott und Mensch wieder nur vom Gottesgedanken aus vollzogen werden, wo dann aus der

---

16) de trin. X, 10, 16 (981) quapropter cum se mens novit, substantiam suam novit et cum de se certa est, de substantia certa est.

17) sermo 52, 6, 17 (PL 38, 369).

Spekulation über die Art der Selbstverwirklichung des Geistes in der Welt die spezifisch anthropologischen Fragen hervortreten.

Augustin fängt aber, wie wir sahen, mit seiner Spekulation beim Menschen an. Innerhalb der bisherigen Untersuchung ist also das Bildprinzip immer schon vorausgesetzt. Diese Voraussetzung ist aber richtig, weil der plotinische Aufriß der Welt des Geistes, der das Prinzip der analogia entis bereits umschließt, die Grundlage der augustinischen Spekulationen bildet. Die metaphysische Ableitung des Bildbegriffs muß nun an der Stelle, wo Augustin von der Frage nach dem menschlichen Geist zur Seinsbestimmung des absoluten Geistes fortschreitet, erst nachgeholt werden.

In der Ableitung der innerseelischen Trinität ist also der plotinische Gedanke eines bildhaften Zusammenhangs des Geistes im Menschen mit dem absoluten Geist als eine Art von metaphysischer Arbeitshypothese vorausgesetzt. Dabei ist folgendes zu beachten. Der Beweis dieses bildhaften Zusammenhangs zwischen Gott und Mensch kann innerhalb einer theozentrischen Theologie nur „von oben her" geführt werden. Zum Nachweis dieses Bildzusammenhanges tritt nun bei Augustin an die Stelle eines philosophischen bezeichnenderweise ein biblizistischer Beweis, dessen metaphysische Richtigkeit nachträglich durch die plotinischen Gedanken bewiesen wird [18]. „*dixit enim Deus: ‚faciamus hominem ad imaginem et similitudinem nostram.' paulo post autem dictum est: ‚et fecit Deus hominem ad imaginem Dei.' ‚nostram' certe, quia pluralis est numerus, non recte diceretur, si homo ad unius personae imaginem fieret, sive patris sive filii sive spiritus sancti, sed quia fiebat ad imaginem trinitatis, propterea dictum est: ‚ad imaginem nostram'. rursus autem, ne in trinitate credendos arbitraremur tres deos, cum sit eadem trinitas unus Deus, ‚et fecit' inquit ‚Deus hominem ad imaginem Dei'; pro eo ac si diceret: ‚ad imaginem suam'.*"

Die Nennung der *imago* in der Schrift ist hier Garant der Richtigkeit der plotinischen Bildspekulation, die in der Anthropologie Augustins vorausgesetzt ist.

Auch die weitere Ausführung über die Art dieses durch die Schrift legitimierten Bildverhältnisses trägt plotinische Züge; das Bild bezieht sich nicht auf den Körper, sondern allein auf die *mens*

---

18) de trin. XII. 6, 6 (1001).

rationalis [19]): „*nulli dubium est non secundum corpus neque secundum quamlibet animi partem, sed secundum rationalem mentem, ubi potest esse agnitio Dei, hominem factum ad imaginem eius qui creavit eum*". Der Gedanke, daß nur der Geist des Menschen in einem Bildverhältnis zu Gott steht, dient nun als Ausgangspunkt der Rückschlüsse vom Wesen des menschlichen Geistes auf das Wesen Gottes.

Diese Art zu denken ist für Augustin charakteristisch. Metaphysisches und mythisches Denken wirken in ihm unmittelbar ineinander und zwar so, daß gewissermaßen das biblizistische Denken die metaphysische Lösung mythisch vorwegnimmt, um sie nachher durch metaphysische Ideen logisch zu explizieren. Hierfür ist der genannte Fall sehr bezeichnend.

Augustin geht von einem auffälligen Wort aus Gen. 1, 26 an: Warum sagt Gott: „Lasset uns Menschen machen!?" Die Antwort lautet: Gott weist mit diesem Plural auf die drei Personen der Trinität hin; der Mensch ist nicht nach dem Bilde einer der drei Personen geschaffen, ist also nicht Abbild des Vaters oder des Sohnes, sondern ist nach dem Bilde der ganzen Trinität geschaffen. Deshalb, sagt Augustin, heißt es in der Schrift auch „nach unserem Bilde". „Da Gott dreifaltig ist und da alle Drei bei der Schöpfung des Menschen mitwirken, deshalb trägt er das Bild der Drei in seiner Seele." Da alle Drei einer sind, deswegen ist auch sein Geist einer. Diese essentielle Einheit bezeichnet die Schrift in der singularischen Wiederholung der Schöpfungsworte: „*et fecit Deus hominem ad imaginem Dei.*" Wie oben mit dem Plural die Betätigung der Drei, so wird hier die Einheit der Drei in dem einen Gott betont [20]). Gott ist dreifältig, darum ist der menschliche Geist bis in seine niederste Form seiner Betätigung hinein dreifältig; Gott ist einer, darum ist der Mensch einer, e i n e Person [21]).

---

19) de trin. XII. 7. 12 (1004 f.).

20) de trin. XII. 6. 6 (1001) s. o.; vgl. dazu auch de gen. ad litt. imperf. 16, 61.

21) In dieser Anwendung plotinischer Prinzipien liegt zugleich, da sich nach Augustin die Entfaltung des Geistes nicht hypostatisch, sondern als inneres Leben Gottes innerhalb desselben einen Wesens vollzieht, eine Kritik der plotinischen Bildspekulation. Der menschliche Geist ist nicht, wie bei Plotin, ein Abbild des „Sohnes", d. h. des Nus, sondern des dreifaltigen Gottes. Im selben 12 Buch d e t r i n i t a t e, in dem die genannte

Das Prinzip der *analogia entis* läßt sich also dahin zusammenfassen: die Dreifaltigkeit Gottes hat ihr schöpferisches Abbild im
Menschen. Dieses Abbild erstreckt sich nicht auf den ganzen
Menschen, sondern auf die mens als die geistige Einheit der Person,
quae pertinet ad contemplationem aeternorum [22]). Der Zusammenhang des menschlichen Geistes mit Gott ist kein realer, substan-
tieller, sondern ein bildhafter, und auch bei dem Bild handelt es
sich dem ungeistigen Element entsprechend, das das menschliche
Sein konstituiert, um eine impar imago [23]).

Dieser Bildcharakter, dessen Ungleichheit durch die Projektion
des Urbildes in eine niederere Seinsphäre entstanden ist, bewirkt
aber, daß alle Wunder der Trinität — die Gleichheit und die Verschiedenheit der Drei im Einen, wobei jedes der Drei das Ganze
ganz ist — im menschlichen Geist so abgebildet sind, daß die Dreifaltigkeit des menschlichen Geistes einen Rückschluß auf die Art
der himmlischen Trinität erlaubt [24]). „*quamvis enim mens humana
non sit eius naturae cuius est Deus, imago tamen naturae eius, qua
natura melior nulla est, ibi quaerenda et invenienda est in nobis,
quo etiam natura nostra nihil habet melius*" [25]) oder in einer bereits heilsmäßigen Deutung dieser bildhaften Beziehung: „Die Trinität des menschlichen Geistes ist nicht deswegen ein Bild Gottes,
weil der Geist sich seiner erinnert, sich erkennt, sich liebt, sondern
weil er auch imstande ist, dessen sich zu erinnern, den zu erkennen,
den zu lieben, von dem er gemacht ist [26])." Damit ist bereits der Weg

---

Bildspekulation entwickelt wird, findet sich daher die Polemik gegen diese
Zurückführung der Schöpfung des Menschen auf den Sohn allein, dem
Augustin seine eigene Anschauung entgegenstellt, daß das trinitarische
Prinzip des menschlichen Geistes auf die Schöpfung des Menschen durch
den dreifaltigen Gott auf dem Wege der Abbildlichkeit zurückweise, de
trin. XII. 6. 7 (1001 f.).

22) de trin. XII. 4. 4 (1000) rubrum: trinitas est imago Dei in ea sola
parte mentis quae pertinet ad contemplationem a e t e r n o r u m; dazu de
trin. X. 12. 19 (984).

23) de trin. X. 12. 19 (984) impar imago . . ., sed tamen imago.

24) de trin. IX. 12. 18 (972) et est quaedam imago trinitatis, ipsa mens
et notitia eius . . . et amor . . . et haec tria unum atque una substantia.

25) de trin. XI. 8. 11 (1044).

26) de trin. XI. 12. 15 (1048), vgl auch XI. 8. 11 (1044) ecce ergo mens
meminit sui, intelligit se, diligit se. hoc si cernimus, cernimus trinitatem,
nondum quidem Deum, sed iam imaginem Dei.

der Erlösung als eine Zurückbildung des Abbildes in das Ur-Bild
auf dem Wege der Schau als ein Zurückführen des menschlichen
Geistes in das reine geistige Sein, d. h. als das Wiederfinden der
vollendeten Identität in der Geistnatur Gottes gekennzeichnet.

Mit dieser Bildspekulation ist jetzt über die anthropologische
Frage hinaus die eigentliche Frage nach dem dreifaltigen Wesen
Gottes gestellt.

Augustin selbst charakterisiert diesen Fortschritt von der Anthropologie zur Frage nach dem dreifaltigen Geistsein Gottes als einen
Aufstieg von der *illuminata creatura* zum *lumen incommutabile*[27]), als einen *ascensus ad illam summam et altissimam essentiam*[28]).

Für die Bestimmung der göttlichen Trinität ist ausschlaggebend,
daß die aus der Analogie des menschlichen Geistes entwickelte Trinität des Geistes sich kreuzt mit einer anderen trinitarischen Reihe,
die ebenfalls bereits innerhalb der plotinischen Spekulation hervortritt und schon bei Viktorin in die ontologische Bestimmung der
göttlichen Trinität eingedrungen ist, die ontologische Dreifaltigkeit
von *esse vivere intelligere* in der Geistsubstanz.

Auch diese Trinität wird in einer ausführlichen Analyse als dem
Wesen des menschlichen Geistes bestimmend nachgewiesen, dabei
wird betont, da er diese drei Seinsmodi als Abbild Gottes in sich
trägt. Der Prozeß der Ableitung ist methodisch ein ähnlicher und
braucht nicht mehr ausführlich dargestellt zu werden. Der Hauptgedanke ist in der Überschrift des zehnten Kapitels von Buch X
de trinitate so zusammengefaßt: „*mens omnis tria de se ipsa certo
scit intelligere, esse et vivere*[29]).“

Augustin untersucht im Zusammenhang damit die einzelnen philosophischen Theorien über den Denkvorgang und das stoffliche
Substrat und die physiologische Existenzbedingung des Geistes im
Menschen und kommt zu dem Schluß, der wieder auf den Primat
des metaphysischen Denkens bei ihm hinweist: ob nun einer die
Luft oder das Feuer oder das Gehirn oder irgend etwas anderes
als die Substanz des Denkens nachweisen will: die Notwendigkeit
des Ineinander von Sein, Leben und Intellekt im Denken kann

---

27) de trin. IX. 12. 17 (970).
28) de trin. X. 12. 19 (984).
29) de trin. X. 10 (980).

keiner leugnen; er weist so den materialistischen Physiologen, anstatt sie lange zu widerlegen, nach, daß sie bei all ihren mehr oder weniger plumpen Erklärungen die metaphysische Eigengesetzlichkeit des Geistes nicht umgehen können. „Keinem ist zweifelhaft, daß einer nicht erkennen kann, der nicht lebt, noch daß einer lebt, der nicht ist. Folglich muß das, was erkennt, auch sein und leben, nicht wie eine Leiche ist, welche nicht lebt, noch wie eine Seele lebt, welche nicht erkennt, sondern auf eine gewisse eigentümliche und vortrefflichere Weise [30]).

Auf zwei Momente ist dabei hinzuweisen:

1. In den Konfessionen erscheint die gleiche trinitarische Reihe als eine Dreifaltigkeit von *esse, nosse, velle* in der einen Geistsubstanz. Der Willensbegriff, dessen Versuch, in diese Reihe einzudringen, wir bereits bei Viktorin konstatiert haben, hat also hier den Begriff der „vita" verdrängt [31]). „Ich nenne aber diese drei: sein, wissen, wollen. Ich bin nämlich und weiß und will; ich bin wissend und wollend und ich weiß, daß ich bin und will, und ich will, daß ich bin und weiß. Wie in diesen Drei das Leben untrennbar ist und ein Leben und ein Intellekt und ein Sein — essentia — und wie die Unterscheidung ununterscheidbar ist und doch eine Unterscheidung, mag sehen, wer kann." Dementsprechend heißt es von Gott: „... Du bist, Du weißt allein, der Du unveränderlich bist und unveränderlich weißt und unveränderlich willst und Dein Sein — *essentia* — weiß und will unveränderlich und Dein Wissen ist und will unveränderlich und Dein Wille ist und weiß unveränderlich [32])."

2. Diese zweite trinitarische Reihe von *esse, vivere, intelligere* steht zu der ersten Reihe *memoria, intelligentia, voluntas* im Verhältnis von Längsachse und Querachse eines Koordinatensystems, insofern von hier aus die Koordinaten für das Sondersein der drei Relationen gewonnen werden. „Diese Drei, *memoria, intelligentia,*

---

30) de trin. X. 10. 13 (980): nec sicuti vivit anima quae non intelligit, sed proprio quodam eodemque praestantiore modo. Vgl. auch de trin. X. 10. 14 (981) vivere se tamen et meminisse et intelligere et velle et cogitare et scire et iudicare quis dubitet?

31) conf. XIII. 11, 12 (CSEL, 33 S. 353): . . . in his igitur tribus, quam sit inseparabilis vita et una vita et una mens et una essentia, quam denique inseparabilis distinctio et tamen distinctio videat qui potest.

32) conf. XIII. 16. 19 (ib. S. 359).

voluntas sind nicht drei Leben, sondern ein Leben; nicht drei Intellekte, sondern ein Intellekt; folglich auch nicht drei Substanzen, sondern eine Substanz. *memoria* nun, soweit sie Leben und Intellekt und Substanz genannt wird, heißt es für sich selbst — *ad se ipsam;* wenn es dagegen nur *memoria* heißt, dann ist das mit Beziehung auf etwas gesagt — *relative.* Das gleiche könnte ich über die *intelligentia* und auch über die *voluntas* sagen: denn auch *intelligentia* und *voluntas* werden mit Beziehung auf etwas gesagt: aber jede von ihnen beiden ist Leben für sich selbst und gleichermaßen auch Intellekt und Sein — *substantia* —; daher sind diese drei — *memoria, intelligentia, voluntas* — dadurch eins, daß sie ein Leben, einen Intellekt, ein Sein — *essentia* — sind"[33]). Die beiden Koordination der Abgrenzung der einzelnen Ternare sind also: *relative* und *ad se.* Die *memoria* selbst ist *ad se*, Sein, Leben und Intellekt. Gleichermaßen ist jede der anderen beiden Personen in ihrem Für-sich-sein Sein, Leben und Intellekt. Die *memoria* aber existiert nicht für sich allein im Geist, wie überhaupt keiner der „Drei" für sich allein existiert, sondern immer in Relation mit den beiden anderen — *relative.* Da aber die Substanz der Drei in ihrem Für-sich-sein bei allen identisch ist, ist diese eine Grundsubstanz die Grundsubstanz aller. Das Für-sich-sein jeder der drei Personen, die nur in der Relation zueinander existieren, ist ein seiendes, lebendes, intelligibles Sein. Dieses Sein ist zugleich die Grundsubstanz der ganzen Trinität, der einen ganzen Gottheit. In jeder der drei Personen ist also die Gottheit ganz. Gleichermaßen ist jede Person nur mit den beiden anderen zusammen denkbar; da jede die gleiche Substanz wie die anderen hat, enthält jede der Drei alle Drei in sich, so daß wiederum alle eins sind und jedes einzelne die ganze Gottheit ist. Das hier einbrechende logische Chaos wird nur durch die Definition des anthropologischen Personbegriffs geordnet: Der Geist als der sich selbst denkende, sich selbst liebende, sich selbst wissende Geist ist in der lebendigen

---

33) de trin. X. 11. 18 (983): haec igitur tria, memoria, intelligentia, voluntas, quoniam non sunt tres vitae, sed una vita, nec tres mentes, sed una mens, consequenter utique nec tres substantiae sunt, sed u n a s u b s t a n t i a. . . . quocirca tria haec eo modo sunt u n u m, quo u n a vita, u n a mens, u n a essentia. . . . (984) voluntas enim mea totam intelligentiam totamque memoriam meam capit, dum toto utor quod intelligo et memini.

wesentlichen Identität dieser Drei in seiner Geistnatur die eigentliche Person.

1. Der anthropologische Personbegriff.

Augustin wendet den Person-Begriff auf den Menschen nur mit Vorbehalt an. Selbst nachdem er bereits im vierten Buch über die Trinität den Personbegriff zur Seinsbestimmung der Drei in der Gottheit einführt, wird seine Anwendung auf den Menschen noch zurückgehalten, und zwar bis zum siebten Buch, wo Augustin zu einer Bestimmung des Sonderseins der drei Personen der Gottheit auf dem Wege der Abgrenzung von *genus* und *species* vorzudringen sucht. Dort weist Augustin innerhalb der kreatürlichen Seinssphäre den Unterschied des *nomen speciale* und *nomen generale* nach, indem er an der Reihe Lorbeer, Myrthe, Olive demonstriert, daß die drei *species* nicht unter ein *nomen speciale* subsumiert werden können; das gleiche wird an den drei species: Pferd, Ochse, Hund nachgewiesen. Diese Deduktion wird abgeschlossen durch ein Beispiel, das den Menschen zum Gegenstand hat, indem Augustin eine Bestimmung der Trinität auf dem Weg der Analogie dreier menschlicher Personen, Abraham, Isaak und Jakob versucht. Er führt dabei aus [34]), daß die Einheit der Substanz in der Trinität ein *nomen speciale* für die einzelnen Glieder der Trinität voraussetze, es sei aber *kein* solches nomen zu finden; denn, sagt er, „Person ist ein *nomen generale* und zwar so weit, daß s o g a r der Mensch ‚Person‘ heißen kann, bei allem Abstand zwischen Mensch und Gott“.

„Person“ im eigentlichen geistigen Sinne ist also nur Gott; aber der Begriff wird auch auf das geistige Wesen, dessen intelligibles Sein in Abbildlichkeit des göttlichen Seins von dreifaltiger Natur ist, d. h. auf den Menschen ausgedehnt. So heißt es im letzten Buch über die Trinität: „una persona, id est singulus quisque homo, habet illa tria (sc. intelligentiam memoriam voluntatem) in mente“ [35]).

---

34) de trin. VII. 4. 7 (939 f.). 4. 8 (940 f) ib. 4. 7: nam p e r s o n a g e n e r a l e nomen est in tantum ut e t i a m h o m o possit h o c d i c i, cum tantum intersit inter hominem et Deum (940). Vgl. de trin. II. 10. 19 (858).

35) de trin. XV. 7. 11 (1065).

Diese Verkoppelung der Begriffe Mensch und Person läßt sich innerhalb desselben 15. Buches noch weiter verfolgen. „Jeder einzelne Mensch, der nicht nach allem, was zu seiner Natur gehört, sondern allein nach seinem Geist Bild Gottes heißt, ist eine Person und ist das Bild der Trinität im Geist. Diese Trinität aber, deren Bild er ist, ist nichts anders g a n z als Gott, ist nichts anders g a n z als die Trinität, und nichts bezieht sich auf die Natur Gottes, was sich nicht auf diese Trinität bezieht, und es sind *drei Personen* eines Wesens, nicht wie jeder einzelne Mensch eine Person ist [36]).“

Wesentlich ist dabei, daß das Abbild-sein des Menschen, soweit er Geist ist, durch den Personbegriff näher bestimmt und in einen unmittelbaren Zusammenhang mit der göttlichen Trinität als einer Person gebracht wird. Der Mensch ist Person, weil Gott Person ist, weil der Geist des Menschen, der das Person-sein des Menschen ausmacht, ein Abbild Gottes ist, der im eigentlichsten Sinne Person ist.

Das Geist-Sein und das Person-Sein des Menschen steht also in demselben bildhaften Zusammenhang mit Gott, d. h. dem dreieinigen Gott, auf Grund dessen dreieiniger Natur er selbst in seinem Geist ein vestigium trinitatis trägt. „In einer Person — das ist der Mensch — findet sich das Bild jener höchsten Trinität [37).“ „*ista imago, quod est homo, habens illa tria — intelligentiam, memoriam, voluntatem — una persona est ... una persona haec imago trinitatis* [38]).“

Der Begriff „Person“, auf den Menschen bezogen, ist also im eigentlichsten Sinn ein theologischer, insofern er stets den Hinweis auf das originale urbildliche Person-sein des dreifaltigen Gottes in sich schließt.

Dieser Personbegriff bringt mit der neuen Anschauung von Gott erstens eine neue Anschauung vom Menschen. Nicht mehr sind die einzelnen Seelenteile oder Seelenkräfte in verschiedenen Stufen

---

36) de trin. XV, 7, 11 (1065) quapropter s i n g u l u s q u i s q u e h o m o qui non secundum omnia quae ad naturam pertinent eius sed secundum solam mentem imago Dei dicitur, u n a p e r s o n a est et imago est trinitatis in mente . . . von der Trinität heißt es: . . . et tres personae sunt unius essentiae non sicut s i n g u l u s q u i s q u e h o m o una p e r s o n a (1065).

37) de trin. XV, 25, 45 (1092) in una quidem p e r s o n a quod est h o m o invenisse imaginem summae illius trinitatis . . .

38) de trin. XV, 23, 43 (1090).

untereinander geordnet gedacht oder als Funktionen und Ausstrahlungen auf den einen als formales Prinzip gefaßten Intellekt
bezogen, sondern in der einen Geistsubstanz entfaltet sich der Geist
in den drei Relationen des Seins, Wollens und Denkens, er bleibt
aber ein und derselbe Geist in seiner Identität und Ganzheit. Geist
ist Wille zu sich selbst, der zu dem Sich-selber-denken führt.

Der Wille ist also als Grundsubstanz und *copula* des intelligiblen
Vermögens und des Bewußtseinsinhalts das eigentliche p e r s o n -
b i l d e n d e Element. Darin liegt die abschließende Formulierung
des Willensbegriffs, wie er von Plotin aus, als Substanz gefaßt, in
den christlichen Gottesgedanken eingedrungen ist.

Dieser Personbegriff bringt aber auch zweitens eine neue Anschauung von der Religion, indem Religion jetzt die lebendige Beziehung zwischen dem Menschen, der als eine geistige Einheit gefaßt ist, und dem als eine denkende, liebende, wollende Person gefaßten Schöpfer ist. Die Religion ist jetzt als Beziehung zwischen
dem persönlich gedachten Gott und dem persönlich gedachten Menschen. Die ungeheure Individuation des persönlichen geistigen
Lebens wird in den Bereich des religiösen Lebens hineingezogen.

Mit der Übertragung des Personbegriffs auf den Menschen ist ein
Begriff in die Anthropologie eingeführt, der in der Bestimmung
des Wesens des Menschen die jeweilige Besonderheit seines
geistigen Seins und seiner Geschichte mitberücksichtigt. Das neue
Wort selbst ist nur äußeres Zeichen der Entdeckung des neuen
Menschen. Bei Augustin ist diese Entdeckung in seinen dogmatischen Formulierungen genau abgegrenzt. Das *nomen ‚persona‘*,
sagt er, richtet sich nicht auf die species, sondern auf das ‚*singu-
lare‘* und das ‚*individuum‘*; man sagt nicht Person, wie man
‚Mensch‘ sagt; bei dem Begriff ‚Person‘ ist vielmehr stets ein „Zeigen mit dem Finger" dabei [39]).

---

39) de trin. XII, 6. 11 (943 f.) quod si dicunt s u b s t a n t i a e vel per-
s o n a e nomine non speciem significari, sed aliquid s i n g u l a r e   a t q u e
i n d i v i d u u m, ut substantia vel persona non ita dicatur sicut dicitur
homo, quod commune est omnibus hominibus, sed quomodo dicitur h i c
h o m o, velut Abraham, velut Isaac, velut Iacob vel si quis alius qui etiam
d i g i t o   p r a e s e n s   d e m o n s t r a r i   p o s s i t: sic quoque illos eadem
ratio consequetur. sicut enim dicuntur Abraham, Isaac et Iacob tria
i n d i v i d u a, ita tres homines et tres animae. — ib. (944): non sunt
ergo tres species unius essentiae, pater et filius et spiritus sanctus. si

In dem neuen Personbegriff in seiner Anwendung auf den Menschen treten also folgende Momente hervor:

1. Personsein betrifft das g e i s t i g e Sein des Menschen.

2. Dieses geistige Sein ist nicht gefaßt als ein formales Prinzip, sondern als eine lebendige, geistige, substantielle Einheit, ein geistiger Organismus eigenster Lebensform. Die einzelnen Betätigungsformen sind nicht mehr funktionell geordnet, etwa in der Art einer Unterordnung unter das intelligible Prinzip, liegen vielmehr in der einen Geistnatur so ineinander, daß mit der einen die anderen notwendig mitgesetzt sind, da sich keine ohne die anderen betätigen kann, so daß also in jeder Einzelbetätigung der Person als Wille, Erkenntnis und Bewußtsein die ganze Person präsent ist. Die Person als geistiges Wesen läßt sich nicht teilen in einzelne *partes animae*, sondern ist überall dort, wo sie ist und wirkt, g a n z, weil auch in der Vereinzelung das ganze geistige Wesen, das als solches unteilbar ist, mitgesetzt ist. Die verschiedenen Aktionsformen sind nur Entfaltungsformen der einen dreifaltigen Geistnatur, welche das eigentliche Wesen der Person ist.

3. Mit dem Person-Sein ist die *„singularitas"* das *„individuum"* des Menschen bezeichnet. Der universelle Sinn des Wortes „Person" ist das Durchbrechen der starren Typologie der antiken Psychologie, das neue Empfinden für das geistige Sondersein des einzelnen Menschen, seine Sondergeschichte und die jeweilige Besonderheit seines religiösen Lebens im Rahmen der christlichen Religion.

4. Das metaphysische Formprinzip der „Person" ist die trinitarische Entfaltung des Geistes als Intellekt, Wille und Bewußtsein auf das eigene Selbst bezogen. Der letzte Grund des Selbstseins und Verschiedenseins der menschlichen Personen weist so auf das Sein des absoluten Geistes, sein Sich-selber-denken und Sich-selber-wollen zurück. In dem Formprinzip des menschlichen Personseins spiegeln sich die letzten Prinzipien des Lebens des Geistes überhaupt.

---

autem species est essentia, sicut species est homo, tres vero illae quas appellamus substantias sive personas, sic eamdem speciem communiter habent quemadmodum Abraham, Isaac et Iacob speciem quae homo dicitur, communiter habent; non sicut homo subdividitur in Abraham, Isaac et Iacob, ita unus homo et in aliquos singulos homines subdividi potest: omnino enim non potest, quia u n u s h o m o iam s i n g u l u s homo est.

5. In dem menschlichen Person-sein ist die Rückbeziehung auf Gott immer schon mitgesetzt auf Grund der schöpfungsmäßigen, realen, metaphysischen Abbildlichkeit des menschlichen Person-seins. In der Bezeichnung des Menschen als einer Person ist die religiöse Funktion als Grundfunktion immer schon vorausgesetzt. Daß im Menschen schöpfungsmäßig das *vestigium trinitatis* vorhanden ist, das ist der Punkt, an dem nicht nur die Spekulation der Mystik, sondern auch die katholische Ethik einsetzt. Der Personbegriff ist also ursprünglich ein theologischer Begriff, indem er das Sein des Menschen in seiner schöpfungsmäßigen Beziehung auf das göttliche Sein bestimmt.

Sucht man nach dem geistesgeschichtlichen Reflex dieses neuen Bildes vom religiösen Menschen, das in dem Personbegriff angekündigt ist, so trifft man als seine realste Gestaltung, in welcher zugleich die stärkste Emanzipation vom Typus zum Ausdruck kommt, auf das Bild, das Augustin in seinen C o n f e s s i o n e s von sich selbst entworfen hat.

Diese zwölf Bücher sind die erste große Formgebung der neuen Anschauung vom Menschen. Bei Augustin ist das Bewußtsein der Einmaligkeit des eigenen geistigen Lebens und der eigenen Geschichte so stark, die Geschichte seiner Frömmigkeit so identisch mit der Geschichte seines Geistes, daß er es wagen kann, seine eigene Entwicklungsgeschichte als einen Lobpreis Gottes darzustellen.

Gerade die Rücksichtslosigkeit und bis zur Geschmacklosigkeit vordringende Offenheit der Selbstdarstellung hebt das neue Bild vom Menschen besonders hervor, das Augustin in der Darstellung und Deutung seines religiösen Lebens gestaltet. Der besänftigende historische Einwand, es handle sich in den Übertreibungen der Konfessionen um eine dem modernen Menschen nicht mehr geläufige pathetische Rhetorik — also um ein Stilmoment —, ist belanglos; kein Mensch, der von sich und seiner Religion spricht, wird nur aus stilistischen Gründen pathetisch. Es ist vielmehr wesentlich, daß dieses Pathos, das ein pathetisches Bekenntnis zur eigenen Person in sich schließt, ein höchst tendenziöses Pathos ist. Auch die immer wieder gerügten Neigungen, Kleines zur Wichtigkeit zu erheben, Belanglosem durch eine sentimentale Färbung eine bedeutende Note abzugewinnen und es affektvoll aufzumachen, sind in einem ge-

wissen Sinne notwendig; sie gehören mit zu dem Überschwang
einer neuen Geistigkeit, die in der Entdeckung des neuen Menschen einen neuen Gott und eine neue Welt entdeckt.

Wir sehen also in der in den Konfessionen gegebenen Darstellung
der religiösen Entwicklung Augustins unter dem Gesichtspunkt
eines Lobpreises Gottes — denn das bedeutet *confessio* — die unmittelbare Illustration zu der metaphysischen Bestimmung des Personbegriffs. Man hat lange darüber gestritten, ob sich bei Augustin
ein festes theologisches System herausarbeiten läßt. Diese Frage ist
wohl als abstraktes dogmatisches Problem erwägbar, trifft aber die
Geistigkeit Augustins nicht; vielmehr scheint uns gerade das Wesen
seiner Frömmigkeit darin zum Ausdruck zu kommen, daß die universelle Zusammenfassung seiner theologischen Ideen nicht wie bei
Thomas auf eine Dogmatik, sondern auf eine Miteinbeziehung seiner eigenen religiösen Geschichte in sein christliches Weltbild führt.

2. Die metaphysische Beziehung zwischen dem göttlichen und menschlichen Person-Sein.

Das Prinzip der analogia entis, welches mit dem Bildbegriff gesetzt ist, führt Augustin zunächst zu einer direkten Projektion der
innerseelischen Trinität des Geistes in die göttliche Geistnatur.

Diese Rückverlegung verlangt aber eine grundlegende Abgrenzung: der Unterschied zwischen der menschlichen und der göttlichen
Person ist der, daß der geistige Mensch, d. h. seine trinitarische
Geistnatur, in seiner Ganzheit und seinem Wesen nach Person ist.
Im Menschen ist keine der drei geistigen Relationen für sich allein
Person, sondern nur in Relation mit den andern, zusammen mit den
anderen ganz und eins. Bei Gott dagegen ist jede Relation selbst
ganz und für sich selbst Person [40]). „Ob wir von mens, notitia und
dilectio im Menschen oder von memoria, intelligentia und voluntas
reden: immer erinnern wir uns des Geistes nur durch das Gedächtnis, erkennen wir ihn durch die Intelligenz, lieben wir ihn nur
durch den Willen. Aber wer wollte es wagen, zu behaupten, in
jener Trinität erkenne der Vater sich selbst und den Sohn und den
Heiligen Geist nur durch den Sohn, er liebe sie nur durch den

---

40) de trin. XV, 7, 12 (1065).

Heiligen Geist, für sich erinnere er sich aber nur seiner selbst oder des Sohnes oder des Heiligen Geistes...?"

Es folgt bei Augustin eine lange Ausführung und Zerlegung der einzelnen nicht möglichen Beziehungen; das Ergebnis ist: Der eine Gott ist (existiert) in den drei Personen, wie die eine Person des Menschen in den drei Relationen des Geistes existiert. Es ist aber unmöglich, eine der drei göttlichen Personen jeweils mit der einen ihr in der Trinität der *mens* entsprechenden Relation zu identifizieren. Die Korrespondenz der anthropologischen und der göttlichen Trinität in der Weise zu fassen, daß jede (göttliche) Person ausschließlich die Funktion der einen ihr in der innerseelischen Trinität korrespondierenden Relation erfüllt, ist absurd. Vielmehr umfaßt jede der drei göttlichen Personen alle drei geistigen Relationen und zwar ist gerade durch dieses Vorhandensein aller Relationen in jeder Person das Person-Sein der Drei bestimmt. Der Mensch h a t die Drei, aber er i s t sie nicht, da die mens ja nur ein Abbild jener göttlichen Trinität ist, in welcher jede Relation selbst wieder für sich Person ist. „*in illius summae simplicitate naturae quae Deus est quamvis unus sit Deus, tres tamen personae sunt pater et filius et spiritus santus*[41]). So benötigt z. B. die *mens* die *voluntas*, um sich selbst zu lieben, es ist aber nicht so, daß der Vater den Geist benötigte, um sich selbst zu lieben, sondern er selbst hat auch den Willen und die Liebe zu sich selbst. Der Bildcharakter des menschlichen Person-seins besteht also darin, daß in der innerseelischen Trinität das Relation ist, was bei Gott selbst wieder Person ist.

Wesentlicher als die negative Bestimmung des göttlichen Personseins ist die positive[42]). Der ausführliche und komplizierte Nachweis geht einmal darauf hinaus, daß in jeder der drei Personen alle drei das Person-Sein des Geistes konstituierenden Relationen vorhanden sind, daß es drei Personen, nicht drei Relationen sind, in denen Gott existiert. „*tres p e r s o n a e sunt unius essenti a e, non sicut singulus h o m o una persona*"[43]) ... „*unus Deus est et tres sunt illae, non una persona*"[44]). „*cum sit una persona haec*

---

41) de trin. XV, 22. 42 (1090).
42) Siehe vor allem de trin. XV. 7. 11—14 (1065—67).
43) de trin. XV, 7, 11 (1065).
44) de trin. XV. 23. 43 (1090).

imago trinitatis, ipsa vero summa trinitas tres personae sint, inseparabiliter est illa trinitas personarum trium quam haec unius [45])." So entspricht der *operatio simul* der drei Relationen im (menschlichen) Geist eine jeweils „persönliche" Wirkungsart der drei Personen in Gott [46]). „*quemadmodum cum memoriam meam et intellectum et voluntatem nomino, singula quidem nomina ad res singulas referuntur, sed tamen ab omnibus tribus singula facta sunt: nullum enim horum trium nominum est, quod non et memoria et intellectus et voluntas mea simul operata sint: ita trinitas simul operata est et vocem patris et carnem filii et columbam spiritus sancti, cum ad personas singulas singula haec referantur.*"

Die ganze Ordnung der Relationen läßt sich nach dem oben entwickelten Koordinationssystem — *ad se, singulariter* — in zwei Sätze zusammenfassen, die gewissermaßen den metaphysischen Längs- und Querschnitt der Trinität in der einen Substanz darstellen:

1. *quidquid ergo ad se ipsum dicitur Deus et de singulis personis singulariter dicitur, id est de patre, filio et spiritu sancto et simul de ipsa trinitate, non pluraliter, sed s i n g u l a r i t e r dicitur* [47]).

2. *quod proprie singula in eadem trinitate dicuntur, nullo modo ad se ipsa, sed ad invicem aut ad creaturam dicuntur. et ideo r e l a t i v e, non substantialiter ea dici manifestum est* [48]).

Die Doppelheit rührt daher, daß in Gott jede einzelne Relation selbst Person ist, also wiederum sich in einer Trinität von drei Relationen entfaltet, so daß also die Einzelrelation in ihrem Ansichsein sowohl nach der ihr innewohnenden singularitas als auch in ihrer Bezogenheit als Person auf die übrigen Personen bestimmt werden kann. Das Gefüge selbst stellt sich so dar als eine *„trinitas relatarum ad invicem personarum et unitas aequalis essentiae"* [49]).

Die Schwierigkeit, hier auf metaphysischem Wege noch weiter zr dringen, ist eine doppelte.

1. Die Lösung des anthropologischen Problems durch den Begriff der Person verliert sich bei ihrer Übertragung auf die Bestimmung des geistigen Seins Gottes in ein logisches Spiel mit irrationalen Größen. Durch den metaphysischen Nachweis, daß der eine Gott

---

45) de trin. XV, 7, 12 (1065), weiter de trin. XV, 6, 10 (1063—65).

46) de trin. IV, 21, 30 (909 f.).   47) de trin. V, 8, 9 (917).

48) de trin. V, 11, 12 (918).   49) de trin. IX, 1, 1 (961).

in der Weise Drei ist, daß jeder der Drei Person ist, ist eine Lösung
nicht gewonnen, vielmehr nur die Grenze der Fragestellung verschoben und die Spekulation vor die unlösbare Frage gestellt, wie
drei P e r s o n e n einer sein können, so daß sich Augustin schließlich — worauf seine Frömmigkeit zielte — selbst der Möglichkeit
beraubt, Gott „persönlich" zu fassen, da es einen denk-baren Begriff für ein solches Wesen, das Eines ist und drei Personen ist,
nicht gibt.

2. Die durch die Person-Spekulation ermittelten möglichen Beziehungen der trinitarischen Personen untereinander müssen aus
biblizistischen Gründen auf zwei reduziert werden, die selbst noch
längst nicht genügen, das *proprium* dieses Verhältnisses zu bezeichnen: die „Zeugung" des Sohnes und das „Hervorgehen" des
Geistes. Hier, wo es sich wirklich darum handelt, die christliche
Trinität in ihrer Eigenart in das metaphysische Koordinatensystem
einzuordnen, überschneiden sich das Dogma und die Metaphysik.
Über die metaphysische Begründung der Einheit von *intelligentia,
voluntas* und *memoria* bzw. die entsprechende Dreiheit hinaus läßt
sich nichts mehr logisch aussagen.

Die Analogie der innerseelischen Trinität erfordert es, noch drei
Momente hervorzuheben:

1. Der Personbegriff auf die göttliche Trinität angewandt, ist bei
Augustin ambivalent. Einmal bezeichnet er, entsprechend der Ersetzung der drei innerseelischen Relationen durch die drei Personen
das relative Sein der Drei innerhalb der einen göttlichen Trinität.
Die *persona* bezieht sich also auf das „*relative*" [50]). So sagt Augustin: „*non aliud est Deo esse, aliud personam esse, sed omnino
idem. nam si esse ad se dicitur, persona vero relative* (d. h. als
„Vater" in Beziehung zu den beiden andern).

Diese Relativität wird illustriert durch das Anschauungsbeispiel von drei Freunden (Verwandten, Nachbarn), von denen jeder
mit den anderen beiden in freundschaftlicher Beziehung steht.

---

50) de trin. VII. 6. 11 (943): nam et in p e r s o n i s eadem ratio est.
non enim aliud est Deo esse, aliud p e r s o n a m esse, sed omnino idem.
nam si esse ad se dicitur, p e r s o n a vero r e l a t i v e; sic dicamus tres
personas, patrem et filium et spiritum sanctum quemadmodum dicuntur
aliqui tres amici aut tres propinqui aut tres vicini, quod sint a d i n v i c e m,
non quod unusquisque eorum sit a d s e ipsum . . .

Freund heißt hier jeder einzelne nicht *ad se*, sondern *ad invicem* [51]).
persona bedeutet aber auch das Für-sich-sein, das „*ad se*" der
Personen in der göttlichen Trinität, wie durch das gleiche Anschauungsbeispiel verdeutlicht wird. Man kann wohl von dem einen
der Freunde behaupten, er sei der Freund der beiden anderen, aber
nicht von einer der trinitarischen Person, sie sei die Person der anderen. So ist Gott nicht die Person des Heiligen Geistes noch die
des Sohnes, sondern sein Person-sein gilt *ad se*. „*persona patris
non aliud quam ipse pater est. ad se quippe dicitur persona, non
ad filium vel spiritum sanctum* [52])."

2. Die eine Substanz der Trinität erschöpft sich in den drei Personen. Deswegen heißt es: *tres personae eiusdem essentiae,* oder
tres personae una essentia. Man kann aber nicht sagen: *tres personae ex eadem essentia;* denn es handelt sich nicht darum, zu sagen,
daß die drei Personen aus derselben Substanz sind, sondern daß sie
selbst die eine Substanz ganz sind und sie restlos umfassen. So kann
man zwar sagen: drei Statuen aus demselben Gold; damit ist aber
ein Unterschied fixiert zwischen dem Gold-sein und dem Statue-
sein. Gleichermaßen kann man sagen: drei Menschen aus derselben
Natur. Auch hier erschöpft sich nicht die Natur in den drei Menschen, sondern aus derselben Natur können noch beliebig viele
andere Menschen geschaffen sein. In der Substanz der Trinität dagegen kann keine andere Person existieren außer eben den
Dreien [53]).

3. Unter den drei Personen selbst — und hier wird der Personbegriff vollends verwischt — herrscht eine völlige Gleichheit auf

---

51) ib. VIII, praef. 1 (947): ea dici proprie in illa trinitate distincte ad
singulas p e r s o n a s pertinentia, quae r e l a t i v e dicuntur a d i n v i c e m,
sicut pater et filius et utriusque donum spiritus sanctus: non enim pater
trinitas aut filius trinitas aut trinitas donum. — ib. IX. 4. 5 (964): sicut
duo amici etiam duo sunt homines quae sunt s u b s t a n t i a e: cum homines non relative dicantur, a m i c i autem r e l a t i v e. (6) sed item
quamvis substantia sit amans vel sciens, substantia sit scientia, substantia
sit amor, sed amans et amor aut sciens et scientia relative ad se dicantur
sicut amici; mens vero aut spiritus non sint relativa, sicut nec homines
relativa sunt: non tamen sicut amici homines possunt seorsum esse ad
invicem, sic amans et amor aut sciens et scientia.

52) de trin. VIII, VI. 11. 1 (943).

53) de trin. VII. 6. 11 (945).

die Weise, daß eine für sich allein nicht weniger ist als mit den anderen zusammen und alle zusammen nicht mehr als die eine.

„*tantam esse aequalitatem in ea trinitate, ut non solum pater non sit maior quam filius, quod attinet ad divinitatem, sed nec pater et filius simul maius aliquid sint quam spiritus sanctus aut singula quaeque persona quaelibet trium minus aliquid sit quam ipsa trinitas*[54].“ „*tres simul illae substantiae sive personae si ita dicendae sunt, aequales sunt singulis*[55].“

„*dicimus enim non esse in hac trinitate maius aliquid duas aut tres personas quam unam earum ... sic et ipsa trinitas tam magnum est quam unaquaeque ibi persona*[56].“

Die doppelte Trinität — die drei Personen der einen Geistnatur, deren Person-sein im einzelnen durch die ontologische Trinität von *esse, vivere* und *intelligere* konstituiert wird — verwickelt sich hier in ein Gewirr von Identitäten, das nur durch eine willkürliche Reduktion auf die biblisch erlaubte Zahl aufgelöst wird. Das metaphysische Personprinzip hebt sich hier selbst auf, indem durch die Idee der aequitas das charakteristische Moment des Person-seins, die *singularitas*, das *proprium* wieder verwischt wird. Auf die Figur, deren Personsein so beschaffen ist, daß in ihr jede Relation selbst wieder Person ist und zwar so, daß jede dieser Personen mit der anderen dem Wesen nach identisch ist, läßt sich der auf dem Weg der *analogia entis* abgeleitete Personbegriff logisch nicht mehr anwenden. Die religiöse Grundidee, daß Gott Person ist, wird also faktisch nicht bewiesen.

Augustin hat in einer richtigen Erkenntnis dieser Grenze seiner Spekulation selbst vorgezogen, sich auf die einfachen Grundkategorien, die er in der Bestimmung des Personbegriffs innerhalb der Anthropologie gefunden hatte, zurückzuziehen, und hat den religiösen Grundgedanken der Persönlichkeit Gottes festgehalten.

Obwohl nun die drei Personen der Gottheit ihrem Wesen nach eins sind, so kommt doch jeder nach Analogie der innerseelischen Trinität ein proprium zu, wobei die Sonderfunktion des „Vaters“ durch die mens (memoria), die des Sohnes durch die notitia (intelligentia), die des Hl. Geistes durch die voluntas (amor) gekennzeichnet ist.

---

54) de trin. VIII. praef. 1 (947).   55) de trin. VII. 6. 11 (943).
56) de trin. VIII. 1. 2 (947 f.).

Der metaphysische Personcharakter der Drei wird durch den Gedanken festgehalten, daß wohl alle drei Funktionen in jedem der Drei ganz vorhanden sind, aber in jedem einzelnen Ternar das *proprium* in der Aktivierung dieser einen für ihn charakteristischen Funktion besteht.

So charakterisiert im besonderen die *mens* das Personsein Gott-Vaters, die *notitia* das Person-sein des Sohnes, der Wille das Personsein des Heiligen Geistes. Mit diesem Gedanken ist einerseits der Gedanke der Persönlichkeit Gottes festgehalten, andererseits die Spekulation wieder in die Logik der innerhalb der Anthropologie gewonnenen Begriffe zurückgelenkt.

Der Ausgangspunkt der Bestimmung des Sonderseins von Vater, Sohn und Geist ist eine Deutung des W o r t s.

Erst an diesem Punkt der Spekulation setzt also bei Augustin die Spekulation über den Logos ein. [57]). Der für sein Denken bezeichnenden Methode entsprechend beginnt Augustin mit einer ausführlichen anthropologischen Voruntersuchung, indem er auf den trinitarischen Prozeß im menschlichen Geist zurückgreift und fragt: Wie entsteht innerhalb des menschlichen Geistes das Wort? Der Prozeß der Entstehung des Worts im menschlichen Geist wird dann über den Bildbegriff in den Gottesgedanken zurückprojiziert. Auch hier weist die Anthropologie in der Weise auf die Metaphysik zurück, daß die metaphysischen Normen aus ihrer greifbaren Darstellung innerhalb des menschlichen Denkens abgeleitet werden.

Eine Hauptstelle mag dies erläutern [58]): „*necesse est ... ex ipsa scientia, quam memoria tenemus, nascatur verbum quod eiusmodi sit omnino, cuiusmodi est illa scientia de qua nascitur. formata quippe cogitatio ab ea re quam scimus, verbum est quod in corde dicimus.*" Damit ist also der Prozeß der Entstehung des Worts unmittelbar in den innergeistigen trinitarischen Prozeß miteinbezogen, und zwar sind auch hier, der Methode des *ascensus* entsprechend, bereits bei der Entwicklung des Problems innerhalb der Anthropologie die dogmatischen Begriffe vorbereitet. Bei der Entstehung des Worts in der Seele handelt es sich um ein *nasci*. „Vater" des Worts ist die *memoria* bzw. das formale Wissen, das

---

57) Diese kann hier nur insofern berücksichtigt werden, als sie für unser Hauptthema, die Untersuchung des Willensbegriffs, wichtig ist.

58) de trin. XV. 10. 19 (1071).

in der *memoria* aufbewahrt wird. Das innere Wort, der „Sohn", ist die *formata cogitatio,* das gedachte Wort, der Gedanke, der an der bereits im Gedächtnis bereitgehaltenen Form geformt ist. In der innerseelischen Trinität stehen also memoria und notitia in dem Verhältnis von Wissen und Wort bzw. von Vater und Sohn.

Die theologische Deutung geschieht nun so, daß nach dem funktionellen Charakter der *mens* und *memoria* der Seinscharakter der entsprechenden göttlichen Personen bestimmt wird [59]): *„quod in notitia est, hoc est in verbo... sic accedit quantum potest ista similitudo imaginis factae ad illam similitudinem imaginis natae qua Deus filius patri per omnia substantialiter similis praedicatur."*

Genau so, wie das innere Wort als *scientia de scientia* und *visio de visione* und *intelligentia de intelligentia, quae apparet in cogitatione* erscheint, so stellt sich das göttliche Wort als *Deus de Deo, lumen de lumine, sapientia de sapientia essentia de essentia* dar. Der *cogitatio,* in dem Geist, der sich selbst zum Gegenstand der Anschauung hat, entspricht das göttliche *Verbum,* welches der eingeborene Sohn Gottvaters ist [60]). Das Wort, das wir in uns reden [61]), hat seine göttliche Analogie in dem Logos, der bei Gott ist [62]).

---

59) de trin. XV. 11. 20 (1072 f.).

60) de trin. XV. 21. 40 (1088): sed illa est abstrusior profunditas nostrae memoriae, ubi hoc etiam primum cum cogitaremus invenimus et gignitur intimum verbum quod nullius linguae sit, tamquam scientia de scientia, et visio de visione et intelligentia quae apparet in cogitatione de intelligentia quae in memoria iam fuerat, sed latebat, quamquam et ipsa cogitatio quamdam suam memoriam nisi haberet, non reverteretur ad ea quae in memoria reliquerat, cum alia cogitaret.

61) de trin. XV. 14. 23 (1076): Verbum ergo Dei patris unigenitus filius, per omnia patri similis et aequalis, Deus de Deo, lumen de lumine, sapientia de sapientia, essentia de essentia; est hoc omnino quod pater, non tamen pater, quia iste filius, ille pater; ac per hoc novit omnia quae novit Pater; sed ei nosse de Patre est sicut esse. Die Zeugung des Sohnes vollzieht sich nach einer realen metaphysischen Abbildlichkeit, anders als bei der menschlichen Person, die nur eine impar imago darstellt de trin. X. 12. 19 (984). Wie Viktorin, so schließt Augustin seine Schrift mit einem Gebet an die Trinität: Domine Deus une, Deus trinitas, quaecumque dixi in his libris de tuo, agnoscant et tui: si qua de meo et tu ignosce et tui. amen. de trin XV. 28. 51 (1098).

62) Von der Anschauung vom inneren Wort Gottes, das als cogitatio gedacht ist, führen also unmittelbare Beziehungen zu der Anschauung Viktorins vom Logos als der forma interior Dei (s. S. 83 ff.).

Beschränken wir uns auf die Betrachtung der Funktion des Willens. Innerhalb der Analyse des Denkaktes in seinen verschiedenen Formen hat sich eine Reihe von trinitarischen Bewegungen ergeben, in denen jeweils die kopulative Funktion des *Willens* als sein *proprium* zum Vorschein kam, und zwar folgendermaßen: 1. in der sinnlichen Wahrnehmung verkoppelt der Wille die *species* des geschauten Körpers mit der in der Wahrnehmung geschauten und an ihm formierten *species*. Die Tatsache, daß der Urheber der Schau, der Körper, als *parens* erscheint, der an ihm geformte sinnliche Eindruck als *proles,* bereitet bereits innerhalb dieser niedersten Entfaltung der Dreifaltigkeit des Geistes die dogmatische Deutung vor. Der Wille erscheint dabei als *copulatrix quasi parentis et prolis* [63]. 2. Innerhalb der eigentlichen geistigen Schau, dem Denkakt, erscheint der Wille gleichermaßen als die *copula* der in der *memoria* enthaltenen *species* und dem auf die Intuition gerichteten Geist. 3. Innerhalb der innersten Betätigung des Geistes, in der Selbsterkenntnis, ist es wiederum der Wille, der die *memoria,* d. h. das Sich-selbst-wissen des Geistes mit dem auf die Intuition seiner selbst gerichteten Geist verbindet.

Der Wille ist also gleichmäßig in allen Betätigungen des dreifältigen Geistes weder „Vater" noch „Sohn" [64]. „ubique tamen *voluntas non apparet nisi copulatrix quasi parentis et prolis et ideo undecumque procedat nec parens nec proles dici potest."* Der Wille des Geistes ist vielmehr Liebe des Geistes und ist immer Liebe, ob nun der Gegenstand, auf den er sich richtet, ein Außen oder ein Innen, das eigene Selbst oder Gott ist. Die generelle Formel lautet also: „*haec duo, gignens et genitum d i l e c t i o n e tertia copulantur, quae nihil est aliud quam voluntas...* [65]) ... *voluntas sive amor sive dilectio quae istam prolem parentemque coniungit* [66]).

Die Beziehung auf die göttlichen Personen geschieht nun, wie wir sahen, über die Ableitung des Worts. Welche Funktion kommt dem Willen bei der Zeugung des inneren Worts zu? Das Wort entspringt einer Intuition unseres Denkens, die sich auf einen Ge-

---

63) S. Anm. 64.
64) de trin. XI, 9, 16 (997).
65) de trin. XIV, 6, 8 (1042).
66) de trin. XIV, 7, 10 (1044).

dächtnisinhalt richtet [67]). *„sicut inest memoria, inest dilectio illi memoriae principali... et sicut inest memoria, inest dilectio huic intelligentiae quae cogitatione formatur: quod verbum verum sine ullius gentis lingua intus dicimus, quando quod novimus dicimus. nam nisi reminiscendo non redit ad aliquid et nisi amando redire non curat nostrae cogitationis intuitus."* Die *dilectio* erscheint also gleichermaßen bei der Zeugung des Worts im Geist als *copula* [68]). *dilectio, quae visionem in memoria constitutam et visionem cogitationis inde formatam quas parentem prolemque coniungit."* Der theologischen Deutung, die mit der *mens (sapientia)* den „Vater", mit dem *verbum (cogitatio)* den „Sohn" meint, entspricht also die Bestimmung der *voluntas (amor, dilectio)* als der eigentlichen Funktion — *proprium* — der Person des H e i l i g e n G e i s t e s.

Die Beziehung Wille-Hl. Geist ist gewonnen aus einer Auflösung des „Rätsels" der trinitarischen Seinsweise der menschlichen Person [68]). *„de spiritu autem sancto nihil in hoc aenigmate, quod ei simile videretur ostendi nisi voluntatem nostram vel amorem seu dilectionem quae valentior est voluntas."* Hier liegt der natürliche Ursprung der Bezeichnung des Hl. Geistes als der *copula trinitatis:* Geist ist Wille, Geist ist Liebe [70]). „Was ist aber Liebe anderes als ein Leben, das zwei verbindet — *copulat* — oder zu verbinden strebt — *copulare appetens* —, nämlich den Liebenden und das Geliebte? Und da ist schon in der äußeren fleischlichen Liebe so; aber um uns an Reinem und Hellerem zu ergötzen, wollen wir das Fleisch zertreten und zum Geist uns erheben. Was liebt der Geist im Freund anders als den Geist? Und dort sind also die drei: der Liebende und der Geliebte und die Liebe."

Die Verkoppelung von Wille und Liebe im Geist erscheint in de trinitate als das Hauptelement der Frömmigkeit Augustins, welches auch seine Anschauung von der Erlösung und vom Glauben formt [71]). *„dilectio igitur quae ex Deo est et Deus est, proprie spiritus sanctus est, per quem diffunditur in cordibus nostris Dei charitas per quam nos tota inhabitat trinitas."*

---

67) de trin. XV, 21, **41** (1089).
68) de trin. XV, 21, **41** (1089).
69) de trin. XV, 21, **41** (1089).
70) de trin. VIII, 10, 14 (960).
71) de trin. XV, 18, 32 (1083); vgl. auch conf. XIII, 4, **5**. (CSEL 33 S. 347 f.).

Mit der Identifizierung von Geist und Wille ist also ein wichtiger
Zug des plotinischen Gottesgedankens übernommen. Wenn bereits
bei Plotin die Entfaltung der Drei an der Dreifaltigkeit des Denkprozesses illustriert wird, wenn die in der ἐπιστροφή die Schau bewirkende Kraft bei Plotin gleichmäßig als θέλησις, ἐπαφή, ἔρως, ἀγάπη erscheint und wenn er im Zusammenhang damit ausführt, in
jeder Schau wirke ein Wille zum Schauen als eine Liebe zum Schau-
gegenstand mit (s. S. 219 ff. u. S. 222 ff.), so ist damit die unmittelbare
Voraussetzung für die augustinische Identifizierung von *voluntas,
amor, dilectio* mit der Sonderfunktion des Heiligen Geistes geschaffen [72]). Die Deutung des Willens als *charitas* ist dabei die bedeutsame Umformung des Gedankens durch den C h r i s t e n Augustin.
Das intelligible Universum Plotins verwandelt sich in dem Feuer
einer neuen Frömmigkeit in eine Welt der göttlichen Liebe, in der
alles Entstehen und Vergehen, Gnade und Verdammung eingefaßt
ist in das eine allmächtige Wirken des einen liebenden Gottes. Die
metaphysische Ableitung der einzelnen Gedanken ist wohl innerhalb des Prozesses der dogmatischen Spekulation noch ersichtlich,
wird aber überformt durch die religiösen Ideen in der Entfaltung
des christlichen Gottesgedankens.

II. Die Idee der creatio ex nihilo.

An einer Stelle mußte die Logik der Willensmetaphysik zu einem
radikalen Bruch mit einem Fundamentalsatz der plotinischen Metaphysik führen: die Idee der Ewigkeit der Welt ist neben den
Gedanken, daß es der Wille Gottes ist, der allen Dingen das Sein
gibt, unlogisch. Die Idee der *creatio ex nihilo* liegt in der Konsequenz der christlichen Willensmetaphysik.

---

72) Der Gedanke Viktorins, nach dem der Wille als die Substanz des
Geistes durch den Sohn repräsentiert wird, ist in der lateinischen Tradition nicht ganz verschwunden. In dem letzten Buch über die Trinität
schreibt Augustin im Zusammenhang mit einer Polemik gegen Eunomius
von einigen Theologen, die das Verbum den Willen des Vaters nannten.
de trin. XV, 20, 38 (1087). Er bemerkt dazu, wenn man schon eine Identifizierung einer göttlichen Person mit dem Willen suche, um damit ihr
p r o p r i u m zu bezeichnen, so käme hierfür allein der Hl. Geist in Frage.
„m a g i s h o c n o m e n (v o l u n t a s) s p i r i t u i s a n c t o c o m p e t i t
s i c u t c h a r i t a s, n a m q u i d e s t a l i u d c h a r i t a s q u a m v o l u n t a s?“
Diese Einschränkung trifft auch Viktorin.

„*voluntas Dei est prima et summa causa omnium corporalium specierum atque motionum* [73])." Wesentlich ist, daß hier das Willensproblem von der Frage nach dem Kausalprinzip aus angegriffen wird. Am Anfang der Kausalkette steht ein voluntaristisches Prinzip. Der Prozeß der Kausierung ist also dynamisch, nicht logisch gefaßt. Dabei hat der Begriff des Willens bei Augustin den plotinischen Begriff der δύναμις, der dort (s. S. 206 ff.) an dem Anfang der hypostatischen Bewegung fungierte, verdrängt [74]), ohne den Aufriß des Systems, das in dem transzendentalen Kyrios-Gedanken zentriert ist, dadurch zu zerbrechen.

Wir haben bereits in der Darstellung des plotinischen Gottesgedankens auf die beiden Bilder hingewiesen, die bei ihm diese Kyrios-Idee nach ihrer „politischen" und „kultischen" Seite zum Ausdruck brachten (s. S. 190): einerseits erscheint Gott als der „Großkönig", vor dem sich die anderen Könige, die in einer universellen Hierarchie abgestuft sind, zu Boden werfen, wenn er aus seiner Verhüllung heraustritt und sich ihnen offenbart, andererseits wird das verborgene Sein Gottes als ein Verborgen-Sein in einem Tempel bezeichnet (s. S. 212 f.). Ganz ähnliche Bilder finden sich unmittelbar hintereinander in der dogmatischen Hauptschrift Augustins, *de trinitate,* wo er im Anschluß an das oben genannte Zitat von dem unsichtbaren Palast des höchsten Kaisers spricht, von dem aus die Leitung und Ordnung dieses ungeheuren Staates der Welt vor sich geht [75]). „Nichts geschieht sichtbar und sinnfällig, was nicht aus dem inneren unsichtbaren und intelligiblen Palast des höchsten Kaisers gestattet würde — *permittatur* — nach seiner unaussprechlichen Gerechtigkeit in Belohnung und Strafe, Gnade und Erlösung in jenem die gesamte Kreatur umfassenden unermeßlichen Staatswesen."

Auf die Idee der *permissio* und den Begriff der *iustitia* ist hier nicht näher einzugehen: wesentlich ist in unserem Zusammenhang die direkte Kombination des Kyrios-Gedankens und des Willens-

---

73) de trin. III, 4, 9 (873).

74) s. R. Seeberg, Dogmengesch. II ³, S. 417.

75) de trin. III, 4, 9 (873) nihil enim fit visibiliter et sensibiliter, quod non de interiore invisibili atque intelligibili aula summi imperatoris aut iubeatur aut permittatur . . . in ista totius creaturae amplissima quadam immensaque republica.

begriffs [76]). Die Macht des göttlichen Willens selbst ist eine absolute und universelle: nicht nur die Schöpfung der himmlischen und
irdischen Wesen, sondern auch jedes einzelne Verhalten und Handeln der oberen und unteren Kreaturen wie überhaupt des geschaffenen Universums geht auf seinen Willen zurück. In *de trinitate* ist diese Universalität und Absolutheit des göttlichen Willens
so zusammengefaßt [77]). „*illic enim Dei voluntas, qui facit angelos
suos spiritus et ministros suos ignem flagrantem* (Ps. CIII, 4) *in
spiritibus summa pace atque amicitia copulatis et in unam voluntatem quodam spirituali charitatis igne conflatis tanquam in excel-
sa et sancta et secreta sede praesidens, velut in domo sua et
in templo suo* (s. S. 213), *inde se, quibusdam ordinatissimis creaturae motibus, primo spiritualibus, deinde corporalibus, per cuncta
diffundit et utitur omnibus ad incommutabile arbitrium senteniae
suae, sive incorporeis sive corporeis rebus, sive rationalibus sive
irrationalibus spiritibus, sive bonis per eius gratiam sive malis per
propriam voluntatem. sed quemadmodum corpora crassiora et
inferiora per subtiliora potentiora quodam ordine reguntur: ita omnia corpora per spiritum vitae et spiritus vitae irrationalis per spiritum vitae rationalem... pium et iustum et spiritus vitae rationalis
desertor atque peccator per spiritus vitae rationalem.*"

Hervorzuheben ist hier einmal das Bild von den Thronen Gottes.
Das veluti in domo entspricht genau dem plotinischen ἐν τῷ εἴσω
οἶον νεῷ und führt so wieder auf die Analogie des transzendentalistischen Gottesgedankens, von dem aus sich die Aneignung der
neuplatonischen Metaphysik bei Augustin vollzog.

Weiter aber weist auch der ganze Aufbau des Kosmos und seine
Leitung genau auf die neuplatonische Anordnung des intelligiblen
und materiellen Kosmos und die hierarchische Pyramide der Geistwesen.

Drittens ist bezeichnend, daß in diesem Zusammenhang wieder
der Begriff der *copula* auftaucht: der Wille erscheint hier als die
Verbindung und innere Zusammenfassung der Geistwesen zu einem
einzigen Feuer der geistigen Liebe, welche der wahre Tempel
Gottes ist. [78]).

---

76) Vgl. die S. 303 Anm. 24 genannte Plotinstelle.
77) de trin. III, 4, 9 (873).
78) Siehe S. 394 f.

Augustin befaßt sich an dem genannten Zusammenhang mit der Frage nach der Art, in der Gott auf die Kreaturen wirkt; er nimmt dazu das Beispiel der physischen Erkrankung, um seinem Spiritualismus entsprechend das unmittelbare Einwirken des göttlichen Willens bis in den menschlichen Organismus hinein darzustellen [79]. Der vorausgesetzte Fall ist dabei folgender: Ein Mensch ist bereits so weit in die Geistnatur eingedrungen, daß er der ewigen göttlichen Wahrheit selbst teilhaftig ist — *cuius anima rationalis iam sit particeps incommutabilis aeternaeque veritatis.* Er tut in diesem Zustand nichts, was er nicht in sich selbst „mit dem verborgenen Ohr seines Herzens" „von der höchsten Vernunft der göttlichen Gerechtigkeit" gehört hat und bemüht sich von ganzem Herzen, das göttliche Liebesgebot zu erfüllen. Bei diesem Tun zieht er sich eine Krankheit zu und geht darauf zu den Ärzten. Sie forschen nach den *causae* und finden welche, nämlich die *siccitas corporis,* die *immoderatio humoris.* Von der Diagnose der *causae* sagt nun Augustin: Die causae selbst sind vielleicht richtig festgestellt, es handelt sich aber dabei lediglich um *causae proximae,* die selbst die letzten Ausläufer einer langen Kette von Kausalitäten sind. Schon näher kommt man der *causa originalis,* wenn man nach der höheren *causa* — *causa superior* — forscht und in diesem Fall also nach der Ursache der *siccitas* fragt. Dann trifft man nämlich auf den seelischen Grund, d. h. den *voluntarius labor,* die freiwillige Überanstrengung in der Erfüllung des Liebesgebots. Die *superior causa* des körperlichen Affekts liegt also in der Seele, entsprechend deren dominierender Stellung im Organismus. „*causa superior, quae ab anima proficisceretur ad afficiendum corpus, quod regit.*" Aber auch damit ist noch nicht die letzte Stufe erreicht, vielmehr liegt die *prima causa* in dem Willen Gottes, der dem Menschen anbefohlen hat, das Liebesgebot zu erfüllen, auf dessen Weisung hin der Gläubige im Gehorsam den *voluntarius labor* auf sich genommen hat und dabei krank geworden ist. So ist schließlich Gottes Wille die *prima causa,* die die Krankheit hervorgerufen hat. „*ita non nisi Dei voluntas causa prima illius aegritudinis veracissime reperietur.*" (ib.)

Alles Fragen nach dem Grund vollzieht sich als ein allmähliches Aufsteigen von den *causae exteriores* zu den *causae superiores,*

---

79) de trin. III, 3, 8 (872 f.).

die im geistigen Sein des Menschen liegen und von dort aus erfolgt
als letzter Schritt die Rückführung auf die *causa prima*, den göttlichen Willen. Für die Anthropologie läßt sich dabei so viel ersehen,
daß es die Seele des Menschen ist, durch welche hierdurch der göttliche Wille sich verwirklicht. Da aber im Menschen Geist und
Körper geeint sind, so ist es die *anima rationalis — anima iusta —*,
durch die der unsichtbare und unveränderliche Wille Gottes, „gewissermaßen ein Sitz der Weisheit" Gottes sich aller anderen Dinge
bedient [80]).

Die Idee der Rückführung aller causae auf die *prima causa*, die
der göttliche Wille ist, wird nun für Augustin zum Ansatzpunkt
der Kritik der Philosophien. Die Philosophen haben sich in der
Erklärung der Welt immer nur mit den *causae proximae* begnügt
und haben irgendeine ihnen passend erscheinende *causa* herausgegriffen, um darauf ihr System aufzubauen [81]). „*itaque licuit
vanitati philosophorum etiam causis aliis ea tribuere vel veris, sed
proximis, cum omnino videre non possent superiorem caeteris omnibus causam, id est voluntatem Dei.*" Hierin liegt nicht nur die
Anerkennung einer relativen Richtigkeit der nichtchristlichen
Philosophie, sondern auch der Gedanke, daß der Ketzer der Eklek-
tiker ist. Möglich ist diese Kritik der Philosophie erst von einer
Theologie aus, die den Anspruch erhebt, selbst die *philosophia universalis* zu sein und von sich aus die endgültige, einzig wahre
Lösung der philosophischen Probleme zu bieten.

Die Frage nach der *prima causa* führt also nach Augustin notwendig immer auf den göttlichen Willen als das Urprinzip. „Gott
hat die Welt durch seinen Willen aus dem Nichts geschaffen."
„Die Welt ist, weil Gott will und wie er will." Um bei der Abgrenzung dieser beiden Gedanken nicht in die Zweideutigkeit des origenistischen Willensbegriffs zu verfallen, war es nötig, das Verhältnis von Gott und Wille, Wille und Kreatur genau zu definieren. Vieles hiervon fällt zusammen mit Problemen, die schon in der
Darstellung der Trinitätslehre behandelt worden sind (s. S. 368 ff.).
Soviel ist hier nachzutragen: der Wille Gottes ist ein *semel et simul
et semper velle omnia quae vult.* „Gott will nicht einmal so einmal
so, nicht jetzt dies, jetzt das, noch weil er nachher, was er (vorher)

---

80) de trin. III, 3, 8 (872).
81) de trin. III, 2, 7 (871).

nicht wollte, noch weil er (nachher) nicht, was er vorher wollte, denn ein solcher Wille ist veränderlich und alles Veränderliche ist nicht ewig. Unser Gott aber ist ewig [82])."

In zwei Formeln faßt Augustin diese Gedanken im elften Buch der Konfessionen zusammen: 1. Der Wille Gottes ist keine Kreatur, sondern vor der Kreatur. 2. Der Wille Gottes bezieht sich unmittelbar auf die Substanz Gottes [83]). Diese beiden Gedanken bilden den Abschluß der langen Entwicklung des metaphysischen Willensbegriffs. Die Identität und Ewigkeit und Gleichheit des göttlichen Willens ist unmittelbar im Sein Gottes begründet, das eine *aeterna et stabilis mansio* ist, wie Augustin im Anschluß an die viktorinische Terminologie sagt [84]). „... *tua aeterna et stabili permansione cuncta praeterita et futura tempora superari nec tamen quicquam esse temporalis creaturae, quod tu non feceris, cuius voluntas quia id est quod tu, nullo modo mutata vel quae antea non fuisset, exorta voluntate fecisti omnia, non de te similitudinem tuam formam omnium, sed de nihilo dissimilitudinem informem quae formaretur per similitudinem tuam recurrens in te unum pro captu ordinato, quantum cuique rerum in suo genere datum est, et fierent omnia bona valde.*" Der Wille und die Kraft Gottes ist Gott selbst [85]), und seine Kraft ist nicht größer als sein Wille, noch sein Wille größer als seine Kraft [86]). Beides ist eins in der göttlichen Substanz, oder, wie Augustin sagt: „Ein Wille, eine Kraft, eine Majestät [87])."

Der Wille meint also unmittelbar das Sein des Wollenden, nicht das Sein der Kreatur, die durch diesen Willen aus dem Nichts geschaffen ist [87]). „*quid mirum, si etiam in creatura coeli et terrae, maris et aeris facit Deus quae vult sensibilia atque visibilia, ad se*

---

82) conf. XII, 15, 18 (CSEL 33¹ S. 321).

83) conf. XI, 11, 12 (ib. S. 289): neque enim voluntas Dei creatura est, sed ante creaturam, quia non crearetur aliquid nisi creatoris voluntas praecederet. ad ipsam ergo Dei substantiam pertinet voluntas eius.

84) conf. XII, 28, 38 (CSEL 33¹ S. 415).

85) conf. VII, 46 (ib. S. 145): voluntas enim et potentia Dei Deus ipse est.

86) ib. S. 144.

87) tract. in Ioannem nr. 22 c. 15 (PL 34, 1582) faciamus ergo voluntatem filii, voluntatem spiritus sancti, quia trinitatis huius una voluntas, una potestas, una maiestas est.

*ipsum in eis, sicut oportere ipse novit, significandum et demon-
strandum, non ipsa sua qua est apparente substantia, quae omnino
incommutabilis est, omnibusque spiritibus, quos creavit, interius
secretiusque sublimior* [88])?" Der absolute Abstand zwischen Kreatur und Schöpfer, der bei Origenes nicht klar definiert war, ist
damit eindeutig festgelegt. Dieser absolute Abstand zwischen dem
ewigen Sein Gottes und dem Sein der Schöpfung, die aus dem Willen Gottes hervorging, ist das ein Grundprinzip der *analogia entis.*
Das andere, der Bildbegriff, wurde bereits in der Darstellung der
Trinitätslehre abgeleitet (s. S. 71, 140—44).

III. Die religiöse Funktion des Person-Begriffs.

1. Wille und Schau (contemplatio).

Für die Auswirkung des Personbegriffs in der augustinischen
Frömmigkeit ist der Gedanke bedeutsam, daß der Mensch im
eigentlichen Sinne „Person" nur in Beziehung auf Gott genannt
werden kann, daß also in dem Person-Sein des Menschen die religiöse Funktion stets mitgesetzt ist (s. S. 384).

Da es sich bei Gott wie beim Menschen als Person um ein geistiges
Sein handelt, so ist die Beziehung des Menschen zu Gott metaphysisch bestimmbar. Hier greift die augustinische Anschauung
von der *contemplatio* ein.

Der Unterschied zwischen Plotin und Augustin in der Auffassung
der Schau ist dabei, daß es sich bei Plotin um die bewußte und gewollte Hinwendung des entfremdeten Geistes zum reinen intelligiblen Sein, bei Augustin um die Reformation der geistigen Person durch die in der Schau wiedererlangte Gottebenbildlichkeit
handelt, wobei der Anstoß dieser *reformatio* ein Akt des göttlichen
Heilswillens ist. Die mitbestimmenden Gedanken sind dabei 1.,
daß das Ziel der Vollendung, da es sich um ein geistiges Wesen
(Person) handelt, kein moralisches, sondern ein metaphysisches ist,
2. daß jede Abwendung von diesem Ziel Sünde ist, daß also alle
Sünde Sünde wider den Geist ist. Mit beiden Vorstellungen ist der
Willensbegriff in einer maßgebenden Weise verknüpft.

Wir halten uns an eine Analyse der *contemplatio,* wie sie sich
in *de trinitate* findet.

---

88) de trin. lib. III. 4, 10 (874).

Augustin geht dabei wieder von dem einen Grundakt der *cogitatio* aus. Welche Funktion hat der Wille innerhalb des Aktes der *cogitatio?*

Das Ziel des Willens in jeder Art von Schau ist die *visio* selbst. In dem Augenblick, wo der Wille den zur Intuition strebenden Geist mit dem Schauobjekt verbunden hat, ist die Schau erfüllt, die *finis* der Willensbewegung erreicht. In der *visio* ruht der Wille [89]). *„finem fortasse voluntatis et requiem possumus recte dicere visionem ad hoc dumtaxat unum. neque enim propterea nihil aliud volet quia videt aliquid quod volebat. non itaque omnino ipsa voluntas hominis cuius finis non est nisi beatitudo, sed ad hoc unum interim voluntas videndi finem non habens nisi visionem, sive id referat ad aliud sive non referat… voluntas ergo videndi finem habet visionem… et voluntas hanc rem videndi finem habet huius rei visionem.“*

Der Grad der Geistigkeit einer Schau ist aber, wie wir bereits sahen, bestimmt von der Seinsform ihres Schauobjekts. Die Schau eines konkreten Dinges ist die niederste Form der Erkenntnis; die *cogitatio* ist dem Geist angemessener, bedeutet aber ebenfalls noch eine Entfremdung; die adaequateste Form der geistigen Betätigung ist das Sich-selbst-erkennen des Geistes. Der menschliche Geist aber ist selbst nur Abbild. Weiter als das Sich-selber-erkennen und Sich-selber-denken führt ihn also die reine Schau des göttlichen Sein als seines Bildes. Durch die *conversio,* die Abkehr vom Außen und die Hinwendung zu diesem Urbild, wird der Prozeß der fortschreitenden Vergeistigung eingeleitet [90]). Der Personbegriff hat aber die metaphysische Deutung dieses religiösen Prozesses dahin vertieft, daß der ganze Mensch als Person mit Gott in eine lebendige geistige Beziehung tritt.

Der Grundtrieb aller Schau ist nun ein Wille. Je nach dem Ziel dieses Willens ist der Weg des Menschen ein *ascensus ad beatitudinem, quod versis velut passibus agitur,* oder eine *proiectio in tenebras exteriores* [91]). Das Willensmotiv in der Schau des göttlichen Wesens selbst ist bezeichnet als ein *„adhaerere Deo“.*

---

89) de trin. XI, 6, 10 (992).

90) Über die Verwandtschaft dieser Gedanken mit der plotinischen Idee von der ἐπιστροφή s. S. 216 ff.

91) de trin. XI, 6, 10 (992).

Die metaphysische Deutung dieses *adhaerere*, das auf I. Kor. 6, 16 zurückgeht, ist besonders im 14. Buch über die Trinität entwickelt, und zwar bezeichnenderweise wieder im Zusammenhang mit der Ableitung des realen Bildzusammenhangs der innerseelischen mit der göttlichen Trinität. Das Ziel der Schau ist dort als die *reformatio* des durch die Sünde von seinem Urbild entfremdeten Gottesebenbildes im Menschen gesehen [92]. „*fit ergo ista renovatio reformatioque mentis secundum Deum vel secundum imaginem Dei ... ideo autem secundum imaginem Dei, ut in ea re intelligatur fieri haec renovatio, ubi est imago Dei, id est in mente*", wobei *mens* die Person des Menschen meint.

In der *mens* vollzieht sich also durch die Schau Gottes die Erneuerung der menschlichen Natur. In der Schau vollendet sich die Gottebenbildlichkeit; das verzerrte Bild wird wieder in die *imago Dei perfecta* zurückgeformt [93]. „*in hac quippe imagine tunc perfecta erit Dei similitudo, quando Dei perfecta erit visio (18, 24). hic apparet tunc in ista imagine Dei fieri eius plenam similitudinem quando eius plenam perceperit visionem.*"

Dieser Prozeß wird durch den Willen geleitet, indem der Mensch seine Liebe von den *exteriora et temporalia* zurückzieht, seine affekthafte Bindung an die Welt löst und seinen ganzen Willen nach innen richtet. Das Willensmoment der *conversio* ist als ein *alligare se charitate spiritualibus,* ein „Sich in Liebe mit den g e i s t i g e n Dingen verhaften" gekennzeichnet [94]. Diese Formel ist die einzige Auslegung des *adhaerere Deo*, indem sie beide Momente, die Hinwendung zum Geistigen und das progressive Moment in dieser Tätigkeit hervorhebt.

Gerade der Gedanke, daß es sich, wie bei der „liebenden Schau" Plotins (s. S. 218 ff.), um einen allmählichen Prozeß und eine Entwicklung handelt, ist immer wieder ausgeführt [94]: *de die in diem, non momento* geschieht alles. Augustin selbst spricht von einem *reva-*

---

92) de trin. XIV, 16, 22 (1054).

93) de trin. XIV, 17, 23 (1055).

94) de trin. XIV, 17, 23 (1054): in agnitione igitur Dei iustitiaque et sanctitate veritatis, qui d e d i e i n d i e m proficiscend o renovatur, transfert amorem a temporalibus ad aeterna, a visibilibus ad intelligibilia, a carnalibus ad spiritualia, atque ab istis cupiditatem frenare atque minuere illisque se charitate alligare diligenter insistit.

lescere, von einem Prozeß der Genesung, der mit dem Maß der
fortschreitenden Abkehr des Willens von der Welt selbst fortschreitet, *paulatim proficiendo in renovatione huius imaginis* [95]). Die
Annäherung an Gott bleibt aber bei dem vorliegenden Unterschied
des göttlichen und menschlichen Seins stets eine relative. „Wir sind
in dem Maße Gott ähnlich, als wir ihn kennen, aber wir sind nicht
ähnlich bis zur Gleichheit, da wir ihn nicht so weit kennen, wie er
sich selbst kennt[96])."

Meint also die *visio* die Betätigung des menschlichen Geistes in
seinem Gerichtetsein auf die sichtbaren Dinge bzw. ihre Form im
menschlichen Bewußtsein, so meint die *contemplatio* die fortschreitende Betätigung des Geistes in seinem Gerichtetsein auf Gott als
das vollendete Urbild seines Personseins. „*ex qua parte conspec-
tam consulit veritatem, imago Dei est. ex qua parte intenditur in
agenda inferiora, non est imago Dei. et quoniam quantocumque se
extenderit in id quod aeternum est, tanto magis inde formatur ad
imaginem Dei.*" [97]) Die *contemplatio* ist die *aeterna perfectio.*

Wie kommt aber die religiöse Beziehung zwischen Gott und
Mensch zustande? Ist innerhalb dieser Metaphysik die Erlösung
nicht einfach ein Akt des Intellekts, der vom Menschen eingeleitet
werden kann?

Gerade in dieser Frage hat sich Augustin um eine klare Anschauung bemüht, und zwar von seinem Personbegriff aus, der ihm
auch hier eine scharfe Präzisierung der religiösen Funktion ermöglicht.

Auch hier stellt Augustin zuerst die anthropologische Vorfrage:
Wie kommt unter Menschen eine geistige Relation zustande?

---

95) de trin. XIV, 19, 25 (1056), ib. auch: imago vero quae renovatur in
spiritus mentis in agnitione Dei, non exterius, sed interius d e d i e i n
d i e m i p s a p e r f i c i e t u r v i s i o n e ... der gleiche Gedanke de
trin. XIV, 17, 23 (1054) sane ista renovatio n o n m o m e n t o u n o fit ipsius
c o n v e r s i o n i s, sicut momento uno fit illa in baptismo renovatio remissione omnium peccatorum.

96) de trin. IX, 11, 16 (969).

97) de trin. XII, 7, 10 (1003 f.), die ‚contemplatio‘ schon de trin. I, 9, 18
(833), weiter die wichtige Bestimmung de trin. I, 8, 17 (831): haec enim
nobis contemplatio promittitur a c t i o n u m o m n i u m f i n i s atque aeterna
perfectio gaudiorum ... neque enim quaeremus aliud, cum ad illius contemplationem pervenerimus quae nunc non est quamdiu gaudium nostrum
in spe est ... ostendetur enim nobis pater et sufficiet nobis.

Als das wesentliche Moment bezeichnet Augustin ein Lieben, d. h.
ein Zurichten des Willens auf die andere Person. Das Zustandekommen einer Freundschaft setzt eine Willensänderung beider be-
teiligter Personen voraus, die in diesem Richtungnehmen aufeinander und in der gegenseitigen Liebe zum Ausdruck kommt[98]).
„fit ergo aliqua mutatio voluntatis ut amicus dicatur." Von hier
aus wird das allgemeine Gesetz aufgestellt, daß überall, wo zwei
Personen zueinander in eine geistige Beziehung treten, es sich um
eine Aktivierung des Willens handelt, und zwar so, daß der Wille
von einem anderen geliebten Gegenstand auf das neue Objekt ab-
gelenkt wird.

Dies gilt — den Abstand des menschlichen und göttlichen Seins
vorausgesetzt — auch für das religiöse Verhältnis zwischen Mensch
und Gott. „Es ist relative zu verstehen", sagt Augustin, „wenn
Gott unsere Zuflucht heißt; das bezieht sich nämlich auf uns, und
dann wird er unsere Zuflucht, wenn wir uns zu ihm flüchten[99])."
(ib. 923). Alle Aussagen über Gott erhalten erst Sinn und Wirklichkeit in dem Moment, wo der Mensch persönlich mit Gott in eine
lebendige geistige Berührung tritt und erst dann werden die göttlichen Dinge für den Menschen wirklich und die göttlichen Kräfte
für ihn wirksam.

Da es sich aber bei diesem Verhältnis zwischen Mensch und Gott
nur um eine Willensäußerung auf seiten des Menschen, nicht auf
seiten Gottes handeln kann, so ist notwendige Voraussetzung alles
religiösen Lebens, daß jede religiöse Funktion nur zustande kommt,
indem Gott im Willen des Menschen die heilbringende Änderung
bewirkt, die ihm Gott zuführt.

Da der Mensch, auf den Gott einwirkt, Person ist, also eine bestimmte metaphysische Beschaffenheit des menschlichen Geistes gesetzt ist, die Beziehung zweier Personen aber jeweils den Willen
der beiden betrifft, so ist auf Grund des augustinischen Person-
Begriffs die ganze religiöse Funktion konsequent in den Willen
verlegt. Im Willen des Menschen setzt die religiöse Funktion ein;
sie ist aber von Gott selbst angeregt, der in seiner heilsmäßigen
Beziehung zur menschlichen Person seinen göttlichen Heilswillen
entfaltet.

---

98) de trin. V, 16, 17 (922).
99) de trin. V, 16, 17 (923).

In dieser Deutung der religiösen Funktion als einer Aktivierung des menschlichen Willens durch den göttlichen Willen ist auch die Voraussetzung der augustinischen Anschauung von der Prädestination geschaffen, denn nach dieser Auffassung ist es allein der freie Wille Gottes, der die Menschen erwählt oder verwirft.

Auf zwei Momente wurde im Zusammenhang mit diesen Gedanken bereits hingewiesen: die *Funktion* des Willens innerhalb der *contemplatio* und die Bedeutung des *adhaerere Deo*. Beide Grundelemente der augustinischen Frömmigkeit sind also von seiner Willensmetaphysik bestimmt. Beide führen auf eine dritte Frage.

Die Erneuerung des göttlichen Ebenbildes im Menschen — das Ziel des göttlichen Heilswirkens — geschieht nämlich zwar im Menschen selbst, aber nur deshalb und in dem Maß, als ihm Gott dazu hilft. Das Ziel der Erneuerung wird erreicht in der Schau, deren Willensmotiv das *adhaerere Deo* ist [100]). Wie aber ist die Schau möglich, wo das Objekt dieser Schau ein unsichtbares, verborgenes transzendentes ist?

Damit ist das Problem des Verhältnisses von Glaube und Wille berührt.

2. Wille und Glaube.

Dem metaphysischen Aufriß entsprechend wird in *de trinitate* auch der Glaubensbegriff aus jenem Grundakt des Denkens, von dem auch die Bestimmung des Person- und Willensbegriffs und die Darstellung der *contemplatio* ausging, logisch abgeleitet. Diese Ableitung führt uns auf die vielbehandelte und viel mißdeutete Differenzierung der *fides qua creditur* und *fides quae creditur*.

Das Problem der *fides* taucht bei der Bestimmung des Erkenntnisvorganges in der *visio*, der sinnlichen Schau eines materiellen Gegenstandes auf.

Zur Verdeutlichung der Ableitung der *fides* aus diesem Akt ist es notwendig, kurz auf Bekanntes zurückzugreifen.

Der primitivste Akt der Wahrnehmung entfaltet sich in der Trinität von *corpus quod videtur* (Schauobjekt), *acies videntis quae, cum videt, inde formatur* (geformte Schau), *intentio voluntatis*

---

100) Über die contemplatio s. besonders de trin. I, 10, 20 (834).

(copula). Diese trinitarische Entfaltung nennt Augustin die erste
Trinität in dem Sinne von: die unterste Trinität. In dieser Schau
empfängt die Seele eine Beeindruckung, die sie im „Bauch des Gedächtnisses" zurückhält, d. h. die Form und das Bild dieses geschauten Körpers [101]).

Diese nach vollzogener Außenschau im Gedächtnis zurückblei-
bende Form des geschauten Gegenstandes heißt nun bei Augustin
fides. Die *fides* vertritt also im Gedächtnis den materiellen Körper
selbst, der als Schauobjekt selbst vielleicht gar nicht mehr existiert. *„fides quae nunc inest tamquam corpus illud in loco ita in
nostra memoria constituta est sicut ex illo corpore acies intuentis"*
(XIV. 3. 5. 1039).

Die *fides* ist also hier rein erkenntnistheoretisch bestimmt: der
Begriff der *fides* fungiert an Stelle des Begriffs der *species*, d. h.
der intelligiblen Form eines konkreten Gegenstandes, die bei der
sinnlichen Wahrnehmung dieses Gegenstandes im Gedächtnis haf-
ten blieb.

Der zweite trinitarische Prozeß vollzieht sich in der Seele so,
daß im Denkakt die acies animae durch den zur Intuition drängenden Willen mit der im Gedächtnis haftenden Form *(species, fides)*
verknüpft wird, wodurch die *cogitatio* zustande kommt. Hierbei
nimmt die *fides* den Ort des Schauobjekts ein, das sie vertritt und
abbildet [102]). *„quibus duobus — der fides und der memoria — ut
trinitas impleatur, annumeratur tertia voluntas, quae fidem in
memoria constitutam et quandam eius effigiem in contuitu recorda-
tionis impressam connectit et coniungit, sicut in illa corporalis trinitate visionis formam corporis, quod videtur et conformationem quae
fit in cernentis aspectu, coniungit intentio voluntatis."* Vertritt also
die *fides* in dieser Trinität das anschauliche Sehobjekt, und zwar
in der Weise, daß sie selbst die *species* ist, die in einer bereits vergangenen Schau geformt wurde, so ist der Ansatzpunkt der er-
kenntnis-theoretischen Deutung der, daß die *fides* eine innere, mit
dem Gegenstand, den sie abbildet, übereinstimmende Form eines
im Moment der Bewußtwerdung der species nicht unmittelbar anschaulichen Gegenstandes bedeutet.

---

101) S. S. 364 ff Vgl. auch de trin. XIV, 9, 12 (1046) ac fer hoc etc. und
XII, 8, 6 (988 f.) und 8. 11 (1045).
102) de trin. XIV, 3, 5 (1039).

Gesetzt den Fall, daß der Körper, dessen Form in der äußeren Wahrnehmung sich dem Gedächtnis einprägte, vollständig untergeht und verschwindet, eine Kontrolle der *fides* am Objekt also nicht mehr möglich ist, so kann trotzdem die Form dieses Körpers noch richtig gedacht werden, weil er ja im Gedächtnis durch die *fides* richtig bewahrt wird. Die *fides* ist also in diesem Fall *imago corporis praeteriti* [103]). „*praeter quod illa (sc. trinitas) erat extrinsecus, haec intrinsecus, illam (sc. trinitatem) profecto faciebat species praesentis corporis, hanc imago praeteriti. sic et in hac re, de qua nunc agimus ... fides quae nunc in animo nostro est velut illud corpus in loco, dum tenetur, aspicitur, amatur, quamdam efficit trinitatem.*"

Diese so bestimmte *fides* ist die *fides quae creditur*. Sie meint also eine unserem Gedächtnis eingeprägte Form, d. h. das formale Abbild einer sinnlichen Wirklichkeit, im allgemeinsten Sinn den Inhalt unseres Bewußtseins. Die *fides quae creditur* ist nicht nur die einzelne im Gedächtnis haftende *imago*, sondern d i e T o t a l i t ä t d e s A n s c h a u u n g s - u n d B i l d m a t e r i a l s des menschlichen Bewußtseins als eines sicheren inneren Zeugen der äußeren Wirklichkeit.

Die Beziehung von *voluntas* und *fides* beschränkt sich darauf, daß der Wille es ist, der den zur Intuition drängenden Geist auf die *fides* lenkt und in dieser Verkoppelung die *cogitatio* vollendet, indem er die Form ins Bewußtsein führt.

Diese Gedanken tauchen in derselben Schrift [103]) ein zweites Mal auf. Auch hier geht es um die Abgrenzung der beiden Trinitäten, die sich in der äußeren und der inneren Schau entfalten, nur wird der Vorgang mit anderen Begriffen beschrieben.

Augustin unterscheidet den Körper und seine *species noscibilis*, d. i. die Form, die wahrgenommen und gedacht werden kann, generell die sinnliche Außenwelt und den Bewußtseinsinhalt. Eine sachliche Änderung der Problemstellung liegt nicht vor. Von einer theologischen Begrenzung der fides qua creditur auf das „Bekenntnis" [104]) ist nicht die Rede, wie sich logischerweise in diesem Zu-

---

103) ib., (1030) vgl. de trin. XIV, 8, 11 (1045).
104) So Karl Barth, Prolegomena München 1927 S. 89; ebensowenig ist die fides qua creditur eine „Haltung" und „Handlung" (ib.)

sammenhang überhaupt keine Beziehung auf Schrift und *regula fidei* finden kann.

Diesem erkenntnistheoretischen Glaubensbegriff wird nun ein anderer gegenübergestellt [105]: „*ea vero quae oriuntur in animo, ubi non fuerunt, sicut fides et caetera huiusmodi, etsi advenientia videntur, cum doctrina inseruntur, non tamen foris posita vel foris peracta sunt, sicut illa quae creduntur, sed intus omnino in ipso animo esse coeperunt, fides enim non est quod creditur, sed qua creditur*“.

Die einzelnen Momente dieser neuen *fides* sind also folgende:

1. *oritur in animo, ubi non fuit.* Der Ort ihrer Entstehung ist also der *animus*, d. h. die *mens*, der Geist des Menschen. Sie ist dort aber *nicht* als eine *species noscibilis*, ein Gedächtnisinhalt, sondern sie entsteht als ein *novum*, das in den Geist bzw. die Person des Menschen, in welchem es vorher nicht war, eindringt.

2. *cum doctrina inseritur.* Damit ist die Art des Eindringens dieses ‚*novum*‘ bezeichnet. Die *fides* ist gebunden an die positive, geschichtlich begrenzte *doctrina*. Der Zusammenhang von *doctrina* und *verbum* ist hier von Augustin nicht näher behandelt: hier greift seine Anschauung von Kirche, Tradition, Autorität und *regula fidei* ein.

3. Das *inserere cum doctrina* weist aber darauf, daß auch bei der Entstehung dieser *fides* ein Erkenntnismoment mitspricht, wobei die *doctrina* als Bewußtseinsinhalt die Stelle der zuerst bestimmten *fides quae creditur* einnimmt. Die *fides quae creditur* als *species noscibilis* ist also, da es sich bei dem Aufnehmen der *doctrina* notwendig um einen Denkvorgang handelt, in der *fides qua creditur* mitgesetzt. Man kann nicht glauben, ohne daß man die *doctrina* und *regula fidei* kennt.

4. *non foris posita vel foris perfecta, sicut illa quae creduntur, sed intus omnino in ipso animo esse coeperunt.* Der Zusammenhang mit der bewußtseinstheoretischen Ableitung der Trinität des Denkaktes und mit dem in einer Bewußtseinsanalyse gewonnenen *fides*-Begriff zeigt deutlich, daß mit den „*foris peracta*“ primär nicht die „Heilsgeschichte“ gemeint ist, sondern daß damit eine erkenntnistheoretische Abgrenzung gegenüber dem erstgenannten *fides*-Begriff gegeben wird. Es wird damit ausgedrückt, daß es sich

---

105) de trin. XIV, 8, 11 (1045).

bei dem zweiten *fides*-Begriff nicht um einen Bewußtseinsinhalt handelt, der in einer sinnlichen Wahrnehmung gewonnen und geformt wurde, da es sich bei diesem Glauben um unsichtbare und zukünftige Dinge handelt. Dem *foris posita sicut illa quae creduntur*, d. h. der auf dem Weg einer Außenschau gewonnenen *fides,* wird die Entstehung *intus in ipso animo* zur Verhinderung einer Identifizierung mit einem von der sinnlichen Wirklichkeit her eingedrungenen Bewußtseinsinhalt entgegengesetzt.

Die Beziehung von *fides quae creditur* zur *fides qua creditur* ist also folgende: die *fides qua creditur* ist nicht, wie die *fides quae creditur*, eine Form im Bewußtsein, nicht ein Bild einer vergangenen Schau, sondern richtet sich auf ein zukünftiges Sein. Weiter handelt es sich dabei nicht um eine sinnliche, sondern um eine geistige Wirklichkeit. Daher ist die *fides qua creditur* nicht wie die *fides quae creditur* Schau-Objekt, sondern Funktion, nämlich zwischen dem irdischen und dem geistigen Aeon, zwischen dem gegenwärtigen und dem zukünftigen Sein, zwischen Mensch und Gott; schließlich bezieht sie sich — als eine affektvolle Beziehung zwischen Gott und Mensch — nicht auf die *intelligentia,* wie die *fides, quae creditur,* sondern auf den Willen. Die *fides, qua creditur* ist „*voluntas illa qua credimus*“ [106]). Der neue Wille — in *feritur* — bewirkt aber eine Umformung der Person. Der Glaube bezieht sich also nicht auf ein „Verhalten“, eine „Handlung“, wie z. B. die dialektische Theologie in die *fides qua creditur* hineininterpretiert, sondern auf ein Sein, nämlich die in der Erneuerung des Willens erneuerte Geistnatur (Person) des Menschen.

Warum ist dieser Glaube ein Wille? Hier greift die augustinische Idee von der V o r l ä u f i g k e i t   d e s   G l a u b e n s ein. Der Glaube ist vorläufig eben darum, weil er nicht die höchste und letzte Beziehung zwischen Gott und Mensch ist, weil das Ende — *finis* — der Schau noch nicht ganz erreicht ist. Der gläubige Mensch ist bereits *in via,* der Wille betätigt bereits seine Funktion als *copulatrix* zwischen Mensch und Gott, aber die *finis* der Schau, die Schau Gottes, wie er an sich ist, ist nicht erreicht. Denn für den Menschen ist das Objekt der Schau ein zukünftiges und unsichtbares; im Glauben bahnt sich diese Schau an, indem uns der Wille auf diese zukünftige Wirklichkeit hintreibt; der Gläubige hat

---

106) Vgl. R. Seeberg DG II², S. 383.

also die Gottebenbildlichkeit *nondum in visione, sed in fide, non-dum in re, sed in spe*[107]). Der *animus credens* ist ein *animus qui nondum vidit*[108]). Die Schau selbst ist als die zukünftige Vollendung das Ziel, das Ende und die Ruhe des Willens und damit Ziel, Ende und Ruhe des Glaubens, denn das Gott-Schauen ist ein Gott-Wissen — *scire Deum.*

So ist der Glaube — als ein *diligere (velle) Deum per fidem* als die *voluntas qua credimus* — eine fortschreitende Reinigung[109]), ein „Geschickt- und Geeignetmachen" des Herzens für die reine Schau Gottes[110]). Dieser Glaube ist so als die *fides qua munda-remur ad contemplandam veritatem*[111]) die notwendige Voraus-setzung und Vorbereitung der vollendeten *visio*, die nur einer *mens per fidem purgata*[112]) möglich ist. Dabei ist es keineswegs so, als ob in der vollendeten Schau die *fides* überflüssig wäre, oder ver-schwinde; hier verhindert der Personbegriff alle psychologischen Mißdeutungen. Auch in der Person ist es ja nicht so, daß der Wille verschwindet, wenn er aufgehört hat, aktiv zu sein, oder daß der Intellekt verschwindet, solange der Wille agiert, sondern der Wille ruht in der *visio perfecta.* So r u h t der Glaube im Wissen, wie der Wille in der vollendeten *cogitatio* ruht, denn in der Schau, d. i. im Wissen Gottes ist die Funktion des Glaubens „erfüllt", wie in der *cogitatio* die Funktion des Willens erfüllt ist. Ähnlich ruht die Liebe in Gott, wenn alle Werke der Liebe erfüllt sind.

Gerade die Idee der Vorläufigkeit des Glaubens unterstreicht die metaphysische Beziehung von *fides* und *voluntas*. Die *voluntas* im einzelnen Denkakt verkoppelt zwei Relationen des Geistes, die *voluntas* als religiöse Funktion verkoppelt zwei Personen, Gott und Mensch, und zwar ist sie dabei von Gott her aktiviert. Darum be-

---

107) de trin. XIV, 18, 24 (1055).

108) de trin. 951, 6 (VIII, 4) quid est Deum scire nisi eum mente con-spicere, firmeque percipere? non enim corpus est ut carneis oculis in-quiratur. sed et priusquam valeamus conspicere atque percipere Deum, sicut conspici et percipi potest, quod mundis cordibus licet . . . nisi per fidem diligatur, non poterit cor mundari, quoad eum videndum sit aptum et idoneum . . . amatur ergo et qui ignoratur, sed tamen creditur.

109) S. S. 404 f.

110) de trin. IV, 19, 25 (905).

111) ib. (905).

112) ib. (905).

zieht sich die Veränderung, die sich dabei im Willen des Menschen vollzieht, auf die ganze Person des Menschen. Man kann also den Glaubensbegriff, der aufs engste mit dem Personbegriff verknüpft ist, nicht aus dem System dieser Geist-Metaphysik herausnehmen, ohne den ganzen Aufbau der augustinischen Theologie zu zertrümmern.

F. Versuch einer geistesgeschichtlichen Deutung des arianischen Schismas von der Willensmetaphysik aus.

Wir schließen die Untersuchung des Willensbegriffs mit dem Versuch, von den bisherigen Ergebnissen aus den geistesgeschichtlichen Hintergrund des Streites um die Trinität im arianischen Schisma zu deuten. Dabei ist zunächst auf folgende Punkte hinzuweisen:

1. Das mythische Schema, in das sich die plotinische Metaphysik verhüllt, ist eine hierarchische Pyramide von Kräften und Mächten (Göttern), an deren Spitze der θεὸς θεῶν steht. Das metaphysische Prinzip der Entfaltung der Vielheit von Gestalten ist die Hypostasenlehre, die in einem direkten Zusammenhang mit der dynamistischen Konzeption des plotinischen Gottesgedankens steht. Die Hierarchie der Götter hat ihren Ursprung im Sohn; der Sohn selbst ist Hypostase des transzendenten Gottes, des Einen, der verborgen ist, der den Sohn aus seinem eigenen Wesen heraus setzte, ohne sich dabei zu depotenzieren, der stets in seiner ewigen, transzendenten Heiligkeit und Erhabenheit verharrt.

2. Dieses mythische Schema wird bei Plotin selbst durchlöchert durch die Einbeziehung des Willensbegriffs in die metaphysische Bestimmung der absoluten Freiheit des Einen. Durch die Identifizierung des Willens mit der Substanz Gottes und durch Anwendung der die Seins-Art des Nus bestimmenden Begriffe auf den transzendentalistischen Gottesgedanken ist bereits das hypostatische Schema durchbrochen und auf eine „homoousianische" Fassung der Hypostasen in der einen Geistnatur Gottes angedeutet. Damit ist der plotinische Gottesgedanke an den christlichen herangerückt. Diese bei Plotin sich findende Bestimmung des göttlichen Wesens als einer Geistsubstanz, in der Wille, Intellekt und Leben ineinanderliegen, ist einer der wichtigsten Ansatzpunkte der metaphysischen Deutung der christlichen Trinitätslehre geworden.

3. Im Abendland hat diese Willensspekulation große Sympathie geweckt. Bereits die neuplatonische nichtchristliche Spekulation zeigt eine fortschreitende und bewußte Voluntarisierung der grie-

chischen Metaphysik, die sich vor allem in der Umdeutung des Weltbildes des Timäus vollzieht und zwar bezeichnenderweise unter dem Einfluß der mosaischen Schöpfungsidee, d. h. unter dem Einfluß des jüdisch-christlichen, voluntaristischen Gottesgedankens. Dieser voluntaristische Zug verstärkt sich bei den bewußt kirchlichen Vertretern dieses abendländischen Neuplatonismus die bereits die substantielle Konzeption des Willensbegriffs benützen, um dadurch die Idee der Konsubstantialität denkmäßig zu sichern. Der Abschluß dieser ziemlich einheitlichen und geschlossenen Entwicklung ist die Willensspekulation A u g u s t i n s, der in der Bestimmung des Person-Begriffs eine endgültige Abgrenzung des Willensbegriffs und im Anschluß daran des Personbegriffs gefunden hat; damit war ein neuer Ansatzpunkt für die theologischen Hauptprobleme gewonnen.

4. Diese Willensspekulation beschäftigte im Osten die Metaphysik des O r i g e n e s. In seiner Christologie kam aber Origenes zu keiner endgültigen Klärung des Willensbegriffs, indem er nicht zu einer metaphysischen Scheidung des Seins des „Vaters", des Seins des „Sohnes" und des Seins der intelligiblen Wesen vordrang, so daß die Hauptfrage: gehört Christus seinem Wesen nach zu Gott oder zu den intelligiblen Kreaturen — als das oberste der geschaffenen Wesen — nicht klar gelöst werden konnte. Das Ineinander des griechischen und des orientalischen Gottesgedankens, das der tiefste Grund dieses doppelten Gesichtes der origenistischen Metaphysik ist, hat dann zur Folge gehabt, daß sich in den arianischen Streitigkeiten beide Gegner, Arianer und Antiarianer, auf Origenes berufen konnten.

5. Diese innere Dialektik findet sich innerhalb der weiteren Entwicklung der alexandrinischen Theologie bei A t h a n a s i u s gelöst, der im Willen selbst zwischen Substanz und Wirkung scheidet, und damit Schöpfer und Geschöpf ontologisch abgrenzt. Damit rückt der Sohn als das schöpferisch wirkende Geistprinzip auf die Seite des Vaters und von der Kreatur ab, die als Geschöpf und Werk des Sohnes von dem transzendenten göttlichen Sein existentiell geschieden ist. Damit ist in Alexandrien eine ähnliche Abgrenzung gefunden, wie sie im lateinischen Abendland durchgreifender bei Augustin sich formulierte, aber dem trinitarischen Denken des Abendlandes immanent stets zugrunde lag. Auf die

Möglichkeit, daß diese geistige Wahlverwandtschaft von Alexandrien und Rom in die politische Koalition der Päpste von Rom und Alexandrien mit hineinspielt, wurde bereits hingewiesen.

Die Untersuchung der Problemlage bei A r i u s ist nun gewissermaßen die Probe auf das Exempel. Beschränken wir uns auf die Hauptfrage, welche Rolle die Willensspekulation innerhalb der polytheistischen Lösung der Trinitätsfrage vor allem bei der Abgrenzung des Sohnes von der Substanz des Vaters spielt. Drei Quellen kommen dabei in Betracht:

1. Die Polemik Viktorins, innerhalb welcher er seine metaphysische Bestimmung des Willensbegriffs durchführt, richtet sich gegen einen ihm von dem Arianer C a n d i d u s zugesandten Brief, der sehr deutlich die wichtigsten strittigen Punkte der theologischen Diskussion im Streit um Nicaea aufzeigt und ausführlich die Ideen der Alt-Arianer — d. h. also die Problemlage vor ihrer absichtlichen Trübung durch die kaiserliche Diplomatie, die Prestigefragen und der unter diesem doppelten Druck einsetzenden Seelenverkäuferei — darstellt. Das Thema: Wille, Geist, Substanz ist also von dem Arianer gestellt.

2. Weitere Fragmente des A r i u s, die bei Euseb und Athanasius enthalten sind, enthalten ihrerseits ebenfalls wichtige Hinweise auf die Aktualität des Willensproblems innerhalb der arianischen Theologie.

3. In der augustinischen Behandlung dieser Probleme findet sich innerhalb der Kritik des E u n o m i u s eine ausführliche Diskussion des „arianischen" Willensbegriffs und seiner christologischen Verwendung. Diese drei Punkte ermöglichen also eine Skizzierung der Situation bei den Arianern. Dabei zeigt sich folgendes:

1. Candidus schreibt an Viktorin u. a.[1]): *„dicunt quidam iuxta voluntatem generationem et iuxta actionem. est autem ista duo idem accipere, voluntatem et actionem, magis in Deo . . . attamen et est differentia, etsi in eo, quid est velle et actus Deo. etenim velle in hoc quod est velle, est causa actionis. actio enim effectio voluntatis. aliud ergo voluntas ab actione; et Verbi est, prius est et posterius. impossibile ambo idem. Deo igitur primum voluntas, posterius actio. non iuxta tempus dico, sed iuxta ut sit causa alii essendi.*

---

1) ad M. V. de gen. div. c. VIII (PL 8, 1017 Cf).

voluntas igitur in confesso est quoniam substantia non est nec actio."

Die beiden Hauptmomente sind also einmal die Differenzierung von *voluntas* und *actio*, zweitens die Differenzierung von *voluntas* und *substantia*. Die Voraussetzung dieser Differenzierung ist bei dem Arianer der griechische intellektualistische Gottesgedanke und die Deutung des Willens als einer bloßen F u n k t i o n des Intellekts, also nicht als einer S u b s t a n z. „Eingestandenermaßen ist der Wille keine Substanz und auch keine actio." Damit nimmt Candidus von seinem funktionellen Willensbegriff aus Stellung gegen eine Deutung des Vater-Sohn-Verhältnisses als einer Konsubstantialität auf dem Weg einer *generatio iuxta voluntatem*. So wenig der Wille zur *Substanz* des Geistes, so wenig gehört der Sohn zur *Substanz* des Vaters.

Er begründet dies durch eine logische Analyse der Betätigung des Geistes bei der Zeugung des Sohnes in die einzelnen Funktionen, die als Protuberanzen des Geistes gedacht sind. Der Wille ist etwas anderes als die (Geist-) Substanz, die *actio*, d. i. die den Willen verwirklichende Tätigkeit ist etwas anderes als der Wille. So ist das bei Plotin und Viktorin konsubtantiell gefaßte Ineinander von Wollen und Wirken in der Geistnatur Gottes zerlegt in ein logisches Nacheinander. Die Zergliederung der einzelnen Funktionen des Geistes schließt die Anschauung ihrer Wesensgleichheit aus. Das Sein des Sohnes erscheint so als das *opus* des göttlichen Willens. Das *opus* ist wieder etwas anderes als der Wille, das Wirken ist dementsprechend noch weiter von der Substanz entfernt. „Werk ist Werk eines Wirkenden, nicht aber ist der Wirkende selbst Werk. Werk ist also nicht konsubstantiell mit dem Wirkenden; also handelt es sich um keine Zeugung — *generatio* —, sondern um einen Effekt; und was bewirkt ist — *effectum* — ist nicht gezeugt; und es handelt sich um ein Werk — *opus* — und nicht um eine Zeugung noch um eine Sohnschaft, noch um einen Sohn, noch um den *unigenitus*, noch um die Konsubstantialität [2])."

Durch die Verdrängung des Substanzbegriffs durch eine logische Kette von Funktionen ist der Zusammenhang zwischen Vater und Sohn gelöst: der Sohn rückt als Werk — *opus* — des väterlichen

---

[2]) ad M. V. de gen. verb. div. c. VIII (PL 8, 1017 f).

Willens, welcher als Funktion gedacht ist, an die Spitze der Kreaturen.

Der Gegensatz Viktorin-Candidus läßt sich also kurz dahin formulieren, Viktorin: Der Sohn i s t der Wille des Vaters und i s t das Wirken des Vaters, denn die Geistnatur Gottes i s t Wille und i s t Wirken und daher ist Christus mit dem Vater konsubstantiell, Candidus: Der Sohn ist nicht der Wille des Vaters, sondern ist ein E f f e k t des väterlichen Willens. Der Sohn ist nicht das Wirken des Vaters, sondern das W e r k des Vaters. Da Wille und Wirken nicht die Substanz des Vaters betreffen und auf der anderen Seite dem Sohn nur zum Sein verholfen haben, ohne sein Sein zu sein, kann von einer Wesensgleichheit nicht gesprochen werden.

Es ist also der verschiedene Willensbegriff, der in dieser Auseinandersetzung über die Zeugung des Sohnes Arianer und Abendländer trennt.

Auf diesen Hauptpunkt weist Candidus selbst immer wieder hin. Christus ist Sohn *„neque generatione a Deo, sed operatione a Deo est primum opus et principale Dei"* [3]). Die Voraussetzung dafür, daß Christus *opus* ist — die Bezeichnungen *opus primum* und *opus principale* sind gegenüber dieser Grundanschauung nur Beschwichtigungen der im Begriff des *opus* liegenden „Ketzerei" —, ist die logische Zergliederung von *voluntas* und *actio,* d. h. ihre funktionelle Unterscheidung von der Geistsubstanz bzw. die Polemik gegen die ontologische Behandlung des Problems [4]).

Dementsprechend wird auch der Willensbegriff, wo vom Willen des Sohnes die Rede ist, nie substantiell gefaßt. „Der Sohn wirkt nicht nach eigenem Wirken und nach eigenem Wollen, sondern er will dasselbe wie der Vater [5])." Die Folgerung Viktorins, daß gerade aus diesem Grund der Sohn mit dem Vater wesensgleich sein muß, gilt für den Sohn, der *effectus* und *opus* ist, nicht mehr.

---

3) ad M. V. de gen. verb. div. c. X (PL 8, 1018 C).

4) Alexander von Alexandrien hat diesen zentralen Unterschied in der Christologie richtig formuliert, wenn er von den Arianern schreibt ep. ad Alex. Constantinopol. (PG 18, 552 B): πάντα γάρ φασιν ὁ Θεὸς ἐξ οὐκ ὄντων ἐποίησε συναναλαμβάνοντες τῇ τῶν ἁπάντων λογικῶν τε καὶ ἀλόγων κτίσει καὶ τὸν Υἱὸν τοῦ θεοῦ; so auch Alex. Alex. ep. „τοῖς ἀγαπητοῖς" (PG 18, 573 B) εἷς μὲν τῶν ποιημάτων καὶ γενητῶν ἐστιν, von den Geschöpfen gilt, was vom Menschen insbesondere gesagt wird: οὐκ ἂν ὑπέστη, εἰ μὴ ἡμᾶς ὁ θεὸς ἠθέλησε ποιῆσαι.   5) ib. c. X (PL 8, 1018 D f.).

2. Diese Ausführungen des Candidus haben ihre spekulative Voraussetzung in den Schriften des A r i u s selber, soweit die sicheren Fragmente noch erkennen lassen. Der Hauptgedanke, durch den die Deutung der Geburt des Sohnes wie überhaupt die Entstehung aller Dinge bestimmt wird, lautet: „Nichts ist aus der Substanz Gottes, alles ist durch seinen Willen entstanden [6]." Die genannte Formel zeigt schon die Unterscheidung von Substanz und Wille, und zwar ebenfalls im Verhältnis von Substanz und Funktion. Dadurch gehört Christus von vornherein zu den πάντες d. h. auf seiten der geschaffenen Kreaturen.

Die Zeugung des Sohnes ist also kein innergöttlicher Prozeß, sondern unterliegt dem Gesetz des göttlichen Schaffens überhaupt. Gott wirkt aber *„non naturam ex natura exponens, sed naturae uniuscuiusque eorum quae generata sunt, ex eius voluntate generationem. nihil est enim de substantia eius; cuncta autem voluntate eius facta, unumquodque ut est, effectum est"* [7]. Der Sohn ist nicht der Wille, sondern ein *effectus, opus, figmentum* des göttlichen Willens. *„figmentum esse filium voluntate et sententia patris subsistere, non ex aliquo existenti* [8]." Der erste Satz ist ein Zitat des Candidus aus dem Brief des Euseb an Paulinus, der ihm als Unterlage seines eigenen Briefes an Viktorin dient.

Auch hier ist es also der funktionelle Willensbegriff, von dem aus der Nachweis der Unmöglichkeit einer Wesensgleichheit von Vater und Sohn auf arianischer Seite geführt wird.

Dem gleichen Brief des Arius an Euseb ist auch folgende Stelle bei Candidus entnommen, die die arianische Deutung des Verhält-

---

6) Arius nach ep. Euseb. ad Paulin. (s. u.) zitiert nach Proverb. 8, 22, siehe Harnack DG II, 4. Aufl. 200 [1] οὐδέν ἐστιν ἐκ τῆς οὐσίας τοῦ θεοῦ, πάντα δὲ βουλήματι αὐτοῦ γενόμενα. Vgl. den Anfang der Θάλεια bei Athan. or. I contra Ar. c. 5 (PG 26, 21), weiter Athan. de synodis c. 15 (PG 26, 708).

7) Arius im Brief des Euseb. ad Paul. zitiert bei Candidus ad M. V. II (PL 8, 1039 A f.); vgl. den originalen Text des Briefes des Arius an Euseb. von Nikomedien, zitiert nach Theodoret, Kirchengeschichte I, 5, 3 (Griech. christl. Schriftst. Bd. 19, S. 26): ὅτι θελήματι καὶ βουλῇ ὑπέστη πρὸ χρόνων καὶ πρὸ αἰώνων πλήρης θεός, ebenso bei Epiphan. Haeres. 69, 6. Vgl. auch die altlat. Übersetzung, die de Bruyne in der Rev. Bénéd. 1909 S. 93 ff. (tom. 26) ediert hat; ib. S. 94: voluntate et concilio constitutus est ante tempora, ante secula, plenus deus unigenitus, immutabilis etc.

8) Cand. ad M. V. adv. Ar. I, 1 (PL 8, 1040 B).

nisses von Vater und Sohn deutlich charakterisiert [9]). *„filius non est ingenitus neque pars ingeniti iuxta illum nodum nec ex subiecto aliquo, sed quod voluntate et cogitatione subsistit ante tempora et aeones plenus Deus, unigenitus et immutabilis et antequam genitus esset et creatus vel definitus aut fundatus, non fuit; ingenitus enim non fuit."* creatus, fundatus, definitus ist der Sohn durch einen Willensakt und einen Denkakt Gottes, er i s t aber nicht der Wille Gottes: der Wille Gottes ist also vor dem Sohne und über dem Sohn, denn er hat ihn geschaffen.

Die Bestätigung dieser Zitate aus Arius gibt auch noch der erhaltene Brief des Arius an A l e x a n d e r von Alexandrien, in dem er den Sohn in den entsprechenden termini als θελήματι τοῦ Θεοῦ πρὸ χρόνων καὶ πρὸ αἰώνων κτισθέντα καὶ τὸ ζῆν καὶ τὸ εἶναι παρὰ τοῦ πατρὸς εἰληφότα — θεοῦ θελήσει ὁ υἱός, ἡλίκος καὶ ὅσος ἐστὶν ἐξ ὅτε καὶ ἀφ' οὗ καὶ ἀπὸ τότε ἐκ τοῦ θεοῦ ὑπέστη . . .[10]) bezeichnet.

3. Der Reflex dieser Auseinandersetzung findet sich auch noch in der trinitarischen Spekulation Augustins und zwar ebenfalls in einer bezeichnenden Weise in die Willensspekulation hineinverflochten.

Darauf weist bereits das *rubrum* des betreffenden Kapitels an „de trinitate" [11]): *Contra Eunomium dicentem Filium Dei non naturae, sed voluntatis esse Filium.* Das wesentliche Moment, die Scheidung zwischen der Natur Gottes und seinem Willen als einer Funktion ist damit bereits angedeutet. Augustin schreibt nun von Eunomius: *„qui non naturae vel substantiae suae sive essentiae dixit esse filium, sed filium voluntatis Dei, accidentem scilicet Deo volens asserere voluntatem, qua gigneret filium, videlicet ideo quia nos aliquid aliquando volumus, quod antea non volebamus, quasi non propter ipse mutabilis intelligatur nostra natura, quod absit ut in Deo esse credamus."*

Mit dieser Kritik hat Augustin den entscheidenden Punkt getroffen und zugleich die Ketzerei mit dem richtigen philosophischen Terminus gekennzeichnet.

---

9) Aus: Brief des Arius an Euseb zitiert in ep. Cand. ad M. V. adv. Ar. I, 1 (1037 B).

10) Arius ep. ad Alex. nach Athan. de synod. c. 16 (PG 26, 709), vgl. Epiph. haer. 69, 7, 7 (Bd. III¹, S. 158) u. Hilar. de trin. IV, 13, s. Harnack DG II⁴, S. 200¹ und 202¹.

11) Augustin de trin. XV, 20, 38 (1087).

Augustin wirft Eunomius vor, er betrachte den Willen als ein a c c i d e n s. Er weist damit den philosophischen Fehler nach, der bei Eunomius vorliegt: er hat einfach den psychologischen Willensbegriff der aristotelischen Psychologie auf Gott angewandt, also den prinzipiellen Wesensunterschied zwischen Gott und Mensch verkannt. Der Mensch will jetzt dies und jetzt das: diese Verschiedenheit ist aber natürlicher Reflex der *mutabilitas* des menschlichen Geistes: bei Gott ist aber das Wollen immer Das-selbe-wollen und Ganz-wollen und Selbst-Wille-sein und Ganz-Wille-sein, d. h. bei Gott ist Wille nicht *accidens,* sondern *natura.* Deshalb ist es sinnlos, bei der Zeugung des Sohnes in Gott zwischen Natur (Substanz, Wesen) und Wille zu trennen. Hier setzen dann die Hauptbegriffe der Konsubstantialitätslehre, der Person- und Relations-Begriff ein. Bemerkenswert ist, daß in den erhaltenen griechischen Fragmenten Eunomius selbst nicht mehr wie Arius von der θέλησις bzw. dem θέλημα des Vaters spricht, sondern von der γνώμη, auf Grund welcher die Substanz des Sohnes geschaffen sei [12]).

Handelt es sich also bei der metaphysischen Begründung der arianischen Christologie um die Übertragung des funktionellen Willensbegriffs der aristotelischen Psychologie auf den intellektualistischen griechischen Gottesgedanken und ist dieser funktionelle Willensbegriff Voraussetzung der arianischen Bestreitung der Wesensgleichheit des Sohnes und Grund für die Aufrichtung eines polytheistischen Hypostasenschemas, so ist es der abendländische Willensbegriff, der unter dem Einfluß des orientalischen Gottesgedankens am plotinischen Denken sich entfaltend in der abendländischen Theologie einen endgültigen Garant der Wesensgleichheit darstellt. So ist also der geistige Hintergrund der arianischen Streitigkeiten jenseits aller politischen Intriguen und Macht- und Finanzfragen, die in diesem Kampf hineinspielen, jenseits auch des unterirdischen Brotneids, der der Dogmatik je nachdem eine für die Karriere vorteilhaftere Wendung gab, letztlich der Kontrast des griechischen intellektualistischen Gottesgedankens und des voluntaristischen Gottesgedankens, in dem sich das Abendland mit den Alexandrinern traf.

---

12) Eunomius nach Basilius adv. Eun. lib. II, 11 (PG 29, 592 B) τὴν οὐσίαν τοῦ υἱοῦ . . . εἶναι γεννηθεῖσαν πρὸ πάντων γ ν ώ μ ῃ τοῦ πατρός. Eunom. bei Bas. adv. Eun. II, 14 (PG 29, 598 A).

Anhang.

1. Viktorin und Origenes.

Ein direkter literarischer Zusammenhang zwischen Viktorin und Origenes kann nicht nachgewiesen werden; die Monceauxsche These, daß Viktorin Origenesschriften übersetzt habe, ist, wie oben S. 23 ff. nachgewiesen, unhaltbar. Trotzdem muß gerade wegen der relativen Nähe des theologischen Denkens der beiden — bei beiden handelt es sich um eine metaphysische Deutung der Offenbarung aus dem Geist der neuplatonischen Philosophie — eine sichere Abgrenzung versucht werden. Diese tritt an folgenden Punkten am auffallendsten in Erscheinung:

I. Methodisch ist auffallend, daß Viktorin nicht mit der allegorischen und typologischen Exegese arbeitet, sondern mit der aristotelischen Schulmethode der wörtlichen Exegese. Zwischen der Auslegung des Neuen Testamentes und der Auslegung der rhetorischen Schriften des Cicero gibt es für ihn keinen methodischen Unterschied. Er sieht in beiden Texten ein logisches Gewebe von Begriffen, die er erklärt und von seinem metaphysischen System aus interpretiert. Viktorin denkt in Begriffen, nicht in Bildern. Das produktive Moment, die eigentliche Leistung der Deutung liegt in der Einbeziehung und Einordnung der verschiedenen Begriffe in das System seiner eigenen Metaphysik, d. h. letzthin in der Beziehung auf seinen Gottesgedanken und seine Ontologie. Der Hebel der Deutung ist also seine Metaphysik. In der Einbeziehung in das eigene System wird natürlich zuweilen die ursprüngliche Ordnung und Bezogenheit der Begriffe des interpretierten Textes gesprengt, indem ihre Wichtigkeit durch das 'produktiv mißdeutende' Urteil des Interpreten bestimmt wird, der darin zum Opfer seines Systems wird.

Dieser methodische Unterschied weist aber auf einen inneren wesentlicheren Ansatzpunkt der Verschiedenheit des Denkens der beiden. Origenes ist Biblizist und will es sein. Er ist in seinen Spekulationen an die Schrift und zwar, was wesentlich ist, an die ganze Schrift gebunden. Die allegorische und typologische Exegese wird so für ihn zum Mittel, den starren Buchstaben geschmeidig zu machen, die Widersprüche und die Dunkelheiten durch ihre bildhafte Deutung zu sublimieren und das Widersinnige und Wiedervernünftige der Schrift in ein System von metaphysischen vernünftigen Realitäten umzuformen. So löst sich die scheinbare Disharmonie der zu interpretierenden Schriftmasse in der Harmonie eines idealistischen Systems der Theologie.

Viktorin dagegen ist Philosoph; der spekulative Auftrieb seiner Philosophie sprengt die regula veritatis; es ist die Begriffswelt der neuplatonischen Metaphysik, durch die hindurch er die Offenbarung sieht. Die Deutung erfolgt vom philosophischen Begriff aus und setzt an dem Begriff des Schrifttextes an. Die Offenbarung wird so zum Buch der Urphilosophie. Selbst dort, wo Viktorin in den Ideen der Schrift — vor allem im Johannesevangelium — die Vollendung und Überhöhung seiner Spekulationen findet, ist es seine Metaphysik, d. h. der neuplatonische Gottesgedanke, von dem aus sich die Aneignung der christlichen Gedanken vollzieht. Weiter hat Viktorin längst nicht die ganze Schrift gedeutet. Auffällig ist das völlige Zurücktreten des Alten Testamentes. Was ihn 'bekehrt' hat, war im Grunde der Prolog des Johannesevangeliums. So sehr die Logos-Figur des Johannesprologs einer Umdeutung im Sinn des abstrakten griechischen Logos-Begriffes widerspricht, hatte er hier doch Gelegenheit, Wort für Wort seine eigene Logos-Metaphysik in den Prolog hineinzudeuten. Seine Religionsphilosophie ist Logos-Spekulation im Sinn des abstrakten griechischen Logos-Gedankens. Viktorin ist wohl auch der Platoniker, dessen Worte Simplizian dem Augustin erzählt: man müsse den Anfang des Johannesevangeliums in goldenen Lettern in allen Kirchen an den am meisten ins Auge springenden Stellen anschreiben [1]). Bei seiner Art, die Offenbarung von seiner Metaphysik aus zu deuten, ist es klar, daß viele unbiblische Vorstellungen mit in seine Theologie eindringen, daß andererseits wesentliche Momente vollkommen ausschieden, so die Anschauung von der Sünde und von der Rechtfertigung.

II. Die genauere Abgrenzung läßt sich an der Untersuchung einiger Einzelprobleme deutlicher durchführen. Man geht am besten von einer Idee aus, die sich bei Origenes wie bei Viktorin gemeinsam findet, und die am leichtesten auf einen engeren Zusammenhang der beiden weisen könnte: die Idee der Präexistenz der Seelen. Die verschiedene Auffassung dieses Gedankens führt auf einen entscheidenden Unterschied:

1. Bei Viktorin liegt der Realgrund der Vereinzelung der intelligiblen Wesen bei Gott selbst. Die Selbsthypostasierung führt dann notwendig mit zu einer Hypostasierung der intelligiblen Wesen in ihrer Vereinzelung und, während sie vorher nur als potentiae existierten, zu ihrer Aktivierung. Der Abstieg dieser Wesen (Seelen) in die Welt vollzieht sich nach einer metaphysischen Notwendigkeit: als potentiae drängen sie notwendig zu ihrer Darstellung, Formierung und Aktivierung. Die Aussendung und Niederfahrt der Seelen gehört also mit hinein in den universellen metaphysischen Prozeß der Entfaltung des transzendenten göttlichen Seins und der Verwirklichung der göttlichen potentia. Bei Origenes liegt der Realgrund der Vereinzelung der intelligiblen Wesen nicht bei Gott, sondern bei den intelligiblen Wesen selbst, und zwar in ihrem freien Willen, der ihnen als Geistwesen zu-

---

1) de civ. Dei X 29 (CSEL 40, 1 S. 498, 18).

kommt. Der Aufriß der Welt der Geister ist hier bestimmt durch ein
ethisches Prinzip, das das Leben der Geister und Geistwesen als ein
sittliches Drama erscheinen läßt [2]). Wohl stammen auch nach Origenes
die Seelen von Gott und waren im Anfang bei Gott, aber im Anfang
waren alle geistigen Wesen gleich, und da sie nach dem Bilde Gottes
geschaffen waren, waren sie frei. Der Realgrund der Verschiedenheit
ist der verschiedene Gebrauch, den sie von dieser Freiheit machten.
Hinter dem verschiedenen Freiheitsbegriff steht der verschiedene Willensbegriff: bei Origenes ist der Wille nur Funktion; bei Viktorin ist
der Wille die Substanz des transzendenten Gottes; absolut frei ist nur
der transzendente Gott, der aus sich heraus das Sein setzt. Es gibt
also eigentlich nur einen freien Willensakt Gottes, den, in dem er sich
selbst als seiend setzt und mit sich das universelle Sein und alle Formen und Ideen, deren Entfaltung in der Zeit einer metaphysischen Notwendigkeit untersteht.

2. Dadurch, daß Origenes die Individuation der intelligiblen Wesen
unter das ethische Problem vom freien Willen stellt [3]), wird bereits in
die Welt der Geister der Gegensatz von Gut und Böse hineingetragen.
Die Individuation ist so kein metaphysischer hypostatischer Prozeß, in
dem sich die Selbstexplikation des absoluten Seins vollzieht, die göttliche Hierarchie tritt nicht vorwiegend unter den ontologischen Gesichtspunkt der Hypostasierung und der Emanation, sondern unter den
ethischen Gesichtspunkt des meritum und der culpa. Der ontologische
Gegensatz zwischen Sein und Nichtsein erscheint als ein moralischer [4]).
Auch die Einleibung der Seelen ist so keine metaphysische Notwendigkeit, sondern ein 'Fall', der das signum der culpa trägt. Das Sein auf
der Welt selbst hat den Charakter der Strafe und Sühnung der Begierde der Göttersöhne, die bei Gott sein konnten, wenn sie wollten,
aber sich von den Töchtern der Menschen verführen ließen [5]). Viktorin
ist diese Betonung des liberum arbitrium fremd. Er steht hier ganz
unter dem Einfluß des strengen Determinismus der plotinischen Metaphysik, wie er sich nicht nur in der Willensspekulation und in der
Anschauung von dem gesetzmäßigen Ablauf von Emanation und Reintegration, sondern vor allem auch in dem Heimarmene-Gedanken ausspricht.

3. Die metaphysische Bestimmtheit aller geistigen Bewegung durch
Gott, wie sie Viktorin kennt, führt im Unterschied zu der ethischen
Bestimmung dieser Bewegung bei Origenes noch auf einen tiefer lie-
genden Gegensatz. Während die religiöse Wendung dieses Gedankens

---

2) de princ. III. 1. 21 (Orig. Bd. V S. 239, 20): secundum praecedentes
meritorum causas. vgl. Hieron. ep. ad Avit. 8 (CSEL 56 S. 105, 21).
causarum merita praecesserunt; de princ. II. 9. 8 (172, 20).

3) de princ. II. 9. 2 (165, 25): voluntarios enim et liberos motus a se
conditis mentibus creator indulsit.

4) de princ. I. 8. 4 (101, 4).

5) in Joh. VI, 42 (Orig. Bd. IV S. 151, 14).

bei Viktorin letzten Endes auf die Idee der sola fides führt, die bei ihm durch sämtliche Pauluskommentare hindurch stark hervortritt und sich nachdrücklich gegen den Gedanken einer moralischen Bestimmbarkeit der Erlösung durch die moralische Leistung des Menschen wendet, ist von der starken Wertung des liberum arbitrium aus, die bereits zu einer sittlichen Ordnung der himmlischen Geistwesen führt, die Deutung des religiösen Verhältnisses von Gott und Mensch bei Origenes durch den Gedanken der eruditio bestimmt. Der Grundgedanke ist dabei wieder: der gute Wille oder die böse Begierde des vernunftbegabten Wesens bestimmen seinen Ort im Universum bzw. veranlassen Gott, dieser Seele den entsprechenden Platz zuzuweisen [6]. Durch die pädagogische Hinwendung des Willens zum Guten, die Abwendung von der Finsternis, die mortificatio membrorum, d h. durch eine systematische Askese kann man die Erhebung der Seele auf eine höhere geistige Stufe vorbereiten. Konsequenterweise erstreckt sich dieses Prinzip der eruditio nicht nur auf die menschlichen Seelen, sondern auf die ganze Skala der Geistwesen vom Herrn der Finsternis über alle Dämonen bis zu den Erzengeln.

III. Innerhalb der Darstellung wurde an verschiedenen Stellen auf die Analogie der viktorinischen Idee vom regressus — der Rückformung des entfremdeten Seins in die transzendente Identität des Seins — zu der origenistischen Rekapitulationsidee hingewiesen. Auf Grund der bereits gegebenen Differenzierung läßt sich die Frage nach einem direkten Zusammenhang des viktorinischen Gedankens mit der ἀνακεφαλαίωσις dahin beantworten:

Wenn bei Viktorin als das absolute transzendentale Ziel die Rückkehr der Seelen in die Geistnatur Gottes dargestellt wird, so ist darin bereits eine deutliche Differenz zu der origenistischen recapitulatio gegeben. Bei Viktorin vollzieht sich nämlich der regressus als ein rein metaphysisch-ontologischer Prozeß der Rückkehr des in der Welt zerstreuten Logos bzw. des in der commixtio mit dem Nicht-Sein verbundenen Seins in die Einheit des göttlichen Seins. Der ganze Prozeß der Erlösung der Seelen — als ihrer Rückforderung in die Geistnatur — rückt hinein in' den universellen Prozeß der Reintegration des entfremdeten und in die Materie versprengten Geistes. Die dogmatische Deutung geschieht durch den Gedanken, daß Christus den universellen Logos des Fleisches und der Seele des Menschen annimmt und so alles geistige Sein, das in der Materie verstreut war, wieder in sich eint. Der Prozeß der Reintegration hat also die Identität zum Ziel, da das Wesen Gottes ein auf sich selbst gerichteter Wille ist. Diese Bewegung, die bei Viktorin rein ontologisch geschaut ist, vollzieht sich nach Ori-

---

6) de princ. III. 1. 21 (237, 31). Über die Verbindung von cultura, eruditio, liberum arbitrium s. de princ. III. 1. 10 (211, 17 ff.); III. 1. 10 (211, 28 ff.); III. 1. 15 (222, 24 ff.) ib. (223, 21 ff.); über die moralische Stufenreihe der Geistwesen s. de princ. I. 8. 4 (101, 28).

genes 1. geschichtlich, 2. pädagogisch. Beide Momente verbinden sich
zu einer universellen Geschichtsmetaphysik. 1. Die Bewegung des
Geistes entfaltet sich in einer Kette von Aeonen. Das Leben dieses
Aeons, der Welt, ist nur ein Glied in einer Kette von Aeonen, in denen
der Geist in der Bildung von immer neuen Welten der Vollendung ent-
gegendrängt [7]). 2. Wohl ist das Ziel dieser Bewegung ein metaphysisches, die absolute Einheit, aber der Sinn dieser stets sich wieder-
holenden Schöpfung neuer Aeonen ist ein ethisches und pädagogisches:
die Erziehung der Geister. So lange werden zur Übung der intelligiblen Wesen neue Welten geschaffen, bis auch der letzte der unteren
Geister seinen bösen Willen aufgegeben und sich Gott zugewandt hat.
So treten in dieser Geschichtsmetaphysik die ethischen Momente stark
in den Vordergrund. Durch ihr sittliches Verhalten in dem einen Aeon
bestimmen sich die Geister und Seelen ihre Rangordnung im nächsten
Aeon [8]). Jeder ordo, jedes neue saeculum bringt das Leben dem
absoluten Ziel, dem summum bonum, cum fuerit deus omnia in omnibus
näher; auf einem unabsehbaren Weg nähert sich die correctio der una
finis, dem pristinus status [9]).

Auch diese Geschichtsmetaphysik, deren Entwicklungsprinzip durch
die Idee der göttlichen eruditio gegeben ist, steht noch unter der Einwirkung des origenistischen Freiheitsgedankens und seiner Anschauung
vom liberium arbitrium [10]). Die geschichtliche Deutung der Reintegration, die ethische Deutung der Individuation, die Idee der eruditio und
ihre Bezogenheit auf das liberum arbitrium: diese Momente unterscheiden grundsätzlich den Aufriß des origenistischen Systems von dem
Viktorins. Daß umgekehrt eine Beziehung zwischen der viktorinischen
und der plotinischen Deutung der Individuation der Seele, ihrer Präexistenz, der Einordnung ihrer Bewegung in den universellen Prozeß
der Selbstentfaltung des absoluten Seins, der Einbeziehung ihrer Erlösung in die Rückwendung des entfremdeten Seins zu seiner transzendenten Identität, der beiderseitigen Betonung der ontologischen Frage
und der geschichtslosen Deutung dieser metaphysischen Bewegung besteht, wurde im zweiten Teil nachgewiesen. Wo bei Viktorin das
Problem der Zeit auftaucht, ist es im engen Anschluß an Plotin mit der
Idee der Selbsthypostasierung des absoluten Seins verknüpft. Eine
Vielheit von zeitlich sich folgenden Aeonen kennt weder Plotin noch
Viktorin.

---

7) in Joh. V. 6 (103, 26 ff.) und de princ. II. 3. 5 (120, 19 ff.), weiter in
Joh. I, 16 (20, 11).

8) Orig. nach Hieron. ep. ad Avit. 8 (CSEL 56, S. 106, 5 ff.), de princ.
IV. 3. 11 (339, 7 ff.), ep. ad Avit. 9 (CSEL 56, S. 113, 21 ff.).

9) de princ. III. 6. 6 (287, 21 ff.); ep. ad Avit. 10 (CSEL 56, S. 112,
12 ff.); de princ. III. 6. 8 (290, 5 ff.); de princ. I. 6. 2 (81, 1 ff.) und ep. ad
Avit. 3 (CSEL 56, S. 98, 18 ff.); de princ. III. 1. 12 (215, 23 ff.), de princ.
III. 1. 13 (217, 17 ff.); de princ. III. 1. 14 (220, 24 ff.).

10) de princ. I. 6. 3 (83, 9 ff.); de princ. III. 1. 22 (241, 14 ff.).

IV. Als ein weiteres Moment der Differenzierung tritt hinzu die Verschiedenheit in der Auffassung der Materie. Viktorin schließt sich hier eng an Plotin an und bleibt sogar bei einer Annahme der Ewigkeit der Materie[11]). Konsequenterweise ist daher die Materie nicht in den universellen Prozeß des regressus miteinbezogen, vielmehr wird ja nur der in die Materie versprengte Logos in das reine Geistsein zurückgeholt.

Bei Origenes ist die Materie selbst in den Prozeß der Rekapitulation hineingezogen. Wenn die universelle Vollendung und Vergeistigung erreicht ist, schreibt Origenes, 'tunc corporalium rerum universa natura solvetur in nihilum'. Denn in dieser letzten Vollendung wird auch der Tod endlich ganz besiegt und vernichtet, darum wird auch die Materie restlos aufgelöst, da nur in ihr der Tod wirken kann[12]). Die Idee der letzten Auflösung und Vernichtung der Materie ist das Komplement zu dem Gedanken, daß die Materie von Gott geschaffen ist, eine Idee, von der aus Origenes die unbiblische Ansicht von der Ewigkeit der Materie nachdrücklich widerlegt.

Zwei Gedanken setzen hier bei Origenes an, die beide weit von dem Plotinismus Viktorins abführen: die Materie wird nach der Vernichtung und Auflösung jedes Aeons immer wieder neu geschaffen[13]). Dieser Akt selbst tritt wieder unter den Gesichtspunkt der eruditio. Die Schöpfung der Materie ist durch die jeweilige Notwendigkeit der Erziehung der Seelen gefordert, die in einem neuen Leben sich neu bewähren müssen. Es ist sogar möglich, daß ein Auferstandener in einem zukünftigen Aeon aufs neue einen leiblichen Körper anerschaffen erhält, bis er gelernt hat, allem Irdischen zu entsagen und aus freiem Willen Gott zu gehören[14]). Den Prozeß der Vergeistigung begleitet dabei ein Prozeß der kontinuierlichen Auflösung der Materie, die am Schluß, wenn Gott Alles in Allem ist, gänzlich 'in einen dünnen Lufthauch'[15]) verschwunden und verdunstet ist. Auch hier sind die ontologischen Probleme durch ethische bestimmt.

V. Origenes lehnt im Gegensatz zu Viktorin den Gedanken einer realen metaphysischen Existenz einer Ideenwelt ab, und zwar, soweit dies aus Rufins Übersetzung noch zu ersehen ist, mit einer direkten Polemik gegen die Deutung des paulinischen 'andern Aeon' als der platonischen Ideenwelt[16]). Die Annahme einer intelligiblen Ideenwelt

---

11) M. Vict. adv. Ar. I. IV. 5 (1131 D).

12) de princ. IV. 4. 6 (357, 18); de princ. II. 4. 2 (130, 20), ib. II 1. 5 (110, 7), ib. I. 3. 2 (52, 14 ff.); ep. ad Avit. 5.

13) de princ. II. 3. 3 (117, 8); s. auch de princ. II. 3. 3 (118, 7 ff.).

14) ep. ad Avit. 14 (CSEL 56, S. 110, 6 ff.).

15) epistola Synodica Hieron. ep. 92, 2 (CSEL 55, S. 149, 11 ff.) epistula Paschalis I. 13 bei Hieron. ep. 96 (CSEL 55, S. 172, 10), ib. I, 15 (174, 8); s. auch ep. ad Avit. 5, 6 (CSEL 56, S. 102, 16 ff.).

16) de princ. II. 3. 6 (121, 20 ff.); comm. in Joh. I. 25 (30, 33 ff.); de princ. I. 3. 5 (56, 1 ff.).

ist für ihn eine unsichere Imagination. Die Idee, daß es sich bei dem
Gedanken der realen metaphysischen, Existenz eines Ideenreiches um
ein φάντασμα handelt, steht der Erkenntnistheorie Plotins und Viktorins direkt entgegen, der in der metaphysischen Existenz einer For-
menwelt den Realgrund des Erkennens überhaupt sieht.

VI. Die bisher genannten Unterschiede greifen entscheidend in die
Logoslehre ein. Bei Viktorin ist die Logoslehre von seiner Ontologie
aus entwickelt. Daher treten in seiner Logoslehre die rein formalen
philosophischen Prinzipien stark in den Vordergrund. Der Biblizismus
und die regula veritatis ist damit durchbrochen. Die philosophische
Grundlage ist die neuplatonische und zwar soweit, daß bei Viktorin
nicht nur Einzelgedanken in seine Dogmatik übernommen sind, sondern daß die neuplatonische Nus- und Logos-Lehre und der dazu-
gehörige Ideenkreis weitmöglichst übertragen ist. Das versuchte der
zweite Teil nachzuweisen, der den Aufriß des plotinischen Systems vom
Gottesgedanken und der Idee der Selbsthypostasierung und Selbstformierung des transzendenten Seins aus darstellt. Diese Ideen beherrschen auch die Gottesanschauung Viktorins. Bei Origenes dagegen
ist zwar die Hypostasenlehre als ein Mittel der Deutung der Trinität
festgehalten, aber es fehlt ihre ontologische Begründung. Bei ihm ist
die Hypostasenspekulation weniger philosophisch-ontologisch als vielmehr mythologisch — aus dem Geist der gnostischen Hypostasen- und
Aeonen-Spekulation heraus — gedacht.

Auch die Idee der ewigen Zeugung ist bei Viktorin von seiner Seinslehre getragen. Sie ist fundiert in seiner Anschauung von Gott als dem
transzendenten Sein, das ewiger Wille zu sich selber ist, von dem
Schöpfer, der sich in einem ewigen Akt verwirklicht, weil die Urpotenz
ewig zum Sein und zur Hypostasierung und Verwirklichung drängt.
Was sich davon bei Origenes findet, ist das B i l d von lux und
splendor, von der δόξα und dem ἀπαύγασμα. Die formalen ontologischen
Deduktionen sind auf die biblischen Begriffe reduziert, der Gedanke
der ewigen Zeugung selbst ist mehr mythologisch als ontologisch
gedacht.

VII. Auch in dem Gedanken der Freiheit von der necessitas, wie
er bei Viktorin ausgesprochen wird, ist eine Abgrenzung gegen Origenes gegeben. Durch die scharfe Betonung des liberum arbitrium
rückt bei Origenes das ganze Problem der Notwendigkeit in ein
anderes Licht. Nach Viktorin ist der E r l ö s t e frei, nach Origenes
der M e n s c h. Nach Viktorin gibt es Freiheit nur als Freiheit Gottes,
d. h. als die transzendentale Freiheit; der natürliche Mensch ist an die
Gesetze des Kosmos gebunden; nur der Wiedergeborene hat im Besitz
der Geistnatur an der absoluten Freiheit Gottes teil. Der Pneumatiker
— der nach Plotin mit dem Kopf über die Welt hinausragt — ist somit
auch frei von der Notwendigkeit des Gestirns. Origenes lehnt dagegen
von seiner Anschauung vom liberum arbitrium aus die Idee einer Bin-

dung des Menschen an eine necessitas überhaupt ab. Kein Mensch ist als Mensch an eine necessitas gebunden, denn er hat den freien Willen.

VIII. Innerhalb der Darstellung der viktorinischen Christologie wurde bereits darauf hingewiesen, daß die Bestimmung des Verhältnisses von Geist und Fleisch als einer Relation von Sein und Nicht-Sein den Gedanken der Menschwerdung in die Idee einer Quasi-Inkarnation ausmünden läßt, die in der assumptio des Logos des Fleisches besteht. Der Grund dieser Reduktion der christologischen Frage liegt zunächst in der Präponderanz der trinitarischen Probleme, welche der Zeit Viktorins überhaupt eigen ist; aber gerade dieses gesteigerte Interesse für die metaphysischen Bewegungen des Geistes und der generelle Ansatz der dogmatischen Fragen in einer Seinslehre weist auf die denkmäßige Verhaftung mit der plotinischen Metaphysik, für die das Problem der Inkarnation und der Geschichte nicht existiert. Durch den plotinischen Gedanken, daß die Verbindung von Geist und Materie so zustande kommt, daß sich die Materie um die geistige Form 'herumlegt' und 'sich von ihr bestrahlen läßt', ist die Deutung der Inkarnation notwendig auf die Idee der assumptio carnis gewiesen, die noch weiter dahin spiritualisiert wird, daß es nicht das Fleisch, sondern der Logos des Fleisches ist, den Christus angenommen hat.

Dieses Problem ist bei Origenes anders angefaßt. Origenes war an der Betonung der Realität der Menschwerdung des Logos viel mehr gelegen als Viktorin. Die pädagogische Wendung der Erlösung verlangt den geschichtlichen Didaskalos, den Menschen Jesus als Ansatzpunkt. Von diesem geschichtlichen Moment aus werden nun die anthropologischen und metaphysischen Probleme durch die eigenartigen Spekulationen über die Seele des Logos verkoppelt, die als eine Art Zwischenwesen zwischen dem Geistwesen Logos und dem Leib gedacht ist, durch dessen Medium sich die Annäherung und konkrete Vereinigung der ungleichen Prinzipien in der Menschwerdung vollziehen konnte. Ein Satz wie der des Viktorin: 'Er war unmöglich Mensch' ist von der Christologie des Origenes aus, die auf die wahre Menschheit Christi auch von dem Gesichtspunkt der Vergottung des Menschen aus allen Nachdruck legen mußte, unverständlich — bekämpfte er doch gerade alle Formen des Doketismus nachdrücklich —, wohl aber von dem abstrakten Geistgedanken Plotins aus, der eine geschichtliche Einigung zwischen Geist und Fleisch letzthin nicht kennt (s. S. 259 ff.).

Die Theologie Viktorins steht also nicht in der Tradition der origenistischen Religionsphilosophie, sondern stellt eine selbständige Christianisierung der neuplatonischen Metaphysik auf lateinischem Boden dar.

2. Drucke Viktorins.

Asconius, commentationes in aliquot Ciceronis orationes, cum Victorini commentario in libr. de inventione et Georg. Trapezuntii in orat. Venetiis apud Aldum, 1522 M. F. Victorini in rhet. Cic. ff. 94—235.

Bibliotheca Veterum Patrum Lugdun. 1577, tom IV.

Bibliotheca Veterum Patrum ed. De Labigne, Pariis 1624, tom. IV.

Camerarius, Joach. Sen. expositio in libros Rhetoricos Ciceronis in: Ciceronis Rhetorica, Venetiis 1511.

Capperonnerius, Claud. antiqui rhetores latini e Francisci Pithoei bibl. olim editi, Argentorati 1756. Marii Victorini expositio in libros Rhetoricos Ciceronis p. 102—255.

Gallandi, Bibl. Vet. Patr. Venet. 1772. tom. VIII.

Herold, haeresiologia, Basil. 1556.

Herold, orthodoxographa, Basil. 1555.

Mabillon, analecta tom. IV, nova editio, Parisiis 1723.

Mai, Angelus, collectanea nova 1828, tom. III p. II, fol. 1 ff.

Migne, Patrologia Latina, Bd. VIII, Paris 1844.

Sirmondi Jacobi opera varia, Venetiis 1728, tom. I.

Zarotus, Victorini Rhetoris Commentarius in M. T. Ciceronis Rhetoricam Mediolani per Aularium Zarotum 1474.

Ziegler, expositio in Genesim et Exodum, in: Cosmopoeia vel de mundano opificio, Lugduni 1585.

3. Verteilung der Schriften Viktorins in den Drucken

(die Reihenfolge nach Migne PL 8, der Gallandi und Mai abdruckt).

(1. Liber ad Iustinum Manicheum PP. Lugdun. p. 289 ff.; Sirmond col. 243 ff.; Gallandi p. 133 ff.; Migne col. 999 ff.)

(2. De verbis scripturae: Factum est etc. PP. Lugdun. p. 292 ff.; Sirmond. col. 151 ff.; Gallandi p. 137 ff.; Migne col. 1009 ff.)

3. Candidi Ariani liber de generatione div. ad M. Vict. Herold orth. p. 458 ff., Ziegler p. 232 ff., Mabillon p. 21 ff., Gallandi p. 140 ff., Migne col. 1013 ff.

4. De generatione divini verbi Herold orth. p. 461 ff.; Ziegler p. 237 ff.; Mabillon p. 22 ff.; Gallandi p. 143 ff.; Migne col. 1019 ff.

5. Candidi Ariani epistola ad M. Vict. PP. Lugdun. p. 235 ff.; PP. Paris. col. 181 ff.; Gallandi p. 151 ff.; Migne p. 1035 ff.

6. Adversus Arium libri quatuor PP. Lugdun. 254 ff.; PP. Paris. col. 183 ff.; Herold haer. p. 172 ff.; Gallandi p. 105 ff.; Migne col. 1039 ff.

7. De ὁμοουσίῳ recipiendo Herold haer. p. 238 f. nach Hym. I; PP. Lugd. p. 295 f.; PP. Paris. col. 255 ff. nach Hym. I; Gallandi p. 189.

8. De Trinitate hymni Herold haer. p. 236 ff.; PP. Lugdun. p. 294, 296 ff.; PP. Paris. col. 254 ff.; Gallandi p. 109 ff.; Migne col. 1139 ff.

(8a. De Macchabaeis carmen nur Herold haer. p. 241 f.; PP. Lugdun. p. 297 f., nicht bei Migne.)

9. In epistolam Pauli ad Galatas libri duo Mai p. 1 ff. Migne col. 1145 ff.

10. In epistolam Pauli ad Philippenses Mai p. 51 ff. Migne col. 1197 ff.

11. In epistolam Pauli ad Ephesios Mai p. 87 ff.; Migne col. 1235 ff.

(12. De physicis liber Mai p. 148 ff.; Migne col. 1295 ff.)
Migne = Gallandi + Mai.
Gallandi = Herold + Ziegler + PP. Lugd. + PP. Paris. + Mabillon
+ Sirmond.
Die eingeklammerten Schriften sind pseudonym.

4. Zum Text.

Schlecht überliefert ist nur der liber de generatione divini verbi.
Hier geben Herold und Ziegler eine vom Mabillon-Text völlig abwei-
chende Überlieferung; von den beiden Redaktionen ist die Mabillons
die maßgebende; nur an wenigen Stellen bringt die chaotische HZ-
Redaktion eine Verbesserung. Der Gallandi-Text, den Migne abdruckt,
ist mehr ein Ragout aus beiden Redaktionen als eine Edition. In der
handschriftlichen Tradition, auf die die HZ-Redaktion zurückgeht, scheinen die Blätter durcheinandergekommen zu sein: HZ bringen das
Stück: Diximus ergo — μὴ ὄντως (Migne c. IX und X col. 1024 Zeile 21
— 1025 Zeile 20) nach den Worten iuxta ea quae futura sunt τὸ μὴ ὄν
(Migne c. IV col. 1022 Zeile 14), die in HZ so lauten: iuxta τοῦ μὴ ὄντος
τὰ μὴ ὄντα καὶ μὴ ὄντα καὶ μὴ ἀληθῶς μὴ ὄντα. Weiter bringen HZ das
Stück horum nominum — τὰ μὲν ὄντα (Migne c. XI — XIV col. 1026 Zeile
22 — 1028 Zeile 21) nach τοῦ ὄντος τὰ ὄντα (Migne Schluß von c. VIII
col. 1024 Zeile 20). In HZ folgen dann auf die Worte Jesus Christus τὰ
μὲν ὄντα (Migne c. XV col. 1028, Zeile 21) die Worte μὴ ὄντα — et com-
plexionem (Migne c. X — XI col. 1025 Zeile 21 — 1026 Zeile 22). In beiden
Fällen gibt die M-Redaktion die richtige Reihenfolge. Für die hier ab-
gedruckten Zitate aus dem liber de generatione divini verbi sind folgende
M-Variationen zu beachten:

S. 40, 3 omnino omnimodis — omnibus modis esse (M).
S. 40, 3 existentiae — existentis negatur.
S. 43, 14 sententia — existentia (richtig).
S. 44, 25 intellectuat — invultuat.
S. 45, 1 et ὄντα + hoc est ipsa illa intellectualia.
S. 45, 23 ut ὄν + sed tamen est, non tamen sicut est.
S. 47 Anm. 1 μὴ ὄντως μὴ ὄντα — μὴ ὄντος μὴ ὄντα.

5. Spezialliteratur zu Marius Victorinus.

Busse, A., Die neuplatonischen Ausleger der Isagoge des Porphyrius.
Progr. Berlin 1892.
Geiger, G., Marius Victorinus Afer, ein neuplatonischer Philosoph. Schul-
progr. Metten Teil I 1888, II 1889.
de Ghellinck, J., Reminiscences de la dialectique de M. Vict. dans les con-
flicts du XI. et XII. siècle. Revue Néoscol. tom. 18, 1911, p. 433 ff.
Gore, art. M. Victorinus im Dictionary of Christian Biography, tom. IV.
1887, p. 1129—1138.
Harnack, A. v., Dogmengeschichte Bd. III³ S. 31 ff., III⁴ S. 33.

Koffmane, De M. V. philosopho Christiano Diss. Breslau 1880.
de Labriolle, P., histoire de la litt. latine chrétienne, Paris 1924, S. 346 ff.
Monceaux P., histoire littéraire de l'Afrique chrétienne depuis les origines jusqu'à l'invasion arabe, Paris 1905, vol. III p. 374 ff.
Monceaux, P., L'isagoge latine de M. V., Mélanges Havet Paris 1909.
Schady, Diss. de Mario Victorino, Bonn, 1896.
M. Schanz, Geschichte der römischen Literatur, Handb. v. J. Müller Bd. IV Teil 1, 1920, S. 149 ff.
Schmid, R., M. V. und seine Beziehungen zu Augustin, Diss. Kiel 1895.
Stangl, Tulliana et Mario-Victoriniana, München 1888 Progr.
Teuffel, Geschichte der röm. Lit. Bd. III 6, Teubner 1913 S. 231 ff.
Tixéront, histoire des Dogmes, tom. II, p. 266 ff.
Überweg-Praechter, Grundr. d. Gesch. d. Philosoph. Bd. I. Das Altertum 1926 S. 650 f. und 199*.
Usener, Anecdot. Holderi, Bonn 1877.

Berichtigungen:

S. 14, 23 statt Paresin. — lies Parisin.
S. 51, 34 Hypothese — Hypostase.
S. 59 Anm. 1 s. S. 78 ff.
S. 64 Anm. 2 praevidentia — praeviventia.
S. 74 Anm. 4 quem actio — quam actio.
S. 102 Anm. 3 ex. se — ex se.
S. 121, 10 und 123, 23 Teil II — Anhang 1.
S. 122 Anm. 2 s. auch S. 286 ff.
S. 153 Anm. 1 zu S. 154 Zeile 17.
S. 208 Anm. 1 = Enn. V. III. 16 (II, 199, 26 f.).
S. 222, 1 ἐπεκεῖνα — ἐπέκεινα.
S. 237 Anm. 3 a. O. = Zeitschr. f. neutest. Wiss. 21 (1922).
S. 241, Kapitelüberschrift: 1. Nus und Geist.
S. 298 Anm. 19 prägt — trägt.

6. Register der lateinischen und griechischen Hauptbegriffe.

(Die im Inhaltsverzeichnis genannten Stichworte
sind hier nicht wiederholt.)

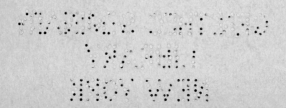